Medienbild

Band 34

Henrike Friedrichs-Liesenkötter

Medienerziehung in Kindertagesstätten

Habitusformationen angehender ErzieherInnen

Springer VS

Henrike Friedrichs-Liesenkötter
Bielefeld, Deutschland

Dissertation Universität Bielefeld, 2015

Medienbildung und Gesellschaft
ISBN 978-3-658-12306-2 ISBN 978-3-658-12307-9 (eBook)
DOI 10.1007/978-3-658-12307-9

Die Deutsche Nationalbibliothek verzeichnet diese Publikation in der Deutschen Nationalbibliografie; detaillierte bibliografische Daten sind im Internet über http://dnb.d-nb.de abrufbar.

Springer VS

Springer Fachmedien Wiesbaden ist Teil der Fachverlagsgruppe Springer Science+Business Media
(www.springer.com)

DANKE!

Herzlich danken möchte ich im Rahmen der hier veröffentlichten Dissertationsschrift Prof. Dr. Uwe Sander und Prof. Dr. Susanne Miller der Fakultät für Erziehungswissenschaft der Universität Bielefeld, die meine Arbeit betreut haben. Uwe Sander hat mir als Doktorvater stets die Möglichkeit gegeben, eine Balance zwischen Lehr- und Forschungstätigkeiten im Rahmen der Arbeitsgruppe und dem Anfertigen der Doktorarbeit aufrechtzuerhalten.

Die Idee, mich mit dem Thema Medienerziehung in der Kita auseinanderzusetzen, entstand im Anschluss an das Forschungsprojekt „Medienkompetenz-Kitas NRW" unter der Leitung von Prof. Dr. Dorothee M. Meister, der ich ebenfalls besonders danken möchte. Ich durfte mit ihr an spannenden Forschungsprojekten arbeiten und dabei hat sie mir immer Vertrauen und Wertschätzung entgegengebracht. Ich würde mich freuen, wenn diese universitätsübergreifende Zusammenarbeit fortbestehen und wir gemeinsam auf der einen oder anderen Konferenz unsere Forschungsergebnisse diskutieren würden.

Selbstverständlich möchte ich auch meinen Kolleginnen und Kollegen der AG 9 der Fakultät für Erziehungswissenschaft der Universität Bielefeld danken. Danke an Friederike von Gross, Dr. Sabine Kaiser, Ulrike Becker, Dr. Kira van Bebber, Philip Karsch, Kerstin Huitema und Dr. Vanessa Dizinger für gemeinsame Kaffeepausen und Mensabesuche, in denen wir neben der Uni auch über andere nette Sachen gesprochen haben, sodass mein von der Analyse rauchender Kopf auch eine Pause bekommen durfte. Ein großer Dank gilt in diesem Rahmen Friederike von Gross, mit der ich zusammen seit mehreren Jahren ein Büro teile, sodass wir uns oftmals über die kleineren oder auch größeren Probleme meiner Arbeit ausgetauscht haben. Zudem war Vanessa Dizinger immer eine tolle Ratgeberin und Diskussionspartnerin bezüglich methodischer Fragestellungen und sie ist eine gute Freundin, vielen Dank.

Nun zu den Personen aus meinem ausschließlich privaten Umfeld: An erster Stelle möchte ich meinen Mann Bernd nennen, der mich über die Jahre der Entstehung dieser Arbeit immer unterstützt hat. Es gibt wohl niemanden, der, obwohl er in einem völlig anderen beruflichen Kontext arbeitet, in seiner Freizeit, sei es im Urlaub, im Restaurant oder am Frühstückstisch, so viel über Medienerziehung in Kindertagesstätten nachgedacht und diskutiert hat wie ihn. Vielen Dank für die Diskussions- und Leidensbereitschaft (wenn ich nicht aufhören konnte, über die

Arbeit zu sprechen)! Vielen Dank auch an meine Eltern Edith und Donat und meine Freundin Melli für motivierende und aufbauende Worte und schöne gemeinsame Unternehmungen. Zudem hat meine Mutter als ehemalige Deutschlehrerin in der Endphase der Entstehung dieser Arbeit unermüdlich und schnell den Text lektoriert und mein Vater sich intensiv mit Formatierungsproblemen, die „Word" gerne bereitet, auseinandergesetzt.

Und natürlich dürfen sowohl die Lehrerinnen und Lehrer des Bildungsbereichs „Sprache(n)/Medien" an den Fachschulen des Sozialwesens in Nordrhein-Westfalen als auch die angehenden Erzieherinnen und Erzieher nicht vergessen werden. Ohne ihre Offenheit und Bereitschaft, mit mir zu sprechen und zu diskutieren, hätte diese Forschungsarbeit nicht verwirklicht werden können. Danke!

Inhalt

Abbildungsverzeichnis

Tabellenverzeichnis

1 Einleitung

> „Der Computer [...] hält [...] [das Kind; H.F.] an seinem Stuhl fest, grenzt seine Lebensregungen auf das Feld zwischen Bildschirm und Taste ein, legt alle anderen Sinne lahm, schaltet anderen Kontakt aus, bannt den Geist des Kindes auf das Frage-und-Antwort-Schema des Programms oder der Programmierung. Er macht - im Prinzip - alles zunichte, was sich die moderne Pädagogik seit Beginn unseres Jahrhunderts ausgedacht hat - zum Wohl des Kindes wie der Gesellschaft (Hentig 1987, S. 85).

Dieses Zitat von Hartmut von Hentig gegen Ende der 1980er-Jahre skizziert eindringlich Befürchtungen, die mit dem Einsatz eines Computers in pädagogischen Institutionen verbunden sein können. Von Hentig, der einem Computereinsatz in der Schule äußerst kritisch gegenübersteht, sieht den Computer aufgrund der durch ihn hervorgerufenen kindlichen Inaktivität und Passivität als konträr zu „[körperlichen]“ (ebd., S. 84) und „[sinnlichen]“ (ebd.) Grunderfahrungen, welche eine moderne Pädagogik bereitstellen müsse.

Trotz solcher Befürchtungen ist der Computer zunehmend zum Bestandteil der schulischen Wirklichkeit geworden. Wie eine aktuelle repräsentative Studie des Instituts für Demoskopie Allensbach (2014) aufzeigt, setzen 88 Prozent der Grundschullehrer/innen digitale Medien im Unterricht ein (vgl. ebd., S. 30) und 64 Prozent sehen sich in der Verantwortung, Grundschulkinder an die Nutzung digitaler Medien heranzuführen (vgl. ebd., S. 20). Der Großteil der Eltern (76 Prozent) befürwortet den Einsatz digitaler Medien in der Grundschule oder ist diesbezüglich unentschieden (vgl. ebd., S. 24).

Im Hinblick auf die Kindertagesstätte zeichnet sich ein deutlich anderes Bild ab: Mit Bezug auf die Ergebnisse der genannten Studie titelt die „Süddeutsche Zeitung“ (2014, o.S.) „Eltern und Erzieher lehnen digitale Früherziehung ab“ und „Die Welt“ (2014, o.S.) bezeichnet äußerst plakativ die „digitale Kita“ als „Horrorvision“ für Eltern. Drei Viertel der Erzieher/innen in Deutschland und knapp 60 Prozent der Eltern sprechen sich gegen eine kindliche Nutzung digitaler Medien in der Kindertagesstätte aufgrund der ohnehin intensiven privaten Mediennutzung der Kinder aus (vgl. Institut für Demoskopie Allensbach 2014, S. 58; vgl. auch Brüggemann et al. 2013, S. 24; Meister et al. 2012, S. 21). Diese Ablehnung resultiert aus negativen Wirkannahmen, die mit der Nutzung elektronischer Medien einhergehen, die den Befürchtungen ähneln, die Hartmut von Hentig 28 Jahre zuvor zum Computereinsatz in der Schule postuliert hat. Unter anderem würden aus Sicht der Erzieher/innen digitale Medien zu einer Überforderung der Kinder durch die Informationsflut führen und die Fernsehnutzung ein aggressives Verhalten bei Kindern begünstigen (vgl. Institut für Demoskopie Allensbach 2014, S. 58).

Während der Einsatz von Computer & Co. durch den Großteil der Erzieher/innen in Kindertagesstätten abgelehnt wird, sind diese generell dem Bereich Medienerziehung gegenüber aufgeschlossen (vgl. Meister et al. 2012, S. 21). Hierunter sind dann jedoch vermutlich Aktivitäten ohne den Einsatz digitaler Medien in der Kita zu fassen. Doch auch solche medienerzieherischen Aktivitäten wie produktionsorientierte Medienarbeit (z.B. Erstellung von Audioaufnahmen oder digitalen Bilderbüchern) (vgl. ebd., S. 23f.) oder medienpädagogische Elternarbeit (vgl. ebd., S. 34) finden ebenfalls – wie der Einsatz digitaler Medien – kaum in den Kindertagesstätten statt.

Ein zentraler Grund dafür sind die Haltungen der Erzieher/innen, die einem Medieneinsatz und Medienerziehung in der Kita entgegenstehen: Zum einen die ablehnenden Haltungen gegenüber bestimmten elektronischen Medien, zum anderen die Auffassung, dass andere Bildungsbereiche der Kindertagesstätte relevanter als eine Heranführung an die Nutzung digitaler Medien in der Kita seien (vgl. Institut für Demoskopie Allensbach 2014, S. 19), welche mit einem geringen Interesse an Medienerziehung einhergeht (vgl. Meister et al. 2012, S. 19). Hinzu kommen u.a. ein begrenztes Wissen der Erzieher/innen über den Bereich der Medienerziehung und medienpädagogische Umsetzungsmöglichkeiten (vgl. Six & Gimmler 2007a, S. 192ff.; Institut für Demoskopie Allensbach 2014, S. 36ff.), ein geringes Vertrauen in die eigene Medien- und medienpädagogische Kompetenz (vgl. Meister et al. 2012, S. 19f.; ebd., S. 22; Six & Gimmler 2007a, S. 148ff.; Six & Gimmler 2007b, S. 2; ebd., S. 132ff.; Meister et al. 2011a), knappe zeitliche Ressourcen (vgl. ebd.; Meister et al. 2012, S. 19) und eine mangelnde Geräteausstattung (vgl. mpfs 2013, S. 25; Meister et al. 2012, S. 19; Meister et al. 2011a).

Die Ablehnung der Erzieher/innen gegenüber dem Einsatz digitaler Medien und der geringe Stellenwert anderer medienerzieherischer Aktivitäten in den Einrichtungen steht der Erfüllung des Bildungsauftrags von Kindertagesstätten zur Medienerziehung, der über die Bildungspläne der einzelnen Bundesländer spezifiziert wird, entgegen. Mittlerweile ist der Bereich Medienerziehung bzw. Medienbildung (beide Begrifflichkeiten werden in den Bildungsplänen verwendet) in allen Bildungsplänen, jedoch in unterschiedlichem Ausmaß, verankert (vgl. Neuß 2013, S. 36f.). Im Bildungsplan von Nordrhein-Westfalen, den „Grundsätzen zur Bildungsförderung für Kinder von 0 bis 10 Jahren in Kindertageseinrichtungen und Schulen im Primarbereich in Nordrhein-Westfalen“, wird der Bereich Medien separat als einer von zehn Lernbereichen definiert (vgl. MSW NRW & MGFFI NRW 2010b, S. 66ff.). Auch in der Erzieher/innen-Ausbildung an Fachschulen des Sozialwesens in Nordrhein-Westfalen ist der Bereich verortet (vgl. MSW NRW 2014a).

Somit erhalten der Bereich der Medienerziehung und damit einhergehend auch die Nutzung (elektronischer) Medien in Kindertagesstätten eine strukturelle Verankerung.

Bei bisherigen empirischen Untersuchungen zur Medienerziehung und -nutzung in Kindertagesstätten lag der Fokus auf bereits in der Praxis tätigen Erzieher/innen und nicht auf angehenden Erzieher/innen, die sich noch in der Ausbildung befinden. Gerade das Wissen um das Verständnis und die Haltungen der zweitgenannten Gruppe sind aber insofern besonders relevant, dass dies diejenigen sind, die voraussichtlich langfristig in der Kita tätig sein werden und dort auch medienpädagogisch aktiv sein könnten. Angesichts der Bedeutung, die auch die Bildungspolitik über die Bildungspläne dem Bereich der Medienerziehung als Gegenstandsbereich der Professionalisierung der Frühpädagogik entgegenbringt (vgl. Rauschenbach 2011), erscheinen Erkenntnisse über die Haltung der angehenden Erzieher/innen von Relevanz. Diese Forschungslücke zur Haltung von angehenden Erzieher/innen in der Ausbildung hinsichtlich Medienerziehung soll über die hier vorliegende qualitative Studie der Autorin geschlossen werden. Beantwortet werden soll unter anderem, ob aufgrund einer altersspezifisch bedingten vermutlich hohen privaten Mediennutzung (z.B. von „Facebook“, Smartphones) und dem Aufwachsen der angehenden Erzieher/innen mit Computer und Internet diese dem Einsatz digitaler und anderer elektronischer Medien in der Kindertagesstätte möglicherweise offener gegenüberstehen als die Erzieher/innen in den Einrichtungen.

Um die Haltungen der angehenden Erzieher/innen zu rekonstruieren, wird als theoretischer Hintergrund das von Friedrichs in Anlehnung an die Habitustheorie Bourdieus entwickelte Konzept des medienerzieherischen Habitus herangezogen. Unter dem medienerzieherischen Habitus versteht die Autorin ein System von dauerhaften medienerzieherischen Dispositionen, die als Erzeugungs- und Ordnungsgrundlagen für medienerzieherische Praktiken und auf Medienerziehung bezogene Vorstellungen und Beurteilungen fungieren. Neben dem medienerzieherischen Habitus interessieren im Rahmen dieser Forschungsarbeit weitere Bedingungen, die sich auf die Bereitschaft der Auszubildenden, medienerzieherisch in den Kindertagesstätten aktiv zu sein, auswirken.

Somit ergeben sich die zwei folgenden Forschungsfragen:

(1) *Wie sind die medienerzieherischen Habitusformationen angehender Erzieher/innen in Bezug auf die pädagogische Arbeit in Kindertagesstätten gestaltet?*
(2) *Welche Bedingungen beeinflussen die Ausübung von Medienerziehung in Kindertagesstätten durch angehende Erzieher/innen?*

Zur Beantwortung dieser Fragestellungen wurden sowohl sechs leitfadengestützte Interviews mit Lehrkräften des Bildungsbereichs Sprache(n)/Medien für die Ausbildung zum/r staatlich anerkannten Erzieher/in als auch acht Gruppendiskussionen mit angehenden Erzieher/innen, die ihre Ausbildung an Fachschulen des Sozialwesens mit der Fachrichtung Sozialpädagogik in Nordrhein-Westfalen absolvieren, durchgeführt. Die Erhebung erfolgte von September 2011 bis Juni 2012. Mittels der dokumentarischen Methode wurden die medienerzieherischen Habitusformationen der angehenden Erzieher/innen rekonstruiert. Da die Autorin den medienerzieherischen Habitus als Schnittmenge des medialen Habitus (vgl. Kommer & Biermann 2012) und des berufsethischen Habitus versteht, wurden in der Analyse diese drei Teilaspekte des Gesamt-Habitus der angehenden Erzieher/innen in den Blick genommen. Des Weiteren wurden die Interviews und Gruppendiskussionen hinsichtlich der Ausgestaltung der medienpädagogischen Ausbildung an Fachschulen des Sozialwesens in Nordrhein-Westfalen und anderer Bedingungsfaktoren für eine Ausübung von Medienerziehung durch die angehenden Erzieher/innen analysiert.

Zunächst wird in der vorliegenden Arbeit der Bildungsauftrag des Kindergartens unter einer historischen Perspektive betrachtet (Kapitel 2). Einen besonderen Stellenwert nimmt hierbei die Bildungsreform der 1960er- und 1970er-Jahre mit der sich daraus ergebenden Curriculumdiskussion und den Rahmen- bzw. Bildungsplänen für verschiedene vorschulische Einrichtungen (z.B. Vorklassen an Grundschulen, Kindergärten) ein. Das Ende der Vorschulreform Ende der 1970er-Jahre bedeutete auch ein vorläufiges Ende des eher schulisch ausgerichteten Bildungsauftrags des Kindergartens. Ab Ende der 1970er-Jahre war die Orientierung an Situationen das bedeutende pädagogische Konzept von Kindergärten bzw. Kindertagesstätten.

Durch die PISA-Debatte Anfang der 2000er-Jahre erlebte die Frühpädagogik eine Reformbewegung, die mit dem Terminus der Professionalisierung zu beschreiben ist. Ziel der Professionalisierung ist eine Qualitätssteigerung der pädagogischen Arbeit in den Einrichtungen, die über verschiedene Strategien erreicht werden soll. Zentral ist hierbei die Neuformulierung von Bildungsplänen für die Bundesländer, in denen die Verantwortung von Erziehern/innen formuliert wird, Medienerziehung bzw. Medienbildung in den Einrichtungen umzusetzen. Im Rahmen der Professionalisierungsdebatte werden verschiedenste Erwartungen an die Erzieher/innen gestellt wie beispielsweise die Förderung kindlicher Kompetenzen im

Rahmen des gesellschaftlichen Wandels und eine Vorbereitung der Kinder auf schulische Anforderungen. Die Professionalisierung der Frühpädagogik wird in Kapitel 3 dargestellt.

In Kapitel 4 wird mit Bezug auf die Untersuchungsgruppe der Forschungsarbeit die Ausbildung von Erziehern/innen an Fachschulen des Sozialwesens in Nordrhein-Westfalen betrachtet.

Anschließend wird in Kapitel 5 die Mediennutzung in der frühen Kindheit unter Berücksichtigung empirischer Studienergebnisse in den Blick genommen. Dies erfolgt mit Bezug auf die von Theunert (2015, S. 145) formulierten Kontexte der Medienaneignung. Dieses Vorgehen wird gewählt, da die Mediennutzung von Vorschulkindern bzw. die Vorstellungen und Beurteilungen der Erzieher/innen hierüber eine Rahmung für die Umsetzung von Medienerziehung in Kindertagesstätten darstellen.

In Kapitel 6 wird das Thema „Medienerziehung in Kindertagesstätten" erörtert. Hierbei werden zunächst Zielstellungen und Praxismöglichkeiten von Medienerziehung betrachtet, unter anderem im Hinblick auf den (medien-)pädagogischen Einsatz des Internets und von Tablets. Danach wird der Forschungsstand zur Medienerziehung und -nutzung in der Kindertagesstätte dargestellt. Das Kapitel endet mit einer Analyse der strukturellen Verankerung medienpädagogischer Inhalte in der Erzieher/innen-Ausbildung an Fachschulen des Sozialwesens in Nordrhein-Westfalen und in den „Grundsätzen zur Bildungsförderung für Kinder von 0 bis 10 Jahren in Kindertageseinrichtungen und Schulen im Primarbereich in Nordrhein-Westfalen".

In Kapitel 7 wird das Habituskonzept Bourdieus als theoretische Grundlage der eigenen Forschungsarbeit beschrieben. Nach einer Erörterung dessen Habitus- und Kapitalsortenkonzepts folgt eine Darstellung der für die Beantwortung der Fragestellung verwendeten Konzepte des medialen, des berufsethischen und des medienerzieherischen Habitus.

Der forschungsmethodologische Rahmen der Arbeit wird in Kapitel 8 über die Konkretisierung der Fragestellung und die Skizzierung des Forschungsdesigns mit den Erhebungsmethoden des teilstrukturierten leitfadengestützten Interviews und der Gruppendiskussion verdeutlicht. An dieser Stelle wird auch die verwendete Auswertungsmethodik der dokumentarischen Methode nach Bohnsack et al. (2013) dargestellt.

Mit Kapitel 9 beginnt die Darstellung der Analyseergebnisse mit Bezug auf die teilstrukturierten leitfadengestützten Interviews mit den Lehrkräften des Bildungsbereichs Sprache(n)/Medien. Die Einzelanalysen der Interviews mit den Lehrkräften sind in drei Bereiche aufgeteilt: Zunächst werden jeweils die Lehrkraft und ihre medienpädagogischen Ausbildungsinhalte vorgestellt, dann die Sicht der Lehrkräfte auf die angehenden Erzieher/innen und deren Habitusformationen erörtert und abschließend die Einschätzung der Lehrkräfte zu den Bedingungen der Kindertagesstätten (u.a. im Hinblick auf die Praxis der Medienerziehung) beschrieben. Nach den Einzelanalysen erfolgt eine Zusammenfassung der zentralen Ergebnisse der Interviews mittels einer komparativen Analyse.

In Kapitel 10 und 11 werden die Analyseergebnisse der Gruppendiskussionen mit den angehenden Erziehern/innen beschrieben. In Kapitel 10 werden die Auszubildenden im zweiten Ausbildungsjahr betrachtet, in Kapitel 11 die Berufspraktikanten/innen. Auch hier erfolgt eine dreigliedrige Darstellung der Analyseergebnisse der einzelnen Gruppen: Zuerst werden die Gruppen und die von ihnen beschriebenen medienpädagogischen Ausbildungsinhalte vorgestellt, als zweites die Rekonstruktion des Habitus der angehenden Erzieher/innen dargestellt (jeweils spezifiziert hinsichtlich des medialen, medienerzieherischen und berufsethischen Habitus) und als drittes die Sicht der Auszubildenden auf die Kindertagesstätten betrachtet.

In Kapitel 12 werden die zentralen Analyseergebnisse der Arbeit miteinander verknüpft, die in einem Modell zur Erklärung der medienerzieherischen Praxis angehender Erzieher/innen münden. Bezugnehmend auf das Modell werden Bedingungen auf Seiten der angehenden Erzieher/innen für die Ausübung von Medienerziehung beschrieben, die anhand der Gruppendiskussionen rekonstruiert wurden. Anschließend werden die Rahmenbedingungen der Arbeit als angehende Erzieher/innen, die sich auf die Ausübung von Medienerziehung auswirken, betrachtet. Dies geschieht anhand einer Koppelung der Analyseergebnisse der Gruppendiskussionen mit den Auszubildenden und der leitfadengestützten Interviews mit den Lehrkräften.

In Kapitel 13 werden die Analyseergebnisse in den Rahmen bisheriger Forschungsarbeiten eingebettet. Zudem werden Medienerziehung und -nutzung in der Kindertagesstätte ins Verhältnis zur diesbezüglichen Situation in der Grundschule und des Offenen Ganztags gesetzt. Zum Abschluss der Arbeit werden Implikationen zur Stärkung von Medienerziehung und -nutzung in Kindertagesstätten und für die medienpädagogische Forschung formuliert.

2 Der Bildungsauftrag des Kindergartens und seine historische Entwicklung

Medienerziehung stellt heute einen Teilbereich der frühkindlichen Bildung dar. Frühkindliche Bildung oder Frühpädagogik (die Begriffe werden in der Arbeit synonym verwendet) werden als Betreuung, Bildung und Erziehung von Kindern in Kindertageseinrichtungen oder dem Kindergarten bis zum Schuleintritt verstanden. Die Begriffe werden gegenüber anderen alternativen Begrifflichkeiten (z.B. Elementarpädagogik) gewählt, da sie im aktuellen wissenschaftlichen und auch politischen Diskurs häufig Anwendung finden. Definitorisch abgegrenzt wird das hier vorliegende Verständnis gegenüber der weiter angelegten Definition von Tietze (2012), der unter dem Bereich Frühpädagogik „alle pädagogischen Fragen vom Zeitpunkt der werdenden Elternschaft bis nach dem Eintritt des Kindes in die Grundschule (0-8 Jahre)“ (ebd., S. 435) fasst.[1]

Um die aktuellen Professionalisierungstendenzen der frühkindlichen Bildung und das Verständnis von Kindertagesstätten als Lernort mit Bildungsauftrag aufzuzeigen, bietet es sich an, zunächst die historische Entwicklung des Kindergartens im Verhältnis zum Bildungssystem zu betrachten.

---

1 Der Begriff Kindergarten stellt im Vergleich zum Begriff der Kindertagesstätte den älteren Begriff dar, welcher sich oftmals auf Kinder im Alter von drei bis sechs Jahren bezieht (vgl. Reyer 2010, S. 1). Mit dem Begriff Kindertagesstätte sind sowohl die Nachmittagsbetreuung als auch die zusätzliche Betreuung von Kindern unter drei Jahren verbunden. Da sich in den letzten Jahren die Einrichtungen überwiegend zu Einrichtungen mit Ganztagsangebot und Betreuungsmöglichkeiten für jüngere Kinder entwickelt haben, ist Kindertagesstätte oder die Abkürzung Kita, zumindest für Nordrhein-Westfalen, der gängige Terminus, der im Kontext der vorschulischen institutionellen Betreuung angewandt wird. In der verwandten (zum Teil älteren) Literatur findet sich jedoch auch die Verwendung des Begriffes Kindergarten ohne Abgrenzung zum Begriff der Kindertagesstätte. Somit wird auch dieser Begriff in dieser Arbeit verwandt, hiermit soll aber keineswegs von der Autorin eine Unterscheidung hinsichtlich verschiedener vorschulischer Betreuungsformen vorgenommen werden. Somit meinen die Begriffe Kindergarten und Kita in dieser Arbeit die vorschulische institutionelle Betreuung von Kindern.

2.1 Kindergarten mit sozialpädagogischem Motiv und Bildungsmotiv

In der ersten Hälfte des 19. Jahrhunderts entstanden parallel zur Entstehung des Volksschulwesens Betreuungs- und Erziehungseinrichtungen für Kinder im Vorschulalter. Ein regelrechter „Gründungsboom" (Reyer 2006, S. 51) an Einrichtungen der öffentlichen Kleinkinderziehung war für das heutige Deutschland der 1830er- und 1840er-Jahre zu verzeichnen. Um 1850 gab es bereits zwischen 500 und 600 Einrichtungen der Kleinkindbetreuung. Obwohl die Anzahl der Einrichtungen rasch zunahm, besuchten nur wenige Kinder vorschulische Einrichtungen; die Betreuungsquote der vorschulaltrigen Kinder in Preußen lag um 1850 bei rund einem Prozent (vgl. ebd.).

Für die Entstehung einer institutionalisierten Kleinkinderziehung war zunächst ein „sozialfürsorgerisches Motiv" (Reyer & Franke-Meyer 2012, S. 5) im Rahmen der gesellschaftlichen Massenarmut aufgrund einer sprunghaft ansteigenden Bevölkerung ausschlaggebend. Die Erwerbstätigkeit von Müttern ging mit verschiedenen Problemen für die soziale Unterschicht einher: Jüngere Kinder waren ohne Aufsicht alleine zu Hause und wurden daher teilweise Opfer von Unfällen, ältere Geschwister passten auf die jüngeren auf und besuchten deshalb nicht die Schule oder aber jüngere Geschwister wurden mit in die Schule gebracht. Eine außerfamiliale Kinderbetreuung ermöglichte es den Müttern der sozialen Unterschicht, bei gleichzeitiger Betreuung ihrer Kinder zu arbeiten, beispielsweise als Bäuerinnen, Tagelöhnerinnen oder Wasserträgerinnen (vgl. Reyer 2010, S. 520; Reyer & Franke-Meyer 2012, S. 5f.; Kallert 2006, S. 215). Neben der Lösung der genannten Probleme erhielt die Obrigkeit durch die institutionalisierte Kleinkinderziehung die Möglichkeit, die Kinder gemäß trägerspezifischer Ordnungsvorstellungen zu erziehen und diese „auf eine Existenz als Angehöriger der ‚arbeitenden Classen' durch Grundlegung einer proletarischen Sittlichkeit schon in den ersten Lebensjahren" (Reyer 2010, S. 520) vorzubereiten.

War das sozialpädagogische Motiv ausschlaggebend für die Gründung des Kindergartens, kam schnell eine Verflechtung mit schulbezogenen Aufgaben hinzu, sodass auch ein „Bildungsmotiv" die Arbeit der Einrichtungen in der ersten Hälfte des 19. Jahrhunderts kennzeichnete. In vielen Einrichtungen der öffentlichen Kleinkindererziehung waren Lehrer tätig, die meist an einigen Stunden pro Tag die Kinder gezielt auf die Schule vorbereiteten. Zudem erstellten einige Einrichtungen „Entlassungszeugnisse" im Zuge des Übergangs zur Schule, welche den zukünftigen Lehrer über die Eigenschaften des Kindes und dessen Familiensituation informieren sollten. Die Verflechtung von vorschulischer Einrichtung und Schule zeigte sich auch darin, dass sowohl vorschulaltrige Kinder reguläre Elementarschulklassen als auch schulpflichtige Kinder die Kleinkinderschule besuchten und zudem erste Ausbildungen für die pädagogische Arbeit in den Einrichtungen angeboten wurden (vgl. Reyer & Franke-Meyer 2012, S. 8).

Zu den bekannten Vertretern des Bildungsmotivs zählt Friedrich Fröbel. Er entwickelte als erster eine detaillierte Kleinkindpädagogik (vgl. ebd., S. 10), die sich jedoch nicht auf diejenigen Familien, in denen Kinder vernachlässigt oder in ihrer Entwicklung ungenügend gefördert wurden, bezog, sondern auf Kinder aus dem Bürgertum (vgl. Textor o.J.a). Laut Fröbel sollte der Kindergarten ein Ort sein, „an dem eine kindgemäße, familienergänzende Pädagogik [mittels] [H.F.] [einer] [umfassenden] Förderung der jungen Kinder in den verschiedenen Entwicklungsdimensionen (Sprache, Motorik, Emotionalität und Geist) insbesondere durch das Spiel vorangetrieben werde“ (Diehm 2004, S. 533). Durch die systematisch aufeinander aufbauenden Spielgaben (Grundelemente Kugel, Walze und Würfel) sollte das Kind selbsttätig sein Inneres freitätig darstellen können (vgl. Reyer 2006; Höltershinken 2012b, S. 432). Fröbel war der Ansicht, dass der Kindergarten die unterste Stufe des Bildungssystems darstellen und die Bildungsarbeit des Kindergartens sich auf die Schule beziehen solle (vgl. Diehm 2004, S. 533; Reyer & Franke-Meyer 2012, S. 10).

2.2 Entflechtung von familienbezogenen und schulbezogenen Aufgaben

Ab der Mitte des 19. Jahrhunderts kam es zu einer konzeptionellen Entflechtung von familienbezogenen und schulbezogenen Aufgaben, die durch das 1851 erlassene „Preußische Kindergartenverbot“ der Fröbelschen Kindergärten[2] und durch die 1854 erlassene „Preußische Schulregulative“ begünstigt wurde (vgl. Franke-Meyer 2011, S. 116ff.; Reyer & Franke-Meyer 2012, S. 11f.). Vor allem aber zeichnen Reyer und Frankemeyer (2012) Veränderungen in der Trägerlandschaft für den Entflechtungsprozess verantwortlich: Im Verlauf der zweiten Hälfte des 19. Jahrhunderts bildeten sich konträr zu den „Fröbelianern“ und der daraus hervorgehenden Fröbelbewegung die großen konfessionellen Trägerfraktionen „mit eigenen weltanschaulichen und pädagogischen Positionierungen“ (ebd., S. 11). Während die konfessionellen Trägerverbände den vorschulischen Einrichtungen primär familienunterstützende Aufgaben zusprachen und schulbezogene Aufgaben außen vor ließen, betonten die Fröbelianer die schulisch ausgerichtete Bildungsaufgabe des Kindergartens und versuchten über die gesamte zweite Hälfte des 19. Jahrhunderts immer wieder, „den Kindergarten

2 Von 1851 bis 1860 wurden die Fröbelschen Kindergärten in Preußen verboten. Frankemeyer (2011, S. 116ff.) sieht das Verbot vor allem durch die religiöse Oppositionsbewegung des „Deutschkatholizismus“ begründet, einer von Rom unabhängigen Kirche, welche sich gegen die Reliquienverehrung und den Ablasshandel aussprach. Die Oppositionsbewegung gründete einige Institutionen, darunter auch die Kindergärten Fröbelscher Art, die von der preußischen Regierung als staatsgefährdend betrachtet wurden, sodass es zu einem allgemeinen Verbot der Fröbelschen Kindergärten kam, um die freien Gemeinden zu schwächen. Somit sollte die Erziehung der Kinder zu „freiheitlich denkenden Menschen“ (ebd., S. 204), die sich gegen die Autorität der Kirche stellen, verhindert werden.

organisatorisch und administrativ als unterste Stufe des allgemeinbildenden Schulsystems zu verankern" (ebd.).

Gegen Ende des 19. Jahrhunderts kam es zu einer gewissen Annäherung zwischen dem Deutschen Fröbelverband und den konfessionellen Trägerfraktionen: Die konfessionellen Einrichtungen nahmen Methoden des Fröbelschens Kindergartens auf und auf der anderen Seite berücksichtigte das Konzept des Volkskindergartens die familienunterstützende Funktion des Kindergartens (vgl. ebd., S. 12). Für Reyer (2010) stellt Schrader-Breymanns Konzeption des Volkskindergartens den Beginn der pädagogischen Modernisierung des Kindergartens dar (vgl. ebd., S. 524). Schrader-Breymann verband Ende des 19. Jahrhunderts Fröbels Spieltheorie[3] mit Pestalozzis Familienprinzip (vgl. Reyer & Franke-Meyer 2012, S. 12; Osterwalder 2011). Dabei grenzte sie den Kindergarten von der Schule ab und begründete stattdessen eine eigenständige Kindergartenpädagogik. Der Kindergarten hätte sich nicht an der Schule, sondern an der Familie zu orientieren. Sie führte den „Monatsgegenstand"[4] in die Kindergartenpädagogik ein und setzte somit den Grundstein für einen „eigenständigen Bildungsauftrag" des Kindergartens (vgl. Reyer & Franke-Meyer 2012, S. 12). Es standen fortan unterschiedliche pädagogische Konzepte zueinander in Konkurrenz wie die von Fröbel und Montessori, was in der Literatur auch als „Fröbel-Montessori-Streit" (Reyer 2010, S. 524) bezeichnet wird.

2.3 Verlust des Schulmotivs in der Weimarer Republik

Nach dem Ende des ersten Weltkriegs hatte die Reichsschulkonferenz von 1920 die Aufgabe, über die Neugliederung des deutschen Schulwesens zu beraten. Hier wurde das Verhältnis von Kindergarten und Schule diskutiert, die Mehrheit der Teilnehmer/innen sprach sich für eine Trennung der beiden Institutionen aus. Das Reichsjugendwohlfahrtsgesetz (RJWG) von 1922 (Vorläufer des heutigen KJHG) führte zu einer (vorerst) endgültig konzeptionellen Abgrenzung des Kindergartens vom Bildungssystem, indem dieser gänzlich der Kinder- und Jugendhilfe zugeschrieben wurde. Dies ermöglichte die Etablierung des „eigenständigen Bildungsauftrags" des Kindergartens gegenüber Familie und Schule (vgl. Reyer & Franke-Meyer 2012, S. 13f.).

---

4 Bei der Arbeit mit einem Monatsgegenstand wird den Kindern im Kindergarten ein bestimmtes Thema (z.B. Haustiere) anhand von Informationen und praktischen Tätigkeiten nahe gebracht (vgl. Berger o.J.).

2.4 Verlust des eigenständigen Bildungsauftrags des Kindergartens im Zuge des Nationalsozialismus

Die politischen und gesellschaftlichen Bedingungen der folgenden Jahrzehnte führten jedoch zum Verlust dieses eigenständigen Bildungsauftrags: Im Nationalsozialismus wurde der Kindergarten politisch funktionalisiert und gleichgeschaltet. Der Fröbelverband wurde zur Selbstauflösung gezwungen (vgl. Lost o.J., S. 2) und Waldorf- und Montessori-Kindergärten wurden geschlossen (vgl. Reyer 2010, S. 525). In der Nachkriegszeit diente der Kindergarten vor allem zur Betreuung von verwaisten oder vernachlässigten, bzw. von Verwahrlosung bedrohten Kindern (vgl. Roux o.J.).

2.5 Annäherung des Kindergartens an das Bildungssystem

In den 1960er- und 1970er-Jahren kam es wieder zu einer Annäherung des Kindergartens an das Bildungssystem. In der DDR wurde der Kindergarten im Gesetz über das einheitliche sozialistische Bildungssystem (1965) als unterste Stufe des Bildungssystems beschrieben (vgl. Gesetz über das einheitliche sozialistische Bildungssystem). Dieses ermöglichte einerseits die Erwerbstätigkeit der Frau, die aus volkswirtschaftlicher Sicht durchaus gewünscht wurde, andererseits die sozialistische Erziehung in den staatlich kontrollierten einheitlichen Kindergärten (vgl. Reyer 2010, S. 525; Deißler 1973, S. 99ff.; Kallert 2006).

In der BRD wurde mit der *Bildungsreform* der 1960er- und 1970er-Jahre angestrebt, den Kindergarten als ein Angebot für alle Kleinkinder auszubauen, somit auch für die Kinder von nicht erwerbstätigen Müttern (vgl. Reyer 2010, S. 525)[5]. Die Bildungsreform hatte unterschiedliche Auslöser: Zum einen befand sich Deutschland Mitte der 1960er-Jahre im Wirtschaftswachstum und benötigte dringend Fachkräfte. Zum anderen führte der Sputnik-Schock[6] Ende der 1950er-Jahre in den westlichen Industrienationen zur Sorge, international nicht wettbewerbsfähig zu sein (vgl. Roux o.J.; Stamm 2010, S. 240f.). Eine internationale Vergleichsstudie der OECD im Oktober 1961 zeigte zudem den „Leistungs- und Modernitätsrückstand" (Hepp 2011, S. 122) für das deutsche Bildungswesen auf, was dazu führte, dass der damals neugewählte Bundeskanzler Erhard in seiner Regierungserklärung die enorme Bedeutsamkeit von Bildung und Forschung herausstellte. Weiteren

---

5 Gleichwohl reichte die Zahl der Kindergärten schon damals nicht aus (vgl. Reyer 2006; Reyer 2010).

6 Der Sowjetunion gelang es eher als den USA, einen künstlichen Erdsatelliten (Sputnik) in das Weltall zu schicken, was verdeutlichte, dass die Sowjetunion im Hinblick auf die Raumfahrt den westlichen Industrienationen mindestens ebenbürtig war. Zudem bestand eine stärkere militärische Gefahr für die USA, da somit die Sowjetunion prinzipiell dazu in der Lage gewesen wäre, die USA mit atomaren Interkontinentalraketen zu treffen (vgl. Bitzer o.J.).

Antrieb bekam die Bildungsdebatte durch zwei stark beachtete Publikationen (vgl. ebd., S. 122f.): Picht (1964) warnte in mehreren Artikeln der Wochenzeitung „Christ und Welt" in einer Analyse des deutschen Bildungswesens vor der „Bildungskatastrophe" in Deutschland, welche nur mit einem „Notstandprogramm" verhindert werden könne. Er argumentierte dabei vor allem ökonomisch und standortpolitisch (vgl. Hepp 2011, S. 123). Des Weiteren kritisierte der Soziologe Dahrendorf (1965) in seinem Buch „Bildung ist Bürgerrecht" die ungleiche Verteilung von Bildungschancen in der Gesellschaft, welche dem Recht auf Bildung des/r Einzelnen entgegenstände, sodass „eine aktive Bildungspolitik" gefragt sei.

Eine Reform der Bildung wurde als Krisenbewältigung gesehen: Das Bildungssystem sollte effizienter und leistungsfähiger werden, Bildungsbenachteiligungen im Hinblick auf Erkenntnisse der Sozialisationsforschung zum Zusammenhang von sozialer Herkunft und Schullaufbahn abgebaut werden und eine stärkere Demokratisierung des Bildungswesens erfolgen (vgl. Kluchert 2012; Roux o.J.; Liegle 1979, S. 19; Deutscher Bildungsrat 1970, S. 110f.). Angesichts von Erkenntnissen der US-amerikanischen Entwicklungspsychologie und Intelligenzforschung wurde nun davon ausgegangen, dass die Intelligenzentwicklung früh durch Umweltfaktoren beeinflusst werden kann und nicht nur Resultat der Anlagen einer Person ist (vgl. Roux o.J.; Hopf 1971, S. 3ff.). Die Forschungsergebnisse von Bloom nahmen einen zentralen Stellenwert in der Diskussion um frühkindliche Förderung ein. Laut Bloom würden 50 Prozent der Intelligenz bereits im Alter von vier Jahren erworben und weitere 30 Prozent im Alter von acht Jahren. Hieraus ergab sich der Ansatz, Kinder möglichst früh adäquat zu fördern, um die Intelligenz aller Kinder zu fördern (generelle Förderung) und zudem umweltbedingte Nachteile zu kompensieren (kompensatorische Förderung) (vgl. Deutscher Bildungsrat 1970, S. 110f.; Hopf 1971, S. 3ff.).

1970 lieferte der Deutsche Bildungsrat mit dem „Strukturplan für das Bildungswesen", der für die nächsten Jahre den bildungspolitischen Diskurs in der Bundesrepublik prägte (vgl. Hepp 2011, S. 123), die Reformgrundlage (vgl. Kluchert 2012, S. 181). Erstmalig wurde nun der Elementarbereich in das Bildungssystem einbezogen (vgl. Liegle 1979, S. 19; Deutscher Bildungsrat 1970, S. 112).[7] Mit dem Strukturplan für das Bildungswesen wurde es zur Aufgabe der Erzieher/innen, das Lernen von Kindern systematisch zu unterstützen und „alle Kinder in gleicher Weise kontinuierlich und konsequent" (Deutscher Bildungsrat 1970, S. 112) zu fördern.

Als Reaktion auf den Strukturplan gaben die Ministerien einiger Bundesländer „Richtlinien" heraus, die zumeist als „Rahmenpläne" oder „Bildungspläne" bezeichnet wurden (vgl. Liegle 1979, S. 21ff.) und gemeinsam mit den auch in der

---

7 Dennoch gehört der Kindergarten – auch heute noch – mit der rechtlichen Grundlage des Kinder- und Jugendhilfegesetzes (1991 in Kraft getreten) formal dem Sozial- und nicht dem Bildungsbereich an (vgl. SGB VIII).

DDR publizierten Richtlinien und Empfehlungen die Vorläufer der heutigen Bildungspläne der Bundesländer bilden (vgl. Smidt & Schmidt 2012, S. 244). Zunächst richteten sich die Rahmen- bzw. Bildungspläne an Vorklassen an Grundschulen, Schulkindergärten und Vorschulgruppen in Kindergärten und zeichneten sich durch eine starke schulische Orientierung aus. Später wurden die Rahmen- und Bildungspläne teilweise auch in den Kindergärten eingeführt (bspw. in Baden-Württemberg, Bayern, Saarland, Berlin). Die entwickelten Konzepte und Maßnahmen hatten unterschiedliche Ausrichtungen. Zunächst waren die Rahmen- bzw. Bildungspläne stark schulisch orientiert, was sich in den einzelnen Lernbereichen, die denen von Schulfächern ähneln, widerspiegelt (vgl. Liegle 1979, S. 44). Bald stand eine Vielzahl an Bildungsmaterialien wie Lernspiele, Puzzles und Sachbücher zur Verfügung, was laut Liegle (1979) zur Verwirrung auf Seiten der Erzieher/innen führte. Am häufigsten bezogen sich die Entwürfe für den Vorschulbereich auf einzelne didaktische Bereiche wie Mathematik, Sach- und Umweltkunde, Technik oder Sprachförderung (z.B. Lesekurs). Zudem wurden Materialien entwickelt, die sich an funktionalen Fähigkeiten des Kindes orientierten (vgl. ebd., S. 27f.). Durch spezifische Spiel- und Lernangebote – wie etwa die Sprachtrainingsmappen nach Lückert oder mathematische Lernspiele sollten – von einem behavioristischen Lernverständnis ausgehend – die anvisierten Fähigkeiten erworben werden (vgl. Höltershinken 2012c, S. 443; Holling 2007, S. 44f.).

Neben der Aufgabe von Erziehern/innen, die Kinder sowohl generell als auch kompensatorisch zu fördern, wurde im Strukturplan vorgesehen, das Schuleintrittsalter vorzuverlegen. Fünfjährige sollten aus dem Kindergarten herausgenommen werden, um ihnen eine stärkere schulbezogene Förderung in besonderen Vorklassen zu ermöglichen, was *Diskussionen um die Zuordnung der fünfjährigen Kinder* auslöste: Sollten diese den Kindergarten oder die Schule besuchen (vgl. Roux o.J.; Baumann et al. 1977, S. 11ff.)? Der vorschulische Bereich stellte sich in den 1970er-Jahren, wie Twellmann (1978) aufzeigt, je nach Bundesland unterschiedlich dar: Es existierten Kindergärten, Schulkindergärten, das Modell der integrierten Eingangsstufe sowie Vor-(schul-)klassen. Die verschiedenen Einrichtungsformen waren mit unterschiedlichen didaktischen Konzepten verknüpft: In den Modellkindergärten wurde auf gelenkte, direkte Instruktionen der Kinder verzichtet. Die Schulkindergärten, das Modell der integrierten Eingangsstufe sowie die Vorklassen waren hingegen stärker an schulischen Inhalten orientiert, sodass neben spielorientierten Phasen die Kinder auch erste Kenntnisse in Lesen, Schreiben und Rechnen erlernten (vgl. Dollase 2006; Höltershinken 2012a; Knauf o.J.). Eine Entscheidung über die Zuordnung der fünfjährigen Kinder (Kindergarten oder schulisch orientierte Einrichtungen) sollten Modellversuche erbringen. Zentrale Fragestellung hierbei war, ob sich der Besuch schulisch orientierter Modelle positiver auf die schulische Entwicklung der Kinder auswirkte als der Besuch des Kindergartens. Dollase (2006) beschreibt den „Kindergarten-Vorklassen-Versuch" des Landes Nordrhein-

Westfalen mit einer Laufzeit von 1970 bis 1977 als „größten Früheinschulungsversuch“ Deutschlands (vgl. Knauf o.J.). In je 50 repräsentativ ausgewählten Modellkindergärten und Vorklassen wurden über fünf Jahre die unterschiedlichen didaktischen Konzepte realisiert. Das pädagogische Personal wurde dementsprechend fortgebildet und unterschied sich je nach Einrichtungsform: In den Modellkindergärten waren Erzieher/innen tätig und in den Vorklassen Sozialpädagogen/innen mit Fachhochschulabschluss, die gelegentlich durch eine Grundschullehrkraft unterstützt wurden (vgl. Dollase 2006). Mit Blick auf mögliche Leistungsunterschiede zwischen solchen Kindern, welche den Modellkindergarten besucht haben und denen, die die Vorklassen besucht haben, waren die Ergebnisse „ernüchternd“ (ebd.). Einige Studien lieferten keine Belege für – im Vorfeld vermutete – höhere schulische Leistungen der Vorklassenkinder (vgl. Ewert & Braun 1978; Schmerkotte 1978; Winkelmann et al. 1977). Andere Studienergebnisse zeigten zudem Vorteile des Modellkindergartens hinsichtlich schulischer Leistungen und Fähigkeiten, schulischer Arbeitshaltung und Persönlichkeit auf (vgl. Dollase 1978; Dollase 2006; Twellmann 1978, S. 233f.). Als Reaktion auf die Ergebnisse beschloss die Landesregierung von Nordrhein-Westfalen, dass die Schulpflicht nicht vorverlegt werde, angestrebt wurden jedoch engere Formen der Zusammenarbeit zwischen Kindergarten und Grundschule (vgl. ebd.). Solche Modellversuche wurden bundesweit durchgeführt. Da keine klaren Erkenntnisse vorlagen, die deutlich den Vorzug des Elementar- bzw. des Primarbereiches herausstellten, wurden sowohl die Vorklassen als auch die Eingangsstufe nicht weiter ausgebaut bzw. vorhandene Einrichtungen nicht fortgeführt oder geschlossen (vgl. Höltershinken 2012a). Die Entscheidung der Zuordnung der Fünfjährigen fiel somit zugunsten des Kindergartens aus. Ende der 1970er-Jahre kam es zum Ende der Vorschulreform, was zusätzlich auf folgende Umstände zurückzuführen ist: Zum einen kam es nach dem Ende der Großen Koalition der Christlich Demokratischen Union (CDU) und der Sozialdemokratischen Partei Deutschlands (SPD) zu verschärften politischen Auseinandersetzungen, zum anderen bestand eine ungünstige wirtschaftliche Lage nach dem Ölschock (vgl. Kluchert 2012). Mit den veränderten Problemlagen änderte sich dementsprechend die öffentliche Aufmerksamkeit und der damit einhergehende politische Druck für Reformen des Kindergartens (vgl. Hebenstreit 2008, S. 4) und des Bildungssystems insgesamt sank. Kluchert (2012) kommt zu dem Schluss, dass zunächst ein „[breiter] [politischer] Konsens über die Reformbedürftigkeit des deutschen Bildungswesens“ (ebd., S. 181) bestand, der jedoch letztendlich hauptsächlich in einer Reform der gymnasialen Oberstufe mit einem Kurssystem und freierer Fächerwahl anstatt eines Klassensystems mündete (vgl. ebd.).

2.6 Orientierung an Situationen

War die Frühpädagogik im Zuge der Bildungsreform vor allem schulisch ausgerichtet, setzten sich Ende der 1970er-Jahre mit dem *Situationsansatz* „die sozialpädagogischen Elemente einer weiterentwickelten Kleinkindpädagogik" (Liegle 1979, S. 44) mit dem Ziel einer ganzheitlichen Förderung der kindlichen Entwicklung durch. Der Situationsansatz wurde maßgeblich durch das Deutsche Jugendinstitut gemeinsam von Wissenschaftler/innen, dem pädagogischen Personal der Einrichtungen, Eltern und mit Einbezug von Kindern entwickelt (vgl. Neuß 2008, S. 492; Zimmer 2013, S. 30). Zu den Kennzeichen des Situationsansatzes gehören die Orientierung des Lernens an Lebenssituationen von Kindern, die Verbindung von sozialem und sachbezogenen Lernen, die Einrichtung altersgemischter Gruppen, die pädagogische Mitwirkung von Eltern und anderen Erwachsenen, ein dialogisches Verhältnis von Lehrenden und Lernenden, die gemeinwesenorientierte Arbeit, die offene Planung und die Ausgestaltung des Kindergartens als Lebensraum (vgl. Zimmer 1984, S. 21; Schäfer 1995, S. 100). Zur Umsetzung des Situationsansatzes in den Einrichtungen wurde das „Curriculum Soziales Lernen" entwickelt, das aus 28 didaktischen Einheiten besteht, welche in 200 Kindergärten erprobt wurden. Die didaktischen Einheiten beziehen sich auf Lebenssituationen und -erfahrungen von Kindern wie beispielsweise „Kinder im Kindergarten", „Behinderte Kinder" oder „Was Kinder gerne haben wollen". Auch die Medienerfahrungen von Kindern wurden in den Einheiten „Werbung" und „Fernsehen" berücksichtigt (vgl. Zimmer 2013, S. 30).

Der Situationsansatz wurde von der Praxis im Gegensatz zu den schulisch ausgerichteten Curricula angenommen (vgl. Fried 2003, S. 128). Somit kam es von einer „[hohen] Theorie der Curriculumdiskussion" zu einer „[einfachen] Theorie der Praxis" (Roux o.J.).

In den 1980er-Jahren nahmen durch das Ende der Bildungsreform die Aufmerksamkeit und öffentliche Diskussion sowie Forschungsarbeiten hinsichtlich frühkindlicher Bildung bzw. frühkindlichem Lernen[8] ab (vgl. Fröhlich-Gildhoff & Mischo 2011, S. 2; Reyer & Franke-Meyer 2010, S. 728). In der internen Fachdiskussion wurden zwar Themen wie die Integration ausländischer oder behinderter Kinder diskutiert, dies zog auf politischer Ebene jedoch wenig Resonanz nach sich (vgl. Hebenstreit 2008, S. 5).

In der Praxis setzte sich das Konzept der Orientierung an Situationen weiter durch und wurde über den Ansatz des situativen Arbeitens und den situationsorientierten Ansatz variiert. Die beiden Ansätze greifen die Kritik am Situationsansatz des Deutschen Jugendinstituts auf, nicht stark genug die Anthropologie des Kindes

8 Der Begriff der Bildung wurde im Kontext der Vorschuldebatte in den 1960er- und 1970er-Jahren nicht benutzt (vgl. Hebenstreit 2008, S. 3).

in das Zentrum zu rücken sowie entwicklungs- und kognitionspsychologische als auch lerntheoretische Erkenntnisse nicht ausreichend zu integrieren (vgl. Zimmer 2000, S. 99ff.; Schäfer 1995).

Der Ansatz des *situativen Arbeitens* zeichnet sich durch Spontaneität und Zufälligkeit aus. So werden die Themen, die die Kinder in die Kita aktiv einbringen, als Projekt umgesetzt (vgl. Krenz 2008, S. 177f.). Interessieren sich die Kinder beispielsweise besonders für Dinosaurier, die Arbeit eines Feuerwehrmannes oder für ein bestimmtes Medienprodukt (z.B. ein bestimmtes Hörspiel), wird das Thema aufgegriffen, indem bspw. Bücher dazu betrachtet werden, selbst Produkte erstellt werden (z.B. Nachbau eines Dinosauriers aus Pappe; Erstellung eines eigenen Hörspiels mit den Kindern) oder Institutionen besucht werden (z.B. Museum; Feuerwehrwache; Radiostation).

Der *situationsorientierte Ansatz* aus den 1980er-Jahren ist laut Krenz (2008), der den Ansatz entwickelt hat, stark an Erkenntnisdaten und Forschungsergebnissen der Entwicklungspsychologie und -pädagogik orientiert. Erziehern/innen kommt nach dem Ansatz die Aufgabe zu, Lerngelegenheiten und Aktivitäten gemeinsam mit den Kindern auszuwählen und aus den Ausdrucksformen der Kinder (z.B. aus gemalten Bildern) ihre inneren Themen nachzuvollziehen und daraus abgeleitet, pädagogische Projekte zu entwickeln. Anstatt pädagogische Aktivitäten, die von Pädagogen/innen als erfolgreich umgesetzt betrachtet werden, in der gleichen Form zu wiederholen (mit dem Verständnis: „Das hat doch letztes Mal so gut geklappt"), müssten diese stets an die neue Situation angepasst werden. Der Ansatz sei demzufolge nicht als „pädagogische Technik oder didaktische Methode" (Krenz 2008, S. 160) zu verstehen, sondern als „Haltung" (ebd.) zu verinnerlichen.

Auch wenn sich die drei genannten Ansätze zur Orientierung an Situationen in ihrer spezifischen Ausgestaltung unterscheiden (vgl. Haberkorn 2012), haben sie alle gemeinsam, dass sie als Zielstellung eine ganzheitliche Förderung der Entwicklung des Kindes mit der Orientierung an dessen Lebenswelt, anstatt einer Orientierung an den Lernbereichen der Schule formulieren. Laut Hebenstreit (2008) – in seiner Analyse zu den Bildungsplänen der Bundesrepublik – hat die Orientierung an Situationen bis heute „über drei Jahrzehnte das konzeptionelle Selbstverständnis des Kindergartens" (ebd., S. 4) geprägt. Vermutlich fanden (und finden immer noch) die situationsorientierten Ansätze in der Praxis besseren Anklang, da sie stärker an traditionelle Vorstellungen des Kindergartens anknüpfen (vgl. Fried 2003, S. 128). Zudem waren laut Roux (o.J.) die Reformziele und -ideen der Curriculumdiskussion für die Erzieher/innen „zu abstrakt und anspruchsvoll" und wurden „Fachschulen nicht konsequent einbezogen".

2.7 Kindergarten als Teil des Bildungssystems

Im Jahre 1990 wurde über das Kinder- und Jugendhilfegesetz der Bildungsauftrag als dritter Aufgabenbereich von Kindertageseinrichtungen, zusätzlich zum Auftrag der Erziehung und Betreuung, gesetzlich fixiert. Der Förderungsauftrag von Kindertageseinrichtungen bezieht sich fortan auf „die soziale, emotionale, körperliche und geistige Entwicklung des Kindes. Er schließt die Vermittlung orientierender Werte und Regeln ein. Die Förderung soll sich am Alter und Entwicklungsstand, den sprachlichen und sonstigen Fähigkeiten, der Lebenssituation sowie den Interessen und Bedürfnissen des einzelnen Kindes orientieren und seine ethnische Herkunft berücksichtigen“ (§ 22 Abs. 2, 3 SGB VIII).

Trotz der gesetzlichen Verankerung des Bildungsauftrages wurde diesem in der politischen Diskussion keine weitere Beachtung geschenkt. Stattdessen dominierte in den 1990er-Jahren die Debatte um den Ausbau von Betreuungsplätzen (vgl. Hebenstreit 2008, S. 5f.).

3 Die Professionalisierung der Frühpädagogik

Die Wahrnehmung der Relevanz der Frühpädagogik änderte sich mit Beginn des 21. Jahrhunderts, sodass Rauschenbach (2011) einen „Hype der frühkindlichen Bildung" konstatiert. Die Diskurse erinnern dabei stark an die Vorschuldebatte der 1970er-Jahre: Durch den ‚PISA-Schock' und die Erkenntnis, dass Deutschland im internationalen Vergleich nicht zur Leistungselite gehört (vgl. Baumert 2001), kam wieder die Forderung nach qualitativ hochwertiger frühkindlicher Bildung auf, mit der verbunden auch bessere Schulleistungen erzielt werden sollten (vgl. Wildgruber & Becker-Stoll 2011, S. 61).

Auf dem Forum Bildung im Jahr 2000 wurden als Reaktion auf die PISA-Ergebnisse und im Hinblick auf eine als notwendig erachtete Bildungsreform Empfehlungen für das Bildungssystem ausgesprochen. Kindertagesstätten wurden hierbei als Weichensteller „für Bildungschancen und damit für Lebenschancen" (Arbeitsstab Forum Bildung 2001, S. 5) beschrieben. Aufgabe von Kindertageseinrichtungen sei es, „die Motivation und die Fähigkeit zu kontinuierlichem und selbstgesteuertem Lernen" (ebd.) früh zu fördern und den Bildungsauftrag des Kindergartens stärker zu verwirklichen. Im europäischen Vergleich gelinge dies nicht ausreichend. Als Empfehlung für die Frühpädagogik formulierte das Forum Bildung der Bund-Länder-Kommission für Bildungsplanung und Forschungsförderung im Jahr 2001:

- den Bildungsauftrag der Kindertageseinrichtung zu definieren und zu verwirklichen, u.a. durch eine Definition von Bildungszielen und ihre curriculare Umsetzung,
- die Einrichtung von Transfer- und Beratungsstrukturen für die Praxis,
- eine Verbesserung und Aufwertung der Aus- und Weiterbildung der Erzieher/innen,
- den Ausbau von Forschungskapazitäten für die Frühpädagogik und eine wissenschaftliche Begleitung von Praxismodellen,
- eine Prüfung, ob der Besuch von Kindertageseinrichtungen gebührenfrei sein sollte,
- eine Förderung von Lese-, Schreib-, und Rechenkompetenzen sowie eine Förderung der Kinder beim Erwerb der deutschen Sprache, um bestehende Unterschiede und Schwierigkeiten zu vermindern,

- eine intensivere Förderung der Interessen von Kindern, v.a. an Naturwissenschaften, Technik, Fremdsprachen und musisch-kreativen Fächern und
- ein rechtzeitiges Finden und Fördern von Begabungen (vgl. ebd., S. 5ff.).

Die vor 14 Jahren im Rahmen des Forums Bildung formulierten Empfehlungen wurden umgesetzt und können mit Begriffen wie Professionalisierung und Professionalität der Frühpädagogik beschrieben werden.

3.1 Abgrenzung der Termini Profession, Professionalität und Professionalisierung im Hinblick auf Frühpädagogik

Im Folgenden werden die Termini Profession, Professionalität und Professionalisierung definiert, da die Begriffe häufig im Kontext der frühkindlichen Bildung verwendet, jedoch nur selten explizit definiert werden (vgl. Hoffmann 2013, S. 313). Daran anknüpfend werden die Erwartungen, die aktuell an Erzieher/innen gestellt werden, erörtert, um darauf aufbauend relevante Professionalisierungsstrategien der Frühpädagogik detaillierter in den Blick zu nehmen.

Profession

Bezogen auf den Begriff der Profession kann zwischen einem tradierten Verständnis von Profession und einem neueren Verständnis von Profession, wie es etwa Dewe und Otto (2005) für die Sozialpädagogik beschreiben, unterschieden werden. Zu den konstituierenden Merkmalen von „old established professions" (ebd., S. 1400), also Professionen, die dem klassischen Verständnis entsprechen, zählen:

- eine wissenschaftliche Ausbildung mit spezifischem Expertenwissen und eine damit einhergehende gesicherte, exklusive berufliche Zugangsberechtigung,
- ein Interpretationsmonopol gegenüber konkurrierenden Professionen als auch gegenüber dem Laienpublikum,
- ein klar umrissener Geltungsbereich der Autonomie in Hinblick auf die Regelung der Ausbildung und die Berufsausübung,
- eine berufsständische Organisation sowie eine explizit artikulierte und internalisierte Berufsethik, die Standards der Berufsausübung nach innen und außen kontrolliert,
- eine Orientierung am Gemeinwohl und zentralen gesellschaftlichen Werten,
- ein Problembezug im Hinblick auf Klienten und

- eine geteilte disziplinäre Kommunikationspraxis, ersichtlich an Standesorganisationen und eigenen Publikationsformen (vgl. ebd.; Combe & Helsper 2002, S. 30; Thole 2008a, S. 273f.;Wildgruber & Becker-Stoll 2011, S. 62).

Zu den klassischen Professionen zählen bspw. Priester, Rechtsanwälte oder Ärzte (vgl. Dewe & Otto 2005, S. 1403). Beim Anlegen eines solchen Professionsverständnisses kann die Frühpädagogik bzw. der Beruf des/der Erziehers/in nicht als Profession bezeichnet werden (vgl. Kuhn 2013, S. 117f.). Gewinnbringender erscheint diesbezüglich ein „moderner Professionsbegriff" (Dewe & Otto 2005, S. 1400), welcher sich nicht auf das in der Ausbildung erworbene wissenschaftliche Expertentum beschränkt, wie ihn Dewe und Otto (2005) für die soziale Arbeit beschreiben. Eine schematische Anwendung sozialwissenschaftlichen (Ausbildungs-)Wissens sei für einen professionell Agierenden in der sozialen Arbeit nicht möglich, da diese nicht normierbar sei und der/die professionell Praktiker/in auch solche Kompetenzanteile zur Anwendung bringen müsse, „die über die Wissenskomponente hinausgehen" (ebd., S. 1414). Professionelles Wissen zeichne sich demzufolge neben dem „systematischen Wissenschaftswissen, mit dem es einem gesteigerten Begründungszwang unterliegt" (ebd., S. 1419), durch ein „[praktisches] Handlungswissen [aus], mit dem es den permanenten Entscheidungsdruck [teile] (ebd.).

Zwar beziehen sich Dewe und Otto (2005) auf den Bereich der sozialen Arbeit und rekurrieren auf individuelle Nöte von Klienten/innen (vgl. ebd., S. 1413). Dennoch kann ihr Verständnis einer modernen Profession (zumindest in Teilen) auch im Kontext der Frühpädagogik Verwendung finden. So benötigen auch Erzieher/innen Empathie und hermeneutische Fähigkeiten wie es Dewe und Otto (2005, ebd.) für professionell Agierende einfordern, um das einzelne Kind in seiner Entwicklung adäquat zu fördern und dessen Lebenssituation (bspw. im Hinblick auf bestehende soziale Ungleichheiten, problematische Formen der Mediennutzung, etc.) angemessen in der pädagogischen Arbeit zu berücksichtigen.

Professionalität

Der Begriff der Professionalität leitet sich vom Professionsbegriff ab. Unter Professionalität ist „die besondere Qualität beruflichen Könnens" (Kemnitz & Nittel 2012, S. 34) zu verstehen. Der Begriff bezieht sich nicht nur auf eine Qualität innerhalb von klassischen Professionen, sondern auf unterschiedlichste berufliche Felder. Kemnitz und Nittel (2012) beschreiben Professionalität als „immer wieder neu, situativ und interaktiv herzustellende Realität [...], die sich weitgehend einer Überführung in Routinen entzieht und durch Intuition, persönlichen Stil und individuelles Ermessen bestimmt wird" (ebd.). Professionalität sei „eine Schnittmenge aus Wissen und Können [...], die darüber [entscheide], inwiefern Professionelle mit beruflichen Widersprüchen, Paradoxien und Dilemmata" (ebd., S. 35) in der pädagogischen Praxis umgingen.

Professionalisierung

Übergreifend kann unter Professionalisierung der Prozess verstanden werden, eine bestimmte Berufsgruppe zu qualifizieren, sodass diese professionell – im Sinne von kompetent – im Feld agieren kann. Die mit einer solchen Qualifizierung (über Aus-, Fort- und Weiterbildung) verknüpfte Intention ist eine angestrebte höhere Qualität pädagogischen Handelns (vgl. von Balluseck 2010, S. 25; Thole 2008b, S. 278; Wildgruber & Becker-Stoll 2011, S. 69; Mischo & Fröhlich-Gildhoff 2011, S. 8).[9]

3.2 Professionalisierungskonzepte im Kontext der Frühpädagogik

Es existieren verschiedene Modelle und theoretische Ansätze, unter denen die Professionalisierung der Frühpädagogik beleuchtet werden kann. Je nach Modell stehen unterschiedliche Aspekte der Professionalisierung im Fokus (vgl. vor allem Thole 2008b, S. 272ff.; Thole 2010, S. 211):

Bei Anwendung *Merkmal-/Indikatorengestützter Modelle* wird unter Professionalisierung der Wandel eines Berufs zu einer Profession verstanden, welche die obengenannten Merkmale einer klassischen Profession aufweist. Im Diskurs zur Professionalisierung der Frühpädagogik nimmt die Akademisierung der Erzieher/innen-Ausbildung mittels eines kindheits- oder sozialpädagogischen Studiums viel Raum ein (vgl. Hocke 2011; Schäfer & Gruber 2011; Neuß 2012b, S. 2).

System-, struktur- und machttheoretische Modelle der Professionalität nehmen die gesellschaftliche Funktion oder die funktionalen Eigenständigkeiten von Professionen in den Blick. Beispielsweise geht es im Hinblick auf eine machtbezogene Analyse um Fragen wie gesellschaftliche Machtverhältnisse und die Auseinandersetzung um

[9] Auffällig ist, dass in der Literatur zu den Folgen der PISA-Debatte für die Frühpädagogik häufig der Terminus der Qualität anstatt der der Professionalität gewählt wird (vgl. Kuhn 2013, S. 145; vgl. zur Qualität des Kindergartens Fthenakis 2003a; Fthenakis 2003b; Tietze 2008; Tietze et al 2012; Tietze & Viernickel 2007; Smidt 2012; Honig 2002, S. 9f.; König 2009; Sell 2012, S. 31; Wertfein et al. 2012; Kuger & Kluczniok 2009). Da das in der Frühpädagogik vorherrschende Begriffsverständnis der Professionalität und Professionalisierung unmittelbar auf die Qualität von Kindertageseinrichtungen abstellt, werden in der Arbeit auch solche Literaturquellen berücksichtigt, welche die Qualität des Kindergartens fokussieren.

ökonomische Ressourcen (vgl. Kuhn 2013, S. 118ff.) (bspw. bei einer möglichen Anhebung des Gehalts von Erziehern/innen).

In *fall- und feldbezogenen Konzepten* stehen die pädagogischen Beziehungen und somit „die Genese, Konsistenz, Kontinuität und Ausgestaltung der pädagogischen Interaktionen" (Thole 2008b, S. 274) zwischen Professionellen und ihren Adressaten/innen im Mittelpunkt (vgl. Cloos 2011). U.a. geht es darum, das Kind hinsichtlich seiner Individualität und Lebenswelt angemessen pädagogisch zu begleiten (bspw. unterstützt über die Dokumentation der kindlichen Entwicklung) (vgl. Viernickel 2011).

Die Idee des *Modells der intensiveren fachdidaktischen Grundlegung* ist es, die Kompetenzen von Pädagogen/innen mittels einer intensiveren fachdidaktischen Grundlegung zu erhöhen und somit die Qualität von Kindertageseinrichtungen zu erhöhen. Dieses Modell schlägt sich in der Formulierung von Evaluationsstandards (vgl. Tietze & Viernickel 2007), der Neujustierung curricularer Rahmenbedingungen (z.B. bezogen auf die Ausbildung) und Konzeptionen für die Fort- und Weiterbildung nieder.

Im *Modell der erforderlichen personalen Kompetenzen* wird die Professionalität von Erziehern/innen an Kompetenzen festgemacht, über die Erzieher/innen verfügen sollten.[10]

Laut dem *Modell einer evidenzbasierten Praxis* sollen pädagogische Interventionen (z.B. hinsichtlich Spracherwerb), deren Erfolg durch empirische Studien (Begleitforschung) bestätigt wurde, als Basis für die weitere Praxis dienen, indem daraus Standards für die Praxis generiert werden (vgl. Böttcher et al. 2009; Otto et al. 2010; Hasselhorn & Kuger 2014; Smidt 2013; Universität Rostock 2013; Krajewski et al. 2009; Thole 2008b, S. 278).

3.3 Erwartungen an Erzieher/innen

Mit der angestrebten Professionalisierung der Frühpädagogik im Sinne einer höheren Qualität der pädagogischen Arbeit ist eine Vielzahl an Erwartungen an die Erzieher/innen verknüpft, sodass sich die Erzieher/innen in einem komplexen Verhältnis von „Sorge, Zuwendung und Betreuung auf der einen sowie Bildung, Lernen und Förderung auf der anderen Seite" (Rauschenbach 2011, o.S.) befinden.

10 vgl. z.B. Faas (2013) zu den beruflichen Anforderungen und dem Wissen und Können von Erzieher/innen in puncto sprachliche Bildung und Förderung

Die Erwartungen lassen sich folgendermaßen differenzieren:

Frühkindliche Bildung als Antwort auf den gesellschaftlichen Wandel durch den Ausbau von Kompetenzen für die Gestaltung des eigenen Lebens

Eine Argumentationslinie für eine Stärkung des Bildungsauftrags im Rahmen der Frühpädagogik, die u.a. der Bildungsforscher Fthenakis (2003b) verfolgt, ist der gesellschaftliche Wandel und damit einhergehend der Erwerb und Ausbau übergreifender Kompetenzen auf Seiten der Kinder (vgl. ebd., S. 10ff.), die diese für eine gelungene Gestaltung des eigenen Lebens benötigten. Frühkindliche Bildung müsse der heutigen Wissensgesellschaft, veränderten Familienstrukturen (z.B. Patchwork, Ein-Eltern-Familien), Mechanismen sozialer Ausgrenzung und gesellschaftlicher Diversität im Hinblick auf eine verschiedene kulturelle Herkunft von Kindern Rechnung tragen (vgl. ebd.; Fthenakis 2007, S. 2). Relevant sei ein Verständnis von Bildung, das Kinder zum Umgang mit Diversität und Herausforderungen befähige und welches weniger auf den einzelnen Wissenserwerb, sondern auf „die Stärkung übergreifender lernmethodischer Kompetenz" (Fthenakis 2003b, S. 12) abziele.

Frühkindliche Bildung als Antwort auf sozialstrukturelle Ungleichheiten

Hinsichtlich sozialstruktureller milieuspezifischer Ungleichheiten in Familien, welche sich durch eine verschiedene Qualität an verfügbarem ökonomischem, kulturellen und sozialen Kapital (vgl. Bourdieu 1983)[11] auszeichnen, wird an die frühkindliche Bildung die Erwartung gestellt, diese Ungleichheiten abzubauen. Die Ausgangschancen von Kindern, die an den jeweiligen Milieu-Kontext und den informellen Sozialisationszusammenhang gebunden sind, unterscheiden sich bereits bei Eintritt in den Kindergarten (vgl. Kutscher 2013, S. 29ff.). Mittels der frühkindlichen Bildung sollen diese sozialstrukturellen Ungleichheiten abgebaut beziehungsweise zumindest gemindert werden (vgl. Kutscher 2010; vgl. bzgl. finanzieller Armut Meier-Gräwe 2010). Hierbei kann sowohl bei den Kindern, beispielsweise durch Sprachförderung im Kindergarten (vgl. MSW NRW 2014b; MSW NRW o.J.b.; BMFSFJ o.J.), als auch bei den Eltern angesetzt werden, in dem diese durch Angebote in Kindertagesstätten oder Familienzentren, welche die lokal vorhandenen Angebote bündeln und vernetzen, in ihren Kompetenzen gestärkt und unterstützt werden. So bestehen beispielsweise Beratungsangebote zu Fragen der Erziehung (auch hinsichtlich einer adäquaten Medienerziehung), Angebote zur Elternbildung (z.B. Alphabetisierung von Eltern mit geringem Bildungshintergrund, Förderung des Umgangs mit der deutschen Sprache, Computer-Kurse) und fami-

[11] Bourdieus Kapitalsorten-Ansatz wird in Kap. 7.2 erläutert.

lienunterstützende Angebote (z.B. Vermittlung zu Beratungsstellen, Aktivierung zu Selbsthilfe, Vermittlung von Unterstützungsleistungen) (vgl. MFKJKS NRW o.J.b).

Frühkindliche Bildung als Vorbereitung auf schulische Anforderungen

Mittels frühkindlicher Bildung sollen die Kinder auf schulische Anforderungen vorbereitet werden, beispielsweise in den Bereichen Sprache, Mathematik und Naturwissenschaften (vgl. u.a. Hemmerling 2007, S. 13f.).

Mit Blick auf verschiedene empirische Studien ist zu konstatieren, dass sich vorschulische Bildung positiv auf die Kompetenzen von Kindern im kognitiven Bereich (u.a. Vorläuferfähigkeiten für Lesen, räumliche Bewusstheit, früher Zahlenbegriff) und im sozialen Bereich (kooperatives Verhalten) auswirken kann (vgl. zusammenfassend Roßbach et al. 2008; Biedinger & Becker 2006).[12] Positive Effekte hängen jedoch von der Anregungsqualität in den Einrichtungen ab. So stellen Hasselhorn und Kuger (2014) auf Basis vorliegender internationaler wie nationaler Forschungsbefunde zur Wirksamkeit der pädagogischen Arbeit in Kindertagesstätten fest, dass ein positiver Effekt eines Besuchs von Kindertageseinrichtungen ab dem dritten Lebensjahr auf die Entwicklung schulrelevanter Kompetenzen vor allem auf einer günstigen Anregungsqualität in den Einrichtungen beruht. Die Notwendigkeit der pädagogischen Qualität in vorschulischen Bildungseinrichtungen zeigen auch die Ergebnisse der Längsschnittstudie „European Child Care and Education-ECCE-Study" auf: So kann die Anregungsqualität des besuchten Kindergartens im Extremfall einen Unterschied im kindlichen Entwicklungsstand von bis zu einem Jahr ausmachen. Längsschnittlich betrachtet wird die Anregungsqualität, die im Kindergarten vorliegt, als ebenso relevant für den bestehenden Wortschatz in der Grundschulzeit eingeschätzt wie die momentan erlebte Qualität in der Grundschule (vgl. Roßbach et al. 2008). Mit Blick auf Deutschland sind die Studienergebnisse diesbezüglich ernüchternd: Laut der NUBBEK-Studie ist im Durchschnitt in den Kindertageseinrichtungen beziehungsweise in der Kindertagespflege nur ein mittelmäßiges Niveau pädagogischer Prozessqualität (verstanden als Qualität hinsichtlich Bildung, Erziehung und Betreuung) gegeben und für bemerkenswerte Anteile wurde lediglich eine unzureichende Qualität festgestellt (vgl. Tietze et al. 2012; Spieß 2012, S. 24).[13]

---

12 vgl. zur sprachlichen Entwicklung von Kindern mit Migrationshintergrund in Deutschland Becker 2006

13 Die NUBBEK-Studie (Nationale Untersuchung zur Bildung, Betreuung und Erziehung in der frühen Kindheit) setzte sich aus einer mehrstündigen Familienerhebung und einer Erhebung im institutionellen Setting bzw. der Kindertagespflege jedes Zielkindes zusammen. Hierbei wurden im Jahr 2010 die Orientierungs-, Struktur- und Prozessqualität der Einrichtungen sowie die Qualität des Familienbezugs in den Blick genommen. 1956 Kinder wurden in der Studie berücksichtigt (vgl. Tietze et al. 2012).

Frühkindliche Bildung als Vorbereitung auf wirtschaftliche Anforderungen

Auch wirtschaftliche Anforderungen bestimmen die Erwartungen an die Frühpädagogik. Hierzu zählen neben der Vermittlung von Wissensbeständen der Ausbau weiterer (sozialer) Kompetenzen wie etwa Kommunikationskompetenz, Teamfähigkeit, interkulturelle Kompetenz, Risikobereitschaft etc. (vgl. Fthenakis 2003b, S. 10), damit Kinder als „[wertvolle] Zukunftsressource [...] das künftige Überleben und den künftigen Wohlstand der Gesellschaft" (Kutscher 2013, S. 2) sichern. Angesichts ernüchternder PISA-Ergebnisse (vgl. u.a. Baumert 2001)[14] reagierte die Wirtschaft selbst durch Fördermaßnahmen und Projekte (vgl. Kahl 2006; McKinsey & Company o.J.; Presseportal 2005). Beispielsweise hat die Unternehmensberatung McKinsey & Company von 2001 bis 2007 das Programm „McKinsey bildet" zur frühkindlichen Bildung durchgeführt. Mit einem Etat von 6,5 Milliarden pro Jahr startete McKinsey u.a. eine Qualifizierungsoffensive für Erzieher/innen mit der Vision, dass zukünftig ein Bachelor-Abschluss Voraussetzung für die Aufnahme des Erzieher/innen-Berufs sei und stellte finanzielle Mittel für eine mit dem höheren Bildungsabschluss einhergehende bessere Bezahlung der Erzieher/innen zur Verfügung (vgl. Presseportal 2005). Ein weiteres Beispiel ist die Initiative „Haus der kleinen Forscher", die aus einem Zusammenschluss der McKinsey & Company, der Helmholtz-Gemeinschaft, der Siemens Stiftung und der Dietmar Hopp Stiftung entstand und durch das Bundesministerium für Bildung und Forschung gefördert wird. Ziel der mittlerweile größten Frühbildungsinitiative Deutschlands ist die Förderung von naturwissenschaftlichen, mathematischen und technischen Fähigkeiten von Kindergarten-, Hort- und Grundschulkindern mittels kleinerer naturwissenschaftlicher Experimente, welche die Kinder durchführen. Die pädagogischen Kräfte der Einrichtungen werden durch Trainer/innen der Initiative in Workshops fortgebildet (vgl. Stiftung Haus der kleinen Forscher 2012; Stiftung Haus der kleinen Forscher o.J.; Pahnke & Rösner 2013).

Aus Unternehmenssicht ist wohl nicht zuletzt auch der positive Imagegewinn durch eine Förderung in frühkindliche Bildung als Intention des Engagements nicht von der Hand zu weisen.

Frühkindliche Bildung zur Prävention wirtschaftlicher Folgekosten

Im Zusammenhang zur Wirtschaft besteht eine weitere Erwartung an die frühkindliche Bildung: Die Notwendigkeit für frühkindliche Bildung wird hierbei durch

14 Angemerkt werden kann, dass die PISA-Ergebnisse für das Jahr 2012 im Hinblick auf die Leistungen in Mathematik günstiger ausfallen. Die deutschen Schüler liegen deutlich über dem Durchschnitt der getesteten Länder, jedoch besteht immer noch ein deutlicher Abstand zu den asiatischen Ländern. Die Lese-Ergebnisse der deutschen Schüler/innen sind deutlich schlechter (vgl. OECD 2013).

wirtschaftliche Folgekosten erklärt, die auftreten würden, wenn Kinder im Vorschulalter nicht ausreichend gefördert und in das Gesellschaftssystem mit seinen Werten und Normen integriert würden. Finanzielle Kosten entstünden, wenn Jugendliche ihren Schulabschluss nicht meisterten, nicht ‚ausbildungsfähig' seien und demzufolge spätere Kosten durch Eingliederungsmaßnahmen in den Erwerbsmarkt und den Bezug von staatlichen Unterstützungsleistungen (z.B. Arbeitslosengeld II) verursachten, die durch eine gezielte frühzeitige Förderung verhindert werden könnten. Empirische Studien wie das Perry Preschool Program[15] (vgl. Heckman 2006, S. 1900; The Washington Post 2013) oder eine Studie der Bertelsmann Stiftung (vgl. Fritschi & Oesch 2008) geben diesem Argument einer frühzeitigen Förderung aufgrund ökonomischer Rendite Recht.

3.4 Professionalisierungsstrategien

Im Folgenden sollen die in Deutschland umgesetzten Strategien zur Professionalisierung der Frühpädagogik näher in den Blick genommen werden. In den Professionalisierungsstrategien spiegeln sich die an die Erzieher/innen gestellten Erwartungen wider, die über politische Debatten und Entscheidungen an sie herangetragen werden. Da sich die qualitative Studie der Autorin auf Nordrhein-Westfalen bezieht, werden Veränderungen für die Frühpädagogik besonders für dieses Bundesland betrachtet.

Das Kinderbildungsgesetz (KiBiz) in Nordrhein-Westfalen

Für die einzelnen Bundesländer existieren verschiedene Gesetze hinsichtlich der vorschulischen Erziehung und Bildung. Für Nordrhein-Westfalen ist dies u.a. das Kinderbildungsgesetz (KiBiz), das im August 2008 in Kraft getreten ist. Mit dem KiBiz gehen die verpflichtende Dokumentation des Entwicklungsstandes der Kinder für eine optimale Förderung des einzelnen Kindes, individualisierte Betreuungsverträge der Eltern (Wahl zwischen einer wöchentlichen Betreuungszeit von 25, 35 oder 45 Stunden) sowie eine Umstrukturierung des Finanzierungswesens der Kindertagesstätten einher. Das geschlossene objektbezogene Finanzierungssystem wurde durch eine pauschalisierte Förderung ersetzt. Dies bedeutet u.a., dass eine

15 Im Perry Preschool Program wurden von 1962 bis 1967 123 Drei- und Vierjährige aus sozial schwachen Familien gefördert. Mittels einer längsschnittlichen Untersuchung werden bis heute mögliche Fördereffekte betrachtet. Im Vergleich zu einer Gruppe benachteiligter Kinder, denen keine Förderung zuteilwurde, zeigten sich bei den geförderten Personen noch im Alter von 40 Jahren (Follow-up-Messung) deutliche Unterschiede, u.a. hinsichtlich Schulabschluss, monatlichem Einkommen, Wohneigentum, dem Bezug von Sozialleistungen und der Festnahme aufgrund gesetzlicher Delikte (vgl. Schweinhart 2005, S. 194ff.).

bestimmte Anzahl an Kindern mit einer spezifischen Anzahl an Betreuungspersonen einhergeht – somit kann es dazu kommen, dass Kindertagesstätten nach Einführung des KiBiz über weniger Personal als vorher verfügen. Ein besonderer Stellenwert kommt im KiBiz der „[kontinuierlichen] Förderung der Sprachentwicklung des Kindes im Sinne des § 22 Abs. 3 SGB VIII" (§ 13 Abs. 6 KiBiz) zu. Die Einrichtungen sind gesetzlich verpflichtet, Ausführungen zur Sprachförderung in ihr schriftlich fixiertes pädagogisches Konzept zu integrieren und Kinder, falls sie nicht über altersgemäß entsprechende deutsche Sprachkenntnisse verfügen, dementsprechend zu fördern (vgl. ebd.).

Sprachstandsfeststellungsverfahren

Zur Feststellung einer eventuellen Förderbedürftigkeit der Kinder wird in Nordrhein-Westfalen seit 2007 das Programm DELFIN 4 (Diagnostik, Elternarbeit und Förderung der Sprachkompetenz 4-Jähriger in NRW) zur Erhebung des Sprachstands von vierjährigen Vorschulkindern zwei Jahre vor der Einschulung verpflichtend durchgeführt. Dieses Verfahren ist in § 36 Abs. 2 des Schulgesetzes verankert (vgl. SchulG NRW). Das Sprachstandsfeststellungsverfahren teilt sich in zwei Stufen auf: In der ersten Stufe findet es in Kooperation zwischen einem/r Erzieher/in und einer Lehrkraft einer nahe gelegenen Grundschule statt. Hierbei spielen Erzieher/in und Lehrkraft mit den Kindern in Kleingruppen ein speziell von der TU Dortmund (Prof. Dr. L. Fried) entwickeltes Spiel mit einer Dauer von 20 bis 25 Minuten. Ziel ist es, die Kinder zum Sprechen anzuregen und somit ihre Sprachfähigkeit zu testen, um daraufhin eventuelle Sprachfördermaßnahmen einzuleiten. Bestehen Unsicherheiten hinsichtlich des Sprachförderbedarfs, erfolgt ein zweiter Test durch eine Lehrkraft (vgl. MSW NRW 2014b; MSW NRW o.J.d).

Bildungspläne der Bundesländer

Eine Reaktion auf die PISA-Ergebnisse und damit einhergehend auf die Forderung nach mehr Qualität im Kindergarten ist der Beschluss der Jugend- und Kultusminister/innen in 2004 für einen „gemeinsamen Rahmen der Länder für die frühe Bildung in Kindertageseinrichtungen" (vgl. JMK & KMK 2004). In diesem Rahmen wurden folgende Lernbereiche benannt, die Kindertagesstätten in ihrer pädagogischen Arbeit abdecken sollen (vgl. ebd., S. 4f.):

- Sprache, Schrift, Kommunikation,
- Personale und soziale Entwicklung, Werteerziehung/religiöse Bildung,
- Mathematik, Naturwissenschaft, (Informations-)Technik,
- Musische Bildung/Umgang mit Medien,

- Körper, Bewegung, Gesundheit,
- Natur und kulturelle Umwelten.

Als Folge des gemeinsamen Rahmens gingen die Bildungspläne der einzelnen Bundesländer hervor (vgl. Bergs-Winkels 2010, S. 18), die in den meisten Fällen mittlerweile in zweiter überarbeiteter Version oder mit einer Ergänzung vorliegen. Es kam also mit Blick auf die Bildungspläne der 1970er-Jahre zu einer Wiedereinführung (vgl. Smidt & Schmidt 2012, S. 244f.). Begünstigt wurde die Neuauflage der Bildungspläne in Deutschland durch die Konzeption von Bildungsplänen in anderen Ländern wie England, Neuseeland und Schweden sowie Untersuchungen, die dem Kindergarten nur eine mittelmäßige Qualität zuwiesen (vgl. z.B. Tietze 1998).

Die Bildungspläne stellen die Grundlage für die Bildungsarbeit im Kindergarten und in einigen Bundesländern für Kindergarten und Grundschule dar und haben die Steigerung der Bildungsqualität von Kindertageseinrichtungen und die Sicherstellung von vergleichbaren Standards in Deutschland zum Ziel (vgl. Mienert 2007, S. 3ff.). Die Pläne unterscheiden sich je nach Bundesland hinsichtlich Umfang, pädagogischer Grundorientierung, Verbindlichkeit und Gültigkeitsspanne (vgl. Mischo & Fröhlich-Gildhoff 2011, S. 4). Entgegen der überwiegend eher schulisch orientierten Ausrichtung der Bildungspläne der 1970er-Jahre sind die aktuellen Bildungspläne ganzheitlich an der Entwicklung des Kindes orientiert. Sie decken einerseits Erwartungen hinsichtlich einer Vorbereitung auf schulische Anforderungen ab, indem die Bildungsbereiche teilweise spezifische Schulfächer abbilden (z.B. Mathematik, Naturwissenschaften), andererseits orientieren sie sich an der Lebenswirklichkeit von Kindern und den damit einhergehenden kindlichen Bedürfnissen.

Modifikationen im Rahmen der Erzieher/innen-Ausbildung

Zudem kam es im Zuge der Professionalisierung der Frühpädagogik zu Veränderungen im Rahmen der Erzieher/innen-Ausbildung. Die neuen Richtlinien und Lehrpläne, die seit dem Schuljahr 2014/15 umgesetzt werden, weisen eine stärkere Kompetenz-, Entwicklungs- und Handlungsorientierung auf als der alte Lehrplan aus dem Jahr 2010 und lösen diesen ab (vgl. MSW NRW 2014a, S. 15ff.). Der neue Lehrplan basiert auf dem kompetenzorientierten Qualifikationsprofil für die Ausbildung von Erzieherinnen und Erziehern an Fachschulen und dem Deutschen Qualifikationsrahmen für Lebenslanges Lernen (DQR), die jeweils 2011 von der Kultusministerkonferenz beschlossen wurden (vgl. KMK 2011, S. 10ff.; AK DQR 2011; MSW NRW 2014a, S. 15ff.).[16] Im Lehrplan findet das Allgemeine Kompe-

---

16 Ziel des DQR ist es, „Gleichwertigkeiten und Unterschiede von Qualifikationen transparenter zu machen" (AK DQR 2011, S. 3), um nationale und europäische berufsbezogene Mobilität zu ermöglichen. Der Deutsche Qualifikationsrahmen für lebenslanges Lernen (DQR) stellt eine nationale

tenzmodell von Fröhlich-Gildhoff et al. (2011, S. 17) Anwendung, worin eine starke Orientierung an der Professionalisierungsdebatte deutlich wird. So wird hier unter Kompetenz die Fähigkeit verstanden, „ausgehend von (wissenschaftlich theoretischem) Wissen und reflektiertem Erfahrungswissen in [...] komplexen Situationen selbst organisiert, kreativ und reflexiv ‚Neues' zu schaffen (bezogen auf Handeln und Denken), aktuellen Anforderungen zu begegnen und Probleme zu lösen" (ebd.). *Als zentrales Ausbildungsziel* wird die Entwicklung einer professionellen Haltung der Erzieher/innen benannt, was in die didaktische Umsetzung aller Lernfelder einfließen soll (vgl. MSW NRW 2014a, S. 35ff.). Ein bedeutender Unterschied im Vergleich zum alten Lehrplan entsteht durch das Lernfeld „Sozialpädagogische Bildungsarbeit in den Bildungsbereichen professionell gestalten". Dieses Lernfeld greift die im Bildungsplan für Nordrhein-Westfalen (vgl. MSW NRW & MGFFI NRW 2010b) verankerten Lernbereiche auf (vgl. MSW NRW 2014a, S. 35).

Neben der Modifikation der Ausbildung zum/r Erzieher/in an Fachschulen lässt sich eine Entwicklung zu einer fortschreitenden *Akademisierung* des Erzieher/innen-Berufs feststellen: In den letzten Jahren wurden zahlreiche *Studiengänge der Frühpädagogik* ins Leben gerufen, sodass mittlerweile 54 frühpädagogische Bachelor- und 13 Masterstudiengänge in Vollzeit in der Bundesrepublik bestehen (vgl. WiFF o.J.b).[17]

Obwohl in den letzten Jahren viele Studiengänge der frühkindlichen Bildung eingerichtet wurden, bedeutet dies aktuell keineswegs eine Ablösung des Fachschulsystems. Da aktuell nur für einen geringen Teil der angehenden Erzieher/innen Studienplätze zur Verfügung stehen, wird der Großteil nach wie vor die Fachschulausbildung durchlaufen (vgl. Blossfeld et al. 2012, S. 59): Während in den kommenden Jahren etwa von 1000 Absolventen/innen eines frühpädagogischen Studiengangs pro Jahr auszugehen ist, stehen diesen mehr als 17.000 Erzieher/innen und über 6000 Kinderpfleger/innen bzw. sozialpädagogische Assistenten/innen gegenüber (vgl. Rauschenbach 2011). Somit hätten von den 18.000 Personen, welche die klassische Erzieher/innen-Ausbildung bzw. ein Studium der Frühpädagogik pro Jahr durchlaufen, lediglich 5,6 Prozent einen Studienabschluss.[18]

Intention der Einführung der Studiengänge ist es, den gestiegenen Anforderungen an Erzieher/innen in Kindertageseinrichtungen zu begegnen, indem diese mit Bezug auf internationale Standards wissenschaftlich-orientiert ausgebildet werden und „pädagogische, reflexive und organisationsbezogene Kompetenzen"

Umsetzung des Europäischen Qualifikationsrahmens (EQR) dar (vgl. Europäische Kommission 2008).

17 Stand: 15.09.2015

18 Zwar handelt es sich bei den Angaben von Rauschenberg um Ausbildungszahlen aus 2011, die sich nun etwas anders darstellen dürften. An der grundlegenden Aussage, dass einer Mehrheit von Erzieher/innen mit einer Fachhochschulausbildung nur eine geringe Anzahl mit Studium gegenübersteht, ändert dies jedoch nichts.

(Helm 2010, S. 9) erwerben. Ob sich eine solche Akademisierung tatsächlich förderlich auf die pädagogische Qualität in den Einrichtungen auswirkt, wird in der Literatur jedoch mit Bezug auf empirische Studien kontrovers diskutiert (vgl. Thole 2010, S. 216f.; Blossfeld & Roßbach 2012, S. 210; Taggart et al. 2000; Sylva et al. 2004; Early et al. 2006; Early et al. 2007).

Bezogen auf die einzelnen Studiengänge bestehen Unterschiede hinsichtlich der Dauer des Studiengangs (sechs bis acht Semester), der Studienkonzepte (generalisiert; spezialisiert, z.B. Leitung, integrative Frühpädagogik; integrativ, z.B. Soziale Arbeit, Grundschullehramt), der Modulstruktur und der Dauer der Praxisphasen, der Angebotsform (grundständiges bzw. ein auf die Fachschulausbildung aufbauendes Angebot; eigenständige Hochschulangebote versus institutionelle Kooperationen zwischen Fachhochschule und Fachschule) und der Struktur der Studiengänge (Vollzeit versus berufsbegleitende Angebote (vgl. Helm 2010, S. 9; Thole & Cloos 2006, S. 61ff.).

Im Kontext der Einführung der Studiengänge wird ein ausreichender Praxisanteil sowie die Durchlässigkeit von Bildungsgängen und die Anrechnung einer zuvor absolvierten Ausbildung gefordert (vgl. Mischo & Fröhlich-Gildhoff 2011, S. 4; Blossfeld & Roßbach 2012, S. 219; Cloos et al. 2011; Freitag 2010; Schnadt 2010; Schreiber 2010), was sich auch in den Empfehlungen der Jugend- und Kultusministerkonferenz widerspiegelt (vgl. JFMK & KMK 2010, S. 10, 13).

Die (Fach-)Hochschulen haben weiterhin die Autonomie, die Studierenden auszuwählen und Regelungen der Anrechnung zu treffen. Mit Blick auf die Ergebnisse einer Befragung der Weiterbildungsinitiative Frühpädagogische Fachkräfte (WiFF) mit den Verantwortlichen von 54 kindheitspädagogischen Bachelor- und fünf Master-Studiengängen im Jahr 2011 zeichnet sich jedoch ein Trend zur Anrechnung von in der Ausbildung erworbenen Kompetenzen ab: So war in fast Dreiviertel der Studiengänge eine Anrechnung möglich (vgl. WiFF o.J.c).

3.5 Inhaltliche und institutionelle Veränderungen

Inhaltliche und institutionelle Veränderungen im Kontext der Professionalisierung der Frühpädagogik

Die Professionalisierung der Frühpädagogik geht auch mit inhaltlichen und institutionellen Veränderungen innerhalb der Kitas einher. So stellen Mischo und Fröhlich-Gildhoff (2011) fest, dass das Thema Beobachtung und Bildungsdokumentation der kindlichen Entwicklung mittlerweile fest in den Einrichtungen verankert ist (vgl. ebd., S. 5f.). Ziel der Bildungsdokumentation ist die gezielte Förderung der Persönlichkeits- und Kompetenzentwicklung der Kinder (vgl. Bensel &

Haug-Schnabel 2010, S. 54).[19] In diesem Zusammenhang wurde vielfach das Konzept der Bildungs- und Lerngeschichten implementiert, deren Ziel es ist, anstatt über standardisierte Beobachtungsverfahren die Bildungsprozesse eines Kindes über Erzählungen und somit über einen narrativen Zugang festzuhalten (vgl. Flämig 2006; Leu et al. 2010).[20]

Bezogen auf die einzelnen Bildungsbereiche fanden insbesondere Sprache sowie naturwissenschaftliche und mathematische Bildung Beachtung, sodass diesbezüglich didaktische Konzepte und Materialien entwickelt wurden (bspw. für den naturwissenschaftlichen Bereich die Initiative „Haus der kleinen Forscher"). Jedoch sind die entwickelten Konzepte und Materialien hinsichtlich ihrer Wirksamkeit nicht immer ausreichend empirisch untermauert (vgl. Mischo & Fröhlich-Gildhoff 2011, S. 5f.; vgl. exemplarisch zur Evaluation und Effektivität von Sprachfördermaßnahmen Thoma et al. 2011; Jungmann et al. 2013; Schöler et al. 2010).

Auch die Zusammenarbeit mit Eltern im Sinne einer „Erziehungs- und Bildungspartnerschaft" (vgl. Textor o.J.b; Textor 2011; Wolff 2010) hat in den letzten Jahren eine bedeutendere Rolle bekommen (vgl. Mischo & Fröhlich-Gildhoff 2011, S. 5f.). Konkret spiegelt sich die Erziehungs- und Bildungspartnerschaft im Betreuungsvertrag zwischen Eltern und Einrichtung (vgl. exemplarisch SEELE Stiftung 2011), in Elterngesprächen zum Entwicklungsstand des Kindes, in Elternbefragungen zur pädagogischen Qualität der Einrichtung (vgl. exemplarisch INTEGRA e.V. o.J.) und in der Einbindung der Eltern in die pädagogische Arbeit wider. Letzteres beispielsweise, indem Eltern ihre eigenen (beruflichen) Kompetenzen nutzen und den Kindern einen Einblick in verschiedene Bereiche geben (vgl. Textor & Blank o.J.).

Einen weiteren Schwerpunkt in den Einrichtungen stellen die Qualitätsentwicklung und das Qualitätsmanagement dar. So konstatieren Mischo und Fröhlich-Gildhoff (2011, S. 5), dass bspw. das empirisch basierte Konzept zur pädagogischen Qualität in Kindertageseinrichtungen von Tietze & Viernickel (2007) in den Einrichtungen oftmals umgesetzt werde. Des Weiteren können die Einrichtungen bei „nachgewiesener hoher pädagogischer Qualität" (zunächst für die Dauer von

---

[19] Die Bildungsdokumentation kann mittels (auf wissenschaftlichen Erkenntnissen basierenden) Beobachtungsbögen und auch speziellen Computerprogrammen umgesetzt werden (z.B. KOMPIK der Bertelsmann Stiftung, vgl. dazu Bertelsmann Stiftung o.J.a) und auch durch ein Portfolio unterstützt werden, in welchem die Materialien der Kinder (z.B. Bilder) gesammelt werden (vgl. Bensel & Haug-Schnabel 2010, S. 54). Möglich ist hierbei auch der Einbezug von elektronischen Inhalten wie selbst erstellten Videos oder Audiodateien (vgl. BIBER Netzwerk frühkindliche Bildung o.J.b).

[20] Das Konzept der Bildungs- und Lerngeschichten wurde in einem Projekt des Deutschen Jugendinstituts (DJI) entwickelt. Die Arbeit mit den Bildungs- und Lerngeschichten teilt sich in vier Schritte auf: 1. Beschreiben einer Alltagssituation des Kindes in der Kita; 2. Diskussion im Team zur Entwicklung des Kindes; 3. Entscheidung im Team, wie das Kind optimal gefördert werden kann (bspw. über spezifische Angebote) und 4. die Dokumentation (z.B. über ein Portfolio), welche gemeinsam mit den Eltern und dem Kind reflektiert wird (vgl. Flämig 2006).

drei Jahren) mit dem „Deutschen Kindergarten Gütesiegel" ausgezeichnet werden. Hierbei werden für die einzelne Einrichtung Orientierungs-, Struktur- und Prozessqualität der pädagogischen Arbeit sowie die Zusammenarbeit mit Kindern ausgewertet (vgl. PädQUIS o.J.). Die größeren Trägerverbände haben zudem Qualitätsmanagementsysteme entwickelt wie bspw. das Bundesrahmenhandbuch evangelischer Tageseinrichtungen für Kinder (vgl. BETA & DQF 2002), welche die Träger teilweise systematisch in den Kindertageseinrichtungen verankert haben (vgl. Mischo & Fröhlich-Gildhoff 2011, S. 5).

Zu den institutionellen Veränderungen von Kitas zählen u.a. die Wahrnehmung der Einrichtungen als „zentrale Sozialisationsinstanzen für Kinder und als Lern- und Lebensorte für Kinder und ihre Familien" (ebd.), die mit der Öffnung und Vernetzung von Kindertagesstätten einhergehen, bspw. in Form von Familienzentren und den damit verbundenen Angeboten für Eltern.

Die gesteigerte Relevanzwahrnehmung von frühkindlicher Bildung zeigt sich auch in Investitionen in Programme und Initiativen der frühkindlichen Bildung (vgl. Mischo & Fröhlich-Gildhoff 2011, S. 5f.). Hierzu zählen beispielsweise die „Weiterbildungsinitiative Frühpädagogische Fachkräfte" (WiFF)[21] und die Bundesarbeitsgemeinschaft Bildung und Erziehung im Kindesalter (BAG-BEK). Deren Ziele sind u.a. die Qualität der Fort- und Weiterbildung von Erziehern/innen zu sichern und die Anrechnung der fachschulischen Ausbildung und Weiterbildungen für Studiengänge der Frühpädagogik zu fördern (vgl. WiFF o.J.a; BAG-BEK e.V. o.J.).

Ausbau der Kindertagesstättenplätze

Eine rahmende Bedingung für die pädagogische Arbeit in der Kita ist der Ausbau von Kindertagesstättenplätzen für Kinder unter drei Jahren, der im Folgenden kurz dargestellt wird.

International vergleichende Analysen wie „Starting Strong II" der OECD (2006) oder die „Internationale UNICEF Vergleichsstudie zur Betreuung und Förderung von Kindern in Kindergärten und Kindertageseinrichtungen" (2008), die bereits einige Jahre zurückliegen, zeichneten ein eher negatives Bild für die Situation der vorschulischen Betreuung und Förderung für Deutschland. Moniert wurden u.a. der niedrige Versorgungsgrad an vorschulischen Einrichtungen, vor allem für Kinder unter drei Jahren, die Nichtexistenz einer akademischen Ausbildung von Erziehern/innen (vgl. OECD 2006, S. 333ff.) und die nur geringen Investitionen in frühkindliche Bildung. Deutschland investierte zum damaligen Zeitpunkt nur 0,4 Prozent seines Bruttonationaleinkommens für die frühkindliche Betreuung und

21 Hierbei handelt es sich um ein Projekt des Bundesministeriums für Bildung und Forschung sowie der Robert Bosch Stiftung in Zusammenarbeit mit dem Deutschen Jugendinstitut e.V.

Förderung und lag somit auf dem 18. Rangplatz von 25 Industrieländern (vgl. Unicef 2008).

Mit dem 2002 formulierten Ziel der Staaten der europäischen Union, dass für 33 Prozent der Kinder unter drei Jahren bis 2010 Betreuungsplätze anzubieten sind (vgl. Sharma & Steiner 2008, S. 5), erfolgte in Deutschland eine Trendwende, die sich in gesetzlichen Bestimmungen und damit einhergehenden Investitionen in die frühkindliche Bildung niederschlug. Bund, Länder und Kommunen legten 2007 auf einem Krippengipfel fest, dass das Betreuungsangebot für Kinder unter drei Jahren schrittweise ausgebaut wird. Als Zielmarke wurde formuliert, dass 2013 im Bundesdurchschnitt für 35 Prozent der Kinder unter drei Jahren ein Betreuungsangebot vorliegt (vgl. MFKJKS NRW o.J.a).

Durch das Kinderförderungsgesetz (KiföG) kommt dem Ausbau der Kindertagesstättenplätze eine besondere Dringlichkeit zu. Mit Einführung des KiföG im Jahr 2008 bestand in Deutschland zunächst für Kinder ab dem dritten Lebensjahr bis zum Schuleintritt ein Rechtsanspruch auf Förderung in einer Tageseinrichtung. Ab dem 01. August 2013 ist ein Rechtsanspruch auch für jüngere Kinder mit Vollendung des ersten Lebensjahres bis zur Vollendung des dritten Lebensjahres in Kraft getreten. Hierbei bezieht sich der Rechtsanspruch auf die frühkindliche Förderung in einer Tageseinrichtung bzw. in der Kindertagespflege. Sind die Eltern berufstätig oder arbeitssuchend, befinden sie sich in einer beruflichen Bildungsmaßnahme oder (Hoch-)Schulausbildung, beziehen sie Leistungen zur Eingliederung in Arbeit im Sinne des Zweiten Buches des Sozialgesetzbuches oder aber ist die externe Betreuung für die Entwicklung des Kindes „zu einer eigenverantwortlichen und gemeinschaftsfähigen Persönlichkeit" (§ 24 KiföG) nötig, ergibt sich ein solcher Rechtsanspruch auch für Kinder, die das erste Lebensjahr noch nicht vollendet haben (vgl. ebd.).

Insgesamt fließen bis 2018 insgesamt 1,4 Milliarden Euro in den U3-Ausbau (vgl. MFKJKS NRW o.J.a). Betrachtet man den aktuellen Stand des Ausbaus der Kinderbetreuung, so zeigt sich, dass deutliche Anstrengungen unternommen wurden und die Plätze deutlich gesteigert werden konnten, dass jedoch immer noch ein Bedarf an weiterem Ausbau besteht und zusätzliche Erzieher/innen benötigt werden. Stephan Artikus, der Geschäftsführer des Deutschen Städtetages, geht im Sommer 2013 von etwa 100.000 fehlenden Betreuungsplätzen aus, die Gewerkschaft Erziehung und Wissenschaft (GEW) benennt 180.000 fehlende Plätze. Als problematisch wird die Betreuungssituation vor allem für Ballungsgebiete betrachtet (vgl. Herb 2013). Bezogen auf Nordrhein-Westfalen konnte das gesetzte Ziel an Betreuungsplätzen laut Familienministerium zwar erfüllt werden (vgl. MFKJKS NRW o.J.a), dennoch gestaltet sich in einigen Groß- und Universitätsstätten die Betreuungssituation als schwierig, da hier ein Betreuungsbedarf von über 50 Prozent der unter Dreijährigen besteht (vgl. Kölnische Rundschau 2013). Neben den fehlenden Betreuungsplätzen sind nicht ausreichend Erzieher/innen in

Deutschland vorhanden: Laut Kathrin Göring-Eckhardt fehlen 20.000 Erzieher/innen, die Arbeiterwohlfahrt geht von 30.000 fehlenden Erzieher/innen aus, um einen angemessenen Personalschlüssel zu erzielen (vgl. Herb 2013; vgl. für einen bundesländerübergreifenden Vergleich Bertelsmann Stiftung o.J.b).

4 Die Erzieher/innen-Ausbildung an Fachschulen des Sozialwesens in Nordrhein-Westfalen

Die Ausbildung zum/r Erzieher/in erfolgt traditionell an Fachschulen des Sozialwesens mit der Fachrichtung Sozialpädagogik. Im Hinblick auf die Ausgestaltung der vorliegenden Studie der Autorin wird neben allgemeinen Informationen zur Erzieher/innen-Ausbildung der Fokus auf die Erzieher/innen-Ausbildung an Fachschulen des Sozialwesens in Nordrhein-Westfalen gelegt.[22]

4.1 Allgemeines zur Erzieher/innen-Ausbildung

Das Aufgabenfeld von Erziehern/innen ist durch das Recht eines jeden jungen Menschen zur „Förderung [der] Entwicklung und [zur] Erziehung zu einer eigenverantwortlichen und gemeinschaftsfähigen Persönlichkeit", welches im Kinder- und Jugendhilfegesetz, § 1Sozialgesetzbuch VIII, definiert wird, bestimmt. Ziel der Ausbildung ist es, die Befähigung zu erlangen, „Erziehungs-, Bildungs- und Betreuungsaufgaben zu übernehmen und in allen sozialpädagogischen Bereichen als Erzieherin und Erzieher selbsttätig und eigenverantwortlich tätig zu sein" (KMK 2013, S. 21). Es handelt sich bei der Erzieher/innen-Ausbildung um eine generalistische Ausbildung, die dazu qualifiziert, in den sozialpädagogischen Arbeitsfeldern Kindertageseinrichtung, Kinder- und Jugendarbeit, Hilfen zur Erziehung sowie in sozialpädagogischen Bereichen der Schule und in der pädagogischen Arbeit für Menschen mit besonderen Bedürfnissen tätig zu werden. Die Adressaten/innen der pädagogischen Arbeit sind bis zu 27 Jahren alt (vgl. MSW NRW o.J.b, S. 11f.).

---

[22] Neben der klassischen Erzieher/innen-Ausbildung besteht in Nordrhein-Westfalen auch die Möglichkeit, an einem beruflichen Gymnasium parallel sowohl das Abitur als auch die Ausbildung zum/r staatlich anerkannten Erzieher/in zu absolvieren (vgl. MSW NRW 2006). In Klasse 14 werden durch ein einjähriges Berufspraktikum in einer pädagogischen Einrichtung die Praxiserfahrungen und -kenntnisse aus insgesamt 14 Wochen Praktika vertieft. Mit Abschluss der Klasse 14 ist die Ausbildung zum/r staatlich anerkannten Erzieher/in komplettiert (vgl. MSW NRW o.J.b). Für die Aufnahme in den Bildungsgang und somit in die Jahrgangsstufe 11 ist der Sekundarabschluss/die Fachoberschulreife mit der Berechtigung zum Besuch der gymnasialen Oberstufe (FOR Q) erforderlich (vgl. MSW NRW o.J.c).

Je nach Bundesland unterscheidet sich die Erzieher/innen-Ausbildung deutlich, beispielsweise hinsichtlich der Länge der Ausbildung, der Prüfungsart, den curricularen Vorgaben und den Zugangsvoraussetzungen (vgl. Janssen 2011). Einheitlich vorausgesetzt wird, dass die zukünftigen Auszubildenden mindestens einen mittleren Bildungsabschluss, der um eine einschlägige berufliche Erstausbildung (Kinderpfleger/in, Sozialassistent/in bzw. -helfer/in) ergänzt wird, aufweisen müssen.[23] Bei konfessionellen Ausbildungsstätten ist oft die Zugehörigkeit zu einer entsprechenden Konfession Voraussetzung für den Ausbildungsbeginn (vgl. erzieherin online o.J.).

4.2 Spezifika der Erzieher/innen-Ausbildung in NRW

Die Ausbildung zum/r staatlich anerkannten Erzieher/in findet in Nordrhein-Westfalen an Fachschulen des Sozialwesens statt, die an Berufskollegs angeschlossen sind bzw. eigenständig agieren. Die Ausbildung besteht aus zwei Jahren schulischer Ausbildung und einem einjährigen durch die Fachschule begleiteten Berufspraktikum in einer Einrichtung (vgl. MSW NRW 2010, S. 8).

Neben der schulischen Ausbildung werden in den ersten beiden Ausbildungsjahren in *Praktika* pädagogische Erfahrungen in den Arbeitsbereichen Kindertagesstätte, Offene Ganztagsschule, Hort, Kinderheim, Jugendtreff und ähnlichen Einrichtungen gesammelt (vgl. MSW NRW 2014a, S. 25; erzieherin online o.J.). Die Praktikumsdauer umfasst 16 Wochen. In der Regel finden innerhalb der Praktika sechs bis acht Besuche durch eine zuständige Lehrkraft der jeweiligen Fachschule statt (vgl. MSW NRW 2014a, S. 28). Die Ausgestaltung der Praktika unterscheidet sich je nach Fachschule. So wird beispielsweise an einigen Fachschulen zwischen Orientierungs- und Vertiefungspraktika differenziert. Während in den Orientierungspraktika die angehenden Erzieher/innen im Alltag der Einrichtungen eher ‚mitlaufen', werden in den Vertiefungspraktika bereits eigenständig Aktionen mit den Kindern/Jugendlichen konzipiert und durchgeführt. An den Fachschulen wird teilweise auch festgelegt, in welchem Ausbildungsjahr Praktika in pädagogischen Einrichtungen mit unterschiedlicher Ausrichtung absolviert werden (z.B. in der Unterstufe Praktika in der Kita und in der Oberstufe Praktika in integrativen Einrichtungen, Jugendeinrichtungen, z.B. Heim oder in Einrichtungen in Stadtteilen mit besonderen Bedarfen).

Im Anschluss an die überwiegend schulische Ausbildung erfolgt das *Berufspraktikum*, in welchem die angehenden Erzieher/innen in Vollzeit in einer pädagogischen Einrichtung (z.B. einer Kita) arbeiten. Parallel erfolgen Schulungsblöcke

23 Somit handelt es sich bei der Ausbildung zum/r staatlich anerkannten Erzieher/in um eine berufliche Weiterbildung (vgl. MSW NRW o.J.b, S. 11).

innerhalb der Fachschule und der Einrichtung. Ziel des Berufspraktikums ist es, die Inhalte des Erzieher/innen-Berufs in einem Team von pädagogischen Kräften zu erlernen und die eigenen Kompetenzen stetig zu steigern, sodass der/die angehende Erzieher/in schließlich eigenverantwortlich pädagogisch tätig sein und z.B. eine Gruppe von Kindern in der Kita alleine leiten kann. Im Rahmen des Berufspraktikums finden in der Regel vier bis sechs Besuche der zuständigen Lehrkraft der Fachschule statt, sodass die Erfahrungen, die in der Einrichtung gesammelt werden, mit den Mitarbeiter/innen der Einrichtung und dem/r angehenden Erzieher/in reflektiert werden können (vgl. MSW NRW 2014a, S. 28).

5 Mediennutzung in der frühen Kindheit

Nachdem der Bildungsauftrag und die Professionalisierung der frühkindlichen Bildung in den Blick genommen wurde, soll in den folgenden Kapiteln der Fokus auf das Thema Medien und Medienerziehung in Kindertagesstätten als Ausprägung der Professionalisierung der Frühpädagogik gelegt werden. Als Heranführung an das Thema der Medienerziehung in Kindertagesstätten sollen jedoch zunächst verschiedene Kontexte der Medienaneignung und damit verknüpft die Mediennutzung in der frühen Kindheit betrachtet werden, da diese (bzw. die Vorstellungen, die Erzieher/innen über die Mediennutzung haben) die Rahmung für die Medienerziehung in Kindertagesstätten darstellen.

Die Medienaneignung von Kindern im Vorschulalter findet in verschiedenen Kontexten statt. Hierzu zählen die Sozialisationsinstanzen Familie, Kindertagesstätte o.ä. und die Gleichaltrigen (vgl. Friedrichs 2013a, S. 231ff.), das Kind selbst im Hinblick auf dessen Entwicklungsstand und die es aktuell handlungsleitenden Themen sowie die ihm zur Verfügung stehenden Medieninhalte (vgl. Theunert 2015, S. 145ff.).

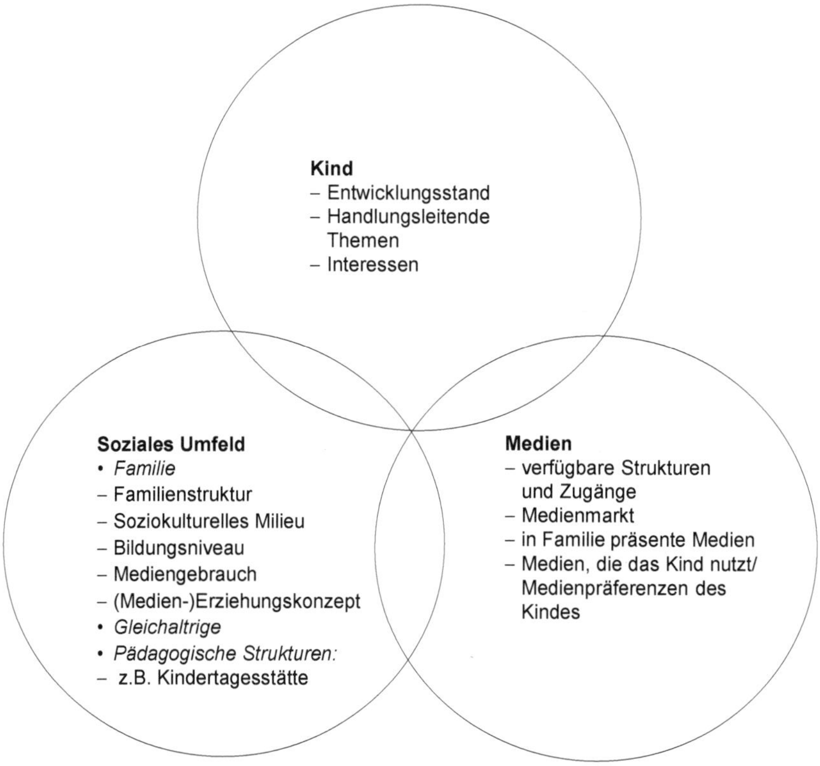

Abbildung 1: Kontexte der Medienaneignung; leicht modifizierte Darstellung in Anlehnung an Theunert (2015, S. 145)

5.1 Kontext: Elternhaus

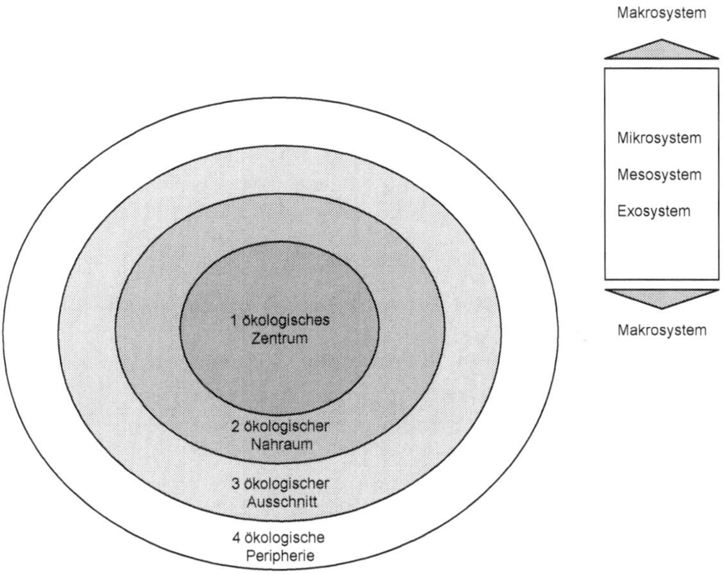

Abbildung 2: Schematische Zuordnung vier sozialökologischer Zonen unter Einbeziehung von Bronfenbrenners Systemkategorien (vgl. Baacke 1999, S. 237)

Der Ort der ersten Medienerfahrung ist das Elternhaus, das Baacke (1999) in seinem sozialökologischen Zonenmodell als „sozialökologisches Zentrum" definiert (vgl. ebd., S. 235ff.) (vgl. Abbildung 2)[24]. Per Geburt ist das Kind in der Familie mit verschiedenen Medien konfrontiert, auch wenn es Inhalte und Funktion der Medien noch nicht deuten kann (vgl. Fleischer 2014, S. 306). Beispielsweise, indem die Eltern fernsehen und das Kind die bunten sich bewegenden Bilder wahrnimmt, die Laute aus dem Radio oder das Knistern der Tageszeitung hört etc. Mit zunehmendem Alter der Kinder verändert sich die Medienausstattung innerhalb der Familie und sowohl die Anzahl der eigenen, die der familiären Mediengeräte als auch das kindliche Medienpensum nehmen zu. Zudem ändern sich die präferierten Medieninhalte der Kinder, sodass die meisten Eltern sich wohl spätestens im Vorschulalter mit der Frage konfrontiert sehen, ob und welche Fernsehinhalte ihr Kind sich an-

24 Baackes sozialökologisches Zonenmodell orientiert sich an Bronfenbrenners Systemkategorien des Mikro-, Meso-, Exo- und Makrosystems (vgl. Bronfenbrenner 1981).

schauen darf (vgl. mpfs 2013; mpfs 2012; Institut für Demoskopie Allensbach 2014, S. 3ff.; Lutz 2013). Mit dem Mediengebrauch innerhalb der Familie und dem (Medien-)Erziehungskonzept der Eltern geht zudem einher, welche Medieninhalte den Kindern an welchen Orten zu Verfügung stehen (z.B. Spielekonsole im Kinderzimmer), inwiefern die Mediennutzung mit Regeln versehen ist (bspw. hinsichtlich der Dauer und Inhalte der Fernsehnutzung), inwiefern die Eltern mit dem Kind über präferierte oder auch verunsichernde Inhalte sprechen oder auch ob Kinder, bspw. durch ältere Geschwister, Inhalte rezipieren, die sich eigentlich an eine ältere Zielgruppe richten (vgl. Wagner et al. 2013; Junge 2013b; Hasebrink et al. 2012; Kammerl et al. 2012; mpfs 2012; Paus-Hasebrink 2010; Theunert & Gebel 2007; Steiner & Goldoni 2011; Friedrichs et al. 2014a; Friedrichs et al. 2014b; Marci-Boehncke & Weise 2015; Institut für Demoskopie Allensbach 2014, S. 3ff.; Paus-Hasebrink & Kulterer 2014, S. 53; Weise 2013).

Der Mediennutzung der Eltern kommt insofern eine bedeutende Rolle zu, dass Eltern ihren Kindern als mediale Vorbilder dienen (vgl. Six & Gimmler 2010, S. 46f.) und die Mediennutzungsmuster, die während Kindheit und Jugend erworben werden, sind relativ konsistent. Sie bleiben als „kulturelles Erbe" (Barthelmes & Sander 2001, S. 247) über die Kindheit hinaus bestehen. Wenn z.B. seit der frühesten Kindheit permanent der Fernseher läuft, auch während des gemeinsamen Essens, so erscheint es unwahrscheinlich, dass dieses Muster später durch das Kind abgelegt wird.

Mit Blick auf den Bildungshintergrund der Eltern zeigen sich deutliche Differenzen hinsichtlich eigener Mediennutzung und des Medienerziehungsverhaltens. Eltern mit höherem Bildungshintergrund nutzen selbst häufiger Printmedien im Sinne des ‚guten und wertvollen' Buches und der ‚informativen' Zeitung. Während laut der FIM-Studie 2011 über ein Drittel der Eltern mit mittlerem und höherem Bildungsniveau seinen Kindern vorliest, macht dies nur jedes sechste Elternteil mit niedrigerem Bildungsniveau (vgl. mpfs 2012, S. 58ff.; vgl. auch Biermann 2009a, S. 123f.). Für das gemeinsame Fernsehen mit den Kindern zeigt sich ein umgekehrtes Bild: Eltern aus Familien mit formal niedriger Bildung sehen häufiger mit ihren Kindern fern. Fernsehen nimmt in diesen Familien häufiger eine bedeutende Funktion für die Freizeitgestaltung ein. Auch die Inhalte unterscheiden sich: In Familien mit hoher und mittlerer formaler Bildung schauen die Eltern mit ihren Kindern häufiger das Programm des „KiKA" mit ihren Kindern an, das vermutlich als ‚pädagogisch wertvoll' oder zumindest nicht als die Kinder schädigend wahrgenommen wird, in Familien mit niedrigem Bildungshintergrund dominieren hingegen die Sender „RTL" und „Super RTL" (vgl. mpfs 2012, S. 58ff.). Zudem zeigen verschiedene Studien auf, dass sich in Familien in sozial benachteiligten Lebenslagen, die durch Armut, einen niedrigen Bildungsgrad und spezielle Familiensituationen (etwa alleinerziehend oder Kinderreichtum) gekennzeichnet sind, die Medienerziehung oftmals ungünstig gestaltet: Anstatt gemeinsamer Unternehmungen werden

Medien äußerst intensiv genutzt und als ‚Babysitter' eingesetzt, die Kinder schauen (heimlich) Sendungen an, die von ihren Eltern als ungeeignet eingeschätzt werden und das Medienerziehungsverhalten ist oftmals inkonsequent und widersprüchlich (vgl. Paus-Hasebrink 2010; vgl. für einen Überblick Düssel 2010). Dies geht zudem mit einer hohen und teilweise auch höheren Medienausstattung als in Familien mit höherem sozioökonomischen Status einher (vgl. mpfs 2012, S. 56). Dabei können relativ teure elektronische Geräte die Funktion von Statussymbolen zur Distinktion einnehmen (vgl. Henrichwark 2009, S. 238).

5.2 Kontext: Kindertagesstätte und Gleichaltrige

Neben dem sozialökologischen Zentrum werden erste Medienerfahrungen auch im „sozialökologischen Nahraum" (z.B. in der Krabbel-/Spielgruppe) (z.B. Musik über einen CD-Player) oder in „sozialökologischen Ausschnitten" wie der Kindertagesstätte gemacht (vgl. Baacke 1999, S. 235ff.), die Baacke (1999) als „Behavior Settings mit bestimmten, eingeschränkten Funktionen" (ebd., S. 238) versteht. Diese Medienerlebnisse können vom Einsatz des klassischen Bilderbuchs, ersten Erfahrungen mit digitalen Medien wie beispielsweise einem Computer bis zur eigenen Produktion medialer Inhalte (z.B. Trickfilm) reichen (vgl. Eder & Roboom 2014). Darüber hinaus sind Kinder mit dem Eintritt in die Kindertagesstätte automatisch auch mit den Medienerfahrungen der Gleichaltrigen konfrontiert, da Kinder ihre Medienerfahrungen in die Kita tragen, indem sie über ihre Lieblingsinhalte sprechen oder diese im Rollenspiel nachspielen (vgl. Fleischer 2014, S. 308). Über das Mitbringen von medienbezogenen Merchandise-Artikeln wie Butterbrotdose oder Spielkarten wird auch ohne explizite sprachliche Artikulierung anderen Kindern verdeutlicht, was aktuell angesagt ist (vgl. Götz & Cada 2013). Dies kann dazu führen, dass Kinder sich explizit Merchandise-Produkte mit Medienbezug wünschen, obwohl sie selbst keinen festen Medienliebling haben (vgl. Marci-Boehncke et al. 2012, S. 13).

5.3 Kontext: Entwicklungsstand und handlungsleitende Themen

Der kognitive und sozial-moralische Entwicklungsstand von Kindern ist das „Einfallstor für Medienangebote" (Theunert 2005, S. 24). Vom Entwicklungsstand ist abhängig, welchen funktionalen Stellenwert Medien für den/die Nutzer/in einnehmen (vgl. Six & Gimmler 2007a, S. 18ff.). Je nach Alter variieren die Entwicklungsaufgaben des Kindes und somit auch dessen relevante Themen, die im Wechselspiel aus den Anforderungen der Umwelt an das Kind und dessen eigenen Wünschen und Erwartungen entstehen (vgl. Theunert 2005, S. 24). Zu den Entwicklungsaufgaben der frühen Kindheit im Alter von null bis fünf Jahren zählen der Aufbau von emotionalem Urvertrauen, die Entwicklung von Kommunikationsfähigkeit und sozialem Bindungsverhalten, der Aufbau grundlegender sensorischer und motorischer Fertigkeiten, die Entwicklung sprachlicher Ausdrucksfähigkeit und die Identifikation mit dem eigenen Geschlecht (vgl. Hurrelmann & Bründel 2003, S. 73; Wegener 2010, S. 124). Damit verknüpft gehören zu den handlungsleitenden Themen der Kinder vor allem folgende[25]: versorgt, verwöhnt, geliebt zu werden; die Kehrseite der Liebe in Form von Eifersucht und Wut über Liebesentzug; selbst jemanden versorgen zu dürfen (Tiere, Pflanzen Puppe); selbstständig und unabhängig zu sein sowie ein Stolz auf die eigene Leistung, das eigene Aussehen und den eigenen Besitz (vgl. Charlton 2007, S. 34). Kinder suchen in den Medien solche Inhalte, die in Beziehung zu ihren eigenen Wünschen, Sorgen, Ängsten und Konflikten stehen. Dementsprechend sind die Medienpräferenzen von Kindern in der frühen Kindheit an ihren entwicklungs- und handlungsleitenden Themen ausgerichtet und bieten Hilfestellung bei der Bewältigung damit verbundener Herausforderungen (vgl. Charlton 2007, S. 34; Rogge 2007; Fleischer & Grebe 2014, S. 155ff.; Theunert 2005, S. 24).

Zudem entscheiden die kognitiven und auch sozial-moralischen Fähigkeiten darüber, ob Medienbotschaften und die formale Mediengestaltung verstanden werden (vgl. Theunert 2005, S. 24; Klein 2013, S. 20; Bader 2005). Mit zwei bis drei Jahren und zunehmender Fernseherfahrung wird langsam ein Verständnis für die Zusammenhänge des Gezeigten und damit für die Geschichten erworben (vgl. Götz 2007, S. 13). Kinder sind dann dazu in der Lage, sich selbst zu den Geschichten in Beziehung zu setzen. Voraussetzung dafür ist, dass die dargebotenen Inhalte an die Lebenswelt der Kinder anknüpfen. Kinder können ab diesem Alter auch bestimmte Medienfiguren aufgrund spezifischer Eigenschaften präferieren (z.B. Schönheit, Mut, Stärke, Humor etc.) (vgl. Spanhel 2007, S. 15f.), meistens werden dabei gleichgeschlechtliche Medienfiguren bevorzugt (vgl. Klein 2013, S. 20). Bezogen auf das Verständnis audiovisueller Fernsehinhalte ‚lesen' Vorschulkinder Fernsehtexte langsamer als ältere Kinder oder Erwachsene, sie konzentrieren sich vor allem auf das Bild und nutzen den Ton eher als Hinweis und Signalgeber. Hinsichtlich formaler Gestaltungsmittel und einer damit verknüpften nicht linearen Erzählstruktur ist das Fernsehverständnis noch eher gering. Drei- bis Vierjährige verstehen fast ausschließlich geradlinige Zeitabläufe, nur 4 Prozent der Vierjährigen verstehen laut einer Studie von Abelman (1990) Rückblenden. Formale Gestaltungsmittel wie subjektive Kameraführung und eine auflösende Blende als Zeichen eines Traums sind zudem für Vorschulkinder schwer verständlich (vgl. Götz 2007, S. 14).

---

25 Charlton bezieht sich auf Kinder zwischen zwei und sechs Jahren.

5.4 Kontext: Mediennutzung

Empirische Studien zur Mediennutzung in der frühen Kindheit in Deutschland sind erst in den letzten Jahren vermehrt aufgekommen, sodass die ARD-/ZDF-Studie „Kinder und Medien 2003" beinahe zehn Jahre lang zu den aktuelleren Untersuchungen der frühkindlichen Mediennutzung zählte (vgl. Feierabend & Mohr 2004). Somit konnte zwar angenommen werden, dass sich die gesellschaftliche Mediatisierung auch in der Mediennutzung der Jüngsten widerspiegelt, jedoch lagen kaum und vor allem Dingen keine aktuellen Daten dazu vor. In den letzten Jahren wurde der Fokus in empirischen Studien auch auf die jüngere Zielgruppe gelegt. Aktuelle Studienergebnisse bestätigen die Annahme, dass elektronische Medien auch die Lebenswelt von Kindern im Vorschulalter durchdringen (vgl. mpfs 2012[26]; mpfs 2013[27]; Aufenanger 2013[28]; Egmont Ehapa 2013a[29]; Feierabend & Klingler 2014[30]; Institut für Demoskopie Allensbach 2014[31]; IZI 2014[32]).

Fast alle Kinder im Alter von zwei bis fünf Jahren wachsen laut der repräsentativen Studie miniKIM 2012 zum Medienumgang Zwei- bis Fünfjähriger in Deutschland mit einem Fernsehgerät (99 Prozent) und Handy/Smartphone (97 Prozent) auf, in 90 Prozent der Haushalte ist auch ein Internetzugang vorhanden (vgl. mpfs 2013, S. 5; vgl. zur Internetnutzung in Deutschland auch van Eimeren & Frees 2014). Bei den persönlichen Mediengeräten der Kinder dominiert nach wie vor der Kassettenrekorder (28 Prozent), knapp gefolgt vom CD-Player (25 Prozent).[33]

---

26 Im Rahmen der FIM-Studie wurden aus 260 ausgewählten Familien alle Familienmitglieder ab drei Jahren in die Befragung einbezogen. Stichprobe: Haushalte/Familien: n=260; Eltern: n=468; Kinder (drei bis 19 Jahre): n=388. Die Erhebung setzte sich aus einer repräsentativen Face-to-Face-Studie (CAPI) und einer Tagebucherhebung zusammen.

27 In der miniKIM-Studie wurden von Mai bis Juli 2012 632 Haupterzieher/innen von Kindern im Alter zwischen zwei und fünf Jahren per Fragebogen befragt.

28 Zum Sample der repräsentativen Befragung von Aufenanger zur Mediennutzung von Kindern im Alter von null bis fünf Jahren und zu elterlichen Einstellungen zählten 728 Mütter (Erhebung im Frühjahr 2011).

29 Die KidsVerbraucherAnalyse erfasst das Medien- und Konsumverhalten von Kindern im Alter von sechs bis 13 Jahren. Die Daten wurden um eine repräsentative Preschool-Studie erweitert, in der 1,37 Millionen Erziehungsberechtigte von vier- bis fünfjährigen Vorschulkindern befragt wurden.

30 Grundlage der Auswertung zur Fernsehnutzung Drei- bis Dreizehnjähriger 2013 sind die Daten der GfK-Fernsehforschung.

31 In der Studie des Instituts für Demoskopie Allensbach wurden u.a. 808 Interviews mit einem repräsentativen Querschnitt von Eltern mit Kindergarten- und Grundschulkindern zur Bedeutung von Medien im Alltag der Kinder geführt.

32 In der repräsentativen Studie des IZI wurden bundesweit 373 Mädchen und Jungen zwischen drei und fünf Jahren nach ihrer Fernsehlieblingsfigur gefragt.

33 Vermutlich wird der Kassettenrekorder nach wie vor genutzt, obwohl es sich um ein vergleichsweise altes Mediengerät handelt, da bereits Kassetten (möglicherweise aus der eigenen Kindheit) im

Mit zunehmendem Alter nimmt auch die eigene Medienausstattung der Kinder zu. Dies zeigt sich vor allem hinsichtlich der Ausstattung mit Spielekonsolen (zwei bis drei Jahre: 1 Prozent; vier bis fünf Jahre: 11 Prozent) und Kindercomputern (zwei bis drei Jahre: 3 Prozent; vier bis fünf Jahre: 11 Prozent). Geschlechtsspezifische Unterschiede im Hinblick auf den Gerätebesitz liegen kaum vor (vgl. mpfs 2013, S. 6).

Freizeitaktivitäten und Medien

Die Sorge, dass Kinder nicht mehr draußen spielen, sondern nur noch vor dem Fernseher sitzen, wie sie teilweise durch die Pädagogik oder auch die Medien selbst propagiert wird (vgl. u.a. Spitzer 2012; Hentig 2002), wird durch die empirischen Daten entkräftet oder zumindest gemildert: Spielen ist für die Zwei- bis Fünfjährigen nach wie vor die häufigste Freizeitbeschäftigung. 99 Prozent der Kinder spielen mindestens mehrmals in der Woche drinnen und 96 Prozent draußen (vgl. mpfs 2013, S. 7). Zu den liebsten Freizeitaktivitäten der Kinder zählen laut Angabe der Eltern nach dem Spielen zwar auch die Mediennutzung im Form von Büchern (anschauen/vorlesen) (32 Prozent) und Fernsehen (28 Prozent), aber auch das Treffen mit Freunden (26 Prozent). Letzteres schätzen vor allem die Vier- bis Fünfjährigen, für 35 Prozent ist dies die liebste Freizeitaktivität (vgl. ebd., S. 8f.).

Im Folgenden werden empirische Daten zur Mediennutzung einzelner Geräte bzw. Inhalte dargestellt:

Fernseher

Wie aus den genannten Lieblingsfreizeitaktivitäten der Kinder deutlich wird, spielen Medien eine bedeutende Rolle. Während für die Kinder im Alter von zwei bis drei Jahren (Bilder-)Bücher noch das wichtigste Medium darstellen, ändert sich dies mit zunehmendem Alter schnell, sodass bereits für die Vier- bis Fünfjährigen der Fernseher zum Lieblingsmedium avanciert (vgl. mpfs 2013, S. 11; Aufenanger 2013, S. 13; Institut für Demoskopie Allensbach 2014, S. 5; vgl. zum Leseverhalten Egmont Ehapa 2013b; Stiftung Lesen et al. 2012; Stiftung Lesen et al. 2013, S. 27; Ehmig & Reuter 2013, S. 72ff.). Dies bedeutet jedoch nicht, dass nicht auch die Jüngeren bereits fernsehen: So schauen laut miniKIM 65 Prozent der Kinder im Alter von zwei bis drei Jahren mindestens einmal pro Woche fern (vgl. mpfs 2013, S. 8). Der Einstieg in die Fernsehnutzung liegt durchschnittlich bei 2,1 Jahren bei und bei etwa einem Viertel der Kinder bei einem Jahr (vgl. mpfs 2013, S. 12). Die durch-

familiären Haushalt vorliegen bzw. diese kostengünstig, z.B. auf Flohmärkten, zu erstehen sind (z.B. Klassiker wie „Benjamin Blümchen", „Bibi Blocksberg"). Zudem sind Kassetten und ein Kassettenrekorder motorisch einfach zu handhaben.

schnittliche tägliche Fernsehdauer der Drei- bis Fünfjährigen beträgt 74 Minuten (vgl. Feierabend & Klingler 2014, S. 184). Zur Ausstattung mit einem eigenen Fernseher im Kinderzimmer unterscheiden sich die Angaben in den Studien deutlich: Laut KidsVerbraucherAnalyse 2013 besitzen mittlerweile 7,9 Prozent der Vier- bis Fünfjährigen ein eigenes Gerät (vgl. Egmont Ehapa 2013a, S. 72). Aufenanger (2013) hingegen ermittelte dies für 17 Prozent der Kinder dieser Altersgruppe (vgl. ebd., S. 11). Von den fernsehenden Kindern haben 60 Prozent einen Lieblingssender. Hierbei dominieren deutlich die beiden Sender „KiKA" und mit Abstand „Super RTL", auch bei den älteren vorschulaltrigen Kindern (vgl. mpfs 2013, S. 13f.; Feierabend & Klingler 2014, S. 191). Eine repräsentative Studie des Internationalen Zentralinstituts für das Jugend- und Bildungsfernsehen aus 2014 ergab, dass die aktuellen Lieblingsfiguren der Drei- bis Fünfjährigen jedoch nicht nur aus dem „KiKa"-Programm stammen. Beispielsweise liegt die „Nickelodeon"-Sendung „SpongeBob Schwammknopf" auf Platz 1[34] (vgl. IZI 2014).

Computer und Computerspiele (einschließlich Spielekonsole, etc.)

Mit zunehmendem Alter der Vorschulkinder steigt die Zahl der Computernutzer/innen an, sodass über 20 Prozent der Vier- bis Fünfjährigen den Computer nutzen (miniKIM 2012: 28 Prozent, vgl. mpfs 2013, S. 19; KidsVerbraucherAnalyse 2013: 22 Prozent, vgl. Egmont Ehapa 2013a, S. 70). Der Computer wird am häufigsten zum Spielen (49 Prozent der Nutzer/innen mindestens einmal die Woche) und zum Malen/Zeichnen (35 Prozent) benutzt. Mit 28 Prozent kommen Lernprogramme etwas seltener zum Einsatz (vgl. mpfs 2013, S. 19).

Spielekonsolen sind in 42 Prozent der Haushalte vorhanden, jedoch mit 6 Prozent noch eher selten im Eigenbesitz der Kinder. Trotz der relativ hohen Geräteverfügbarkeit spielen Computer-, Konsolen- oder Onlinespiele erst ab dem Alter von vier Jahren eine Rolle (vgl. mpfs 2013, S. 17) und werden nach den Ergebnissen von Aufenanger (2013) von 25 Prozent der Vierjährigen und 42 Prozent der Fünfjährigen genutzt (vgl. Aufenanger 2013, S. 11). Für die Kinder, die spielen, scheinen die Spiele jedoch einen hohen Reiz auszuüben: 13 Prozent von ihnen spielen (fast) jeden Tag und 65 Prozent ein- bis mehrmals pro Woche (vgl. mpfs 2013, S. 17).

Neben dem Computer und der Spielekonsole nutzen Vorschulkinder auch teilweise das Tablet und seltener das Smartphone ihrer Eltern zum Spielen (vgl. mpfs 2013, S. 20; Egmont Ehapa 2013a, S. 73).

---

[34] Die US-amerikanische Zeichentrickserie „SpongeBob" handelt von den Erlebnissen von SpongeBob, einem Meeresschwamm, der die Hauptfigur ist, und seinen Meerestierfreunden. SpongeBob arbeitet in einem Fast Food-Restaurant als Burgerbrater. Er vereitelt wiederholt die Pläne des bösen Sheldon J. Plankton, der das geheime Rezept für einen Krabbenburger für sein Restaurant „Abfalleimer" stehlen möchte (vgl. nickelodeon o.J.).

Internet

Das Internet wird laut den Daten des Instituts für Demoskopie Allensbach (2014) von 34 Prozent der Kindergartenkinder genutzt, mindestens mehrmals in der Woche von 20 Prozent (vgl. ebd., S. 7; vgl. zur Internetnutzung auch Egmont Ehapa 2013a, S. 70). Die gegenüber der Computernutzung geringere Internetnutzung von Vorschulkindern kann vermutlich durch eine kritischere Haltung der Eltern gegenüber diesem Medium erklärt werden (vgl. Hasebrink et al. 2012, S. 19ff.).

Mediennutzung – gemeinsam oder alleine?

In der miniKIM 2012 wurde neben der Nutzungsintensität einzelner Medien erhoben, inwiefern Vorschulkinder die einzelnen Medien alleine, mit Eltern oder mit Geschwistern nutzen: Hierbei fällt auf, dass Eltern eher gemeinsam mit ihrem Kind Bücher anschauen/lesen (58 Prozent) als dass sie gemeinsam mit diesem fernsehen (44 Prozent). Ein Erklärungsansatz hierfür ist, dass der Fernseher möglicherweise als ‚Babysitter' genutzt wird und das Kind deshalb eher alleine (25 Prozent) oder mit Geschwistern (15 Prozent) die Inhalte konsumiert. Hörspiele/-bücher rangieren an erster Stelle unter den Medien, die eher alleine von den Kindern genutzt werden (41 Prozent) (vgl. mpfs 2013, S. 9f.).

Besitzwünsche hinsichtlich elektronischer Medien/Kinder als Zielgruppe des Medienmarktes

Neben der expliziten Nutzung einzelner Mediengeräte gilt es auch den Umstand zu betrachten, dass Kinder eine bedeutsame Zielgruppe des Medienmarkts darstellen (vgl. Vollbrecht 2010, S. 319ff.; Röllecke 2012, S. 122ff.; Lampert 2009, S. 14ff.; Paus-Hasebrink & Kulterer 2014; Neuß 2012a, S. 6ff.; Schuegraf 2010, S. 288f.). Dies schlägt sich in medienbezogenen Besitzwünschen nieder: Laut KidsVerbraucherAnalyse 2013 wünscht sich etwa ein Drittel der Vier- bis Fünfjährigen einen eigenen Fernseher, ca. 30 Prozent ein Smartphone und etwa 22 Prozent einen Computer bzw. Laptop (vgl. Egmont Ehapa 2013a, S. 72). Dies dürfte u.a. darauf zurückzuführen sein, dass Kinder in ihrem Alltag, sei es zu Hause, auf dem Weg in die Kita oder im Supermarkt, täglich Erwachsene, darunter auch ihre eigenen Eltern als relevante Rollenvorbilder, im Umgang mit diesen Geräten erleben. Zudem werden die Produkte vielerorts beworben (vgl. von Gottberg & Rosenstock 2009). Neben dem Wunsch nach eigenen Mediengeräten entstehen ebenso kindliche Wünsche nach medienbezogenen Merchandise-Artikeln wie beispielsweise der „Lillifee"-Strumpfhose oder den „Star Wars"-Sammelkarten (vgl. Götz & Cada 2013; Marci-Boehncke et al. 2012, S. 13).

6 Medienerziehung in Kindertagesstätten

Im Folgenden soll der Fokus auf das Thema „Medienerziehung in Kindertagesstätten“ gelegt werden. Zunächst erfolgt eine Begriffsbestimmung von Medienerziehung, die bereits an der pädagogischen Arbeit in der Kindertagesstätte ausgerichtet ist.

6.1 Zielstellungen und Praxismöglichkeiten

6.1.1 Begriffsbestimmung

Medienerziehung ist die „Erziehung zur reflektierten Mediennutzung“ (Schorb 2005, S. 241). Dazu gehören „alle Aktivitäten und Überlegungen in Erziehung und Bildung, die das Ziel haben, ein humanes bzw. verantwortliches Handeln im Zusammenhang mit der Mediennutzung und Mediengestaltung zu entwickeln“ (Tulodziecki 2008, S. 110). Medienerziehung – sowohl im Elternhaus als auch in der Kindertagesstätte – ist ein Teil der Erziehung und orientiert sich somit an prinzipiellen „Zielen, Werten, Normen und Präferenzordnungen“ (Spanhel 2006, S. 180) der Erziehenden.

Medienerziehung in der Kindertagesstätte lässt sich idealtypisch in drei Formen unterscheiden: Die handlungs- bzw. produktionsorientierte Medienarbeit, die rezeptionsorientierte Medienarbeit und die reproduktionsorientierte bzw. reflexive Medienarbeit. Leitend für die handlungs- bzw. produktionsorientierte Medienarbeit ist die „[sozialisationstheoretische] Annahme, dass sich Denken und Handeln in Interaktionen vollziehen“ (Niesyto 2010, S. 396). Hierbei werden mit den Kindern eigenständige Medienproduktionen geschaffen und Medien als Gestaltungs- und Ausdrucksmittel für die Kinder genutzt, beispielsweise indem ein Videofilm mit den Kindern gedreht wird (vgl. Neuß 2008, S. 491). In der rezeptionsorientierten Medienarbeit werden Medien mit den Kindern in der Kita genutzt (z.B. Hörspiele, Computer, (Bilder-)Bücher o.ä.) (vgl. Feil 1995, S. 13ff.), z.B. um ein aktuelles Thema mit den Kindern zu erörtern. Um Medienerziehung durchzuführen, ist nicht unbedingt ein Medieneinsatz erforderlich. Relevant ist jedoch, „die Medienerlebnisse der Kinder aufzugreifen und in Spielen oder kreativen Prozessen umzusetzen“

(Anfang & Demmler 2006, S. 48). Dies beschreibt die reproduktionsorientierte Medienarbeit, bei der die bereits vorhandenen Medienerfahrungen der Kinder aufgegriffen und reflexiv aufgearbeitet werden. Hierzu zählen beispielsweise medienbezogene Gespräche, die Six (2010, S. 203) als „Herzstück" von Medienerziehung beschreibt (vgl. auch Six 2009, S. 203). Die Medienerfahrungen der Kinder, welche diese u.a. durch Rollenspiele oder gemalte Bilder in die Kita einbringen, liefern, wie in Kap. 5.3 dargestellt, Hinweise auf ihre entwicklungsbedingten oder sozialisationsbedingten handlungsleitenden Themen (vgl. Charlton 2007, S. 34). In diesem Zusammenhang ist es Aufgabe der Erzieher/innen, die Medienerfahrungen der Kinder und die für sie relevanten Themen zu erkennen und die Kinder in der Verarbeitung ihrer Medienerfahrungen zu unterstützen (vgl. Neuß 2005, S. 60; Neuß 2008, S. 490). Zur Reflexion der kindlichen Medienerfahrungen und -präferenzen bietet sich beispielsweise die Methode der „Heldenleine" an. Hierbei wird eine Wäscheleine mit Pappkarten durch den Raum gespannt, auf welche Bilder von verschiedensten Medienhelden/innen der Kinder geklebt sind (z.B. Zeichentrickfiguren). Aus dem Mix an Medienhelden/innen sollen sich die Kinder jeweils eine Figur aussuchen, die sie besonders mögen. Sie sind zudem aufgefordert, Gefühle und Erfahrungen, die sie mit der Figur verbinden, zu beschreiben. Die Methode kann auch dahingehend variiert werden, dass die Kinder ihre Medienhelden/innen selbst malen und sich darüber mit den Erziehern/innen austauschen (vgl. WDR 2010, S. 38; Eder et al. 2014, S. 85ff.).

In der medienerzieherischen Praxis finden sich Mischformen dieser drei Bereiche, etwa indem zunächst Medien (bspw. ein Bilderbuch) rezipiert werden (rezeptive Medienarbeit) und im Anschluss daran die Kinder ein Bild darüber malen, was im Stuhlkreis besprochen wird (reproduktionsorientierte Medienarbeit).

6.1.2 Medienkompetenzförderung als zentrales Ziel

Ein zentrales Ziel von Medienerziehung ist die Förderung der kindlichen Medienkompetenz (vgl. Beranek 2007), welche sowohl am Schutz der Kinder vor möglicherweise schädigenden Medieneinflüssen als auch daran, dass Kinder lernen, die Potenziale, die Medien bieten, zu erkennen und für sich zu nutzen, ausgerichtet ist (vgl. Aufenanger 2011). Dieter Baacke (1997) hat als Erster den Begriff der Medienkompetenz verwendet und prägt den wissenschaftlichen Diskurs um Medienkompetenz bis heute. In den letzten Jahrzehnten entstanden verschiedene inhaltliche und konzeptionelle Ausdifferenzierungen dahingehend, welche Aspekte Medienkompetenz umfasst (vgl. u.a. Aufenanger 2011; Six & Gimmler 2007a; Tulodziecki 1997, S. 140f.; Groeben 2002; Dewe & Sander 1996). Grundlegend und den Definitionen gemeinsam ist das Verständnis, dass mit dem Erwerb von Medienkompetenz Mediennutzer/innen dazu befähigt werden, Medien „funktional, reflektiert wie sozial verantwortlich [zu] nutzen und Medieninhalte angemessen [zu] verarbeiten" (Six 2010, S. 202) (vgl. zusammenfassend Tulodziecki 2015; vgl. auch Hoffmann & Hoffmann 2010, S. 227; Neuß 2008, S. 489; Rath 2011, S. 241; Zacharias 2005, S. 43).[35]

Im Folgenden wird Baackes Modell in Bezug zu Zielen und Methoden der Medienerziehung in Kindertagesstätten gesetzt (vgl. zu Methoden der Medienerziehung in Kindertagesstätten u.a. Anfang & Demmler 2006, Six & Gimmler 2007a, S. 28ff.; Eder et al. 2014; Eder 2004; Marci-Boehncke & Rath 2010; Anfang 2013; Hock 2013; Eder & Roboom 2014, S. 507ff.; Kirchhoff 2005, S. 179).

Baacke (19997) unterteilt den Terminus der Medienkompetenz in vier Dimensionen: Medienkritik, Medienkunde, Mediennutzung und Mediengestaltung:

Unter *Medienkritik* versteht er die Fähigkeit, (a) problematische gesellschaftliche Prozesse analytisch angemessen zu erfassen, dieses Wissen (b) reflexiv auf sich selbst und das eigene Handeln anzuwenden und (c) in ethischer Weise analytisches Denken und reflexiven Rückbezug als sozial verantwortet abzustimmen und zu definieren (vgl. Baacke 1997, S. 98; vgl. zum Konzept von Medienkritik auch Ganguin & Sander 2015). Durch Medienerziehung soll mittels einer reflexiv-kritischen Auseinandersetzung möglichen negativen Einflüssen von Medien auf die kindliche Sozialisation begegnet werden (vgl. Neuß 2008, S. 491; Neuß 2005, S. 60ff.; Spanhel 2006, S. 180), beispielsweise angesichts einer Förderung von Aggression und gewalthaltigem Verhalten durch Medieninhalte (vgl. Kunczik & Zipfel 2013; Möller & Krahé 2013), stereotyper Geschlechtsrollenbilder (vgl. Becker 2015; Luca 2010; Götz & Lemish 2012; Götz 2014), durch Medien geprägter Konsumvorstellungen (vgl. Livingstone/Helsper 2006; Meister et al. 2011b; Dreyer et al. 2014; Vollbrecht 2010; Woldemichael 2010; Livingstone & Helsper 2006; Bachmair 2002, S. 13) und angenommener Auswirkungen auf die körperliche und psychosoziale Entwicklung (z.B. hinsichtlich Wahrnehmung, Bewegung, Konzentration) (vgl. Pfeiffer 2011; Spitzer 2012). Die jeweils ‚neuen' Medien sind dabei traditionell

[35] Anstatt des Begriffs der Medienerziehung wird im medienpädagogischen Diskurs in den letzten Jahren auch vermehrt der Terminus der „Medienbildung" verwendet. Dieser ist mit unterschiedlichen Bedeutungen versehen (vgl. Jörissen 2011; Schorb 2009, S. 50f.; Spanhel 2010, S. 51; Spanhel 2006, S. 70; Tulodziecki 2010; Jörissen & Marotzki 2010). Fromme & Jörissen (2010) und auch Jörissen & Marotzki (2012) verstehen den Medienbildungsbegriff als im bildungstheoretischen Diskurs verankert. Bildung verstehen die Autoren als qualitativ-empirisch rekonstruierbaren Prozess der Transformation von Welt- und Selbstverhältnissen. Da Bildungs- und Subjektivierungsprozesse in medial geprägten kulturellen Lebenswelten und Interaktionszusammenhängen stattfänden, sprechen die Autoren von Medienbildung. Diese könne zum einen stattfinden, indem Bildungspotenziale durch Medien angeregt (z.B. durch Filmanalysen) und Medien geschaffen würden und zum anderen, da mediale Räume Orte sozialer Begegnung seien (vgl. Jörissen & Marotzki 2010; Jörissen 2011). Da das Hauptaugenmerk dieser Arbeit jedoch auf normativ geleiteten Bestrebungen von Erzieher/innen im Hinblick auf die kindliche Mediennutzung liegt und nicht auf den Bildungs- und Subjektivierungsprozessen von Kindern, wird in der vorliegenden Arbeit der Begriff der Medienerziehung gewählt.

mit problematischen Wirkungsannahmen behaftet. Beispielsweise sollten mit der Erlassung des „Gesetzes zur Bewahrung der Jugend vor Schund- und Schmutzschriften" im Jahr 1926 Heranwachsende vor den schädlichen Einflüssen von Büchern bewahrt werden, indem solche Schriften indiziert wurden und somit für Personen unter 18 Jahren nicht mehr zugänglich waren, denen ein „jugendgefährdender Charakter attestiert" (Weigand 2008, S. 541) wurde. Hierunter waren vor allem Groschenromane mit Abenteuer- oder Liebesgeschichten (vgl. Weigand 2011, S. 19f.). Heute sind solche Groschenromane frei im Handel zugänglich und Bücher werden gesellschaftsübergreifend als bedeutendes, mit positiven Wirkungen versehenes Kulturgut aufgefasst. Hingegen sind elektronische und digitale Medien oftmals mit negativen Wirkannahmen behaftet sind, die jedoch teilweise empirisch unbegründet oder nicht belegt sind (vgl. Aufenanger 2011, S. 2f.). Dementsprechend hängt die Bewertung, was der Entwicklung Heranwachsender schadet und was sie fördert, stets auch vom Zeitgeist und den kulturell verankerten Normen und Werten ab (vgl. Junge 2013a; Wiedemann 2006, S. 37ff.).

Durch die Förderung der Medienkritikfähigkeit der Kinder soll das Kind in Anbetracht der angenommenen medialen Risiken eine sich selbst schützende Kompetenz entwickeln. Bezogen auf Medienerziehung in der Kindertagesstätte umfasst die Förderung der kindlichen Medienkritikfähigkeit beispielsweise, dass Kinder lernen zu erkennen, dass Medieninhalte mit bestimmten Interessen der Medienmacher/innen einhergehen. Beispielsweise können Kindern über werbe-/kaufbezogene Rollenspiele (z.B. mit einer Handpuppe, welche ein/eine Erzieher/in spielt) die Hintergründe von Werbung nähergebracht werden (vgl. Meister et al. 2011b zu medienpädagogischen Projekten und Materialien zur Werbekompetenzförderung).

Unter *Medienkunde* ist das Wissen über das gegenwärtige Mediensystem zu verstehen, welches (a) in eine informative Dimension (klassische Wissensbestände) und (b) in eine instrumentell-qualifikatorische Dimension (Fähigkeit, Medien zu bedienen) unterteilt werden kann (vgl. Baacke 1997, S. 99). Im Hinblick auf die informative Dimension zählen zur Medienkunde beispielsweise „Aufklärungsgespräche" (Six & Gimmler 2007a, S. 28) über verschiedene Medienformen und deren Merkmale, über Nutzungsmöglichkeiten von Medien für die Befriedigung verschiedener Bedürfnisse und über Hintergründe der Medienproduktion (vgl. z.B. die Materialien zur „Sendung mit dem Elefanten" des „WDR", WDR 2010, S. 40). Auch der Besuch von medienbezogenen Produktionsorten (z.B. eines Radiosenders, eines Zeitungsverlags etc.) kann zur Veranschaulichung von Produktionsbedingungen dienen. Des Weiteren geht es darum, dass Kinder erste Erkenntnisse über die Konstruktion von Filmwirklichkeit entwickeln, beispielsweise dahingehend, dass Medieninhalte von anderen Personen erschaffen werden und dass die Filmrealität auch durch (Film-)Tricks und Spezialeffekte konstruiert wird. Teilweise lassen sich solche Projekte recht einfach umsetzen: Beispielsweise können die Kinder selbst als Spiderman ‚an einer Wand' entlangkrabbeln. Der Dreh der Videokamera ermöglicht einen solchen visuellen Effekt, tatsächlich krabbeln die Kinder auf dem Fußboden entlang. Anschließend sollte dies mit den Kindern reflektiert werden, um den erwünschten Erkenntnisgewinn auf Seiten der Kinder zu erzielen (vgl. Friedrichs & Meister 2015, S. 275f.).

Die instrumentell-qualifikatorische Dimension meint die Vermittlung erster Erfahrungen mit spezifischen Medien. Hierzu zählt etwa die Nutzung eines Computers, den die Kinder beispielsweise im Kontext eines didaktisch aufbereiteten ‚Computerführerscheins' kennenlernen können, bei dem die Kinder erste Erfahrungen mit der Computermaus machen und den Computer als Lern-, Gestaltungs- und Arbeitsgerät erleben können (z.B. zum Malen, ersten Schreiberlebnissen, Ausdrucken und Bearbeiten von Fotos) (vgl. Neuß 2013, S. 42; Gerlach 2008). Eine Heranführung an die Möglichkeiten von Medien ist auch deshalb in der Kita von Relevanz, da Kinder aus Familien mit unterschiedlichem Medienerziehungsverhalten erreicht werden. Besonders profitieren somit von Medienerziehung in der Kita jene Kinder, deren Mediennutzung wenig begleitet wird, sodass weder die Nutzung kindgerechter Inhalte unterstützt noch mit den Kindern besprochen wird. Die Kita bietet in diesem Zusammenhang Chancen, einer „systematischen Ungleichverteilung von medienbezogenen Chancen und Risiken" (Demmler 2005, S. 71) und einer „Wissenskluft" (Neuß 2008, S. 489) entgegenzuwirken, die zwischen denjenigen entsteht, „die die Medien für ihre Bildungsziele einsetzen können und denjenigen, die die Medien unkreativ und monoton verwenden" (ebd.).

Die dritte Dimension der Medienkompetenz ist *Mediennutzung*, die sowohl als (a) rezeptiv, anwendend als auch als (b) interaktiv, anbietend verstanden werden kann (vgl. Baacke 1997, S. 99). Rezeptiv, anwendend meint beispielsweise, dass Kinder lernen, spezifische Computerlernprogramme zu bedienen. Neben dem klassischen Bilderbuch können in der Kita Audiomedien (z.B. Musik, Hörspiele), Filme oder Serien(-ausschnitte) sowie auch ein Computer/Laptop oder ein Tablet in die pädagogische Arbeit integriert werden. Diese Medien können sowohl rezeptiv, anwendend genutzt werden als auch interaktiv, anbietend. Letztgenanntes beispielsweise, indem die Kinder mit Unterstützung der Erzieher/innen aus selbst fotografierten Bildern ein digitales Fotoalbum erstellen. Hierbei werden die Bilder von den Kindern gemalt oder eine bereits fertige Vorlage verwendet; die Kinder sprechen die Stimmen und weitere Geräusche ein. Über ein Präsentationsprogramm (z.B. „PowerPoint) werden die Bilder und Geräusche anschließend zusammengefügt. Eine Verknüpfung der beiden Unterdimensionen der Mediennutzung ist beispielsweise gegeben, wenn die Kindertagesstätte als Kino genutzt wird (vgl. Anfang & Demmler 2006): Hierbei sehen die Kinder mit den Erziehern/innen eine Serie bzw. einen Film an und arbeiten die Inhalte im Anschluss mittels eigener Produktionen (z.B. Malen, Hörspiel o.ä.) auf.

Die vierte Dimension ist die der *Mediengestaltung*, die einerseits innovativ sein und andererseits kreativ über die Grenzen der Kommunikationsroutine hinausgehen kann. Die Förderung eines innovativen Umgangs mit Medien, der zu einer Weiterentwicklung des Mediensystems beiträgt, wie Baacke (1997, S. 99) es als Ziel formuliert, ist angesichts des kognitiven Entwicklungsstands von Vorschulkindern im Hinblick auf medienerzieherische Aktivitäten in der Kita nicht machbar. Über eine solch mediengestalterische Fähigkeit verfügen selbst technisch weniger versierte Erwachsene nicht. Ausschlaggebend für die Arbeit in der Kita ist stattdessen die Eigenaktivität der Kinder bei der Erstellung medialer Inhalte, über welche sie, durch einen Blick ‚hinter die Kulissen', erste Erkenntnisse über die Produktion und Konstruktion medialer Inhalte gewinnen können (vgl. Schorb 2008; die Bände zum Dieter Baacke Preis, z.B. Lauffer & Röllecke 2013; Niesyto 2010). Darüber hinaus kann den Kindern über handlungsorientierte Medienarbeit näher gebracht werden, dass sie durch die Erstellung eines medialen Produkts wie Fotos oder Filme ‚Geschichten erzählen' und sich selbst ausdrücken oder auch eigene Erinnerungen festhalten können (vgl. Neuß 2005, S. 63). Die Möglichkeiten der Mediengestaltung sind vielfältig: Beispielsweise kann ein Hörspiel produziert werden, welches die Kinder einsprechen oder ein Foto- oder Videoprojekt. Als Fotoprojekt bietet sich z.B. ein Bilderrätsel an, bei dem von einem Gegenstand jeweils eine Großaufnahme (Totale) und eine Detailaufnahme gemacht werden. Anhand der Detailaufnahme wird erraten, um welchen Gegenstand es sich handelt. Zur Auflösung wird anschließend der Gegenstand im Großformat gezeigt. Zusätzlich sollen die Kinder zur Förderung der gestalterischen Fähigkeiten über die eigene Erfahrung lernen, dass durch die Verwendung unterschiedlicher Perspektiven ein jeweils unterschiedlicher Eindruck auf Seiten des/r Betrachters/in entsteht, sodass teilweise schwer zu erkennen ist, um welchen Gegenstand es sich handelt. Dementsprechend soll somit auch die Fähigkeit der Medienkunde gefördert werden. Eine bekannte Methode im Rahmen von Videoarbeit ist die Arbeit mit dem Stopptrick. Hierbei werden die Szenen vor einem gleich bleibenden Setting aufgenommen und mittels der Pause-Taste unterbrochen. Während dieser Pause kann das Setting verändert werden, die Unterbrechungen sind im fertigen Film jedoch nicht zu sehen. Somit können Gegenstände oder Personen hin- oder auch fort-‚gezaubert' oder auch verzaubert werden. Hierbei kann die Fantasie der Kinder genutzt und experimentiert werden. Im kompletten Film sind diese Unterbrechungen nicht zu sehen.

Im Zuge der mediengestalterischen Arbeit nimmt der Computer eine besondere Funktion ein, da die Arbeit mit anderen digitalen Medien wie Digitalkamera, Videokamera und Audiomedien ohne den Computer gar nicht umsetzbar wäre. Dies reicht vom Übertragen der Daten bis hin zur Bearbeitung mit Schnitt-, Bildbearbeitungs-, Film- und Präsentationsprogrammen (vgl. Meister et al. 2011a, S. 51f.). Der Computer wird somit oft als ‚Werkzeug' im Rahmen der produktionsorientierten Medienarbeit benötigt. Soll mit den Kindern am Computer gearbeitet

werden, müssen die nicht vorhandenen Lesefertigkeiten berücksichtigt werden. Dies ist durch eine kindgerechte Gestaltung der Nutzungsoberfläche des Computers (Desktop) möglich. Hierbei kann jedes Kind seinen eigenen Ordner zum Abspeichern von Dateien zur Verfügung gestellt bekommen, sodass es bspw. selbst erstellte Fotos oder andere Medienprodukte mithilfe der Erzieher/innen abspeichern und anschauen kann. Um dies für die Kinder zu visualisieren, könnten die Namen der Kinder mit Fotos verknüpft sein, sodass ein Kind beim Anklicken seines Fotos seine eigenen Mediendateien abrufen kann. Die Mediendateien könnten in Unterordnern abgespeichert werden, welche durch verschiedene Symbole gekennzeichnet sind: bspw. Fotos durch die Abbildung eines Fotoapparats, Videoaufnahmen durch eine Videokamera und Audioaufnahmen durch ein Mikrofon. Zudem könnten weitere Ordner bereitgestellt werden, auf die die gesamte Kindergruppe zurückgreifen kann bzw. welche kleinere Kindergruppen gemeinsam nutzen können (vgl. Friedrichs & Meister 2015, S. 296).
Neben den Kindern als Zielgruppe von Medienerziehung sollten auch die Eltern in ihrer familiären Medienerziehung unterstützt werden (vgl. Aufenanger 2011; Demmler 2005, S. 71). Dies kann beispielsweise über medienpädagogische Elternabende für Eltern geschehen oder, wohl noch sinnvoller, durch Präsentationen der von Kindern erstellten Medienprodukte bzw. durch gemeinsame medienpädagogische Aktionen mit Eltern und Kindern. Hierüber könnten Eltern, ohne diese unmittelbar zu belehren, mit den medialen Produkten bzw. einer gemeinsamen Aktivität in das Kita-Geschehen eingebunden werden und quasi ‚nebenbei' Wissen hinsichtlich einer altersangemessenen kindlichen Mediennutzung erwerben.

6.1.3 Internet und Tablet – Neue pädagogische Möglichkeiten

Nachdem die dargestellten medienpädagogischen Methoden sich vor allem auf Medienbereiche beziehen, zu denen bereits vermehrt medienpädagogische Ideen und Praxisliteratur für den Einsatz in der Kita existieren, sollen im Folgenden die Möglichkeiten des Internet- und Tablet-Einsatzes in der Kita näher in den Blick genommen werden. Diese Medien werden bisher kaum in den Einrichtungen mit den Kindern genutzt (vgl. Kap. 6.2). Es bestehen jedoch erste Pilot-Projekte, die nachfolgend vorgestellt und hinsichtlich ihrer pädagogischen Ausgestaltung eingeschätzt werden sollen.

Internet

Wie auch bei der Computernutzung generell, ist die Internetnutzung von Kindern in der Kita durch deren nicht vorhandene Lesefertigkeiten beschränkt. In diesem Kontext können spezielle Kinderseiten genutzt werden, welche aufgrund von Videos, Audioausgabe und Symbolen für die Kinder intuitiv zu erschließen sind.[36] Des Weiteren kann das Internet von den Erzieher/innen gemeinsam mit den Kindern als Wissensressource in Form eines ‚großen Lexikons' genutzt werden, um Fragen der Kinder zu beantworten.

Falls die Kinder auch ohne Aufsicht der Erzieher/innen das Internet nutzen dürfen, sollte vermieden werden, dass die Kinder auf Inhalte stoßen, die sie nicht verstehen oder die sie verängstigen könnten. Mittels eines Filterprogramms können dementsprechend als geeignet erachtete Seiten über eine Whitelist für die Kinder freigegeben werden. In Bezug auf die freigegebenen Inhalte sollte neben der Vermeidung möglicherweise verängstigender Inhalte auch auf weitere Qualitätsaspekte geachtet werden. So sind bspw. die Internetseite „www.toggo.de" des Kinder-Fernsehprogramms von „Super RTL" oder das Portal „www.spieleaffe.de" bei Kindern aufgrund der Computerspiele beliebt (vgl. iconkids & youth international research GmbH 2013, S. 129f.), auf diesen Seiten befinden sich jedoch eine Vielzahl kommerzieller Angebote (z.B. Werbung oder Gewinnspiele) (vgl. Sponer & Klimmt 2013, S. 62) und teilweise auch eine stereotype Darstellung von Geschlechterrollen. So besteht beispielsweise bei „spieleaffe.de" eine Kategorie von Spielen für Mädchen, deren Spielaufgabe es ist, virtuelle weibliche Figuren anzukleiden und stark zu schminken (vgl. Friedrichs & Meister 2015, S. 297).

Tablet

Innerhalb der (medien-)pädagogischen Arbeit in der Kita können die Möglichkeiten, die mit der sich immer weiter ausbreitenden Touchscreen-Technik (vgl. van Eimeren 2013) einhergehen, über ein Tablet genutzt werden. Der Vorteil eines Touchscreens gegenüber einer Computeroberfläche eines Computers oder Laptops besteht darin, dass motorisch ungenaue Fähigkeiten der Kinder ausgeglichen werden können. Bspw. können durch ‚Wischen, Tippen und Zoomen' unkompliziert ein Foto vergrößert oder verkleinert werden und Dateien per Hand in einen Ordner verschoben werden. Nichtsdestotrotz hat auch die Nutzung eines Computers mit einer Computermaus dahingehend einen Vorteil, dass motorische Fähigkeiten über den Umgang mit der Computermaus geschult werden (vgl. Saße 2013).

Eder und Roboom (2014, S. 508) verweisen darauf, dass die Tabletnutzung in der Kita „ein ergänzendes Angebot" sein sollte, „das andere wesentliche Bestandteile des pädagogischen Alltags nicht verdrängt, sondern ergänzt und optimiert". Beispielsweise kann ein Waldspaziergang durch die Tablet-Nutzung insofern unterstützt werden, dass über eine Software oder eine App die Kinder in das Thema

[36] Ein Beispiel hierfür ist die Kinder-Internetseite von „Die Sendung mit dem Elefanten", die am Entwicklungsstand jüngerer Kinder orientiert ist (vgl. WDR o.J.).

einsteigen können und während des Spaziergangs Tierspuren und -stimmen mittels Fotoaufnahmen und Aufnahmefunktion festhalten können (vgl. ebd., S. 509).

Der Einsatz eines Tablets in der Kita bietet sich neben der einfachen motorischen Handhabung auch aufgrund der intuitiven Bedienbarkeit an. Diese entsteht unter anderem aufgrund von Apps zu unterschiedlichsten Bereichen wie Lernapps (z.B. Alphabet, Wortspiele, rechnen, Uhr lesen), Spieleapps (Brettspiele, Minigames), Kreativapps (z.B. malen), Video-/Filmapps, (Bilder-)buchapps etc. [37] Bei der Auswahl von Apps für die Kita sollten diese vorher von den Erziehern/innen getestet werden und auch dahingehend überprüft werden, inwiefern es sich um eine umfassende App handelt oder nur um eine ‚abgespeckte' Version, die nur mittels In-App-Käufen eine gelungene Nutzung ermöglicht. Gelungene Apps sind jedoch leider in vielen Fällen kostenpflichtig, sodass eine Tablet-Anschaffung für die Kita mit weiteren Kosten verbunden ist. Bezogen auf die finanziellen Ressourcen ist eine Tablet-Anschaffung jedoch insgesamt zu empfehlen, da Tablets ‚Alleskönner' sind, die neben den Apps und der Möglichkeiten der Internetnutzung auch als Aufnahmegerät, Foto- und Videokamera genutzt werden können (vgl. Roboom 2013, S. 41; Eder & Roboom 2014, S. 508). Somit könnten bspw. auch Hörspiele und Trickfilme mit dem Tablet erstellt werden (vgl. Friedrichs & Meister 2015, S. 297).

Es bestehen mittlerweile erste Projekte zur „Tablet"- bzw. „iPad"-Nutzung im Kindergarten. In den USA wurde im Bundesstaat Maine für jedes Kind des Kindergartens ein „iPad2" bestellt, welches in der Vorschulbildung eingesetzt werden soll (vgl. chip.de 2011). In der Schweizer Gemeinde Adliswil werden zudem seit 2011 „ipads" im Kindergarten eingesetzt. Im Folgenden wird das Schweizer Pilotprojekt vorgestellt (vgl. Schurter 2011) und damit einhergehend die Nutzung von „iPads" bzw. Tablets im Allgemeinen für die Kita eingeschätzt:

Im Schweizer Projekt sind drei Kindergärten mit jeweils zwei „iPads" ausgerüstet worden, die den Kindern während des Freispiels als zusätzliche Möglichkeit neben den herkömmlichen Materialien (z.B. Brettspiele, Bilderbücher) zur Verfügung gestellt werden. In Berichten über das „iPad"-Projekt wird auf die Nutzung von Lernapps, Apps zur Förderung spezifischer Kompetenzen (z.B. Reaktionsgeschwindigkeit) und Spieleapps durch die Kinder verwiesen (vgl. Stallone 2011; Schwegler 2012). Die Apps werden von den Erziehern/innen ausgewählt (vgl. Stallone 2011), zur Unterstützung bei der Auswahl kann eine durch den IT-Verantwortlichen erstellte Liste von Apps herangezogen werden (vgl. Schwegler 2012). Die Auswahl der Apps hängt somit neben einer (medien-)pädagogischen Einschätzung auch erst einmal von der Kenntnis über ihre Existenz ab. Da eine handlungsorientierte „iPad"-Nutzung (Fotografie etc.) in den Berichten nicht er-

[37] Einen Überblick zu Apps im Kindergartenalter gibt die Datenbank des DJI (vgl. Deutsches Jugendinstitut e.V. o.J.).

wähnt wird, ist davon auszugehen, dass diese in den Einrichtungen nicht stattfindet. Die Erzieher/innen erhalten im Rahmen des Projekts keine spezifische medienpädagogische Fortbildung, dementsprechend sind sie sich solcher medienpädagogischen Einsatzmöglichkeiten vermutlich nicht bewusst oder sie verfügen nicht über ausreichende Kenntnisse zur Umsetzung. Auch eine Einführung der Kinder in die Bedienung des „iPads" scheint nicht gegeben zu sein. René Kappeler, der IT-Verantwortliche des Projekts, erklärt, dass dies nicht nötig sei, da in jedem Kindergarten Kinder seien, die bereits Erfahrungen im Umgang mit „iPhones" und „iPads" hätten (vgl. Kappeler 2011). Dass dies jedoch nur die technische Handhabung umfasst und keine reflexiv-kritische Auseinandersetzung der Kinder mit dem Gerät, wird außer Acht gelassen.

Resümierend ist hinsichtlich des Schweizer Pilotprojekts festzustellen, dass dieses kein ausgearbeitetes pädagogisches Konzept zu haben scheint. Es handelt sich stattdessen um einen ersten Versuch zum Einsatz von „iPads" im Kindergarten. Ein solches Konzept ist jedoch, soll mit einem Tablet sinnvoll gearbeitet werden, unerlässlich. Dieses sollte eine Fortbildungseinheit für Erzieher/innen beinhalten, in der diese neben Apps weitere Möglichkeiten der medienpädagogischen Arbeit mit dem Tablet (z.B. Trickfilmerstellung) kennenlernen, ausprobieren und reflektieren können. Zudem sollte die Tablet-Nutzung der Kinder pädagogisch begleitet werden, sodass sich die Nutzung nicht nur auf Spieleapps beschränkt. Somit bietet sich, analog zum ‚Computerführerschein', der Erwerb eines ‚Tablet-Führerscheins' an. Auf diese Weise könnten Kinder für die Potenziale, aber auch Risiken des Tablets (z.B. In-App-Käufe) sensibilisiert werden; zudem würden, im Sinne einer angestrebten Chancengleichheit, auch diejenigen Kinder, die sich zu Hause nicht bereits mit dem Gerät auseinandersetzen, an die Bedienung des Geräts herangeführt werden.

Im Hinblick auf die Integration von Tablets in der Kita (das Gleiche gilt für Computer) muss zudem in der Einrichtung erörtert werden, wie viele Geräte benötigt werden: Reicht beispielsweise die Anschaffung eines Tablets aus oder werden mehrere benötigt? Zudem sollte die Notwendigkeit eines technischen Supports im Hinblick auf Nutzungsprobleme, falls nicht ausreichende technische Kompetenzen innerhalb des Teams vorhanden sind, mitbedacht werden (vgl. Aufenanger & Schlieszeit 2013; Friedrichs & Meister 2015, S. 297ff.).

Bezogen auf Deutschland lässt sich festhalten, dass Tablets bisher nur in wenigen Kindertagesstätten verwendet werden. Dies hängt neben dem finanziellen Aufwand sicher auch mit den Haltungen der Erzieher/innen gegenüber einem digitalen Medieneinsatz in der Kita zusammen (vgl. Kap. 6.2).

6.1.4 Medienerziehung im Verhältnis zu Mediendidaktik

Zusätzlich zur kindlichen Medienkompetenzförderung und der medienpädagogischen Elternarbeit können Medien in der Kita auch zur Förderung weiterer Bildungsbereiche verwendet werden, was unter dem Terminus der Mediendidaktik zu verorten ist (vgl. Hüther 2005; Kerres & Preußler 2015). Eine solche Förderung kann einerseits über die Verwendung klassischer Medien wie des Bilderbuchs oder der Kassette bzw. CD geschehen, wie es seit vielen Jahren in den Einrichtungen verankert ist (vgl. Pöttinger 1994), andererseits auch mittels der Verwendung digitaler Medien und handlungsorientierter Medienarbeit. Beispielsweise können Medien zur Sensibilisierung der Sinne (speziell Auge und Ohr) eingesetzt werden, da die Arbeit mit Medien und die Gestaltung von Medieninhalten zum genauen Betrachten und Hören auffordert (vgl. Neuß 2013, S. 41). Über Audioprojekte wie das Aufnehmen von Interviews als Reporter/in oder das Erraten von vorher aufgezeichneten Geräuschen können Hörsinn und Sprachfähigkeiten trainiert werden. Zudem können Computer-Lernprogramme zur Vorbereitung auf schulische und gesellschaftliche Anforderungen genutzt werden, beispielsweise das Programm „Schlaumäuse“ zur Sprachförderung[38] (vgl. Neuß 2005; Neuß 2008). Auch über Fotoprojekte können die Kinder Wissensinhalte erwerben und beispielsweise bei entsprechender anschließender Aufarbeitung durch die Erzieher/innen die Namen von Pflanzen, die auf dem Außengelände der Kindertagesstätte wachsen, erlernen (vgl. Friedrichs & Meister 2015, S. 274f.)

Medienerziehung und -didaktik sind eng miteinander verwoben. Nutzt ein Kind beispielsweise ein Sprachlernprogramm am Computer, erlernt es parallel auch technische Fähigkeiten. Es übt den „Umgang mit der Maus, es öffnet die Programme und versteht somit auf eine erste, intuitive und einfache Art die Struktur eines Computers“ (ebd., S. 275). Um den Computer zu bedienen, bedarf das Kind der Unterstützung eines/einer Erziehers/in, der/die somit technische Kompetenzen vermittelt und möglicherweise auch einen kritisch-reflexiven Umgang mit dem Computer hinsichtlich der mit dem Gerät verbunden Potenziale und Risiken anregt. Beide Aspekte können wiederum unter dem Begriff der Medienerziehung subsumiert werden (vgl. ebd.).

[38] Das Computerprogramm „Schlaumäuse“ wird Kindertagesstätten kostenlos von Microsoft zur Verfügung gestellt. Es wurde von der Technischen Universität Berlin entwickelt und hinsichtlich des Lernerfolgs der Kinder positiv evaluiert (vgl. Kochan & Schröter 2006; vgl. zur Projektinitiative Microsoft Deutschland GmbH 2012).

6.1.5 Leitprinzipien für die Umsetzung von Medienerziehung

Kapitel 6.1 abschließend sollen Leitprinzipien, die bei der Umsetzung von Medienerziehung in der Kindertagesstätte beachtet werden sollten, formuliert werden:

Situations- und Zielgruppenorientierung

Das medienerzieherische Handeln und die damit einhergehenden medienerzieherischen Ziele sollten die Lebenswelt der Kinder, ihre spezifischen Situationen und Erfahrungen und ihren Entwicklungsstand berücksichtigen. Diesbezüglich sollten sowohl die bisherigen Medienerfahrungen der Kinder als auch die Bedürfnisse der Kinder, die ihre Mediennutzung begründen, in das Verständnis und die Handlungen im Kontext von Medienerziehung integriert werden (vgl. Six & Gimmler 2007a, S. 24; Zacharias 2005, S. 35; Spanhel 2006, S. 37ff.; Sander 2013, S. 8).

Offenheit für eine Auseinandersetzung mit den Medienpräferenzen der Kinder

Damit Erzieher/innen an den Bedürfnissen und Medienpräferenzen der Kinder ansetzen können, ist es erforderlich, dass sich Erzieher/innen mit diesen auseinandersetzen, indem sie sich bspw. selbst beliebte Fernsehserien anschauen, um dementsprechend mit den Kindern deren Medienerfahrungen aufarbeiten und reflektieren zu können. In diesem Zusammenhang ist es ebenso relevant, dass die Erzieher/innen eine gewisse Offenheit für die Präferenzen bzw. Medienerfahrungen der Kinder aufbringen (vgl. Demmler 2005, S. 73).

Prozess- statt Produktorientierung

Problematisch hinsichtlich medienpädagogischer Arbeit erscheint der teilweise vorhandene Perfektionsanspruch auf Erwachsenenseite: So beschreibt Lutz (2005a) ein Trickfilmprojekt, bei dem Kinder die Vorder- und Rückseite eines Hasen andersfarbig bemalten. Während dies aus Sicht der Erwachsenen ein Fehler war, sahen die Kinder dies völlig unproblematisch, ein Hase könne doch zweifarbig sein (vgl. ebd., S. 108).Wichtig erscheint folglich, dass Erzieher/innen sich nicht um ‚das perfekte Medienprodukt' bemühen, welches dann hauptsächlich durch die Erzieher/innen koordiniert und auch gestaltet wird, z.B. um dies im Anschluss den Eltern zu präsentieren, sondern vielmehr dass die Kinder ihre Fantasie nutzen dürfen. Somit sollte sich die medienpädagogische Arbeit stärker am Prozess als am Produkt ausrichten, gleichwohl ein Produkt (aber nicht unbedingt ein perfektes) am Ende einer handlungsorientierten Medienarbeit steht.

Wird mit den Kindern ein mediales Produkt erstellt, sollte dieses gebührend präsentiert werden, z.B. können Fotos über eine Fotocollage oder einen digitalen

Bilderrahmen oder ein selbst gedrehtes Video über Leinwand und Beamer gezeigt werden. Besonderes Gewicht erhält die Medienpräsentation für die Kinder, wenn auch die Eltern anwesend sind und die Produkte ‚bewundern' (vgl. BIBER. Netzwerk frühkindliche Bildung o.J.a). Hiermit wird den Kindern verdeutlicht, dass sie selbst etwas Wertvolles erschaffen haben, sodass der Wert ihres eigenen Medienprodukts für sie steigen dürfte. So kennen sie solche Präsentationen, wenn überhaupt, sonst eher bei professionellen Medienprodukten wie bspw. einem Kinofilm.

Adäquate Medienausstattung

Des Weiteren müssen, damit überhaupt mit elektronischen Medien in der Kita gearbeitet werden kann, die Einrichtungen entsprechend medial ausgestattet sein: Ist in einer Kita beispielsweise nur eine Digitalkamera vorhanden, könnte sich die Umsetzung eines Fotoprojekts als schwierig erweisen und es bedarf zumindest konkreter Absprachen zwischen den Erzieher/innen, um zu gewährleisten, dass nicht nur ein einzelnes Kind fotografiert oder das Fotografieren durch eine/n Erzieher/in ohne Einbezug der Kinder erfolgt.

Angemessene Medienkompetenz und medienpädagogische Kompetenz auf Seiten der Erzieher/innen

Eine weitere Voraussetzung für die Umsetzung von Medienerziehung und ein Zutrauen der Erzieher/innen in die eigenen Fähigkeiten ist eine gut ausgeformte Medienkompetenz (vgl. Baacke 1997, S. 98ff.) und medienpädagogische Kompetenz der Erzieher/innen. Zur medienpädagogischen Kompetenz zählen nach Six & Gimmler (2007a) fundierte Vorstellungen von Zielen der Medienerziehung, die Fähigkeit zur Umsetzung dieser Ziele sowie Hintergrundkenntnisse aus der Medienforschung in Bezug auf die kindliche Mediennutzung (Kenntnisse zu Medienpräferenzen, Nutzungsmotiven und -bedürfnissen, Medienkompetenzen von Kindern und Medienwirkungen auf Kinder) (vgl. ebd., S. 32; vgl. auch Blömeke 2000).

Altersgerechte medienpädagogische Angebote

Die medienpädagogischen Angebote in der Kita müssen am Entwicklungsstand und den kognitiven Fähigkeiten der Kinder ausgerichtet sein. Anfang und Demmler (2006) liefern eine Übersicht, welche medienpädagogischen Angebote in welchem Alter in der Kita umgesetzt werden können: So könnten Kinder von drei bis vier Jahren mit Medien, die nur einen Sinn ansprechen, recht selbstständig arbeiten. Somit seien für diese Altersgruppe aktive Foto- und Audioprojekte geeignet, während komplexere Medienprojekte wie die Erstellung eines Erzählstrangs für eine Videoproduktion zu komplex seien. Rezeptiv genutzt werden könnte mit der

Altersgruppe der Drei- bis Vierjährigen jedoch ein breites Medienspektrum, sodass sowohl auditive als auch audio-visuelle Medien wie Video oder Computer in die medienerzieherischen Aktivitäten integriert werden könnten (vgl. ebd.). Im Umgang mit dem Computer müssen, wie dargestellt, die begrenzten Lesefertigkeiten der Kinder bedacht werden, welche die Möglichkeiten des medienpädagogischen Einsatzes des Computers einschränken. So können bspw. je nach Lern-Programm von den Kindern nicht unbedingt alle Funktionen genutzt werden (vgl. Lutz 2005a, S. 76). In diesem Kontext bietet sich die Nutzung von Programmen an, die sich, wie oben beschrieben, durch Videos, Bilder und Audioausgabe recht intuitiv erschließen. Mit Kindern von fünf bis sechs Jahren hingegen können neben Foto- und Audioprojekten, die sich weiterhin anbieten, komplexere Medienprodukte erstellt werden wie erste Computerprojekte oder die Entwicklung und Umsetzung eines einfachen Drehbuchs für ein Video. Ein gezieltes Hineinversetzen in eine Figur und somit die Funktion eines/r Schauspielers/in zu übernehmen, ist aber laut Angang & Demmler (2006) auf Kinderseite noch nicht möglich (vgl. ebd., S. 49ff.).

6.2 Stand der Forschung

In den letzten Jahren wurde das Thema Medienerziehung und ein elektronischer Medieneinsatz in der Kindertagesstätte zunehmend in der medienpädagogischen bzw. sozialwissenschaftlichen Forschung thematisiert. Hierbei ist zu unterscheiden zwischen ausschließlich forschungsbasierten Studien (vgl. z.B. Meister et al. 2012) und Evaluationsstudien medienpädagogischer Projekte, in welchen beispielsweise Haltungsänderungen oder Veränderungen der Medien- oder medienpädagogischen Kompetenz von Erziehern/innen (vgl. z.B. Meister et al. 2011a) in den Blick genommen werden.

6.2.1 Studien ohne medienpädagogische Fortbildungen

Medienpädagogischer Forschungsverbund Südwest (2013)

Die miniKIM-Studie 2012 liefert in puncto Medien im Kindergarten lediglich Daten darüber, welche Medien den Kindern zur Verfügung stehen: Laut Angaben der Eltern (N=470) ist die Ausstattung mit elektronischen Medien in Kindergarten bzw. Krippe oftmals auf einen CD-/Kassettenspieler beschränkt, dieser ist jedoch in fast allen Einrichtungen vorhanden (91 Prozent gemäß der Elternaussagen). Andere elektronische Medien sind deutlich seltener für die Nutzung mit den Kindern vorgesehen: 30 Prozent der Eltern geben an, dass ein DVD-Player vorhanden sei, 20 Prozent nennen einen Fernseher und 17 Prozent eine Digitalkamera. In 11

Prozent der Einrichtungen stehen den Kindern ein Computer und in nur 2 Prozent das Internet zur Verfügung (vgl. mpfs 2013, S. 25). Anhand der Daten der miniKIM 2012 können weder Aussagen darüber getroffen werden, wie oft die Medien, noch zu welchen Zwecken sie genutzt werden und auch nicht, ob diese von den Kindern selbstständig oder mit Begleitung eines/r Erziehers/in genutzt werden (dürfen).

Institut für Demoskopie Allensbach (2014)

Aktuelle und detailliertere Daten zu Medienerziehung und -nutzung im Kindergarten bietet die Studie „Digitale Medienbildung in Grundschule und Kindergarten" des Instituts für Demoskopie Allensbach im Auftrag der Deutschen Telekom Stiftung. Die Studie setzt sich aus einer repräsentativen Befragung von Erzieher/innen an Kindergärten (N=258), Eltern von Kindergarten- und Grundschulkindern (N=808) und Lehrkräften an Grundschulen (N=266) zusammen. Die Erhebung mittels Face-to-Face-Interviews wurde im Oktober 2014 durchgeführt. Zentrale Themenbereiche der Studie sind der Einsatz digitaler Medien (Computer, Tablet, Smartphone, Internet) in Kindergärten und Grundschulen, die Vor- und Nachteile der Nutzung digitaler Medien in den beiden Einrichtungsformen, die gewünschte Bedeutung digitaler Medienbildung im Kindergarten und in der Grundschule, die „digitale Medienkompetenz" von Erziehern/innen und Lehrkräften, das Interesse von Erziehern/innen und Lehrkräften an Fortbildungsmöglichkeiten zum Thema digitale Medien wie auch die Bedeutung von Medien im Alltag von Kindergarten- und Grundschulkindern und das damit verknüpfte Medienerziehungsverhalten der Eltern.

Alle drei Untersuchungsgruppen sehen vor allem die Eltern in der Verantwortung, die Kinder im Umgang mit digitalen Medien vertraut zu machen. Während die Heranführung an die Geräte ebenfalls als Aufgabe der Grund- und weiterführenden Schule verstanden wird, sieht mit 13 Prozent der Erzieher/innen und 14 Prozent der Eltern nur ein geringer Anteil der Befragten eine solche Verantwortung bei der Kita (vgl. Institut für Demoskopie Allensbach 2014, S. 15ff.). Dies geht mit einer kritischen Haltung im Hinblick auf eine frühe Medienbildung einher, die stärker auf Seiten der Erzieher/innen ausgeprägt ist: 75 Prozent der Erzieher/innen und 59 Prozent der Eltern sind der Ansicht, dass Kinder sich nicht auch noch im Kindergarten mit digitalen Medien beschäftigen müssten, da viele Kinder sowieso viel Zeit mit digitalen Medien in ihrer Freizeit verbrächten (vgl. ebd., S. 58). Im Hinblick auf die Bedeutung von Medien im Alltag von Kindergarten-Kindern zeichnet sich ein weniger kritischer Blick der Erzieher/innen ab: Während 42 Prozent der Erzieher/innen den Medienkonsum im Hinblick auf den Computer und weiterer digitalen Medien durch Kita-Kinder in der Familie als zu hoch einschätzen,

meinen weitere 42 Prozent, dass digitale Medien keine große Rolle im Alltag der Kinder einnehmen (vgl. ebd., S. 8).
Bei einer Abwägung von Vor- und Nachteilen des Einsatzes digitaler Medien im Kindergarten meinen 47 Prozent der Erzieher/innen, dass die Nachteile überwiegen, nur 21 Prozent sehen pauschal eher Vorteile. Als Nachteile des Einsatzes digitaler Medien sehen sie vor allem eine Überforderung der Kinder durch die Informationsflut (83 Prozent) sowie dass die Kinder von dem, was die Erzieher/innen eigentlich vermitteln möchten, abgelenkt würden (65 Prozent). Als Vorteil des Einsatzes digitaler Medien nehmen die Erzieher/innen vor allem wahr, dass Erzieher/innen schneller Zugriff auf Informationen hätten (vgl. ebd., S. 53ff.) – folglich ein Argument, dass sich überhaupt nicht auf die Kindergartenkinder bezieht.

Anstatt einer Heranführung an digitale Medien sehen sowohl Erzieher/innen als auch Eltern den Kindergarten hinsichtlich der Vermittlung von Kenntnissen vor allem in der Verantwortung, die Naturkenntnisse der Kinder zu fördern (Erzieher/innen: 87 Prozent; Eltern: 81 Prozent). Ebenfalls als relevant werden von beiden Gruppen die Vermittlung musikalischer Grundlagen, Sprachförderung/die Vermittlung guter Deutschkenntnisse sowie eine Vorbereitung auf die Schule gesehen. Letzteres sehen die Eltern stärker in der Verantwortung der Kita als die Erzieher/innen selbst (Eltern: 76 Prozent, Erzieher/innen: 72 Prozent) (vgl. ebd., S. 19).

Zudem mögen die von den Erzieher/innen assoziierten Erwartungen der Eltern Einfluss darauf haben, dass nur wenige Erzieher/innen sich in der Verantwortung für Medienbildung sehen: So sind 75 Prozent der Erzieher/innen der Ansicht, dass Eltern die Vermittlung eines richtigen Umgangs mit digitalen Medien nicht als Aufgabe des Kindergartens sehen (vgl. ebd., S. 21). Tatsächlich lehnen mit 56 Prozent über die Hälfte der Eltern den Einsatz digitaler Medien im Kindergarten ab (vgl. ebd., S. 24).

Die kritische Haltung der Erzieher/innen gegenüber der Heranführung an digitale Medien im Kindergarten spiegelt sich auch in der medienpädagogischen Praxis der Kindergärten wider: Nur 14 Prozent der Erzieher/innen setzen mindestens ab und zu den Computer und andere digitale Medien im Kindergarten ein. Die Nutzung beläuft sich größtenteils darauf, Videos/Bilder zu zeigen (35 Prozent) oder Lernprogramme einzusetzen (19 Prozent) (vgl. ebd. S. 30ff.).

Im Vergleich zur Grundschule liegt der Kindergarten sowohl im Hinblick auf den Einsatz digitaler Medien und den Austausch mit den Eltern über den Medieneinsatz als auch angesichts der Geräteausstattung weit zurück: 68 Prozent der Erzieher/innen schätzen im Gegensatz zu 38 Prozent der Lehrkräfte die Medienausstattung in ihrer Einrichtung als eher schlecht bzw. schlecht ein (vgl. ebd., S. 25ff.). Auch in Bezug auf die Teilnahme und das Interesse an Fortbildungen zum Thema digitale Medien liegen die Erzieher/innen deutlich hinter den Lehrkräften zurück: Während 27 Prozent der Erzieher/innen mindestens eine Fortbildung absolviert haben, gilt dies für 56 Prozent der Lehrkräfte. Ein erklärender Faktor dafür kann – neben der ohnehin kritischen Haltung der Erzieher/innen – die Übernahme der Fortbildungskosten sein. Lediglich 19 Prozent der Erzieher/innen gehen davon aus, dass sie bei Besuch einer solchen Fortbildung finanzielle Unterstützung vom Träger bekommen würden (vgl. ebd., S. 46ff.).

Geringe Technikkenntnisse der Erzieher/innen hingegen scheinen einer Umsetzung medienbezogener Aktivitäten weniger im Wege zu stehen als mangelnde Kenntnisse über die Möglichkeiten des digitalen Medieneinsatzes: 68 Prozent können laut eigener Angabe zwar (sehr) gut mit Medien umgehen, nur 39 Prozent haben aber einen guten Überblick über die Nutzungsmöglichkeiten digitaler Medien im Kindergarten (vgl. ebd., S. 36ff.).

Meister et al. (2012)

Im Fokus der Untersuchung von Meister et al. (2012) standen die medienerzieherische und mediendidaktische Praxis der Kindertageseinrichtungen in Nordrhein-Westfalen und die darauf bezogenen Haltungen von Kita-Leitungen bzw. Erzieher/innen (N=766).[39] Im März und April 2012 wurde durch die Forschungsgruppe eine repräsentative Online-Befragung, an der größtenteils Kita-Leitungen teilnahmen (n=556), durchgeführt.[40] Gegenüber der bundesweit angelegten Studie des Instituts für Demoskopie Allensbach (2014) liefert diese Studie explizit Daten zur Situation in Nordrhein-Westfalen und somit dem Bundesland, auf das sich die in dieser Arbeit vorgestellte Studie der Autorin bezieht. Zudem bezieht die Studie von Meister et al. (2012) neben digitalen auch analoge elektronische Medien ein.

Die Daten spiegeln auf Seiten der Kita-Leitungen eine prinzipielle Aufgeschlossenheit für das Thema Medienerziehung wider: 79 Prozent der Befragten sprechen sich für die Umsetzung von Medienerziehung in der Kita aus und ca. 85 Prozent sind der Ansicht, dass Medienerziehung (eher) genauso wichtig wie andere Bildungsbereiche sei. Während 62 Prozent der Befragten das Interesse der Kita-Leitung der Einrichtung für Medienerziehung als sehr gut bzw. gut einschätzen, nehmen dies nur 29 Prozent der Befragten für die Erzieher/innen wahr (vgl. ebd., S. 21f.). Etwa ein Drittel schätzt das Interesse der Erzieher/innen als (eher) schlecht ein (vgl. ebd., S. 19).

Die Befragten scheinen Medienerziehung im Gegensatz zu anderen Bildungsbereichen eine Sonderstellung zuzuweisen: Die Hälfte der Befragten ist (eher) der

---

[39] Das pädagogische Personal in den Einrichtungen ist nach wie vor überwiegend weiblich. Nur in etwa 28 Prozent der Einrichtungen arbeiten männliche Erzieher. Falls dies gegeben ist, beschränkt sich dies meistens auf eine männliche Person (vgl. Meister et al. 2012, S. 17).

[40] Darüber hinaus wurde eine Dokumentenanalyse der Bildungspläne ausgewählter Bundesländer umgesetzt, um Erkenntnisse über eine strukturelle Verankerung der Auseinandersetzung mit Medien in der Kita zu erlangen.

Ansicht, dass Medienerziehung vor allem an Projekttagen/-wochen stattfinden sollte (vgl. ebd., S. 21), möglicherweise da, wie die Ergebnisse von Six und Gimmler (2007a) für NRW aufzeigen, Erzieher/innen mit Medienerziehung oftmals größer angelegte Projekte verbinden (vgl. ebd., S. 196f.). Damit einhergehend schätzen etwa zwei Drittel der Befragten der Studie von Meister et al. (2012) die für Medienerziehung zur Verfügung stehende Zeit als (eher) schlecht ein (vgl. ebd., S. 19).

Trotz der generellen Offenheit der Kita-Leitungen für das Thema Medienerziehung stimmen ganze 42 Prozent der Befragten dem Argument (eher) zu, dass Medien nicht auch noch in der Kita eine Rolle spielen müssten, da Kinder viel Zeit mit Medien verbrächten (vgl. ebd., S. 21). Dies mag auf den ersten Blick widersprüchlich erscheinen, kann aber möglicherweise durch folgende Ansichten von Erziehern/innen erklärt werden: Zum einen könnte „eine bloße Medienausstattung ohne medienpädagogisches Konzept" (ebd., S. 20) abgelehnt werden, zum anderen mag ein Verständnis von Medienerziehung vorhanden sein, welches eine Verringerung der kindlichen Mediennutzung zum Ziel hat (vgl. dazu auch die Ergebnisse von Six & Gimmler 2007a, S. 192ff.).

Der Großteil der Befragten (ca. 88 Prozent) sieht die Kita neben dem Elternhaus in der Verantwortung, medienerzieherisch tätig zu werden. Vor allem hinsichtlich des Erlernens eines technischen Umgangs und des Umgangs mit dem PC werden die Eltern jedoch stärker in der Verantwortung gesehen (vgl. Meister et al. 2012, S. 28ff.). 71 Prozent der Befragten schätzen die Akzeptanz der Eltern gegenüber Medienerziehung in der Kita als (sehr) gut ein (vgl. ebd., S. 19), etwa 18 Prozent gehen jedoch davon aus, dass Eltern den Einsatz eines Computers in der Kita (eher) ablehnen (vgl. ebd., S. 28). Ca. 73 Prozent der Befragten sind (eher) der Ansicht, dass Erzieher/innen das elterliche Medienerziehungsverhalten positiv beeinflussen können (vgl. ebd., S. 32), dennoch ist medienpädagogische Elternarbeit kaum in den Einrichtungen verankert: Nur in 32 Prozent der Einrichtungen finden medienbezogene Gespräche mit den Eltern statt. Dies sind meistens Gespräche zwischen „Tür und Angel", die überwiegend von den Erziehern/innen ausgehen (vgl. ebd., S. 34). Dass oftmals kein Austausch mit den Eltern gesucht wird, mag auch damit zusammenhängen, dass Eltern teilweise (eher) nicht als gesprächsbereit wahrgenommen werden, wenn ein problematisches Mediennutzungsverhalten der Kinder thematisiert wird, was über ein Drittel der Befragten angibt (vgl. ebd., S. 32; vgl. dazu auch die Ergebnisse von Six & Gimmler 2007a, S. 259ff.).

An elektronischen Medien werden in der Kita vor allem Audioangebote in Form von Musik und Hörspielen genutzt. Zudem wird in etwa 46 Prozent der Einrichtungen ein- bis mehrmals pro Woche fotografiert (vgl. Meister et al. 2012, S. 23f.). Es ist jedoch fraglich, ob das Fotografieren gemeinsam mit den Kindern stattfindet, stattdessen ist wohl eher davon auszugehen, dass die Kamera vermehrt zur Dokumentation der kindlichen Entwicklung durch die Erzieher/innen genutzt wird.[41] Die Nutzung von Computer und Internet spielt hingegen keine bedeutende Rolle im pädagogischen Alltag: Beispielsweise können zwar in 58 Prozent der Einrichtungen die Kita-Kinder Computer-/Lernspiele nutzen, jedoch geschieht dies nur in 31 Prozent der Einrichtungen mindestens einmal im Monat, in den anderen hingegen seltener oder nie. Etwa 56 Prozent der Einrichtungen nutzen zumindest selten das Internet mit den Kindern, jedoch nur etwa 16 Prozent mindestens einmal im Monat (vgl. Meister et al. 2012, S. 23f.). Vergleicht man diese Daten mit dem Bundesdurchschnitt, der durch die miniKIM 2012 erhoben wurde, zeigt sich, dass die Ausstattung mit Computer und Internet in NRW im Vergleich zum Bundesdurchschnitt deutlich höher ist: Bundesweit stehen nur in 11 Prozent der Einrichtungen den Kindern ein Computer und nur in 2 Prozent das Internet zur Verfügung (vgl. mpfs 2013, S. 25).[42]

Medienbezogene Gespräche mit den Kindern hingegen werden häufiger geführt: in etwa 68 Prozent der Einrichtungen mindestens einmal im Monat (vgl. Meister et al. 2012, S. 23f.).

Produktive handlungsorientierte Medienarbeit findet eher selten statt: Neben dem Fotografieren werden am häufigsten Audioaufnahmen mit den Kindern erstellt, in etwa 32 Prozent der Einrichtungen mindestens einmal im Halbjahr. Demzufolge findet dies in 68 Prozent der Einrichtungen seltener oder nie statt. Digitale Bilderbücher werden in ca. 14 Prozent der Einrichtungen und Videofilme in ca. 18 Prozent mindestens einmal im Halbjahr erstellt (vgl. ebd.). In Bezug auf die Produktion von Videofilmen ist jedoch anzumerken, dass die Erzieher/innen möglicherweise das eigene Filmen (z.B. im Rahmen der kindlichen Dokumentation) darunter subsumieren. Dass Audioaufnahmen im Vergleich zu Videos oder digitalen Bilderbüchern häufiger erstellt werden, dürfte mit der im KiBiz verankerten Sprachförderung der Kinder zusammenhängen. So geben ca. 49 Prozent der Einrichtungen explizit an, Audioaufnahmen zur Sprachförderung zu erstellen (z.B. Geräusche aufnehmen und erraten). Weitere mediendidaktische Nutzungsformen liegen in den Einrichtungen insofern vor, dass Medien mit den Kindern genutzt werden, um Informationen zu recherchieren (ca. 37 Prozent), Filme und Videos eingesetzt werden, um bestimmte Thematiken zu verdeutlichen (49,5 Prozent) und dass elektronische Medien im Bereich der naturwissenschaftlich-technischen

41 Dies wurde zwar nicht explizit abgefragt, darauf deuten aber u.a. die Ergebnisse von Six & Gimmler (2007a, S. 230) und der miniKIM 2012 hin (in nur 17 Prozent steht den Kindern eine Kamera zur Verfügung) (vgl. mpfs 2013, S. 25).

42 Die Daten der miniKIM 2012 könnten aber auch durch die Art der Fragestellung geprägt sein. Mit der Frage „Welche Medien stehen den Kindern im Kindergarten/der Krippe zur Verfügung?" könnten Eltern auch eine überwiegend selbstständige Mediennutzung der Kinder verbinden, welche im Hinblick auf das Internet aufgrund der nicht vorhandenen Lesefertigkeiten der Kinder nicht möglich erscheint. Zudem wissen die Eltern auch nicht zwangsläufig darüber Bescheid, welche Medien in der Einrichtung zur Verfügung stehen, dies gilt wahrscheinlich vor allem für solche Medien, die eher selten mit den Kindern genutzt werden.

Bildung eingesetzt werden (z.B. Anschließen von Mikroskop an den Computer) (ca. 20 Prozent) (vgl. ebd., S. 26). Darüber wie häufig dies geschieht, geben die Daten keine Auskunft.

Im Hinblick auf die mediale Ausstattung der Einrichtungen schätzt ca. ein Drittel der Befragten die Ausstattung als (sehr) gut ein, ein weiteres Drittel ist hingegen (eher) unzufrieden (vgl. ebd., S. 19). Die Geräteausstattung wurde bisher von etwa 80 Prozent der Einrichtungen aufgestockt. Dies wie auch das Interesse für medienpädagogische Fortbildungen und Materialien spiegelt die generelle Offenheit der Leitungen für das Thema Medienerziehung wider: So haben in ca. 51 Prozent der Einrichtungen die Befragten selbst oder andere Mitarbeiter/innen der Einrichtung bereits an einer medienpädagogischen Fortbildung teilgenommen (vgl. ebd., S. 42). 75 Prozent der Befragten haben zudem Interesse an unterstützenden Angeboten, darunter vor allem an der Bereitstellung von medienpädagogischen Materialien und Mediengeräten (Laptop, Aufnahmegerät, Digitalkamera, etc.) sowie Fortbildungsangeboten in Präsenzform. Inhaltlich präferieren die Befragten vor allem Angebote zu einer altersgerechten Mediennutzung, zur kreativen Medienarbeit und zur medienpädagogischen Elternarbeit (vgl. ebd., S. 43f.).

In etwa einem Viertel der Einrichtungen ist ein/e spezifische/r Erzieher/in für den Medienbereich verantwortlich. Über ein schriftlich fixiertes medienpädagogisches Konzept verfügen mit ca. 9 Prozent nur wenige Einrichtungen (vgl. ebd., S. 24).

Die technische Medienkompetenz der Erzieher/innen stellt nach wie vor teilweise ein Hindernis für die Umsetzung medienpädagogischer Arbeit in den Einrichtungen dar: Etwa 34 Prozent der Befragten schätzen diese als (eher) schlecht ein (vgl. ebd., S. 19f.), damit einhergehend bestehen Unsicherheiten im Hinblick auf das Selbstvertrauen der Erzieher/innen, selbstständig Medienprojekte durchzuführen (vgl. ebd., S. 22).

Six & Gimmler (2007)

Auch Six & Gimmler (2007) betrachten in einer Follow-up-Untersuchung[43] die Situation der Medienerziehung in nordrhein-westfälischen Kindergärten. Obwohl es sich im Vergleich zur Studie von Meister et al. (2012) um ältere Daten handelt, sind diese nach wie vor ein relevanter Teil des Forschungsstands, da explizit die Haltungen der Erzieher/innen gegenüber Medienerziehung im Kindergarten herausgearbeitet wurden. Zudem haben im Vergleich zu dieser Studie Meister et al. (2012), bedingt durch das Sample, eher die Haltungen und Ansichten der Einrichtungsleitungen eruiert.

[43] vgl. zur Vorläuferstudie Six et al. (1998)

Six & Gimmler (2007a, b) führten standardisierte Telefoninterviews mit 550 Erzieher/innen (Repräsentativbefragung)[44], 45 themenzentrierte persönliche Interviews mit Erzieherinnen der Repräsentativbefragung, zehn leitfadengestützte Telefoninterviews mit Erzieherinnen aus der Vorläuferstudie und standardisierte Telefoninterviews mit Lehrkräften in der Erzieher/innen-Ausbildung (N=42) durch.[45]

Einhergehend mit den Ergebnissen von Meister et al. (2012) beschreiben Six & Gimmler (2007a, b) einen sehr geringen Stellenwert von Medienerziehung in der pädagogischen Praxis der Einrichtungen.

Auf die Frage nach der subjektiven Wichtigkeit von Medienerziehung geben jedoch ca. 83 Prozent der Erzieher/innen der Repräsentativbefragung an, dass sie Medienerziehung für (eher) wichtig halten. Als unwichtig schätzen nur 1,8 Prozent der Befragten Medienerziehung ein. Zudem sprechen sich knapp die Hälfte der Befragten dafür aus, dass Kindern bereits im Kindergarten die Möglichkeit gegeben werden sollte, sich mit Computern vertraut zu machen“, zudem stimmen weitere 23 Prozent dieser Aussage eher zu (vgl. Six & Gimmler 2007a, S. 202). Dies steht nicht im Zusammenhang zum Alter der Befragten oder zum Vorliegen besonderer Problemstellungen (z.B. einem hohen Anteil an Kindern aus sozialen Problemlagen). Wird jedoch nach der Wichtigkeit von Medienerziehung im Vergleich zu anderen Förderbereichen des Kindergartens gefragt (z.B. sprachliche Entwicklung), rangiert Medienerziehung auf dem letzten Platz (vgl. ebd., S. 203ff.).

Die Erzieherinnen haben oftmals ein unklares und ungünstiges Verständnis von Medienerziehung. In den Interviews äußerten sich die Befragten zum Großteil nur floskelartig im Hinblick auf eine Definition von Medienerziehung: Medienerziehung hieße bspw., einen „sachgerechten“, „gesunden“ und „angemessenen“ Medienumgang zu fördern, ausführen konnten dies die Erzieherinnen auf Nachfrage jedoch teilweise nicht. Etwa ein Drittel der Erzieherinnen versteht unter solchen Labels, dass Kinder mittels Medienerziehung elektronische Medien weniger nutzen (dies erscheint den Erzieherinnen u.a. aufgrund der wahrgenommenen Relevanz von Primärerfahrungen wichtig) und ein Drittel betrachtet die Förderung der kindlichen Bewertungs- und Auswahlkompetenzen (z.B. Auswahl von ‚guten‘ und ‚schlechten‘ Fernsehsendungen) als Ziel von Medienerziehung. Zudem benennen 40 Prozent der Interviewten (18 von 45 Erzieherinnen) im Hinblick auf die Ziele von Medienerziehung, dass Kinder lernen, Medien für den Wissenserwerb bzw. das Lernen einzusetzen. Somit kommt es teilweise zu einer Gleichsetzung von Medienerziehung und -didaktik auf Seiten der Erzieherinnen (vgl. ebd., S. 192ff.). Die Analyse der Interviews zeigt weiter auf, dass die Erzieherinnen, die unter Medienerziehung mehr als einen mediendidaktischen Einsatz verstehen, medienbezogene

[44] Männeranteil von 1,8 Prozent

[45] Des Weiteren wurden die curricularen Vorgaben für die medienpädagogische Ausbildung von Erzieher/innen in Nordrhein-Westfalen analysiert (vgl. Six & Gimmler 2007b, S. 1).

Gespräche nicht als Form der Medienerziehung wahrnehmen. Stattdessen assoziieren sie mit Medienerziehung größer angelegte Projekte (vgl. ebd., S. 196f.).

Einer Umsetzung von Medienerziehung in den Einrichtungen stehen zudem mangelnde Kenntnisse der Erzieherinnen im Hinblick auf die kindliche Mediennutzung und damit verknüpfte angenommene negative Medienwirkungen entgegen: Auf die Frage nach Wirkungen von Fernsehsendungen und Computerspielen in den themenzentrierten Interviews werden überwiegend negative Wirkungen benannt. Hierunter vor allem die Förderung aggressiven Verhaltens sowie – vor allem im Hinblick auf Computerspiele – eine Überforderung der Konzentrationsfähigkeit der Kinder und, als Folgen des Spielens, Konzentrationsschwierigkeiten und Unruhe der Kinder. Mit der Sorge der Aggressionssteigerung einhergehend werden u.a. Fernsehsendungen, die Kampfszenen enthalten, abgelehnt (u.a. die Animeserie „Yu-Gi-Oh!"). Es lässt sich keine generelle Ablehnung der Fernseh- oder auch Computernutzung der Kinder ausmachen (Fernsehen und PC wurden weder als positiv noch als negativ für Kindergartenkinder bewertet), als problematisch scheinen vor allem die hohe Nutzungsdauer, vor allem bei Kindern aus einem sozial benachteiligten Umfeld und Kindern mit Migrationshintergrund, deren Eltern den Fernseher als ‚Babysitter' verwenden würden, und als nicht kindgerecht wahrgenommene Inhalte eingestuft zu werden (vgl. ebd., S. 173ff.). Als Beispiele für Medien, die positive Wirkungen erzielen, werden von den Erzieherinnen vor allem Fernsehsendungen und Computerspiele zum Wissenserwerb der Öffentlich-Rechtlichen Medienanbieter genannt („Sendung mit der Maus" und „Löwenzahn") (vgl. ebd., S. 176ff.).

Auf die Frage nach bestehenden Defiziten in der kindlichen Medienkompetenz benennen die Erzieherinnen in den Interviews vor allem, dass Kindergartenkinder Schwierigkeiten hinsichtlich der Selbstregulation und Auswahlkompetenz hätten (Welche Inhalte schaue ich wie lange an?) und Medieninhalte noch nicht ausreichend verstehen würden. U.a. sei die Fähigkeit, zwischen Fiktion und Realität zu unterscheiden, bei Kindergartenkindern noch nicht gegeben (vgl. ebd., S. 188ff.).

Etwa 70 Prozent der Erzieherinnen würde sich prinzipiell gerne medienpädagogisch stärker engagieren (vgl. ebd., S. 216ff.), nennt jedoch Hinderungsgründe, die diesem entgegenstünden: Hierbei werden in der Repräsentativbefragung fehlende Mediengeräte (74,5 Prozent), gefolgt von Zeitmangel (66 Prozent) und mangelnde eigene Kompetenz bzw. Qualifikation (48 Prozent) genannt. Explizit benennen die Erzieher/innen Defizite im Umgang mit Computer/Internet und im Hinblick auf ihre medienpädagogische Qualifikation (vgl. Six & Gimmler 2007b, S. 2, S. 132ff.; Six & Gimmler 2007a, S. 148ff.). Als weitere Hinderungsgründe werden in der Repräsentativbefragung Belastungen durch manche Kinder (42,3 Prozent), fehlende Unterstützung durch Kolleginnen, Einrichtungsleitung oder Träger (23,4 Prozent) sowie eine mangelnde Kooperationsbereitschaft der Eltern (19,8 Prozent) genannt (vgl. ebd., S. 249ff.). Des Weiteren wird in den

Wiederholungsinterviews mit Erzieherinnen, die bereits 1997 befragt wurden, eine wahrgenommene Verschlechterung der Betreuungsrelation durch eine Reduzierung des Personals bei parallel verlängerten Öffnungszeiten und die Integration von vermehrt jüngeren Kinder in der Gruppe, die stärkere Zuwendung benötigten, deutlich (vgl. ebd., S. 125ff.). Zudem müssten 2006 im Vergleich zu 1997 vermehrt Basiskompetenzen von Kindern gefördert werden, da dies in vielen Familien aufgrund problematischer Familiensituationen nicht mehr ausreichend geschehe, sodass verstärkt Verhaltensauffälligkeiten und Entwicklungsverzögerungen der Kinder auftreten würden. Im Kontext gesellschaftlicher und politischer Forderungen (u.a. durch die damalige Bildungsvereinbarung in NRW, vgl. MSJK NRW 2003) hätten sich außerdem die Bildungsanforderungen an die Arbeit von Erzieher/innen erhöht, sodass für Medienerziehung wenig Zeit bereitstehe (vgl. ebd., S. 90ff.).

Weiter überprüften Six und Gimmler (2007a) mittels eines Praxisindex[46] den Einfluss verschiedener Bedingungen auf die Medienpraxis in den Einrichtungen. Hinsichtlich der institutionellen Rahmenbedingungen der Einrichtungen hat lediglich die Mediengeräteausstattung Einfluss, indem eine höhere Mediengeräteausstattung mit einem höheren Praxisindex einhergeht. Ein hoher Anteil von Kindern mit Migrationshintergrund und/oder von Kindern aus einem sozial benachteiligten Umfeld wie auch die finanziellen Rahmenbedingungen der Einrichtung wirken sich hingegen unter Berücksichtigung der quantitativen Daten nicht auf die medienpädagogische Praxis aus (vgl. ebd., S. 264ff.). Dennoch werden etwa begrenzte finanzielle Ressourcen in den Face-to-Face-Interviews als Hinderungsgründe für Medienerziehung genannt (vgl. ebd., S. 249ff.), sodass diese auf der subjektiven Ebene teils durchaus Hinderungsgründe darstellen können (vgl. ebd., S. 265).

Als ausschlaggebender für die Umsetzung von Medienerziehung im Kindergarten als die genannten institutionellen Rahmenbedingungen betrachtet die Autorengruppe hingegen die Vermittlung eines adäquaten Verständnisses von Medienerziehung und den Zielen von Medienerziehung sowie „einer begründeten Einsicht in deren Notwendigkeit und Wichtigkeit" (Six & Gimmler 2007b, S. 4) bereits im Rahmen der Erzieher/innen-Ausbildung, da diese den „Grundstein [...] für die spätere medienpädagogische Kompetenz und für die Motivation, sich in diesem Bereich zu engagieren" (ebd.) legten. So stellen die Autoren/innen fest, dass

46 Der Praxisindex setzt sich aus sechs Indikatoren der Medienerziehungspraxis zusammen: Häufigkeit einer medienpädagogisch motivierten Mediennutzung mit den Kindern; Häufigkeit der Anregung zu medienbezogenen Aktivitäten; Häufigkeit medienbezogener Gespräche mit den Kindern und Eigeninitiative der Erzieher/innen bei solchen Gesprächen; gemeinsame Erstellung von Medienprodukten innerhalb der letzten zwölf Monate und Umsetzung von Projektideen aus Praxis- bzw. Informationsmaterialien innerhalb der letzten zwölf Monate. Zu jeder Variable wurde den Erzieher/innen ein Punkt zugewiesen, falls sich diese durch eine vergleichsweise intensive Medienerziehung auszeichneten. Insgesamt wird die Medienerziehungspraxis durch maximal sechs Punkte beschrieben (vgl. Six & Gimmler 2007a, S. 242f., 265).

Medienerziehung dann intensiver betrieben wird, wenn die Erzieherinnen „in ihrer Ausbildung mit einem breiten Spektrum an medienpädagogisch relevanten Themen konfrontiert worden sind, sich privat mit medienpädagogisch relevanten Themen befasst haben, einzelne der in NRW verfügbaren Materialien, Hilfestellungen oder Online-Portale zur Medienerziehung im Kindergarten genutzt haben, an mindestens einer Fortbildungsmaßnahme zur Medienerziehung teilgenommen haben, sich für die Medienerziehung besser qualifiziert fühlen als andere Erzieherinnen, Einsicht in die Notwendigkeit von Medienerziehung im Kindergarten haben, die Medienerziehung bzw. die Ziele der Medienerziehung für wichtig halten, eine kompetenzorientierte Grundhaltung zur Medienerziehung haben (gemessen an der Auffassung, Kinder sollten bereits im Kindergarten mit dem Computer vertraut gemacht werden) [und] den Anteil, den der Kindergarten (relativ zur Familie) an der Medienerziehung der Kinder übernehmen sollte, besonders hoch ansetzen“ (Six & Gimmler 2007a, S. 266).

Weitere Studien

Weitere Studien wie eine Fragebogenuntersuchung von Marci-Boehncke (2008, S. 2) mit Erziehern/innen im Rahmen des Kontaktstudiums „Frühe Bildung“ der Pädagogischen Hochschule Ludwigsburg und eine Fragebogenerhebung mit Erziehern/innen und Kita-Leitungen in 67 Einrichtungen in Bremen und Bremerhaven durch Brüggemann et al. (2013, S. 24) zeigen ebenfalls eine tendenziell negativ konnotierte Wahrnehmung der kindlichen Mediennutzung auf, die wiederum mit einer Ablehnung digitaler Medien in der Kita verknüpft ist.

6.2.2 *Evaluationsstudien medienpädagogischer Projekte*

Nach den ausschließlich forschungsbasierten Studien werden nun mit Bezug auf Meister et al. (2011a) und Marci-Boehncke et al. (2013) Evaluationsstudien medienpädagogischer Projekte, die in Kindertagesstätten in Nordrhein-Westfalen umgesetzt wurden, vorgestellt. Beide Studien verdeutlichen die Sinnhaftigkeit medienpädagogischer Fortbildungen für eine nachhaltige Umsetzung von Medienerziehung und -didaktik in den Einrichtungen.

Meister et al. (2011a)

Im Projekt „Medienkompetenz-Kitas NRW“ wurde in zwölf Kindertagesstätten jeweils das gesamte Einrichtungsteam innerhalb der Kita durch je eine/n Medienpädagogen/in geschult. Inhaltliche Schwerpunkte waren Methoden zur Sensibilisierung für den Bereich Medienerziehung (bspw. zu den Medienhelden/innen der

Kinder) sowie medienpraktische Arbeit in den Bereichen Audio, digitale Fotografie, Video und Computer. Die Medienpädagogen/innen unterstützten die Kitas über den Zeitraum eines halben Jahres (verteilt auf maximal acht halbe Tage). Die Fortbildung setzte sich aus „Schnuppertagen", an denen die Erzieher/innen ohne das Beisein von Kindern geschult wurden und medienpädagogischen Thementagen, an denen die Erzieher/innen die erlernten Methoden mit den Kindern umsetzen konnten, zusammen (vgl. Eder et al. 2014, S. 18). Ziel der Evaluationsstudie war es, sowohl mögliche Änderungen hinsichtlich des Interesses für Medienerziehung, der wahrgenommenen subjektiven Medienkompetenz als auch des Zutrauens in die eigene medienpädagogische Kompetenz auf Seiten der Erzieher/innen zu eruieren und zu überprüfen, inwiefern Medienerziehung nach Projektabschluss stärker in den Kita-Alltag integriert wird. Zu den Methoden zählten u.a. eine quantitative Befragung und leitfadengestützte qualitative Interviews mit den Kita-Leitungen (N=12) vor Projektbeginn, die Erstellung von Protokollbögen der Medienpädagogen/innen zu den einzelnen Fortbildungstagen, Beobachtungen in den Einrichtungen während des Projekts sowie leitfadengestützte qualitative Interviews mit den Kita-Leitungen (N=12) und eine quantitative Befragung der Kita-Mitarbeiter/innen (N=93) nach Projektende (vgl. Meister et al. 2011a).

Insgesamt lässt sich die Fortbildung als Erfolg bezeichnen, da vielen Erzieher/innen die Scheu vor dem Umgang mit technischen Geräten genommen werden konnte. Nach Projektabschluss haben immerhin 60 Prozent der Kita-Mitarbeiter/innen eine (sehr) hohe Motivation, selbstständig ein Medienprojekt durchzuführen. Das Projekt wirkte sich positiv hinsichtlich der wahrgenommenen Medienkompetenz und medienpädagogischen Kompetenz der Erzieher/innen aus. Dennoch schätzen nach Projektende immer noch 18 bzw. 16 Prozent der beteiligten Erzieher/innen ihre eigene Medienkompetenz hinsichtlich Mediengestaltung und -nutzung mit der Schulnote ausreichend oder schlechter ein (vgl. ebd.).

Im Rahmen des Projekts haben alle Kitas Mediengeräte angeschafft bzw. planen dies, darunter vor allem Digitalkameras und digitale Bilderrahmen. Alle Einrichtungen möchten nach Projektende prinzipiell weiterhin medienpädagogisch arbeiten, benennen jedoch als hinderliche Faktoren einen Mangel an geeigneten Geräten und knappe Zeitressourcen. Zudem wird auch nach Abschluss des Projekts weiterhin eine fehlende Qualifikation zur Medienerziehung benannt (vgl. ebd.).

Marci-Boehncke et al. (2013)

Das Forschungsteam um Marci-Boehncke evaluierte die erste Projektphase des Projekts „Kid Smart" für 21 Kindertagesstätten im Dortmunder Norden, welche mit einem Kid Smart-Computer von IBM (PC mit Lernspielen und Drucker) ausgestattet und deren Erzieherinnen über Lehramtsstudierende in der eigenen

Medienarbeit unterstützt wurden. Die Fragestellungen der Studie waren, inwiefern sich durch das medienpädagogische Projekt die Medienkompetenz und medienbezogenen Haltungen der Erzieherinnen, die Medienerziehung innerhalb der Familie und die (Medien-)kompetenzen der Kinder verändern. Hierzu wurden Eltern (N=269) zum Medienverhalten ihrer Kinder und Erzieherinnen (N=175) zu ihrer eigenen Mediennutzung und -kompetenz schriftlich befragt, leitfadengestützte Puppet-Interviews mit Kindern zu ihren Medienvorlieben geführt sowie teilnehmende Beobachtungen der Medienprojekte durchgeführt (vgl. Müller et al. 2012, S. 3ff.). In das Projekt war im Gegensatz zur Begleitforschung von Meister et al. (2011a) nicht das gesamte Kita-Team eingebunden.

Analog zu den Ergebnissen von Six & Gimmler (2007a, b), Meister et al. (2011a) und Meister et al. (2012, S. 19) geben die Erzieherinnen als Hindernisse für (medien-)pädagogische Tätigkeiten eine ungünstige Erzieherin-Kind-Relation in Verbindung mit dem KiBiZ, knappe Zeitressourcen sowie eine geringe Medienausstattung an. Doch eigentlich sind die Einrichtungen bereits vor Projektbeginn medial recht gut ausgestattet: In jeder der teilnehmenden Kitas stehen ein Computer und ein digitaler Fotoapparat zur Verfügung. Irritierend ist diesbezüglich, dass innerhalb der einzelnen Einrichtungen deutliche Diskrepanzen im Hinblick auf die Angaben zur Medienausstattung bestehen, was darauf hindeutet, dass nicht alle Erzieherinnen über die Medienausstattung ihrer Kita informiert sind (vgl. Marci-Boehncke et al. 2013, S. 19).

Die Fortbildung hatte Erfolg hinsichtlich der wahrgenommenen eigenen Medienkompetenz der Erzieherinnen und ihrem Zutrauen in die eigenen medienpädagogischen Fähigkeiten: 70 Prozent der aktiv involvierten Erzieherinnen schätzen sich nach Projektende kompetent im technischen Umgang mit Medien ein und 75 Prozent (im Vergleich zu 62,5 Prozent vor Projektbeginn) trauen sich zu, Medien in die tägliche Kita-Arbeit zu integrieren. Zudem konnten bei den aktiv am Projekt mitwirkenden Erzieherinnen bewahrpädagogische Haltungen abgebaut werden: Keine der in das Projekt involvierten Erzieherinnen vertritt nach Projektende mehr die Auffassung, dass die Kita einen medienfreien Raum darstellen solle (vorher: 16,7 Prozent) (vgl. ebd.). Problematisch ist in diesem Zusammenhang, dass gerade diejenigen, die von vornherein Medien offener gegenüberstanden, am Projekt teilnahmen. Diejenigen mit bewahrpädagogischen Haltungen, welche der Medienarbeit in der Kita kritisch gegenüberstehen, wurden somit nicht erreicht (vgl. Marci-Boehncke et al. 2012, S. 8f.). Eine ähnliche Problemlage gilt auch angesichts der technischen Medienkompetenz der Erzieherinnen: Diesbezüglich schätzten sich diejenigen, die am Projekt teilnehmen, bereits vor dem Projekt als kompetenter ein (vgl. ebd., S. 16).

Mit dem Abbau bewahrpädagogischer Haltungen wurde auch die Zustimmung für Medienerziehung in der Kita durch das Projekt erhöht, sodass etwa 85 Prozent der Erzieherinnen nach Projektabschluss (gegenüber ca. 68 Prozent vor

Projektbeginn) der Meinung sind, „dass Grundlagen einer technischen und kritischen Mediennutzung bereits vor der Einschulung gelegt werden sollten“ (Marci-Boehncke et al. 2013, S. 20).

Im Hinblick auf die Kinder benennen Erzieher/innen und Eltern die Zunahme einer selbstständigen Mediennutzung und eine Erweiterung der Medienkompetenz, dies sowohl im Hinblick auf Wissen über Medien als auch bezogen auf technische Kenntnisse (vgl. Marci-Boehncke et al. 2012, S. 16).

Zum Medienverhalten in der Familie geben nach Projektende etwa 38 Prozent der Eltern an, Medien nun häufiger gemeinsam mit ihrem Kind zu nutzen (vgl. ebd.).

6.2.3 Resümee zum Stand der Forschung

Digitale Medien werden nach wie vor selten in der Kita eingesetzt: Nur 14 Prozent der Erzieher/innen in Deutschland integrieren mindestens ab und zu den Computer und andere digitale Medien in die pädagogische Arbeit, knapp die Hälfte der Erzieher/innen nie (vgl. Institut für Demoskopie Allensbach 2014, S. 30). Auch in Nordrhein-Westfalen werden Computer und Internet in den meisten Einrichtungen nur selten mit den Kindern genutzt. Stattdessen werden neben dem digitalen Fotoapparat vor allem auditive Medien wie Kassettenrekorder und CD-Player verwendet, um Musik oder Hörspiele anzuhören (vgl. Meister et al. 2012, S. 23f.). Dementsprechend orientiert sich der Medieneinsatz in der Kita nach wie vor „größtenteils an den für Kindertagesstätten klassischen Medien“ (Brüggemann et al. 2013, S. 24) wie Bilderbüchern (vgl. ebd., S. 23; Marci-Boehncke 2008, S. 2) oder den eben genannten elektronischen Medien.[47]

Ausschlaggebend für die nach wie vor geringe Nutzung neuer Medien in den Einrichtungen sind Ansichten der Erzieher/innen, die einer Auseinandersetzung mit (digitalen) Medien wie dem Computer entgegenstehen. Dies sind zum einen angenommene negative Wirkungen digitaler Medien (Computer, Tablet, Smartphone) und des Fernsehens auf Kinder wie eine Überforderung durch die Informationsflut, eine Verkümmerung von Talenten (vgl. Institut für Demoskopie Allensbach 2014, S. 62) und eine Aggressionssteigerung. Aufgrund eines ohnehin als hoch wahrgenommenen Medienpensums von Kindern, vor allem bei Kindern aus problembelasteten Familien (vgl. Six & Gimmler 2007a, S. 173ff.), wird die Nutzung digitaler bzw. elektronischer Medien für die Kita abgelehnt (vgl. Institut für Demoskopie Allensbach 2014, S. 58; Meister et al. 2012, S. 21). Zum anderen

[47] Zwar beziehen sich die Studien von Brüggemann et al. (2013) und Marci-Boehncke (2008) nicht auf Nordrhein-Westfalen, dennoch wird davon ausgegangen, u.a. auch mit Blick auf die Ergebnisse der durch die Autorin durchgeführten Studie, dass auch in NRW Bilderbücher nach wie vor häufig in den Einrichtungen verwendet werden.

sehen die Erzieher/innen andere Bildungsbereiche und -erfahrungen (z.B. Naturkenntnisse, Sprachförderung) wesentlich stärker in ihrem Verantwortungs- und Aufgabenbereich als Medienerziehung und eine Heranführung an Medien (vgl. Institut für Demoskopie Allensbach 2014, S. 58; Six & Gimmler 2007a, S. 203ff.). Ein Einsatz digitaler Medien in der Kita ist wiederum mit der Sorge verknüpft, dass Kinder von den Inhalten, welche die Erzieher/innen vermitteln möchten, abgelenkt werden (vgl. Institut für Demoskopie Allensbach 2014, S. 58), was ebenfalls eine Ablehnung der Integration dieser Medien in die Kita-Arbeit begünstigen dürfte.

Stehen die Erzieher/innen dem Einsatz digitaler Medien in der Kita überwiegend kritisch gegenüber (vgl. ebd., S. 53ff.), wird Medienerziehung im Sinne der Förderung eines verantwortungsvollen kindlichen Medienumgangs hingegen von der Mehrzahl der Erzieher/innen in NRW befürwortet (vgl. Six & Gimmler 2007a, S. 202), wenngleich dies nicht per se mit einem Interesse der Erzieher/innen für die Thematik gekoppelt zu sein scheint (vgl. Meister et al. 2012, S. 19, 22 ff.). Die Akzeptanz für Medienerziehung hat jedoch kaum Auswirkungen auf die Praxis: Immer noch wird in den Einrichtungen in NRW kaum explizit medienerzieherisch im Sinne einer Medienkompetenzförderung gearbeitet. So findet produktionsorientierte Medienarbeit wie bspw. die Erstellung von digitalen Bilderbüchern in den Einrichtungen kaum statt. Falls jedoch mediale Produkte mit den Kindern erstellt werden, geschieht dies vor allem im auditiven Bereich in Kombination mit der im KiBiz verankerten Sprachförderung der Kinder. Digitale Fotografie und auch das Erstellen von Videos haben zwar Einzug in die Kitas gefunden, die Datenlage lässt jedoch darauf schließen, dass der Medieneinsatz sich oftmals auf die Dokumentation der kindlichen Entwicklung beschränkt (die ebenfalls durch das KiBiz gesetzlich fixiert ist). Zudem finden zwar medienbezogene Gespräche mit Kindern statt (vgl. Meister et al. 2012, S. 23f.), dies jedoch vor allem als Reaktion auf kindliche Fragen und Verhaltensweisen der Kinder und nicht aktiv angeregt durch die Erzieher/innen (vgl. Six & Gimmler 2007a, S. 230f.). Medienpädagogische Elternarbeit wird von den Erzieher/innen zwar als wichtig erachtet, ist dennoch kaum vorhanden, vermutlich auch deshalb, da Gespräche mit den Eltern zur kindlichen Mediennutzung teilweise als schwierig und heikel wahrgenommen werden (vgl. Meister et al. 2012, S. 32; Six & Gimmler 2007a, S. 259ff.).

Neben den genannten Kognitionen der Erzieher/innen stehen vor allem eine mangelnde Geräteausstattung (vgl. mpfs 2013, S. 25; Meister et al. 2012, S. 19; Meister et al. 2011a), knappe zeitliche Ressourcen (vgl. Meister et al. 2012, S. 19; Meister et al. 2011a), ein begrenztes Wissen der Erzieher/innen hinsichtlich des Bereichs der Medienerziehung (vgl. Six & Gimmler 2007a, S. 192ff.; Institut für Demoskopie Allensbach 2014, S. 36ff.) sowie ein geringes Vertrauen der Erzieher/innen in die eigene Medien- und medienpädagogische Kompetenz (vgl. Meister et al. 2012, S. 19f., S. 22; Six & Gimmler 2007a, S. 132ff., S. 148ff.; Six & Gimmler 2007b, S. 2; Meister et al. 2011a) einer Auseinandersetzung mit Medien in der Kita im Weg. In Nordrhein-Westfalen wurden mit der Anschaffung elektronischer Mediengeräte durch 80 Prozent der Einrichtungen und dem Besuch medienpädagogischer Fortbildungen von Erziehern/innen aus etwa der Hälfte der Kindertagesstätten erste Schritte in Richtung einer Verankerung des Themas in den Einrichtungen gemacht (vgl. Meister et al. 2012, S. 42).

6.3 Strukturelle Verankerung medienpädagogischer Inhalte

Nachdem die Situation der Medienerziehung und -nutzung in Kindertagesstätten in den Blick genommen wurde, soll nun die strukturelle Verankerung medienpädagogischer Inhalte in der Ausbildung zum/r Erzieher/in an Fachschulen des Sozialwesens in Nordrhein-Westfalen und im Bildungsplan von Nordrhein-Westfalen, den „Grundsätzen zur Bildungsförderung für Kinder von 0 bis 10 Jahren in Kindertageseinrichtungen und Schulen im Primarbereich in Nordrhein-Westfalen", betrachtet werden. Eine solche Analyse ist insofern relevant, dass die Ausbildung und die Bildungspläne grundlegende Rahmungen für den Erwerb medienpädagogischer Kenntnisse darstellen und vermutlich eine gewisse Relevanzsetzung für das Thema Medienerziehung aufseiten der angehenden Erzieher/innen erzeugen.

6.3.1 Ausbildung an Fachschulen des Sozialwesens in NRW

Zum Zeitpunkt der Erhebung der hier dargestellten Forschungsarbeit (Erhebung von September 2011 bis Juni 2012) galten im Rahmen der Erzieher/innen-Ausbildung die Richtlinien und Lehrpläne zur Erprobung aus dem Jahr 2010 (vgl. MSW NRW 2010). Ab dem Schuljahr 2014/15 wurde die Erzieher/innen-Ausbildung mittels einer neuen Fassung der Richtlinien und Lehrplänen modifiziert (vgl. MSW NRW 2014a; MSW NRW o.J.a). Aufgrund dessen werden beide Fassungen der Richtlinien und Lehrpläne betrachtet.

6.3.1.1 Lehrpläne

Lehrplan aus dem Jahr 2010

Im Lehrplan aus dem Jahr 2010 werden Medien oder Medienerziehung nicht separat genannt, stattdessen ist das Thema mit dem Bereich Sprache verknüpft. Der Bildungsbereich Sprache(n)/Medien ist neben „musisch-kreative Gestaltung/Spiel", „Natur/kulturelle Umwelt(en)", „Gesundheit/Bewegung" einer von vier Bildungsbereichen in der Kinder- und Jugendarbeit (vgl. Tabelle 1).

	Unterrichtsstunden
Fachrichtungsübergreifender Lernbereich	**400-600**
Deutsch/Kommunikation	120-200
Fremdsprache	80-160
Politik/Gesellschaftslehre	80-120
Naturwissenschaften	120-200
Fachrichtungsbezogener Lernbereich	**1800-2000**
Sozialpädagogische Theorie und Praxis	680-720
Bildungsbereiche in der Kinder-und Jugendarbeit ▪ musisch-kreative Gestaltung/Spiel ▪ Sprache(n)/Medien ▪ Natur/kulturelle Umwelt(en) ▪ Gesundheit/Bewegung	880-920
Evangelische Religionslehre/Religionspädagogik Katholische Religionslehre/Religionspädagogik	160
Projektarbeit	160-320
Praxis in Einrichtungen der Kinder- und Jugendarbeit	-
Differenzierungsbereich	**0-200**
Insgesamt	**mindestens 2400**
Begleitender Unterricht im Berufspraktikum	160-200

Tabelle 1: Stundentafel der Ausbildung zum/r staatlich anerkannten Erzieher/in an Fachschulen des Sozialwesens in NRW gemäß der Richtlinien und Lehrpläne 2010 (vgl. MSW NRW 2010, S. 27)

Über die zur Verfügung stehende Unterrichtszeit für Sprache(n)/Medien wird im Lehrplan keine konkrete Aussage getroffen. Insgesamt stehen für die Bildungsbereiche 880-920 Unterrichtsstunden zur Verfügung (vgl. ebd.). Wie diese Zeit auf die einzelnen Bildungsbereiche aufgeteilt wird, obliegt der Entscheidung der einzelnen Fachschulen (vgl. MSW NRW 2010, S. 23). Auch hinsichtlich der Inhalte für Sprache(n)/Medien bleibt der Lehrplan äußerst vage. So beziehen sich die genannten Inhalte auf die vier Bildungsbereiche. Zu den Unterrichtsinhalten zählen beispielsweise „Erfahrungs- und Gestaltungsmöglichkeiten in sozialpädagogischen Einrichtungen" (ebd., S. 31), „Aktionen und Projekte" (ebd., S. 35) und die „Erweiterung der persönlichen Erfahrungs-, Ausdrucks- und Gestaltungsmöglichkeiten" (ebd.). Konkrete Unterrichtsinhalte, die sich beispielsweise auf Medienerziehung und die

Förderung der Medienkompetenz von Kindern beziehen, werden nicht genannt. Zudem werden im gesamten Lehrplan weder praktische Bezüge zu medienpädagogischen Aktivitäten noch theoretische Bezüge wie zum Begriff der Medienkompetenz hergestellt.

Lehrplan aus dem Jahr 2014

Im neuen Lehrplan, der ab dem Schuljahr 2014/15 in Nordrhein-Westfalen in Kraft getreten ist, erfolgt eine stärkere kompetenzorientierte Ausrichtung der Ausbildung. Sprache(n)/Medien wird nicht mehr separat als ein Bildungsbereich genannt, sondern der Bildungsbereich Medien ist im Lernbereich „Sozialpädagogische Bildungsarbeit in den Bildungsbereichen professionell gestalten“ als einer der zehn Bildungsbereiche, die im „Entwurf zu den Grundsätzen zur Bildungsförderung für Kinder von 0 bis 10 Jahren in Kindertageseinrichtungen und Schulen im Primarbereich in Nordrhein-Westfalen“ festgelegt sind, verankert (vgl. MSW NRW 2014a, S. 50ff.; vgl. Tabelle 2).

Lernbereiche	Unterrichtsstunden
Fachrichtungsübergreifender Lernbereich	**400-600**
Deutsch/Kommunikation Fremdsprache Politik/Gesellschaftslehre Naturwissenschaften	120-200 80-160 80-120 120-200
Fachrichtungsbezogener Lernbereich	**3000-3200**
Berufliche Identität und professionelle Perspektiven weiter entwickeln	160-200
Pädagogische Beziehungen gestalten und mit Gruppen pädagogisch arbeiten	240-280
Lebenswelten und Diversität wahrnehmen, verstehen und Inklusion fördern	240-280
Sozialpädagogische Bildungsarbeit in den Bildungsbereichen professionell gestalten	600-680
Erziehungs- und Bildungspartnerschaften mit Eltern und Bezugspersonen gestalten sowie Übergänge unterstützen	160-200
Institution und Team entwickeln sowie in Netzwerken kooperieren	160-200
Evangelische Religionslehre/Religionspädagogik Katholische Religionslehre/Religionspädagogik	160
Wahlfach 1: Vertiefung in einem Bildungsbereich Wahlfach 2: Vertiefung eines Arbeitsfeldes/ einer Zielgruppe	240
Projektarbeit	160-320
Sozialpädagogische Praxis in Einrichtungen für Kinder, Jugendliche und junge Erwachsene	Mind.1200
Differenzierungsbereich	**0-100**
Lernbereiche insgesamt	**Min. 3600**

Tabelle 2: Stundentafel der Ausbildung zum/r staatlich anerkannten Erzieher/in an Fachschulen des Sozialwesens in NRW gemäß der Richtlinien und Lehrpläne 2014 (MSW NRW 2014a, S. 31)

Laut Lehrplan müssen auf die einzelnen Bildungsbereiche bezogen „fachspezifische und didaktische Grundlagen“ (ebd., S. 53) erworben werden. Als zu erwerbende

Fertigkeiten sollen die Erzieher/innen lernen, „Medien zur Anregung von Selbstbildungsprozessen von Kindern, Jugendlichen und jungen Erwachsenen zu nutzen" (ebd., S. 52) und „technische Medien in die pädagogische Arbeit mit Kindern, Jugendlichen und jungen Erwachsenen gezielt einzubeziehen" (ebd.). Zudem wird die „Vermittlung von Medienkompetenz" (ebd., S. 18) als Querschnittaufgabe innerhalb der Ausbildung betrachtet. Medienkompetenz wird hierbei als „die Fähigkeit, Medien und ihre Inhalte den eigenen Zielen und Bedürfnissen entsprechend zu nutzen" (ebd.) beschrieben. Als Medien werden im Lehrplan „sowohl neue Medien wie Internet und Handy als auch traditionelle Medien wie Bilderbücher" (ebd.) verstanden. Diese würden einen „[wesentlichen] Teil" der kindlichen „Erfahrungswelt" (ebd.) darstellen. Aufgabe von Erziehern/innen sei es, die Kinder in der Entwicklung ihrer Medienkompetenz, welche durch die Dimensionen Medienkunde, -kritik, -nutzung und -gestaltung gekennzeichnet sei (somit wird Baackes Medienkompetenzbegriff aufgegriffen), zu unterstützen (vgl. ebd.).

Im Lernfeld „Berufliche Identität und professionelle Perspektiven weiter entwickeln" sollen sich die angehenden Erzieher/innen mit den Querschnittsaufgaben der sozialpädagogischen Arbeit (somit auch mit der Vermittlung von Medienkompetenz) auseinandersetzen (vgl. ebd., S. 42f.). Des Weiteren ist die Querschnittsaufgabe der Vermittlung von Medienkompetenz im Lernfeld „Pädagogische Beziehungen gestalten und mit Gruppen pädagogisch arbeiten" verankert. Irritierend hierbei ist, dass die Förderung der Sprach- und Medienkompetenz der Kinder (bzw. anderer Adressaten/innen der sozialpädagogischen Arbeit) zwar als zentrale berufliche Handlungsaufgabe beschrieben wird, jedoch nicht in den im Lehrplan beschriebenen zu bearbeitenden Unterrichtsinhalten verankert ist (vgl. ebd., S. 44ff.).

Die Lehrpläne aus den Jahren 2010 und 2014 im Vergleich zum Lehrplan aus 1996

Setzt man die beiden dargestellten Lehrpläne in Bezug zum vorherigen Lehrplan für die Fachschulen aus 1996, so zeigt sich, dass die beiden beschriebenen Lehrpläne sehr unkonkret hinsichtlich ihrer curricularen Vorgaben sind. Im Lehrplan von 1996 besteht im Gegensatz zu den beiden aktuelleren Fassungen das Fach Medienerziehung. Die medienpädagogischen Unterrichtsinhalte werden in diesem Lehrplan konkret benannt und zeitlich in den verschiedenen Ausbildungsphasen verortet. Bspw. sollen in der ersten Ausbildungsphase, welche die Wahrnehmung und Beschreibung der Mediennutzung der Erzieher/innen und der Kinder und Jugendlichen in den Blick nimmt, u.a. Grundlagen (Definition des Medienbegriffs), Mediennutzung (Nutzungshäufigkeiten, -gewohnheiten, -schwierigkeiten, -gefahren und -risiken), Medienarten, mit möglichen Schwerpunkten (bspw. Fernsehen, Video, Computer) sowie Kontextbedingungen von Mediennutzungsgewohnheiten und Medienbiografien von Kindern, Jugendlichen und Erwachsenen in den Blick genommen werden. Des Weiteren umfasst die Ausbildung u.a. auch die

Auseinandersetzung mit Medienwirkungstheorien (Katharsis-, Stimulations-, Imitations-, Habitualisierungs-, Inhibitions-Theorie, lerntheoretische Ansätze, Wissenskluft-hypothese) und soll Reflexionsprozesse zur Ausformung eines rechtlichen und ethischen Bewusstseins und Verhaltens in einer sich wandelnden Medienwelt anregen (vgl. MSW NRW 1996). Zusammenfassend lässt sich festhalten, dass sich in den Unterrichtsinhalten im Lehrplan von 1996 die einzelnen Dimensionen von Medienkompetenz nach Baacke (1997, S. 98ff.) widerspiegeln. Dies geschieht in den Lehrplänen von 2010 bzw. 2014 nicht, bzw. nur in Ansätzen, was insofern problematisch ist, dass konkretere inhaltliche Beschreibungen Lehrkräften die Unterrichtsgestaltung sicherlich erleichtern. Da ältere Lehrkräfte sich ihres medienpädagogischen Erfahrungsschatzes bedienen können, falls sie bereits nach dem alten Lehrplan von 1996 unterrichtet haben, besteht dieses Problem vor allen Dingen für unerfahrene Lehrkräfte, was sich wiederum in der Unterrichtsqualität widerspiegeln könnte.

Auch im Hinblick auf die zeitliche Ausgestaltung ist der Lehrplan aus 1996 konkreter: Der medienerzieherische Unterricht umfasst zwei Unterrichtsstunden pro Woche (vgl. MSW NRW 1996), während in den beiden anderen Lehrplänen ein Zeitrahmen genannt wird, der auf die einzelnen Bildungsbereiche verteilt wird.

6.3.1.2 Soziodemografische Merkmale und medienpädagogische Qualifikation der Lehrkräfte

Nachdem die curriculare Verankerung medienpädagogischer Inhalte betrachtet wurde, werden nun Teilergebnisse der bereits skizzierten Studie von Six & Gimmler (2007a) zur medienpädagogischen Ausbildung in den Blick genommen. Die Studienergebnisse gehen auf eine Befragung von 42 Lehrkräften zurück, welche medienpädagogische Ausbildungsinhalte in der Erzieher/innen-Ausbildung an Fachschulen des Sozialwesens in Nordrhein-Westfalen vermitteln (vgl. Six & Gimmler 2007a, S. 65ff.).[48] Zunächst werden soziodemografische Merkmale und die medienpädagogische Qualifikation der Lehrkräfte betrachtet, nachfolgend die fachlichen medienpädagogischen Inhalte.

Das Durchschnittsalter der befragten Lehrkräfte liegt bei 47 Jahren und die durchschnittliche Unterrichtserfahrung bei elf Jahren. Der Großteil der Befragten (ca. 83 Prozent) hat ein Lehramtsstudium (Lehramt an Grund-, Haupt-, Real- oder Berufsschule bzw. Lehramt Sekundarstufe II) abgeschlossen. Die anderen sind Diplom-Pädagogen/innen oder haben ein sozialwissenschaftliches Hochschulstudium absolviert. Die meisten Lehrkräfte verfügen über eine medien-

[48] Hiermit wurden 42 Prozent der Einrichtungen der Grundgesamtheit der erfasst. An der Befragung nahmen 27 Lehrkräfte, die für das Fach Medienerziehung zuständig waren und 14, die in einem Fach-/Lernbereich mit einem hohen Stellenwert von Medienerziehung unterrichteten, teil (vgl. Six & Gimmler 2007a, S. 65ff.).

pädagogische Qualifikation: 71 Prozent der Befragten geben an, dass medienpädagogische Inhalte zu ihrer Ausbildung gehörten und/oder dass sie eine Zusatzqualifikation im Bereich Medienerziehung erworben haben. Fast 30 Prozent (28,6 Prozent) haben sich weder in der Ausbildung mit medienpädagogischen Inhalten auseinandergesetzt, noch haben sie eine zusätzliche Qualifikation in diesem Bereich erlangt: Während vier dieser Lehrkräfte medienpädagogische Kenntnisse in Fortbildungen oder über frühere Berufserfahrungen gesammelt haben, haben sich acht Personen ihr medienpädagogisches Wissen ausschließlich autodidaktisch angeeignet (vgl. ebd.).[49]

6.3.1.3 Strukturelle Merkmale des Lehrangebots

Der Großteil der Lehrkräfte orientiert sich an dem Lehrplan zur Erprobung von 2004, indem Medienerziehung kein eigenständiges Fach mehr darstellt, sondern medienpädagogische Inhalte (wie im Lehrplan von 2010) im Bildungsbereich Sprache(n)/Medien angesiedelt sind. Dennoch wird das Fach Medienerziehung an über der Hälfte der einbezogenen Schulen (ca. 55 Prozent) noch als Fach unterrichtet. An den weiteren Schulen sind die medienpädagogischen Inhalte im Bildungsbereich „Sprache(n)/Medien“ integriert. Das Zeitkontingent für den medienpädagogischen Unterricht gestaltet sich recht unterschiedlich und reicht von 54 bis zu 300 Stunden in den beiden überwiegend schulisch ausgerichteten Ausbildungsjahren. Etwa zwei Drittel der Lehrkräfte gibt an, dass die angehenden Erzieher/innen etwa 160 Stunden (zwei Wochenstunden) im Teilbereich Medienerziehung unterrichtet werden. Die große zeitliche Varianz zwischen den befragten Schulen lässt sich vermutlich auf die recht freien Gestaltungsmöglichkeiten hinsichtlich der strukturellen und inhaltlichen Ausrichtung zurückführen. Zudem kann auch innerhalb einer Schule je nach Ausbildungsjahr die Stundenzahl für Medienerziehung bzw. Sprache(n)/Medien variieren. Des Weiteren ist die zeitliche Spannbreite dadurch begründet, dass sich die angegebenen Stundenzahlen bei einigen Lehrkräften auf den gesamten Bereich Sprache(n)/Medien und nicht nur auf medienpädagogische Inhalte beziehen. An dem Großteil der Schulen (81 Prozent) müssen durch die angehenden Erzieher/innen alle Unterrichtsstunden im medienpädagogischen Bereich besucht werden, an den weiteren Schulen besteht eine größere Wahlfreiheit, beispielsweise dahingehend, dass in den ersten beiden Ausbildungsjahren ein regulärer Pflichtunterricht besteht und im dritten Jahr eine inhaltliche Wahlfreiheit gegeben ist. An

[49] Die Darstellung von Six & Gimmler (2007a) erscheint an dieser Stelle etwas verwirrend. Es ist nicht nachvollziehbar, was die Autoren/innen unter einer medienpädagogischen Qualifikation auf der einen Seite und dem Erwerb von medienpädagogischen Kenntnissen in Fortbildungen auf der anderen Seite verstehen. Eventuell unterscheiden sich diese beiden Formen durch die inhaltliche und zeitliche Intensität der Auseinandersetzung mit medienpädagogischen Inhalten und einer Zertifizierung (im Hinblick auf Qualifikation), dies geht aus den Ausführungen jedoch nicht hervor.

beinahe allen befragten Einrichtungen (92 Prozent) sind medienpädagogische Inhalte prüfungsrelevant und können zumeist in „fächerübergreifende Prüfungen" einfließen. Dies geschieht jedoch nicht zwangsläufig jedes Jahr, da die „Lernfeldprüfung" jedes Jahr anders gestaltet sein kann und somit medienpädagogische Inhalte Prüfungsinhalte sein können, aber nicht müssen. Die Prüfung findet meist in Kombination mit anderen Fächern/Lernbereichen wie Deutsch/Kommunikation, Sozialpädagogik oder Didaktik/Methodik statt. Hinsichtlich der Zufriedenheit mit den institutionellen Rahmenbedingungen der medienpädagogischen Ausbildung wünschen sich etwa 26 Prozent der Lehrkräfte eine Aufstockung des Personals, ca. 55 Prozent eine höhere finanzielle Ausstattung und ca. 56 Prozent eine höhere Geräteausstattung (vgl. ebd., S. 68ff.).

6.3.1.4 Inhalte der medienpädagogischen Ausbildung

Um die Schwerpunkte in der medienpädagogischen Ausbildung zu erheben, wurden den Lehrkräften 14 Themenbereiche vorgegeben, für die sie einschätzen sollten, wie intensiv der Themenbereich im Unterricht behandelt wird (gar nicht behandelt/eher am Rande behandelt/ausführlich behandelt). Zudem wurden die Lehrkräfte im Anschluss offen gefragt, was für Unterrichtsinhalte sie mit dem jeweiligen Themenbereich verbinden. Zunächst ist festzuhalten, dass diejenigen Lehrkräfte, an deren Schule Medienerziehung noch ein eigenständiges Fach darstellt, medienpädagogisch relevante Themenbereiche tendenziell ausführlicher behandelten (vgl. ebd., S. 72). Angesichts der aktuellen Ausgestaltung des Lehrplans der Erzieher/innen-Ausbildung, sodass Sprache(n)/Medien keinen separaten Bildungsbereich mehr darstellt (vgl. Kap. 6.3.1.1), kommt einem solchen Ergebnis ein besonderes Gewicht zu.

Intensiv behandelte Themenbereiche

Am intensivsten werden im Unterricht die Themenbereiche Medienangebote (ausführlich behandelt: ca. 83 Prozent), Beurteilung von Medienangeboten (ca. 82 Prozent), Medienwirkungen auf Kinder (ca. 80 Prozent) und Praxis der Medienerziehung im Kindergarten (ca. 76 Prozent) thematisiert. Unter dem Themenbereich „Medienangebote" verstehen etwa 40 Prozent der Lehrkräfte im weitesten Sinne Inhalte, die Medienkunde betreffen (z.B. Vermittlung von Wissen zu verschiedenen Medienarten; Begriffsdefinitionen und/oder allgemeine Kategorien von Medienangeboten, z.B. Vergleich zwischen Print- und audiovisuellen Medien). Im Bereich „Beurteilung von Medienangeboten" benennen die Lehrkräfte spezifische Medienbeispiele, die sie mit den Auszubildenden im Unterricht analysieren, vor allem hinsichtlich formaler Kriterien (Kameraführung, Musik, Schnitt), wirkungsbezogener Kriterien (v.a. hinsichtlich Mediengewalt) und einer Einschätzung hinsichtlich der Alterseignung von Medieninhalten. Diese Analysen beziehen sich vor allem auf die elektronischen Medien Fernsehen, Computer und Hörspiele. Hinsichtlich möglicher „Medienwirkungen auf Kinder" werden am häufigsten die Themen Gewalt und Aggression und nachfolgend Werbung wie auch Horrorfilme im Unterricht behandelt. Der Themenbereich „Praxis der Medienerziehung im Kindergarten" bezieht sich vor allem auf aktive Medienarbeit (vor allem Videofilme, Hörspiele, Fotografie) mit Kindern. Des Weiteren zählen hierzu die Vermittlung von Methoden und Handlungsformen der Medienerziehung (z.B. Rollenspiele; Kinderzeichnungen, anhand derer Medienerlebnisse von Kindern aufgearbeitet werden können; Gespräche). Ein weiterer Fokus liegt auf der Analyse von (Rahmen-) Bedingungen und Möglichkeiten/Hindernissen für Medienerziehung im Kindergarten und der Erarbeitung von Praxiskonzepten und Einsatzmöglichkeiten der Medienerziehung (ebd., S. 77ff.).

Themenbereich Medienkompetenz

Das Thema „Technikkompetenz der angehenden Erzieher/innen" hat gegenüber der Vorerhebung in 1997 an Bedeutung für den Unterricht verloren (ausführlich behandelt 2006: 40 Prozent, 1997: ca. 49 Prozent)[50]. Dies erscheint aufgrund eines alltäglicheren und somit vermutlich auch sichereren Umgangs mit elektronischen Medien durchaus angebracht. Zudem zählen 2006 neben den bereits 1997 etablierten Bereichen Fotografie, Videofilm- und Hörspielerstellung Computer und Internet zu weiteren Themenschwerpunkten. Im Vergleich zur Technikkompetenz nimmt der Bereich „Sonstige Medienkompetenz der Schülerinnen" einen höheren Stellenwert ein (ausführlich behandelt: ca. 55 Prozent der Lehrkräfte). Hierbei wird im Unterricht vor allem die eigene Mediennutzung der Auszubildenden reflektiert. Dies geschieht überwiegend, indem die eigene Medienbiografie der Auszubildenden oder von den Auszubildenden erstellte Medientagebücher/Medienwochenpläne reflektiert werden (vgl. ebd., S. 83f.).

Themenbereiche zur Mediennutzung von Kindern

Im Themenbereich „Mediennutzung von Kindern" betrachten die Lehrkräfte vor allem die Fernseh- und Computernutzung von Kindern, u.a. im Hinblick auf Nutzungsdauer, Bezüge zur eigenen Mediennutzung (bei etwa der Hälfte der Befragten gestützt durch empirische Studien zur Mediennutzung), Kontextaspekte (z.B. Rezeptionssituation; Fernsehen in der Familie), Medienpräferenzen und Nutzungsmotiven von Kindern. Zudem werden auch eigene Befragungen zur kindlichen Mediennutzung durchgeführt. Im Themenbereich „Medienpräferenzen" stel-

50 1997 wurde der Themenbereich „Medientechnik" abgefragt (vgl. ebd., S. 126).

len ebenfalls Fernsehen und Computer die Unterrichtsschwerpunkte dar. Publikationen (u.a. Statistiken, Fallbeispiele) oder Erfahrungen/Erhebungen der Auszubildenden zur Medienpräferenz von Kindern dienen zudem als Unterrichtsgrundlage. Hinsichtlich der „Funktionen und Motive der Mediennutzung von Kindern“ werden die medienbezogenen Nutzungsmotive der Auszubildenden und die Mediennutzung der Kinder anhand von eigenen Umfragen oder recherchierten Forschungsergebnisse reflektiert. Oftmals werden klassische Mediennutzungsmotive besprochen, einige Lehrkräfte ziehen zudem Bezüge zum Entwicklungsstand und Alter der Kinder sowie zum lebensweltlichen, familialen oder situationalen Kontext. Lediglich eine Lehrkraft gab an, medienwissenschaftliche Theorien (z.B. „Uses-and-Gratifications-Approach) zu verwenden (vgl. ebd., S. 79f.).

Inhaltliche Defizite

Six und Gimmler (2007b) schlussfolgern aus den Ergebnissen der Lehrkräfte-Befragung, dass „[gerade] wesentlichste Grundlagen für die Motivation zur Medienerziehung […] immer [noch] zu kurz [kommen]“ (ebd., S. 2). Hierbei benennen sie verschiedene Bereiche, die wenig intensiv im Unterricht behandelt werden, im Hinblick auf eine Umsetzung medienerzieherischer Aktivitäten durch die Auszubildenden jedoch wichtig erscheinen:

Mit einem Prozentwert von 12,5 verdeutlicht nur ein Bruchteil der Befragten ausführlich die „*Unterschiede und Zusammenhänge zwischen Mediendidaktik und Medienerziehung*“ (vgl. Six & Gimmler 2007a, S. 75f.). Dies erscheint insofern ungünstig, dass Erzieher/innen, wie die Studie von Six und Gimmler (2007a) aufzeigt, teilweise einen Medieneinsatz in der Kita bereits als Medienerziehung verstehen (vgl. ebd., S. 193ff.). Werden in der Ausbildung diese Unterschiede nicht vermittelt, kann dies dazu führen, dass zukünftige Erzieher/innen zwar Medien einsetzen, jedoch keine medienpädagogische Zielstellung verfolgen.

Problematisch erscheint zudem, dass nicht alle Lehrkräfte die *Relevanz für Medienerziehung im Kindergarten* vermitteln. Das Thema „Anliegen und Ziele der Medienerziehung“ wird von knapp der Hälfte der Lehrkräfte ausführlich im Unterricht behandelt. Etwa ein Viertel der Lehrkräfte stützt sich im Hinblick auf diesen Themenbereich auf medienpädagogische Literatur bzw. Konzepte (z.B. von Baacke, Tulodziecki) (vgl. ebd., S. 81f.). Etwa 63 Prozent der Lehrkräfte behandeln zwar nach eigener Angabe ausführlich die „Argumente für den Bedarf an Medienerziehung“, auf die Frage nach Unterrichtsinhalten äußern sich die Befragten jedoch wenig konkret. Knapp die Hälfte der Befragten nennt „didaktische Allgemeinplätze“ (ebd., S. 81) (z.B. „Das gehört für mich zum Einstieg“; „Das machen wir handlungsorientiert“) oder ordnet die Frage in das Gesamtbild des Unterrichts ein (z.B. „Die Frage wird im Rahmen der eigenen Medienbiografie besprochen“). Nur wenige Lehrkräfte scheinen den Bedarf an Medienerziehung im Hinblick auf die

Kindergartenpraxis, wissenschaftliche Studien oder gesellschaftliche bzw. pädagogische Normen herauszustellen (vgl. ebd., S. 80ff.).

Zudem werden im Vergleich zur Befragung von 1997 die *Themenbereiche zur Mediennutzung von Kindern und zu den Medienwirkungen auf Kinder* weniger intensiv behandelt (vgl. ebd., S. 76).[51] Dies erscheint insofern problematisch, als dass die angehenden Erzieher/innen über derartige Kenntnisse verfügen sollten, da diese die Grundlage für eine fundierte medienbezogene Arbeit darstellen. Wissen Erzieher/innen bspw., dass Kinder sich (teilweise intensiv) mit bestimmten Medienfiguren im Rahmen ihrer eigenen Identitätsentwicklung auseinandersetzen und ihre Medienfiguren auch in den Kindergarten einbringen (z.B. über medienbezogene Rollenspiele), könnten darauf aufbauend medienpädagogische Angebote kreiert werden.

Auch hinsichtlich der *Durchführung medienpädagogischer Projekte* sehen Six und Gimmler (2007) Defizite. So handele es sich oftmals um „Trockenübungen" (ebd., S. 82). Zwar geben etwa zwei Drittel der Lehrkräfte an, dass zusätzlich zum ‚normalen Unterricht' medienerzieherische Projekte durchgeführt würden, bei einem guten Drittel dieser Befragten finden die Projekte jedoch nur in der Schule statt. Demzufolge sind vermutlich auch keine Kindergartenkinder in die medienpädagogische Arbeit integriert. Das andere Drittel der Lehrkräfte gibt an, dass die Projekte sowohl in der Schule als auch im Kindergarten stattfinden. Falls eine Umsetzung im Kindergarten erfolgt, ist jedoch nicht immer eine ausreichende Begleitung der Auszubildenden gegeben, da diese von schulischer Seite aus nicht vor Ort betreut werden oder eine anschließende Reflexion mit der Lehrkraft ausbleibt. Der Großteil der Projekte bezieht sich auf die Medienbereiche Video, Film, Foto, Hörspiel und Radio. Immerhin 14 Prozent der genannten Projekte sind jedoch nicht mit medienpädagogischen Zielen verbunden, da Medien lediglich zur Dokumentation anderer Aktivitäten genutzt oder im Fach „Projektarbeit" eingesetzt würden (vgl. ebd., S. 82ff.).

---

51 Mediennutzung von Kindern (ausführlich behandelt): 2006: 66,7 Prozent, 1997: 82,1 Prozent; Medienpräferenzen von Kindern und Jugendlichen: 2006: 42,5 Prozent; 1997: 48,7 Prozent; Funktionen und Motive der Mediennutzung von Kindern": 2006: 43,2 Prozent, 1997: 64,1 Prozent; Medienwirkungen auf Kinder: 2006: 79,5 Prozent, 1997: 92,3 Prozent

6.3.2 Bildungspläne

6.3.2.1 Medienpädagogik in den Bildungsplänen

Der pädagogischen Auseinandersetzung mit Medien kommt in den Bildungsplänen der Bundesländer ein unterschiedlich hoher Stellenwert zu. Je nach Bildungsplan variieren die verwendeten Begrifflichkeiten. Neben dem Begriff der Medienerziehung wird auch der Begriff der Medienbildung verwendet, unter dem wiederum (je nach Verständnis) Aspekte der Medienerziehung, -didaktik als auch der Selbstbildung des Kindes über Medien subsumiert werden (vgl. z.B. Jörissen 2011; Spanhel 2006, S. 70; Tulodziecki 2010). Die Förderung der kindlichen Medienkompetenz wird vermehrt als Zielstellung der medienpädagogischen Arbeit formuliert. Mittlerweile ist in allen Bildungsplänen der Bereich Medien in irgendeiner Form verankert, jedoch selten in Form eines eigenständigen Bildungsbereiches. Während in den meisten Bildungsplänen das Erlernen eines sachgerechten Umgangs mit Medien, eine technische Nutzung sowie Möglichkeiten der Mediendidaktik im Fokus stehen, werden nur in wenigen Bildungsplänen die gestalterischen und kreativen Möglichkeiten der Medienarbeit als Aufgaben der Frühpädagogik benannt (vgl. Friedrichs & Meister 2015, S. 290f.).

Die Bildungspläne lassen sich hinsichtlich einer dreistufigen Integration von Medienerziehung/-bildung unterscheiden:

a) Medienerziehung/-bildung ist verdeckter Bestandteil in den Bildungsplänen, der nicht aus dem Inhaltsverzeichnis hervorgeht. Dies gilt für die Bildungspläne von Thüringen, Sachsen-Anhalt, Mecklenburg-Vorpommern, Niedersachsen, Saarland und Brandenburg.

b) Medienerziehung/-bildung ist mit anderen Bildungsbereichen verknüpft und stellt somit keinen einzelnen Bildungsbereich dar. Dies sind die Bildungsbereiche Sprache, Kommunikation oder Ästhetik. Diese Form ist in den Bildungsplänen von Hamburg, Berlin, Sachsen, Schleswig-Holstein, Baden-Württemberg und Bremen gegeben.[52]

c) Nur in vier Bundesländern stellt Medienerziehung/-bildung einen einzelnen, spezifischen Bildungsbereich dar. Dies gilt für Nordrhein-Westfalen, Bayern, Hessen, Rheinland-Pfalz (vgl. Neuß 2013, S. 36f.).

52 Neuß (2013, S. 37) gibt an, dass in Baden-Württemberg und Bremen die Arbeit mit Neuen Medien nicht in den Bildungsplänen enthalten sei. Diese Aussage trifft jedoch laut eigener Analyse durch die Autorin nicht zu.

6.3.2.2 Medienpädagogik in den Grundsätzen zur Bildungsförderung in NRW

Der Bildungsplan von Nordrhein-Westfalen – die „Grundsätze zur Bildungsförderung für Kinder von 0 bis 10 Jahren in Kindertageseinrichtungen und Schulen im Primarbereich in Nordrhein-Westfalen“ beschreibt die Bildungsaufgaben von Kindertageseinrichtungen und Grundschulen (bzw. auch des Offenen Ganztags). Ein Entwurf des Bildungsplans wurde im Mai 2010 im Konsens mit sechs Wohlfahrtsverbänden, den Kirchen, den kommunalen Spitzenverbänden sowie mit Expertinnen und Experten aus Praxis und Wissenschaft durch das Ministerium für Schule und Weiterbildung und das Ministerium für Familie, Kinder, Jugend, Kultur und Sport des Landes Nordrhein-Westfalen herausgegeben. Bis Ende 2011 wurde der Bildungsplan in 67 regionalen Netzwerken aus Kindertageseinrichtungen und Grundschulen erprobt. Er gilt verbindlich für die pädagogische Arbeit der Einrichtungen (vgl. MSW NRW & MGFFI NRW 2010a). Zudem sind die im Plan aufgezeigten Bildungsbereiche mittlerweile über die modifizierten Lehrpläne in der Erzieher/innen-Ausbildung verankert (vgl. Kap. 6.3.1.1).

Ziel der Grundsätze ist es, ein gemeinsames Bildungs- und Erziehungsverständnis im Elementar- und Primarbereich zu erzielen und Chancengleichheit für alle Kinder unabhängig von Bildungshintergrund und Herkunft zu gewährleisten. Im Bildungsplan sind zehn Bildungsbereiche formuliert: Bewegung; Körper, Gesundheit und Ernährung; Sprache und Kommunikation; soziale, kulturelle und interkulturelle Bildung; musisch-ästhetische Bildung; Religion und Ethik; mathematische Bildung; naturwissenschaftlich-technische Bildung; ökologische Bildung und Medien. Der Bereich Medien ist nun als eigenständiger Bildungsbereich verortet (vgl. MSW NRW & MGFFI NRW 2010b, S. 25ff.), dies war im vorherigen Bildungsplan von Nordrhein-Westfalen nicht der Fall (vgl. MSJK NRW 2003, S. 14) und ist auch in den meisten anderen Bildungsländern nicht gegeben. Somit wird der pädagogischen Auseinandersetzung mit Medien mittlerweile ein bedeutender Stellenwert in der frühkindlichen Bildung zugeschrieben.

Im Bildungsplan von Nordrhein-Westfalen wird der Terminus der Medienbildung verwendet. Da Medien zur Lebenswelt der Kinder gehören, wird die Auseinandersetzung mit den Medienerfahrungen der Kinder als Aufgabe einer situationsorientierten Pädagogik beschrieben. Das Ziel einer frühen Medienbildung sei es, die „Mensch-Medien-Interaktion verantwortungsvoll einzuschätzen und entwicklungsfördernd einzusetzen“ (MSW NRW & MGFFI NRW 2010b, S. 67), sodass Kinder sich zu medienkompetenten Persönlichkeiten entwickeln. Den Pädagogen/innen werden konkrete Anregungen und Beispiele produktionsorientierter, reproduktionsorientierter als auch rezeptiver Medienarbeit gegeben. Beispielsweise könnte eine Auseinandersetzung mit ausrangierten Mediengeräten wie einem alten Computer oder Telefon oder eine Beschäftigung mit den Medienhelden/innen der Kinder erfolgen, die kindliche „Unterscheidungsfähigkeit zwischen Fernsehprogramm und

Werbung" gefördert werden wie auch Computer-Kurse für Kinder und medienpädagogische Elternabende angeboten werden. Über eine Auflistung konkreter Fragen, die im Hinblick auf die Medienarbeit mit Kindern berücksichtigt werden sollten, werden die Pädagogen/innen in der Planung medienpädagogischer Aktivitäten unterstützt (z.B. „Kenne ich die aktuellen Medienhelden der Kinder?"; „Greife ich ihre Medienerfahrung auf, auch die von Kindern mit Zuwanderungsgeschichte? Insbesondere in ihrem Leitmedium Fernsehen?") (vgl. ebd., S. 66ff.).

Ein Manko des Plans ist, dass Informationen zur detaillierteren Projektkonzeption ausbleiben. Der Plan liefert zwar Anregungen für die Pädagogen/innen, diese allein reichen jedoch nicht aus, um ein Projekt ohne größere Vorbereitung und weitere Informationsbeschaffung umzusetzen. Hinweise auf einschlägige medienpädagogische Praxisliteratur sind nicht vorhanden. Des Weiteren fehlen Informationen hinsichtlich einer altersentsprechenden Mediennutzung und Vermittlung von Medienkompetenz (vgl. ebd.; Friedrichs & Meister 2015, S. 292f.). Solche Informationen sind jedoch relevant: Zum einen, da die Kindertagesstätte eine breite Altersspanne von Kindern umfasst und zum anderen, da sich der Plan sowohl auf die Kindertagesstätte als auch auf die Grundschule bezieht. Aufgrund der fehlenden Informationen wird nicht klar formuliert, welche Medienarten und welche medienpädagogischen Aktivitäten durch die Kindertagesstätte beziehungsweise die Grundschule/den Offenen Ganztag umgesetzt werden sollten. Möglicherweise kommt es somit zu einem ‚Abschieben der medienpädagogischen Verantwortung' der Erzieher/innen auf die Grundschule oder OGS.

Umsetzung der Bildungspläne in Kindertagesstätten

Neben der Frage, wie die Bildungspläne ausgestaltet sind, ist auch relevant, inwiefern diese in der Praxis der Kindertagesstätten umgesetzt werden. Voraussetzung dafür, dass die Bildungspläne umgesetzt werden, ist zunächst einmal, dass diese den Kita-Leitungen und Erzieher/innen bekannt sind. Dies ist jedoch nicht immer der Fall, wie sowohl Studien von Meister et al. (2012) als auch von Marci-Boehncke et al. (2012) für Nordrhein-Westfalen aufzeigen. Laut Meister et al. (2012) haben etwa 28 Prozent der Befragten (bis auf zwei dieser Personen handelte es sich um Kita-Leitungen) (N=766) im Frühjahr 2012 noch nicht einmal von den Grundsätzen zur Bildungsförderung gehört (vgl. ebd., S. 25). Dies ist insofern erstaunlich, dass der „Entwurf der Grundsätze zur Bildungsförderung" bereits im Mai 2010 veröffentlicht wurde, wenngleich dieser noch nicht verbindlich für die Einrichtungen galt und sich auch noch nicht in den Richtlinien und Lehrplänen der Ausbildung deutlich widerspiegelte. Zudem äußerten sich die befragten Erzieher/innen (N=175) im Rahmen einer Studie von Marci-Boehncke et al. (2012) auf die Frage, inwiefern Medienerziehung curricular in den Bildungsplänen verankert sei, „sehr unterschiedlich und unpräzise“ (ebd., S. 7), sodass oftmals nicht deutlich wurde, inwiefern sie die medienpädagogischen Inhalte des Bildungsplans kennen.

Ist der Bildungsplan den Kita-Leitungen jedoch bekannt – so die Studie von Meister et al. (2012) – wird dieser meistens im Team besprochen. Dies führt jedoch nicht automatisch zu Veränderungen in der pädagogischen Praxis: Nur in etwa einem Drittel dieser Einrichtungen wurden Umsetzungsmöglichkeiten beschlossen und in knapp der Hälfte der Einrichtungen, deren Kita-Leitungen den Bildungsplan kennen, wurde zwar über den Bildungsplan gesprochen, aber es wurden keine konkreten Schlüsse für die Praxis daraus gezogen. In immerhin 17 Prozent solcher Einrichtungen wurde das Thema überhaupt nicht im Team besprochen (vgl. ebd., S. 25).

Jasmund et al. (2011) haben die Erprobung der „Grundsätze zur Bildungsförderung“ in Nordrhein-Westfalen in Kindertagesstätten und Schulen wissenschaftlich begleitet. Der Bereich Medien stellte das Schlusslicht von den in 63 Kindertagesstätten gewählten Erprobungsschwerpunkten dar (vgl. ebd., S. 18). Dies bestätigt wiederum die Ergebnisse der Studien zur Verankerung von Medienerziehung und -nutzung in den Einrichtungen, die aufzeigen, dass viele Erzieher/innen andere Bildungsbereiche stärker in ihrem Verantwortungsbereich sehen als eine Auseinandersetzung mit Medien (vgl. Kap. 6.2).[53]

Trotz des bisher eher geringen Stellenwerts von Medienerziehung und -nutzung in den Einrichtungen ist die Verankerung in den Bildungsplänen relevant. So vertrat auf einem Workshop zur Präsentation von Studienergebnissen zur Medienerziehung in der Kita von Brüggemann et al. (2013) eine Fachberaterin den Standpunkt, dass Medienbildung nicht expliziter Bestandteil des Rahmenplans sei und es somit nicht notwendig sei, Medien in der Kita gesondert zu behandeln (vgl. ebd., S. 36f.). Dieses verdeutlicht m.E. sehr gut, dass die Bildungspläne Dokumente sind, die durchaus für die Praxis Relevanz haben, da über und die Art der Darstellung der einzelnen Bildungsbereiche eine gewisse Relevanzsetzung stattfindet.

53 Insgesamt – nicht explizit mit Blick auf den Bereich Medien – zeigen sich Veränderungen in den Kindertagesstätten mit der Implementierung der Bildungspläne: So gab es laut einer bundeslandübergreifenden Repräsentativbefragung des Deutschen Jugendinstituts Veränderungen hinsichtlich des pädagogischen Angebots (59 Prozent der Einrichtungen), des Erwerbs neuer pädagogischer Materialien (46 Prozent), eines höheren Anteils an Kleingruppenarbeit (37 Prozent) und der Ausstattung der Räume (28 Prozent) (vgl. Peucker et al. 2010). Einschränkend muss mit Blick auf Forschungsergebnisse zur Umsetzung der Bildungspläne festgehalten werden, dass es sich durchgehend um quantitative Befragungen von Erzieher/innen handelte und qualitative Beobachtungsverfahren, die Aufschluss über die Art der Umsetzung geben würden, nicht zum Einsatz kamen (vgl. Smidt & Schmidt 2012) (vgl. Friedrichs & Meister 2015, S. 24).

7 Das Habituskonzept als theoretische Grundlage

7.1 Fragestellung und theoretische Verortung der qualitativen Studie

Die empirischen Ergebnisse zum Thema Medienerziehung in Kindertagesstätten haben aufgezeigt, dass deren Ausgestaltung durch Kognitionen und Haltungen von Erziehern/innen im Hinblick auf Medienerziehung in der Kita geprägt wird. Im Rahmen bisheriger Untersuchungen liegt der Fokus auf bereits in der Praxis tätigen Erzieher/innen. Erzieher/innen, die sich noch in der Ausbildung befinden, werden hingegen nicht betrachtet. Diese Forschungslücke soll mit der vorliegenden Dissertation geschlossen werden, indem der Blick auf die angehenden Erzieher/innen gelegt wird. Die Gruppe der angehenden Erzieher/innen ist insofern von Interesse, dass dies diejenigen sind, die (insofern kein Arbeitsplatzwechsel stattfindet) langfristig in den Kindertagesstätten arbeiten werden und somit dort auch medienpädagogisch tätig sein könnten. Aufgrund der hohen elektronischen Mediennutzung von jungen Erwachsenen (vgl. van Eimeren & Frees 2014, S. 380; Ambs et al. 2013, S. 34ff.) ist auch für die Gruppe der angehenden Erzieher/innen eine hohe private Mediennutzung anzunehmen. So sind bspw. laut ARD/ZDF-Onlinestudie 2014 nahezu alle 20- bis 29-Jährigen (99,4 Prozent) online (vgl. van Eimeren & Frees 2014, S. 380) und 74 Prozent der 20-29-Jährigen Online-Nutzer/innen Mitglied einer privaten Community im Internet (vgl. ebd., S. 387). Die Altersgruppe, zu der auch die angehenden Erzieher/innen in der Ausbildung zählen, ist somit prinzipiell sehr medienaffin. Geht man als Ausgangshypothese von einer zumindest im privaten Kontext bestehenden Medienaffinität auf Seiten der angehenden Erzieher/innen aus, stellt sich die Frage, ob ein solches prinzipielles Interesse für Medien(inhalte) sich auch in einer Offenheit gegenüber dem Einsatz von elektronischen Medien und der Ausübung von Medienerziehung in Kindertagesstätten widerspiegelt: Wie stehen angehende Erzieher/innen beispielweise zum Einsatz eines Computers in der pädagogischen Arbeit der Kindertagesstätte?

Als theoretischer Hintergrund der vorliegenden Studie wird das Konzept des Habitus nach Bourdieu im Hinblick auf das Themenfeld Medienerziehung in Kindertagesstätten spezifiziert. Hierbei wird das Konzept des medienerzieherischen Habitus herangezogen, welches von der Autorin als Schnittmenge des medialen und berufsethischen Habitus verstanden wird (vgl. Kap. 7.3.3).

Mit Blick auf das aufgezeigte Forschungsdesiderat lautet die erste Forschungsfrage der vorliegenden Studie: *Wie sind die medienerzieherischen Habitusformationen angehender Erzieher/innen in Bezug auf die pädagogische Arbeit in Kindertagesstätten gestaltet?*

Da die bisherigen Forschungsergebnisse aufgezeigt haben, dass Rahmenbedingungen wie die Ausgestaltung des medienpädagogischen Unterrichts in der Erzieher/innen-Ausbildung einen Einfluss darauf haben, inwiefern Medienerziehung in der Kita umgesetzt wird, soll der Blick auch auf Bedingungen gelegt werden, welche die medienerzieherische Praxis der angehenden Erzieher/innen prägen. Dementsprechend lautet die zweite Forschungsfrage: *Welche Bedingungen beeinflussen die Ausübung von Medienerziehung in Kindertagesstätten durch angehende Erzieher/innen?*

Im Folgenden wird das Habituskonzept nach Bourdieu erörtert, zunächst allgemein und anschließend mit einem Bezug zu den Spezifikationen des medialen, berufsethischen und medienerzieherischen Habitus.

7.2 Das Habitus- und Kapitalsortenkonzept nach Bourdieu

Der Habitus als strukturierende Struktur

Der Begriff des Habitus wurde maßgeblich durch Bourdieu geprägt, wenngleich er ihn nicht als Erster verwendete. Der Begriff stammt aus dem Lateinischen vom Wort habere (haben) und wurde von Thomas von Aquin eingeführt, der den Habitus als „zuständliche Eigenschaft, dauerhafte Anlage eines Dinges zu etwas" (Krais & Gebauer 2002, S. 26) beschreibt. Der Habitus fungiere als „medium inter potentiam puram et purum actum" (ebd.), also als Vermittler zwischen der reinen Potenz und der reinen Handlung.

Bourdieu (1993) beschreibt den Habitus als „System dauerhafter und übertragbarer Dispositionen, [...] [welche] als Erzeugungs- und Ordnungsgrundlagen für Praktiken und Vorstellungen" (ebd., S. 98) fungieren. Die Art und Weise, wie sich jemand verhält, welche Vorstellungen er/sie besitzt und was er/sie wie beurteilt, versteht Bourdieu (2012) als „systematische Produkte" (ebd., S. 281) des eigenen Habitus. Dies umfasst den eigenen Medien- und Musikgeschmack, Kleidungsvorlieben, Essenspräferenzen, aber auch Körperhaltung, Mimik und Gestik (vgl. Fuchs-Heinritz & König 2005, S. 120; Bourdieu & Wacquant 1996, S. 161).

Der Habitus ist nach Bourdieu (2012) sowohl „strukturierende" (ebd., S. 279) als auch „strukturierte Struktur" (ebd.). Strukturierend insofern, dass der Habitus als „modus operandi" (lt.: Art des Handelns) (ebd., S. 281), als „Erzeugungsprinzip aller Formen von Praxis" (ebd., S. 283) fungiert. Individuen handeln, wahrnehmen und bewerten gemäß ihrer im Habitus verankerten Dispositionen, was dazu führe, dass ohne explizites Nachdenken der einzelnen Person und ohne Absprache mit anderen, welche unter denselben Existenzbedingungen leben (vgl. Fuchs-Heinritz

& König 2005, S. 116ff.), die Handlungen von Personen „derselben Gruppe oder Klasse stets in größerer Übereinstimmung [stehen; H.F.], als die Handelnden selbst es wissen oder auch wollen“ (Bourdieu 1976, S. 177). Der Habitus selbst wirkt somit begrenzend durch seine Dispositionen, die bestimmte Interpretationen, Werthaltungen und Handlungen implizieren und andere negieren (vgl. Kommer & Biermann 2012, S. 87).

Der Habitus als strukturierte Struktur

Der Habitus ist jedoch nicht angeboren, sondern entsteht durch die zur Verfügung stehenden Ressourcen (Kapital) und die „Position [einer Person] innerhalb [der] Struktur der Lebensbedingungen“ (Bourdieu 2012, S. 280), sodass er auch „strukturierte Struktur“ (ebd., S. 281) beziehungsweise „opus operatum“ (lt.: ein Werk, etwas Hergestelltes) (ebd.) ist. Der Habitus ist somit „Produkt der Geschichte eines Individuums, geronnene Erfahrung“ (Krais & Gebauer 2002, S. 6), in welchem „die ganze Vergangenheit“ (ebd.) ab der frühesten Kindheit fortwirkt:

> „In welcher Familie mit welcher kulturellen und materiellen Ausstattung ein Mensch geboren wird und aufwächst, das begrenzt und ermöglicht seine Wahrnehmungs- und Handlungsweisen“ (Fuchs-Heinritz & König 2005, S. 121).

Die Praktiken und Vorstellungen einer Person sind nach Bourdieu eng an die soziale Klassenzugehörigkeit einer Person gebunden.

Zu einem von Bourdieus bekanntesten Werken[54] zählt „Die feinen Unterschiede“ (vgl. Bourdieu 2012; Bourdieu 2005, S. 31ff.), in dem er Geschmacksvorlieben (z.B. hinsichtlich Musik, Theater und Essen) und Werthaltungen von Angehörigen verschiedener sozialer Klassen in Frankreich in den 1960er- und 1970er-Jahren vergleicht und systematische Unterschiede zwischen Personen verschiedener Klassen und Gemeinsamkeiten und Personen derselben Klasse aufdeckt – die letztgenannten bezeichnet er als „[klassenspezifische] Habitusformen“ (Bourdieu 2012, S. 175), da „die für eine jeweilige Klasse (relativ homogener) Lebensbedingungen charakteristischen Zwänge und Freiheitsräume in einen spezifischen Lebensstil

54 Seine theoretischen Schlüsse zieht Bourdieu vielfach aus eigenen empirischen Untersuchungen: Seine frühesten Veröffentlichungen sind seine Studien über Algerien aus den 1950ern (vgl. Liebau 2011, S. 354; Fuchs-Heinritz & König 2005, S. 13), in denen er beschreibt, dass die kabylischen Bauern bezogen auf ökonomische Gesetzmäßigkeiten nicht rational im Sinne des „homo oeconomicus“ (Krais & Gebauer 2002, S. 18) handelten, sondern im Hinblick auf die Bewahrung der Ehre (vgl. Bourdieu 1970). Aus seinen frühen Algerien-Forschungen ist das Habitus-Konzept entstanden (vgl. Fuchs-Heinritz & König 2005, S. 113), was einen „Paradigmenwechsel im sozialwissenschaftlichen Denken“ (Krais & Gebauer 2002, S. 5) bedeutete. Entscheidungen und das soziale Handeln eines Individuums erfolgen somit dem Habituskonzept nach nicht „aus innerer Freiheit“ (Fuchs-Heinritz & König 2005, S. 114) aufgrund rationaler Entscheidungen (rational-choice-Ansatz) und sind nicht durch das Befolgen von Normen und Regeln, sondern erfolgen aufgrund des Habitus gekennzeichnet (vgl. ebd.).

[umgesetzt]“ (ebd., S. 332) würden. Die Zugehörigkeit von Individuen zu Klassen (und damit einhergehend die Stellung einer Person im sozialen Raum) ergibt sich laut Bourdieu (2012) „durch die *Struktur der Beziehungen zwischen allen relevanten Merkmalen* [Hervorhebung im Original]“ (ebd., S. 182). Der Umfang und die Qualität des zur Verfügung stehenden Kapitals führen laut Bourdieu (2012) zu einer Differenzierung in „untere Klassen“ (Arbeiterschaft), „Mittelklassen“ (Kleinbürgertum) und „höhere“ (ebd., S. 37), bzw. „herrschende Klassen“ (Oberschicht, Bildungs- Großbürgertum) (vgl. ebd., S. 199).[55] Die Klassenzugehörigkeit bestimmt nach Bourdieu (2012) über den Geschmack von Personen, was er in seiner Analyse an Präferenzen für kulturelle Güter wie Fotografie, Theater, bestimmte Musik oder Literatur festmacht (vgl. ebd., S. 17ff.; 405ff.). Die höheren Klassen („die Mächtigen“) hätten einen „herrschenden Geschmack“, der sich entweder (auf Seiten von höheren Lehrkräften und Kunstproduzenten) in einem „legitimen Geschmack“ (bspw. Präferenz für Gedichte, philosophische Essays, „Das wohltemperierte Klavier“ von Bach) oder (auf Seiten von Industrie- und Handelsunternehmern) in einem Luxusgeschmack (z.B. Präferenz für Jagd; Geschäftsreisen) ausdrücke. Beide Formen ermöglichen Distinktion gegenüber den anderen Klassen. (vgl. ebd., S. 442ff.). Dem gegenüber stehen der mittlere Geschmack der Mittelklassen, der sich auf die „minderbewerteten Werke der legitimen Künste“ (z.B. innerhalb der Malerei Buffet) und die „‚legitimsten‘ Werke der minderbewerteten Künste beziehe (z.B. Jaques Brel). Der „populäre Geschmack“, der sich beispielsweise in einer Präferenz für „leichte“ Musik wie Schlager ausdrücke, sei bei den diejenigen mit geringem Bildungskapital am häufigsten aufzufinden (vgl. ebd., S. 36ff.).

Der eigene Habitus ist nicht reflexiv erfassbar, sodass der/die Einzelne nicht beschreiben kann, wie dieser und die eigenen Präferenzen entstanden sind (vgl. Fuchs-Heinritz & König 2005, S. 116ff.):

> Das Wissen um [die] Bedingungen [der Entstehung der eigenen Geschmackspräferenzen] stellt [...] einen ‚blinden‘ Fleck der Selbstbeobachtung dar – die Relativität des eigenen Geschmacks (insbesondere, wenn er der Distinktion dient) wird nicht bewusst, das eigene Geschmacksurteil damit essentialisiert (Kommer & Biermann 2012, S. 87).

Die eigenen Eigenschaften und Geschmäcker/Vorlieben werden jedoch von Individuen als natürlich per Geburt vorhanden wahrgenommen und nicht als mit der eigenen Klassenlage und dem damit einhergehenden Kapitalumfang und den sich ergebenden Möglichkeiten verknüpft betrachtet (vgl. Bourdieu 2012, S. 285f.).

Dass die Zuordnung dieser Geschmacksrichtungen, die Bourdieu vor mittlerweile über 40 Jahren für die französische Gesellschaft herausgearbeitet hat, nach wie vor direkt an die Klassen-, beziehungsweise an die Bildungszugehörigkeit gekoppelt ist, muss kritisch betrachtet werden. Die ausschließlich bipolare

[55] Zudem wurden auch Geschlecht, Alter und Wohnort in die Analyse von Klassen und Klassenfraktionen einbezogen (vgl. Bourdieu 2012, S. 182).

Differenzierung in die Präferenz für hochkulturelle Güter auf Seiten der Bildungselite, um Distinktionsgewinne gegenüber niedrigeren Klassen zu erzielen, und in die Präferenz für populärkulturelle Inhalte auf Seiten der Bildungsniedrigeren, trifft nicht per se zu (vgl. Sonderegger 2010, S. 22ff.). Beispielsweise zeigt Rössel (2009) über eine Fragebogenerhebung mit Operngängern/innen, die größtenteils über einen höheren Bildungsabschluss verfügen, auf, dass neben einer „analytisch-decodierenden" (ebd., S. 250) Rezeption der Operninhalte auch „oberflächliche, emotionale und eskapistische Zugangsweisen im Publikum verbreitet sind" (ebd., S. 251). Zudem ist die heutige Gesellschaft deutlich von der Populärkultur durchzogen, sodass auch die Bildungsreicheren der Gesellschaft populär- und massenkulturelle Inhalte rezipieren, sodass Bourdieus Gegenüberstellung in Hoch- und Populärkultur mit Blick auf die heutige Zeit überholt erscheint (vgl. Parzer 2008, S. 39ff.; Rössel 2009, S. 239; Lange & Theunert 2008; Fiske 1989; Fiske 1997).

Das Kapitalsortenkonzept

Im Folgenden soll das Kapitalsortenkonzept Bourdieus erläutert werden:

Bourdieu (2005) differenziert zwischen den Kapitalsorten des ökonomischen, kulturellen und sozialen Kapitals, über die Personen in jeweils unterschiedlichem Ausmaß verfügen (vgl. ebd., S. 49ff.):

Unter dem *ökonomischen Kapital* sind finanzielle Ressourcen bzw. materieller Besitz zu verstehen, der sich direkt in Geld umwandeln lässt (vgl. Bourdieu 1983, S. 185).

Das *kulturelle Kapital* unterscheidet Bourdieu in drei Subformen: das inkorporierte (verinnerlichte) Kulturkapital, das objektivierte und das institutionalisierte Kulturkapital (vgl. ebd., S. 185ff.). Unter dem *inkorporierten Kulturkapital* versteht er „dauerhafte Dispositionen des Organismus" (ebd., S. 185) bzw. eine „Akkumulation von Kultur in inkorporiertem Zustand" (ebd., S. 186) und somit „Bildung" (ebd.). Beim *objektivierten Kulturkapital* handelt es sich um materiell übertragbares Kapital in Form von Büchern, Gemälden, Instrumenten oder auch neuen Medien. Eltern können ihrem Kind bspw. ein Buch schenken, eine DVD oder einen Computer – ob und wie dieses objektivierte Kulturkapital wahrgenommen, genutzt und genossen werden kann, hängt jedoch vom inkorporierten kulturellen Kapital ab (vgl. ebd., S. 186ff.). Ist ein Kind beispielsweise noch nicht in der Lage, textverstehend zu lesen, kann es das geschenkte Buch nicht, zumindest nicht selbständig, im vorgesehenen Sinne nutzen (als Zierde im Regal könnte es dennoch dienen). Oder kennt ein Kind nicht die Vielfalt an Möglichkeiten, die ein Computer für (Selbst)bildungswecke und Kommunikation bieten kann, wird es diese nicht ausschöpfen können. Unter dem *institutionalisierten Kulturkapital* ist der Erwerb von Titeln, Zertifikaten oder Abschlüssen zu verstehen. Hierzu zählen bspw. der Schulabschluss, der Erwerb eines Doktor- oder Professorentitels oder eine

Bescheinigung über die Teilnahme an einer Fortbildung. Mittels eines erworbenen Titels oder Abschlusses wird „das kulturelle Kapital [...] institutionalisiert"(ebd., S. 190), womit bestimmte Privilegien einhergehen (vgl. ebd., S. 189f.), wie beispielsweise mit abgeschlossenem Abitur der Zugang zum Studium.

Unter dem *sozialen Kapital* sind die „aktuellen und potentiellen Ressourcen" (ebd., S. 190) einer Person zu verstehen, die aus der Zugehörigkeit zu verschiedenen Gruppen resultieren. Diese Gruppen können unterschiedlichster Couleur sein. Hierzu zählen beispielsweise die eigenen Verwandten, Bekannte oder Freunde, Arbeitskollegen und Vorgesetzte, ein Berufsverband, eine Gruppe mit einem gemeinsamen Hobby oder Gruppen, die explizit bestehen, um vom Sozialkapital des jeweils anderen zu profitieren (bspw. das Berufsnetzwerk „Xing"). In Bezug auf das Thema Medienerziehung in Kindertagesstätten können beispielsweise Erzieher/innen, die bereits medienpädagogisch in einer Kindertagesstätte tätig sind, zum Sozialkapital der angehenden Erzieher/innen, die sich noch in der Ausbildung befinden, gehören.

Die verschiedenen Kapitalsorten sind in ihrem Erwerb eng miteinander verbunden. Beispielsweise ermöglicht ausreichend ökonomisches Kapitel zeitliche Freiräume zum Erwerb kulturellen Kapitals (vgl. ebd., S. 188).

Soziale Vererbung

Die Existenzbedingungen der einzelnen Klassen setzen sich nach Bourdieu (2012) „tendenziell als grundlegende Strukturierungsprinzipien der Praxisformen wie deren Wahrnehmung durch" (ebd., S. 279), sodass auf der einen Seite der Habitus soziale Praxis und auch soziale Ungleichheiten widerspiegelt, auf der anderen Seite diese aber auch reproduziert (vgl. Fuchs-Heinritz & König 2005, S. 115). Dies kann mit dem Begriff der „sozialen Vererbung" (Bourdieu 1983, S. 187) beschrieben werden. So betrachtet Bourdieu den Erwerb des kulturellen Kapitals als eng verknüpft mit der sozialen Herkunft einer Person und der in der Primärfamilie vorliegenden Kapitalformen. Stammt ein Kind aus einer Familie mit geringerem kulturellen Kapital – haben die Eltern bspw. keinen oder einen niedrigen Schulabschluss – geht dies nach Bourdieu auch mit einer geringeren Aneignung kulturellen Kapitals auf Seiten des Kindes einher, sodass dies ebenfalls wahrscheinlich schulisch weniger erfolgreich ist (vgl. ebd.). Die soziale Vererbung zeigt sich auch heute noch in Deutschland: Mit Blick auf die Daten der aktuellen PISA-Studie haben Schüler/innen aus Familien mit niedrigerem sozioökonomischen Hintergrund schlechtere Testergebnisse als ihre besser situierten Mitschüler/innen (vgl. OECD 2014). Hierbei sind die vielfältigen Problemlagen nicht zu vergessen, mit denen sozial benachteiligte Eltern umgehen müssen (z.B. Arbeitslosigkeit, alleinerziehend, sprachliche Schwierigkeiten) (vgl. Hradil 2012) und die dementsprechend eine Förderung des kulturellen Kapitals der Kinder erschweren. Somit erzeugt die Kapitalausstattung von der

Kindheit an verschiedene Verhältnisse und Sichtweisen gegenüber der Welt und somit unterschiedliche Habitusformationen, die durch verschiedene Aspirationen und Umgangsweisen mit der Welt geprägt sind (vgl. Krais & Gebauer 2002, S. 43).

Die Hysteresis des Habitus

Bourdieu versteht den Habitus als insgesamt stabil und kohärent. Durch die frühen Erfahrungen der Kindheit werde im Habitus „eine grundsätzliche Haltung zur Welt" (ebd., S. 71) ausgebildet. Bourdieu (2012) beschreibt eine Trägheit des Habitus, die er als „Hysteresis" (ebd., S. 238) bezeichnet, welche sich dann zeige, wenn Situationen oder Gegebenheiten auftreten, die nicht adäquat zum eigenen Habitus stünden. Als Beispiel nennt er u.a. Personen, die auf die Wertigkeit von Bildungstiteln bestehen, obwohl es zu einer „Inflation" von Bildungstiteln und somit zu einer geringeren Wertigkeit gekommen sei (vgl. Bourdieu 2012, S. 237ff.). Die Stabilität des Habitus, die Bourdieu beschreibt, so Krais und Gebauer (2002), bedeute jedoch nicht, wie Kritiker dem Habituskonzept vorwerfen, dass der Habitus in sich widerspruchsfrei und vollkommen immun gegenüber Veränderungen sei (vgl. ebd., S. 71; vgl. auch Liebau 2011, S. 360).

7.3 Habitusformationen im Kontext von Mediennutzung und -erziehung

Nachdem das Habituskonzept vorgestellt wurde, sollen nun einzelne Aspekte des Habitus im Kontext der Medienerziehung in Kindertagesstätten betrachtet werden. Hierbei wird zwischen dem medialen, berufsethischen und medienerzieherischen Habitus differenziert. Diese stellen Teil-Aspekte des Gesamt-Habitus einer Person dar (vgl. Krais & Gebauer 2002, S. 75; Kommer & Biermann 2012, S. 90). Die definitorische Trennung erfolgt aus theoretisch-analytischen Überlegungen, um die einzelnen Aspekte des Habitus gezielter in den Blick zu nehmen.

7.3.1 Medialer Habitus

Beim Konzept des medialen Habitus wird der Habitus-Begriff im Hinblick auf Medien spezifiziert. Das Konzept des medialen Habitus ist kurz nach der Jahrtausendwende Bestandteil des (medien-)pädagogischen Diskurses geworden und geht auf zwei Theoriestränge zurück. Der Begriff wurde als erstes von Swertz (2003) verwendet, der sich zunächst auf McLuhan und somit auf die Medientheorie der Toronto School bezog (vgl. Swertz 2003; Rücklinger 2009). Der zweite Theoriestrang, an dem die hier vorliegende Arbeit anknüpft, ist die Habitustheorie

Bourdieus (vgl. Swertz 2012, S. 156). Die Anknüpfung an Bourdieu über das Konzept des medialen Habitus schuf Kommer (2006; 2010), welcher gemeinsam mit Biermann (2012) unter dem medialen Habitus

> „ein System von dauerhaften medienbezogenen Dispositionen [versteht; H.F.], die als Erzeugungs- und Ordnungsgrundlagen für mediale Praktiken und auf Medien und den Medienumgang bezogene Vorstellungen und Zuschreibungen fungieren und die im Verlauf der von der Verortung im sozialen Raum und der strukturellen Koppelung an die mediale und soziale Umwelt geprägten Ontogenese erworben werden" (Kommer & Biermann 2012, S. 90).

Hinsichtlich einer deutlicheren begrifflichen Differenzierung und auch einer stärker normativ aufgeladenen Begriffsprägung (im Sinne von Präferenz und Ablehnung) bevorzugt die Autorin dieser Arbeit statt der Begriffe „Vorstellung und Zuschreibung" von Kommer &Biermann (2012, S. 90) die Begriffe „Vorstellung" und „Beurteilung" zur definitorischen Beschreibung des medialen Habitus. Darunter wird verstanden, dass Individuen spezifische Vorstellungen hinsichtlich Medien (-inhalten) haben und die Medien(-inhalte) wiederum auf einer normativen Ebene (Beurteilung) einschätzen. Beispielsweise kann eine Person die Vorstellung haben, dass die Qualität der Inhalte des Privatfernsehens minderwertig seien (bspw. hinsichtlich der Art der Nachrichtendarstellung; Vielzahl an Scripted Reality-Formaten) und das Privatfernsehen deshalb ablehnen (vgl. Friedrichs 2013b, S. 3). Folglich wird die Definition des medialen Habitus von der Autorin dieser Arbeit zwar stark an Kommer & Biermann (2012, S. 90) angelehnt, aber leicht modifiziert, indem der mediale Habitus als ein System von dauerhaften medienbezogenen Dispositionen, die als Erzeugungs- und Ordnungsgrundlagen für mediale Praktiken und auf Medien und den Medienumgang bezogene Vorstellungen und Beurteilungen fungieren, definiert wird (vgl. Friedrichs 2013b, S. 3).

Die Hintergründe der Entstehung des medialen Habitus sind (wie auch die anderen Anteile des Habitus) dem/der Einzelnen nicht bewusst (vgl. Swertz 2012, S. 156; Kommer & Biermann 2012, S. 90). Der mediale Habitus spiegelt sich sowohl in der konkreten Mediennutzung (vgl. Swertz 2012, S.156) als auch in der (Anschluss-)Kommunikation über Medien(-inhalte) wider, z.B. beim gemeinsamen Anschauen einer Fernsehsendung oder bei der Reflexion über die Qualität eines Films nach einem Kinobesuch. Dabei ist die Nutzung und der eigene Geschmack jeweils abhängig von der sozialen Verortung und damit verbundenen gesellschaftlichen Konventionen, was man ‚unbedingt gesehen oder gelesen haben muss' (oder eben nicht) und was wie zu bewerten ist (vgl. Kommer 2013, S. 7) – z.B. ob Fernsehformate wie Castingshows auch kritisch betrachtet (bspw. im Hinblick auf die zur Lächerlichkeit preisgegebenen Kandidaten/innen, den Fokus auf ‚den perfekten Körper' und die Konstruktion von Schönheitsidealen) oder ob diese vor allem unreflektiert und lustvoll konsumiert werden. Die Entstehung des medialen Habitus erfolgt ab der frühesten Kindheit und ist eng mit den familiären medialen Nutzungsgewohnheiten und -präferenzen wie auch mit der elterlichen Medienerziehung verknüpft, wie empirische Studien aufzeigen: Swertz et al. (2014) differenzieren in einer qualitativen Studie mit Vorschulkindern in Anlehnung an Bourdieu zwischen buch- und audioorientierten Familien und solchen, die eher audiovisuell orientiert sind. Die Vorschulkinder der buch- und audioorientierten Familien reproduzierten die skeptischen Urteile ihrer Eltern über audiovisuelle Medien, wenngleich die Kinder im Hinblick auf ihre eigene Nutzung speziell diese Medien präferieren. Das gelte vor allem für die Kinder, die selbst noch nicht lesen könnten (vgl. ebd., S. 11). Henrichwark (2009) stellte zudem in einer empirischen Untersuchung zum medialen Habitus von Grundschulkindern in der dritten Klasse fest, dass der „[defizitäre] [mediale Habitus]" (ebd., S. 240) von Eltern aus bildungsfernen Familien sich insofern auswirke, dass deren Kinder die Bildungspotenziale von elektronischen Medien nicht adäquat nutzen könnten (vgl. auch Michel 2010 zu milieuspezifischen habitusbedingten Unterschieden im Medienverhalten). Kommer (2010) zeigte im Rahmen einer Studie mit Lehramtsstudierenden eine enge Koppelung zwischen den Ressourcen des Elternhauses (Kompetenzen, Kapitalausstattung) und der Medienkompetenz der Studierenden sowie eine enge Anbindung der aktuellen medialen Handlungspraxen und Einschätzungen an die elterliche Medienerziehung auf (vgl. auch Kommer 2013, S. 2).

Differenzen bestehen unter den Autoren/innen, die an der Weiterschreibung des Konzepts des medialen Habitus beteiligt sind, jedoch dahingehend, bis zu welchem Alter der mediale Habitus erworben wird. So beziehen sich Kommer & Biermann (2012) sowie auch Kommer (2013) im Hinblick auf die Entstehung des medialen Habitus auf die gesamte Medienbiografie und die elterliche Medienerziehung von Heranwachsenden, wenngleich der frühkindlichen Phase eine besondere Bedeutung zukäme (vgl. ebd., S. 13), während etwa Meder (2013) davon ausgeht, dass der Habitus und damit einhergehend auch der mediale Habitus als Resultat der vorsprachlichen und vor allem der sprachlichen Phase von Kindern erworben werde, indem diese zunächst Medienerfahrungen und Mediendeutungen „mitmachen", bevor sie zum [„Nachmachen"] übergehen (vgl. ebd., S. 5). Das, was „später hinzugelernt" (ebd., S. 9) werde, versteht Meder (2013) nicht als Habitus, weil dieses weniger beständig sei, sondern eher als „[Stile]" (ebd.) oder ähnliches. Bezug nehmend auf Meder (2013) ist zuzustimmen, dass der mediale Habitus in Form von „Bedeutung, [...] Stellenwert, [...] Beiläufigkeit und [...] Regelhaftigkeit" (ebd.) im Hinblick auf Medien bereits ab der Geburt erworben wird, indem ein Kind die Mediennutzung seiner Eltern beobachtet, erste Medienerfahrungen macht und die Mediennutzung auch mit sinnlichen Erfahrungen verknüpft (z.B. indem das Kind beim Vorlesen eines Bilderbuches oder beim Arbeiten eines Elternteils am Laptop auf dem Schoß sitzt, was ein Gefühl der Geborgenheit und damit auch ein positives Gefühl gegenüber diesem spezifischen Medium erzeugt) (vgl. ebd., S. 6). Dennoch wirken auch darüber hinaus mediale Erfahrungen und gesellschaftliche Diskurse nachhaltig auf den medialen Habitus einer Person ein, nicht zuletzt vergessen werden darf hierbei die hohe Bedeutung von Medieninhalten wie Musik im Jugendalter (vgl. Gross 2013), sodass die Autorin dieser Arbeit Meders (2013) auf ein junges Lebensalter beschränktes Verständnis der Entstehung des medialen Habitus nicht teilt.

Das Konzept des medialen Habitus liefert Erklärungen dafür, ob und wie Medien in der Kindertagesstätte, der Schule oder anderen Bildungssettings und in der Familie eingesetzt werden, sodass es in den letzten Jahren die Theoriegrundlage verschiedener Studien darstellte (vgl. Mutsch 2012; Henrichwark 2009; Friedrichs et al. 2014a; Friedrichs et al. 2014b; Swertz et al. 2014; Ehrenreich 2012; Wühr 2012; Schaffar & Friesinger 2013; Kommer 2010, S. 275ff.; Biermann 2009a). Beispielsweise kann das Konzept genutzt werden, um den Medienumgang im Hinblick auf soziokulturelle Unterschiede zu betrachten (vgl. Biermann 2009b; vgl. Kvasny 2005; Czerniewicz & Brown 2013[56]). In diesem Zusammenhang möchte ich mich der Lesweise Kommers (2013) anschließen, der konstatiert, dass „alle Aussagen Bourdieus zur Reproduktion gesellschaftlicher Ordnung, zur intergenerationellen Transmission insbesondere von kulturellem Kapital und natürlich von Habitus (und seiner Formierung) zunächst einmal [...] empirisch grundierte Wahrscheinlichkeitsaussagen" (ebd., S. 4) sind und somit auch vollkommen anders verlaufen können. Dies sei jedoch „sehr viel unwahrscheinlicher" (ebd.) und somit auch „empirisch seltener zu beobachten" (ebd.).

Kommer & Biermann (2012), die, wie beschrieben, den Diskurs um den medialen Habitus stark geprägt haben, leiteten das Konzept des medialen Habitus von den Ergebnissen einer qualitativen[57] und einer quantitativen Studie mit Lehramtsstudierenden ab[58], mittels derer sie verschiedene mediale Habitusformen auf Seiten

---

56 Kvasny (2005) sowie Czerniewicz und Brown (2013) benutzen nicht explizit das Konzept des medialen Habitus, sie beziehen sich jedoch auf das Habituskonzept Bourdieus im Kontext des Digital Divide.

57 Die mit der qualitativen Untersuchung verknüpfte Intention war zunächst die Erhebung der Medienbiografien und der Medienkompetenzen von Studierenden. Hierzu wurden 29 leitfadengestützte medienbiografische Interviews durchgeführt. Die Interviews zielten auf die Erhebung der Einstiegsmedien und früher Medienerfahrungen, Lieblingsmedien, den Wandel der Nutzungspräferenzen und -gewohnheiten, aktuelle Umgangsformen mit alten und neuen Medien und eine Selbsteinschätzung der eigenen Medienkompetenz ab. In anschließenden Computerkursen wurden sowohl computerzentrierte Handlungsweisen als auch Interaktionen zwischen jeweils zwei Proband-den/innen dokumentiert. Innerhalb des Kurses erstellten die Studierenden zudem eine Präsentation, mittels derer sie ihre eigene Medienbiografie darstellten, die anschließend analysiert wurde. Darüber hinaus erfolgte auch eine Befragung von Schülern/innen der neunten Klassen von Haupt- und Realschulen, aus der verschiedene Habitusformen abgeleitet wurden (vgl. Kommer 2010, S. 275ff.).

58 Anhand der quantitativen Fragebogenuntersuchung von 2006, an der 1201 Studierende teilnahmen, wurde die Verteilung der Studierenden auf drei in der qualitativen Studie ermittelte Habitusformen untersucht. Im Fokus der Befragung standen die eigene Medienbiografie inklusive der familialen Medienerziehung, die aktuelle Mediennutzung, die subjektive Einschätzung von Medien(inhalten) und Aussagen zum Umgang mit Medien im Rahmen des Studiums. Ferner wurden Einschätzungen

der angehenden Lehrkräfte feststellten (vgl. Kommer & Biermann 2012; Biermann 2009a, S. 109ff.). Zentrales Ergebnis der Studien waren, dass auf Seiten der Studierenden teilweise ein medialer Habitus vorliege, der einem Einsatz neuer, audiovisueller Medien im Unterricht vermutlich entgegenstehen dürfte: Dies gelte für die Studierenden, die den medialen Habitustypen der „ambivalenten Bürgerlichen“ und der „überforderten Bürgerlichen“ zugeordnet werden könnten und deren medialer Habitus am „guten Buch“(Kommer 2013, S. 14) orientiert sei bei einer kritischen bis ablehnenden Einstellung gegenüber „neueren, audiovisuellen (und kommerziellen) Medien“ (ebd.).[59] Kommer & Biermann (2012, S. 83ff.) sehen in einem neue Medien ablehnenden medialen Habitus eine Erklärung dafür, wenn Lehrer/innen trotz günstiger Rahmenbedingungen (z.B. eine zuverlässig funktionierende technische Ausstattung, ausreichend wahrgenommene Zeitressourcen für die Unterrichtsgestaltung mit digitalen Medien) Medien nicht im Unterricht einsetzen (vgl. auch Voogt 2012; Kerres et al. 2012; Welling & Stolpmann 2012; Breiter et al. 2010, S. 112ff.). Auch mit Blick auf das soziale Feld der Kindertagesstätte dient das Habitus-Konzept hinsichtlich des geringen Stellenwerts von Mediennutzung und -erziehung in den Einrichtungen und einer oftmals bestehenden Medien-Ablehnung der Erzieher/innen im Rahmen der pädagogischen Arbeit als geeignetes Erklärungskonzept. Kommer (2013) beschreibt neben der Existenz eines „institutionellen Habitus“ (ebd., S. 13) die Existenz eines „spezifischen, medialen Habitus“ (ebd.) der verschiedenen Bildungsinstitutionen, der „weitreichende Folgen für den Medienumgang innerhalb der Institution“ (ebd.) habe. Der mediale Habitus der angehenden Erzieher/innen soll in dieser Studie untersucht werden.

7.3.2 Berufsethischer Habitus

Im Rahmen des Forschungsprozesses der Autorin stellte sich die hohe Bedeutung der übergeordneten erzieherischen Haltung von (angehenden) Erziehern/innen auf ihre medienerzieherischen Ansichten und Praktiken heraus. Diese Haltung soll als berufsethischer Habitus bezeichnet werden. Der berufsethische Habitus stellt ein System dauerhafter auf den Erzieher/innen-Beruf in der Kindertagesstätte bezogener berufsbezogener Dispositionen dar, der erzieherische Praktiken sowie Vorstellungen und Beurteilungen zur erzieherischen Arbeit in der Kindertagesstätte erzeugt und ordnet. U.a. bestimmt der berufsethische Habitus den wahrgenommenen Verantwortungs- und Aufgabenbereich sowie die subjektive Wichtigkeit

zur beruflichen Nutzung von Medien wie auch Haltungen gegenüber der ‚Medienwelt‘ ermittelt (vgl. Biermann 2009a).

59 Die Ergebnisse einer Studie von Mutsch (2012), u.a. zum medialen Habitus von Lehrern/innen, bestätigen ein solches Bild einer „[latenten] Technikfeindlichkeit“ (ebd., S. 185) auf Seiten mancher Lehrer/innen.

spezifischer Erziehungs- und Bildungsziele (z.B. das Erleben von Primärerfahrungen, Sprachförderung etc.) der (angehenden) Erzieher/innen. Dieser Teil-Aspekt des Habitus ist von Vorstellungen und Beurteilungen über Kinder und Kindheit geprägt (z.B. im Hinblick auf die Quantität von Primärerfahrungen, die Kinder machen) (vgl. Friedrichs 2013b, S. 3).

Der Begriff des berufsethischen Habitus in Abgrenzung zum Begriff des professionellen Habitus

Der Begriff des berufsethischen Habitus wurde nicht direkt der theoretischen Literatur entnommen, sondern wurde durch Friedrichs (2013b) in Anlehnung an den Begriff der „berufsethischen Grundsätze" von Mägdefrau (2006) entwickelt, welche auf der Grundlage qualitativer Interviews mit Experten/innen aus Arbeitsfeldern der Sozialen Arbeit deren berufsethische Grundsätze herausgearbeitet hat.[60] Mägdefrau (2006) nimmt an, dass diese berufsethischen Orientierungen Einfluss auf die Soziale Arbeit haben (vgl. ebd., S. 171ff.), was ebenso für die pädagogische Arbeit in der Kindertagesstätte konstatiert werden kann. Zudem bietet sich auch mit Bezug auf die Kita die Begrifflichkeit „berufsethisch" deshalb an, da der Begriff der „Ethik" die Normativität der vorliegenden Orientierungen ausdrückt.

Die in Abgrenzung zu Mägdefrau (2006) bestehende Koppelung zum Begriff des Habitus wurde deshalb von der Autorin dieser Arbeit gewählt, da von dauerhaften und recht konsistenten berufsbezogenen Wahrnehmungs-, Beurteilungs- und Handlungsschemata von (angehenden) Erziehern/innen im Hinblick auf ihre Arbeit ausgegangen wird.

Abzugrenzen ist der verwendete Begriff des berufsethischen Habitus vom Begriff des professionellen Habitus, da dieser mit einer normativen Zielvorstellung angesichts qualitativ hochwertiger pädagogischer Arbeit verknüpft ist. Der Begriff des professionellen bzw. „professionalisierten Habitus" geht auf Oevermann zurück. Pädagogen/innen benötigten deshalb einen professionalisierten Habitus, da pädagogische Arbeit durch Krisen geprägt und nicht standardisierbar sei (vgl. Oevermann 1996, S. 77; Oevermann 2002, S. 30f.; Helsper 2001, S. 8ff.). Helsper (2001) benutzt im Kontext von Überlegungen zur Professionalisierung von Lehrer/innen in Anlehnung an Oevermann ebenfalls den Begriff des professionellen Habitus (vgl. ebd., S. 8; vgl. auch Helsper 2002). Im Umgang mit Krisen in der Schule (z.B. zu spät kommende Schüler/innen) benötigten Lehrer/innen eine „doppelte Professionalisierung" (Helsper 2001, S. 8) bzw. einen „doppelten Habitus" (ebd.). So sollten Lehrer/innen einerseits über einen „Habitus des routinisierten, praktischen Könnens" (ebd.) verfügen, der ihnen „praktisches Handeln unter

60 Hierbei hat sie folgende berufsethische Grundsätze herausgearbeitet: Ressourcenorientierung, akzeptierende Haltung, Pflicht zur Verschwiegenheit, Parteilichkeit, Selbstbestimmungsrecht der Klienten, Neutralität, Berufung statt Beruf, Glaube als Grundlage einer Selbstverpflichtung (vgl. Mägdefrau 2006, S. 171ff.).

starkem Entscheidungsdruck“ (ebd.) ermögliche. Andererseits benötigten diese aber auch einen „wissenschaftlich-reflexiven Habitus“ (ebd., S. 12), der dazu diene, das eigene pädagogische Handeln kritisch zu reflektieren und den pädagogischen Gewohnheiten nicht unreflektiert nachzugehen (vgl. ebd.).[61]

Da im Rahmen der vorliegenden Forschungsarbeit kein normativer Blick der Forscherin auf die Orientierungen der angehenden Erzieher/innen gerichtet werden soll, sondern die berufsbezogenen pädagogischen Orientierungen wertneutral herausgearbeitet werden sollen, wird der Terminus des berufsethischen Habitus durch Friedrichs (2013b) verwendet.

7.3.3 Medienerzieherischer Habitus

Unter dem medienerzieherischen Habitus ist nach Friedrichs (2013b) „ein System von dauerhaften medienerzieherischen Dispositionen, die als Erzeugungs- und Ordnungsgrundlagen für medienerzieherische Praktiken und auf Medienerziehung bezogene Vorstellungen und Beurteilungen fungieren“ (ebd., S. 3), zu verstehen.

Der medienerzieherische Habitus stellt die Schnittmenge des medialen und berufsethischen Habitus, da hierin sowohl Aspekte des medialen Habitus (z.B. Vorstellungen und Beurteilungen bzgl. Medienwirkungen auf Kinder) als auch Aspekte des berufsethischen Habitus zusammenkommen.

Das folgende Exempel dient dazu, das Zusammenspiel des medialen und berufsethischen Habitus mit der Schnittmenge des medienerzieherischen Habitus zu verdeutlichen (vgl. Abbildung 3): Haben zukünftige Erzieher/innen (als Produkt ihres medialen Habitus) die Vorstellung, dass eine frühe Computernutzung schädlich für die Entwicklung von Kita-Kindern ist und sehen sie (als Produkt ihres berufsethischen Habitus) die Kita als einen Ort, der Kinder vor Risiken bewahren sollte, resultiert daraus wahrscheinlich eine Ablehnung des Einsatzes eines Computers in der pädagogischen Arbeit. Dies wiederum wäre – im Zusammenspiel von medialem und berufsethischem Habitus – ein Produkt des medienerzieherischen Habitus (vgl. Friedrichs 2013b, S. 3).

[61] Es existieren verschiedene Studien zur Ausbildung des professionellen Habitus und pädagogischer Orientierungen, beispielsweise im Hinblick auf die Frühpädagogik (vgl. Breitenbach et al. 2012; Mischo et al. 2012, die Soziale Arbeit (vgl. Müller & Becker-Lenz 2008; Becker-Lenz & Müller 2009), die Erwachsenenbildung (vgl. Gieseke 1996) und den schulischen Kontext (vgl. Fabel 2003).

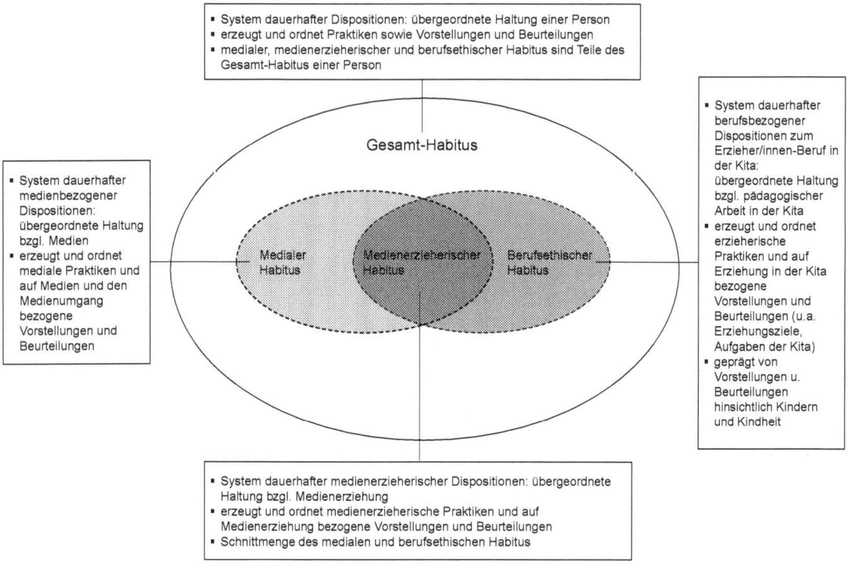

Abbildung 3: Medienerzieherischer Habitus als Schnittmenge des medialen und berufsethischen Habitus (Friedrichs 2013b, S. 4)

Dementsprechend haben der mediale und berufsethische Habitus einen begrenzenden Effekt auf den Möglichkeitsspielraum des medienerzieherischen Habitus.[62]

62 Friedrichs et al. (2014a, b) konnten in einer qualitativen Studie einen solch limitierenden Effekt des medialen auf den medienerzieherischen Habitus von Eltern im Kontext der kindlichen Computerspielnutzung feststellen.

Kapitalsorten und (Medien-)Biografie als Einflussfaktoren auf den Habitus

Wie die Studien von Kommer (2010) und Biermann (2009a) gezeigt haben, kommt der Medienbiografie eine besondere Bedeutung für den Habitus zu. Davon abgeleitet wird angenommen, dass diese sowie die von Bourdieu beschriebenen Kapitalsorten den Habitus und somit auch die Teildimensionen des medialen, berufsethischen und medienerzieherischen Habitus prägen (vgl. Abbildung 4). Dieser Ansatz wird in die Konkretisierung der Fragestellung der qualitativen Studie der Autorin einbezogen (vgl. Kap. 8.1.).

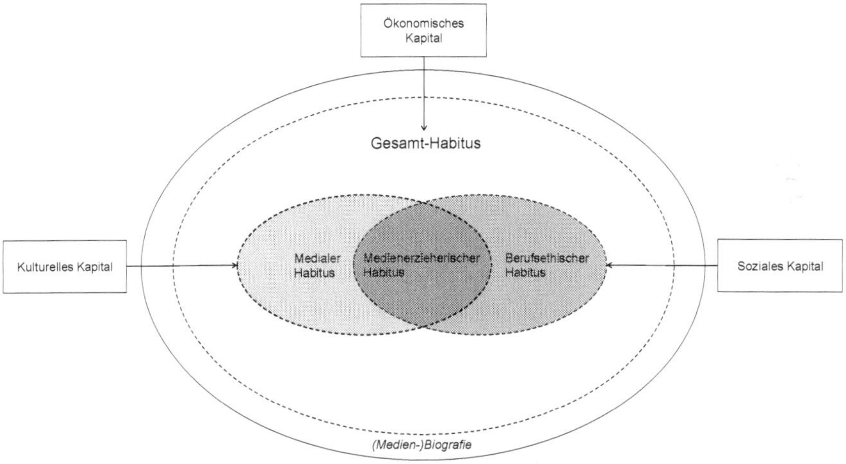

Abbildung 4: Kapitalsorten und (Medien-)Biografie als Einflussfaktoren auf den Habitus, eigene Darstellung

8 Forschungsmethodologischer Rahmen der Studie

8.1 Konkretisierung der Fragestellung

Über die vorliegende qualitative Studie soll die aufgezeigte Forschungslücke zum medienerzieherischen Habitus von angehenden Erziehern/innen im Hinblick auf Kindertagesstätten über die Beantwortung der beiden zentralen Forschungsfragen geschlossen werden:

(1) *Wie sind die medienerzieherischen Habitusformationen angehender Erzieher/innen in Bezug auf die pädagogische Arbeit in Kindertagesstätten gestaltet?*
(2) *Welche Bedingungen beeinflussen die Ausübung von Medienerziehung in Kindertagesstätten durch angehende Erzieher/innen?*

In die qualitative Erhebung wurden sowohl angehende Erzieher/innen als auch Lehrkräfte des Bildungsbereichs Sprache(n)/Medien, die an Fachschulen des Sozialwesens in Nordrhein-Westfalen arbeiten, einbezogen.

Da der medienerzieherische Habitus als Schnittmenge des medialen und berufsethischen Habitus verstanden wird, werden im Zuge der Analyse auch diese beiden Teilaspekte des Habitus rekonstruiert. Bevor das Forschungsdesign näher vorgestellt wird, sollen die mit der Fragestellung einhergehenden Analysedimensionen detaillierter in den Blick genommen werden. Die Dimensionen werden im Folgenden anhand von den die Analyse leitenden Fragen verdeutlicht.

8.1.1 Zum Habitus der angehenden Erzieher/innen

Medialer Habitus

- Wie nehmen die angehenden Erzieher/innen die Mediennutzung der Kinder in ihren Einrichtungen wahr?
- Welche Chancen und Risiken für die kindliche Entwicklung sehen die angehenden Erzieher/innen im Zusammenhang mit Medien(-inhalten)?

- Wie gestaltet sich die persönliche Mediennutzung der angehenden Erzieher/innen?
- Inwiefern wirkt die Medienbiografie der angehenden Erzieher/innen auf ihren medialen Habitus?

Berufsethischer Habitus

- Wie gestalten sich die Erziehungsziele der angehenden Erzieher/innen im Hinblick auf die Kita?
- Welche Schwerpunkte setzen die angehenden Erzieher/innen in der pädagogischen Arbeit?

Medienerzieherischer Habitus: Vorstellungen und Beurteilungen

- Was verstehen die angehenden Erzieher/innen unter Medienerziehung und welche subjektive Relevanz nimmt Medienerziehung für sie ein?
- Inwiefern bestehen Zustimmung beziehungsweise Ängste und Vorbehalte gegenüber Medienerziehung in der Kita und auf welche Arten von Medien beziehen sich diese (z.B. Aufgeschlossenheit gegenüber der Nutzung eines Computers in der pädagogischen Arbeit)?
- Inwiefern verändert sich der medienerzieherische Habitus im Verlauf der Ausbildung?

Zur familiären Medienerziehung der Kinder:

- Wie beschreiben die angehenden Erzieher/innen die familiäre Medienerziehung der Kita-Kinder?
- Als wie effektiv schätzen die Erzieher/innen die Medienerziehung in der Kita mit Blick auf die familiäre Mediennutzung ein (Selbstwirksamkeit)?
- Was für Aufgaben im Kontext von Medienerziehung weisen die angehenden Erzieher/innen den Eltern zu?

Medienerzieherischer Habitus: Medienerzieherische Praxis

- Inwiefern sind die angehenden Erzieher/innen medienerzieherisch aktiv [z.B. Gespräche mit Kindern über Medien(-inhalte); medienpädagogische Projekte]?

- Wie reagieren die angehenden Erzieher/innen auf medial geprägte Handlungen von Kindern (z.B. Nachspielen von Medieninhalten; Mitbringen von medienbezogenen Merchandising-Artikeln in die Kita)?
- Inwiefern findet medienpädagogische Elternarbeit statt (z.B. medienpädagogische Informationsveranstaltungen zu einer altersadäquaten Mediennutzung; individuelle medienbezogene Gespräche mit Eltern)?

8.1.2 Zu dem zur Verfügung stehenden Kapital der angehenden Erzieher/innen

Kulturelles Kapital

- Wie gestaltet sich die Medienkompetenz der angehenden Erzieher/innen (inkorporiertes kulturelles Kapital)?[63]
- Wie gestaltet sich die medienpädagogische Kompetenz der angehenden Erzieher/innen (inkorporiertes kulturelles Kapital)?

Soziales Kapital

- Wie gestaltet sich die soziale Unterstützung im technischen Umgang mit Medien (durch die Einrichtung und im privaten Umfeld)?
- Befürworten Kollegen/innen und die Leitung medienerzieherische Aktivitäten?
- Gibt es medienpädagogisch aktive Kollegen/innen in den Einrichtungen, die als medienpädagogische Rollenvorbilder fungieren?

Ökonomisches Kapitel

- Welche Mediengeräte besitzen die angehenden Erzieher/innen?

---

63 Auch Biermann (2013) versteht Medienkompetenz und zertifizierte Fortbildungen als Teil des kulturellen Kapitals (vgl. ebd., S. 5); vgl. auch Barberi (2013) für eine Verknüpfung der Habitustheorie Bourdieus mit Baackes (1997) Medienkompetenzbegriff

8.1.3 Zu den Bedingungen der Einrichtungen

Habitus der Erzieher/innen in den Einrichtungen

- Wie gestaltet sich der mediale Habitus der Erzieher/innen, die in den Kindertagesstätten tätig sind?
- Wie gestaltet sich der berufsethische Habitus der Erzieher/innen, die in den Kindertagesstätten tätig sind (Welche Bildungsbereiche und Schwerpunkte bestehen in den Einrichtungen?)?
- Wie gestalten sich die medienerzieherischen Vorstellungen und Beurteilungen der Erzieher/innen, die in den Kindertagesstätten tätig sind (medienerzieherischer Habitus)?

Kulturelles Kapital der Erzieher/innen in den Einrichtungen

- Wie gestaltet sich die Medienkompetenz der Erzieher/innen, die in den Kindertagesstätten tätig sind (inkorporiertes kulturelles Kapital)?
- Wie gestaltet sich die medienpädagogische Kompetenz der Erzieher/innen, die in den Kindertagesstätten tätig sind (inkorporiertes kulturelles Kapital)?
- Wie gestaltet sich die medienpädagogische Qualifikation der Erzieher/innen, die in den Kindertagesstätten tätig sind (institutionalisiertes kulturelles Kapital)?

Praxis der Medienerziehung und ökonomisches Kapital der Einrichtungen

- Wie gestaltet sich die Praxis der Medienerziehung in den Einrichtungen?
- Welches ökonomische Kapital ist in den Einrichtungen vorhanden, d.h. welche Mediengeräte (z.B. Computer; veraltete oder neue Medien: analoger Fotoapparat gegenüber einer Digitalkamera; Anzahl an Geräten)?

Weitere Rahmenbedingungen der Einrichtungen (neben medialer Geräteausstattung)

- Wie gestalten sich die Rahmenbedingungen für die Umsetzung medienerzieherischer Aktivitäten in den Einrichtungen (z.B. Zeit; Personalschlüssel)?

8.1.4 Zu den externen strukturellen Bedingungen

(Gesetzliche) Rahmenbedingungen der Arbeit in Kindertageseinrichtungen

- Inwiefern wirkt sich das „Kinderbildungsgesetz“ auf die (medien-)pädagogische Arbeit in den Einrichtungen aus?
- Inwiefern wirken sich die „Grundsätze zur Bildungsförderung für Kinder von 0 bis 10 Jahren in Kindertageseinrichtungen und Schulen im Primarbereich in Nordrhein-Westfalen“ auf die (medien-)pädagogische Arbeit in den Einrichtungen aus?

Medienpädagogische Ausbildung

- Wie gestaltet sich die medienpädagogische Ausbildung von angehenden Erziehern/innen (Gibt es wiederkehrende Ausbildungsinhalte unter den Lehrkräften?; Werden kindliche Medienerfahrungen reflektiert?; Werden medienpraktische Übungen mit den Auszubildenden wie Videodreh oder Audioaufnahmen umgesetzt?)?

8.2 Forschungsdesign

Die Studie basiert im Sinne eines rekonstruktiven Forschungsansatzes auf qualitativen Erhebungs- und Auswertungsmethoden. Ein qualitativer Zugang wurde gewählt, um ein detailliertes Bild zu erhalten, das die Individualität der Studienteilnehmer/innen und ihre subjektiven Erfahrungen und Haltungen berücksichtigt. Dies wäre über quantitative Verfahren, die eine Generalisierbarkeit empirischer Ergebnisse und Zusammenhänge über „quantifizierende Auswertungen“ (Przyborski & Wohlrab-Sahr 2010, S. 19) anstreben, nicht in einer solchen ‚Tiefe‘ möglich.

8.2.1 Übersicht des Forschungsdesigns

Um die Forschungsfragen zu beantworten, wurde ein dreistufiges methodisches Vorgehen gewählt:

a. Erstens wurden sechs teilstrukturierte leitfadengestützte Interviews mit Lehrkräften des Bildungsbereichs Sprache(n)/Medien, die in der Ausbildung zum/r staatlich anerkannten Erzieher/in tätig sind, durchgeführt. Eine dieser Lehrkräfte unterrichtet zudem zusätzlich im Bildungsgang Allgemeine Hochschulreife und Erzieher/in (AHR).

b. Zweitens wurden vier Gruppendiskussionen mit angehenden Erziehern/innen, die sich im zweiten Ausbildungsjahr der Ausbildung zum/r staatlich anerkannten Erzieher/in befinden, durchgeführt.

c. Drittens wurden vier Gruppendiskussionen mit angehenden Erziehern/innen, die aktuell im Berufspraktikum der Ausbildung tätig sind, durchgeführt. An drei dieser Gruppendiskussionen nahmen Erzieher/innen, welche die Ausbildung zum/r staatlich anerkannten Erzieher/in durchlaufen, teil. Eine weitere Gruppendiskussion fand mit angehenden Erziehern/innen, die den Bildungsgang Allgemeine Hochschulreife und Erzieher/in (AHR) absolvieren, statt.

Die Teilnehmer/innen der Studie waren Lehrkräfte bzw. Auszubildende von insgesamt vier Fachschulen des Sozialwesens mit Fachrichtung Sozialpädagogik in Nordrhein-Westfalen. Die Erhebung wurde von September 2011 bis Juni 2012 durchgeführt. Zwei Interviews mit Lehrkräften wurden telefonisch geführt, die restlichen Interviews und Gruppendiskussionen fanden bis auf eine Gruppendiskussion, die organisatorisch bedingt in einem Café durchgeführt wurde, in den jeweiligen Räumlichkeiten der Fachschulen statt. Die Durchführung der Erhebung in den schulischen Räumlichkeiten wurde vor allem aus praktischen Gründen gewählt. So konnten die Interviews mit den Lehrkräften in deren unterrichtsfreier Zeit in der Fachschule geführt werden. Für die Gruppendiskussionen mit den angehenden Erziehern/innen im zweiten Ausbildungsjahr stellten die Lehrkräfte ihre eigene Unterrichtszeit zur Verfügung, sodass die terminlichen Absprachen durch die Ortswahl erleichtert wurden, da die Auszubildenden bereits in der Fachschule waren. Auch im Hinblick auf die angehenden Erzieher/innen im Berufspraktikum stellte die Fachschule einen geeigneten, da allen Teilnehmern/innen bekannten Treffpunkt dar. Als möglicherweise nachteilig für die Erhebung in den Räumlichkeiten der Fachschulen könnte angemerkt werden, dass mit der Fachschule auch (möglicherweise unbewusst) vor allem von Seiten der angehenden Erzieher/innen Verknüpfungen zu ‚schulisch korrekten Antworten' bestehen könnten. Dies hat sich jedoch nicht in den Gruppendiskussionen widergespiegelt, welche durch ein starkes Ausmaß an narrativen Gesprächsanteilen und eine damit verbundene angemessene Selbstläufigkeit des Gesprächs gekennzeichnet waren.

Im Folgenden werden für die drei Untersuchungsschritte das jeweilige Erkenntnisinteresse, das Sample und die Datenerhebung dargestellt.

8.2.2 Leitfadengestützte Interviews mit Lehrkräften des Bildungsbereichs Sprache(n)/Medien

8.2.2.1 Erkenntnisinteresse

Um eine gewisse Vergleichbarkeit im Hinblick auf die Themenstellungen zu sichern, fiel die Wahl des Erhebungsinstruments auf teilstrukturierte leitfadengestützte Interviews mit den Lehrkräften.

Die Interviews mit den Lehrkräften dienten zum einen dazu, Aufschluss über Inhalte und Zielsetzungen der medienpädagogischen Ausbildung an den einzelnen Fachschulen zu gewinnen. Zum anderen wurden die Lehrkräfte zu ihrer Einschätzung der Auszubildenden, vor allem im Hinblick auf deren medienbezogene (*medialer Habitus*) und medienerzieherische Haltungen (*medienerzieherischer Habitus*), befragt (vgl. Kap. 7.3).

Die Lehrkräfte wurden neben den angehenden Erziehern/innen in die Untersuchung einbezogen, um ein aussagekräftigeres Bild zum Themenfeld Medienerziehung in der Kita zu erhalten. So war im Hinblick auf die Ausbildungsinhalte davon auszugehen, dass die Lehrkräfte diese besser als die Auszubildenden erinnern. Zudem sollten die Aussagen der Lehrkräfte als eine Art ‚Vergleichsfolie' den Aussagen der Schüler/innen gegenübergestellt werden. Ein direkter Vergleich des Habitus einzelner Schüler/innen-Gruppen aus Sicht der Lehrkräfte und aus Sicht der Schüler/innen war jedoch nicht möglich. So wurden zwar bewusst Lehrkräfte ausgewählt, welche die an den Gruppendiskussionen teilnehmenden Schüler/innen selbst unterrichtet haben, um einen gemeinsamen Erfahrungshintergrund zu sichern, jedoch beziehen sich die Aussagen der Lehrkräfte nicht (nur) explizit auf diese Schüler/innen-Gruppen, sondern zeichnen eher ein allgemeines Bild des Habitus angehender Erzieher/innen im Hinblick auf Medienerziehung in der Kita und der Bedingungen, welche aus Sicht der Lehrkräfte die Ausübung von Medienerziehung in Kindertagesstätten prägen.

8.2.2.2 Sample und Sampleauswahl

Das Sample setzt sich aus zwei männlichen und vier weiblichen Lehrkräften zusammen. Das Durchschnittsalter der Befragten beträgt 44,5 Jahre. Die Namen der Lehrkräfte wurden anonymisiert (vgl. Tabelle 3).

Lehrkräfte	**Alter in Jahren**	**Geschlecht**
Thomas Westermeier	41	m
Elisabeth Dittrich-Schreiner	59	w
Hans Müller	62	m
Juliane Mahr	41	w
Melanie Fröhlich	28	w
Nele Bensch	36	w
Alter (Durchschnitt)	***44,5***	
Geschlecht		***2m, 4w***

Tabelle 3: Sample der Lehrkräfte, eigene Darstellung

Ein Teil der Lehrkräfte wurde über den Besuch einer medienpädagogischen Fortbildung gewonnen. Eine mögliche Problematik, die hierbei auftritt, besteht darin, dass vermutlich besonders motivierte und engagierte Lehrkräfte des Faches Sprach(n) Medien sich in diesem Bereich fortbilden und es sich somit weniger um ‚durchschnittliche Lehrkräfte' handelt. Dies bestätigte sich in den Interviews – bei den beiden männlichen Lehrkräften handelt es sich um ‚Experten' auf ihrem Gebiet, die sogar jeweils ein medienpädagogisches Lehrbuch herausgegeben haben. Der Kontakt zu einer weiblichen Lehrkraft konnte über eine ihrer Kolleginnen, die ebenfalls an der Fortbildung teilgenommen hat, gewonnen werden. Drei weitere weibliche Lehrkräfte, die an derselben Fachschule tätig sind, wurden über ein „Schneeballprinzip" gefunden (vgl. Przyborski & Wohlrab-Sahr 2010, S. 72f.): Der Forscherin ist eine Lehrkraft an der Fachschule entfernt bekannt. Diese gehört selbst nicht dem Interviewsample an, bahnte jedoch den Kontakt zu drei weiteren Kolleginnen der Fachschule an.

Mit Blick auf eine „theoretische Sättigung" (vgl. Glaser & Strauss 1967, S. 61) des Samples ist positiv anzumerken, dass sich die medienpädagogischen Unterrichtserfahrungen der befragten Lehrkräfte, die von einem halben Jahr bis zu 23 Jahren reichen, deutlich unterscheiden.

8.2.2.3 Datenerhebung – Vorbereitung und Durchführung

Im Vorfeld der Erhebung wurde ein teilstrukturierter Leitfaden erstellt. Dieser wurde flexibel eingesetzt. Das heißt, nicht gemäß einer „Leitfadenbürokratie"

(Przyborski & Wohlrab-Sahr 2010, S. 144), die in systematischer Reihenfolge die im Leitfaden formulierten Fragen ‚abarbeitet', sondern an die Schwerpunktsetzungen der Interviewten angepasst, indem an bereits Gesagtes angeschlossen wurde und die Fragen möglichst frei und umgangssprachlich formuliert wurden. Den Beginn der Interviews bildete jeweils eine knappe Darstellung des Forschungsvorhabens. In diesem Rahmen wies die Forscherin auch darauf hin, dass die Interviews per Aufnahmegerät aufgezeichnet und die Transkription anonymisiert würden. Um den Einstieg der Lehrkräfte in das Interview zu erleichtern, wurde zunächst nach ihrer Berufsbiografie bzw. ihrer aktuellen beruflichen Tätigkeit als Lehrkraft für das Fach Sprache(n)/Medien gefragt. Bei einem Stocken des Gesprächs stellte die Interviewerin zudem immanente Nachfragen, das heißt Nachfragen, die unmittelbar an die Aussagen der Befragten anschließen. Vor allem am Ende des Gesprächs wurden exmanente Nachfragen gestellt, das meint Nachfragen, die sich auf Themenbereiche beziehen, die noch nicht angesprochen wurden (vgl. ebd., S. 83ff.).

Die sechs Interviews hatten eine Länge von 56 Minuten bis zu einer Stunde und 44 Minuten.

8.2.3 Gruppendiskussionen mit angehenden Erziehern/innen im zweiten Ausbildungsjahr

Bevor erläutert wird, weshalb für die Rekonstruktion des medienerzieherischen Habitus der Auszubildenden die Methodik des Gruppendiskussionsverfahrens gewählt wurde, soll die Methodik kurz dargestellt werden.

8.2.3.1 Zur Methodik des Gruppendiskussionsverfahrens

Bohnsack hat die Methodik des Gruppendiskussionsverfahrens maßgeblich geprägt und dessen Auswertung mit der Mannheimschen Wissenssoziologie und der dokumentarischen Methode verknüpft (vgl. Bohnsack 2008, S. 105ff.; Bohnsack 2006; Bohnsack 2012; Schäffer 2011). Zielstellung von Gruppendiskussionsverfahren ist es, dass die Teilnehmer/innen einer Gruppe „kollektive Wissensbestände und kollektive Strukturen – die sich auf der Basis von existenziellen erlebnismäßigen Gemeinsamkeiten in konjunktiven Erfahrungsräumen bereits gebildet haben" (Przyborski & Wohlrab-Sahr 2010, S. 105) artikulieren. Der Begriff der „konjunktiven Erfahrungsräume" stammt von Mannheim und meint, dass Personen einer Gruppe über „[gemeinsame] Erlebniszusammenhänge" (Bohnsack 2008, S. 108) verfügen. Die angehenden Erzieher/innen dieser Forschungsarbeit, mit denen Gruppendiskussionen geführt wurden, kennen sich bereits durch die gemeinsam absolvierte Ausbildung. Dies hat den Vorteil, dass eine gewisse Vertrautheit unter den Teilnehmern/innen besteht, die möglicherweise zu Äußerungen ermutigt, die sonst nicht getroffen werden würden. Zudem verfügen die Teilnehmer/innen auch über eine gemeinsame Interaktionsgeschichte, sodass sie beispielsweise wissen, welche medienpädagogischen Inhalte in der Ausbildung vermittelt werden und wie die Thematik der Medienerziehung in der Kindertagesstätte im schulischen Diskurs behandelt wird. Doch auch ohne einen solchen persönlichen gemeinsamen Hintergrund, wäre eine ergiebige Gruppendiskussion möglich, da ein gemeinsamer Erfahrungshintergrund auch dadurch besteht, dass alle Beteiligten derselben zu künftigen Berufsgruppe angehören (vgl. Bohnsack 2008, S. 111; Przyborski & Wohlrab-Sahr 2010, S. 105; Loos & Schäffer 2001, S. 43ff.).

Eine Gruppendiskussion sollte nicht mit einer Gruppenbefragung verwechselt werden, in welcher der Fokus auf Individualmeinungen der einzelnen Teilnehmer/innen liegt und welche lediglich aus ökonomischen und finanziellen Erwägungen in der Gruppe stattfindet (vgl. Bohnsack 2008, S. 105). Stattdessen treten in Gruppendiskussionen „Gruppenmeinungen" (Mangold 1960) bzw. „[kollektive] Orientierungsmuster" (Schäffer 2011, S. 76) zutage, welche sich durch die gegenseitige Bezugnahme der Redebeiträge, indem die Teilnehmer/innen einander bestätigen, ergänzen oder auch berichtigen, abzeichnen (vgl. Bohnsack 2008, S. 106f.). Dabei wird davon ausgegangen, dass im Rahmen einer solchen „sozialen Kontextualisierung [...] ‚tieferliegende' Meinungen" (ebd.) zum Ausdruck kommen.

8.2.3.2 Erkenntnisinteresse

Zentrales Ziel der Gruppendiskussionen mit den angehenden Erziehern/innen war es, deren medienerzieherischen Habitus zu erfassen.[64] Die zentrale Überlegung bei der Auswahl des Erhebungsinstruments war, dass ein stärker konturiertes Bild zu den Haltungen und auch zur aktuellen Situation der Medienerziehung in den Einrichtungen entsteht, wenn die angehenden Erzieher/innen sich diskursiv austauschen als wenn einzelne Personen befragt würden. Es wurden Erzieher/innen im zweiten Ausbildungsjahr als Untersuchungsgruppe gewählt und nicht etwa solche aus dem ersten Ausbildungsjahr, da sichergestellt werden sollte, dass sich die Auszubildenden über die vermittelten Ausbildungsinhalte im Sprache(n)/Medien-Unterricht wie auch durch bereits absolvierte Praktika in den Einrichtungen ein Bild darüber machen können, was unter Medienerziehung in der Kita zu verstehen ist.

[64] vgl. zum Einsatz des Gruppendiskussionsverfahrens im Rahmen medienpädagogischer Forschungen Welling (2008)

8.2.3.3 Sample und Sampleauswahl

Das Sample der angehenden Erzieher/innen im zweiten Ausbildungsjahr gestaltet sich wie folgt:

Gruppen zweites Ausbil-dungsjahr	**Alter in Jahren Ø**	**Anzahl und Geschlecht**	**Schulabschluss**	**Absolvierte Ausbildung/ abgeschlossenes Studium**
G1	22,4	7w	1 Abitur, 4 Fachabitur, 2 Mittlere Reife	2 Ausbildung, 1 Studium
G2	21,6	8w	1 Abitur, 3 Fachabitur, 3 Mittlere Reife, (1 n.b.)	3 Ausbildungen, (1 n.b.)
G3	21,5	3m, 1w	3 Abitur, 1 Fachabitur	-
G4	20	5w	5 Fachabitur	-
Alle Gruppen	21,4 Ø	3m, 21w	5 Abitur, 13 Fachabitur, 5 Mittlere Reife, (1 n.b.)	1 Studium, 5 Ausbildungen, (1 n.b.)

Tabelle 4: Sample der angehenden Erzieher/innen im zweiten Ausbildungsjahr, eigene Darstellung; Altersangabe basiert auf gerundeten Werten für einzelne Gruppen[65]

Die befragten Lehrkräfte stellten den Kontakt zu den Teilnehmern/innen der Gruppendiskussionen her.

8.2.3.4 Datenerhebung – Vorbereitung und Durchführung

Wie auch bei den Interviews mit den Lehrkräften stellte die Forscherin sich selbst und das Forschungsvorhaben kurz vor. Zudem wurden die Teilnehmer/innen gebeten, sich kurz vorzustellen. Des Weiteren wies die Interviewerin auf die Aufnahme und Anonymisierung des erhobenen Materials hin.

Als Stimulusmaterial, um das Gespräch anzuregen, wurde ein fünfminütiges comicbasiertes Video von „bibernetz" eingesetzt, welches als Lehrfilm für Erzieher/innen konzipiert wurde und aufzeigt, wie ein Fotoprojekt in der Kita durch Erzieher/innen angeleitet werden kann.

65 Die Gruppenzusammensetzung der Einzelgruppen der angehenden Erzieher/innen wird im Rahmen der Ergebnisdarstellung in Kap. 10 verdeutlicht.

Im Folgenden wird der Inhalt des Videos kurz dargestellt.

Abbildung 5: Video bibernetz „Spaß bei der Medienarbeit: Erzieherinnen und Kindergarten-Kinder fotografieren" (BIBER. Netzwerk frühkindliche Bildung o.J.a)

Das Video „Spaß bei der Medienarbeit: Erzieherinnen und Kindergarten-Kinder fotografieren" befindet sich auf der Homepage von „BIBER. Netzwerk frühkindliche Bildung" (vgl. Abbildung 5). Auf der Homepage werden Informationen zu den verschiedenen Bildungsbereichen der Kita bereitgestellt, darunter auch zu Medienerziehung. Das konkrete Video dient auf der Homepage als Hinführung zum Thema „Medienarbeit mit Kindern".[66]

Es ist folgendermaßen aufgebaut: Vier Kinder einer Kita-Gruppe kommen auf zwei Erzieher/innen zu und bringen über den folgenden Dialog das Thema Fotografie in die Kita ein (vgl. BIBER. Netzwerk frühkindliche Bildung o.J.a):

- Mädchen 1: „Du Annika, Philipp hat gesagt, dass er schon Fotos machen kann."
- Junge 1: „Ich kann schon voll gut fotografieren."
- Junge 2: „Mein Papa hat gesagt: Fotografieren kann jeder."
- Junge 1: „Das stimmt ja gar nicht."

[66] Das Projekt BIBER – Netzwerk frühkindliche Bildung wurde von 2007 bis 2012 durch das Bundesministerium für Bildung und Forschung gefördert. Im Rahmen des Projekts wurden medienbezogene Fortbildungen für Erzieher/innen durchgeführt und die Internetplattform bibernetz.de betrieben. Im Anschluss an die Förderlaufzeit des Projekts wurde die Internetplattform bis einschließlich Juli 2014 durch die Stiftung „Haus der kleinen Forscher" weiterbetrieben, im September 2015 übernahm die Stiftung Digitale Chancen die Trägerschaft (vgl. BIBER. Netzwerk frühkindliche Bildung o.J.a).

- Junge 2: „Stimmt wohl."
- Junge 1: „Ich hab sogar schon eine eigene Kamera."
- Mädchen 2: „Hast du nicht."
- Junge 1: „Hab ich doch."
- Mädchen 1: „Du Annika, stimmt das? Kann jeder fotografieren?"

Daraufhin initiieren die beiden Erzieher/innen ein Fotoprojekt mit den Kindern, das sie erfolgreich mit einer Fotopräsentation, an der auch die Eltern der Kinder teilnehmen, abschließen (vgl. ebd.).

Über einen gesprochenen Kommentar erhalten die Betrachter/innen des Videos Hinweise zur Gestaltung eines Fotoprojekts zu den Themen Planung des Fotoprojekts, Thema des Fotoprojekts, Technik, Produktion, Auswählen der Fotos und Präsentation der Fotos: So sollten die im Video dargestellten Erzieher/innen im Hinblick auf die *Planung* Zeitraum, Inhalte/Ziele, Medieneinsatz und die Art der anschließenden Präsentation der Fotos auswählen. Das *Thema des Fotoprojekts* sollte gemeinsam mit den Kindern spielerisch erarbeitet werden. Im Hinblick auf die *Technik* würden digitale Fotokameras sowie zusätzliche Batterien, Akkus oder ein Ladegerät benötigt. Hinsichtlich der *Produktion der Fotos* sollten die Kinder selbst die Motive aussuchen. Die Erzieher/innen sollten die Kinder zudem ermutigen, verschiedene Perspektiven und Bildausschnitte auszuprobieren. Das *Auswählen der Fotos* könne entweder geschehen, indem die Erzieher/innen die Bilder an der Kamera aussuchen und über den Speicherstick die Bilder in einem Drogeriemarkt ausdrucken lassen oder indem sie die Fotos per USB-Kabel auf einen Computer übertragen und anschließend die Bilder am Computer bearbeiten und ausdrucken. Die Technik müsse vor jedem Einsatz geprüft werden und im Hinblick auf die Fotoauswahl sollte von jedem Kind ein Foto enthalten sein. An der abschließenden *Präsentation der Fotos* sollten die Eltern der Kinder teilnehmen. Die Kinder hätten durch eine solche Präsentation die Möglichkeit, ihre Ergebnisse mit Stolz zu präsentieren (vgl. ebd.).

In einigen Gruppendiskussionen wurde zusätzlich im Verlauf der Gruppendiskussion das Video einer Kita namens „ROKIDS" zum Einsatz der Sprachlernsoftware „Schlaumäuse"-Software von Microsoft eingesetzt. Das Video ist auf der Homepage der Kita zu finden (vgl. ROKIDS o.J.). Der ursprüngliche Clip wurde auf eine Länge von 2.42 Minuten gekürzt, um die Konzentration der Diskussionsteilnehmer/innen aufrechtzuerhalten und den Fokus der Diskussion nicht zu stark auf die Auseinandersetzung mit dem Lernprogramm zu lenken. Vielmehr sollte das Video dazu dienen, die Teilnehmer/innen dazu anzuregen, den Bereich Medienerziehung in Bezug zu anderen Bildungsbereichen zu setzen: Bspw. geht es hierbei darum, inwiefern sich der Einsatz von elektronischen Medien(-inhalten) anbietet, um die Kinder hinsichtlich anderer Bildungsbereiche wie beispielsweise Sprachförderung zu unterstützen.

Im Video wird die „Schlaumäuse"-Software der Firma Microsoft vorgestellt, die in der „Kita ROKIDS" zum Einsatz kommt. Der/die Betrachter/in des Videos erfährt etwas über den Einsatz des Programms, indem Kinder der Kita bei der Bedienung gezeigt werden. Hierbei nutzen die Kinder mindestens zu zweit den Computer und unterstützen sich gegenseitig. Die Programmanweisungen an die Kinder geben zeichentrickbasierte Mäuse, worauf ja auch der Titel des Programms basiert. Beispielsweise fordern die Mäuse im Rahmen des Lernbereichs „Präpositionen & Farbwörter" die Kinder dazu auf, per Maus ein Zimmer innerhalb des Programms anzumalen („Schnappe dir jetzt den gelben Pinsel und male den weißen Stern über der Tür gelb an."). Durch jeweils vorgeschaltete Überschriften (z.B. „Programm starten", „Spielauswahl", „Fachwörter") wird der Aufbau des Programms deutlich (vgl. ebd.).

Um eine möglichst hohe Selbstläufigkeit der Gruppendiskussion zu erzeugen (vgl. Przyborski & Wohlrab-Sahr 2010, S. 87), wies die Interviewerin auf ihre passive Rolle in der Diskussion hin. Stattdessen sollten sich die Teilnehmer/innen miteinander unterhalten (vgl. ebd., S. 80f.). Damit dennoch die für die Fragestellung der Arbeit relevanten Themenbereiche in der Diskussion behandelt werden, wurden Karteikarten eingesetzt, die folgende Statements bzw. Gesprächsthemen zur Medienerziehung enthalten:

- Medienerziehung – Ein Thema für die Kita?
- Medienpädagogik in der Kita → Praxiserfahrungen
- Mut haben, mit Medien in der Kita zu arbeiten
- Medien und weitere Bildungsbereiche + Schwerpunkte in der Kita
- „Was ich in der Ausbildung im Bereich Medien gelernt habe, kann ich in der Praxis nicht anwenden."
- „In die Kitas gehören Computer für die Kinder."
- „Kinder nutzen zu Hause zu viel Medien, die Eltern achten nicht darauf – da bringt Medienerziehung in der Kita nichts."
- Meine Mediennutzung

Die damit verbundene Erwartung der Forscherin war, dass sich die Teilnehmer/innen zu den teilweise recht normativen Aussagen positionieren und sich darüber austauschen. Bewusst wurden deshalb sowohl Medienerziehung und einen elektronischen Medieneinsatz in der Kita befürwortende als auch ablehnende Statements gewählt. Die Erwartung wurde erfüllt.

Wie auch in den Interviews mit den Lehrkräften wurden bei längeren Gesprächspausen immanente und vor allem am Ende des Gesprächs exmanente Nachfragen gestellt (vgl. ebd., S. 83ff.).

8.2.4 *Gruppendiskussionen mit angehenden Erziehern/innen im Berufspraktikum*

8.2.4.1 Erkenntnisinteresse

Die dritte Untersuchungsgruppe stellten die Berufspraktikanten/innen dar, mit denen ebenfalls Gruppendiskussionen geführt wurden.

Berufspraktikanten/innen befinden sich – bedingt durch die Richtlinien der Erzieher/innen-Ausbildung – im letzten Ausbildungsjahr und sind in Vollzeit in den Einrichtungen tätig. Nur an einzelnen Terminen besuchen Berufspraktikanten/innen die Fachschule für Sozialwesen, an der sie ihre Ausbildung absolvieren, um mit dem/r zuständigen Lehrer/in die Praxisbesuche in den Einrichtungen vorzubereiten. Im Gegensatz zu den Auszubildenden im zweiten Ausbildungsjahr weisen die Berufspraktikanten/innen mehr pädagogische Praxiserfahrungen in den Einrichtungen auf, sodass diese als weitere Untersuchungsgruppe interessant erschienen.

Diesbezüglich sollte der Frage nachgegangen werden, inwiefern Unterschiede im medienerzieherischen Habitus der angehenden Erzieher/innen im zweiten Ausbildungsjahr und denen im Berufspraktikum vorliegen. Eine Hypothese der Untersuchung war, dass die Berufspraktikanten/innen durch ihre höhere Praxiserfahrung dem Thema Medienerziehung anders gegenüberstehen als die angehenden Erzieher/innen, die sich noch überwiegend in der schulischen Ausbildung befinden. Im Hinblick auf die Erzieher/innen im zweiten Ausbildungsjahr wurde hingegen davon ausgegangen, dass diese sich in der konkreten Arbeit in der Einrichtung (16 Wochen Praktika insgesamt) noch recht wenig mit dem Thema Medienerziehung auseinandergesetzt haben. Ihr Wissen und ihre Einschätzungen beruhen vermutlich hauptsächlich auf dem medienpädagogischen Unterricht in der Fachschule. Im Gegensatz dazu stehen die Berufspraktikanten/innen, die ihr in der schulischen Ausbildung theoretisch erworbenes Wissen in der Praxis umsetzen. Des Weiteren sollte der Blick auf die spezifischen Gegebenheiten und Anforderungen der Praxis, die unter anderem durch pädagogische Schwerpunktsetzungen bestimmt sind, gelegt werden. So wurde davon ausgegangen, dass sich beispielsweise eine Kita, die als pädagogischen Schwerpunkt Bewegungsförderung gewählt hat, vermutlich vorrangig dieser Thematik widmet oder eine Kita mit einer überwiegend sozial benachteiligten Klientel sich den speziellen Problematiken zuwendet. Medienerziehung nimmt damit einhergehend vermutlich eher einen geringen Stellenwert in diesen Einrichtungen ein. Betrachtet man zudem noch die Knappheit von zeitlichen und personellen Ressourcen in den Einrichtungen, erscheint es – auch im Hinblick auf die dargestellten Forschungsergebnisse zur Medienerziehung in der Kita (vgl. Kap. 6.2) – realistisch, dass Medienerziehung und vor allen Dingen größer angelegte medienpädagogische Projekte (z.B. Videodreh mit Kindern) oftmals nicht von Seiten der Einrichtungen angestrebt oder sogar abgelehnt werden. Die

Berufspraktikanten/innen müssen demnach an die Erfordernisse der Praxis angepasst abwägen (u.a. auch an die Haltung des Kita-Teams und der Leitung), ob und wie sie Medienerziehung in der Einrichtung betreiben. Inwiefern dies erfolgt, sollte über die Gruppendiskussionen erfasst werden.

Als weiterer Mehrwert der Gruppendiskussionen mit den Berufspraktikanten/innen wurde zudem ihr retrospektiver Blick auf die eigene medienpädagogische Ausbildung im Kontext der aktuellen Praxiserfahrungen betrachtet: Wie bewerten die Berufspraktikanten/innen beispielweise die Möglichkeiten der praktischen Umsetzung der medienpädagogischen Ausbildungsinhalte?

8.2.4.2 Sample und Sampleauswahl

Das Sample der angehenden Erzieher/innen im Berufspraktikum gestaltet sich wie folgt:

Gruppen Berufspraktikanten/innen	**Alter in Jahren Ø**	**Anzahl und Geschlecht**	**Schulabschluss**	**Absolvierte Ausbildung/ abgeschlossenes Studium**
G1	22,5	1w, 1m	2 Mittlere Reife	2 Ausbildungen
G2	23	2w	2 Fachabitur	-
G3	27,6	3w	2 Abitur, 1 Mittlere Reife	2 Ausbildungen
G4	20	2w	2 aktuell in der Ausbildung Erzieher/in plus AHR	-
Alle Gruppen	23,2 Ø	8w, 1m	2 Abitur, 2 aktuell in der Ausbildung Erzieher/in plus AHR, 2 Fachabitur, 3 Mittlere Reife	2 Ausbildungen

Tabelle 5: Sample Berufspraktikanten/innen, eigene Darstellung; Altersangabe basiert auf gerundeten Werten für einzelne Gruppen

Ebenso wie bei den angehenden Erzieher/innen im zweiten Ausbildungsjahr stellten die befragten Lehrkräfte den Kontakt zu den Teilnehmern/innen der Gruppendiskussionen her. Zur Sample-Auswahl der angehenden Erzieher/innen muss angemerkt werden, dass darunter auch Auszubildende waren, die ihr Berufspraktikum in einer Offenen Ganztagsschule (OGS) absolvieren. Dies wurde erst in den Gruppendiskussionen ersichtlich. Ursprünglich sollten nur Berufspraktikanten/innen, die ihr Anerkennungsjahr in der Kita absolviert werden, in das Sample einbezogen werden. Der Einbezug der Berufspraktikanten/innen der OGS erwies sich jedoch keineswegs als Nachteil, sondern als Bereicherung, da Aufschlüsse über eine verschiedengestaltete Offenheit hinsichtlich medienerzieherischer Arbeit und des Medieneinsatzes für die Kita im Vergleich zur OGS gewonnen werden konnten.

8.2.4.3 Datenerhebung – Vorbereitung und Durchführung

Die Datenerhebung entsprach der Durchführung der Gruppendiskussionen mit den angehenden Erziehern/innen im zweiten Ausbildungsjahr.

8.2.5 Transkription des Materials

Die Interviews und Gruppendiskussionen wurden computergestützt in vollständiger Länge in Anlehnung an die Transkriptionsregeln von Kuckartz (2010, S. 44) und Dresing & Pehl (2011, S. 18ff.) transkribiert. Im Anschluss wurden die Transkriptionen auf Korrektheit überprüft und anonymisiert, sodass keine Rückschlüsse auf die Interviewten und die Einrichtungen, an denen diese arbeiten, möglich sind.

8.2.6 Analyse des Materials: Die dokumentarische Methode zur Rekonstruktion der Habitusformationen

Sowohl die Interviews als auch die Gruppendiskussionen wurden mittels der dokumentarischen Methode analysiert (vgl. Nohl 2012; Bohnsack 2008, S. 31ff.; Schäffer 2011, S. 77ff.; Bohnsack et al. 2013; Przyborski & Wohlrab-Sahr 2010, S. 271ff.[67]). Hierbei wurden die drei Untersuchungsgruppen zunächst getrennt voneinander betrachtet und anschließend die Ergebnisse miteinander verknüpft (vgl. Kap. 12). Die Analyse des Habitus bzw. des Orientierungsrahmens der angehenden Erzieher/innen erfolgte – einhergehend mit dem Modell von Friedrichs – in drei Schritten, sodass der mediale und der berufsethische Habitus und als dessen Schnittstelle der medienerzieherische Habitus (vgl. Kap. 7.3.3) getrennt herausgearbeitet wurden.

Die dokumentarische Methode wurde im Zuge der Auswertung von Gruppendiskussionen durch Mangold und Bohnsack entwickelt und durch andere Autoren wie Nohl (2012) oder Przyborski (2004) weiter ausdifferenziert. Neben der Auswertung von Gruppendiskussionen eignet sich die Methode ebenfalls zur Ana-

---

[67] vgl. zur Analyse habitusspezifischer Dimensionen der Medienrezeption Michel (o.J.)

lyse von Interviews, Feldforschungsprotokollen beziehungsweise teilnehmenden Beobachtungen und Bild- oder Videointerpretationen (vgl. Bohnsack 2008, S. 31f.; Przyborski & Wohlrab-Sahr 2010, S. 272ff.).

Die Metatheorie, auf denen die Methodik fußt, ist die Wissenssoziologie Mannsheims. Mannheim (1964) unterscheidet zwischen zwei Sinnebenen, nach denen Schilderungen von Personen (bspw. in Gruppendiskussionen oder Interviews) differenziert werden können: dem immanenten Sinngehalt und dem Dokumentsinn. Unter dem immanenten Sinngehalt ist das Wörtliche, explizit Genannte zu fassen (vgl. Nohl 2012, S. 2). Beim Dokumentsinn oder auch dokumentarischen Sinngehalt hingegen geht es darum, unter „welchem Orientierungsrahmen eine Problemstellung bearbeitet wird" (ebd.). Zielstellung der dokumentarischen Methode ist es, den Dokumentsinn und somit den jeweiligen Orientierungsrahmen beziehungsweise Habitus der Beteiligten (hierunter wird dasselbe verstanden), der sich im Diskurs ausdrückt, herauszuarbeiten (vgl. Bohnsack 2008, S. 60). Dies gelingt, indem der/die Forscher/in den impliziten, im Diskurs immer wiederkehrenden Orientierungsrahmen rekonstruiert:

> „Man ist dem Dokumentsinn dann auf der Spur, wenn er sich in strukturidentischer, d.h. in homologer Weise, in unterschiedlichen Sequenzen bzw. auf unterschiedlichen Ebenen der Gestaltung wiederholt" (Przyborski & Wohlrab-Sahr 2010, S. 285).

Des Weiteren sind im Rahmen der metatheoretischen Verortung der Methodik die Begriffe des „atheoretischen Wissens" und des „kommunikativen Wissens" von Mannheim (1980, S. 73) zentral. Atheoretisches Wissen ist ein „präreflexives" (Przyborski & Wohlrab-Sahr 2010, S. 279) Wissen, über das Personen in ihrer Handlungspraxis verfügen, welches sie aber in der Alltagspraxis nicht explizit erläutern müssen und auch nicht können. Dieses Wissen ist stattdessen intuitiv vorhanden und tritt in der Performanz im routinierten (vgl. Nohl 2012, S. 4) bzw. „habituellen Handeln" (Bohnsack et al. 1995, S. 11) hervor. Beispielsweise ist es schwer zu erklären, wie man Auto fährt, einen Knoten bindet oder wie man Kinder (auch im Hinblick auf Medien) erzieht – man ‚macht und kann es einfach' (obwohl die Beurteilung, ob dies gelingt, gerade im Hinblick auf Erziehung immer im ‚Auge des/der Betrachters/in' liegt). Ein solches Wissen wird in der Praxis im sozialen Kontext erworben (vgl. Przyborski & Wohlrab-Sahr 2010, S. 279). Personen, die über einen gemeinsamen, einen „konjunktiven Erfahrungsraum" (vgl. Bohnsack 2008, S. 61ff.) verfügen – ebenfalls ein zentraler Begriff der Methode – verstehen einander intuitiv, wenn sie über die verbindende Thematik sprechen (vgl. Przyborski & Wohlrab-Sahr 2010, S. 289). Um Außenstehenden, bspw. einem/r Forscher/in, über einen konjunktiven Erfahrungsraum (z.B. hinsichtlich bildungsmilieu-, geschlechts-, jugend-, berufs- oder szenetypischer Erfahrungszusammenhänge) zu berichten (vgl. ebd., S. 282f.), müssen Erläuterungen erfolgen, sodass explizites, nach Mannheim (1980, S. 289) „kommunikatives" Wissen angewandt wird (vgl. Nohl 2012, S. 5). Hier wird also durch die Sprecher/innen der Versuch unternom-

men, das „[atheoretische] Wissen in alltagstheoretische Begrifflichkeiten zu überführen“ (Nohl 2012, S. 4). Da dieses kommunikative Wissen jedoch nur einen begrenzten Ausschnitt des Habitus zeigt, gilt es mittels der dokumentarischen Methode, das atheoretische Wissen und somit den Orientierungsrahmen – den Habitus als „modus operandi“ (Bourdieu 2012, S. 281) von Vorstellungen, Beurteilungen und Praxis – herauszuarbeiten (vgl. Bohnsack 2008, S. 60).
Zu diesem Zwecke werden folgende Analyseschritte vollzogen:

1) Formulierende Interpretation

Hierbei gliedert der/die Interpret/in das vorab transkribierte Material durch Ober- und Unterthemen und fasst es paraphrasierend zusammen. In diesem Schritt geht es darum, *was* gesagt wird. Die Analyse richtet sich ausschließlich auf den immanenten Sinngehalt des Textes. Der/die Forscher/in betrachtet ausschließlich das Relevanzsystem des Interviewten/der Gruppe und nimmt noch keine Vergleiche zum Relevanzsystem weiterer Personen beziehungsweise Gruppen vor (vgl. Bohnsack 2008, S. 34, S. 50f.; Schäffer 2011, S. 77; Nohl 2012, S. 40f.).

2) Reflektierende Interpretation

Im zweiten Analyseschritt wird der Dokumentsinn erarbeitet, indem „die spezifische Weichen- und Problemstellung bei der Behandlung des Themas und damit der für die Behandlung des Themas ausschlaggebende Rahmen“ (Bohnsack 2008, S. 34) analysiert wird. Nun verschiebt sich der Fokus von dem *Was* auf das *Wie*: Wie ist der Diskurs strukturiert? Welche zentralen und/oder übergreifenden Orientierungsrahmen einer Gruppe beziehungsweise einer Person liegen vor? Welche Bestrebungen (welches Ideal) (positiver Horizont) und welche Abgrenzungen (negativer Gegenhorizont) werden sichtbar (vgl. Przyborski & Wohlrab-Sahr 2010, S. 289f., S. 296)?

Fokussierungsmetaphern

Der Orientierungsrahmen spiegelt sich vor allem in den „*Fokussierungsmetaphern*“ (Bohnsack 2011, S. 67) wider: In Passagen, in denen Handlungen und Orientierungen nicht explizit, sondern über erzählerische oder beschreibende bildhafte Darstellungen von Szenarien ausgedrückt werden und welche durch eine hohe Selbstläufigkeit beziehungsweise Interaktionsdichte gekennzeichnet sind (vgl. Schäffer 2011, S. 77; Bohnsack 2011). Diese stellen aufgrund ihrer hohen interaktiven und metaphorischen Dichte die „‘[dramatischen Höhepunkte]‘ des Diskurses“ (ebd., S. 67) dar.

Komparative Analyse

Die (kollektiven) Orientierungen von Personen beziehungsweise Gruppen können nur über die „komparative Analyse“ (Schäffer 2011, S. 78; Nohl 2013) von Sequenzen adäquat rekonstruiert werden. Es sollte sowohl ein Vergleich von Sequenzen innerhalb des einzelnen Falls (des Interviews/der Gruppendiskussion) als auch fallübergreifend erfolgen. Dies aus zwei Gründen: Die „implizite Regelhaftigkeit“ (Nohl 2012, S. 47), mit welcher der Orientierungsrahmen hervorgebracht wird, lässt sich vor allem im Vergleich zu anderen Orientierungsrahmen deutlicher erkennen und herausarbeiten (vgl. ebd., S. 49). Zum anderen wird so dem Risiko begegnet, dass der/die Forscher/in das Material „in das Muster der eigenen Selbstverständlichkeiten [einordnet]“ (Nohl 2013, S. 272) und lediglich mit dem eigenen Vergleichshorizont an den Text herantritt (vgl. ebd.).

Formale Interpretation in Form der Textsortentrennung

Auch eine formale Interpretation ist sinnvoll, da die Semantik des Textes auch mit dessen formaler Konstruktion verknüpft ist (vgl. Nohl 2012, S. 41). Um den Diskurs formal zu analysieren, kann auf die Textsortentrennung nach Schütze (1987) in Erzählung, Beschreibung, Argumentation und Bewertung zurückgegriffen werden: Unter einer Erzählung ist die Darstellung eines singulären Ereignisses mit einem definierten Anfang und einem Ende zu verstehen. In Beschreibungen werden wiederkehrende Handlungsabläufe oder feststehende Sachverhalte (z.B. ein Bild) dargestellt (vgl. Nohl 2012, S. 20ff.). Argumentationen zeichnen sich durch „(alltags-) theoretische Zusammenfassungen und Stellungnahmen zu den Motiven, Gründen und Bedingungen für eigenes oder fremdes Handeln“ (ebd., S. 21) aus. Bewertungen sind „evaluative Stellungnahmen zu eigenem oder fremdem Handeln“ (ebd., S. 42). Nach Nohl (2012, S. 43) spiegelt sich das konjunktive Wissen der Sprecher/innen vor allem in Passagen wider, die den Textsorten der Erzählung und Beschreibung zuzuordnen sind, da Ausführungen im Rahmen dieser Modi unmittelbar mit der Handlungspraxis der Akteure/innen verbunden seien.

Diskursorganisation

Um den modus operandi herauszuarbeiten, wird im Rahmen der Analyse von Gruppendiskussionen auch die *Diskursorganisation* rekonstruiert und somit „die formale Struktur des Diskurses als Verhältnis zwischen Orientierungsgehalten [aufgeschlüsselt]“ (Przyborski & Wohlrab-Sahr 2010, S. 292). Hierbei wird in den Blick genommen, wie die Sprecher/innen aufeinander Bezug nehmen. Zur Analyse wird folgendes System an Begrifflichkeiten verwandt: Unter einer *Proposition* wird das erste Aufbringen eines Orientierungsgehaltes bzw. eines neues Themas verstanden. Wird das Thema auf- oder weiterbearbeitet, wird von einer *Elaboration* gesprochen. Dies kann beispielsweise über Argumente (argumentative Elaboration), konkrete Beispiele (Exemplifizierung), Bestätigungen von aufgeworfenen Orientierungen (Validierung) oder durch das Aufwerfen eines widersprüchlichen Orientierungsrahmens nach dem Muster „ja, aber" (Divergenz) stattfinden. Des Weiteren kann eine Elaboration auch in Form einer negativen Bezugnahme auf eine Proposition (Antithese) erfolgen. Wird hingegen eine Orientierung eingebracht, die mit der vorherigen nicht vereinbar ist, handelt es sich um eine Opposition. Zur Unterscheidung zwischen Antithese und Opposition muss die *Konklusion*, mit der ein Thema abgeschlossen wird, berücksichtigt werden (vgl. ebd., S. 292ff.; Schäffer 2011, S. 79). Hierbei wird zwischen „echten Konklusionen" (Przyborski & Wohlrab-Sahr 2010, S. 294), in denen die Orientierung noch einmal deutlich wird und „rituellen Konklusionen, die einen Themenwechsel provozieren" (ebd.), unterschieden.

Idealtypisch bestehen drei Formen der Diskursorganisation: Beim *konkurrierenden bzw. antithetischen Diskursmodus* konkurrieren die Sprecher/innen miteinander im „Bemühen, den gemeinsam geteilten Rahmen am besten [auszudrücken] und ggf. eine von allen akzeptierte Konklusion zu formulieren" (Schäffer 2011, S. 79). Hierbei gehen zunächst widersprüchliche Orientierungsgehalte in einer abschließenden Synthese in einem gemeinsamen Orientierungsrahmen auf (vgl. Przyborski & Wohlrab-Sahr 2010, S. 292). Im Gegensatz dazu steht die *oppositionelle Diskursorganisation*, in welcher Rahmeninkongruenzen vorliegen, die von den Teilnehmenden nicht in einen übergreifenden Rahmen gebracht werden können. Die dritte Form ist die *parallelisierende Diskursorganisation*: Erzählungen und Beschreibungen erfolgen ohne explizite Bezugnahme aufeinander (vgl. Schäffer 2011, S. 79), bringen aber immer wieder denselben Orientierungsrahmen zum Ausdruck (vgl. Przyborski & Wohlrab-Sahr 2010, S. 292).

3) Diskursbeschreibung

Im Anschluss an die reflektierende Interpretation erfolgt die Diskursbeschreibung. Hierbei wird der Diskurs der jeweiligen Gruppe bzw. des Interviews verdichtend im Hinblick auf die zentralen Rahmenkomponenten unter Einbezug von Diskussions- bzw. Interviewpassagen dargestellt und im Falle einer Gruppendiskussion die Diskursorganisation verschriftlicht (vgl. Schäffer 2011, S. 79). Die Diskursbeschreibung dient vorrangig der Darstellung der Ergebnisse der Textinterpretation, sodass hier weniger Interpretationsleistungen (wie in den vorherigen Arbeitsschritten) vollzogen, als vielmehr die Ergebnisse der „Öffentlichkeit" (Bohnsack 2008, S. 51) vorgestellt werden.

4) Typenbildung

Den letzten Schritt der Analyse stellt die *Typenbildung* dar. Voraussetzung für die Typenbildung ist die bereits erfolgte komparative Analyse. Nohl (2012) unterscheidet zwischen der sinngenetischen und der soziogenetischen Typenbildung: Im Rahmen der *sinngenetischen Typenbildung* werden die rekonstruierten Orientierungsrahmen der einzelnen Fälle abstrahiert und gemeinsame Typen gebildet. Somit kann auch ein Orientierungsrahmen, der zunächst nur in einem Fall sichtbar wurde, auch für andere Fälle hervortreten. Die *soziogenetische Typenbildung* bezieht die sozialen Zusammenhänge und Konstellationen der eruierten Orientierungsrahmen ein. So werden die Fälle der herausgearbeiteten Typen hinsichtlich verschiedener soziogenetischer Dimensionen wie Lebensalter, Geschlecht, Bildungsmilieu, Sozialraummilieu o.ä. verglichen und darauf basierend die Typenbildung erweitert (vgl. ebd., S. 51ff.; Bohnsack 2008, S. 50).[68]

[68] Aufgrund der Größe und der Ausgestaltung des vorliegenden Samples mit überwiegend weiblichen Auszubildenden erfolgt in dieser Forschungsarbeit keine soziogenetische Typenbildung.

9 Analyseergebnisse der leitfadengestützten Interviews mit den Lehrkräften

Im Folgenden werden die Ergebnisse der Analyse der sechs leitfadengestützten Interviews mit den Lehrkräften des Bildungsbereichs Sprache(n)/Medien erörtert. Zu Beginn der Darstellung der Analyseergebnisse jedes Interviews steht ein Zitat der Lehrkraft, in dem sich der Orientierungsrahmen des/der Interviewten besonders treffend dokumentiert. Die Namen der Lehrkräfte wurden anonymisiert.

Zur Analyse wird das Begriffsinstrumentarium der dokumentarischen Methode herangezogen. Dies gilt auch für die Analysen der Gruppendiskussionen mit den Auszubildenden.

Da die Auszubildenden von den Lehrkräften in den Interviews oft als „Schüler/innen" bezeichnet werden, wird dieser Begriff neben dem der Auszubildenden ebenfalls in der Analyse verwendet.

9.1 Thomas Westermeier

„Ich glaube einfach, dass sie nicht die Notwendigkeit sehen und vielleicht auch keine Lust haben, das zu machen."

9.1.1 Zur Lehrkraft und den Ausbildungsinhalten

9.1.1.1 Beruflicher und medienpädagogischer Hintergrund

Thomas Westermeier ist zum Zeitpunkt des Interviews 41 Jahre alt. Er leitet die Abteilung Sozialpädagogik an der Fachschule und unterrichtet Sprache(n)/Medien sowie Sport. Des Weiteren betreut er die angehenden Erzieher/innen im Rahmen ihrer Praktika.

Westermeier hat das Fach Sozialpädagogik für die Berufsschule studiert. Im Rahmen seiner zweiten Staatsarbeit im Jahr 1997 hat er ein medienpädagogisches Thema behandelt. Seit dem Ende seines Referendariats vor 14 Jahren ist Medienpädagogik ein Schwerpunkt seiner Arbeit. Da er selbst damals der einzige junge Kollege an der Fachschule war und keiner der älteren Kollegen Medienpädagogik aufgrund mangelnder Kenntnisse unterrichten wollte, übernahm er den Bereich. Ihm wurde von damaligen Kollegen/innen dazu geraten, sich selbst eine „*Nische*“ (Z. 1174) zu suchen, um keinem „*Kollegen auf die Füße*“ (Z. 1175) zu treten. Diese Nische stellte der Bereich Medienpädagogik dar. Zukünftig wird Westermeier den Bereich abgeben, da er in anderen Unterrichtsfächern dringender gebraucht werde, was er bedauert. Im komparativen Vergleich zu anderen Lehrkräften kann Westermeier als Experte für den Bereich der Medienpädagogik bezeichnet werden. Gemeinsam mit zwei Kollegen/innen hat er ein medienpädagogisches Lehrbuch herausgegeben, das er auch im Unterricht eingesetzt hat. Dieses sei mittlerweile jedoch veraltet, da die beschriebenen Medienprojekte sich auf „*alte Medien*“ (Z. 1204) beziehen würden und/oder mittlerweile anders medienpädagogisch gearbeitet würde als zur Veröffentlichung des Buches im Jahr 2001.

Des Weiteren besucht der Lehrer medienpädagogische Fortbildungen – er ist also trotz jahrelanger Lehrerfahrung bereit, sich weiterzubilden. Über eine solche Fortbildung erfolgte auch der Kontakt zur Forscherin.

9.1.1.2 Sprache(n)/Medien an der Fachschule

An der Fachschule von Thomas Westermeier wird Sprache(n)/Medien mit zwei Stunden in der Woche in der Erzieher/innen-Ausbildung unterrichtet. Während Westermeier und eine Kollegin den Oberstufenunterricht (zweites Ausbildungsjahr) in Sprache(n)/Medien übernehmen, in welchem elektronische Medien thematisiert werden, unterrichten zwei andere Kolleginnen im ersten Ausbildungsjahr vor allem die Themen Kinderliteratur (Wie führt man Kinder an Literatur heran?) und Bilderbuchbetrachtung (Didaktik u. Methodik einer Bilderbuchbetrachtung, Auswahl eines Bilderbuches, Präsentation). Die Entscheidung für die Trennung der Inhalte auf die zwei Ausbildungsjahre erfolgte aus pragmatischen Gründen, sodass die einzelne Lehrkraft weniger Inhalte abdecken muss.

Da die Fachschule in ein Berufskolleg mit weiteren Ausbildungsformen eingebettet ist, können die Schnittplätze der gestalterischen Abteilung des Berufskollegs für die medienpraktische Arbeit im Bereich Sprache(n)/Medien genutzt werden. Darüber hinaus werden auch die Schnittplätze des nahe gelegenen Medienzentrums verwendet. Aufgrund der guten medialen Ausstattung der angehenden Erzieher/innen werden zudem oftmals deren eigene Geräte genutzt.

9.1.1.3 Medienpädagogik als Inhalt der Erzieher/innen-Ausbildung

Der medienpädagogische Unterricht von Thomas Westermeier beinhaltet sowohl theoretisch-reflexive Inhalte als auch medienpraktische Anteile. Das Unterrichtskonzept ist wie folgt aufgebaut: Zu Beginn wird die eigene Medienbiografie behandelt und die heutige Mediennutzung der Schüler/innen mit der Mediennutzung in ihrer Kindheit verglichen. Des Weiteren erfolgt eine Auseinandersetzung mit dem „*Mediennutzenansatz*“ (Z. 53).[69] Um die Reflexionsfähigkeit der Schüler/innen im Hinblick auf Medien und Mediennutzung zu stärken (Medienkritikfähigkeit), werden verschiedene Themen wie Lerntheorien, Medienmanipulation, „*Medien schaffen Öffentlichkeit*“ (Z. 870) (Datenschutz und Privatsphäre) oder auch die selektive Aufnahme des menschlichen Gehirns von (medialen) Informationen behandelt. Hierbei knüpft Westermeier an der Lebenswelt der Schüler/innen an und geht beispielsweise auf Datenskandale von „Facebook“ ein (vermutlich hinsichtlich der Änderung von Geschäftsbedingungen ohne Wissen der Nutzer/innen o.ä.) (vgl. merkur-online.de 2009). Zur Verdeutlichung der Inhalte nutzt er Medien, bspw. ein Video eines Sprachforschers, welcher die Sprache von Politikern/innen und damit einhergehende Manipulationsversuche der Rezipienten/innen analysiert. Darüber hinaus werden Medien produktionsorientiert eingesetzt. Dabei versucht Westermeier, ein möglichst breites Spektrum an Medienarten abzudecken. Beispielsweise wird aktuell ein Hörspiel produziert – hierfür wurden im Anschluss an eine Fortbildung Mikrofone mit USB-Anschluss angeschafft – und ein Video gedreht.

Westermeiers Darstellung der medienpädagogischen Unterrichtsinhalte verdeutlicht, dass der Lehrer eine große Themenvielfalt abdeckt. Eine feste Anbindung medienpädagogischer Themen an die Praxis – etwa indem die Schüler/innen die Aufgabe gestellt bekommen, ein medienpädagogisches Projekt während ihres Praktikums umzusetzen – erfolgt jedoch nicht.

9.1.2 Zu den angehenden Erziehern/innen

9.1.2.1 Medialer Habitus und Medienkompetenz

9.1.2.1.1 Mediennutzung und Medienkompetenz

Westermeier beschreibt eine parallel stattfindende Nutzung verschiedener Medien durch die angehenden Erzieher/innen: „*[...] die machen den Fernseher an, äh, um ihn nebenbei laufen zu lassen, haben parallel den Rechner an*“ (Z. 860-861). Der Fernseher diene als „*Hintergrund*“ (Z. 863) bzw. „*Untermalung [...] im täglichen Leben*“ (Z. 864). Hierbei zieht er einen Vergleich zur eigenen Jugend, in welcher das Radio die Funktion des Fernsehers als ‚Nebenbeimedium‘ eingenommen hätte.

69 Kernaussage des Nutzenansatzes bzw. des „Uses and Gratifications Approach“ ist, dass Menschen aufgrund verschiedenster Bedürfnisse spezifische Medieninhalte nutzen (z.B. zur Stimmungsregulation, zu Kommunikationszwecken oder zur Informationsbeschaffung) (vgl. Katz et al. 1973-1974).

Hinsichtlich der Medienkompetenz der Erzieher/innen sieht Westermeier keinerlei Defizite im technischen Umgang. Dementsprechend würden an der Fachschule, anders als in der Vergangenheit, auch keine Computerkurse mehr für die Schüler/innen angeboten. Den selbstverständlichen Umgang der Auszubildenden mit elektronischen Medien stellt Westermeier über den Gebrauch folgender Metapher dar: *„Und, ähm, benutzen die Medien, äh, genauso wie man sich ein Butterbrot schmiert"* (Z. 621-622). Der Umgang mit Medien erfolgt laut Westermeier somit vollkommen intuitiv und ohne jegliche Mühe.

Im weiteren Verlauf des Interviews differenziert Westermeier auf die Frage nach der Medienkompetenz der Auszubildenden hinsichtlich damit verbundener Einzeldimensionen (Z. 865-916): Während er wiederholt darstellt, dass die technische Mediennutzung sehr gut beherrscht werde, sieht er deutliche Schwächen im Bereich der Medienkritik (dies benennt er jedoch nicht explizit mit diesem Begriff), bzw. Medienreflexion. So sei den angehenden Erziehern/innen durchaus bewusst und dies würden sie auch dementsprechend formulieren, dass sie den Fernseher als *„[Untermalung]"* (Z. 864) des Alltags nutzen. Dies würden sie auch selbst negativ konnotieren: *„Ähm, die wissen oder sie können schon beurteilen und sagen, ähm, ‚ja, ich hab wieder zu viel Fernsehen geguckt, ich weiß, dass das schlecht ist'"* (Z. 914-915). Auch über die Motive der eigenen Mediennutzung könnten die Schüler/innen Auskunft geben (z.B. zur Entspannung, zur Arbeit etc.) (vgl. Z. 857-859), die Medieninhalte würden jedoch nicht reflexiv in den Blick genommen (vgl. Z. 913-916). Problematisch ist aus Sicht von Westermeier die mangelnde Reflexionsfähigkeit der Schüler/innen im Hinblick auf die eigene Mediennutzung und damit verbundene Risiken:

> Ähm, (...) w/ wir diskutieren denn dann auch, ob die Reality-Soaps oder oder diese ganzen Dokumentationssendungen nicht, ähm, moderner, äh, Voyeurismus und Exhibitionismus sind. Jeder will sich darstellen. „Facebook", diese ganzen Sachen. Ich freue mich jedes Mal, wenn die nen Datenskandal haben. Ähm u/ und kann dann sagen „So, (...) ne? Da seid ihr und ähm, jetzt überlegt mal, was ihr eigentlich unreflektiert von euch preisgebt." Ähm (...), aber wir hier als Schule, wenn wir mal irgendwie drei Daten rausgeben wollen, brauchen wir fünf Genehmigungen dafür. Ne und die stellen alles in ins Netz ins Internet und das Internet vergisst ja nie (Z. 870-878).

9.1.2.1.2 Medialer Habitus: Vorstellungen und Beurteilungen

Im Rahmen ihrer Ausbildung setzen sich die Schüler/innen im Fach Projektarbeit mit einem selbst gewählten Thema auseinander. Die Antwort von Westermeier auf die immanente Nachfrage der Interviewerin nach den behandelten medienpädagogischen Themen im Fach Projektarbeit liefert Hinweise auf den medialen Habitus der Schüler/innen, der durch eine Risikofokussierung im Hinblick auf kindliche Medienwirkungen beschrieben werden kann. So haben die Auszubildenden, die ein medienbezogenes Thema gewählt haben, den Einfluss von Medien auf die Entwicklung von Kindern und Prävention vor allem hinsichtlich negativer Medienwirkungen behandelt. Zwar habe Westermeier versucht, auch eine positive Sicht auf Medien anzuregen, dies sei aber nicht gelungen:

> [...] grundsätzlich hat man, ähm, Medien, äh, da immer negativ beleuchtet und hat immer gesagt, „wir gucken, äh, was machen die Medien Schlechtes (…) mit dem Kind?“, ähm und „wie können wir dann darauf reagieren“ (Z. 165-167)?

9.1.2.2 Medienerzieherischer Habitus

Verständnis und Haltung hinsichtlich Medienerziehung

Westermeier nimmt im Hinblick auf das Verständnis von Medienerziehung einen Perfektionsanspruch auf Seiten der angehenden Erzieher/innen wahr, den Westermeier ablehnt (negativer Horizont). Die Schüler/innen denken und hätten dahingehend eine „*Erwartungshaltung*“ (Z. 743) an sich selbst, dass Medienerziehung bedeute, professionelle Medienprodukte mit den Kindern zu erstellen. Damit einhergehend lehnen sie eine produktionsorientierte Medienarbeit mit Kindergartenkindern ab, da die Erstellung eines professionellen Produkts nicht umsetzbar sei:

> Die die die, ähm, wollen letztendlich unter Medien dann auch, ähm, das machen, was sie (...) letztendlich selber (...) sehen oder, äh mit den Medien erfahren, ähm. Und und sagen dann sofort, „das können wir ja mit Kindern im Kindergarten gar nicht machen. Wir können keinen Film produzieren. Wir können kein ‚PowerPoint‘ machen. Wir können kein (...) Programm, äääh (...), programmieren. Und deswegen machen wir es erst gar nicht.“ Und dann lassen die lieber die Finger (...) von allen Medien (Z. 737-743).

Das Problem bestehe darin, dass den Schüler/innen nicht bewusst sei, mit welch einfachen Mitteln Medienerziehung umgesetzt werden und damit einhergehend die Medienkompetenz der Kinder gefördert werden könne (bspw. indem mit Kindern selbst Filmszenen nachgestellt werden):

> Und der Erkenntnisprozess, dass, ähm, dass wenn ich, äh, Medien selber mache, äh, das schon wirklich zu diesen (...) diesen Denkstrukturen auch bei Kindern führen kann. Äh, dass die dann irgendwann sagen, „ach, das ist ja alles gar nicht echt.“ Ähm (...) und dann über Filme nachdenken, äh, (…), da kommen die von alleine gar nicht drauf. Das muss man denen erst mal (...) erklären, wie, äh, Medienpädagogik dann funktioniert, damit sie, ähm, für Kinder eben auch reflexiv ist (Z. 698-703).

Dieser aus Sicht von Westermeier „*falsch [verstandenen] Medienpädagogik*“ (Z. 728-729) (Modus der Bewertung) könne durch produktionsorientierte Medienarbeit begegnet werden: Westermeier erzählt vom Einsatz der kürzlich angeschafften Mikrofone in einer Projektwoche, was „*unheimlich viel Spaß*“ (Z. 756) gemacht habe. Die Schüler/innen wollten zunächst ein „*tolles*“ (Z. 754), aufwendiges Video drehen. Dies wurde jedoch nicht gemacht, sondern Audioaufnahmen erstellt, die auch am Computer nachbearbeitet werden konnten (vgl. Z. 668-785).

Subjektive Wichtigkeit des Faches Sprache(n)/Medien im Kontext der Ausbildung und von Medienerziehung in der Kindertagesstätte

Ein Orientierungsrahmen von Thomas Westermeier besteht darin, dass die angehenden Erzieher/innen die Relevanz von Medienerziehung nicht wahrnehmen würden. Dies gelte sowohl im Hinblick auf die eigene Ausbildung als auch die medienpädagogische Arbeit in den Einrichtungen. Das Fach Sprache(n)/Medien werde von den Schüler/innen oft als *„nettes Beiwerk"* (Z. 88) gesehen, das sie *„vielleicht gar nicht so ernst"* (Z. 89) nehmen. Als implizite mögliche Erklärung dafür führt Westermeier im Modus der Argumentation an, dass das Fach nicht prüfungsrelevant sei. Stattdessen scheint es eher als ein Fach wahrgenommen zu werden, bei dem man sich entspannen und ‚nett unterhalten' kann:

> Und (gedehnt) ähm, die müssen selber auch erst mal erkennen, dass es schon, äh, wichtig ist für die Ausbildung und, ähm, dass man das Fach auch ernst nehmen (...) sollte. Ähm, manchmal glauben die so ein bisschen, „da machen wir nette Dinge mit der Videokamera und dann reden wir über Filme oder über das was man in den Medien sieht" und das war es dann (Z. 92-96).

Auf die immanente Nachfrage der Interviewerin, ob sich diese Wahrnehmung (bzw. dieser medienerzieherische Habitus) im Laufe der Ausbildung verändert, verneint Westermeier und begründet dies mit einem trägen medialen Habitus, der sich wiederum auf den medienerzieherischen Habitus auswirke. Westermeiers Beschreibung knüpft somit an die von Bourdieu konstatierte Hysteresis des Habitus an:

> Ähm (...) und ähm, ich glaube auch nicht, dass sich grundsätzlich die Einstellung zu Medien oder ähm, der Stellenwert, äh für Medien verändert. Den haben die durch die private Nutzung eigentlich sehr, äh, gefestigt. Und nehmen das dann auch mit in die Arbeit mit den Kindern und mit in den Kindergarten (Z. 110-114).

Erneut benutzt Westermeier die Metapher des *„[netten] [Beiwerks]"* (Z. 126), welches das Fach für die Auszubildenden darstelle. Dies begründet er im Modus der Beschreibung: Nur zweimal seit 2004 (das heißt innerhalb von sieben Jahren) haben Auszubildende im Fach Projektarbeit ein medienpädagogisches Thema bearbeitet. Stattdessen würden die angehenden Erzieher/innen *„[klassische] Themen"* (Z. 147) wie taktile Wahrnehmung oder Entwicklung wählen, die sowohl in der Ausbildung als auch in der Kita selbst *„einen etwas höheren Stellenwert"* (Z. 149) hätten. Auch in anderen Passagen wird deutlich, dass aus Sicht des Lehrers die angehenden Erzieher/innen medienpädagogischen Inhalten im Rahmen der Ausbildung eine geringere subjektive Relevanz als anderen Themenbereichen zuschreiben (vgl. Z. 174-198; 1009-1168): Eine Materialsammlung zur Förderung der Werbekompetenz von Kindergartenkindern (konzipiert durch die Landesmedienanstalten), die über die Fachschule zur Verfügung gestellt wurde, wurde nur von einer einzigen Schülerin ausgeliehen. Dementsprechend schließt Westermeier auf ein geringeres *„Interesse"* (Z. 1076) der Schüler/innen für das Thema Medienerziehung. Dies sieht Westermeier mit einem höheren Interesse für gewohnte Kita-Themen (*„man hat wirklich lieber erst mal gebastelt“*, Z. 1076-1077), einer geringen Ausstattung mit Mediengeräten und medienpädagogischen Materialien der Einrichtungen und dem Umstand, dass nur wenige Einrichtungen medienerzieherisch tätig seien, verknüpft:

> [...] wenn da einer sagt, „gut, ich möchte jetzt mal im Praktikum, äh, was zu Medien machen“, dann werden die sagen, „ja, toll. Super.“ Und dann wird er gucken: „Wo ist, sind die Ausstattungen? Was kann ich denn hier überhaupt machen?“ Und wird ü/ keine Medien vorfinden und dann ist die Sache auch meistens schon zu Ende, ähm, mit Medien was zu machen. [...] Und, ähm (...). Ja, das nehmen die mit“ (Z. 186-192).

Zudem würden die Schüler/innen, um eine gute Ausbildungsnote zu erzielen, ihren Ausbildungsfokus dann mehr auf die Dinge, ähm, lenken, die sie dann auch wirklich umsetzen können im Praktikum. [...] Und dann nicht in Bereiche reingehen, wo es von den Ressourcen her auch, ähm, in den Einrichtungen gar nicht so ist, dass man da, äh, großartig was machen kann (Z. 193-197).

In einer anderen Passage des Interviews beschreibt Westermeier jedoch eine zumindest kurzfristig gesteigerte Reflexion der Auszubildenden im Hinblick auf Medien. Bei Unterrichtsinhalten zur Medienreflexion (z.B. Datenskandal bei „Facebook“) würden die Auszubildenden *„irgendwie wach werden“* (Z. 868-869) (vgl. Z. 865-913) und einige würden nach einer solchen Unterrichtseinheit auch die Rückmeldung geben, dass sie Medieninhalte nun reflexiver nutzen:

> Und nachher haben dann a/ einige schon mal gesagt, „ja, okay, wenn ich jetzt Werbung gucke oder wenn ich jetzt, ähm, das ein oder andere auch lese in der Zeitung, ähm, dann, äh, denk ich schon mal da drüber nach, ob ob das jetzt alles, äh, (...) so stimmt und was das mit mir eigentlich gemacht hat“ (Z. 899-903).

Dennoch nimmt Westermeier keine nachhaltige Wirkung auf eine gesteigerte Reflexion auf Seiten der Auszubildenden wahr.
Westermeier nimmt zudem an, dass die Schüler/innen die *„Notwendigkeit“* (Z. 623) für Medienerziehung in der Kita nicht sehen würden und *„vielleicht auch keine Lust“* (Z. 624) dazu hätten. Im Modus der Argumentation benennt er dafür zwei Motive: Zum einen die Mediatisierung des Alltags, die Medien zu etwas Selbstverständlichem und weniger Interessantem machen würden – *„Was ich tagtäglich benutze, ähm, mh, ist ja kein Highlight mehr“* (Z. 624-625) – und zum anderen stellt er wiederum die mangelnde Reflexion der angehenden Erzieher/innen dar, welche bei mittlerweile älteren Erzieher/innen, als diese jung waren, stärker vorhanden gewesen sei:

> Und, ähm, vielleicht sehen die auch gar nicht, äh, so reflexiv, äh, diese Medien, wie wie es die älteren Kollegen gemacht haben (Z. 625-626).

Letzteres steht jedoch im Widerspruch zu einer anderen Interviewpassage: *„Ähm, die wissen schon, dass eine reflexive Mediennutzung auch für Kinder schon wichtig ist und dass sie da heranführen“* (Z. 121-123).

9.1.3 Zu den Bedingungen der Einrichtungen

9.1.3.1 Medienerzieherischer Habitus der Erzieher/innen: Praxis der Medienerziehung

Aus Sicht von Westermeier spielt Medienerziehung in den Einrichtungen kaum eine Rolle. In Bezug auf die Ausstattung bemängelt Westermeier, dass zum einen zu wenig Mediengeräte vorhanden seien (der Computer gehöre jedoch mittlerweile zur Grundausstattung) und dass zum anderen im Gegensatz zu Materialien des Bildungsbereichs Kreativität, der nach wie vor im Fokus der Einrichtungen stünde, zu wenig medienpädagogische Materialien bereitständen:

> Äh, in jeder Einrichtung finden Sie 40, 50 Bastelbücher, aber Sie finden nicht mal einen, äh, ähm, Spiel, äh, zur Medienpädagogik (Z. 1020-1022).

Das vorhandene ökonomische Kapital (transferiert in Mediengeräte und medienpädagogische Materialien) rege somit die Erzieher/innen nicht dazu an, Medienerziehung umzusetzen. Diesbezüglich ist seine These, dass bei einer höheren Ausstattung mit Medien und medienpädagogischen Materialien, das Thema auch stärker von den Erziehern/innen in den Einrichtungen aufgegriffen würde.

Westermeier kennt keine einzige Einrichtung, die medienpädagogisch aktiv ist. Zwar würde auch über präferierte Filme und Sendungen der Kinder und damit verbunden auch über Sendezeiten gesprochen, dies erfolge jedoch nicht *„bewusst"* (Z. 231), worunter er auch die Durchführung expliziter medienpädagogischer Projekte versteht.

Eine Verknüpfung von Medienerziehung mit anderen Bildungsinhalten wie z.B. im Bereich der Naturwissenschaften mit dem „Haus der kleinen Forscher" oder Bewegungserziehung erfolge *„zu wenig"* (Z. 254; 259). Stattdessen griffen die Einrichtungen auf das ihnen Bekannte zurück:

> [...] wenn die in die Sporthalle gehen und Bewegungserziehung machen z.B., dann ist das klassisch eine Reise, „wir fahren in den Dschungel" oder so. Ähm, eh oder oder da wird einfach nur eine Bewegungslandschaft aufgebaut. (...) Aber auch da kann man dann Medieninhalte aufgreifen. Ähm und das (...), da brauche ich keinen keinen Computer für (Z. 254-258).

Einrichtungen, die das ihnen kostenlos zur Verfügung gestellte Sprachförderprogramm „Schlaumäuse" nutzen, sind Westermeier nicht bekannt. Zudem hätten sich medienpädagogische Elternabende nicht in den Einrichtungen etabliert.

Im Rahmen der Bildungsdokumentation würden zwar Fotos gemacht, die Kinder würden jedoch nicht im Sinne handlungsorientierter Medienarbeit eingebunden: *„[...] das Foto macht die Erzieherin, das druckt die Erzieherin aus. Da ist das Kind weniger dran beteiligt, außer dass es selbst darauf zu sehen ist und das Foto vielleicht nachher selbst in seine Mappe heften darf"* (Z. 562-564).

9.1.3.2 Medienerzieherischer Habitus: Vorstellungen und Beurteilungen

Als möglichen Grund dafür, dass der Fotoapparat nicht medienpädagogisch in den Einrichtungen eingesetzt werde, führt Westermeier an, dass die Einrichtungen aufgrund der Durchdringung der Alltagswelt mit digitalen Fotografien nicht die Notwendigkeit sähen, dies mit den Kindern zu thematisieren:

> [...] ich denke vielleicht dann auch, (...) Einrichtungen nutzen das, was Kinder sowieso schon, äh, kennen. Aber, ähm, (...) unreflektiert. Ääh, weil sie auch meinen, dass es zum Alltag gehört, hatte ich ja gerade schon gesagt, dann da auch nicht weiter drauf eingehen müssen (Z. 599-602).

Westermeier nimmt somit für die Erzieher/innen in den Einrichtungen – wie auch bei den Auszubildenden – eine mangelnde Reflexion und Relevanzwahrnehmung hinsichtlich Medienerziehung wahr.

Zudem verstünden sich die Einrichtungen teilweise als *„medienpädagogischer [...] Schutzraum"* (Z. 182-183), der Alternativen zum familiären Medienkonsum bieten möchte, was auch teilweise von Eltern erwartet werde (vgl. Z. 178-183; 378-425). In diesem Zusammenhang sieht Westermeier ein *„Selbstverständnisproblem"* (Z. 416) der Einrichtungen, welche selbst unsicher seien, inwiefern sie in die elterliche Erziehung eingreifen können und möchten, bspw. durch die Umsetzung von Medienerziehung in der Kita oder indem sie Eltern (medien)erzieherische Tipps geben. Dies führe dazu, dass die Einrichtungen trotz einer medienbezogenen Problemwahrnehmung nicht handelten. So würden die Einrichtungen das sogenannte *„[Montagssyndrom]"* (Z. 436) – die Unausgeglichenheit und das Aufgekratztsein der Kinder nach dem Wochenende – bemängeln, aber keine Maßnahmen ergreifen, sondern dies *„[stillschweigend] [akzeptieren]"* (Z. 443).

9.1.3.3 Medialer Habitus der Erzieher/innen

Westermeier nimmt einen risikobehafteten Blick der Erzieher/innen auf elektronische Medien wie einen Computer in der Kita wahr. So verfügten die Einrichtungen zwar oftmals über einen Computer, der auch von den Kindern genutzt werden dürfte, *„[...] aber dann vielleicht nur, um zu lernen, wie man damit umgeht, damit sie den zu Hause nicht zu viel nutzen"* (Z. 180-181). Eine weitere Auseinandersetzung (z.B. in Form eines Computerführerscheins o.ä.) erfolge somit nicht.

9.1.3.4 Berufsethischer Habitus der Erzieher/innen

Westermeier sieht die Entscheidung, ob Medienpädagogik in den Einrichtungen umgesetzt wird, vor allem als *„Frage von Wollen oder nicht Wollen"* (Z. 484-485). Neben einer eher geringen Relevanzwahrnehmung von Medienerziehung und einem bewahrpädagogischen Ansatz, der teilweise vorliege, geht Westermeier auch auf den berufsethischen Habitus und die Schwerpunktsetzungen der Kita ein. Dies wiederum sei mit den Rahmenbedingungen der Einrichtungen verknüpft. Die Einrichtungen seien „*mittlerweile*" (Z. 226) derart mit ihrem „*[Kerngeschäft]*" (Z. 227) beschäftigt, dass „*gewisse Dinge*" (Z. 227) wie Medienpädagogik nicht umgesetzt würden. Zudem müssten sich die Einrichtungen für bestimmte Schwerpunkte in der pädagogischen Arbeit entscheiden, was dazu führen könne, dass elektronische Medien nicht eingesetzt werden und Medienerziehung kein Platz eingeräumt wird:

> Viele steigen zum Beispiel um und werden Bewegungskindergarten, das ist auch so ne Tendenz, dass die (...) sagen und das ist ja, denke ich mal auch, ähm, wissenschaftlich vermutlich nachweisbar, zumindest auch medizinisch, nnh, dass die Kinder sich weniger bewegen. Und ähm, dann sagen die Einrichtungen natürlich, „was sollen wir die hier bei uns noch vor die Medien setzen? [I: Ja (lacht leicht).] Wir werden lieber Bewegungskindergarten." Und schon fliegen die Rechner alle raus und die Stühle gleich mit. Und dann ist man Bewegungskindergarten. Und ähm (...) sagt, „das ist jetzt unser Schwerpunkt" (Z. 541-546).

Je nach Schwerpunktsetzung könne somit die Integration von Medien in der Kita auch als Hindernis für das Erreichen pädagogischer Ziele wahrgenommen werden, wie Westermeier am Beispiel des Bewegungskindergartens aufzeigt.

9.1.3.5 Umsetzungsmöglichkeiten von Medienerziehung

Die zeitlichen Rahmenbedingungen sieht Westermeier als zusätzlich begrenzenden Faktor für die Umsetzung von Medienerziehung. Bei entsprechender konzeptioneller Umsetzung könne Medienerziehung jedoch gelingen, wenn die Erzieher/innen dazu bereit seien. Etwa indem statt in festen Kindergruppen im Rotationssystem mit einem Funktionsbereich zum Thema Medien gearbeitet werde. Auf diese Weise würde die Betreuung vieler Kinder nicht auf eine einzelne/n Erzieher/in zurückfallen, wenn der/die andere Erzieher/in aufgrund eines Projekts nicht in der Gruppe tätig sei. Eine andere Möglichkeit sei, nachmittags medienpädagogisch mit den Vorschulkindern zu arbeiten, da nachmittags weniger Kinder zu betreuen seien.

9.1.3.6 (Gesetzliche) Rahmenbedingungen

Zudem wurden die (gesetzlichen) Rahmenbedingungen der Arbeit in der Kita im Interview aufgegriffen.

Das Kinderbildungsgesetz, das mit einem festgelegten Betreuungsschlüssel der Einrichtungen verbunden ist, sieht Westermeier nicht prinzipiell als hemmenden Faktor für Medienerziehung, da die zeitlichen Ressourcen auch vor der Gesetzesänderung knapp gewesen seien. Zudem hätten sich für die Einrichtungen durch das KiBiz teilweise auch personelle Verbesserungen ergeben.

Ob die Erzieher/innen den Entwurf des Bildungsplans von NRW („Grundsätze zur Bildungsförderung"), in dem Medien einen eigenständigen Bildungsbereich darstellen, gelesen haben, ist sich Westermeier unsicher. Er schätzt den Plan als *„viel zu (...) unkonkret"* (Z. 313) ein, da dieser keine verbindlichen Altersvorgaben festlege, in denen bestimmte medienpädagogische Projekte durchgeführt werden sollten:

> [...] wenn man einfach vielleicht mal reinschreibt, (...) ähm, dass bis zum sechsten Lebensjahr jedes Kind mal, äh, schon mal seine Mediennutzung reflektiert haben muss und dann vielleicht ein paar Methoden dahinschreibt, wie man das machen könnte. Ähm, das wäre einmal ein übergeordnetes Ziel und dann (...), ähm, die die Methodik könnte sich ja jeder selber aussuchen, ne? Das wäre doch schon verbindlicher (Z. 971-978).

Zudem bezieht sich der Bildungsplan auf Kinder im Alter von null bis elf Jahren und umfasst somit die Arbeit des Kindergartens als auch der Grundschule. Dies könne dazu führen, dass die Erzieher/innen die Verantwortung auf die Grundschule ‚abschieben' (vgl. Z. 311-313). Hinzu käme, dass die Erzieher/innen sich möglicherweise auch nicht zutrauen, medienpädagogisch zu arbeiten. Wenn über einen Bildungsplan klare Altersvorgaben mit verbindlichen Inhalten gemacht würden und somit auch die Zuständigkeit durch die Kindertagesstätte oder die Grundschule festgeschrieben sei, würde Medienerziehung, so Westermeiers These, *„in den Einrichtungen auch umgesetzt"* (Z. 323). Aktuell jedoch erfolge dies freiwillig und jede Einrichtung könne *„entscheiden, ob sie das macht oder nicht"* (Z. 324-325). Als positiven Vergleichshorizont nennt er den konkreteren und verbindlicheren bayerischen Bildungsplan.

9.2 Elisabeth Dittrich-Schreiner

„[...] die intrinsische Motivation mit Medien aktiv umzugehen, ist bei ihnen nur sehr begrenzt vorhanden"

9.2.1 Zur Lehrkraft und den Ausbildungsinhalten

9.2.1.1 Beruflicher und medienpädagogischer Hintergrund

Elisabeth Dittrich-Schreiner ist 59 Jahre alt. Sie unterrichtet am Berufskolleg die Fächer Sprache(n)/Medien, Deutsch und Kunst. Die Lehrerin arbeitet seit 16 Jahren am Berufskolleg. Sie hat maßgeblich den Medienbereich der Schule mit aufgebaut, indem sie für die Anschaffung der Mediengeräte zuständig war.

Dittrich-Schreiner hat die Studienfächer Deutsch und Kunst auf Lehramt für das Gymnasium studiert. Nach dem Referendariat hat sie an der Universität als wissenschaftliche Mitarbeiterin in den Bereichen Sprachwissenschaft und Wissenschaftsjournalismus gearbeitet.

Die Lehrerin ist sehr medienaffin und bereits seit ihrer Kindheit mediengestalterisch tätig. Heute schätzt sie vor allem den Bereich der Fotografie. Sie zeichnet sich durch eine hohe medienpädagogische Qualifikation aus: Sie nimmt pro Jahr an ein bis zwei medienpädagogischen Fortbildungen teil und versucht *„immer auch ein bisschen auf dem Laufenden zu bleiben“* (Z. 125-126).

9.2.1.2 Sprache(n)/Medien an der Fachschule

Sprache(n)/Medien ist mit zwei Unterrichtsstunden pro Woche an der Fachschule verankert. Da Dittrich-Schreiner die medienbezogenen Inhalte jedoch teilweise auch mit den Fächern Deutsch und Kunst verknüpft, erhöht sich das Zeitkontingent für die Auseinandersetzung mit medienpädagogischen Inhalten. Im Gegensatz zur Fachschule von Thomas Westermeier wird Sprache(n)/Medien sowohl im ersten als auch im zweiten Ausbildungsjahr mit Bezug auf elektronische Medien unterrichtet.

Je nach Beschluss der Bildungsfachkonferenz der Fachschule, welche die Fächerkombinationen der jährlichen Fachschulexamina festlegt, ist Sprache(n)/Medien im Fachschulexamen verankert oder eben nicht.
Neben Dittrich-Schreiner unterrichten zwei weitere Personen an der Fachschule Sprache(n)/Medien.

Anders als am Berufskolleg von Thomas Westermeier, an dem die Themen der in der Ausbildung verankerten Projektarbeit durch die Schüler/innen frei gewählt werden können, ist die Umsetzung einer medienbezogenen Projektarbeit an der Fachschule von Elisabeth Dittrich-Schreiner nicht möglich. Diese müssen in den Schwerpunkten „Naturwissenschaften“ und „Arbeitsfelder für Erzieherinnen“ umgesetzt werden.

9.2.1.3 Medienpädagogik als Inhalt der Erzieher/innen-Ausbildung

Der Unterricht von Dittrich-Schreiner setzt sich sowohl aus medienpraktischer Arbeit als auch theoretischen Auseinandersetzungen zusammen. Laut Dittrich-Schreiner werden *„die ganzen Bereiche der Medienkompetenz“* (Z. 138) betrachtet. Dies führt sie durch einige Schlagworte aus: *„Medienkunde, Rezeption von Medien, Filmanalysen, aktive Medienarbeit“* (Z. 139). Hierbei betont sie, dass die Schüler/innen *„immer selber auch aktiv werden [müssen]“* (Z. 140-141). Hier dokumentiert sich das zentrale Unterrichtsziel von Dittrich-Schreiner, die Schüler/innen zu produktiver Medienarbeit zu bewegen. Die Filmanalyse, die einen festen Unterrichtsbestandteil darstellt (u.a. zu den Filmen „American Beauty“, „Vorstadtkrokodile“) dient dazu, den Schüler/innen Kenntnisse über Bildperspektiven und -ausschnitte zu vermitteln.

Diese Kenntnisse konnten die aktuellen Schüler/innen wiederum im Anschluss bei der Produktion einer eigenen Fotostory umsetzen. Der aktiven Medienarbeit im Bereich Fotografie weist die Lehrkraft einen hohen Stellenwert zu. Dementsprechend hat sie den Schüler/innen viel Material zur *„Fotografie im Elementarbereich“* (Z. 170) zur Verfügung gestellt. Am Bereich Fotografie schätzt die Lehrerin die Verfügbarkeit der Geräte (Fotohandys der Schüler/innen) sowie die schnelle Umsetzbarkeit, sodass die Schüler/innen *„relativ schnell Erfolge“* (Z. 158) erzielten. Als Kontrast dazu beschreibt sie Videoarbeit, die *„sehr, sehr zeitaufwendig“* (Z. 159) und aufgrund des großen Einzugsgebiets der Schüler/innen *„relativ schwierig“* (Z. 161) umzusetzen sei. Auch die Räumlichkeiten der Schule erschweren die Videoarbeit, da die Schnittplätze in den Informatikräumen angesiedelt sind und somit nur zeitlich begrenzt genutzt werden können.

Da in der Unterstufe das Praktikum im Elementarbereich absolviert wird, wird hier das Thema „Medienerziehung im Elementarbereich“ behandelt. Es werden *„medienpädagogische Grundfragen“* (Z. 371) betrachtet wie *„Was sind Bereiche der Medienerziehung?“* und *„Wo kann ich mich über Medienangebote für Kinder informieren?“* (Z. 371-372) (z.B. Internetportale, medienpädagogische Newsletter). In diesem Kontext setzen sich die Schüler/innen bspw. mit dem Vorschulfernsehprogramm des „KiKA“ und dem Programmteil für Kindersendungen der Fernsehzeitschrift „TV Spielfilm“ auseinander. Die Lehrkraft versucht, den Unterricht mit dem Praktikum in der Einrichtung zu verknüpfen, indem sie in den Blick nimmt, welche *„Ideen [umgesetzt]“* (Z. 144) werden können (z.B. „Kino in der Kita“). Zudem werden im Unterricht die altersspezifischen kognitiven und rezeptiven Fähigkeiten von Kindern, das Thema Gewalt und Computerspiele sowie verschiedene medienpädagogische/-erzieherische Konzepte behandelt (z.B. Verbot von Medien). Solche theoretischen Auseinandersetzungen seien jedoch laut Dittrich-Schreiner bei den Auszubildenden nicht beliebt. Auch die Mediennutzung der Schüler/innen wird in den Blick genommen (Fernsehreportage über „Facebook“).

Darüber hinaus weist die Lehrerin dem Fach Sprache(n)/Medien eine gewisse *„Dienstleistungsfunktion“* (Z. 362) für die gesamte Ausbildung zu, da die Auszubildenden ihre Computerkenntnisse vertiefen, indem sie u.a. den Umgang mit dem Präsentationsprogramm „Power Point“ und das Erstellen von Tabellen erlernen.

9.2.2 Zu den angehenden Erziehern/innen

9.2.2.1 Medialer Habitus und Medienkompetenz

9.2.2.1.1 Mediennutzung und Medienkompetenz

Dittrich-Schreiner beschreibt die Mediennutzung und -kompetenz der Schüler/innen in Abgrenzung zu älteren Auszubildenden, zur Lehrkraft selbst und zu ihrem Sohn. Sie beobachtet bei den Schüler/innen nur eine sehr geringe „intrinsische Motivation mit Medien aktiv umzugehen“ (Z. 530), d.h. Medieninhalte selbst zu produzieren oder funktional einzusetzen. Dies sieht sie auch mit einer geringeren Medienkompetenz, die weibliche Auszubildende für sich wahrnähmen, verbunden: *„Wie gesagt, die intrinsische Motivation ist nur ganz begrenzt da. Das ist sicherlich auch eine Frage dieses Frauenklischees“* (Z. 791-792). Als Gegenhorizont dazu beschreibt die Lehrkraft ihre eigene Mediennutzung, bereits als Kind habe sie selbst Reportagen erstellt (Z. 529-539). In einer späteren Passage (Z. 815-830) fungiert die Mediennutzung ihres Sohnes als positiver Gegenhorizont zum geringen Interesse der Auszubildenden. Dieser habe schon immer Musik gemacht, der produktive Umgang mit Medien sei immer selbstverständlich für ihn gewesen. Eine solche Freude an gestalterischer Medienarbeit auf Seiten der Auszubildenden zu fördern, ist ein zentrales Unterrichtsziel der Lehrkraft, da der *„Spaß“* (Z. 972) am aktiven Umgang mit Medien *„[...] [die] zentrale [Kompetenz]“* (Z. 972-973) sei, die zur Umsetzung von Medienerziehung in der Kita benötigt werde. Dieses Unterrichtsziel zu erreichen, sei jedoch *„schwierig“* (Z. 539). Wenn die Schüler/innen erkennen würden, dass sie eine solche Freude im Umgang mit Medien nicht haben, seien sie *„ganz erschrocken, ‚hab ich eigentlich nicht‘ “* (imitiert) (Z. 977-978). Dies stehe im Gegensatz zu den *„[älteren] [Studierenden]“* (Z. 862) in der Erzieher/innen-Ausbildung im Alter von Ende 20 bis Mitte 40, welche *„immer restlos begeistert“* (Z. 863) seien und die mit großem Interesse selbst Medieninhalte produzieren. Dieses erläutert Dittrich-Schreiner anhand von Exemplifizierungen: Ältere Auszubildende hätten ein Hörspiel erstellt und ein Bilderbuch vertont, was sie zudem als Bühnenstück aufgeführt hätten, anschließend sei noch ein Making Off erstellt worden. Die Jüngeren hingegen seien zwar mit PC und Handy *„zunehmend groß geworden“* (Z. 877-878), würden jedoch nur ein *„Minimum an [...] Funktionen“* (Z. 878-879) kennen (z.B. sei ihnen die Aufnahmefunktion von Handys nicht bekannt).

In der Beschreibung der Mediennutzung der Schüler/innen spiegelt sich der mediale Habitus der Lehrkraft wider, der durch eine Präferenz für öffentlich-rechtliche Inhalte und die Zeitung als Informationsmedium gekennzeichnet ist: Die Schüler/innen würden die Fernseh- und Radioprogramme der Öffentlich-Rechtlichen kaum nutzen und kennen, bspw. sei ihnen das Kinderradioangebot „Lillipuz“ von „WDR5“ nicht bekannt. Zudem hätten Zeitungen für die Schüler/innen *„ überhaupt keine gar keine Bedeutung mehr“* (Z. 896-897), was die Lehrkraft negativ beurteilt. Dementsprechend sieht Dittrich-Schreiner Defizite im Bereich der Medienkunde auf Seiten der Schüler/innen. Zentrale Medien für die Schüler/innen hingegen seien der Laptop und das Handy bzw. Smartphone. Beliebt sei bei den Schüler/innen zudem die Nutzung von „Facebook“, *„aber [...] auch da“* (Z. 848) seien die Schüler/innen *„relativ unkritisch“* (Z. 848). Das Wortpaar *„auch da“* dokumentiert, dass die Lehrkraft insgesamt die Mediennutzung der Schüler/innen als eher unkritisch einschätzt.

9.2.2.1.2 Medialer Habitus: Vorstellungen und Beurteilungen

Während für die Schüler/innen Medien (im Sinne einer rezeptiven Nutzung) eine hohe Relevanz hätten und sie sich selbst als medienkompetent wahrnähmen, stünden sie laut Dittrich-Schreiner einer kindlichen Mediennutzung auch zum Ende der Ausbildungszeit überwiegend kritisch gegenüber:

> [...] für mich nutze ich Medien gerne und da habe ich auch eine große Kompetenz und Medien sind aus meinem Leben nicht wegzudenken und diesen Zugang, dass Kinder mit Medien ganz selbstverständlich umgehen, da sind sie wirklich (3) ja, auch zum Schluss noch fast überwiegend kritisch (Z. 334-337).

9.2.2.2 Medienerzieherischer Habitus

Subjektive Wichtigkeit des Faches Sprache(n)/Medien im Kontext der Ausbildung und von Medienerziehung in der Kindertagesstätte

Im Interview mit Elisabeth Dittrich-Schreiner spiegelt sich als zentraler Orientierungsrahmen der Lehrerin die Selbstwahrnehmung der Auszubildenden als Schüler/innen, die sich in einer leistungsorientierten Ausbildung befinden, wider. Somit sähen die Auszubildenden sich selbst noch nicht in der Rolle als angehende Erzieher/innen:

> Und die (4), also was bei uns immer ein Problem ist, ist einfach, dass die (3) zwar wissen, dass sie letztendlich kompetenzorientiert ausgebildet werden, dass sie sich selber aber immer noch ganz stark als Schüler wahrnehmen. Und also sozusagen für die Fächer lernen und für die Note lernen und wie gesagt, dann irgendwann immer wieder, wenn man sie auf ihre eigenen Kompetenzen zurückwirft, immer wieder schlucken, als würde ihnen das gerade zum ersten Mal jemand sagen (Z. 730-735).

Dies zeige sich in der deutlichen Fokussierung der Auszubildenden auf prüfungsrelevante Ausbildungsinhalte und der stetigen Nachfrage an die Lehrkraft, welche Vorgaben bestünden, um eine gute Note zu erhalten. Die Relevanz der Inhalte für die Praxis würde hingegen nicht wahrgenommen (vgl. Z. 309-313; Z. 322-326; 471-514; 729-755; 908-943):

> P: [...] der Wunsch, „sagt mir, was ich machen will. Wie kriege ich eine gute Note? Wie muss dann irgendeine Produktion aussehen? Wofür brauche ich das denn?“ (...), das sind bei vielen immer wieder die Standardfragen. Und wenn man die zurückgibt und sagt: „Wo brauchen Sie das in Ihrer Praxis?“ „Ach ja.“ (lacht auf) (Z. 910-913).

Statt dieser notenfokussierten Ausrichtung wünscht sich die Lehrkraft eine kompetenzorientierte Haltung der angehenden Erzieher/innen: D.h., die Schüler/innen sollten ihren Blick auf die Erfordernisse der Praxis richten und sich selbst fragen, welche Kompetenzen sie für den Transfer in die Praxis benötigen. Die Lehrerin hofft, dass mit der Umgestaltung des Lehrplans der Erzieher/innen-Ausbildung zum Schuljahr 2014/15, welcher eine stärkere Kompetenzorientierung aufweist, sich der Blick der Auszubildenden dementsprechend stärker auf die eigenen erforderten Kompetenzen richten wird. Diesbezüglich ist sie jedoch *„sehr skeptisch“* (Z. 942-943).

Auch im Anerkennungsjahr ändere sich diese Haltung bei vielen Auszubildenden nicht, da *„sie ja wieder zwischen allen Stühlen“* (Z. 745) säßen – hier sind wohl die Anforderungen der schulischen Ausbildung und der Praxis gemeint – und dementsprechend wenig eigenaktiv handelten.

Aus Sicht von Dittrich-Schreiner nehmen die Schüler/innen zudem medienpädagogische Ausbildungsinhalte teilweise als wenig relevant für die Praxis wahr, was die Lehrerin darin begründet sieht, dass Medienerziehung in den Einrichtungen überhaupt nicht präsent sei:

> [...] also ich denke wirklich, wenn die in den Einrichtungen erleben würden, dass da medienpädagogisch gearbeitet würde, dann hätten sie sicherlich auch an den Schulen einen anderen Zugang (Z. 786-788).

Die geringe Relevanzwahrnehmung und ebenso geringe gedankliche Verknüpfung der erlernten Ausbildungsinhalte mit der beruflichen Praxis, leitet die Lehrerin auch daraus ab, dass die Schüler/innen die Unterrichtsinhalte komplett vergessen würden (Z. 221-223; 919-935). Dies sei jedoch kein spezifisches Problem des Faches Sprache(n)/Medien, sondern gelte auch für die anderen Fächer.

Dittrich-Schreiner beschreibt den medienerzieherischen Habitus der Schüler/innen in mehreren Passagen im Gegenhorizont zum Habitus von Kinderpflegerinnen, welche eine Weiterbildung zur Erzieherin absolviert haben (Z. 246-296; Z. 337-340; Z. 529-541). Die Kinderpflegerinnen, die bereits seit mehreren Jahren oder Jahrzehnten in der Praxis tätig sind und nebenberuflich an der Weiterqualifizierung zur Erzieherin teilnehmen, seien zunächst medienskeptisch gewesen und seien im Laufe der Weiterbildung *„völlig [umgeschwenkt]“* (Z. 249-250). Sie würden im Vergleich zu den Auszubildenden Medienerziehung *„viel, viel stärker [...] [als Bereicherung]“* (Z. 259-264) der eigenen Praxis wahrnehmen und selbst medienpädagogisch aktiv werden, beispielsweise indem sie mit den Kindern fotografieren oder ein Kinoprojekt umsetzen. Damit verbunden sieht Dittrich-Schreiner die Notwendigkeit, dass die Schüler/innen direkt nach der Ausbildung *„ganz ganz viele Angebote“*

(Z. 552-553) (z.B. Fortbildungen) erhalten, sodass sie ebenfalls die Relevanz für die Praxis wahrnehmen.

Auch im Rahmen der Ausbildung schreibt Dittrich-Schreiner produktionsorientierter Medienarbeit eine Schlüsselfunktion für eine Änderung des medienerzieherischen Habitus zu, da die Schüler/innen Medienerziehung dadurch als sinnhafter beurteilen würden (vgl. Z. 211-228; 309-322; 787-791). So nimmt sie für die aktuellen Schüler/innen, die sich im zweiten Ausbildungsjahr befinden, *„eine positive Entwicklung [...] durch die praktische Medienarbeit“* (Z. 224-225) wahr:

> Dass die durch diese Fotostory oder auch durch dieses Kinoprojekt schon auch gesehen haben, okay, bei den Kindern kommt eigentlich viel mehr an als wir gedacht haben und die nehmen eben auch wahr, dass die Kinder da einen viel leichteren Zugang haben als sie selber (Z. 225-228).

Zu Beginn der aktiven Medienarbeit seien die Schüler/innen jedoch überwiegend zunächst gehemmt (*„müssen sie sich erst mal überwinden“*, Z. 313). Diese Hemmung scheint laut Dittrich-Schreiner daraus zu resultieren, dass sich die Erzieher/innen zunächst ihrer eigenen Kompetenzen nicht sicher seien. Bei der tatsächlichen Durchführung der medienpraktischen Arbeit fühlten sie sich jedoch nicht überfordert, sodass diese von vielen als positive Erfahrung wahrgenommen werde, auf die sie *„auch stolz“* (Z. 322) seien. Einige Schüler/innen hätten sogar über die Drehorte einer Fotostory, die sie produziert haben, auf ihrer „Facebook“-Seite gepostet. Dittrich-Schreiner nimmt somit gegen Ende der Ausbildungszeit eine veränderte Haltung bei vielen Schüler/innen wahr. Dieses Unterrichtsziel zu erreichen, beschreibt sie jedoch – im Modus der Bewertung – als *„mühselig“* (Z. 790). Hierbei benutzt sie die Metapher eines *„[Gummiraums]“* (Z. 791), in dem sie sich befinde. Gummi ist elastisch, drückt man Gummi ein, weitet sich das Gummi wieder zur Ursprungsform aus. Dementsprechend verhält es sich aus Sicht der Lehrkraft mit einer Änderung des medienerzieherischen Habitus. Dittrich-Schreiner gibt wiederholt Impulse, um die Relevanz von Medienerziehung zu verdeutlichen, die bestehende Haltung bleibt jedoch über lange Zeit bestehen und tritt immer wieder hervor. Dies sieht die Lehrkraft vor allem mit der geringen *„[intrinsischen] Motivation“* (Z. 791) für aktive Mediengestaltung verknüpft.

Medienpädagogische Kompetenz der angehenden Erzieher/innen

Hinsichtlich der medienpädagogischen Kompetenz der angehenden Erzieher/innen gegen Ende der Ausbildung äußert sich die Lehrkraft vorsichtig optimistisch. Diese sei *„in Ansätzen“* (Z. 474) vorhanden, sodass die Schülerinnen *„eigentlich“* (Z. 525) fähig sein müssten, medienerzieherisch in den Einrichtungen tätig zu werden.

9.2.3 Zu den Bedingungen der Einrichtungen

9.2.3.1 Medienerzieherischer Habitus der Erzieher/innen: Praxis der Medienerziehung

In den Einrichtungen findet laut Dittrich-Schreiner *„ganz ganz wenig“* (Z. 238) Medienerziehung statt und auch die Ausstattung sei oft kaputt. Eine Kita, die Medien bzw. Medienerziehung als spezifischen Schwerpunkt hat, wie bspw. andere Einrichtungen ‚Bewegungs-Kitas‘ sind, ist der Lehrkraft nicht bekannt. Den geringen Stellenwert an Medienerziehung exemplifiziert Dittrich-Schreiner anhand einer Kita, die *„völlig unbeleckt“* (Z. 567) im Bereich Medienerziehung sei. In dieser Kita wird Dittrich-Schreiner einen medienpädagogischen Elternabend veranstalten. Dies sei jedoch nicht damit verknüpft, dass die Einrichtung zukünftig medienerzieherisch aktiv werden möchte. Stattdessen nimmt Dittrich-Schreiner an, dass dies im Rahmen der *„Re-Zertifizierung zum Familienzentrum“* (Z. 600) erforderlich und sie somit lediglich *„ein Alibi-Wesen“* (Z. 602) sei.

Insgesamt kennt die Lehrerin keine Kindertagesstätten, die medienpädagogische Elternabende veranstalten oder ein medienpädagogisches Konzept haben. Sie denkt, dass in den Einrichtungen zwar über Medienerziehung gesprochen würde, die Einrichtungen aber Unterstützung bräuchten, indem medienpädagogische Fortbildungen angeboten und medienpädagogische Elternabende von Externen durchgeführt würden.

9.2.3.2 Berufsethischer Habitus der Erzieher/innen

Den Stellenwert von Medienerziehung sieht die Lehrkraft im Vergleich zu anderen Bildungsbereichen *„[ganz] weit hinten. Ganz weit“* (Z. 619). Einen hohen Stellenwert hingegen hätten die Bildungsbereiche Bewegung, Sprache und Naturwissenschaften mit dem „Haus der kleinen Forscher“.

9.2.3.3 Umsetzungsmöglichkeiten von Medienerziehung

Als Hindernis für die Umsetzung von Medienerziehung in den Einrichtungen sieht die Lehrerin die teilweise strengen religiösen Ansichten der Eltern. Im Umkreis der Fachschule gäbe es viele freie evangelische Gemeinden, welche die Nutzung von Medien im Elternhaus und somit auch Medienerziehung in der Kita ablehnten. Dies elaboriert die Lehrerin anhand eines Beispiels: So würde eine Bekannte einer Schülerin den familiären Fernseher im Keller verstecken, obwohl ihre eigenen Kinder Medien nutzen dürften, damit die anderen Gemeindemitglieder nicht von der Fernsehnutzung erfahren.

9.2.3.4 (Gesetzliche) Rahmenbedingungen

Den Entwurf des Bildungsplans für Nordrhein-Westfalen empfindet Dittrich-Schreiner als *„sehr schwammig“* (Z. 999-1000) und *„nichtssagend“* (Z. 995). Im Gegensatz dazu schätzt sie – wie auch Westermeier – den bayerischen Lehrplan als konkreter und somit besser ein. Mit Einführung der Bildungsbereiche sei auch der Lehrplan für die Erzieher/innen-Ausbildung unkonkreter geworden, da im vorangegangenen Lehrplan von 1996 explizit das Fach Medienerziehung mit konkreten Inhalten bestand (vgl. Kap. 6.3.1.1).[70]

9.3 Hans Müller

„[...] die sind jung, aber nicht immer unbedingt jung im Denken“

9.3.1 Zur Lehrkraft und den Ausbildungsinhalten

9.3.1.1 Beruflicher und medienpädagogischer Hintergrund

Hans Müller ist 62 Jahre alt und steht zum Zeitpunkt des Interviews zweieinhalb Jahre vor der Pensionierung. Müller unterrichtet seit 29 Jahren am Berufskolleg und seit 22 oder 23 Jahren den Bereich Medienerziehung. Neben Sprache(n)/Medien, was er hauptsächlich im Rahmen der Erzieher/innen-Ausbildung unterrichtet, erteilt er auch bei den Anlagenmechanikern für sanitäre Heizungs- und Klimatechnik Unterricht. Zudem ist er für die Schuldatenverwaltung verantwortlich.

Zunächst hat Müller eine Lehre im handwerklichen Bereich und darauf aufbauend ein Ingenieur-Studium an der Fachhochschule absolviert. Danach hat er Sozialwissenschaften studiert.

Müller zeichnet sich durch eine hohe Medienaffinität aus. Er bezeichnet sich selbst als *„[medienbegeisterten] [Menschen]“* (Z. 57) und berichtet im Modus der Beschreibung, dass er schon früh mit Medien wie bspw. einem Tonband *„rumexperimentiert“* (Z. 60) habe. Zum Bereich Medienerziehung kam Müller über einen ehemaligen Religionslehrer, welcher das Fach Medienerziehung (heute: Sprache(n)/Medien), jedoch eher mit dem Fokus auf Medienkunde und der technischen Bedienung von Mediengeräten unterrichtete. Als dieser verstarb, übernahm Müller den Bereich. Nach wie vor hat Müller ein großes Interesse für dieses Unterrichts-

[70] Hierbei nimmt Dittrich-Schreiner Bezug auf den Lehrplan aus dem Jahr 2010 gegenüber dem Lehrplan von 1996 (vgl. Kap. 6.3.1.1).

fach: Er bezeichnet es als sein *„Steckenpferd"* (Z. 85), das er gerne mache und wobei er sich wohl fühle.

Wie auch Westermeier hat Müller ein medienpädagogisches Lehrbuch herausgebracht. Er hat eine hohe medienpädagogische Expertise, was sich sowohl in der Herausgabe des Lehrbuches, dem steten Informieren über medienpädagogische Inhalten, dem Besuch medienpädagogischer Fortbildungen sowie seiner Kenntnis über aktuelle medienpädagogische Studien und weiterer Literatur widerspiegelt, die er auch im Unterricht einsetzt (z.B. „KIM"-Studie).

9.3.1.2 Sprache(n)/Medien an der Fachschule

Müller ist die einzige Person, die aktuell am Berufskolleg Sprache(n)/Medien unterrichtet, dies pro Ausbildungsgang zwei Jahre mit zwei Unterrichtsstunden pro Woche.

9.3.1.3 Medienpädagogik als Inhalt der Erzieher/innen-Ausbildung

Müller verfolgt im Sprache(n)-/Medien-Unterricht verschiedene Unterrichtsziele, die er als *„Botschaften"* (Z. 93) bezeichnet. Vor allem im ersten Ausbildungsjahr sind die Förderung einer *„gesunden Kritikfähigkeit"* (Z. 536) und der Reflexion im Medienumgang auf Seiten der Schüler/innen das zentrale Unterrichtsziel. Dieses Unterrichtsziel bildet einen bedeutsamen Orientierungsrahmen des Lehrers, der sich in mehreren Passagen des Interviews dokumentiert (vgl. Z. 260-293, 452-510; 511-564; 805-822; 1177-1181). Eine solche Kritik- und Reflexionsfähigkeit sei aufgrund der Allgegenwärtigkeit medialer Inhalte, die Müller metaphorisch als *„Medien-Tsunami"* (Z. 232) bezeichnet, notwendig. Folgende Fokussierungsmetapher verdeutlicht Müllers Anliegen:

> Ich <u>möchte</u> eigentlich durch (...) <u>kluge Impulse</u>, sagen wir es mal so oder durch, äähm, gut strukturierte Aufgaben, die ans Nachdenken bringen und zwar <u>so</u>, dass diese Gedanken nachhaltig bei ihnen wirken. (...) Also ich sag mal: Was nützt mir das, wenn meine Schüler, ääh, am Ende des ersten Jahres 80 Seiten im Schnellhefter haben? Da steht alles Mögliche drin, wie ein Fernseher funktioniert und was eine Videokamera ist und was ein DVD-Player ist, aber es ist nicht in ihrem Kopf drin. Da, <u>was habe ich davon?</u> <u>Nichts!</u> Und, ähm, ich denke mal, ich wähle diese Dinge so aus, dass ich sie auf viele Dinge stoße, <u>in der Hoffnung</u>, dass es hängen bleibt oder dass sie sich auch in vielen Dingen mal (...) anders <u>bewegen</u> (...), anders nachdenken und vielleicht selber auf die Idee kommen, „ach Mensch, ja, das haben wir ja schon mal gehört", und (tiefes Einatmen), ja, anders einschätzen (Z. 468-478).

Müller versucht, das Unterrichtsziel über reflexive Auseinandersetzungen mit Medien(inhalten) und der Mediennutzung der Schüler/innen zu erreichen: Beispielsweise gibt er zu Beginn der Ausbildung ein Arbeitsblatt heraus, auf dem 16 Fragen und Meinungen zu Medien(inhalten) wie „Google Earth" oder „Facebook" stehen. Hierüber kommt er mit den Schüler/innen ins Gespräch, um ihren medialen Habitus zu eruieren: *„so ein bisschen deren Gedankengänge [aufnehmen]“* (Z. 166). Zudem betrachten die Schüler/innen ihre eigene Medienbiografie, was Müller für *„sehr bedeutsam“* (Z. 171) hält, da die Schüler/innen sich auf diese Weise reflexiv mit ihren eigenen Medienpräferenzen und deren Entstehung auseinandersetzen. Des Weiteren vergleichen die Schüler/innen unter Rückbezug der Ergebnisse der „KIM“- und „JIM“-Studie zum Medienhandeln von Kindern und Jugendlichen ihre eigene Medienkindheit mit der heutiger Kinder. Eine solch differenzierte Auseinandersetzung, die nicht nur auf eigenen Annahmen beruht, ist Müller wichtig und möchte er fördern:

> P: Also was zum Beispiel bei mir verboten ist, zu schreiben: „Die Kinder hängen nur noch den ganzen Tag vor dem Fernseher.“ So was, das finde ich immer schrecklich. So was möchte ich nicht hören, das ist Unsinn. Dann sollen sie bitte sagen: „So, ich habe in der 'KIM-Studie' gelesen‘, ne, „Achtjährige gucken so viel“ oder so, //ne//.
> I: //Ja, ja//, //dass es begründet wird.//
> P: //Ich möchte auch//, dass sie diese Dinge auch belegen können. Und dass man nicht Dinge immer einfach so daherreden sollte (Z. 479-487).

Um eine differenziertere Einschätzung zu ermöglichen gibt der Lehrer den Schülern/innen zudem Kriterien von Medienpädagogen (Baacke, Lauffer und Rogge) zur Einschätzung der Qualität von Fernsehinhalten für Kinder an die Hand. Des Weiteren werden verschiedene mediale Themenbereiche wie Internet, Fernsehen (z.B. Fernsehen und Gewalt), Computerspiele, Lernsoftware und deren Wirkung auf Kinder betrachtet.

Im zweiten Ausbildungsjahr, das aufgrund von Projektwochen, Praktika und Prüfungen kürzer als das erste ist, erfolgt produktionsorientierte aktive Medienarbeit. Hierbei sieht Müller weniger die Bedienung von Mediengeräten im Vordergrund (er benutzt explizit Baackes Begriff der „Medienkunde“), sondern vielmehr das *„[Spielen] [und; H.F.] [...] [kreativ] [Werden] mit [...] den technischen Möglichkeiten“* (Z. 114-115). Dieses kreative Herangehen könne dann auch *„zu großen Teilen“* (Z. 115-166) in der pädagogischen Praxis mit den Kindern eingesetzt werden. In puncto produktionsorientierter Medienarbeit schätzt Müller vor allem den Bereich Video und darunter besonders den „Stopptrick“, da dieser *„mit geringem Aufwand“* (Z. 600-601) *„eine verblüffende Wirkung“* (Z. 608) erziele. Dies hält Müller für zentral: Medienerziehung müsse in der Einrichtung möglichst einfach und umstandslos für die jungen Erzieher/innen umzusetzen sein, gerade auch wenn diese möglicherweise den Widerstand älterer Erzieher/innen oder einiger Eltern zu spüren bekämen. Zudem vermittelt er in seinem Unterricht verschiedene Kameraeinstellungen. Wenn noch ausreichend Unterrichtszeit vorhanden ist, erstellen die Schüler/innen einen eigenen Werbefilm und arbeiten mit dem BlueScreen-Effekt (bspw. Schrumpfen der Schüler/innen auf Zwergengröße). Aus Müllers Sicht ist die aktive Medienarbeit relevant, da sie Schüler/innen Freude mache. Diese *„Freude“* (Z. 910) und den *„Kick“* (Z. 912), Medienerziehung in der Einrichtung umzusetzen, sieht

Müller – wie auch Dittrich-Schreiner (diese legt den Fokus jedoch stärker auf die intrinsische Freude an der Mediengestaltung) als zentrale Voraussetzung für die Umsetzung von Medienerziehung in der Praxis (vgl. Z. 623-629; 885-913).

Des Weiteren wird im zweiten Ausbildungsjahr über die Methode des Rollenspiels die Umsetzung eines medienpädagogischen Elternabends in der Kita eingeübt.

9.3.2 Zu den angehenden Erziehern/innen

9.3.2.1 Medialer Habitus und Medienkompetenz

Mediennutzung und Medienkompetenz

Die Fernsehpräferenzen der Schüler/innen liegen laut Müller im Bereich der privaten Sender (vgl. Z. 540-549). Die Nutzung der öffentlich-rechtlichen Fernsehangebote werde deutlich abgelehnt und aus Sicht des Lehrers *„[verteufelt]“* (Z. 541): *„‚ARD‘ und ‚ZDF‘ und so, ich sag, das sind ja ihre verbotenen Sender, die gucken sie ja gar nicht“* (Z. 546-547). Dennoch würden die Schüler/innen die mindere Qualität ihrer bevorzugten Programme erkennen und diese – vermutlich mit Bezug auf Scripted Reality-Sendungen, die vornehmlich ‚Problemfamilien‘ präsentieren – selbst als *„Hartz 4-TV“* bezeichnen (540-541).

Müller sieht auf Seiten der Schüler/innen zwar *„sehr viel Medienerfahrung“* (Z. 95), aber *„vielfach [fehle] die Medien<u>kompetenz</u>“* (Z. 98) (vgl. Z. 92-105). Eine geringe Medienkompetenz sieht er vor allem im Hinblick auf eine medienbezogene Reflexionsfähigkeit der Schüler/innen: *„ja, das ist so, so (gedehnt), ja, wenig Bewusstsein irgendwie, es ist wenig Bewusstsein da, also sie machen sich (...) oft keinen Kopf um viele Dinge“* (Z. 556-558). Damit verknüpft sieht es Müller als seine Aufgabe, die *„Medienkompetenz [der Schüler/innen; H.F.] zu stärken“* (Z. 103), sodass sie Medieninhalte *„anders beurteilen“* (Z. 101-102) und *„einschätzen“* (Z. 102) und in der Praxis als kompetente *„Medienerzieher“* (Z. 104) agieren können. Zudem seien die angehenden Erzieher/innen teilweise auch in der Bedienung von Mediengeräten wie einer Videokamera unsicher (Z. 864-883).

9.3.2.2 Medienerzieherischer Habitus

Verständnis und Haltung hinsichtlich Medienerziehung

Zu Ausbildungsbeginn habe der Großteil der Schüler/innen *„gar keine Vorstellungen“* (Z. 1043) von Medienerziehung und sehe auch keinen Sinn für Medienerziehung: *„Also die finden das glaub ich erst mal absurd: ‚Was was soll das, Medienerziehung?‘“*

(Z. 1036-1037). Dieses ändere sich teilweise durch den Unterricht, da die Schüler/innen den Sinn für Medienerziehung „*vielleicht auch spüren*“ (Z. 1054). Beispielsweise würden die Schüler/innen „*sehr heftig*“ (Z. 402) auf ein von ihm eingesetztes Video zu „Baby TV“ (ein Fernsehsender, der speziell ein Fernsehprogramm für Babys erstellt, reagieren (vgl. Bloech 2007). Es würde sich „*[...] dann auch was in den Köpfen [bewegen]*“ (Z. 403).

Jedoch sieht Müller nicht für alle Schüler/innen eine solche Veränderung des medienerzieherischen Habitus im Verlauf der Ausbildung. Als positiven Gegenhorizont zu wenig reflektierten und eher desinteressierten Schülern/innen führt Müller (wie auch die Lehrerinnen Elisabeth Dittrich-Schreiner und Nele Bensch) die älteren Kinderpfleger/innen an, die eine Weiterbildung zum/r Erzieher/in absolviert haben (vgl. Z. 299-352). Diese hätten am Ende der Weiterbildung, in der Müller für die Vermittlung der medienpädagogischen Inhalte zuständig war, die Rückmeldung gegeben, „*noch nie so viel über solche Dinge nachgedacht*“ (Z. 309-310) zu haben, was sie „*als unglaublich positiv*“ (Z. 310) erlebt hätten.

Für die im Gegensatz dazu bestehende geringe Relevanzwahrnehmung für Medienerziehung, die laut Müller bei einem Teil der Schüler/innen auch über den Ausbildungsverlauf bestehen bleibt, benennt der Lehrer verschiedene Gründe:

Vor allem führt Müller dies auf einen bestimmten „*Typus*“ (Z. 843) von angehenden Erziehern/innen zurück. Diese seien zwar „*jung (...), aber nicht [...] unbedingt jung im Denken*“ (Z. 822-823). Müller bezieht sich somit auf den Gesamt-Habitus dieser Personen. Die Eigenschaften, die Müller mit einem jungen Denken verbindet, sind „*aufgeschlossen sein, mal zu gucken, was kann man ändern, was kann man verbessern*“ (Z. 1014-1015). In mehreren Interviewpassagen benutzt er den Gegensatz des jungen biologischen Alters von Personen, die sich jedoch durch ein altes, d.h. unaufgeschlossenes Denken und Handeln auszeichnen. Dies stellt einen zentralen Orientierungsrahmen von Müller dar (vgl. Z. 765-858, 874-879; 1013-1020; 1076-1101). Diese Aufgeschlossenheit sieht er bei den angehenden bzw. jungen Erziehern/innen in den Einrichtungen nicht immer. Anstatt neuer, unbekannter Aktivitäten wie Medienerziehung wird an den bekannten, nicht verunsichernden Gewohnheiten der Kita festgehalten:

> Das sind nicht alle so, da sind auch welche sehr festgefahren, ne. Die basteln gerne und die sind auch vielleicht nicht so (...) mit Außenaktivitäten haben sie vielleicht auch nicht so Lust zu, mit den Kindern mal im Wald da rumzutoben, über einen Bach zu laufen. (...) Das ist alles so eine Frage der der Haltung, der Aufgeschlossenheit, auch vielleicht auch der Lebendigkeit auch Charakters und, und, und, ne (Z. 1015-1020).

Auch im Umgang mit Mediengeräten, der teilweise durch eine Scheu der Erzieher/innen gekennzeichnet ist, auch aus Angst, die Geräte „*kaputt zu machen*“, sieht Müller einen solchen „*[trägen]*“ (Z. 647) Habitus (vgl. Z. 874-879). In den Ausführungen Müllers spiegelt sich deutlich die begrenzende Wirkung des medialen und auch des berufsethischen Habitus auf den medienerzieherischen Habitus wider (vgl.

Z. 765-858; 858-883): So hätten diese angehenden Erzieher/innen eine *„[konservative] Grundhaltung“* (Z. 832) mit einem klaren Fokus auf Primärerfahrungen (berufsethischer Habitus), der, gekoppelt mit einer wahrgenommenen Mediatisierung des kindlichen Alltags (medialer Habitus), sich in einer Ablehnung von Medienerziehung und des Einsatzes von Medien in der Kindertagesstätte widerspiegelt (medienerzieherischer Habitus). Diese ablehnende Haltung gegenüber Medien in der Kita versucht Müller aufzubrechen, indem er den Schüler/innen aufzeigt, inwiefern auch Medien beim Erleben von Primärerfahrungen eingesetzt werden können (z.B. indem Makroaufnahmen von Tieren erstellt werden).

Neben dieser Haltung hinsichtlich Medienerziehung in der Kita, sieht Müller noch weitere Bedingungen, welche die Umsetzung von Medienerziehung in der Kita hemmen. So würde Medienerziehung von den angehenden Erziehern/innen als aufwendig eingeschätzt und sie seien unsicher im Hinblick auf die Umsetzung. Sie hätten sowohl ein mangelndes Vertrauen in die eigene Medienkompetenz hinsichtlich der Gerätebedienung als auch in die eigene medienpädagogische Kompetenz. Metaphorisch bezeichnet Müller dies als *„große Suppe“* (Z. 861) an *„[Vorbehalten]“* (Z. 860), die zusammenkomme. Betrachtet man den dokumentarischen Sinngehalt ergibt sich, dass eine solche Suppe, die aus vielerlei Vorbehalten besteht, den angehenden Erziehern/innen nicht schmeckt.

Als weiteren Grund für eine geringe Relevanzwahrnehmung von Medienerziehung auf Seiten der Schüler/innen sieht Hans Müller wie auch die Lehrerin Elisabeth Dittrich-Schreiner eine Notenfokussierung auf Seiten bestimmter *„Schülertypen“* (Z. 339), die lediglich für eine gute Note lernen würden und die fachlichen Inhalte schnell vergessen werden würden.

Zudem sei das Fach ein *„Randfach“* (Z. 1186), sodass es für die Schüler/innen im Rahmen der Ausbildung wenig notenbezogene Relevanz habe. Sie sähen das Fach als *„angenehme Abwechslung“* (Z. 1192). Somit trifft Müller eine ähnliche Einschätzung wie Thomas Westermeier, der vom Fach als *„[nettem] Beiwerk“* (Westermeier, Z. 88) spricht.

Als wie wichtig das Fach von den angehenden Erziehern/innen wahrgenommen werde, hänge zudem auch von den Ton angebenden Schülern/innen in der jeweiligen Ausbildungsklasse ab, deren Haltung sich auch auf die der anderen Schüler/innen auswirke.

Als ungünstig nimmt Müller weiter wahr, dass andere Lehrer/innen dem Fach Sprache(n)/Medien tendenziell eine geringe *„Wertschätzung“* (Z. 1171) entgegenbrächten. Somit würden auch Lehrer/innen, die *„nicht mit dem Herzen dabei“* (Z. 1174) seien, das Fach unterrichten. Dies sieht Müller als problematisch an, da eine hohe Motivation und ein Enthusiasmus der Lehrkraft für das Fach zentral seien, da die Lehrkraft ihren Schüler/innen ansonsten nicht den Sinn für Medienerziehung vermitteln könne (vgl. Z. 1164-1175; 1197-1208; 1314-1321; 1534-1542).

Des Weiteren seien die Schüler/innen mit den Anforderungen der Ausbildung wie den zu absolvierenden Praktika beschäftigt, was einem aufkommenden Interesse für das Fach entgegenstehe.

Eine solch eher negativ geprägte Betrachtung auf die wahrgenommene subjektive Relevanz und das Engagement der Schüler/innen möchte Müller aber nicht pauschalisieren, was aus mehreren Textstellen hervorgeht (vgl. Z. 647-651; 1071-1101; 1192-1197; 1252-1265): *„Die sind aber auch sehr unterschiedlich, manche, die sind auch so träge und dann habe ich aber auch manchmal so Klassen, die sind auch wirklich so witzig, die sprudeln nur so vor Ideen"* (Z. 647-649).

9.3.3 Zu den Bedingungen der Einrichtungen

9.3.3.1 Medienerzieherischer Habitus der Erzieher/innen: Praxis der Medienerziehung

Müller weiß über einigen Einrichtungen, dass diese medienpädagogisch arbeiten und beispielsweise medienpädagogische Elternabende oder auch Fotoprojekte mit Kindern durchführen. Dennoch schätzt er die Situation der Medienerziehung allgemein als unzureichend ein. Zwar hätte sich die mediale Ausstattung der Einrichtungen wesentlich verbessert, sodass ein Computer standardmäßig in den Einrichtungen vorhanden sei und auch digitale Fotoapparate und Videokameras oftmals vorlägen. Dass *„richtige Medienerziehung"* (Z. 759-760) in Form von aktiver Medienarbeit und einer Auseinandersetzung mit den Medienerfahrungen der Kinder in den Kindertagesstätten umgesetzt werde, bezweifelt er jedoch.

9.3.3.2 Medienerzieherischer Habitus: Vorstellungen und Beurteilungen

Im Hinblick auf die Vorstellungen und Beurteilungen zu Medienerziehung sieht Müller sowohl auf Seiten der Schüler/innen als auch auf Seiten der Erzieher/innen in den Einrichtungen, dass diese Medienerziehung oftmals mit Mediendidaktik verwechseln und beispielsweise das Filmen pädagogischer Aktionen als Medienerziehung verstehen (vgl. Z. 929-975). Zudem sieht Müller für das Gros der Einrichtungen aufgrund einer (auch für die Schüler/innen beschriebenen) *„[konservativen] Grundhaltung"* (Z. 832) der Erzieher/innen in den Einrichtungen eine eher geringe *„Akzeptanz"* (Z. 894) für das Thema Medienerziehung, auch wenn es *„Ausnahmen"* (Z. 896) gäbe (vgl. auch Z. 929-931). Dementsprechend schätzt Müller es als schwierig für junge, wenn auch aufgeschlossene (angehende) Erzieher/innen ein, medienerzieherisch aktiv zu werden. Diese müsste dafür über *„Mut"* (Z. 915) und *„Willen"* (Z. 916) verfügen.

9.3.3.3 Umsetzungsmöglichkeiten von Medienerziehung

Müller nimmt die Einrichtungen als beschäftigt mit ihrem Kerngeschäft wahr, wie beispielsweise der Dokumentation der Entwicklung der Kinder und der pädagogischen Arbeit mit Kindern aus schwierigen Familienverhältnissen (vgl. Z. 1329-1367; 1392-1514). Somit falle *„so etwas"* (Z. 1219) wie Medienerziehung hintenüber, da die Einrichtungen der Ansicht seien, dass sie dieses Thema nicht zusätzlich leisten könnten. Zudem würden die Erzieher/innen in den Einrichtungen *„[...] die Bedeutung der Medienerziehung [gar nicht]"* (Z. 1358) wahrnehmen und aus Unwissenheit und Unsicherheit im Umgang mit Mediengeräten nicht wahrnehmen, dass auch in diesem Bereich Aktivitäten umgesetzt werden könnten, die der kindlichen Entwicklung dienlich seien (vgl. Z. 1211-1228). Zudem würden die Erzieher/innen, wenn sie selbst nicht medienaffin seien, *„auch gar nicht [an Medienerziehung; H.F.] [...] denken"* (Z. 1429).

9.3.3.4 (Gesetzliche) Rahmenbedingungen

Die Frage der Forscherin nach einem möglicherweise gestiegenen Stellenwert an Medienerziehung in den Einrichtungen aufgrund der „Grundsätze zur Bildungsförderung", in denen Medien als eigenständiger Bildungsbereich genannt werden, verneint Müller (vgl. Z. 1267-1295).

9.4 Juliane Mahr

„[...] diese Medienverdächtigung, also dass Amoklauf durch gewaltverherrlichende Medien verursacht wird, diese Überzeugung sitzt so tief"

9.4.1 Zur Lehrkraft und den Ausbildungsinhalten

9.4.1.1 Beruflicher und medienpädagogischer Hintergrund

Juliane Mahr ist 41 Jahre alt. Sie arbeitet seit fünf Jahren am Berufskolleg und unterrichtet seitdem in der Erzieher/innen-Ausbildung im Bereich Sprache(n)/Medien. Zudem unterrichtet sie an der angegliederten Fachoberschule für Sozial- und Gesundheitswesen die Fächer Soziologie, Erziehungswissenschaften (Praxisbetreuung und Begleitung) und Politik.[71]

[71] An der Fachoberschule kann die Fachhochschulreife erworben werden.

Mahr hat das Studienfach Pädagogik (Diplom) mit dem Schwerpunkt „Frühe Kindheit" studiert. Im Rahmen ihres Studiums kam sie mit medienpädagogischen Inhalten überhaupt nicht in Berührung. Da sie nach dem Studium zunächst keine Arbeitsstelle gefunden hat, hat sie eine Weiterbildung im Bereich Neue Medien absolviert, obwohl sie elektronischen Medien zu diesem Zeitpunkt wenig abgewinnen konnte und selbst „*immer sehr [...] computerfeindlich*" (Z. 39) war. Nach der Arbeit als IT-Trainerin ist Mahr über einen Seiteneinstieg in den Lehrer/innenberuf gewechselt.

Die Anfänge ihres Sprache (n)/Medien-Unterrichts nahm Mahr als „*unheimlich schwierig*" (Z. 293) wahr, da sie an ihrer jetzigen Schule niemanden als „*alten Hasen*" (Z. 253) empfunden hätte. Die Lehrkräfte seien mehrheitlich Deutschlehrer gewesen und hätten dementsprechend sprachbezogene Inhalte wie Bilderbuchbetrachtung und Kinderliteratur unterrichtet, das Thema elektronische Medien aber mehrheitlich außen vor gelassen. Somit musste Mahr ihr „*eigenes Curriculum*" (Z. 262) entwickeln. Hierbei hat sie Unterstützung im Bekanntenkreis durch eine Kamerafrau, die auch Medienerziehung unterrichtet hat, und einen Medienpädagogen eingeholt und sich mittels medienpädagogischer Literatur autodidaktisch fortgebildet.

Zudem hat Mahr eine medienpädagogische Fortbildung besucht.

9.4.1.2 Sprache(n)/Medien an der Fachschule

Sprache(n)/Medien wird mit zwei Unterrichtsstunden pro Woche an der Fachschule unterrichtet. Neben Mahr unterrichten das Fach auch die ebenfalls interviewten Lehrkräfte Melanie Fröhlich und Nele Bensch. Neue Kollegen/innen an der Schule (z.B. Frau Fröhlich) werden von Frau Mahr durch die Bereitstellung von Unterrichtsmaterialien und -konzepten unterstützt.

Die Medienausstattung an der Schule schätzt Mahr als sehr gut ein. Gegenüber den klassischen Bildungsbereichen/Fächern der Fachschule scheint Sprache(n)/Medien einen untergeordneten Stellenwert einzunehmen. Beispielsweise ist es in den Abschlussprüfungen kein „*Standardthema*" (Z. 654).

Als problematisch hinsichtlich der Vermittlung der Unterrichtsziele nimmt Mahr, vor allem im zweiten Ausbildungsjahr, die begrenzten zeitlichen Ressourcen aufgrund von Praktika, anderen Schulveranstaltungen und unvorhersehbaren Ausfällen, wahr (vgl. Z. 316-318; Z. 524-530; 582-625). Ein gravierendes schulübergeordnetes Problem des Faches „Sprache(n)/Medien" sei zudem, dass das Fach ein „*[unbeschriebenes] [Blatt]*" (Z.1418) sei, das durch kein festgelegtes inhaltliches Curriculum beschrieben werde. Die Lehrkraft konnte zu Beginn ihres Unterrichts bei keiner einzigen Unterrichtsstunde hospitieren und es hat auch nie jemand ihrem Sprache(n)/Medien-Unterricht beigesessen. Demzufolge sei der Unterricht an den verschiedenen Fachschulen „*uneinheitlich*" (Z. 1432) und dies vermutlich auch im Hinblick auf die Qualität. Zudem stünden Mahrs Kollegen/innen dem Einsatz elektronischer Medien in der Kita kritisch gegenüber, was Mahr damit verknüpft sieht, dass diese wenig über den Bereich Medienerziehung wüssten. Daraus leitet Mahr die Forderung ab, dass für alle Fächer, die neu in die Ausbildung integriert werden, alle Lehrkräfte und nicht nur diejenigen, die das Fach unterrichten, eine dementsprechende Fortbildung erhalten sollten (vgl. Z. 1412-1454).

9.4.1.3 Medienpädagogik als Inhalt der Erzieher/innen-Ausbildung

Zentrales Unterrichtsziel von Mahr ist es, den Schülern/innen *„vor allem Offenheit"* (Z. 887-888) zu vermitteln. Diese Offenheit möchte Mahr hinsichtlich zweierlei Arten fördern: zum einen eine Offenheit für die Umsetzung von Medienerziehung und damit einhergehend auch für einen Einsatz elektronischer Medien in der Kita, zum anderen eine Offenheit für das Potenzial von elektronischen Medien und die Medieninteressen der Kinder, anstatt Medien negative monokausale Wirkungen zu unterstellen (vgl. Z. 388-470; 497-524; 887-907; 1137-1174; 1309-1365).

Im ersten Ausbildungsjahr versucht die Lehrerin zunächst die Notwendigkeit von Medienerziehung in der Kita, die sich aufgrund der bestehenden alltäglichen medialen Einflüsse ergebe, zu verdeutlichen. Mahr möchte dabei den Schülern/innen vermitteln, dass eine bewahrpädagogische Haltung des Fernhaltens elektronischer Medien von jungen Kindern, *„vollkommen weltfremd"* (Z. 417) sei, da die Kinder so dem Medieneinfluss überlassen würden, ohne dass sie begleitet würden. Ein solcher Medieneinfluss sei schon von frühester Kindheit an gegeben und dementsprechend müsse die Kita die Kinder in ihrer Mediennutzung unterstützen, auch wenn Eltern oftmals den Einsatz von Medien in der Kita aufgrund einer von ihnen wahrgenommenen hohen Relevanz von Primärerfahrungen und einer bereits hohen Mediennutzung der Kinder im Alltag ablehnten. Doch gerade die alltägliche Mediennutzung der Kinder und damit verbunden auch der *„Missbrauch"* (Z. 429) und *„[unreflektierte] Einsatz"* (Z. 430) von altersungeeigneten Medieninhalten stellt für Mahr die Argumentation in ihrem Unterricht dafür dar, Medienerziehung notwendigerweise in der Kita umzusetzen:

> Es gibt keine medienfreie Kindheit. Man wird durch Medien beeinflusst, man bekommt, ob man es bewusst möchte oder nicht, ganz viele Informationen vermittelt und die haben auch unterschiedliche Qualität und weil das genauso wie Ernährung ein täglicher Einfluss ist bei den Kindern, ist eigentlich auch sonnenklar, dass man als Erzieher die Verantwortung hat, das Kind auch in diesem Bereich zu begleiten (Z. 410-415).

Die Förderung von Offenheit versucht Mahr zunächst über eine Vorstellungsrunde über Medienpersönlichkeiten, bei der die einzelnen Schüler/innen erraten müssen, welche von den anderen Schüler/innen ihnen zugeteilte Prominente sie selbst darstellen (Wer bin ich?), und über eine Auseinandersetzung mit der eigenen Medienbiografie der Schüler/innen zu erzielen. Hierüber soll ihnen verdeutlicht werden, dass sie das Wissen über einzelne Prominente über die Medien erfahren haben und dass Medien bereits in der frühen Kindheit präsent sind. Nachdem Mahr den Schüler/innen die Notwendigkeit von Medienerziehung aufgezeigt hat, versucht sie im nächsten Schritt diese an eine möglichst offene Haltung gegenüber den Medieninteressen der Kinder heranzuführen. Des Weiteren werden die Medienbereiche Kinderfernsehen (u.a. Kriterien für eine pädagogische Einschätzung von Inhalten des Kinderfernsehens; Wahrnehmung von Gewalt im Kinderfernsehen durch Kinder; medienpädagogische Begleitung von Kindern) und Kinder-/Bilderbuch (u.a. Bilderbuchbetrachtung; ästhetische Erziehung von Kindern mittels Illustrationen) behandelt. Im ersten Ausbildungsjahr planen die Schüler/innen auch Medienprojekte und setzen diese praktisch im Rahmen des Unterrichts um (z.B. ein Märchen als Radiospot). Hierbei gibt Mahr immer den Hinweis, dass die Projekte im Hinblick auf Aufwand, zeitliche Ressourcen und notwendige Absprachen des Kita-Teams realistisch durchführbar sein sollten. Dahingehend müssten sich die Schüler/innen ihren *„Perfektionismus [...] [abschminken]“* (Z. 838) (einen Perfektionismus der Schüler/innen nimmt auch Thomas Westermeier wahr). Stattdessen müssten sie die bestehenden Ressourcen berücksichtigen und beispielsweise bedenken, dass die Erzieher/innen in den Einrichtungen oftmals nicht mit einem Schnittprogramm umgehen können. Eine praktische Durchführung der geplanten Projekte in Kindertagesstätten erfolgt nicht.

Im zweiten Ausbildungsjahr präsentieren die Schüler/innen im Rahmen einer Prüfung ein in der Ausbildungsverordnung verankertes Projekt (dies kann, muss aber nicht im Bereich Sprache(n)/Medien erfolgen). In den meisten Fällen wählen die Schüler/innen für diese Prüfung ein bereits von ihnen umgesetztes Projekt aus, welches sie reflektieren und einschätzen. Somit werden auch hier in den meisten Fällen keine medienpädagogischen Erfahrungen in den Einrichtungen gewonnen.

Da die Schüler/innen im zweiten Ausbildungsjahr ein Praktikum im Jugendbereich (z.B. Heim) absolvieren, sind auch die fachlichen Inhalte in Sprache(n)/Medien darauf abgestimmt. In Gruppen bereiten die Schüler/innen je eine Einheit zu Risiken des Internets (z.B. Cybermobbing) vor, die sie in der Klasse als Übung für eine mögliche Gestaltung einer Einheit in der Praxiseinrichtung vorstellen. Teilweise seien die von den Schüler/innen gestalteten Einheiten jedoch *„fachlich [...] mager“* (Z. 593), aufgrund knapper Zeitressourcen sieht Mahr jedoch keine Möglichkeit, zu einer tieferen fachlichen Auseinandersetzung.

Des Weiteren behandelt Mahr den Bereich Integration/Migration im Kontext medienpädagogischer Arbeit (z.B. hinsichtlich Identitätsarbeit mittels aktiver Medienarbeit).

Während die Lehrkraft in den ersten drei Jahren ihres Sprache(n)/Medien-Unterrichts „im Schnitt immer unzufrieden“ (Z. 314) mit diesem war, da ihr Unterricht *„keinen Guss, [...] keine Richtung, keine Mission“* (Z. 315) gehabt habe, ist sie mittlerweile mit dem eigenen Unterricht zufrieden, was sie darauf zurückführt, dass ihr selbst ihre Unterrichtsziele bewusster seien. Dies wirke sich auch positiv auf die

Unterrichtsbeiträge der Schüler/innen aus, die gegenüber denen vorheriger Schüler/innen *„qualitativ viel hochwertiger und [...] selbstständiger seien“* (Z. 476-477) und diese Schüler/innen im Gegensatz zu vorherigen in der Lage seien, den theoretischen Begriff der Medienkompetenz in praxisbezogene Ideen zu transferieren (vgl. Z. 326-346; 471-491).

9.4.2 Zu den angehenden Erziehern/innen

9.4.2.1 Medialer Habitus und Medienkompetenz

9.4.2.1.1 Mediennutzung und Medienkompetenz

Wie auch Thomas Westermeier berichtet Mahr von einer *„Rundumbeschallung“* (Z. 1304) der Schüler/innen durch Medien. Dies werde von den Schülern/innen *„relativ unkritisch“* (Z. 1307) gesehen, weil sie sich damit wohlfühlten. Anders als Mahr selbst setzten sich die Schüler/innen nicht reflexiv mit den eigenen Mediennutzungsgewohnheiten auseinander, indem sie z.B. die eigene ständige Erreichbarkeit über das Handy nicht in Frage stellten.

Auf Nachfrage der Forscherin nach der Medienkompetenz der Schüler/innen schätzt Mahr diese im Modus der Bewertung als *„sehr [oberflächlich]“* (Z. 1272) ein. Zwar würden die Schüler/innen viele Medieninhalte kennen und seien auch im technischen Umgang recht fit. Defizite sieht Mahr jedoch hinsichtlich einer *„[zielgerichteten] und [verantwortungsvollen] Nutzung“* (Z. 1278). Dies führt sie weiter aus: So seien die Schüler/innen *„sehr unbewusst“* (Z. 1285) hinsichtlich der *„Manipulation“* (Z. 1280) und *„[subtilen] [permanenten] Beeinflussung“* (Z. 1283) durch Medien, z.B. hinsichtlich der medialen Darstellung von Schönheitsidealen, problembelasteten Familien oder Migrationsproblematiken. Mediale Risiken wie Cybermobbing seien den Schüler/innen zwar bekannt, würden für die eigene Person jedoch nicht wahrgenommen. Dementsprechend wird das eigene Mediennutzungsverhalten wenig hinterfragt, was Mahr als problematisch empfindet:

> Äh Cybermobbing, wie es im Prinzip abläuft, joa, hat man mal gehört, ist auch ganz schrecklich, hat aber nichts mit dem zu tun, was bei uns stattfindet. Also das wird immer so, das das das das das so ist das Böse und das ist das Vertraute und ähm, ich glaube, sie fühlen sich da sicher und sehr kompetent und sehr wenig beeinflusst, und (...) diese Haltung finde ich eigentlich bedenklich, ne (Z. 1291-1295).

Dies führt Mahr im Modus der Argumentation auf das Aufwachsen mit Medien und einen damit einhergehenden selbstverständlichen und unkritischen eigenen Medienumgang zurück (vgl. Z. 1266-1309):

> Also, sich da so wenig in Frage zu stellen und und so in Sicherheit zu wä/ wähnen, weil die Dinge so selbstverständlich eben sind. Die sind ja auch noch mal mehr dann mit Medien aufgewachsen als ich das eben zum Beispiel bin (Z. 1295-1298).

9.4.2.1.2 Medialer Habitus: Vorstellungen und Beurteilungen

Mahr nimmt überwiegend einen risikofokussierten medialen Habitus der Schüler/innen im Hinblick auf Kinder wahr. Dies dokumentiert sich u.a. in den Aussagen der Lehrerin zu den Medienhelden/innen von Kindern. Diese würden in der Kita *„[oft] [ausgegrenzt]"* (Z. 442f.), da sie als kampfbezogen (z.B. „Star Wars"-Inhalte; *„Kämpferfiguren"*, Z. 440), bzw. damit verbundene Merchandise-Artikel als Waffenspielzeuge, wahrgenommen würden. Dies halten die Schüler/innen für richtig, um die Kinder vor angenommenen medialen Gefahren zu bewahren. Mahrs Ziel ist es, dass die Schüler/innen auch die Chancen von Medien für Kinder wahrnehmen und dazu bewegt werden, die Medienhelden der Kinder daraufhin zu betrachten, warum die Kinder *„diese [Figuren] toll [...] finden"* (Z. 465). Die Haltung der Schüler/innen, dass *„alles pädagogisch wertvoll"* (Z. 522-523) sein müsse, sieht Mahr als Begrenzung dafür, die Chancen von Medien(inhalten) – ihren *„Reichtum"* (Z. 523) – wahrzunehmen. Wie auch Thomas Westermeier beschreibt Mahr den medialen Habitus der Schüler/innen und die damit verbundenen Wirkannahmen als sehr konsistent und sieht dementsprechend auch im Rahmen ihres Unterrichts nur begrenzte Möglichkeiten, diesen zu verändern. Die Auszubildenden würden Medien oftmals negative monokausale Wirkungen unreflektiert unterstellen und somit beispielsweise Amokläufe in Schulen monokausal auf das Spielen von Computerspielen zurückführen. Damit einhergehend wird auch für jüngere Kinder eine Gefährdung durch Medien wahrgenommen:

> P: dass die sagen, ja auch im Hinblick auf die Amokläufe ist das ganz wichtig, dass man da eine kritische Haltung von vornherein vermittelt, also, die wollen sozusagen sehr pädagogisch sein und die Kinder schützen und haben Angst vor Fehlentwicklungen und das ist auch oft nicht möglich oder für mich nicht erreichbar, also dieses Ziel, habe mir wirklich dann auch ja, das setze ich mir gar nicht mehr, weil ich wirklich merke, diese Beeinflussung ist so tief und diese Medienverdächtigung, also dass Amoklauf durch gewaltverherrlichende Medien verursacht wird, diese Überzeugung sitzt so tief, dass man es zwar immer wieder im Unterricht mal aufgreifen kann, dass da andere Ursachen vernachlässigt werden und dass diese Haltung und Sichtweise diese Interpretation ja auch ein Ergebnis von Medienmanipulation ist.
> I: Ja klar!
> P: Also das/ ich versuche das bewusst zu machen, aber ich weiß auch, dass immer wieder in Medien auch anders vermittelt wird und dass ich wahrscheinlich diesen Dreh nicht ganz hinkriegen werde, ne? (Z. 443-459).

Bei der Entstehung dieses bewahrpädagogischen medialen Habitus schreibt Mahr den Medien selbst im Sinne von Agenda Setting (vgl. McCombs & Shaw 1971) eine entscheidende Rolle zu: Medien würden manipulieren und selbst eine *„Stimmung gegen Medien"* (Z. 892) verbreiten: Diese Medienmanipulation sei *„diffus"*, *„auf ganz* *vielen Kanälen"*, *„fortlaufend und jeden Tag"* (Z. 1171) gegeben. Die Medienmanipulation, beziehungsweise die subtile permanente Beeinflussung durch Medien, durch den der mediale Habitus der Schüler/innen geprägt ist, ist ein zentraler Orientierungsrahmen der Lehrerin (vgl. Z. 422-453; 887-895; 1137-1174; 1279-1285). Dementsprechend sieht Mahr keine Möglichkeit, den medialen Habitus der Auszubildenden *„komplett [...] umzudrehen"* (Z. 1173). In diesem Zusammenhang bezeichnet sie sich selbst als *„Kämpfer"* (Z. 1172) gegen diese Haltung, was im Rahmen der komparativen Analyse mit Dittrich-Schreiners Metapher des „[Gummiraums]" (Interview Dittrich-Schreiner, Z. 791) verglichen werden kann.

9.4.2.2 Medienerzieherischer Habitus

Verständnis und Haltung hinsichtlich Medienerziehung

Obwohl die angehenden Erzieher/innen selbst Mediengeräte intensiv nutzen und merken, dass es ihnen leicht fällt, sich technische Aspekte anzueignen, lehnen sie den Umgang mit denselben technischen Geräten – z.B. Computer und Internet – für Kinder und somit auch für die Arbeit in der Kindertagesstätte ab. Stattdessen werden klassische Kita-Themen bevorzugt und in Projekten bearbeitet. Dies ist durch einen von negativen Wirkannahmen durchdrungenen medialen Habitus zu erklären, z.B. durch die Vorstellung, dass Kinder durch den Einsatz eines Computers in der Kita *„verblöden"* (Z. 894), was laut Mahr *„wirklich in den Köpfen drin"* (Z. 895) sei:

> [...] selbst bei den gleichen Geräten ähm erlebt man eben oft, dass selbst, wenn es um äh Internet- oder oder Computernutzung mit Kindern geht, da (...) ist ganz wenig Einfühlungsvermögen da und auch ähm wenig Mut zu sagen, „ja, dann machen wir das jetzt mal. Dann setzen wir jetzt das Kind mal vor den Computer, auch wenn ich da jeden Tag vorsitze." Das finde ich immer so erstaunlich, ne? [...] in dem Moment, wo das Kind da ist und das Gerät, da scheint irgendwie so eine Hemmschwelle zu sein, die eben dann nicht technisch ist, sondern so, ich weiß gar nicht, woher es kommt, ne. Aber diesen Ruck wirklich zu sagen, „wir machen ein Medienprojekt und setzen da Geräte ein", der der der fehlt dann oft. Also die Idee ist vielleicht da, aber dann, „ne, dann machen wir doch lieber etwas mit Sinneswahrnehmung." Oder, keine Ahnung, Motorik oder so (Z. 1321-1333).

Mahr nennt zudem als mögliche Gründe dafür, dass Schüler/innen Medien in der pädagogischen Arbeit nicht einsetzen, ihre Sorge, dass Geräte kaputtgehen könnten, dass Fragen auftreten, welche sie nicht beantworten können und dass sie möglicherweise die Inhalte nicht *„richtig [vermitteln]"* (Z. 1343). Die Auszubildenden sind somit unsicher in puncto medienpädagogischer Kompetenz. Zentraler ist aus Sicht von Mahr jedoch, dass die Erzieher/innen in den Einrichtungen nicht als medienpädagogische *„[Vorbilder]"* (Z. 1358) fungieren würden. Während Bereiche wie Motorik oder Sinneswahrnehmung gängige und somit den Schülern/innen vertraute Bereiche seien, die über Modelllernen erschlossen werden könnten, gelte dies nicht für den medienerzieherischen Bereich:

> Weil alles andere sieht man ja auch häufiger. Also, sie haben wahrscheinlich noch nicht gesehen, wie jemand anders einem Kind den Umgang mit der Maus äh vermittelt, aber sie haben schon tausendmal gesehen, wie ein Kind wie ein Bilderbuch gezeigt wird, ne (Z. 1343-1346).

Subjektive Wichtigkeit des Faches Sprache(n)/Medien im Kontext der Ausbildung

Wie auch Westermeier, Dittrich-Schreiner und Müller nimmt Mahr wahr, dass die Schüler/innen ihren Fokus auf solche schulische Aufgaben legen, die im Hinblick auf die Notenvergabe relevant sind. Dies versucht sie motivationsfördernd für ihren Unterricht zu nutzen: *„Wenn ich jetzt schon sage, ‚was wir hier jetzt gerade als Miniprojekt mal planen, das können sie hinterher in der FS2 eigentlich als Projekt auch nutzen.' Dann sind die natürlich ganz anders dabei"* (Z. 563-565).

9.4.3 Zu den Bedingungen der Einrichtungen

9.4.3.1 Medienerzieherischer Habitus der Erzieher/innen: Praxis der Medienerziehung

Insgesamt nimmt Medienerziehung in den Einrichtungen nach Einschätzung von Mahr keinen Raum ein (vgl. Z. 1086-1117). Zwar würden elektronische Medien nicht bewusst *„ausgegrenzt"* (Z. 1088), aber dennoch werde nicht mit Medien gearbeitet. So seien Bilderbuchbetrachtungen und die Nutzung von Hörspielen die einzigen Medienaktivitäten in den Einrichtungen. Auch Sprachförderung über PC-Lernprogramme finde nicht statt.

9.4.3.2 Medienerzieherischer Habitus: Vorstellungen und Beurteilungen

Dass Medienerziehung in der Praxis nicht umgesetzt wird, führt Mahr auf unterschiedliche Bedingungen zurück, welche eine Umsetzung hemmten (vgl. Z. 1385-1410): Zum einen eine geringe Medienausstattung und die Sorge, dass Mediengeräte kaputt gehen könnten, wenn Kinder z.B. einen Fotoapparat nutzen würden. Zum anderen benennt die Lehrerin den befürchteten Widerstand der Eltern, welche oftmals den Einsatz eines Computers in der Kita und das gemeinsame Betrachten einer Fernsehsendung mit Kindern vollkommen ablehnten. Gründe für diese Ablehnung auf Seiten der Eltern seien deren Fokus auf Primärerfahrungen ihrer Kinder und die Sorgen, dass mit einem Medieneinsatz in der Kita Kinder *„[...] [das Spielen] [verlernen]"* (Z. 1105), *„[den Bezug zur Natur] [verlieren]"* (Z. 1106) und *„verdorben"* (Z. 1106) würden.

Zudem stünden auch der mediale und berufsethische Habitus der Erzieher/innen in den Einrichtungen einem Medieneinsatz entgegen, was im Folgenden ausgeführt wird.

9.4.3.3 Medialer Habitus

Wie auch bei den Schüler/innen, liegt aus Sicht von Mahr auch bei den ausgebildeten Erzieher/innen in den Einrichtungen ein eher die Risiken von Medien fokussierender medialer Habitus vor. Dies führt Mahr in einer langen Interviewsequenz zum Umgang mit Medienhelden/innen in Kindertagesstätten aus (vgl. Z. 908-1077): Im Modus der Erzählung erörtert Mahr ihren eigenen (medien-) erzieherischen Umgang mit der „Star Wars"-Vorliebe ihres fünfjährigen Sohnes und seinem Wunsch, einen „Star Wars"-Geburtstag zu feiern. Diese Vorliebe stehe im Gegensatz zum Habitus der Kita ihres Sohnes. Der Sohn besuche eine an Primärerfahrungen ausgerichtete Kita, die *„eigentlich eher ein Bauernhof"* (Z. 966) sei. Mahr wertschätzt die erzieherische Ausrichtung der Kita, in puncto Medien sei die Einrichtung jedoch *„ein bisschen hinterm Mond"* (Z. 970), da die Kita es beispielsweise ablehne, dass die Kinder an Karneval eine Verkleidung tragen, die ihre/n Medienhelden/in darstellt. Mahr beschloss sich mit den Medieninteressen ihres Sohnes auseinanderzusetzen. Sie sah sich den zeichentrickbasierten Film „Star Wars – The Clone Wars" an und erlaubte es anschließend ihrem Sohn gemeinsam mit einem Freund den Film auf DVD anzuschauen.[72] Auch ein „Star Wars"-Geburtstag wurde gefeiert, bei dem die Kinder ‚im Auftrag der Jedi', die den Kindern eine „Joda-grüne Schriftrolle" (Z. 1008) hinterlassen hatten, verschiedene Aufgaben wie beispielsweise das Basteln von Leuchtstäben (analog zum Lichtschwert von „Star Wars"), bewältigen mussten. Mahr erzählte einer Erzieherin der Einrichtung ihres Sohnes davon, dass ihr Sohn den Film anschauen und auch ein dementsprechender Geburtstag stattfinden werde. Die Erzieherin zeigte aufgrund der kampforientierten Thematik des Films deutlich ihre Abneigung: *„also ich finde es ganz abscheulich"* (Z. 991). Im Anschluss an die Geburtstagsfeier, auf der auch der Pflegesohn einer Erzieherin eingeladen war, änderte sich die Einschätzung der

---

72 Das Heldenepos „Star Wars", das sich mittlerweile aus sechs Spielfilmen zusammensetzt, handelt vom andauernden Kampf zwischen der hellen und der dunklen Seite der Macht in einer weit entfernten Galaxie in der Vergangenheit. Die helle Seite der Macht, welche die Jedi anwenden, wird genutzt, um anderen zu helfen und sich zu verteidigen. Sie geht mit meisterhaften Kräften wie Telepathie einher. Die dunkle Seite der Macht, welche der Sith-Orden anwendet, wird zur Zerstörung und zum Machtgewinn eingesetzt. Rund um „Star Wars" existiert ein breites Merchandising, beispielsweise aus Comicheften, Videospielen, Spielzeug und Fernsehserien. Die computeranimierte Serie „Star Wars – The Clone Wars" handelt vom Krieg der Galaktischen Republik mit Separatisten (vgl. Lucasfilm o.J.). Die Serie wurde u.a. auf dem Sender „Super RTL" ausgestrahlt (vgl. SUPER RTL NOW 2015). Der gleichnamige Kinofilm lief 2008 in den deutschen Kinos (vgl. Filoni & Winder 2008).

Erzieherinnen der Einrichtung, welche die medienerzieherische Umsetzung von Frau Mahr *„sehr interessant“* (Z. 1036) fanden.

Eine solche Ablehnung von Medienhelden/innen, die sich in medienerzieherischen bewahrpädagogischen Praktiken widerspiegele, gelte aus Sicht von Mahr nicht nur spezifisch für „Star Wars“, sondern für alle Medienhelden/innen, die mit Kämpfen in Verbindung gebracht würden:

> Und so ist das nicht nur mit „Star Wars“, so ist es mit „Spiderman“, so ist das mit „Power Rangers“, die früher dann in waren oder „Yu-Gi-Oh“, „Ninjago“ und so weiter. Das wird halt ganz strikt abgelehnt in vielen Einrichtungen bis hin zum klaren Verbot“ (Z. 1047-1050).

Dies ginge sogar so weit, dass in einer anderen Kita der Elternrat beschlossen habe, dass die Kinder in der Einrichtung nicht mehr über „Star Wars“ sprechen dürfen. Auch hier werden, wie bei den angehenden Erziehern/innen, monokausale Wirkvorstellungen deutlich: Der Konsum der „Star Wars“-Inhalte hätte dazu geführt, dass einige Jungen andere Kinder mit Stöcken geschlagen hätten. Eine solch pauschalisierende negative Sicht auf Medien lehnt Mahr vollkommen ab und bezeichnet diese im Modus der Bewertung als *„haarsträubend“* (Z. 1076).

Diese den Medienhelden/innen gegenüber ablehnende Haltung der Erzieher/innen setzt Mahr in das Verhältnis zu den Auszubildenden. Diese hätten ein solches Projekt in einer Einrichtung nicht umsetzen dürfen, da es *„garantiert unerwünscht“* (Z. 1046) gewesen wäre. Dementsprechend benötigten die angehenden Erzieher/innen *„<u>Mut</u> [...], sich [...] gegenüber Kollegen zu behaupten“* (Z. 906-907). Dies betont ebenfalls der Lehrer Hans Müller im Interview.

9.4.3.4 Berufsethischer Habitus

Neben der Ablehnung der kindlichen Medienhelden/innen sieht Mahr auch einen berufsethischen Habitus der Erzieher/innen mit einem Fokus auf Naturerfahrungen, der einer Auseinandersetzung mit Medien in der Kita entgegenstehe.

Mahr nimmt zudem als Hemmnis für die Umsetzung von Medienerziehung wahr, dass medienpädagogische Projekte die Ausführung des gewohnten und somit intuitiv durchführbaren pädagogischen Alltags ‚stören‘ würden: *Ich denke, der Tagesablauf im Kindergarten, der <u>ist</u> seit <u>Jahrzehnten</u>, so wie er ist, man geht nach draußen, man hat das Freispiel, man hat den Stuhlkreis, da <u>tauchen</u> einfach keine Medien auf* (Z. 1396-1398).

Des Weiteren würde, wenn ein medienpädagogisches Projekt durchgeführt würde, dieses als Sonderprojekt umgesetzt werden, welches in zeitlicher Konkurrenz zu anderen Sonderprojekten stehen würde wie beispielsweise einem Waldtag oder einem Fühlparcours, von denen *„alle Eltern <u>total</u> begeistert“* (Z. 1401) seien. Andere pädagogische Tätigkeiten wie beispielsweise Malen würden hingegen als weniger zeit- und arbeitsaufwendig wahrgenommen (vgl. Z. 1385-1410). Ohnehin bemängeln die Einrichtungen knappe zeitliche Ressourcen, die sie auch mit einem hohen Aufwand der Dokumentation der kindlichen Entwicklung, die im Kinderbildungsgesetz verankert ist, verknüpft sehen. Dementsprechend sehen die Einrichtungen die eigene pädagogische Arbeit prinzipiell als gefährdet, da sie *„keine Zeit mehr für das Kind"* (Z.1370) hätten.

9.4.3.5 (Gesetzliche) Rahmenbedingungen

Mahr ist sehr skeptisch hinsichtlich der Nachfrage der Forscherin, ob sich die Bildungsgrundsätze positiv auf die Umsetzung von Medienerziehung auswirken. Dies begründet sie damit, dass keine externe Kontrolle zur Umsetzung der Bildungsbereiche erfolge. Dennoch nutze sie selbst die Bildungsgrundsätze als Legitimation der Notwendigkeit von Medienerziehung im Unterricht.

9.5 Melanie Fröhlich

„[...] diese kritische Herangehensweise, die finde ich, die fehlt teilweise so, dass man, ja, einfach sich das kritisch anguckt, und hinterfragt, und so. Aber ich finde auch, dass, dass durch das Fach das so ein bisschen geweckt wird, ne?"

9.5.1 Zur Lehrkraft und den Ausbildungsinhalten

9.5.1.1 Beruflicher und medienpädagogischer Hintergrund

Melanie Fröhlich ist 28 Jahre alt und unterrichtet seit einem halben Jahr neben Sprache/(n) Medien die Fächer Englisch und Deutsch.

Die Lehrerin hat Deutsch und Englisch für das gymnasiale Lehramt studiert. In ihrem Studium kam sie mit medienpädagogischen Inhalten nicht in Berührung.

Nach dem Referendariat hat Fröhlich zunächst ein halbes Jahr an einem anderen Berufskolleg mit anderen Schwerpunkten unterrichtet, bevor sie an die aktuelle Fachschule wechselte. Vor ihrer jetzigen Lehrtätigkeit wusste Fröhlich nicht, dass Sprache(n)/Medien als eigenständiges Fach unterrichtet wird, sondern hielt dieses für einen Bereich im Deutschunterricht. Sie hatte keine Vorstellungen über die Inhalte des Faches und ist in das Fach *„reingeschlittert"* (Z. 55). Somit sei sie in das Thema Medien und Kita *„mit den Schülern [...] reingewachsen"* (Z. 598-599).

9.5.1.2 Sprache(n)/Medien an der Fachschule

Neben Melanie Fröhlich unterrichten die Lehrerinnen Juliane Mahr und Nele Bensch, die ebenfalls interviewt wurden, an der Fachschule Sprache(n)/Medien (vgl. zur Verankerung von Sprache(n)/Medien das Interview mit Juliane Mahr Kap. 9.4.1.2).

9.5.1.3 Medienpädagogik als Inhalt der Erzieher/innen-Ausbildung

Die fachliche Ausgestaltung des Unterrichts von Melanie Fröhlich erfolgt in Absprache mit Juliane Mahr und Nele Bensch, um ein *„[einheitliches]"* (Z. 440) Konzept umzusetzen. Die wenige Unterrichtserfahrung der Lehrerin spiegelt sich im Interview wider. Beispielsweise weiß Fröhlich noch nicht über kommende Unterrichtsinhalte Bescheid, weil sie dieses erst noch mit den Kolleginnen absprechen wird. Bei der Darstellung ihrer Unterrichtsinhalte greift Fröhlich immer wieder auf Unterrichtsmaterialien zurück, die sie zum Interview mitgebracht hat und der Forscherin zeigt. Um keine unnötigen Redundanzen zum Interview mit Juliane Mahr und Nele Bensch zu erzeugen, werden an dieser Stelle nur ergänzende Inhalte beschrieben.

Im ersten Unterrichtsjahr findet produktionsorientierte Medienarbeit statt: Die Schüler/innen erstellen *„so eine Art Kinderfilm"* (Z. 470) mit Fotos, selbst aufgenommenen Sequenzen und Tönen. Des Weiteren werden Kindersendungen mit der Frage ihrer Geeignetheit für Kinder nach spezifischen Kriterien eingeschätzt, beispielsweise im Hinblick auf die Nähe zur Lebenswelt der Kinder, Tempo oder Verständlichkeit der Inhalte. Wie Juliane Mahr berichtet auch Fröhlich von der Reihe zu den Risiken des Internets, welche die Schüler/innen selbst durchführen. Anders als Mahr jedoch, die betont, dass die Schüler/innen Sinn darin sehen, auch den Bereich der Jugend in der Ausbildung zu behandeln (vgl. Interview Mahr, Z. 549-568), sah sich Fröhlich mit Fragen der Schüler/innen konfrontiert, warum diese Inhalte behandelt würden, die Schüler/innen würden doch nach der Ausbildung nicht in der Schule arbeiten. Somit scheint es Fröhlich nicht gelungen zu sein, die Verknüpfung zur medienpädagogischen Jugendarbeit aufzuzeigen (vgl. Z. 374-380).

Fröhlich scheint unter dem Bereich Medienerziehung in der Kita vor allem eine mediendidaktische Nutzung von Medien zu verstehen, da sie auf die Nachfrage der Forscherin, inwiefern die Lehrerin selbst den Einsatz von Medien in der Kita für sinnvoll hält, die Fördermöglichkeiten des mediendidaktischen Bereichs herausstellt: u.a. im Hinblick auf eine motorische oder sprachbezogene Förderung der Kinder, zum Beispiele über ein digitalisiertes Bilderbuch. Auf die weitere Nachfrage der Forscherin nach medienerzieherischen Möglichkeiten in der Kita wie beispielsweise einem Videodreh, um Kindern die Gemachtheit von Fernsehen aufzuzeigen, geht Fröhlich mit Bezug auf eine Altersdifferenzierung der Kinder ein. So sei dies aufgrund der kognitiven kindlichen Entwicklung tendenziell für Kinder ab fünf Jahren sinnvoll (vgl. Z. 603-886).

9.5.2 Zu den angehenden Erziehern/innen

9.5.2.1 Medialer Habitus und Medienkompetenz

Mediennutzung und -kompetenz

Bezüglich der Medienkompetenz der Auszubildenden sieht Fröhlich in puncto Mediennutzung und technischen Kompetenzen (z.B. Erstellung von „PowerPoint-Präsentationen“, Internetrecherche) überhaupt keine Defizite. Ob die Schüler/innen auch selbst in der Lage seien, ein aufwändigeres Medienprodukt wie ein Video herzustellen, weiß sie jedoch nicht, da dies noch nicht im Unterricht erfolgt sei. Defizite sieht sie im Hinblick auf einen kritischen und reflexiven Umgang der Schüler/innen dahingehend, ob kindliche Medieninhalte *„sinnvoll“* (Z. 1553) seien und inwiefern Medieninhalte in der Praxis eingesetzt werden könnten (vgl. Z. 1005-1056; 1109-1167; 1147-1167): Es *„fehlt teilweise [...] diese kritische Herangehensweise“* (Z. 1144) und *„Fragehaltung“* (Z. 1146). Fröhlich geht jedoch davon aus, dass diese kritischere Auseinandersetzung durch den Unterricht *„ein bisschen geweckt“* (Z. 1147-1148) werde. Dies sieht sie auch in der durchgeführten Unterrichtseinheit zu Kindersendungen bestätigt. Während die Schüler/innen im Vorfeld der Serie „Pingu“ ablehnend und voreingenommen gegenüberstanden und dies als *„[totalen] Mist“* (Z. 1020) wahrgenommen hätten, hätten sie anhand der Kriterien die Sendung *„vielleicht ein bisschen differenzierter [...] betrachtet [...]: ‚Diese Sachen sind sinnvoll. Diese Sachen sind nicht so sinnvoll‘“* (Z. 1021-1023).

9.5.2.2 Medienerzieherischer Habitus

Verständnis und Haltung hinsichtlich Medienerziehung

Auf die Frage nach der Haltung der Schüler/innen gegenüber Medien und Medienerziehung beschreibt Fröhlich eine hinsichtlich des Alters der Kinder differenzierte Haltung der Schüler/innen. Während der Umgang mit Computern und anderen Medien für *„zu junge Kinder“* (Z. 960) abgelehnt werde und diese *„noch nicht so damit konfrontiert werden“* (Z. 960-961) sollten, seien die Schüler/innen der Ansicht, dass man mit älteren Kindern *„auf jeden Fall schon sinnvolle Sachen machen“* (Z. 962) könne. Was die Schüler/innen unter jüngeren und älteren Kindern verstehen, bleibt unklar und kann anhand zweier Lesarten decodiert werden. Eine Lesart ist eine Einteilung in jüngere und ältere Kinder, die jedoch alle noch die Kita besuchen; eine andere eine Unterteilung in Kita-Kinder, die prinzipiell alle als jung wahrgenommen werden, und ältere Kinder, bspw. Kinder ab dem Grundschulalter. Würde die zweite Lesart das Verständnis der Schüler/innen widerspiegeln, hieße das, dass ein Medieneinsatz mit Kindern im Kita-Alter generell abgelehnt würde. Zumindest zeigt sich auch hier – wie im Interview mit Juliane Mahr – eine Risikowahrnehmung von Medien für Kinder (medialer Habitus), die wiederum den medienerzieherischen Habitus prägt.

Prinzipiell betrachtet Fröhlich die angehenden/Erzieher/innen jedoch als *„[aufgeschlossen]“* (Z. 1228) für das Thema Medienerziehung in der Kita. Aus ihrer Sicht nehmen die Auszubildenden andere Bildungsbereiche nicht als relevanter wahr (vgl. Z. 1221-1248).

Medienpädagogische Kompetenz

Mit Blick auf ihre medienpädagogische Kompetenz sieht Fröhlich die Schüler/innen *„dazu in der Lage“* (Z. 1192), medienpädagogisch aktiv zu werden.

9.5.3 Zu den Bedingungen der Einrichtungen

Medienerzieherischer Habitus der Erzieher/innen: Praxis der Medienerziehung und mediale Ausstattung

Fröhlich stellt im Modus der Argumentation Hemmnisse für die Umsetzung von Medienerziehung durch die Schüler/innen dar, die in der Praxis lägen (vgl. Z. 1169-1197): Sie habe *„am Rande rausgehört“* (Z. 1179), dass recht wenig Medienerziehung in den Einrichtungen stattfinde und sieht – aus Berichten der Schüler/innen schlussfolgernd – eine medienpädagogische Umsetzung für die jungen Erzieher/innen daher teilweise als schwierig an, weil Einrichtungen *„Neuerungen gegenüber vielleicht [...] nicht immer so aufgeschlossen“* (Z. 1190) seien und eine junge Erzieherin *„ja nicht das bestehende System völlig umkrempeln“* (Z. 1185) könne.

9.6 Nele Bensch

„[...] da fällt so richtig dann der Groschen, wenn man das noch mal erläutert, dass denen so richtig klar ist: ‚Okay, hier geht es jetzt um Vertonung und Verklanglichung.' "

9.6.1 Zur Lehrkraft und den Ausbildungsinhalten

9.6.1.1 Beruflicher und medienpädagogischer Hintergrund

Nele Bensch ist 36 Jahre alt und arbeitet seit acht Jahren an der Fachschule. Aktuell unterrichtet sie Sprache(n)/Medien im Rahmen der klassischen Erzieher/innen-Ausbildung und vermittelt sowohl in der Weiterqualifizierung der Kinderpfleger/innen zu Erzieher/innen als auch in der mit dem Erwerb des Abiturs verknüpften Erzieher/innen-Ausbildung (Erzieher/in + AHR) medienpädagogische Inhalte.

Nach ihrem Studium der Fächer Deutsch und Englisch, in denen Bensch überhaupt nicht mit medienpädagogischen Inhalten in Berührung gekommen ist, hat sie vor der Arbeit an der aktuellen Fachschule an zwei Gymnasien gearbeitet. Wie Juliane Mahr hat sie sich die medienpädagogischen Inhalte selbst angeeignet.

9.6.1.2 Sprache(n)/Medien an der Fachschule

Nele Bensch arbeitet an derselben Schule wie Juliane Mahr und Melanie Fröhlich. Sie habe gemeinsam mit Juliane Mahr die Unterrichtsinhalte der Fachschule für Sprache(n)/Medien entwickelt. Während aus der Sicht von Bensch dem Fach Sprache(n)/Medien in der Vergangenheit eine eher geringe Wertschätzung zukam, da es sich um ein Nebenfach handele, habe diese durch den mittlerweile stärkeren Praxisbezug des Faches zugenommen. Nele Bensch scheint den Stellenwert des Faches an der Schule höher einzuschätzen als Juliane Mahr (vgl. Z. 1356-1361).

9.6.1.3 Medienpädagogik als Inhalt der Erzieher/innen-Ausbildung

9.6.1.3.1 Ausbildung „Erzieher/in + Abitur"

Im Rahmen der mit dem Abitur verknüpften Erzieher/innen-Ausbildung sind medienpädagogische Inhalte im Deutschunterricht angesiedelt. Der Unterricht scheint stärker durch inhaltliche curriculare Vorgaben gerahmt zu sein als der Unterricht in der klassischen Erzieher/innen-Ausbildung, beispielsweise da die Schüler/innen Kenntnisse im Hinblick auf Sachtextanalyse, Erörterungen und theoretische Auseinandersetzungen erwerben müssen. Inhaltlich legt Bensch den Fokus auf Chancen und Risiken von Medien (Fernsehen, Internet und *„Ballerspiele"*, Z. 293) sowie auf das Thema der medialen *„Vermittlung von Wirklichkeiten"* (Z. 282). Es werden zudem der Medienkompetenzbegriff von Baacke behandelt und mit Rückgriff auf Artikel (z.B. aus dem „Spiegel" und der „Bundeszentrale für politische Bildung") das Mediennutzungsverhalten von Jugendlichen betrachtet und eine *„gesellschaftliche Auseinandersetzung mit Medien"* (Z. 294) angestoßen. Ursprünglich wollte Bensch mit den Schüler/innen auch praktische Medienarbeit durchführen, dies sei aufgrund knapper Zeitressourcen jedoch nicht möglich.

9.6.1.3.2 Klassische Erzieher/innen-Ausbildung

Da das Unterrichtskonzept im Fach Sprache(n)/Medien von Nele Bensch mit dem ihrer beider Kolleginnen übereinstimmt, werden die behandelten Inhalte, insofern sie nicht Ergänzungen darstellen, hier nicht noch einmal genannt.

Wie auch Juliane Mahr sieht Nele Bensch als grundlegendes Unterrichtsziel, dass die Schüler/innen Medienerziehung als eine Aufgabe von Erziehern/innen wahrnehmen, die sich aus der Mediatisierung des Alltags ergäbe und den medialen Präferenzen der Kinder offen gegenüberstehen (vgl. Z. 842-862).

Ergänzend zu den Unterrichtsinhalten von Mahr und Fröhlich führt Bensch an, dass sie den Schülern/innen Videospots zur Umsetzung von fernsehbezogenen Medienprojekten an die Hand gibt. Hierunter ist beispielsweise eine Spaghetti-Essensszene, die von den Schülern/innen vertont werden soll. Zudem ist es Aufgabe der Schüler/innen, sich zu überlegen, wie eine solche Vertonung mit Kita-Kindern umgesetzt werden könne. Über diese Darreichung der medienpädagogischen Materialien sollen die angehenden Erzieher/innen zunächst einmal eine Vorstellung davon erhalten, welche Projektinhalte mit Kindern umgesetzt werden können. Im Rahmen des Unterrichts skizzieren die Schüler/innen zudem selbst medienpädagogische Angebote für die Kita, die von Bensch korrigiert werden, sodass die Schüler/innen eine Mappe von etwa 20 medienpädagogischen Angeboten haben, die sie prinzipiell im Praktikum umsetzen könnten: Eine Umsetzung der Angebote in den Einrichtungen ist jedoch aufgrund einer Vielzahl anderer Praxisaufgaben nicht im Ausbildungskonzept der Fachschule fixiert.

Zudem wird im Unterricht der Bereich der medienpädagogischen Elternarbeit behandelt, indem medienpädagogische Elternabende im Rollenspiel eingeübt werden und den Schüler/innen Ratgeberliteratur („Flimmo") vorgestellt wird, die sie den Eltern z.B. in einer in der Kita einzurichtenden Medienecke bereitstellen könnten.

Wie auch Juliane Mahr war Nele Bensch mit den Anfängen ihres Sprache(n)/Medien-Unterrichts unzufrieden, was sich jedoch durch die Einbindung von medienpädagogischen Projektarbeiten und medialen Materialien zum Positiven gewendet habe, sodass sie nun zufrieden sei. In der Vergangenheit hingegen hätte der Fokus des Faches stärker auf dem Thema Bilderbuch gelegen (vgl. Z. 1312-1331; 1403-1410).

9.6.2 Zu den angehenden Erziehern/innen[73]

9.6.2.1 Medialer Habitus und Medienkompetenz

9.6.2.1.1 Mediennutzung und -kompetenz

Die Schüler/innen nutzen laut Bensch zwar viele elektronische Medien, in puncto Reflexionsfähigkeit weise jedoch ein Teil von ihnen Schwächen auf. Manche Erzieher/innen könnten medienbezogene Risiken klar benennen, andere seien *„aber auch echt unreflektiert"* (Z. 455-456), was sich auch in ihrer alltäglichen Nutzung widerspiegele, die *„selbstverständlich"* (Z. 510) und damit einhergehend *„unreflektiert"* (Z. 510) erfolge.

9.6.2.1.2 Medialer Habitus: Vorstellungen und Beurteilungen

Während die Schüler/innen für sich selbst eher unreflektiert Medien nutzen würden, sähen sie die kindliche Mediennutzung und vor allem Fernsehnutzung überwiegend kritisch. Damit einhergehend stehen sie den kindlichen Medienpräferenzen wenig offen gegenüber und sehen mit dem Mediengebrauch von Kindern keine Chancen für die kindliche Entwicklung verbunden (vgl. Z. 842-850; 1254-1269).

9.6.2.2 Medienerzieherischer Habitus

Verständnis und Haltung hinsichtlich Medienerziehung

Der grundsätzlich eher risikofokussierte mediale Habitus im Hinblick auf eine kindliche Mediennutzung führe, gekoppelt mit einer Unwissenheit über medienpädagogische Umsetzungsmöglichkeiten, auch zu einer eher ablehnenden Haltung gegenüber einem Medieneinsatz in der Kita. Die Schüler/innen hätten aufgrund ihrer eigenen Wahrnehmung, dass Eltern den Fernseher oft als ‚Babysitter' für ihre Kinder nutzen würden – was die Schüler/innen ablehnten – *„im Hinterkopf"*, dass elektronische Medien auch in der Kita nicht genutzt werden sollten:

[73] Die folgenden Ausführungen zum Habitus der angehenden Erzieher/innen beziehen sich, wenn nicht explizit anders benannt, auf die Auszubildenden im Rahmen der klassischen Erzieher/innen-Ausbildung.

> Also da reden wir auch viel so über so über so ein Gefühl. Wenn man so jetzt sagen würde: Nachts aufwachen, und dann wäre erst mal so: „okay, schlecht", obwohl sie das ja selber auch nutzen. Das hat irgendwie so was Verbotenes (Z. 1262-1265).

Dass Medien jedoch sinnvoll mit Kindern in der pädagogischen Arbeit genutzt werden könnten, sei den Schülern/innen nicht klar:

> Also erst mal müssen sie für sich selber umwandeln, dass es ja eine Chance ist, und dass ihre Aufgabe ja als Erzieher auch nicht ist, da einfach den Fernseher anzuschalten, eine Sendung anzumachen, und dann, also, und auch irgendwas nicht Gerechtes, sondern, dass man was damit macht (Z. 1265-1269).

Bensch möchte – diese Haltung berücksichtigend – den Schülern/innen in ihrem Unterricht aufzeigen, *„dass Medien eben nicht nur alle schlecht sind"* (Z. 845-846), sondern auch *„Chancen"* (Z. 846) und *„Genuss"* (Z. 847) bieten. Wie Juliane Mahr wünscht sie sich eine Offenheit der Schüler/innen gegenüber den Medieninteressen der Kinder, die aber nicht so weit reichen dürfe, dass die Nutzung (alters-)unangemessener Inhalte der Kinder befürwortet werde.

Hinsichtlich des risikoorientierten medialen sowie auch medienerzieherischen Habitus hält die Lehrkraft die Bereitstellung konkreter medienpädagogischer Materialien (wie die Fernsehspots) im Unterricht für sehr sinnvoll, und dies aus mehreren Aspekten: Zum einen hätten die Schüler/innen zunächst oft *„gar keine Ideen"* (Z. 498), was für medienpädagogische Angebote sie machen könnten: So wüssten sie oft nicht, welche Zielstellung sie verfolgen möchten (Was soll den Kindern vermittelt werden?) und wie ein solches Ziel verfolgt werden könne (Über welche medienpädagogische Aktivität kann ich das Ziel erreichen?). Zum anderen gelinge es ihnen nicht, sich Angebote vorzustellen, die aus ihrer Sicht *„pädagogisch wertvoll"* (Z. 503) seien. (Die letztgenannte Einschätzung trifft auch Juliane Mahr). Des Weiteren würden die Schüler/innen unter Medienerziehung aufwendige Projekte verstehen: Sie *„denken halt immer, dass es so ganz riesig sein muss mit Medien"* (Z. 498-499). Über die Bereitstellung von Materialien, die konkrete Projektbeispiele enthalten, würde aus Sicht von Bensch jedoch *„ein sehr viel klareres Bewusstsein"* (Z. 539) bei den Schüler/innen hinsichtlich der Ziele und Umsetzungsmöglichkeiten medienerzieherischer Arbeit geweckt. Dies dokumentiert sich in mehreren Interviewsequenzen (vgl. Z. 142-146; 505-508; 538-545; 1184-1206):

> Diese Materialien vom Fernsehsender XY [...], da fällt so richtig dann der Groschen, wenn man das noch mal erläutert, dass denen so richtig klar ist: „Okay, hier geht es jetzt um Vertonung und Verklanglichung." Und dann, wenn man das dann so erläutert, wird denen klar: „Ach, das können die da jetzt lernen (Z. 505-508).

Wenngleich die Schüler/innen einem Einsatz elektronischer Medien (z.B. eines Fernsehers) zwar negativ gegenüberstehen, nehmen sie aus Sicht von Bensch dennoch eine Notwendigkeit dafür wahr, die Kinder in der Verarbeitung ihrer medialen Erfahrungen zu unterstützen. Dies sähen die Schüler/innen als ebenso wichtig an wie andere Bildungsbereiche der Kita:

I: Bekommen Sie das irgendwie mit, wenn man sagt: „Die Schüler legen auf bestimmte Sachen einen großen Fokus“, und wenn es jetzt irgendwie darum geht, welchen Stellenwert hat jetzt eigentlich Medienerziehung? Wird dann auch mal so was gesagt: „Na ja, ich finde das eigentlich nicht so wichtig, weil: In erster Linie ist unsere Aufgabe, Sozialkompetenz zu fördern“, oder so?
P: Ach so. Nein. Da stimmen die total zu. Also das ist denen total einleuchtend. Die die die sehen das ja. Also die. Die sehen ja selber, wie sehr sie sich mit Medien beschäftigen. Und die sehen ganz klar auch, dass dass Kinder da eine Hilfe brauchen, da zurechtzukommen, und haben auch alle so viele Praxisbeispiele an der Hand, aus Familie und Co., oder erinnern sich selbst noch gut genug, wie sie da zum Teil auch ungute Erfahrungen gemacht haben. Und das ist denen (...) also. Da gab es. Das ist denen irgendwie total klar und einleuchtend, dass da, dass man da so eine, eine Hilfe braucht, um damit wirklich kompetent umzugehen (Z. 1184-1197).

Medienpädagogische Kompetenz

Im Hinblick auf die medienpädagogische Kompetenz der Auszubildenden beschreibt Bensch, dass es ihnen allgemein schwerfalle, die entwicklungspsychologisch basierten Kompetenzen der Kinder einzuschätzen. Dies dann noch einmal mit dem Bereich Medien (z.B. im Hinblick auf die Qualität von Fernsehinhalten) und Medienerziehung in Form angemessener medienpädagogischer Angebote zu transferieren, stelle die Schüler/innen vor eine große Herausforderung: Im Modus der Bewertung schätzt Bensch sie dahingehend als *„[echt [...] schon ein Stück weit auch hilflos“* (Z. 457) ein.

9.6.3 Zu den Bedingungen der Einrichtungen

9.6.3.1 Medienerzieherischer Habitus der Erzieher/innen: Praxis der Medienerziehung

Bensch beschreibt eine geringe Medienausstattung der Kindertagesstätten. Bilderbücher hätten alle Einrichtungen, Digitalkameras und PCs seien jedoch selten vorhanden. Im Modus der Bewertung bezeichnet die Lehrerin die medienerzieherischen und -didaktischen Aktivitäten (z.B. Nutzung eines PC-Sprachlernprogramms) der Einrichtungen als *„sehr verkümmert“* (Z. 758).

9.6.3.2 Medienerzieherischer Habitus: Vorstellungen und Beurteilungen

Den geringen Stellenwert von Medienerziehung/-didaktik führt Bensch jedoch weniger auf die mediale Ausstattung zurück – dies werde zwar von den Einrichtungen als Grund angeführt, den Bensch jedoch eher als *„vorgeschoben“* (Z. 773) versteht. Vielmehr sei in den Einrichtungen *„wenig Offenheit“* (Z. 686; 691) für den Bereich und teilweise auch *„Ablehnung“* (Z. 681) in *„Kombination mit Angst“* (Z. 771) vorhanden (vgl. Z. 12-42; 679-802; 939-987; 1206-1213). Diese Angst scheint aus

Hemmnissen im Umgang mit Technik (Medienkompetenz) und einem geringen Zutrauen in die eigene medienpädagogische Kompetenz zu resultieren.

Falls die Erzieher/innen beziehungsweise die Kita-Leitungen jedoch medienpädagogische Projekte in ihrer Einrichtung beobachteten, würde sich diese ablehnende Haltung in Begeisterung umwandeln. Hierbei bezieht sich Nele Bensch auf Kinderpfleger/innen, die in der Weiterbildung zu Erzieher/innen in ihren Einrichtungen medienpädagogisch aktiv wurden (vgl. Z. 784-787). Somit zeichnet Bensch dasselbe Bild wie Juliane Mahr hinsichtlich der „Star Wars"-Geburtstagsfeier ihres Sohnes: Die Einrichtungen reagieren zunächst ablehnend gegenüber einem Medieneinsatz bzw. einer medienpädagogischen Umsetzung, was vor allem dadurch begründet zu sein scheint, dass sie sich keinen sinnvollen pädagogischen Einsatz vorstellen können. Wird ihnen jedoch die Sinnhaftigkeit einer solchen medienpädagogischen Aktivität vor Augen geführt, ändert sich auch ihr medienerzieherischer Habitus.

Da die Erzieher/innen in den Einrichtungen selbst nicht medienpädagogisch aktiv sind, sind sie dementsprechend auch nicht in der Lage, den Auszubildenden dahingehend *„eine kleine Beratung und Hilfe"* (Z. 984) zu geben, welche die Schüler/innen jedoch benötigten. Würden die Schüler/innen Medienerziehung in den Einrichtungen erleben und wäre die mediale Ausstattung der Einrichtungen besser, geht Bensch davon aus, dass die Auszubildenden medienpädagogisch aktiver wären (vgl. Z. 952-987; 1206-1213).

9.6.3.3 Berufsethischer Habitus

Bilderbuchbetrachtungen und Bastelangebote hingegen zählen laut Bensch zum pädagogischen Alltag der Einrichtungen, was dann auch dementsprechend häufiger von den Schüler/innen in der Ausbildung selbst umgesetzt werde als medienbezogene Aktivitäten (vgl. Z. 952-973). Während die Erzieher/innen in den Einrichtungen in diesen Bereichen Vorbild seien (und dementsprechend mit Bezug auf Bourdieu ein soziales Kapital für die Schüler/innen darstellen), gelte dies für den medienpädagogischen Bereich nicht.

9.7 Zentrale Analyseergebnisse – Komparative Analyse der Interviews

Nachdem zunächst der Fokus überwiegend auf den einzelnen Interviews lag, wenngleich auch schon eine erste Form der komparativen Analyse stattfand, sollen im Folgenden im Hinblick auf bestehende Gemeinsamkeiten und Unterschiede zwischen den Interviews fallübergreifende Ergebnisse und Orientierungsrahmen der Lehrkräfte abgeleitet werden. Die Ergebnisse stellen eine Rahmung und einen

Vergleichshorizont für die Interpretation der Ergebnisse der Gruppendiskussionen mit den angehenden Erziehern/innen dar.

Beruflicher und medienpädagogischer Hintergrund der Lehrkräfte

Die Lehrkräfte zeichnen sich durch eine unterschiedlich hohe Lehrerfahrung des Bildungsbereichs Sprache(n)/Medien aus, welche von maximal 23 Jahren (Hans Müller) bis zu minimal einem halben Jahr (Melanie Fröhlich) reicht. Bis auf Frau Fröhlich unterrichten alle Lehrer/innen mindestens seit fünf Jahren das Fach, sodass sie über viel Lehrerfahrung verfügen.

Die Lehrer/innen haben entweder ein Lehramts- oder ein anderweitiges pädagogisches bzw. sozialwissenschaftliches Studium abgeschlossen. Im Rahmen ihres Studiums ist keine Lehrkraft mit medienpädagogischen Inhalten in Berührung gekommen. Im Anschluss an das Studium haben sich zwei Lehrkräfte mit medienpädagogischen bzw. medienbezogenen Inhalten auseinandergesetzt, bevor sie selbst das Fach unterrichtet haben: Thomas Westermeier hat im Rahmen seines Referendariats und der damit verbundenen zweiten Staatsarbeit ein medienpädagogisches Thema behandelt. Elisabeth Dittrich-Schreiner hat vor der Arbeit als Lehrerin ihre medienbezogene Expertise in der Tätigkeit als wissenschaftliche Mitarbeiterin an der Universität in den Bereichen Sprachwissenschaft und Wissenschaftsjournalismus gewinnen können. Westermeier und Müller wurden durch Kollegen/innen an der Fachschule mit dem Bereich Medienerziehung vertraut gemacht. Über ein solches soziales Kapital an der Fachschule und/oder einen medienbezogenen Hintergrund verfügten Juliane Mahr und Nele Bensch zu Beginn ihrer Unterrichtstätigkeit hingegen nicht, was sich aus Sicht der Lehrerinnen auch in der anfänglichen Qualität des Unterrichts widerspiegelte: Beide waren mit der Gestaltung ihres Unterrichts in den ersten Jahren, in denen sie sich selbst autodidaktisch bzw. mit sozialer Unterstützung aus dem Bekanntenkreis fortbilden mussten, unzufrieden. Dazu beigetragen hat sicher der Umstand, dass nicht sichergestellt ist, dass zukünftige Fachlehrer/innen im Vorfeld im Sprache(n)/Medien-Unterricht hospitieren können, wie das Interview mit Juliane Mahr aufzeigt. Melanie Fröhlich, die an derselben Fachschule wie Juliane Mahr und Nele Bensch arbeitet, profitiert wiederum von der Unterrichtserfahrung der beiden Lehrerinnen.
Bis auf Melanie Fröhlich und Nele Bensch (Nele Bensch berichtete zumindest nicht davon) haben alle Lehrkräfte mindestens eine medienpädagogische Fortbildung besucht. Elisabeth Dittrich-Schreiner bildet sich mit einem Besuch von ein bis zwei medienpädagogischen Fortbildungen im Jahr sehr regelmäßig fort.

Thomas Westermeier und Hans Müller waren zudem jeweils an der Herausgabe eines medienpädagogischen Lehrbuchs beteiligt, was ihre medienpädagogische Expertise verdeutlicht.

Angaben zur Verankerung von Sprache(n)/Medien an den Fachschulen

Die mediale Ausstattung an den Schulen ist insgesamt recht gut. Hierbei kann auch auf Geräte und Ausstattungen wie Schnittplätze, die bspw. in der gestalterischen Abteilung des Berufskollegs vorhanden sind, zurückgegriffen werden, was allerdings aufgrund des anderen Unterrichts in diesen Räumlichkeiten nur zeitlich begrenzt möglich ist. In der praktischen Medienarbeit wird zudem die hohe mediale Ausstattung der Schüler/innen (z.B. eigenes Fotohandy) genutzt.

Obwohl Sprache(n)/Medien an allen in das Sample einbezogenen Fachschulen mit zwei Unterrichtsstunden pro Woche unterrichtet wird, unterscheidet sich das zeitliche Kontingent für die Auseinandersetzung mit elektronischen Medien. Im Gegensatz zu den anderen Schulen, in denen dies im ersten und zweiten Ausbildungsjahr stattfindet (teilweise gekoppelt mit Bilderbuchbetrachtung in der Fachschule von Juliane Mahr, Nele Bensch, Melanie Fröhlich), werden an der Schule von Thomas Westermeier aus Praktikabilitätsüberlegungen die Bereiche Bilderbuch im ersten Ausbildungsjahr und elektronische Medien im zweiten Ausbildungsjahr behandelt. Examina, Praktika, Ausflüge und unvorhergesehene Ausfälle im zweiten Ausbildungsjahr schränken zudem die zeitlichen Unterrichtsressourcen an den Schulen ein, vor allem für produktionsorientierte Medienarbeit.

Sprache(n)/Medien ist kein fest verankertes Prüfungsfach an den Schulen. In einigen Schulen ist es generell kein Prüfungsfach am Ende der Ausbildung (vgl. Interview Hans Müller; Thomas Westermeier), an anderen differiert dieses von Jahr zu Jahr (vgl. Interview Elisabeth Dittrich-Schreiner; Fachschule von Juliane Mahr, Melanie Fröhlich, Nele Bensch).

Während in einigen Fachschulen die Themenwahl eines mehrwöchigen pädagogischen Projekts durch die Schüler/innen selbst erfolgt und somit prinzipiell auch medienpädagogische Projekte gewählt werden könnten (dies geschieht jedoch eher selten), erfolgt an der Fachschule von Elisabeth Dittrich-Schreiner eine thematische Beschränkung.

Medienpädagogik als Inhalt der Erzieher/innen-Ausbildung

Der medienpädagogische Unterricht aller befragten Lehrkräfte besteht sowohl aus theoretisch-reflexiven als auch aus medienpraktischen Anteilen. Der Großteil der Lehrkräfte nähert sich dem Thema Medienerziehung, indem zunächst auf die (kindlichen) Medienerfahrungen der angehenden Erzieher/innen eingegangen wird. Dies geschieht vor allem anhand der Methode der Medienbiografie, nur Elisabeth Dittrich-Schreiner setzt diese Methode nicht ein. Im Anschluss wird oftmals die eigene (Medien-)Kindheit mit der heutigen (Medien-)Kindheit verglichen, um den Schüler/innen die Relevanz von Medienerziehung in der gegenwärtigen mediatisierten Welt aufzuzeigen. Ein weiteres Unterrichtsziel, das alle Lehrkräfte verfolgen, ist die Stärkung der Reflexionsfähigkeit hinsichtlich Medien (bzw. die Medienkritikfähigkeit nach Baacke), indem Themen wie Kommerzialisierung, Manipulation/Werbung, Social Network Sites und die Gefährdung der Privatsphäre in den Blick genommen und Medieninhalte für Kinder analysiert werden (z.B. im Hinblick auf deren pädagogische Qualität).

In der handlungsorientierten Medienarbeit wird ein breites Spektrum umgesetzt, von Video- und Fotoarbeit, Hörspiel und Vertonung bis hin zur Anwendung der Bluescreen-Technik, um Filmtricks zu erzeugen. Zudem gehen einige Lehrkräfte auch auf den Bereich der medienpädagogischen Elternarbeit ein (z.B. im Rollenspiel bei Müller, Mahr, Bensch und Fröhlich). Es bleibt jedoch stets bei einer pädagogischen Umsetzung im Kontext des Unterrichts, sodass die angehenden Erzieher/innen – außer sie wählen selbst den Fokus im Rahmen eines Praktikums oder Projekts – keine medienpädagogischen Erfahrungen mit Kindern in Kitas sammeln können. Im Rahmen der handlungsorientierten Medienarbeit betonen sowohl Müller als auch Dittrich-Schreiner, dass der Spaß der Auszubildenden an Medienerziehung (vgl. Interview Müller) bzw. am gestalterischen Umgang mit Medien (vgl. Interview Dittrich-Schreiner) gefördert werden sollte. Dementsprechend sehen es beide als zentral an, leicht umsetzbare Methoden einzusetzen (z.B. Fotoprojekt; Stopptrick), welche die Schüler/innen erfolgreich bewältigen, sodass bei einem eher geringen Aufwand ein Erfolg erzielt werde.

Mediennutzung und Medienkompetenz der angehenden Erzieher/innen

Die Lehrer/innen berichten von einer hohen, vor allem rezeptiv ausgerichteten elektronischen Mediennutzung der Schüler/innen, die ihren Alltag rahmt. Die Medienvorlieben der Schüler/innen umfassen vor allem die Medien(-inhalte) Handy, Internet, Facebook und die privaten Fernsehsender. Öffentlich-rechtliches Fernsehen werde nicht geschaut, auch Zeitungen gehören größtenteils nicht zum Medienspektrum der Schüler/innen. Im Hinblick auf die technische Bedienung von Mediengeräten sehen die Lehrkräfte keine Defizite, gleichwohl bemängelt Elisabeth Dittrich-Schreiner, dass den Schülern/innen viele Gerätefunktionen (z.B. Aufnahmefunktion des Handys) nicht vertraut seien. Schwächen in puncto Medienkompetenz sehen alle Lehrkräfte in Bezug auf die Reflexions- bzw. Medienkritikfähigkeit der Schüler/innen. Die eigene Mediennutzung erfolge wenig reflektiert: Über das eigene Mediennutzungsverhalten werde wenig nachgedacht und mediale Risiken (z.B. Cybermobbing) überwiegend nicht wahrgenommen und/oder für die eigene Person als nicht existent erachtet. Falls Risiken wahrgenommen werden, würde dies keine Konsequenzen für das eigene Verhalten nach sich ziehen. Die geringe Reflexion der eigenen Mediennutzung sehen die Lehrkräfte mit einem medialen Aufwachsen und mediatisierten Alltag der Schüler/innen als Digital

Natives verbunden, sodass diese Medien als selbstverständlich und vertraut und dementsprechend risikoarm für sich selbst wahrnähmen.

Medialer und medienerzieherischer Habitus der angehenden Erzieher/innen – Abhängigkeit des medienerzieherischen Habitus vom medialen Habitus

Einer kindlichen elektronischen Mediennutzung und einem Einsatz elektronischer Medien in der Kita (medienerzieherischer Habitus) hingegen stehen die Auszubildenden aufgrund wahrgenommener Risiken für die kindliche Entwicklung negativ gegenüber. Die ablehnenden Haltungen hinsichtlich der Mediennutzung von Kindern speisen sich aus eigenen Beobachtungen (bspw. der Nutzung des Fernsehers durch Eltern als ‚Babysitter') und Annahmen der Schüler/innen. Zudem misst Juliane Mahr im Sinne des Agenda Setting-Ansatzes (vgl. McCombs & Shaw 1971) der negativen medialen Berichterstattung über Medienwirkungen eine hohe Bedeutung für die Entstehung eines risikofokussierten medialen Habitus bei. Damit einhergehend stünden sowohl die Schüler/innen als auch die Erzieher/innen in den Einrichtungen den kindlichen Medienpräferenzen ablehnend gegenüber. Beispielswürde würden die (angehenden) Erzieher/innen die Präferenz der Kita-Kinder für „Star Wars" aufgrund einer wahrgenommenen Kampfthematik ablehnen und damit einhergehend auch teilweise eine kindliche Auseinandersetzung mit den Medienerfahrungen in der Kita (z.B. über Rollenspiele) verbieten.

Elisabeth Dittrich-Schreiner sieht zudem als zusätzliches Hindernis für die Umsetzung von Medienerziehung, dass die Schüler/innen prinzipiell keine Lust hätten, Medien produktiv zu nutzen, was dann auch einem Spaß daran, dieses in der Kita zu tun, entgegenstehe. Es zeigt sich somit die Auswirkung des medialen Habitus auf die Ausprägung des medienerzieherischen Habitus (vgl. Kap. 7.3.3).

Notenfokussierung der Schüler/innen im Rahmen der Ausbildung

Die Analyse der Interviews zeigt auf, dass die angehenden Erzieher/innen laut Einschätzung der Lehrkräfte im Rahmen ihrer Ausbildung einen starken Fokus auf die zu erbringenden schulischen Leistungen legen (vgl. Interview Müller; Westermeier; Dittrich-Schreiner; Mahr). Damit einhergehend werde Sprache(n)/Medien als Nicht-Prüfungsfach (inwiefern es ein Prüfungsfach ist, variiert je nach Fachschule) als unwichtig für die eigene Ausbildung wahrgenommen, es stelle lediglich ein abwechslungsreiches Randfach dar (vgl. Interview Müller; Westermeier). Zudem – so stellt Elisabeth Dittrich-Schreiner heraus – nähmen die Schüler/innen die Relevanz der Unterrichtsinhalte für die berufliche Praxis kaum wahr: Die Schüler/innen würden nicht den Blick auf die in der Praxis erforderlichen Kompetenzen legen, sondern auf die Kriterien zum Erreichen einer guten Ausbildungsnote. Melanie Fröhlich und Nele Bensch hingegen sind nicht der Ansicht, dass andere Bildungsbereiche der Kita von den angehenden Erzieher/innen als relevanter wahrgenommen werden.

Änderungen des medialen und medienerzieherischen Habitus der angehenden Erzieher/innen im Ausbildungsverlauf

Den im Hinblick auf die kindliche Mediennutzung risikofokussierten medialen Habitus der Schüler/innen beschreiben die Lehrer/innen – stimmig zur Hysteresis-These Bourdieus – als konsistent und dementsprechend auch schwer mittels Sprache(n)/Medien-Unterricht veränderbar (vgl. Interview Mahr; Westermeier; Dittrich-Schreiner). Im Hinblick auf die Reflexion der eigenen Mediennutzung sehen die Lehrkräfte jedoch im Laufe der Ausbildung Änderungen im Habitus, bspw. da Schüler/innen die Rückmeldung gäben, Werbung nun bewusster wahrzunehmen.

Auch bezüglich des medienerzieherischen Habitus nehmen die Lehrkräfte positive Veränderungen wahr. Zu Ausbildungsbeginn hätten die Schüler/innen gar keine Vorstellung davon, was unter Medienerziehung in der Kita zu verstehen sei (bspw. gehen sie laut Nele Bensch von einer unbegleiteten Mediennutzung in der Kita aus) und schreiben damit einhergehend der Thematik wenig Sinn zu – hiervon berichten vor allem Nele Bensch und Hans Müller. Zudem konstatieren mehrere Lehrkräfte, dass die Schüler/innen einen Perfektionsanspruch an eigene medienpädagogische Projekte und Produkte hätten (vgl. Interview Bensch, Westermeier und Mahr) und dass ihnen zunächst nicht bewusst sei, dass Medienerziehung auch mittels einfacher Methoden (z.B. Tonaufnahmen) umgesetzt werden könne (vgl. Interview Bensch, Westermeier). Ein besseres Verständnis für Umsetzungsziele und -möglichkeiten sowie eine höhere Relevanzwahrnehmung auf Seiten der Schüler/innen entstehe im Laufe des Unterrichts. Hierfür zeichnen die Lehrkräfte vor allem die den Schüler/innen Freude bereitende handlungsorientierte Medienarbeit und die Bereitstellung medienpädagogischer Praxismaterialien verantwortlich. Dennoch wünschen sich die Lehrer/innen eine höhere Begeisterung der Schüler/innen für das Thema Medienerziehung in der Kita. Dies dokumentiert sich in den Interviews vor allem in Abgrenzung zur Haltung der Kinderpfleger/innen, die sich in der Weiterqualifizierung zum/r Erzieher/in befinden (vgl. Interview Müller; Dittrich-Schreiner; Bensch). Diese seien zunächst aufgrund ihrer geringen Medienerfahrung eher ängstlich im Umgang mit Mediengeräten und hätten kein Verständnis, was Medienerziehung sei. Aufgrund der medienpädagogischen Praxiserfahrung in den Einrichtungen im Rahmen der Weiterqualifizierung entwickelten sie jedoch in kurzer Zeit eine Begeisterung für das Thema, die mit einem hohen Engagement in den Einrichtungen einhergehe. Als Konsequenz dessen sehen die Lehrkräfte die Notwendigkeit, dass auch die Schüler/innen medienpädagogische Praxiserfahrungen in den Einrichtungen machen.

Bedingungen der Einrichtungen

Die teilweise subjektiv wahrgenommene geringe Relevanz von Medienerziehung auf Seiten der Schüler/innen sehen die Lehrer/innen neben einem risikofokussierten medialen Habitus vor allem mit dem geringen Stellenwert von Medienerziehung in den Einrichtungen verknüpft. Produktionsorientierte Medienarbeit finde in den Einrichtungen so gut wie überhaupt nicht statt. Die Auseinandersetzung mit Medien bleibe größtenteils auf Bilderbuchbetrachtungen und das Anhören von Hörspielen beschränkt. Obwohl der digitale Fotoapparat aufgrund der im KiBiz verankerten Dokumentation in den Einrichtungen oftmals vorhanden sei, werde dieser, u.a. aus Angst, dass Kinder die Geräte kaputtmachen könnten, nicht in der (medien-)pädagogischen Arbeit mit den Kindern eingesetzt.

Dass sich der Bildungsplan für Nordrhein-Westfalen mit dem als eigenständig definierten Bildungsbereich Medien positiv auf eine höhere Umsetzung von Medienerziehung in den Einrichtungen auswirkt, sehen die Lehrkräfte aufgrund dessen Unverbindlichkeit (keine externe Kontrolle) und Undifferenziertheit (z.B. keine altersspezifische Differenzierung) nicht.

Knappe Ressourcen der Einrichtungen (Mediengeräte; medienpädagogisches Material; Zeit) betrachten die Lehrkräfte zwar als Manko und somit auch hinderlich für die Umsetzung von Medienerziehung in den Einrichtungen, jedoch nicht als ausschlaggebendes Hemmnis. Vielmehr sehen die Lehrkräfte auf Seiten der Erzieher/innen in den Einrichtungen wenig Bereitschaft, medienerzieherisch aktiv zu werden. Dies wird auf unterschiedliche Faktoren zurückgeführt:

Manche Einrichtungen verstünden sich als medienpädagogischer Schutzraum (medienerzieherischer Habitus), der vor medialen Risiken bewahren (medialer Habitus) und den Fokus auf die Förderung von Primärerfahrungen (berufsethischer Habitus) legen möchte (vgl. Interview Müller; Mahr; Westermeier). Hier zeigt sich die Abhängigkeit des medienerzieherischen vom medialen und berufsethischen Habitus (vgl. Kap. 7.3.3).

Ein grundlegendes Hemmnis für eine stärkere Umsetzung von Medienerziehung in den Einrichtungen scheint ein defizitäres und damit einhergehendes auch ablehnendes Verständnis von Medienerziehung zu sein. So berichten sowohl Mahr als auch Bensch von einer zunächst bestehenden Ablehnung der Erzieher/innen und Kita-Leitungen hinsichtlich medienbezogener und -pädagogischer Aktivitäten mit Kindern. Erleben sie jedoch eine praktische Umsetzung in der Einrichtung (bspw. durch die Aktivitäten der Kinderpfleger/innen), würden sie die Sinnhaftigkeit dieses Bildungsbereiches erkennen.

Im Hinblick auf den berufsethischen Habitus der Erzieher/innen und die Rahmenbedingungen der Einrichtungen betonen die Lehrkräfte, dass die Einrichtungen spezifische Schwerpunkte wie beispielsweise Bewegungsförderung setzen und sich durch das bereits bestehende pädagogische Angebot als ausgelastet wahrnehmen (bspw. im Hinblick auf die im KiBiz verankerte Dokumentation der kindlichen Entwicklung). Darüber hinaus stünde Medienerziehung in zeitlicher Konkurrenz zu anderen von Eltern positiv besetzten Projekten (bspw. Waldtag) (vgl. Interview Mahr). Zudem sei die Kita durch tradierte und somit habitualisierte pädagogische Aktivitäten, die zur Gewohnheit geworden seien wie das Freispiel, der Stuhlkreis, das Malen etc. gekennzeichnet, in denen Medien keine Rolle spielten. Demzufolge sei die Umsetzung von Medienerziehung, zumal sich die Erzieher/innen anscheinend kaum eine Vorstellung von medienpädagogischer Arbeit machen können, zunächst für die Einrichtungen mit einem erhöhten persönlichen Aufwand verbunden. Damit einhergehend würden die Umsetzung von Medienerziehung und der Einsatz elektronischer Medien in der Kita abgelehnt oder fielen als eher unwichtig wahrgenommener Bereich hintenüber.

Dies gehe auch auf Unsicherheiten der Erzieher/innen zurück: Zum einen im Hinblick auf die eigene Medienkompetenz (Umgang mit Geräten) und medienpädagogische Kompetenz), zum anderen auch hinsichtlich des eigenen Verantwortungsbereichs im Bezug zur elterlichen Medienerziehung (vgl. Interview Westermeier), sodass bspw. ein möglicher Widerstand von Eltern hinsichtlich eines Medieneinsatzes in der Kita antizipiert werde (vgl. Interview Dittrich-Schreiner; Mahr; Müller).

Da Medienerziehung in der Praxis quasi nicht existent ist, können demzufolge die angehenden Erzieher/innen auf keinerlei soziales Kapital hinsichtlich eines medienpädagogisches Vorbilds in den Einrichtungen bauen. Modelle fänden sie hingegen bei klassischen Themen wie Sinneswahrnehmung und Motorik, mit denen sie sich daraufhin in Projekten im Rahmen der Ausbildung selbstständig auseinandersetzten (vgl. Interview Westermeier; Mahr; Bensch). Somit scheint sich eine Art Kreislauf zu ergeben: Die angehenden Erzieher/innen erleben keine medienerzieherische Praxis in den Einrichtungen. Daraufhin beschäftigten sie sich selbst nicht mit medienpädagogischen Projekten und sammeln dementsprechend keine medienpädagogischen Erfahrungen, was vermutlich dazu führt, dass die Schüler/innen wiederum keine dementsprechenden Impulse in die Praxis einbringen.

10 Analyseergebnisse der Gruppendiskussionen mit den Auszubildenden im zweiten Jahr[74]

Im weiteren Verlauf werden die Ergebnisse der Gruppendiskussionen mit den angehenden Erziehern/innen, die sich im zweiten Ausbildungsjahr befinden, dargestellt. Die Reihenfolge der Darstellung orientiert sich an den jeweiligen Lehrkräften, von denen die Schüler/innen unterrichtet wurden, beginnend mit der Gruppendiskussion der Schülerinnen von Thomas Westermeier. Als Stimulusmaterial wurde jeweils zu Beginn der Gruppendiskussion ein comicbasiertes Video, das ein Fotoprojekt in der Kita darstellt, verwendet (vgl. Kap. 8.2.3.4). Zu Beginn der Darstellung der Analyseergebnisse jeder Gruppendiskussion steht ein den Orientierungsrahmen der Teilnehmer/innen kennzeichnendes Zitat.

10.1 Gruppendiskussion mit den Schülerinnen des Lehrers Thomas Westermeier (Gruppe SuS_1)

„Im Kindergarten bei mir war auch so, dass die Eltern, wer arbeiten, die haben mit den Kindern immer am Wochenende was unternommen und die Eltern, wer nicht arbeiten. Die saßen auch am Wochenende am Fernsehen. Mit ihren Kindern.“

10.1.1 *Zu den demografischen und beruflichen Angaben der angehenden Erzieherinnen und den Ausbildungsinhalten*

10.1.1.1 Demografische Angaben und berufliche Zukunft

Gruppe SuS_1 besteht aus sieben weiblichen Personen im Alter von 19 bis 27 Jahren. Das Sample gestaltet sich wie folgt:

[74] Die Gruppen der angehenden Erzieher/innen im zweiten Ausbildungsjahr werden mit „Gruppe SuS_1“ (für Gruppe Schüler/innen 1), „Gruppe SuS_2“ etc. abgekürzt und nummeriert.

Person	Alter in Jahren	Geschlecht	Schulabschluss	Absolvierte Ausbildung/ abgeschlossenes Studium
P1	19	w	Fachabitur	-
P2	20	w	Fachabitur	-
P3	23	w	Fachabitur	-
P4	21	w	Fachabitur	-
P5	26	w	Abitur	Ausbildung zur Sekretärin
P6	24	w	Mittlere Reife	Ausbildung zur Kinderpflegerin
P7	24	w	Mittlere Reife	Studienabschluss als Fremdsprachenlehrerin (Diplom in Deutschland nicht anerkannt)
Gesamtgruppe	Ø 22,4	7w	1 Abitur, 4 Fachabitur, 2 Mittlere Reife	1 Studium, 2 Ausbildungen

Tabelle 6: Sample Gruppe SuS_1

Alle Teilnehmerinnen der Gruppendiskussion haben im ersten Ausbildungsjahr ein Praktikum im Kindergarten und im zweiten Ausbildungsjahr eines in der Offenen Ganztagsschule (OGS) absolviert. Zum Zeitpunkt der Gruppendiskussion haben die Schülerinnen erst vor kurzem ihr Praktikum abgeschlossen. Ihre berufliche Zukunft sehen drei Auszubildende im Kindergarten (P5, P1, P4) und eine im Kindergarten (U3-Bereich) oder in der Jugendpsychiatrie (P3). Die weiteren drei (P2, P6, P7) möchten nicht im Kindergarten arbeiten, zwei von ihnen möchten stattdessen in der OGS tätig werden (P2; P7). Aktuell nehmen die Schülerinnen eine hohe berufliche Unsicherheit wahr, da fünf von ihnen noch keine Zusage für einen Platz im Berufspraktikum erhalten haben. Die intensive Auseinandersetzung der Gruppe mit diesem Thema im Rahmen der Diskussion verdeutlicht deren hohe aktuelle Relevanz für die Schülerinnen (vgl. Z. 2730-2932).

10.1.1.2 Rahmenbedingungen und inhaltliche Schwerpunkte der gesamten Ausbildung

An der Fachschule, die die Auszubildenden besuchen, erfolgt eine Trennung in den Bereich „Sprache“, der im ersten Ausbildungsjahr unterrichtet und in dem der Fokus auf Kinderliteratur und Bilderbuchbetrachtung gelegt wird, und den Bereich

„Medien“ im zweiten Ausbildungsjahr, in welchem eine Auseinandersetzung mit elektronischen Medien erfolgt. Das Fach „Medien“ wurde nach Angaben der Schülerinnen nur ein halbes Jahr unterrichtet.

Im Rahmen der Praktika, welche die Schülerinnen im zweiten Ausbildungsjahr alle in der OGS absolviert haben, hat nur eine Schülerin (P7) ein medienpädagogisches Thema gewählt: Sie hat zum übergeordneten Thema „Gewalt und Medien“ mit Erst- und Zweitklässlern einen Trickfilm erstellt, der sich an dem zeichentrickbasierten Film „Star Wars: The Clone Wars“ orientiert. P7 berichtet davon, dass die Jungen in der OGS, in der sie das Projekt umgesetzt hat, den Film mögen. Im Rahmen des Projekts wurde der Film zunächst angeschaut und anschließend eine eigene Geschichte, die nicht Gewalt, sondern Frieden in den Fokus stellt – „Star Peace“ – umgesetzt. Dazu hätten die Kinder Bilder gezeichnet, die mit der Videokamera aufgenommen und vertont wurden. Die anderen Schülerinnen wählten für ihr Projekt klassische Themen wie gesunde Ernährung, Konzentrationsförderung (z.B. über Gesellschaftsspiele), Bewegung und soziale Entwicklung (die Kinder sollten lernen, sich gegenseitig zu helfen).

10.1.1.3 Medienpädagogik als Inhalt der Erzieher/innen-Ausbildung

Die Auszubildenden benennen verschiedene produktionsorientierte Aktivitäten des „Medien“-Unterrichts. Intensiv berichten die Schülerinnen P4, P2 und P6 im Modus der Erzählung von einem Videoprojekt zur Gewaltprävention zum Thema Mobbing/Gewalt an Schulen, das im Jugendbereich umgesetzt werden könnte. Die Schülerinnen planten im Rahmen des Unterrichts die Story und setzten diese selbst schauspielerisch um. Die Handlung war die physische Drangsalierung eines Mädchens durch eine Clique, bestehend aus drei anderen Mädchen. Ein weiteres Mädchen hätte ein „Stopp“-Zeichen in die Kamera gehalten und die Täterinnen aufgefordert, aufzuhören. Neben der Darstellung der Umsetzung gehen die Schülerinnen darauf ein, wie sie sich eine potenzielle Umsetzung in der Praxis vorstellen:

> P4: Und dann hatten wir uns gedacht, wenn wir das mit den Jugendlichen machen, dass man das Video selber dreht und dann aber auch fragt: „Wie geht es weiter?“
> I: Ja.
> P4: Ist das „Stopp“ angebracht oder wie reagieren dann die diese Mädchen-Clique, wie reagiert die da drauf? Dass man an diesem Thema dann anknüpfen kann.
> [...]
> P4: Oder dass sie dann was drehen, wie es weitergeht, dass man halt wieder diese Medien
> P6: Das wäre sogar besser. Ja (Z. 889-915).

Zudem dokumentiert der weitere Verlauf der Diskussionssequenz den Stolz der Schülerinnen auf die eigene Leistung:

> P4: Ha. Wir haben was erreicht.
> P6: Ja (lachen) (Z. 917-919).

Die technische Umsetzung durch die Gruppe sei reibungslos verlaufen, sodass die eigene Medienkompetenz in puncto Mediennutzung und -gestaltung wohl – zumindest für diese Teilgruppe – kein Hindernis für eine praktische medienpädagogische Umsetzung in den Einrichtungen darstellen dürfte (vgl. Z. 924-938). Zudem scheint über die Umsetzung von produktionsorientierter Medienarbeit auch die Kompetenz hinsichtlich der eigenen Mediengestaltung gesteigert zu werden, da sich die Auszubildenden kritisch mit dem eigenen Produkt auseinandersetzen (vgl. Z. 953-972). So schätzt P1 im Modus der Bewertung das von ihrer Teilgruppe erstellte Video und die Auswahl der Mediengeräte kritisch ein: *„Wir haben das mit dem Handy gemacht. Richtig schlecht"* (Z. 953). Durch die Handyaufnahme sei der Ton *„ein bisschen schlecht"* (Z. 967) gewesen, sodass man nur P1 und nicht die anderen Schülerinnen auf der Aufnahme gehört hätte.

Ein weiterer Unterrichtsinhalt, der intensiv in der Gruppendiskussion thematisiert wurde, war die Vertonung von Märchen. Die Schülerinnen berichten darüber ausführlich und sich gegenseitig ergänzend. Zunächst wurden im Unterricht einzelne Geschichten vertont. Anschließend wurde ein- und dasselbe Märchen („Hänsel und Gretel") in Gruppen mit jeweils unterschiedlicher Genreausrichtung umgesetzt (z.B. als romantische Comedy oder im „Ghetto-Slang"). Hierzu mussten die Schüler/innen jeweils die Geschichte umschreiben und vertonen (vgl. Z. 987-1089).

Insgesamt wurde der Medien-Unterricht von den Schülerinnen als sehr interessant wahrgenommen, er gehörte zu den Lieblingsfächern von mehreren Schülerinnen. Dies scheint vor allem darin begründet zu sein, dass es sich durch den hohen medienpädagogischen Praxisanteil um eine andere und für die Auszubildenden somit interessante Unterrichtsart als bei einem auf Arbeitsblättern basierenden Unterricht handelt. Dies wird vor allem im negativen Gegenhorizont zum Sprache-Unterricht deutlich:

> P4: [In Sprache; H.F.] [gab] es nur Zettel, Zettel, Zettel (lacht).
> P5: Das war so langweilig und dieses Jahr mit den Medien war wirklich lustig. (P3: Ja.) Das war irgendwas
> P4: spannend
> P6: War richtig gut, ne? Ja.
> P1: Ja. Ja. Mh.
> P5: Was anderes endlich, wie normaler Unterricht.
> P6: Waren Lieblingsstunden von uns.
> P4: Ja, //von uns auch/.
> P5: //Von uns auch// (Z. 1159-1176).

Anwendbarkeit des in der Ausbildung Gelernten in der Praxis

Die Schülerinnen sind der Ansicht, dass die gesamten Inhalte des Medien-Unterrichts in der Praxis umgesetzt werden könnten. Eine besondere Bedeutung weisen sie der Auseinandersetzung mit dem Medium Bilderbuch zu, das im Sprache-Unterricht betrachtet wurde. Obwohl die Unterrichtsform des Sprache-Unterrichts als langweilig empfunden wurde, wird die fachliche Auseinandersetzung mit Bilderbüchern prinzipiell als inhaltlich interessant und relevant für die eigene pädagogische Praxis wahrgenommen (vgl. Z. 2934-2971).

10.1.2 Zum Habitus der angehenden Erzieherinnen

10.1.2.1 Medialer Habitus und Medienkompetenz

10.1.2.1.1 Mediennutzung und -kompetenz

Die von den Lehrkräften beschriebene selbstverständliche und den Alltag rahmende elektronische Mediennutzung spiegelt sich auch in den Aussagen der Schülerinnen wider (vgl. Z. 2242-2503). Eine zentrale Rolle im Rahmen der eigenen Mediennutzung spielt der Fernseher, der tagsüber von vier Teilnehmerinnen (P1, P2, P4, P6) vor allem als ‚Nebenbeimedium' genutzt wird und der eigenen Entspannung und Unterhaltung und dem Erleichtern von Alltagspflichten (z.B. Putzen) dient sowie einem wahrgenommenen Alleinsein entgegenwirkt. So nutzt P2 den Fernseher, *„damit es einfach nicht so ruhig ist"* (Z. 2315). Auch P6 beschreibt eine intensive Fernsehnutzung, um quasi nicht allein zu sein, was die anderen Teilnehmerinnen aus eigener Erfahrung nachvollziehen können:

> P6: Ähm, ja, der Fernseher, ist wie bei euch (P1 lacht), der läuft halt immer. Ich wohn alleine und das Erste, was ich mache, ist Fernseh an (lacht) (P5: Mmh.) (zustimmend) (P2: Ja.) (P6 lacht) Ich sitze zwar nicht davor, aber ich muss was hören. Also der der läuft sogar, wenn ich in der Küche irgendwie koche oder so (Z. 2435-2438).

Die Fernsehnutzung ist habitualisiert in den eigenen Alltag eingebunden, sodass die Teilnehmerinnen teilweise auch vor dem Fernseher mit eingeschaltetem Sleep Timer-Modus, sodass sich das Gerät nach einer festgelegten Zeit automatisch ausschaltet, einschlafen (P6, P1 und P2).

Einen hohen Stellenwert haben im Rahmen der Kommunikation mit anderen das Internet, der Computer sowie das Handy (vor allem Telefonieren, SMS). Über „Skype" telefonieren die Schülerinnen via Internet mit entfernt lebenden Verwandten. Zudem werden Computer und Internet für die Bewältigung schulischer Aufgaben verwendet.

Nur zwei der sieben Teilnehmerinnen (P1 und P4) nutzen nicht die Social Network Site „Facebook" und auch kein „ICQ" (Instant-Messaging-Dienst). P1 hat sich aufgrund der Langlebigkeit von Daten im Internet bewusst gegen eine solche Nutzung entschieden, worin sich ihre Medienkritikfähigkeit (als Dimension von Medienkompetenz) abzeichnet:

> P1: Ich bin nicht bei „Facebook" (schmunzelt) und nicht bei „ICQ".
> I: Warum? Gibt es da einen Grund für? Oder
> P1: Ähm weil mir das einfach zu unsicher ist und ich finde, wenn man, man wird so verleitet, viel von sich preiszugeben. Und das ist mir dann einfach zu unsicher und man kann sich nicht löschen. Das fand ich sehr, ja, erschreckend. Weil, wenn man dann wirklich mal denkt, so, „ne, jetzt hast du einfach keinen Bock mehr da drauf", dann bist du halt nicht löschbar. Du bist halt immer wieder zu finden. Und das hat mich halt davon abgeschreckt und ich komm ganz gut klar (schmunzelt) (Z. 2269-2279).

Diese Entscheidung bringt jedoch praktische Nachteile mit sich, da organisatorische schulbezogene Absprachen (z.B. zum Unterrichtsausfall), die im Regelfall über „Facebook" oder „ICQ" ablaufen, nicht unmittelbar bei den beiden Nichtnutzerinnen ankommen. Auch die anderen Teilnehmerinnen stehen dem Netzwerk teilweise kritisch gegenüber. Beispielsweise erörtert P2 im Modus der Bewertung, dass sie *„wirklich gar kein Fan"* (Z. 2300) von „Facebook" sei. Eigentlich würde sie ihren Account *„am liebsten löschen"* (Z. 2300-2301), da die unwichtigen Posts anderer sie sehr nervten. Warum sie dies nicht tut, bleibt offen, möglicherweise aufgrund der schulischen organisatorischen Absprachen.

Des Weiteren nutzen einige Schülerinnen das Radio als unterhaltendes (P1, P4) bzw. informierendes Medium (Blitzermeldungen) (P5) während des Autofahrens.

Während Bücher zwar prinzipiell von den meisten Schülerinnen gerne gelesen werden, haben sie ihrer Aussage nach dafür – im Gegensatz zur entspannenden Fernsehnutzung – aufgrund der aktuellen Ausbildung wenig Zeit und Ruhe, dieser Tätigkeit nachzugehen, was sowohl P3, P5, P6 und P7 darstellen. Zwei Teilnehmerinnen lesen jedoch sehr viel (P1, P4).

Die Zeitung wird so gut wie gar nicht von der Gruppe genutzt, nur eine Teilnehmerin liest sie manchmal. Dies wird von den Teilnehmerinnen im Gegensatz zu den Büchern nicht mit mangelnder Zeit begründet, was auf ein Desinteresse der Schülerinnen am Zeitungskonsum schließen lässt.

Insgesamt lässt sich die Mediennutzung der Schülerinnen insofern zusammenfassen, dass diese sich vor allem aus einer rezeptiven (Fernsehen) und kommunikationsorientierten (Internet, Handy) Nutzung zusammensetzt und eine informationsorientierte Nutzung kaum vorliegt . So gibt auch nur eine Teilnehmerin an, Fernsehnachrichten zu schauen (P5).

10.1.2.1.2 Medialer Habitus: Vorstellungen und Beurteilungen

Mediennutzung von Kindern und angenommene Medienwirkungen

Die Teilnehmerinnen nehmen eine hohe Mediennutzung sowohl bei Kindergartenkindern als auch bei OGS-Kindern wahr (vgl. Z. 211-359; 611-681), was sich vor allem montags nach dem Wochenende in einer Unruhe der Kinder widerspiegele:

P3: Wenn die am Wochenende die ganze Zeit vor dem Fernseher waren, das hat man auch gemerkt, das war
P1: War einfach unruhig.
P5: Waren nicht alle ausgelastet.
P1: nicht ausgelastet
P6: Montag war ganz schlimm immer.
I: Hhmm... Dieses Montagssyndrom oder
P1: Genau, ja. Genau. (andere Teilnehmerinnen stimmen zu)
P2: Montags und freitags sind die schlimmsten Tage.
P3: Ja, //vor dem Wochenende und nach dem Wochenende.//
P2: //Das ist einfach so.// Egal, ob man im Kindergarten oder ob in der OGS oder sonst wo ist. Montags, weil sie am Wochenende nie so viel rauskommen und freitags, weil es halt schon der letzte Tag ist kurz vor dem Wochenende und die sich eigentlich darauf freuen, aber dann kommt dann halt trotzdem nichts am Wochenende von den Eltern aus. Und dann kommen sie halt Montag wieder und dann geht das wieder von vorne los.
P1: Ja, vor allem, wenn man fragt so: „Was hast du denn am Wochenende gemacht?" (Teilnehmerinnen lachen leicht). „Ja, ähm, ich hab gespielt (gedehnt) und ich hab Fernsehen geguckt" (gedehnt)
P5: und nochmal fernsehen geguckt
P1: und wieder fernsehen geguckt (Z. 246-278).

Als besonders problematisch nehmen die angehenden Erzieherinnen die Medienerfahrungen der OGS-Kinder wahr. Hierbei berichten die Schülerinnen davon, dass die Kinder teilweise bis nachts Medien nutzen und auch für das Alter nicht geeignete Medieninhalte konsumieren würden:

P6: Da zocken die nachts „Playstation" und hier „bis in die Puppen (P1: Mmh.) um zwei hab ich ‚Playsi' gezockt" und was weiß ich.
I: Echt?
P6: Schlimm. Ja, sicher!
P1: Ja.
P2: Ja.
P6: „Ich hab bei Kevin (Anm.: geä. wg. Ano.) geschlafen und ich hab nur ‚Playstation' gespielt, weil seine Eltern waren nicht da." Ich sag: „Cool" (lacht, Teilnehmerinnen lachen).
P1: Ja, oder was ich auch mitbekommen habe, war dann, dass sie einen eigenen Fernseher im Zimmer haben. „Ja, wenn die nachts nicht schlafen kann, dann gucke ich halt Fernsehen (P6: Ja.) und dann sind da auch mal die nackten Frauen" (Z. 301-318).

Zudem berichten die Teilnehmerinnen im Hinblick auf die OGS-Kinder von einer „Facebook"-Nutzung, die teilweise heimlich erfolge (vgl. Z. 611-681).

Neben der beschriebenen Unausgeglichenheit der Kinder montagmorgens aufgrund des hohen Medienkonsums berichten die Teilnehmerinnen von negativen Wirkungen der Präferenz der Kinder für das zeichentrickbasierte Medienformat „Star Wars – The Clone Wars" (existiert sowohl als Film als auch als Serie). Wie oben dargestellt, hat sich P7 im Rahmen ihres Trickfilmprojekts für das Thema „Gewalt und Medien" im Zusammenhang zu „Star Wars" (vgl. Z. 1960-1982) entschieden. Zwar benennt sie nicht explizit ihre Motive für den erstellten Trickfilm, angenommen werden kann aber, dass sie mit „Star Wars" gewaltfördernde Wirkungen verbindet, da der Trickfilm in Form der „Star Peace"-Geschichte gegensätzlich zur eigentlichen inhaltlichen Ausrichtung des Medienformats erfolgte. Des Weiteren benennt P1 für die OGS, in der sie ein Praktikum gemacht hat, dass die Inhalte von „Star Wars" von den Kindern als sehr real wahrgenommen wurden und diese aggressiv wurden, wenn bspw. Ausmalbilder zu „Star Wars" nicht in genau denselben Farben wie im Film ausgemalt wurden. Dies wurde in der Einrichtung über ein Gespräch mit den Kindern aufgegriffen, welche daraufhin zunächst verwundert und aggressiv reagiert hätten (vgl. Z. 1522-1539).

(Medien-)Erziehung in Familien

Die Schülerinnen weisen dem Großteil der Eltern der Kita- und OGS-Kinder ein ungünstiges Erziehungsverhalten zu, was sie sowohl auf eine mangelnde Bildung der Eltern, ein Desinteresse an Unternehmungen mit dem eigenen Kind und einen phlegmatischen, inaktiven Habitus der Eltern zurückführen (vgl. Z. 693-730; 1323-1492; 1611-1721). Hierbei stützen sich die Auszubildenden sowohl auf eigene Beobachtungen im privaten Kontext als auch auf Erfahrungen mit Eltern in der OGS, die oftmals arbeitslos seien. Aufgrund ihrer Arbeitslosigkeit seien die Eltern es nicht gewohnt, aktiv zu sein. Dies wird vor allem in einer Passage deutlich, in der die Schülerinnen „*[normale]*" (Z. 1326) arbeitende Eltern, die sich mit ihrem Kind auseinandersetzen würden (positiver Horizont), den aus Sicht der Schülerinnen unnormalen Eltern, die arbeitslos seien und wenig mit ihrem Kind unternähmen (negativer Gegenhorizont), gegenüberstellen. Die ‚unnormalen' Eltern würden das Leseverhalten ihrer Kinder nicht fördern, was die Schülerinnen jedoch als wichtig erachten. Statt gemeinsamer Unternehmungen würden sowohl Eltern als auch Kinder in diesen Familien viel fernsehen:

> P5: [...] ich gehe auch sehr oft zur Bücherei, samstags. Dann seh ich aber so (...) Familien, in Kinderbücherei in XY (Anm.: geä. wg. Ano.; Stadt, in der sich das Berufskolleg befindet), da sind so nicht die Familien, „wir haben wenig Geld". Nur die normalen, bei denen ist es so ganz normal, die gehen zur Bücherei (P2: Ja.), die leihen Bücher aus, aber nicht die Kinder, wer hat kein Geld und die haben auch keine Bücher zu Hause und so bleibt das auch.
> I: Mhm.
> P3: Ja, das stimmt.
> P4: Das //stimmt sogar.//
> P5: //Die Mittelschicht// geht (P2: Ja.) dahin, weil, bei denen ist das so ganz normal. Die gehen zum Bücherei, leihen Bücher aus, geben die wieder zurück und für den Kindern ist das auch selbstverständlich.
> [...]
> I: Aber woran liegt das, was meinen Sie so?
> P5: Bildung.
> I: Mhm. (...)
> P3: Vielleicht arbeiten die Eltern auch viel zu viel und haben keine Lust dann mit den Kindern noch irgendein //Buch zu lesen oder//

P5: //Aber das ist immer anders.// Im Kindergarten bei mir war auch so, dass die Eltern, wer arbeiten, die haben mit den Kindern immer am Wochenende was unternommen und die Eltern, wer nicht arbeiten, //die waren den ganzen Tag//
P2: //Ja, weil die// das kennen in in
P5: Ja.
P3: Ja, die haben es jeden Tag
P2: Aktion zu sein so. (lacht)
P5: Die saßen auch am Wochenende am Fernsehen. Mit ihren Kindern.
P2: Viele Eltern machen sich es auch bequem (…).
P6: Mmh. (zustimmend) (Z. 1323-1392).

P2 elaboriert den aufgeworfenen Orientierungsrahmen. Hierbei kennzeichnet sie ihre eigene Kindheit als positiven Gegenhorizont, der durch eine sich kümmernde Mutter sowie viele Primärerfahrungen und ein Spielen in der Natur gekennzeichnet gewesen sei. Wieder werden die *„normalen"* sich kümmernden Eltern *„nicht normalen"* Eltern gegenübergestellt:

P2: Das sieht man. Ja, das sieht man auch an der OGS. Also eigentlich ist ja die OGS auch gedacht für Eltern, die viel arbeiten, die nicht (schmunzeln der anderen Teilnehmerinnen) ganz so viel Zeit für die Kinder haben. Es ist aber komplett andersrum. (P6: Ja.) Die Eltern sitzen zu Hause und schieben quasi das Kind ab. [...] Ich finde, da spielt die Rolle der Eltern schon einen sehr großen Teil. Wie gesagt, die äh unternehmen nicht mehr ganz so viel wie damals. Also ich kenne das auch, dass meine Mama sich täglich für uns Zeit genommen hat. (P6: Ja.) Wir sind direkt nach der Schule oder nach dem Kindergarten, je nachdem, haben wir Hausaufgaben oder irgendwelche Sachen erledigt, gegessen und waren von morgens bis abends dann draußen, haben uns eben was zu essen, was zu trinken, vielleicht Klamotten zum Umziehen, wenn was mal passiert eingepackt, aber waren mit dem Kind im Wald oder weiß ich nicht, wo. Irgendwelche Ausflüge. (P4: Oder Spielplatz.) Das sieht man jetzt heutzutage gar nicht mehr.
P1: Nee.
P2: Also. Das hat auf jeden Fall abgenommen.
P1: Das stimmt (Z. 1396-1422).

Auch in puncto Medienerziehung werden die Eltern als wenig kompetent beschrieben (vgl. Z. 693-730). Problematisch sei, dass den Eltern technische Fähigkeiten und auch ein Wissen über altersgerechte Inhalte fehle, was sich in einer inadäquaten Medienerziehung und unangemessenen kindlichen Mediennutzung (z.B. heimliche „Facebook-Nutzung") niederschlage. Die Eltern hätten *„einfach […] keinen Plan von dem Internet"* (P1, Z. 707) und würden damit verbundene Gefahren für die Kinder nicht kennen und deshalb auch *„nicht darauf achten, was macht das Kind"* (P1, Z. 708-709). Dies nehmen die angehenden Erzieherinnen als deutliches Problem hinsichtlich einer kindgerechten Mediennutzung wahr.

10.1.2.2 Medienerzieherischer Habitus und medienpädagogische Kompetenz

10.1.2.2.1 Medienerzieherischer Habitus: Vorstellungen und Beurteilungen

Verständnis und Haltung hinsichtlich Medienerziehung

Im Hinblick auf eine Mediennutzung in der Kita ist der zentrale Orientierungsrahmen der Gruppe eine überwiegende Befürwortung des Einsatzes klassischer Mediengeräte wie eines Fotoapparats oder von Bilderbüchern in der Kita bei einer gleichzeitig ablehnenden Haltung gegenüber des Einsatzes eines Computers, auch nicht in Form eines ‚Computerführerscheins' oder ähnlichem. Dies spiegelt sich in verschiedenen Passagen wider (vgl. Z. 63-96; 359-385; 403-613; 1723-1827; 2517-2547; 2999-3106).

Auf die konkrete Nachfrage der Forscherin nach dem Einsatz eines Computers in der Kita (z.B. indem ein Sprachlernprogramm verwendet wird), zeigt sich zunächst eine geteilte Meinung der angehenden Erzieherinnen mit einer deutlichen mehrheitlichen Tendenz gegen einen Computereinsatz:

> I: Sollte das da reinkommen oder gehört ein Computer erst mal nicht in die Kita?
> P4: Also ich finde der gehört da nicht hin.
> P3: In die Kita auch nicht.
> P2: Ja, ich bin auch der Meinung, dass der da nicht hingehört.
> I: Oder im Kindergarten, ne.
> P6: Ich finde, das muss eigentlich nicht sein. Ich finde, da reicht das, wenn die privat da vielleicht mal irgendwas machen dürfen, aber so, ich finde, ab Grundschule erst (P1: Ja.) reicht, völlig aus.
> P2: Ja, ich bin auch der Meinung. Ich find, die Erzieherinnen im Kindergarten sollten sich da mit (P6: Ja.) so was (P6: Genau.) auseinandersetzen. Die haben zwar wenig Zeit, aber es ist ja irgendwie immer ein bisschen die Mö/ Zeit dazu, vielleicht mal zehn Minuten oder so sich mit den Kindern zurückzuziehen und ein paar Übungen zu machen oder sich vielleicht noch eine Zusatzkraft zu holen, die das dann macht. [...] ich finde, die Erzieherinnen sollten sich damit auseinandersetzen. Nicht direkt so vor dem PC sitzen lassen, die Kinder und so.
> I: Also mit den mit den Kindern zusammen dann schon, oder?
> P2: Vor dem PC?
> I: Oder //wie wie meinten Sie das? Oder generell?//
> P2: //Nee, die Erzieherinnen// alleine halt, ohne PC, ohne Medien, also das geht ja auch.
> I: Die Erzieherinnen einfach mit dem Kind?
> P2: Ja. Genau.
> I: Also mit dem Kind arbeiten direkt.
> P2: Ja (Z. 434-479).

Vier Teilnehmerinnen – P4, P3, P2 und P6 – sprechen sich gegen den Einsatz eines PCs in der Kita aus. P6 sieht die Mediennutzung in diesem Alter als privat, also im Elternhaus, verankert. P2 stimmt dem zu und sieht es als Aufgabe der Erzieherinnen an, auf die private Mediennutzung der Kinder zu reagieren. Dies formuliert sie nicht explizit, die Formulierung „*da mit [...] so was*" (Z. 452) lässt aber, betrachtet man den Verlauf der Diskussion, darauf schließen, dass sich P2 auf die von den

Schülerinnen als zu hoch wahrgenommene Mediennutzung (Fernsehen, Kino, „Playstation“) von Kindern bezieht. Unter einer solchen Auseinandersetzung versteht P2 jedoch nicht etwa, dass Medieninhalte mit den Kindern besprochen werden o.ä. (zumindest nennt sie eine solche Möglichkeit nicht), sondern die Erzieherinnen sollten, auch wenn die Zeitressourcen knapp sind, mit den Kindern *„Übungen“* (Z. 454) machen. Unter diesen *„Übungen“* sind vermutlich Konzentrationsübungen zu fassen (diese stellten auch den gewählten Projektschwerpunkt von P2 dar). Einen Computereinsatz bzw. einen Einsatz anderer elektronischer Medien schließt P2 für die Kita aus.

P5 elaboriert den aufgeworfenen Orientierungsrahmen anhand einer Opposition. Sie sieht den pädagogischen Einsatz eines Computers in der Kita aufgrund mediendidaktischer Zielstellungen als notwendig an – der PC könne als Vorbereitung für die Schule genutzt werden. Dies führt sie exemplifizierend anhand von Beispielen aus dem eigenen Bekannten-/Verwandtenkreis aus. Zudem sei eine pädagogische Heranführung an den Computer sinnvoll, da die Eltern selbst nicht wüssten, welche Internetseiten kindgerecht seien:

> P5: Ich glaube, das muss sein, weil, die Kinder haben ganz anderen Spaß am Lernen, auch für die Schule. Weil, ich habe vier- fünfjährigen Cousin, der hat wirklich Spaß am Computer, aber der spielt so nur so Spiele. So, das ist wirklich für Lernen, und so hin auch lernt er schreiben. Und von meiner Freundin die Tochter, sie wird jetzt vier, sie lernt, Wörter zu schreiben, wenn sie mir zum Beispiel im „Skype“ schreibt, dann so schreibt sie meinen Namen, „Hallo“, einfach das lernt sie.
> P2: Ja klar (leise).
> P5: Was sie würde vielleicht nicht lernen, so, mit dem Stift zu schreiben. (P4: Ja, privat oder was?) Oder Papa zu schreiben (Z. 481-491).

P3 – wiederum oppositionell zu P5 – betont eine wahrgenommene Passivität der Kinder, die mit einer Nutzung des PCs einherginge. Die Kinder sollen sich in der Kita *„ausleben können“* (Z. 501-502). In dieser Aussage dokumentiert sich ihr berufsethischer Habitus und knüpft an die oben beschriebene Vorstellung von P2 an, dass Kinder heutzutage zu wenige Primärerfahrungen sammeln würden. P1 hingegen zeigt sich zunächst ebenfalls eher offen für einen Computereinsatz in der Kita, jedoch mit einem Verweis auf eine zu reglementierende Nutzungsdauer:

> P3: Ja, zu Hause finde ich das ja auch gut. Aber muss das denn im Kindergarten sein?
> P1: Ja.
> P3: Ich finde nicht (P4: Genau das ist es.) Im Kindergarten sollen die sich ausleben können und da nicht vor dem Computer sitzen. Ich finde, das ist so (P2: Ja.) private Sache mehr.
> P1: Kommt halt auch auf die Dauer an, ne, wie lange sie am PC sitzen können.
> P3: Ich finde das im Kindergarten überhaupt
> P1: Ja. (abwägend)
> P5: Weil, zu Hause werden vielleicht nur für Spaß gespielt und im Kindergarten könnte den Kindern das so beibringen. Was ist das Computer? Also so da auch zum Lernen. Dass es nicht nur einfach nur für Spaß ist, die können auch vieles lernen. Weil die Eltern wissen selber nicht, welche Seiten dürfen die besuchen, welche nicht? (Z. 496-515)?

Die überwiegend ablehnende Haltung der Gruppe zum Einsatz eines Computers in der Kita scheint sich aus den wahrgenommenen negativen Medienwirkungen der Auszubildenden zu speisen. So berichtet bspw. P2 im Modus der Erzählung von einem Jungen in der OGS, der den dort vorhandenen Computer ständig nutzen wollte. Er hatte kein Interesse mehr an nicht-medialen Spielen. Sie beschreibt eine Art Sogwirkung des Computers auf den Jungen – *„das hat ihn dann so mitgezogen“* (Z. 378) – und verallgemeinert dies auf alle Kinder, sodass sie einen Computer für die OGS und auch die Kita ablehnt: *„[...] das Problem ist, wenn sie einmal am PC sitzen, dann wollen sie jeden Tag kommen“* (Z. 375-376).

Wird die Nutzung des PCs von den Teilnehmerinnen für die Kita abgelehnt, werden die PC- und Internetnutzung und auch ein „Computerführerschein“ für die OGS-Kinder jedoch als sinnvoll und notwendig erachtet, auch wenn damit einherginge, dass Kinder Internetinhalte nutzen, welche die Auszubildenden als eigentlich ungeeignet empfinden (bspw. „Germany’s Next Top Model“). Der Nutzung ungeeigneter Internetinhalte, welche die Schülerinnen in der OGS erlebt hätten, versuchten sie während des Praktikums durch die Bereitstellung medialer, jedoch als sinnvoll wahrgenommener Alternativen in Form von Computer-Lernspielen, entgegenzuwirken. Die wahrgenommene Notwendigkeit für die Auseinandersetzung mit dem Computer in der OGS wird durch die Teilnehmerinnen vor allem mit der als völlig zu früh wahrgenommenen „Facebook“-Nutzung von Kindern begründet, die bereits im Grundschulalter erfolge und welche die Auszubildenden als risikoreich einschätzen:

P6: Aber so an sich finde ich PC-Kurse in der OGS schon (...) gut, ja.
I: Mhm.
P1: Ja, und vor allem wichtig finde ich die auch.
P6: Ja.
P1: Weil damit die Kinder immer lernen, was sind, ich sage mal, gute Seiten, was sind schlechte Seiten, ne? (P6: Genau.) Welche Gefahren lauern überhaupt im Internet? Wir haben zum Beispiel ein Kind in der OGS, der ist bei „Facebook“ angemeldet und
P4: Ganz viele bei uns.
P6: Ah, das geht gar nicht.
[...]
P2: [...] wenn sie mir dann erzählen, dass sie bei „Facebook“ schon mit acht Jahren angemeldet sind (P3: Ja.), //dann frage ich mich, was schiefgelaufen ist.//
P6: //Das darf nicht//
P3: Ja.
P1: Vor allem was für Gefahren da lauern, ne. //Weil Kinder erzählen//
P2: //Ja eben, man hört ja alle paar Tage irgendwas.//
P1: ja auch einfach mal oder geben auch einfach mal ihre Adresse raus.
P2: Ja.
P6: Die denken dann ja nicht dabei (Z. 603-657).

P1 betont zudem die Notwendigkeit, dass die Kinder den Computer aufgrund der Mediatisierung der Gesellschaft nutzen:

> P1: Ja, in der OGS haben wir auch einen einen Computer. Da dürfen die dann immer freitags dran, aber dann immer auch nur für eine Viertelstunde. Ich finde es aber auch wichtig, dass die Kinder damit aufwachsen, weil das ist ja wirklich ein Teil unserer Gesellschaft geworden, ne. Also ein großer Teil (Z. 366-369).

Bezogen auf Kinder im Kindergartenalter sehen die angehenden Erzieherinnen hingegen die Eltern und nicht die Kita-Erzieher/innen in der Verantwortung, Medienerziehung umzusetzen. Aufgrund der fehlenden medienbezogenen Kompetenzen der Eltern sei die Kita jedoch in der Verantwortung, medienbezogene Elternkurse (z.B. zu kindgerechten Internetseiten) anzubieten (vgl. Z. 734-771).

Medien, die von den angehenden Erzieherinnen jedoch als ‚gut' bzw. ‚pädagogisch wertvoll' eingeschätzt werden, sollten ihrer Meinung nach in der Kita genutzt werden. Hierzu zählen sowohl klassische Medien wie Bücher oder auch Fotoapparate wie auch kaputte bzw. alte elektronische Medien, die im Rollenspiel der Kinder Verwendung finden könnten wie bspw. alte Telefone oder ein alter Computer (vgl. Z. 63-96; 1723-1827; 2517-2547; 2999-3106). Zentral ist dabei, dass der Medieneinsatz *„nicht viel mit Technik zu tun"* (Z. 1758) haben sollte, wie P1 anführt. Mit Blick auf den Diskussionsverlauf ist davon auszugehen, dass damit gemeint ist, dass der Medieneinsatz möglichst mit einer anderen Zielstellung (bspw. der Förderung von Sozialverhalten über das Rollenspiel) verbunden sein sollte und damit einhergehend angenommene negative mediale Effekte (z.B. dass Kinder zu stark auf ein bestimmtes Medium fixiert sind) ausbleiben.

Während der Einsatz eines Fotoapparats mit den Kindern in der Kita befürwortet wird, stehen die Teilnehmerinnen dem Einsatz einer Videokamera größtenteils kritischer gegenüber (vgl. Z. 2685-2728). So bringt P6 ein, dass Kindergarten- und Grundschulkinder durch die Arbeit mit der Videokamera *„sofort abgelenkt"* (Z. 2689) und sich *„unwohl"* (Z. 2690) und *„beobachtet"* (Z. 2690) fühlen würden, sodass die Kinder sich *„verstellen"* (Z. 2690) würden. Deshalb würde sie Kameraarbeit nur mit Jugendlichen umsetzen, was P1 bestätigt. P5 hingegen befürwortet einen Videoeinsatz in der Kita, was sich auch in ihren medienbezogenen Bestrebungen für das Berufspraktikum widerspiegelt: Sie möchte per Videokamera die Entwicklung der einzelnen Kinder über ein Jahr lang per Kurzfilmen dokumentieren und diese nachher den Eltern präsentieren. Die Filme möchte sie zusammen mit den Kindern erstellen (vgl. Z. 2699-2703). Zudem möchte sie anstatt der klassischen Themen des Kindergartens wie „Bewegung" (Z. 2929) oder „gesunde Ernährung" (2629-2630), die P5 als *„Stereo"* (Z. 2629) bezeichnet, gerne *„[was] ganz anderes"* (Z. 2630) mit den Kindern durchführen wie bspw. Fotoprojekte. Diese eher gängigen Themen scheinen sie nicht sonderlich zu reizen. P5 sieht als einzige Schülerin auch am Ende der Gruppendiskussion Medienerziehung, die auch den Einsatz von elektronischen Medien in der Kita umfasst, als Aufgabe der Kita. P1, die zu Beginn der Gruppendiskussion dem Einsatz eines Computers in der Kita recht offen gegenübersteht, lehnt diesen gegen Ende des Interviews ebenfalls ab. P7 äußert sich nicht, sie kann überwiegend als ‚Schweigerin' innerhalb der Diskussion bezeichnet werden (vgl. Z. 2999-3106).

Umsetzungsmöglichkeiten von Medienerziehung

P5 sieht eine Überforderung der Erzieherinnen in der Kita (vgl. Z. 1574-1579; 3020-3035). Diese müssten neben der pädagogischen Arbeit weitere Aufgaben wie Spülen oder Frühstückmachen erledigen. Insgesamt hätten die Erzieherinnen *„zu viele"* (Z. 3027) Aufgaben. Dementsprechend würden aufgrund der ungünstigen Betreuungssituation mit nur zwei Erzieher/innen pro Kindergartengruppe die Erzieher/innen nicht alle Aufgaben *„schaffen"* (Z. 1569). Dennoch sieht sie die Umsetzung von Medienerziehung als notwendige Aufgabe der Kita.

Änderung des medialen und medienerzieherischen Habitus durch die Ausbildung

Im Hinblick auf Veränderungen des medialen und medienerzieherischen Habitus der Auszubildenden im Verlauf der Ausbildung lässt sich vor allem eine differenziertere Betrachtungsweise in Bezug auf Bilderbücher benennen. Während vor der Auseinandersetzung im Unterricht den Schülerinnen die Relevanz von Bilderbüchern für Kinder nicht bekannt gewesen sei, wüssten sie nun, *„wie viel dahintersteckt"* (P1, Z. 2963) und wie man mit Kindern eine pädagogisch adäquate Bilderbuchbetrachtung durchführen könne (bspw. im Hinblick auf die Erzeugung einer spezifischen Atmosphäre) (vgl. Z. 2953-2995):

> P1: Man hat halt gesehen, Bilderbuch ist nicht einfach, für uns sind es irgendwelche bunten Bilder und da drunter steht ein Text und für die Kinder ist es aber eine ganz andere Welt, in der sie sich dann hineinvertiefen können und, ja, dazu dann noch was lernen können, zu dem Thema gerade dann.
> P5: Dass sie manchmal den Text überhaupt nicht brauchen.
> P1: Ja.
> P5: Also nur die Bilder zu erklären und unterhalten einfach (Z. 2985-2995).

Über Änderungen der Haltung zu elektronischen Haltungen berichten die Teilnehmerinnen jedoch nicht.

10.1.2.2.2 Medienerzieherischer Habitus: Praxis

Eigene medienpädagogische Praxiserfahrungen

Zwei Schülerinnen haben bisher erste medienbezogene bzw. -pädagogische Praxiserfahrungen gesammelt. P6 hat ein Fotoangebot für U3-Kinder in der Kita angeboten. Dabei wurden mit einem Fotohandy bzw. einer Digitalkamera Fotos vom

Umriss der Kinder gemacht, die sich auf ein Papier legten. Der Umriss musste von den Kindern selbst ihrer eigenen Person zugeordnet werden. Hierbei schätzt P6 den technischen Umgang der Kinder im Modus der Bewertung als recht kompetent ein, auch wenn sie diesbezüglich ein wenig unterstützt werden mussten (vgl. Z. 91-115). P7 hat wie oben ausgeführt im Rahmen ihres Projekts einen Trickfilm mit OGS-Kindern erstellt.

10.1.2.2.3 Medienpädagogische Kompetenz

Eine Umsetzung handlungsorientierter Projekte wie ein Video- oder Fotoprojekt scheinen sich die angehenden Erzieherinnen zuzutrauen (vgl. Z. 976-985; 2503-2543). Insgesamt und nicht nur im Hinblick auf Medienerziehung nehmen sich die Schülerinnen nun als selbstbewusster als zu Beginn der Ausbildung wahr, sodass sie, wenn sie nun in der Kita arbeiten würden, aus ihrer Sicht vermutlich Angebote gestalten würden, die *„nicht so standardmäßig"* (P2, Z. 1873) seien. Zu Beginn der Ausbildung hätten sie hingegen *„alles so ganz klein mit (P1: Ja.) Ausmalbildern und so (P1: Ja.) [...] angefangen" (P2, Z. 1866-1867).* Sowohl das eigene Zutrauen, ein medienpädagogisches Projekt durchzuführen als auch die eigene technische Medienkompetenz scheinen somit einem diesbezüglichen Engagement in der Kita bzw. der OGS nicht entgegenzustehen. Hinderlich ist jedoch die Unkenntnis der Auszubildenden hinsichtlich medienpädagogischer Umsetzungsmöglichkeiten, auf die daraus zu schließen ist, dass sich die Auszubildenden über den gesamten Diskussionsverlauf hinweg zum Thema Medienerziehung überwiegend auf einen direkten Medieneinsatz und kaum auf eine pädagogische Auseinandersetzung mit Medieninhalten der Kindern beziehen.

10.1.2.3 Berufsethischer Habitus

Medienerziehung scheint für die meisten Teilnehmerinnen der Gruppe im Vergleich zu anderen Themen ein weniger relevantes Thema für die pädagogische Arbeit der Kita zu sein. Dies zeichnet sich in der Projektauswahl der Schülerinnen ab, welche Themen behandeln wie gesunde Ernährung, Konzentrationsförderung (z.B. über Gesellschaftsspiele), Förderung der soziale Entwicklung und Bewegungsförderung, deren Notwendigkeit die Schülerinnen teilweise mit eigenen Praxisbeobachtungen (z.B. Unruhe der Kinder) begründen (vgl. Z. 2203-2211).

Ein weiteres Thema, was von den angehenden Erzieherinnen intensiv diskutiert wird, ist die ungesunde Ernährung der Kinder in der Kita. Die dazugehörigen Diskussionspassagen sind durch eine hohe Interaktionsdichte gekennzeichnet, worin sich die subjektive Wichtigkeit der Thematik für die Auszubildenden dokumentiert (vgl. Z. 1631-1721; 2075-2144). Hierbei weisen die Schülerinnen sowohl den Eltern als auch den Kitas ein ungünstiges Verhalten zu: Die Eltern würden ihren Kindern ungesundes Essen in die Kita mitgeben und auch in den Einrichtungen gebe es teilweise ungesunde Getränke:

> P6: […] gemeinsames Frühstück, Milchschnitten und, ähm was war da noch? Hier, diese komischen „Cornflakes“ mit Schokoladenüberzug, „Capri Sonne“, da //hab ich auch nur gedacht//
> P3: //Oder diese// „Monster“ „Monster“, wie heißen die? „Monster/“, dieses zum Trinken, dieses Joghurtdings.
> P1: Ja.
> P3: Ja.
> P4: Oah (abwertend).
> P2: Das ist //auch echt/ (Z. 1656-1669)

Die ungesunde Ernährung werde durch Werbung verstärkt, da diese zu eine Manipulation der kindlichen Wahrnehmung und Konsumwünsche führe (medialer Habitus):

> P5: //Aber das ist// auch von Medien. Das, die sehen das in Werbung. (P2: Ja.) (P1: Ja.) Ich haben, hab das auch in meiner OGS erlebt. Die Kinder sagen, das ist gesund, weil (P1: Ja.), das wird in Werbung da so vermittelt. Ich habe jetzt in OGS
> P3: //„Fruchtzwerge macht// stark.“
> P4: //Und „Milchschnitte ist Milch drin“//
> P5: //ein Projekt gemacht// über gesunde Ernährung, da haben die mir von Werbung erzählt und dann sagen, sagt das Kind, das ist aber gesund, das haben die da gesagt, in Werbung.
> I: Mhm.
> P2: In der Werbung sieht das auch alles immer so schön aus.
> P4: Mmh.
> P5: Mmh.
> P2: Das sieht man so an. So schön bunt und lecker und was die da immer noch dazu sagen, irgendwelche süßen Kinderlieder oder so, was da immer dazu kommt bei den ganzen Süßigkeiten. (P3: „Paula ist ne Kuh“) (singt und lacht anschließend). Dass da sie auch viel vor dem Fernseher sitzen und sich das nun mal angucken, da regt es sie natürlich an. (P1: Ja.) Wenn sie dann im Supermarkt, „Mama, Mama, ich will das“ und dann kriegen sie es wahrscheinlich auch und dann kommt es halt im Kindergarten alles raus und dann (seufzt leicht). Wir haben auch versucht, die Kinder zu erst mal zu lenken, dass sie erst mal was Gesundes essen sollen. War schwer.
> P6: Es gab sogar Kinder, die kannten keine Gurke.
> I: Mhm.
> P1: Mhm.
> P6: Das fand ich ja ganz schlimm. Also. Wussten gar nicht, was das ist. Die haben das noch nie gegessen. Im Kindergarten. (P3 lacht auf) (Z. 1671-1708).

Auch wenn das Thema gesunde Ernährung in der Einrichtung behandelt werde, würden die Eltern weiterhin den Kindern dieses Essen mitgeben, was wiederum auf eine mangelnde Bildung der Eltern zurückgeführt wird. Dementsprechend sehen sich die angehenden Erzieherinnen in der Verantwortung, den Kindern, u.a. im Hinblick auf gesunde Ernährung, viel beizubringen (vgl. Z. 1611-1721):

> P5: Man muss einfach den Kindern alles so erz/ erklären, was das ist alles, weil die Eltern sind auch nicht gebildet dafür. (P2 lacht; P1 lacht) Dass da mindestens jemand, wer ist gebildet, den Kindern das erklärt. (P1 lacht)
> P6: Eltern sind dumm (leichtes Lachen in Stimme) (Z. 1615-1621).

Somit wird hier abermals der Orientierungsrahmen, dass Eltern wenig gebildet und damit einhergehend inkompetent hinsichtlich der Erziehung ihrer Kinder seien, aufgeworfen.

10.1.3 Zu den Bedingungen der Einrichtungen

10.1.3.1 Medienerzieherischer Habitus der Erzieher/innen: Praxis der Medienerziehung

In den Kindertagesstätten, in denen die Schülerinnen ihr Praktikum absolviert haben, sind keine Computer vorhanden, sodass auch keine diesbezüglichen Angebote wie etwa ein ‚Computerführerschein' umgesetzt oder PC-Lernprogramme genutzt werden. P1 berichtet jedoch von einer Kita, die einen Computer hätte, der von den Kindern genutzt werden dürfte. Was hingegen in den Einrichtungen vorhanden ist, sind alte kaputte Mediengeräte (z.B. in der Puppenecke), welche die Kinder im Rollenspiel nutzen könnten. Medienerzieherische Aktivitäten haben die angehenden Erzieherinnen in den Kitas kaum erlebt. Dies beschränkt sich, wenn überhaupt, auf das Erstellen von Fotos mit Kindern im Rahmen der Dokumentation (vgl. Z. 98-135; 1723-1827; 2999-3106).
Bilderbuchbetrachtungen spielen teilweise aus Sicht der Schülerinnen eine deutlich zu geringe Rolle in den Kitas: Drei Schülerinnen berichten, dass sie kaum oder gar keine Bilderbuchbetrachtungen während ihres Praktikums erlebt hätten und auch wenig Bücher vorhanden gewesen seien (P2, P3, P5) (vgl. Z. 1230-1321).

Einen Gegenhorizont zur medienarmen Kita stellt die OGS dar: Die Räumlichkeiten sind medial gut ausgestattet (PC, teilweise auch „Wii", Fernseher), die Kinder nutzen den Computer (z.B. Lernspiele, Computerspiele) und das Internet und es finden auch Computer-Kurse statt (vgl. Z. 359-400; 545-599). Die Schülerinnen berichten, dass während ihrer Praktika in der OGS teilweise Gespräche mit den Kindern (in der Einrichtung von P1 zu „Star Wars) und den Eltern stattfanden (z.B. aufgrund einer überhöhten Mediennutzung) (vgl. Z. 1492-1522). Bezogen auf die Kita erzählen die Schülerinnen davon nicht.

10.1.3.2 (Gesetzliche) Rahmenbedingungen

Die Grundsätze zur Bildungsförderung sind den Teilnehmerinnen nicht bekannt und wurden in den Einrichtungen während der Praktika nicht besprochen.

10.1.4 Fazit der Gruppendiskussion

Die Gruppendiskussion der Gruppe SuS_1 ist überwiegend durch eine parallelisierende Diskursorganisation gekennzeichnet: Der Großteil der Gruppe lehnt den Einsatz eines Computers in der Kita ab. Lediglich eine Schülerin spricht sich für einen pädagogischen Computereinsatz in der Kita aus, sodass sie einen Gegenpol zur Gruppe darstellt. Verantwortlich für die Ablehnung eines Computers in der Kita scheint das Gefühl zu sein, dass ‚so etwas' nicht in die Kita gehört (medienerzieherischer Habitus). Diesen Orientierungsrahmen beschreibt auch die Lehrerin Nele Bensch im Interview. Durch eine Ausgrenzung der Nutzung von mit negativen Wirkungen behafteten wahrgenommenen Medien wie einem Computer in der Kita sollen die Kinder zudem vermutlich vor Risiken bewahrt werden, welche die Schülerinnen mit einer hohen Mediennutzung verbinden (medialer Habitus): Zentral hierbei sind die wahrgenommenen negativen Auswirkungen des Fernsehkonsums auf die Konzentration und Ausgeglichenheit (Montagssyndrom) der Kinder. Dieser Schutzgedanke ist auch damit verknüpft, dass die heutige Kindheit von den Schülerinnen insgesamt als zu stark mediatisiert wahrgenommen wird und sie der Ansicht sind, dass damit einhergehend die Kinder zu wenig Primärerfahrungen erleben und sich viele (nicht gebildete) Eltern nicht adäquat um ihre Kinder kümmern, auch im Hinblick auf die kindliche Medienerziehung.

10.2 Gruppendiskussion mit den Schülerinnen der Lehrerin Elisabeth Dittrich-Schreiner (Gruppe SuS_2)

> *„Ich find das mit den Karten, ich glaub das ist auch einfach dieses Sammeln und Tauschen. [...] Das ist, das das sah für mich so aus, wie früher mit Stickern. Das war nicht wirklich das mit dem ‚Star Wars'."*

10.2.1 Zu den demografischen und beruflichen Angaben der angehenden Erzieherinnen und den Ausbildungsinhalten

10.2.1.1 Demografische Angaben und berufliche Zukunft

Die acht Auszubildenden der Gruppendiskussion sind zwischen 20 und 27 Jahren alt. Fünf Schülerinnen möchten nach der Ausbildung in der Kindertagesstätte arbeiten (P1, P3, P5, P6, P8), eine Schülerin (P7) strebt eine Kombination aus Elementarbereich und der Arbeit mit älteren Kindern und Jugendlichen an und zwei

Schülerinnen möchten im Jugendbereich tätig werden (P2: Kinder- und Jugendpsychiatrie, P4: Jugendeinrichtung). Das Sample gestaltet sich wie folgt:

Person	**Alter in Jahren**	**Geschlecht**	**Schulabschluss**	**Absolvierte Ausbildung/ abgeschlossenes Studium**
P1	20	w	Fachabitur	-
P2	23	w	Fachabitur	-
P3	20	w	keine Angabe	keine Angabe
P4	27	w	Abitur	-
P5	21	w	Mittlere Reife	Ausbildung zur Kinderpflegerin
P6	21	w	Mittlere Reife	Ausbildung zur Kinderpflegerin
P7	20	w	Mittlere Reife	Ausbildung zur Kinderpflegerin
P8	21	w	Fachabitur	-
Gesamt samt-gruppe	Ø 21,6	8w	1 Abitur, 3 Fachabitur, 3 Mittlere Reife 1 n.b.	3 Ausbildungen 1 n.b.

Tabelle 7: Sample Gruppe SuS_2

10.2.1.2 Rahmenbedingungen und inhaltliche Schwerpunkte der gesamten Ausbildung

Der Schwerpunkt der Erzieher/innen-Ausbildung an der Fachschule liegt nach Aussage der Schülerinnen stärker auf dem Elementar- als auf dem Kinder- und Jugendbereich. Dies spiegelt sich insofern in den zu absolvierenden Praktika wider, dass zwei Praktika im Kindergarten angesiedelt sind. Ein weiteres muss in einer pädagogischen Einrichtung mit Kindern/Jugendlichen ab sechs Jahren (z.B. OGS, Heim) absolviert werden.

Die mediale Ausstattung der Schule sei recht gut, sodass beinahe alle Unterrichtsräume mit Beamern versehen seien.

10.2.1.3 Medienpädagogik als Inhalt der Erzieher/innen-Ausbildung

Die Schülerinnen werden von der Lehrerin Elisabeth Dittrich-Schreiner (vgl. Kap. 9.2) sowohl in Sprache(n)/Medien als auch in Deutsch unterrichtet, sodass die Fächerinhalte miteinander verknüpft werden.

Als Unterrichtsinhalte benennen die Schülerinnen die Planung eines Kinoprojekts für die Kita und die Umsetzung einer Fotostory. Im Hinblick auf das Kinoprojekt wurde im Unterricht reflektiert, was alles zu einem solchen Projekt gehört – die Auswahl des Kinofilms, Eintrittskarten basteln, das Thema mit den Kindern besprechen, eventuell ein Kino besuchen – es erfolgte jedoch keine Umsetzung in einer Kita.

Die Erstellung der Fotostory (handlungsorientierte Medienarbeit)bereitete den Schülerinnen Freude. Hierbei schätzten sie besonders das selbstständige Agieren, sodass sie ohne inhaltliche und zeitliche Vorgaben die eigene Story erstellten (vgl. Z. 1234-1260).

Im Unterricht käme wiederholt die Grundsatzfrage nach der Sinnhaftigkeit von Medienerziehung und eines Medieneinsatzes in der Kita auf. Diese Diskussion entstehe, wenn medienkritische Schüler/innen ihre Ablehnung für das Thema Medienerziehung und -nutzung in der Kita äußerten und die Lehrer/innen diese von der Relevanz des Themas zu überzeugen versuchen würden. Dahingehend wünschen sich die Teilnehmerinnen der Gruppe eine Akzeptanz der Lehrkräfte für medienkritische Haltungen der Schüler/innen, was die Schülerin P5 mit individuellen pädagogischen Werthaltungen, also einem individuellen berufsethischen Habitus im Modus der Argumentation begründet (vgl. Z. 1041-1056; Z. 1262-1298):

> P5: Ähm, ich glaub einfach, dass wir, dass wir das einfach, wir wollten, ah, wir werden so ein bisschen manipuliert glaub ich, von den Lehrern. (P1: Ja.) Dass die unbedingt wollen, dass wir halt Medienpädagogen unbedingt werden (Lachen in Stimme). Und ich denke, von uns ist jeder wirklich so sein eigener kleiner Pädagoge. Jeder weiß, wie was er mag, was er nicht mag, was er vertreten möchte. Und da fehlt einfach die Akzeptanz von den Lehrern, dass wir vielleicht, dass es vielleicht bei uns Leute gibt, die es nicht machen möchten. Vielleicht gibt es in der Einrichtung ja wieder andere, die sich dafür interessieren. Man ist kann das ja niemandem aufzwingen (Z. 1291-1298).

10.2.2 Zum Habitus der angehenden Erzieherinnen

10.2.2.1 Medialer Habitus und Medienkompetenz

10.2.2.1.1 Mediennutzung und -kompetenz

Die Mediennutzung der Schülerinnen ist fest in ihren Alltag integriert und erfüllt spezifische Funktionen, sodass P2 den Fernseher mit eingeschalteter Sleep Timer-Funktion zum Einschlafen nutzt oder P7 das Radio und den Fernseher laufen lässt, um zu lernen. Bis auf P7 verfügen alle Teilnehmerinnen über ein internetfähiges Smartphone, über welches „Facebook" genutzt oder Informationen recherchiert werden, sodass als Konsequenz dessen der Laptop bzw. Computer im Rahmen der Internetnutzung den meisten bis auf das Ansehen von Fernsehserien (Streaming) beinahe überflüssig erscheint. Der Laptop bzw. Computer wird aber auch genutzt, um Aufgaben für die Erzieher/innen-Ausbildung zu erledigen (z.B. per „PowerPoint“) (vgl. Z. 1426-1769).

Der alltägliche Umgang mit dem Computer scheint die Schülerinnen kaum vor Herausforderungen zu stellen, lediglich P4 berichtet von Schwierigkeiten im Umgang mit dem Präsentationsprogramm „PowerPoint“. Bei größeren computerbezogenen Problemen greift P4 auf das soziale Kapital in Gestalt ihres Bruders, der IT-Fachmann ist, zurück (vgl. Z. 1819-1851; 1939-1951). Den Umgang mit dem Beamer sowie Videoschnitt beherrschen die Auszubildenden im Gegensatz zur Computernutzung nicht (vgl. Z. 1954-1984). Zwar hat P1 sich mit dem Bereich Videoschnitt in einer Film-AG auf ihrer weiterführenden Schule auseinandergesetzt, was ihr jedoch *„überhaupt keinen Spaß“* (P1, Z. 1972) gemacht hat und ihr *„wahnsinnig kompliziert“* (P1, Z. 1968) und aufwendig erschien. Im Hinblick auf die pädagogische Arbeit in der Kita scheinen die Schülerinnen im Augenblick keine Notwendigkeit zu verspüren, dies zu erlernen (vgl. Z. 1771-1817; Z. 1197-1211): So nutzen diese nicht die Kompetenz ihrer Lehrkraft, sondern geben an, dass sie den Videoschnitt beherrschen, damit sie sich nicht damit auseinandersetzen müssen. Dies stimmt mit dem von der Lehrerin Elisabeth Dittrich-Schreiner eingebrachten Orientierungsrahmen überein, dass sich die Auszubildenden eher in der Rolle als Schüler/in anstatt als angehende/r Erzieher/in wahrnehmen (vgl. Kap. 9.2.2.2). Des Weiteren wurden in der Diskussion Sicherheitsproblematiken rund um die Smartphone-Nutzung besprochen. Um sich vor mit Viren infizierten Apps auf dem Smartphone abzusichern, verwendet P1 ein Virenprogramm. Die Schülerinnen kennen die Datenschutz-Diskussion um „Facebook“, nutzen die Plattform jedoch dennoch. Nur P7 hat aufgrund derartiger Sicherheitsbedenken kein Smartphone (vgl. Z. 1836-1838; 1868-1922).

10.2.2.1.2 Medialer Habitus: Vorstellungen und Beurteilungen

Mediennutzung von Kindern und angenommene Medienwirkungen

Alle Teilnehmerinnen der Gruppe nehmen die Lebenswelt von Kindern als stark mediatisiert und überwiegend risikobehaftet wahr. Diese Risikowahrnehmung äußert sich u.a. in der Einschätzung der Schülerinnen zur Medienpräferenz der Kinder für „Star Wars“ und „DSDS“ (vgl. Z. 432-711; Z. 725-761). Die Medienvorliebe für „Star Wars“ brächten die Kinder anhand von Sammelkarten, gemalten Bildern und dem Nachspielen in Rollenspielen, bei dem auch von den Kindern mitgebrachte Merchandise-Artikel wie Schwert und Masken verwendet würden, in die Kita und die OGS ein. Lediglich zwei Schülerinnen (P1 und P8) sind damit nicht in der Kita in Berührung gekommen. P1 ist regelrecht entsetzt über die Präferenz der Kinder für „Star Wars“ und fragt mehrmals eindringlich, ob das *„richtige ‚Star Wars‘“*

(P1, Z. 492) von den Kindern angeschaut würde. Hierüber sind sich die Schülerinnen nicht sicher. P3, die bei den Kindern nachgefragt hat, ob es ein Film oder eine Serie sei und ob der Inhalte gezeichnet sei, glaubt, dass es sich um einen Realfilm, der ab 12 Jahren durch die FSK freigegeben sei, handele. Es würde mittlerweile aber auch eine Kindersendung geben. P5 hingegen denkt, dass es sich um eine Kinderserie handelt, wenngleich auf den Sammelkarten der Kinder die Originalfiguren des Films abgebildet sind.

Die von den Auszubildenden wahrgenommene Ungeeignetheit des Films für Kinder wird an eigenen Emotionen, die mit dem Medienkonsum verbunden sind, ausgemacht. Da die Schülerinnen „Star Wars“ oder ähnliche Medieninhalte auch für sich selbst als Erwachsene als unangenehm (*„schon unheimlich“*, P3, Z. 534) empfinden, werden diese Inhalte erst recht für Kinder, welche die Schülerinnen generell aufgrund ihres Alters als sensibler wahrnehmen, abgelehnt. Das persönliche Unbehagen geht so weit, dass die Schülerinnen davon sprechen, Serien wie „Star Wars“ zu *„hassen“* (vgl. Z. 528-532). Was für Serien explizit gemeint sind, machen sie jedoch nicht deutlich:

> P2: Hah (entsetzt)
> P1: Nein.
> P5: Das kann man doch keine Kinder gucken lassen.
> P3: Oder dass das von großen Geschwistern oder irgendwie so kommt. Aber welche (Eltern?)
> P1: Hah. Unglaublich.
> (Teilnehmerinnen lachen entsetzt)
> P1: Das ist ja echt schlimm. Echt, das ist doch. Also ich mein, ich selber.
> P3: Ich habe, es kommt, ich wollte auch immer mal gucken. Ich wollte mir das auch mal angucken. Weil es mich interessiert, was die so gucken.
> P5: Ich hasse „Star Wars“.
> P2: //Ich auch// (Z. 510-530).

Trotz des eigenen Unbehagens, der mit dem Konsum *„[unheimlicher]“* (P3, Z. 534) Medieninhalte verbunden ist, möchte P3 sich den Film gerne ansehen, weil sie wissen möchte, was sich die Kinder anschauen und weil sie durch das Nachspielen der Kinder auch Neugier auf den Film entwickelt hat. Die anderen Teilnehmerinnen scheinen sich den Film nicht ansehen zu wollen:

> P3: Ich hasse so was auch so Serien, aber ich hab einmal Lust auf das mit diesen, wo die so, wo die so komisch atmen, die haben so eine schwarz-weiße Maske auf (Lachen in Stimme), also ich find das schon unheimlich (Z. 532-534).

P4 bringt eine Opposition ein, die im Gegensatz zur vorherrschenden Gruppenmeinung steht und relativiert die mit „Star Wars“ für Kinder verbundene Gefahr: Da die Kinder mit einer Vielzahl an (ungeeigneten) Medieninhalten in Berührung kämen, seien diese *„so viel gewöhnt“* (P4, Z. 569), sodass „Star Wars“ ihnen nicht sonderlich schade. P4 nimmt somit einen gewissen Abstumpfungseffekt (Habitualisierungsthese, vgl. Kunczik & Zipfel 2013, S. 299) hinsichtlich negativer Medienwirkungen auf Kinder wahr.

P1 bezieht sich auf die Aussage von P4 im Modus der Divergenz, indem sie P4s Argument, dass Kinder für ihr Alter ungeeignete Medieninhalte rezipieren, aufnimmt, jedoch diese aus ihrer Sicht inadäquate Mediennutzung kritisch bewertet. Die Kita-Kinder würden bspw. auch die Castingshow „DSDS" („Deutschland sucht den Superstar") anschauen und das Sendeformat äußerst realistisch mit Imitation der *„ganzen frechen Sprüche"* (P1, Z. 578) von Dieter Bohlen nachahmen. Als sie ein auf „DSDS" bezogenes Rollenspiel der Kita-Kinder erlebte, war P1 *„richtig schockiert"* (P1, Z. 577), zum einen, da die Kita-Kinder die Sendung trotz der späten Uhrzeit noch gucken dürfen und zum anderen, da sie die herablassende Kritik nachahmten. P4 hingegen schätzt „DSDS" als unkritisch für die Entwicklung von Kindern ein, da die Sendung *„an sich nichts Schlimmes oder Gefährliches"* (P4, Z. 612) beinhalte und setzt diese in Kontrast zur Modelshow „Germany's Next Top Model". Diese Sendung schätzt sie als kritischer ein, da man *„Angst haben [müsse]"* (P4, Z. 627), dass die Kinder denken, dass es *„normal"* (P4, Z. 628) sei, so schlank zu sein wie die Kandidatinnen der Sendung. Somit findet P4 „DSDS" *„nicht schlimm"* (P4, Z. 632).

Damit einhergehend entsteht ein Austausch in der Gruppe über die eigene Medienkindheit und inwiefern die Schülerinnen die Sendung „DSDS" im Vorschulalter hätten anschauen dürfen. Die eigene Medienkindheit in Form von Medienerfahrungen und der Medienerziehung durch die Eltern (Welche Inhalte waren erlaubt?) stellt den Referenzrahmen der Schülerinnen für die Beurteilung von für Kinder geeignete bzw. ungeeignete Medieninhalte dar. Während P4 davon ausgeht, dass sie „DSDS" als Fünfjährige hätte anschauen dürfen, verneinen dies die anderen Schülerinnen für sich selbst. Das Betrachten von „DSDS" wird mit dem eigenen Ansehen der „Mini Playback Show" verglichen, also ebenfalls einer Musikshow, welche jedoch den Fokus darauf legte, dass Kinder wie prominente Musiker/innen gestylt wurden und per Playback ihre Lieblingssongs nachsangen und dazu tanzten. Die Ablehnung für „DSDS" durch den Großteil der Gruppe mag daraus resultieren, dass die Casting-Kandidaten/innen der Show massiv persönlich abwertend kritisiert werden, was bei der harmonischen „Mini Playback Show" mit der freundlichen Moderatorin Marijke Amado, die somit den positiv besetzten Gegenhorizont zu Dieter Bohlen darstellt, keineswegs der Fall war (vgl. Z. 581-587; 611-640).

Dass die eigene Medienkindheit einen ‚Wegweiser' für die Einschätzung kindlicher Medieninhalte und Vorstellungen/Beurteilungen zur Medienerziehung darstellt, dokumentiert sich wiederholt in unterschiedlichsten Passagen der Gruppendiskussion. So sieht beispielsweise P5 das Sammeln und Tauschen von Sammelkarten von „Star Wars" im Gegensatz zum Ansehen des Films/der Serie eher unkritisch, da es sie an das Tauschen von Stickern in der eigenen Kindheit erinnere (vgl. Z. 655-661). Zudem stehen die Schüler/innen Medieninhalten, die ihnen aus der eigenen Kindheit vertraut sind wie „Pippi Langstrumpf" oder „Bibi Blocksberg", im Gegensatz zu „Star Wars“ offen gegenüber (vgl. Z. 759-761; Z. 1153-1159). Dies dokumentiert sich u.a. in der Reaktion von P7 auf die Beschreibung von P3, dass die Jungen in der Einrichtung jeden Morgen ein „Star Wars-Plakat gemalt hätten:

> Ich wüsste gar nicht, wie ich mit so Figuren umgehe. Komisch, „Pippi Langstrumpf“ oder so, ja, da würde ich direkt sagen, „ja, komm“. Aber jetzt „Star Wars“-Figuren, da müsste ich erstmal überlegen, das weiß ich jetzt gar nicht (P7, Z. 759-761).

Des Weiteren dokumentiert das Material eine Risikoorientierung im Hinblick auf die kindliche Internetnutzung (vgl. Z. 1835-1866). Diesbezüglich sehen die Schülerinnen, wie P2 und P4 argumentieren, die Notwendigkeit, dass Kinder während der Internetnutzung begleitet werden. Auch hier erfolgt wieder ein Bezug zur eigenen Medienkindheit, in dem P2 anführt, dass sie in ihrer Kindheit im Dabeisein ihrer Eltern das Internet genutzt hätte. Der Einsatz eines technischen Filterprogramms sei zudem notwendig, um Kinder vor ungeeigneten Medieninhalten zu schützen: *„[…] man klickt irgendeine Seite an, und schwuppdiwupp ist da ein Porno im Hintergrund“* (P2, Z. 1859-1860). Die Risikoorientierung der Gruppe zeigt sich auch in ihrer Haltung gegenüber der Nutzung digitaler Medien wie bspw. einem „iPhone“ durch Kleinkinder (vgl. Z. 1300-1389): P1 erzählt, dass ihre Sprache(n)/Medien-Lehrerin Frau Dittrich-Schreiner im Unterricht ein Beispiel von einem zweijährigen Kind gezeigt hätte, das ein „iPhone“ genutzt hätte. Die Lehrerin sei von der Mediennutzung des Kindes begeistert gewesen und fände einen frühen Medienumgang *„notwendig“* (P1, Z. 1306) und *„wirklich wichtig“* (P1, Z. 1307). P1 hingegen lehnt eine frühe digitale Mediennutzung total ab, dies geht ihr *„immer noch nicht aus dem Kopf“* (P1, Z. 1301-1302). Um sich bezogen auf die Angemessenheit der eigenen Haltung als (angehende) Erzieherin zu vergewissern, hat P1 das Beispiel der frühkindlichen „iPhone“-Nutzung in der Kita, in der sie zum damaligen Zeitpunkt tätig war, mit den Erzieher/innen besprochen. Dies hat P1 in ihrer medienkritischen Haltung bestätigt: *„Und die waren alle eigentlich genau dergleichen Meinung wie ich. Die fanden das <u>halt auch nicht gut</u>“* (P1, Z. 1308-1309).

Auch in der kritischen Reaktion auf ein von der Interviewerin eingebrachtes Beispiel eines Kindes, das die Seiten eines Bilderbuches wie auf einem Tablet weiterwischen wollte, zeigt sich der risikobehaftete Blick auf eine frühkindliche Nutzung digitaler Medien wie einem Tablet:

> P8: Wie schrecklich.
> P1: Das geht nicht.
> (Teilnehmerinnen lachen)
> P1: Bei dem Beispiel hätte ich eine halbe Stunde wahrscheinlich geredet.
> P8: Wo sind wir denn?
> […]
> P8: Ah, furchtbar (Z. 1330-1342)!

(Medien-)Erziehung in Familien

Die Medienerziehung in manchen Familien wird als inadäquat betrachtet, da die Eltern beispielsweise nicht konsequent eine zu hohe Mediennutzung unterbinden, u.a., da sie selbst keine alternativen Aktivitäten zum Medienkonsum kennen (vgl. Z. 763-849). Die Schülerinnen sehen – im Gegensatz zu Gruppe 1 – eine ungeeignete Mediennutzung und -erziehung im Elternhaus jedoch nicht als grundsätzliches Problem, das in den meisten Familien bestehe. P4 berichtet im Modus der Erzählung von der Mutter eines Kita-Kindes, die bei den Erzieher/innen Rat suchte, da sie nicht wusste, wie sie das Kind abends beschäftigen solle, da das Kinderprogramm „KiKA“ nach 19 Uhr nicht mehr gesendet werde (vgl. Z. 853-884). Dass dem Kind somit vermutlich kaum andere Aktivitäten außer der Mediennutzung angeboten werden, sehen die Schülerinnen als prinzipiell hinderlich für eine gesunde kindliche Entwicklung an, was sich darin ausdrückt, dass sie dies als *„traurig“* (P4, Z. 867; P1, Z. 1101) empfinden und wiederholt in der Diskussion auf das Beispiel referieren (vgl. P1, Z. 1099-1103; P8, Z. 1383-1384). Eine solche Funktion von Medien als ‚Babysitter‘ sehen die Schülerinnen teilweise auch im Hinblick auf die Beurteilung von E-Bilderbüchern und elektronisch unterstützten Büchern mit Audioausgabe (wie „TipToy“): *„Wie P4 sagt: Handy nebengelegt, erzählt dem Kind die Gute Nacht-Geschichte, Mutter macht ihr Ding weiter“* (P8, Z. 1383-1384). Diese negative Einschätzung scheint mit dem insgesamt risikobehafteten Blick auf neue elektronische Medien verbunden zu sein, die während der eigenen Kindheit auch nicht zugänglich waren. So bringt P1 ein, dass sie eine solche Nutzung für das Überbrücken einer Autofahrt sinnvoll findet, was P8 im Modus der Divergenz einschränkt: Im Auto könnten ja auch Kassetten oder CDs, somit traditionelle Medien, die aus der eigenen Kindheit vertraut sind, gehört werden, woraufhin sich ein Austausch über das Kassettenhören während der eigenen Kindheit entspannt (vgl. Z. 1347-1413).

10.2.2.2 Medienerzieherischer Habitus und medienpädagogische Kompetenz

10.2.2.2.1 Medienerzieherischer Habitus: Vorstellungen und Beurteilungen

Verständnis und Haltung hinsichtlich Medienerziehung

Der Großteil der Gruppe zeigt sich offen für das gemeinsame Fotografieren mit Kindern, die gemeinsame Produktion von Videofilmen und das Anhören von Kassetten oder CDs in der Kita (vgl. Z. 73-98; 206-289). Lediglich die Schülerin P1 würde zwar mit Kindern in der Kita gerne fotografieren, dies jedoch nicht als größer angelegtes Medienprojekt umsetzen wollen, da sie einen elektronischen Medieneinsatz in der Kita generell aufgrund des kindlichen mediatisierten Alltags ablehnt und sie sich die Kita als einen von Medien abgeschotteten Raum wünscht, in dem

Alternativen zur Mediennutzung angeboten werden: *„[Ich] sage mir dann immer, ich setze meinen Schwerpunkt eher dahin, mit den Kindern andere Sachen zu machen anstatt Medienkonsum auch noch im Kindergarten einzubringen"* (P1, Z. 1101-1103).

Medienerziehung in Form von handlungsorientierter Medienarbeit mit den genannten klassischen Medien wird vom Großteil der Gruppe jedoch als prinzipiell relevantes Thema erachtet, wenngleich die meisten Schülerinnen andere Themen wie das Spielen in der Natur als wichtiger betrachten. Für die Schülerinnen ist zentral, dass die elektronische Medienausstattung in der Kita begrenzt ist, sodass bis auf P4 und P7 die Teilnehmerinnen der Gruppe dem Einsatz von Computern mit Kinderlernprogrammen bzw. von Kinder-Lerncomputern kritisch gegenüberstehen. Hierbei wird dasselbe Argument wie von P1 angebracht: Eine Auseinandersetzung mit dem PC in der Kita wird aufgrund des mediatisierten kindlichen Alltags abgelehnt (vgl. Z. 314-430):

> P2: Ich find einfach, das muss im Kindergarten noch nicht sein. Da gibt es wesentlich schönere Sachen als so vorm PC zu sitzen.
> P8: Ich denke mal, das Problem ist, dass viele Kinder auch schon zu Hause wieder dann davor sitzen und auch diese Lernprogramme machen. Deswegen finde ich es eigentlich wichtig, dass die in der Kita dann irgendwie eher andere Sachen machen, weil halt viele Kinder nach Hause kommen, Fernsehen gucken oder wieder vor den PC gesetzt werden und dass halt einfach dann in der Kita-Zeit andere Dinge gemacht werden (Z. 412-420).

Durch den Einbezug eines PCs würden das als wichtiger und für die Entwicklung als förderlicher erachtete Spielen in der Natur und das Erfahren von Primärerfahrungen eingeschränkt. P5 negiert ein mögliches Interesse der Kita-Kinder für einen Umgang mit dem PC, da die Kinder lieber draußen spielen würden. Dementsprechend sollten die Kita-Kinder nicht zu einer Nutzung gedrängt werden:

> P5: [...] Aber ich glaub nicht, dass ich da so unbedingt jetzt PCs oder so hinstellen würde oder halt irgendwie dieses, die auch irgendwie denen da hinstellen, die so ein bisschen dazu zwingen, das jetzt zu machen, obwohl die eigentlich sich in der Natur und sonst irgendwo viel besser oder viel lieber auch beschäftigen (Z. 336-339).

Wie auch in der Gruppendiskussion der Gruppe SuS_1 wird ein Computereinsatz für die OGS hingegen befürwortet:

> P5: Ich find dann in der Grundschule oder so sollte man das schon machen, aber ich find, in der Kita sollte wirklich eher so CDs oder vielleicht mal ein Film oder irgendwie so ein Kinoprojekt auch machen oder mit Fotografieren. Aber noch nicht dieses Übermäßige, dass wirklich alles auf Medien ausgestattet ist, finde ich, würde ich sagen, nicht so gut (Z. 339-343).

Als Stimulus der Gruppendiskussion demonstrierte die Forscherin den Schülerinnen per Video die Nutzung des „Schlaumäuse"-Lernprogramms durch Kita-Kinder (vgl. Kap. 8.2.3.4). P4 und P7 können sich die Nutzung eines solchen Programms in der Kita gut vorstellen und führen an, dass die Kinder darüber bspw. Farben lernen könnten. Hierbei beziehen sie sich auf eine Aufgabenstellung des Programms zur Kenntnis von Farbwörtern, *„Schnappe dir jetzt den gelben Pinsel und male* *den weißen Stern über der Tür gelb an"*, die im Video zu sehen ist. Die anderen Schülerinnen hingegen zeigen sich ablehnend und beziehen sich dabei wieder auf ihre eigene Kindheit (vgl. Z. 356-430):

> P2: Ja. Ich find, das ist nicht nötig. Also wenn sie Farben lernen, klar, die sollen Farben lernen, aber das kann man denen auch anders beibringen. Ich finde einfach, mit vier, fünf Jahren muss man das noch nicht vor dem PC machen. Also da gibt es zigtausend andere Möglichkeiten. Wir haben ja Farben auch anders gelernt. Und können es auch (lacht) (Z. 404-408).

Während der Großteil der Teilnehmerinnen der Gruppendiskussion also keine Chancen im Hinblick auf die Computernutzung in der Kita wahrnimmt, was damit einhergeht, dass neue elektronische Medien insgesamt als risikobehaftet für die kindliche Entwicklung wahrgenommen werden (vgl. Z. 432-711; 1300-1389; 1835-1866; 2048-2070), stellen P4 und P7 deutlich die Chancen heraus, die sie mit einem Medieneinsatz in der Kita, inklusive des Computers, verbinden: Über den produktiven Umgang mit Medien könnten die Kinder *„die Umwelt einfach mal anders wahrnehmen"* (P4, Z. 347), sich zudem – wie ihre Eltern im beruflichen Kontext –mit dem Computer auseinandersetzen, was eine *„schöne Erfahrung"* (P7, Z. 425) für sie sei. Dies bedeutet jedoch nicht, dass die beiden Schülerinnen sich eine frei zugängliche Computernutzung in der Kita wünschen. Auch sie sehen es als notwendig an, dass die Nutzung durch Erzieher/innen begleitet und auch zeitlich reglementiert wird (vgl. Z. 353; 422-430). Der Unterschied im Vergleich von P4 und P7 zu den anderen Teilnehmerinnen besteht folglich darin, dass diese neben Risiken auch Chancen hinsichtlich einer digitalen Mediennutzung durch Kinder wahrnehmen und zum anderen Medienerziehung und den Medieneinsatz in der Kita aufgrund der Mediatisierung der kindlichen Lebenswelt als notwendig erachten. So darf aus Sicht von P4 das Thema Medienerziehung nicht für die Kita negiert werden, da *„die ganze Welt unserer Kinder [...] ja quasi von Medien umgeben"* (P4, Z. 327-328) sei und die Kinder die Medienerfahrungen z.B. per Rollenspiel in die Kita einbringen würden. Dieses Argument von P4 wiederholt diese auch noch einmal zum Abschluss der Gruppendiskussion, sodass dies noch einmal bekräftigt wird (vgl. Z. 2068-2070). Die Argumentation der anderen Schülerinnen verläuft somit konträr dazu, da diese, wie aufgezeigt, aufgrund der hohen kindlichen Mediennutzung digitale Medien aus der Kita ausschließen wollen.

Änderung des medienerzieherischen Habitus durch die Ausbildung

Zu Beginn der Ausbildung stand aus Sicht der Gruppe die gesamte Ausbildungsklasse dem Thema Medienerziehung und damit einhergehend einem elektronischen Medieneinsatz in der Kita ablehnend gegenüber. Im Laufe der Zeit sei die Akzeptanz für den Umgang mit elektronischen Medien in der Kita jedoch gestiegene, sodass bis auf die Schülerin P1, die P8 als medienkritisch ansieht und welche dies auch bestätigt, *„offener"* (P8, Z. 1090) für das Thema geworden seien. Den Einsatz eines Computers (mit Lernprogrammen) in der Kita lehnt der Großteil der Gruppe jedoch nach wie vor ab (vgl. Z. 314-430; 1076-1138).

10.2.2.2.2 Medienerzieherischer Habitus: Praxis

Das Einbringen der Medienerfahrungen der Kinder in die Einrichtung und Reaktionen der (angehenden) Erzieher/innen

Oben wurde bereits deutlich, dass die Kinder ihre Medienpräferenzen wie die „Star Wars"-Vorliebe in die Kitas hineintragen, z.B. über Rollenspiele, Sammelkarten und weitere Merchandise-Artikel. Der Umgang mit den Figuren wird in den Einrichtungen verschieden gehandhabt. Die Auszubildenden berichteten von ihren im Rahmen der Praktika gemachten Erfahrungen: Während in den Einrichtungen der OGS teilweise das Mitbringen von „Star Wars"-Schwertern oder Masken erlaubt war, galt in der OGS, in der P3 tätig war, ein „Star Wars"-Verbot, was mit den Kindern besprochen wurde. Die Kinder durften nicht mehr über „Star Wars" sprechen und auch keine Sammelkarten tauschen, da einige Mädchen Angst vor den Figuren hatten und mehrere wegen der Karten fast angefangen hätten zu weinen (vgl. Z. 655-672; 687-711). Da jedoch die Eltern den Kindern teilweise dennoch erlaubt hätten, den Film im Kino anzusehen, sieht P3 dementsprechend die Wirksamkeit medienbezogener Gespräche mit Kindern in der Kita als begrenzt an, wenngleich sie diese dennoch als sinnvoll erachtet (vgl. Z. 771-777).

Die Schülerinnen sind nicht bereit, „Star Wars" – zumindest gilt dies für die Filmversion mit Realfiguren – medienpädagogisch in der Kita oder OGS aufzubereiten (vgl. Z. 538-567).

Eigene medienpädagogische Praxiserfahrungen

Die Schülerinnen verfügen kaum über eigene medienpädagogische Praxiserfahrungen. Hervorzuheben ist hierbei lediglich die Schülerin P2, welche die Kita-Kinder hat fotografieren lassen, wenngleich es sich hierbei auch nicht um ein medienpädagogisches Projekt handelt. Ursprünglich machte P2 auf dem Außengelände der Kita von den Kindern Fotos, woraufhin die Kinder fragten, ob sie auch fotografieren dürften. Zunächst hatte P2 leichte Bedenken dahingehend, ob die Kinder sorgsam mit der Kamera umgehen würden, gab sie ihnen jedoch mit dem Hinweis, vorsichtig damit umzugehen. Die Kinder zeigten ein großes Interesse am Fotografieren: *„[Sind] bestimmt zwei Stunden mit der Kamera rumgelaufen"* (P2, Z. 277). Auch die Videofunktion wurde von den Kindern erkannt, sodass sie sich gegenseitig beim Schaukeln unter Verwendung der Zoom-Funktion gefilmt hätten. Diese Erfahrung nahm P2 als äußerst positiv wahr. Sie sei überrascht und begeistert davon gewesen, dass sich die Kinder den Umgang mit der Videofunktion *„echt einfach ohne Anleitung komplett selber so erarbeitet"* (P2, Z. 283-284) hätten (vgl. Z. 272-284).

Die (eigenen) Praxiserfahrungen und das damit verbundene wahrgenommene Interesse der Kinder scheinen sich deutlich auf die Einschätzung zum Medieneinsatz in der Kita auszuwirken, sodass bspw. P2 Fotoprojekte in der Kita als sinnvoll erachtet. P3 hingegen, die beobachten konnte, dass die Kinder die in der Kita zur Verfügung stehenden Kinderlerncomputer nach einiger Zeit kaum genutzt hätten, steht einem Computer in der Kita ablehnend gegenüber, vermutlich auch, da sie diesen nicht als sinnhafte für die pädagogische Arbeit erfahren hat (vgl. Z.194-204; 1138).

10.2.2.2.3 Medienpädagogische Kompetenz und Zutrauen in eigene Fähigkeiten

Inwiefern sich die Teilnehmerinnen zutrauen, eigene Medienprojekte in der Kita umzusetzen, hängt von ihren persönlichen medialen Erfahrungen und somit der eigenen Medienkompetenz ab. So argumentiert P5, dass es den Schülerinnen zwar gelingen würde, Kinder an den Computer heranzuführen oder ein Fotoprojekt umzusetzen, falls jedoch ein Beamer benötigt würde, könnten die Auszubildenden damit nicht umgehen (vgl. Z. 2031-2044).

10.2.2.3 Berufsethischer Habitus

Wie bereits aufgezeigt, sehen die Schülerinnen andere Themen in der Kita wie das Spielen in der Natur und das Erleben von Primärerfahrungen wichtiger als eine Auseinandersetzung mit Medien in der Kita an (vgl. Z. 314-430). Dies spiegelt sich auch in ihren Ausführungen zu einem möglichen Fotografieprojekt in der Kita wider: Mit den Kindern zu fotografieren könnte aus Sicht der Schülerinnen *„eigentlich schnell und einfach"* (P7, Z. 233) umgesetzt werden. Dennoch sind sie nicht dazu bereit, im Rahmen ihres Anerkennungsjahres dies als geplante pädagogische Aktivität umzusetzen, welche sie detailliert planen und dokumentieren müssten. Die Umsetzung der Aktivität erscheint ihnen im Verhältnis zur Projektdauer zu aufwendig: Man plane ein solches Fotoprojekt *„fünf Stunden"* (P4, Z. 249), die Umsetzung dauere nur *„fünf Minuten"* (P4, Z. 250) und anschließend müssten *„20 Seiten"* (P6, Z. 255) darüber geschrieben werden. Somit könnten die Schülerinnen sich vorstellen, mit den Kindern quasi nebenbei zu fotografieren. Eine detaillierte Planung ist jedoch ebenso für Aktivitäten, die anderen Bildungsbereichen zugeordnet sind, erforderlich, was den Vorrang dieser anderen Bildungsbereiche verdeutlicht.

10.2.3 Zu den Bedingungen der Einrichtungen

10.2.3.1 Medienerzieherischer Habitus der Erzieher/innen: Praxis der Medienerziehung

Nach Auskunft der Schülerinnen sind elektronische Medien bis auf Fotoapparate und Kassettenrekorder in den Kitas kaum vorhanden. Für die Bildungsdokumentation werden die Kinder von den Erzieher/innen fotografiert, sie selbst fotografieren dabei jedoch nicht (vgl. Z. 143-289). Von der Ausstattung mit Kassetten mit Klassikern wie „Benjamin Blümchen" oder „Michel" berichten zwei Schülerinnen. Diese dürfen die Kinder selbstständig und regelmäßig anhören. Zudem wurde in der Kita, in der P3 tätig war, zweimal gemeinsam mit den Kindern in gemütlicher Atmosphäre eine Geschichte zu einem aktuellen Thema angehört und nachher besprochen. Die Kassetten wurden folglich auch mediendidaktisch genutzt (vgl. Z. 1140-1180). Lediglich eine Schülerin berichtet davon, dass zwei Kinderlerncomputer in der Kita, in der sie tätig war, vorhanden waren. Diese standen den Kindern zwar zur Verfügung, wurden aber nicht in die pädagogische Arbeit eingebunden, sodass sie bald nicht mehr genutzt wurden (vgl. Z. 194-204).

10.2.3.2 Medialer Habitus und Medienkompetenz der Erzieher/innen

Mediennutzung und -kompetenz der Erzieher/innen

Während die Schülerinnen die Kita-Leitungen als technisch versiert wahrnehmen, da sie viel mit dem PC agieren und auch im Medienumgang fortgebildet würden, sehen die Schülerinnen die technische Medienkompetenz der ‚normalen' Erzieher/innen in den Einrichtungen als eher gering an. Beispielsweise wurde in der Einrichtung, in der P4 tätig war, die Leitung herangezogen, um den DVD-Player anzuschließen. Die Schülerin merkt an, dass sich bei einem dementsprechenden Interesse der Kinder am Umgang mit Medien die (angehenden) Erzieher/innen jedoch einarbeiten könnten (vgl. Z. 1986-2029). Somit bezieht sich die Schülerin implizit auf den pädagogischen Ansatz der Orientierung an Situationen (vgl. Kap. 2.6).

10.2.3.3 Berufsethischer Habitus der Erzieher/innen

Die Schwerpunkte der Kitas liegen nach Einschätzung der Schülerinnen in den Bereichen Sprache, Bewegung, Natur oder reformpädagogischen Ansätzen. Eine Kita mit explizitem Medien-Schwerpunkt ist den Schülerinnen nicht bekannt (vgl. Z. 904-971).

10.2.3.4 (Gesetzliche) Rahmenbedingungen

Auf die Nachfrage der Interviewerin zur Bekanntheit der „Grundsätze zur Bildungsförderung" für Nordrhein-Westfalen sind sich die Schülerinnen unsicher, was damit verbunden ist. Die Bildungsbereiche hätte ihre Lehrerin ihnen vermutlich auf einer Folie vorgestellt, sodass u.a. Sprachförderung zu den Bildungsbereichen zählen müsse. In den Einrichtungen scheinen die Grundsätze jedoch nicht thematisiert worden zu sein (vgl. Z. 904-971).

10.2.4 Fazit der Gruppendiskussion

Die Gruppendiskussion der Gruppe SuS_2 zeichnet sich durch eine Mischung aus parallelisierender und oppositioneller Diskursorganisation aus: Während der Einsatz klassischer Medien in der Kita wie bspw. eines Fotoapparats fast von der gesamten Gruppe als wünschenswert erachtet wird, sprechen sich nur zwei Schülerinnen für die Nutzung eines Computers in der Kita aus (medienerzieherischer Habitus). Diese beiden nehmen Chancen und auch die Notwendigkeit einer pädagogisch begleiteten Auseinandersetzung mit neuen Medien in der Kita wahr, die anderen hingegen lehnen den Einsatz eines Computer aufgrund der aus ihrer Sicht zu stark mediatisierten kindlichen Lebenswelt ab. Dementsprechend sollte aus ihrer Sicht die Kita Alternativen zur Mediennutzung wie das Spielen in der Natur fördern (berufsethischer Habitus). Der Nutzung eines Tablets und „iPhones" durch Kleinkinder steht die gesamte Gruppe überwiegend ablehnend gegenüber und zeigt dementsprechend eine risikoorientierte Wahrnehmung elektronischer Medieninhalte (medialer Habitus). Zudem wird die Einschätzung, inwiefern Medieninhalte für Kinder geeignet sind, an der eigenen Medienkindheit und dem eigenen Empfinden bei der Rezeption von Medieninhalten ausgerichtet: So wird „Star Wars" als unheimlich wahrgenommen und somit die diesbezügliche Präferenz der Kita-Kinder abgelehnt.

10.3 Gruppendiskussion mit den Schülern/innen des Lehrers Hans Müller (Gruppe SuS_3)

„Grundsätzliche Reizüberflutung, finde ich"

10.3.1 Zu den demografischen und beruflichen Angaben der angehenden Erzieher/innen und den Ausbildungsinhalten

10.3.1.1 Demografische Angaben und berufliche Zukunft

Die Teilnehmer/innen von Gruppe 3 sind zwischen 20 und 23 Jahren alt. Die Gruppe unterscheidet sich von den anderen Gruppen durch ihren hohen Männeranteil bei drei männlichen Diskussionsteilnehmern und einer weiblichen Teilnehmerin. Zudem fällt bei Gruppe 3 der hohe Anteil an Abiturienten/innen im Sample auf.
Das Sample gestaltet sich wie folgt:[75]

Person	**Alter in Jahren**	**Geschlecht**	**Schulabschluss**	**Absolvierte Ausbildung/ abgeschlossenes Studium**
P1_w	22	w	Abitur	-
P2_m	23	m	Abitur	-
P3_m	20	m	Fachabitur	-
P4_m	21	m	Abitur	-
Gesamtgruppe	Ø 21,5	3m, 1w	3 Abitur, 1 Fachabitur	-

Tabelle 8: Sample Gruppe SuS_3

P3_m plant als einziger Teilnehmer der Gruppe nach seiner Ausbildung in der Kita und vielleicht später in einem anderen pädagogischen Bereich als Erzieher zu arbeiten. P2_m möchte in einer stationären Wohngruppe im Heimbereich arbeiten, P4_m in einer Hauptschule, einem Jugendzentrum oder einer OGS. P1_w bildet sich aktuell per Fernlehrgang in Psychologie weiter. Nach der Ausbildung möchte

75 Um das Geschlecht der Teilnehmer/innen in der Darstellung der Analyseergebnisse zu verdeutlichen, wurden jeweils ein „_w" (für weiblich) und ein „_m" (für männlich) an das Personenkürzel angehängt. Dies gilt auch für die weiteren Gruppen im weiteren Verlauf der Auswertung, wenn es sich nicht um reine ‚Frauengruppen' handelt.

sie sich weiter fortbilden, um langfristig als Therapeutin oder psychologische Beraterin tätig sein zu können.

10.3.1.2 Medienpädagogik als Inhalt der Erzieher/innen-Ausbildung

Im Hinblick auf den Sprache(n)/Medien-Unterrichts benannten die Schüler/innen den Bau einer „Trickboxx"), welche für die Umsetzung eines Trickfilms mit Kindern genutzt werden kann[76], und den Bereich der medienpädagogischen Elternarbeit: Zu letztgenanntem wurde ein Rollenspiel eines medienpädagogischen Elternabends zum Thema „Marken im Kindergarten" durchgeführt. Auch in einer Klausur wurde der Bereich der Elternarbeit aufgegriffen, die Aufgabenstellung war, ein Handout als Informationsgrundlage für Eltern zu erstellen.

10.3.2 Zum Habitus der angehenden Erzieher/innen

10.3.2.1 Medialer Habitus und Medienkompetenz

10.3.2.1.1 Mediennutzung und -kompetenz

Gruppe SuS_3 lässt sich durch eine intensive Mediennutzung charakterisieren. Motive für die Nutzung der einzelnen Mediengeräte werden von den Schüler(n)/innen klar benannt. Die Mediennutzung begleitet den Alltag und reicht vom morgendlichen Musikhören nach dem Aufwachen bis zum Kommunizieren mit Freunden im Bett vor dem Schlafengehen und dem Einschlafen bei Musik:

> Und, ja, selbst abends, wenn man schon im Bett liegt und halb am Schlafen ist, noch immer noch das Handy am Ohr hat oder an der Hand hat und am Schreiben ist (P3_m, Z. 1730-1732).

Die männlichen Teilnehmer der Gruppe zeichnen sich durch eine hohe ritualisierte Mediennutzung aus. Für diese nehmen der PC, über den Spiele gespielt und Serien geschaut werden, und teilweise auch der Fernseher eine bedeutende Funktion im Alltag zum Abschalten nach den schulischen Aufgaben ein. Dies ist gekoppelt mit routinierten Abläufen, beispielsweise dem Tragen einer gemütlichen Kleidung wie einer Jogginghose. Prägnant zeigt sich dies in den Ausführungen von P3_m und

---

[76] Die „Trickboxx" ist eine Holzkiste (120x100x50cm) mit einer fest angebrachten digitalen Video- bzw. Digitalkamera, die direkt von oben auf die Fläche filmt, bzw. fotografiert (ein Stativ ist somit nicht notwendig). Über eine Lampe zum Ausleuchten der Arbeitsfläche wird die Helligkeit der Aufnahme gesichert. Die „Trickboxx" wurde vom „KiKa" entwickelt und kann selbst nachgebaut werden. Für weitere Informationen zur Arbeit mit der „Trickboxx" vgl. KiKA (2012) und BildungsMedienZentrum des Landes Oberösterreich (2012). Ein konkretes Projektbeispiel zur Trickfilm- und Videoarbeit im Kindergarten findet sich bei Lutz (2005b).

P4_m, die sich gegenseitig in ihren Ausführungen ergänzen. Die Mediennutzung des einen ist dem anderen jeweils aus dem eigenen Alltag bekannt. Hierauf verweist auch das abschließende Lachen der männlichen Teilnehmer am Ende der Diskussionspassage:

> P3_m: Wenn ich dann nach Hause komme, ist eigentlich das erste, was ich mache, nach der Jogginghose, die ich dann anziehe (Lachen der männlichen Teilnehmer), ja, ja das muss sein, ist, dass der Laptop angeht und der Fernseher steht im Blickwinkel direkt dahinter. So die ersten Dinger
> P4_m: //Ja, ja.//
> P3_m: //die da angehen.//
> P4_m: Die erste Griffkombination ist immer festgelegt.
> P3_m: Genau, zack, an
> P4_m: Schalter an, Schalter an, Schalter an (männliche Teilnehmer lachen).
> P3_m: Alles an. Und dann gehe ich vielleicht noch essen. Und dann, ja, sieht es bei mir auch aus, dass ich dann erst einmal quasi abschalte von dem, was ich getan habe, beziehungsweise ich muss noch Hausaufgaben machen. Dann komplett abschalte und erst einmal mich meinen Medien zuwende, Zuneigung zeige (Lachen) (Z. 1708-1727).

P2_m unterscheidet sich von den beiden anderen männlichen Teilnehmern dadurch, dass er den PC neben der Rezeption von Spielen und Serien auch zum Lernen nutzt. Die PC-Nutzung der weiblichen Teilnehmerin P1_w ist hingegen ausschließlich arbeitsintendiert: Sie bezeichnet den PC als *„Arbeitswerkzeug"* (Z. 1810) für den von ihr absolvierten Fernlehrgang, den Computer nutze sie nicht zum „Zeitvertreib" (Z. 1810). Sie besitzt hingegen eine „Playstation", die jedoch nur dann zum Einsatz komme, wenn Freunde zu Besuch seien, um „Start The Party!"[77]- oder Bewegungsspiele gemeinsam zu spielen.

Auf dem Hin- und Rückweg zur Schule nutzen die Schüler/innen Medien: Die männlichen Teilnehmer hören Musik und/oder spielen Spiele auf dem Handy, P1_w hört im Auto Radio, unter anderem, um die Staumeldungen zu erfahren. Während die männlichen Teilnehmer intensiv bewusst ‚ihre' Musik rezipieren, u.a. beim Lernen oder Einschlafen wie P2_m, nutzt P1_w hingegen das Radio *„zur Begleitung"* (P1_w, Z. 1816-1817) des Alltags.

Das Handy ist stark in den Alltag der Gruppe eingebunden. Auch im Unterricht nutzen sie das Handy, um sich Nachrichten mit anderen zu schreiben. Zudem telefonieren die Schüler/innen teilweise viel.
„Facebook" nutzen zwei Teilnehmer/innen (P1_w, P4_m). Beide nutzen die Social Network Site etwa eine halbe Stunde in der Woche und sind somit eher gemäßigte User/innen. Für P1_ bietet „Facebook" die Möglichkeit, mit im Ausland lebenden Freunden zu kommunizieren.

Während P2_m und P4_m Bücher lesen, liest P3_m den Sportteil der Zeitung. P1_w macht keine Aussagen zu ihrem Leseverhalten.

77 Hierbei handelt es sich um verschiedene actionhaltige Minispiele (vgl. Sony o.J.).

Das Medienverhalten der Schüler/innen ist überwiegend rezeptiv ausgerichtet. Von einer gestalterischen Mediennutzung berichten nur zwei Teilnehmer/innen: P1_w fotografiert und filmt gerne, P2_m bearbeitet Fotos mit dem Computer mit dem Programm „Photoshop".

Im Hinblick auf die Medienkompetenz der Teilnehmer/innen benennen diese keinerlei Schwierigkeiten im Umgang mit Mediengeräten (Dimension der Mediennutzung). Im Umgang mit „Photoshop" durch P2_m spiegelt sich zudem dessen Medienkompetenz in der Dimension der Mediengestaltung wider (vgl. Baacke 1997, S. 99). Zudem zeigen sich zwei Teilnehmer gegenüber dem eigenen Medienkonsum kritisch: P4_m, der seine Medien- und vor allem seine Computernutzung als *„zu viel auf jeden Fall"* (Z. 1701) bezeichnet und P2_m, der sich dafür entschieden hat, das Kabelfernsehen abzubestellen. Der Grund dafür war seine vorherige hohe Fernsehnutzung, welche jedoch nun durch eine hohe PC-Nutzung abgelöst worden sei (vgl. Z. 1751-1765).

10.3.2.1.2 Medialer Habitus: Vorstellungen und Beurteilungen

Mediennutzung von Kindern und angenommene Medienwirkungen

Die gesamte Gruppe sieht die elektronische Mediennutzung von Kindern im Kita-Alter als zu hoch an. Vor allem mit der Fernsehnutzung sehen die Auszubildenden schädliche Wirkungen verbunden, da die konsumierten Inhalte nicht kindgerecht seien, u.a. aufgrund schneller Schnitte und *„[schneller] [bunter] Zeichentrickfilme"* (Z. 689-690), die von den Kindern nicht ausreichend verarbeitet werden könnten. In einer sehr langen Passage von Z. 614-826 tauschen sich die Schüler/innen über die kindliche Mediennutzung und angenommene Medienwirkungen aus: Als Fernsehpräferenzen der Kita-Kinder nennen die Teilnehmer/innen zum einen die Zeichentrickformate „Sponge Bob", „Cars", „Dragon Ball Z" sowie Manga-Serien. Darüber hinaus würden die Kinder teilweise auch Fernsehformate mit Realfiguren mögen: Die Disney-Serie „Hannah Montana" sei sehr beliebt, sodass die Kinder auch Zeitschriften zur Serie mit in die Kita brächten. Folglich rezipieren die Kita-Kinder eine Sendung, die sich eigentlich an Pre-teens richtet.

Mit der Fernsehnutzung der Kinder sehen die Schüler/innen verschiedene Risiken verknüpft, bspw. dass Kinder Fernsehen und Realwelt nicht voneinander unterscheiden könnten, was auch körperliche Gefahren berge. Dies dokumentiert folgende Fokussierungsmetapher von P2_m zu einer Werbung der Süßigkeit „Überraschungsei":

> P2_m: Es gab eine Werbung von von „Ü-Eier". Und in dieser „Ü-Ei"-Werbung ist es so, dass ein Junge in in sogenanntes Schokoland (...) gereist ist und zwar durch den Monitor. Und das Problem, das daraus entstanden ist, dass ein vierjähriger Junge zu Hause vor dem Fernseher saß, alleine, und der hat versucht, in den Fernseher reinzuspringen. Der hat dadurch, die haben auch ein

> Bild davon gezeigt, das war damals in der Zeitung, und der hat wirklich ein richtig blaues Auge gehabt, der hat eine Gehirnerschütterung gehabt. Und daran erkennt man, das ist natürlich soll man jetzt nicht, das macht nicht jedes Kind, aber das kann halt passieren und ich finde da, dass es wirklich, ja, wie P1_w gerad schon gesagt hat, zum Teil von der Werbung her gar nicht geeignet ist oder zumindest nicht so rübergebracht wird. Weil die Kinder das aus einem ganz anderen Blickwinkel sehen (...). Ich wollte das einfach nur einmal als Beispiel dafür, wie ernst Kinder teilweise so etwas dann auch nehmen (P2_m, Z. 640-652).

Im Zusammenhang mit ungeeigneten Fernsehinhalten und einem hohen Fernsehkonsum benennt P3_m eine *„[grundsätzliche] Reizüberflutung"* (Z. 707). Kinder könnten nicht gleichzeitig sehen, hören und verstehen. Die entwicklungsbedingten Kompetenzen der Kinder seien noch nicht ausreichend, um Formate wie bspw. die (eigentlich nicht für Kinder konzipierte) Wissenssendung „Galileo" zu verstehen. Vor allem beliebte Zeichentrickformate wie bspw. „Dragon Ball Z" werden von den Schüler(n)/innen kritisch gesehen, da diese *„viele Schnitte drin haben und irgendwie Sachen aus vielen Perspektiven zeigen"* (P4_m, Z. 734-735), sodass Kinder diese nicht verarbeiten können. Der Konsum solcher schnell erzählten Inhalte führe zu einer Unausgeglichenheit und Unruhe der Kinder. Damit einhergehend sei die heute vielfach diagnostizierte Krankheit ADHS teilweise eine Fehldiagnose, da die Unruhe von Kindern auf ihrer Überforderung mit den Fernseherfahrungen basiere:

> P1_w: Ich finde, das merkt man Kindern auch an, wenn die viel Fernsehen gucken. Sind ja so hibbelig und unausgeglichen. Also viele, ich kann sie ja nicht alle über einen Kamm scheren. Aber viele Kinder sind dann einfach total unausgelastet. Von denen man weiß, dass die halt sehr viel Fernsehen gucken. Wird wahrscheinlich nicht nur darauf zurückzuführen sein, aber mit ein Faktor sein. Dass die einfach nicht zur Ruhe kommen und nicht abschalten können, weil sie dann noch Verschiedenes, bunte Bilder im Kopf haben.
> P2_m: Bei den meisten Kindern sagt man heutzutage auch, also „ADHS" als (…) als als die Krankheit quasi, die irgendwie jetzt im Trend liegt, in Anführungsstrichen. Also ich will nicht wissen, wie viel dass auch da durch die Medien gefördert wird, dass die Kinder einfach, ja, angeblich diese Krankheit haben, in Wirklichkeit aber einfach nur irgendwie mit den ganzen Sachen nicht zurechtkommen. Überforderung. Vielleicht auch
> P1_w: Vielleicht auch eine Entschuldigung für das Verhalten bei //Kindern [...]// (Z. 712-727).

Während sowohl aktuelle Zeichentrickformate als auch heutige Wissenssendungen („Galileo") im Hinblick auf eine Nutzung durch Kita-Kinder abgelehnt werden, sehen die Teilnehmer/innen im Gegenhorizont dazu Formate, die sie noch aus ihrer eigenen Kindheit kennen, in einem positiven Licht:

> P1_w: Ist auch einfach alles so schnell, finde ich, es ist (P4_m: Mmh.) (zustimmend), ne, ich habe früher so Filme wie „Glücksbär/", wie heißen die Bärchen auf den Wolken? Doch
> P4_m: Das //sind die „Glücksbärchis"//.
> P1_w: //Das sind die „Glücksbärchis"//. Die habe ich früher immer gerne geguckt und da deshalb ist so alles so ganz langsam und harmonisch (gedehnt) und so ruhig in Erinnerung. Und wenn ich jetzt ja an „Dragon Ball Z" oder „Pokemon" denke, dann sind so diese ganz schnellen Bewegungen, diese ganz bunten Farben, dann immer mit irgendwelchen Blitzen und, ja gar nichts, das strahlt gar keine Ruhe aus. (...) (Z. 742-752)

Aktuelle Wissenssendungen für (jüngere) Kinder scheinen den Teilnehmern/innen nicht bekannt zu sein, es erfolgt dennoch eine tendenzielle Ablehnung dieser Formate. P2_m verdeutlicht in Abgrenzung zu den über Wissenssendungen angenommenen Lerneffekten die höhere Bedeutung von Primärerfahrungen für das Lernen von Kindern:

> P2_m: Also ich will es jetzt gar nicht ganz schlecht machen. Also ich denke schon, dass Kinder da einen gewissen Lerneffekt schon durch haben, aber es ist natürlich eine ganz andere Ebene, als wenn die Kinder das selber erfahren. Ich finde, so etwas kann man vielleicht auch als Anreiz für die Eltern nehmen, wenn die Kinder wirklich Interesse daran haben. Wenn meinetwegen gerade was über Pflanzen gezeigt wird vielleicht, ich meine, man hat Pflanzen vor der Haustür. Im Normalfall (Lachen in Stimme). Und, ja, also ich will jetzt will jetzt gar nicht sagen, dass die nur schädlich sind, aber man merkt das schon etwas heraus. Aber es ist halt immer auch die Frage (Z. 768-775).

Klassiker der öffentlich-rechtlichen Fernsehprogramme wie „Löwenzahn" oder „Sendung mit der Maus" hingegen werden als wertvoll eingeschätzt, da ihnen ein Lerneffekt auf Seiten der Kinder attestiert wird. Auch die Schüler/innen hätten in ihrer eigenen Kindheit durch diese Formate etwas gelernt (vgl. Z. 753-791):

> P1_w: Die greifen ja auch Themen aus dem Leben der Kinder auf und so fragen sich Kinder wirklich denn, „warum ist der Himmel blau" oder sonst was. Und das, ich finde, die machen auch, gerade bei „Sendung mit der Maus", die zeigen ja auch Sachen, die man selber dann auch nachmachen kann.
> Oder geben einem sogar noch so Tipps oder eine Anleitung, wie man was machen kann. Das ist ja nicht einfach nur Information rein, sondern die regen ja einfach zum Nachdenken an. Aber vielleicht sag ich das jetzt auch einfach nur, weil ich das auch immer geguckt hab (lacht).
> P4_m: Ja. (lacht)
> (alle lachen)
> P2_m: Wer weiß. Also ich habe halt daraus gelernt, also. Es gibt mit Sicherheit aber auch genügend Sendungen, die dann irgendwie darüber hinausgehen. Also die die Sachen aufgreifen, die, mit denen sich die Kinder eigentlich noch gar nicht beschäftigen. Also ich denke, dass das halt eher im Vordergrund steht, was ich an den Sendungen da nicht so toll finde. Also einfach irgendwie, im Stand weiß ich nicht, (...) mir fällt jetzt kein spezifisches ein, aber (6) (Z. 778-796).

Neben dem hohen Fernsehkonsum in Familien nimmt P1_w auch eine hohe Nutzung von tragbaren Spielgeräten wie „Nintendo 3DS" oder „Game Boy" wahr, die *„fast vier, fünf Stunden"* (Z. 516) täglich von Kindern genutzt würden. Die Spielgeräte würden auch am Tisch im Restaurant von Kindern genutzt, sodass dann keine Kommunikation zwischen Eltern und Kindern aufkomme (vgl. Z. 516-521).

Neben der Mediennutzung der Kita-Kinder beziehen sich die Auszubildenden auch auf den Medienkonsum von Kindern und Jugendlichen in der OGS und im Förderbereich. Die Heranwachsenden würden intensiv Filme und Computer- bzw. Konsolenspiele nutzen, darunter auch solche Medieninhalte, die nicht für Kinder freigegeben seien wie bspw. die Ego-Shooter-Computerspiele „Call of Duty"[78] oder

[78] In „Call of Duty" nimmt der/die Spieler/in die Rolle eines Infanteriesoldaten im zweiten Weltkrieg ein (vgl. Activision 2014).

„Counterstrike“[79], das gewalthaltige Action-Spiel „GTA“[80] oder den Horrorfilm „Saw“[81]. P1_w formuliert diesbezüglich anhand des Beispiels eines elfjährigen Jungen einer Tagesgruppe einen Zusammenhang zwischen der Nutzung medialer Gewaltinhalte und gewalttätigem Verhalten:

> P1_w: Und das kam auch so weit, dass der dann bei kleinsten Sachen ausgerastet ist und seine Mitmenschen geschlagen hat. Und, ich meine, das ist natürlich auch auf die Familienverhältnisse zurückzuführen. Aber ich denke, dass Medien da, dass er da auch schon viel gesehen hat (Z. 936-939).

Die Auseinandersetzung der Gruppe zu dieser Thematik erfolgt recht intensiv und ist durch Beschreibungen der Medienrezeption und der sich an die Rezeption anschließenden Handlungen durch die Heranwachsenden geprägt, beispielsweise im Hinblick auf Jungen, welche die Spielbegriffe von „Call of Duty“ in der OGS „brüllen“ (P4_m, Z. 967) würden (z.B. *„Bam! Headshot“*, P4_m, Z. 967) (vgl. Z. 913-994).

(Medien-)Erziehung in Familien

Im Hinblick auf die beschriebenen Problematiken in der OGS und im Förderbereich sieht die Gruppe maßgeblich die Eltern in der Verantwortung, die es zulassen würden, dass ihre Kinder ungeeignete Inhalte nutzen. So berichtet P2_m von einem Elternpaar, das gemeinsam mit ihrem Grundschulkind den Horrorfilm „Saw“ gesehen habe. P4_m bringt ein, dass möglicherweise der soziale Hintergrund der Eltern, den er als „Brennpunkt“ tituliert, zu einer solch ungeeigneten Mediennutzung beiträgt (vgl. Z. 913-994).

Im folgenden Verlauf der Analyse soll der Fokus wieder auf die Kita-Kinder und die diesbezügliche (Medien-)Erziehung in Familien gelegt werden: Wie bereits deutlich wurde, betrachten die Auszubildenden die private Mediennutzung der Kinder als zu hoch (vgl. Z. 614-652). Sie kritisieren die Medienerziehung insofern, dass die Eltern den Fernseher als ‚Babysitter‘ nutzen würden, um bspw. Aufgaben im Haushalt zu erledigen, sodass *„die Kontrolle der Eltern da einfach irgendwie [entgleite]“* (P2_m, Z. 627-628). Mit der hohen Nutzung einhergehend würden Kinder *„die*

---

[79] Beim Ego-Shooter „Counterstrike“ geht es um den Kampf zwischen Terroristen und einer Antiterroreinheit (vgl. ESPORTS-NEWSCENTER.DE o.J.)

[80] „Grand Theft Auto“ (GTA) ist eine Computerspielserie, die sich aus Action-, Rennspiel- und Third Person-Shooter-Elementen zusammensetzt (vgl. Rockstar Games o.J.).

[81] „Saw“ ist ein Horrorthriller aus dem Jahr 2004. Der Film, der durch die FSK ab 18 Jahren freigegeben ist, handelt von den Folterungen des psychopathischen Serienmörders Jigsaw an zwei Gefangenen, dem Arzt Dr. Lawrence Gordon und Adam Stanheight. Die Folterungen erfolgen meist über mechanische Einrichtungen. Ihren eigenen Tod können die beiden Männer nur abwenden, wenn sie sich selbst oder den anderen körperlich verletzen, dabei beobachtet Jigsaw sie. Der Film wurde mittlerweile mit sechs Teilen fortgesetzt (vgl. moviepilot o.J.).

ganzen Werbesprüche" (P1_w, Z. 630) auswendig kennen. Vor allem die Inhalte privater Fernsehsender wie „RTL" oder SAT1" schätzt P1_w als kritisch ein, da sie nicht kindgerecht seien. Doch auch die Inhalte des „KiKa" seien nicht immer kindgerecht. Als problematisch stellt P1_w im Modus der Argumentation dar, dass die Kinder den Kindersender schauen dürften, weil sich die Eltern davon Lerneffekte erhoffen würden. Wie auch P2_m (vgl. Z. 768-774) stellt P1_w die Relevanz von Primärerfahrungen für das Lernen von Kindern heraus:

> P1_w: Wann auch das Argument der Eltern, ja, da kann man etwas dabei lernen, wenn sie jetzt vor dem „KiKA" sitzt und irgendeine Reportage gucken. Aber gerade Kindergartenkinder, die lernen ja nicht über das Sehen. Die lernen ja über das Machen und über das Anfassen und Erfahren einfach. Natürlich diese Argumentation, klar, die hören da etwas, vielleicht die Vorschulkinder behalten sich das dann auch und erzählen das. Aber richtig verstehen werden sie es ja dadurch nicht (P1_w, Z. 699-705).

Zudem berichtet P3_m im Modus der Beschreibung mit den Hintergrundkonstruktionen der Argumentation und Bewertung, dass zwei Kita-Mädchen die für Erwachsene konzipierten Soaps „Anna und die Liebe" oder „Verbotene Liebe" gemeinsam mit ihren Müttern anschauen würden. Daraus resultiere eine regelmäßige Anschlusskommunikation in der Kita zwischen den beiden Freundinnen. P3_m steht dieser Nutzung äußerst kritisch gegenüber und sieht dabei ein inadäquates Erziehungsverhalten der Mütter, das sich an ihren eigenen Fernsehinteressen ausrichte:

> P3_m: Ich vermute mal, dass da, ich sag mal die Mütter jeden Abend ihre Serie gucken wollen und das Kind dann einfach da dabei sitzt, ne, ohne zu wissen, was sie da eigentlich gucken, was sie dem Kind antun. Weil, das ist echt nicht, wirklich nicht kindgerecht, was da geguckt wird (P3_m, Z. 675-679).

10.3.2.2 Medienerzieherischer Habitus und medienpädagogische Kompetenz

10.3.2.2.1 Medienerzieherischer Habitus: Vorstellungen und Beurteilungen

Verständnis und Haltung hinsichtlich Medienerziehung

Den Einsatz eines Computers in der Kindertagesstätte lehnen alle Teilnehmer/innen bis auf P3_m ab. Die Begründungen dafür sind unterschiedlicher Art:

P1_w befürwortet den Einsatz von Medien(inhalten), die sie mit Lerneffekten wie der Förderung der Sprachfähigkeit und einer Bereicherung für die eigene Persönlichkeitsbildung verbunden sieht (vgl. Z. 828-913; 1068-1084), den Computer hält sie für wenig förderlich. Medienerfahrungen sollten laut P1_w *„halt [...] etwas Sinnvolles und auch wirklich etwas, ja, woraus das Kind etwas lernen kann, [sein]. Dass es Erfahrungen sind, die das Kind machen kann, positive, für die soziale und sonstige Kompetenzen"* (Z. 1082-1084).

P1_w betont, dass Medien in der Kita nicht passiv im Sinne von *„[Berieseln]“* (Z. 1205) genutzt werden sollten, wie es wahrscheinlich zu Hause oft der Fall sei, sondern *„sinnvoll“* (Z. 1206) und *„aktiv“* (Z. 1207). Damit die Kinder andere Medienerfahrungen in der Kita machen als zu Hause, sei Medienerziehung, worunter sie jedoch vor allem eine mediendidaktische Mediennutzung zu verstehen scheint, notwendig (vgl. Z. 1200-1208). Vor allem in Bezug auf sprachbezogene Medien nimmt P1_w positive Lerneffekte wahr, was u.a. auf ihren eigenen familiären Erfahrungen fußt: Sie bezieht sich auf ihren behinderten Bruder, der sehr viel Radio und Kindermusik höre und sich durch das Mitsingen in der Aussprache übe. Büchern weist sie eine besondere Rolle zu. Diese würden die Fantasie der Kinder anregen, den Spracherwerb unterstützen und könnten zudem besser zur *„Bindungsarbeit“* (Z. 1068) mit den Kindern genutzt werden als beispielsweise ein Fotoapparat im Rahmen eines Fotoprojekts. Da Lernen über Bindung erfolge, sieht sie dementsprechend das Buch als wichtigstes Medium an. Da Bücher mit Eintritt in die Schule einen schulischen Charakter erhielten und Kinder sich deshalb dann oftmals nicht mehr für Bücher interessieren würden und auch Eltern Büchern keine *„große Bedeutung [mehr] [zuschreiben]“* (Z. 901) würden, sei die pädagogische Arbeit mit Büchern eine wichtige Aufgabe der Kita. In diesen Aussagen dokumentiert sich der medienerzieherische und damit einhergehend auch der berufsethische Habitus von P1_w: Mediennutzung sollte laut P1_w mit Lernen und einer Bereicherung für die eigene Persönlichkeitsbildung verbunden sein.

Im ‚Schlagabtausch‘ zwischen P1_w und P3_m dokumentiert sich deren unterschiedliche Haltung im Hinblick auf einen Computer in der Kita (vgl. Z. 554-596): P3_m sieht den Vorteil einer PC-Nutzung im Kindergarten darin, dass die Kinder lernen würden, den PC bewusst nach einer gewissen Zeit wieder auszuschalten. Er nimmt somit übereinstimmend mit P1_w eine teilweise zu hohe PC-Nutzung durch Kinder wahr. P1_w hingehen scheint kaum Vorstellungen darüber zu haben, inwiefern ein PC ‚sinnvoll‘ (z.B. im Hinblick auf Lernziele) mit Kita-Kindern genutzt werden könnte. Die Möglichkeit, beispielsweise ein Sprachlernprogramm zu benutzen, benennt sie nicht. Stattdessen assoziiert sie als erstes die Erstellung von „PowerPoint“-Präsentationen, was ihr vermutlich aus dem eigenen Ausbildungskontext geläufig ist: *„//Ja, was machen denn Kinder//, die Kindergartenkinder erstellen ja noch keine [...] Präsentation// oder“* (Z. 574-579).

P1_w lehnt zudem einen PC in der Kita ab, da dieser *„<u>noch</u> eine „zusätzliche Reizquelle“* (Z. 567) darstelle. Wie auch im Diskussionsverlauf zur Fernsehnutzung (vgl. Z. 699-728) wird wieder der Terminus des *„Reizes“* benutzt: Aus Sicht der Teilnehmerin scheinen die viele (Medien-) Reize, mit denen Kinder umgeben sind, diese zu überfordern. Dementsprechend betrachtet sie die Kita im Hinblick auf Computer als medienbezogenen Schonraum. Dieser Schonraum wird mit dem Alter der Kinder begründet – die Kinder seien *„dafür noch zu klein“* (Z. 555)und *„kommen schon noch früh genug damit in Kontakt“* (Z. 555-556). Das vermeintlich

Schlechte soll somit möglichst lange von den Kindern ferngehalten werden – man sollte sie *„noch ein bisschen schonen"* (Z. 595-596). Sie befürchtet zudem, dass die PC-Nutzung in der Kita die ohnehin bereits stattfindende tägliche PC-Nutzung erhöht:

> P1_w: Ja, aber dann ist ein Kind in der Kita ne halbe Stunde dran und zu Hause auch noch drei Stunden am Computer. Also ich, weiß ich nicht, ich finde, es ist schon alles so präsent bei den kleinsten Kindern mit Computern. Natürlich sind wir im 21. Jahrhundert und Medien spielen eine große Rolle, auch in der Erziehung und gerade bei Kindern, aber ich finde, die Kindergartenkinder sollte man noch ein bisschen schonen (Z. 591-596).

Des Weiteren betrachtet P1_w eine kindliche Computernutzung in der Kita als hinderlich für den Erwerb sozialer Kompetenzen: Der Computer könne nur vom einzelnen Kind und nicht von mehreren zusammen genutzt werden, sodass dieses Kind demzufolge während der Nutzung keine *„sozialen Kompetenzen"* (Z. 557-558) erwerben könne.

Wie P1_w lehnt auch P2_m den Computer ab. Er führt die Motive für die Ablehnung nicht argumentativ aus, stimmt aber P1_w zu, sodass davon auszugehen ist, dass er mit ihren diesbezüglichen Äußerungen übereinstimmt (vgl. Z. 598-608). P4_m sieht eine medienpädagogische Auseinandersetzung mit dem PC in einem *„kontrollierten Rahmen"* (Z. 545) zwar als *„bestimmt sinnvoll"* (Z. 545) an. Dies sei aber nur unzureichend umsetzbar, da die Kita-Kinder noch nicht lesen könnten und damit nur das anklicken würden, was ihnen der/die Erzieher/in sagen würde, sodass er deshalb er den Einsatz eines PCs ablehnt (vgl. Z. 544-552).

Über die Umsetzung eines Fotoprojekts in der Kita tauschen sich die Schüler/innen nach dem Betrachten des „Bibernetz"-Videos aus, das die Forscherin als Stimulusmaterial in die Diskussion einbrachte. Alle Schüler/innen stufen ein solches Projekt für die Kita als sinnvoll und größtenteils auch als machbar ein, wenn auch Hindernisse für eine Umsetzung wie geringe zeitliche Ressourcen wahrgenommen werden. P2_m habe selbst in der Kita beobachtet, dass Kinder Mediengeräte mitbringen, mit denen sie fotografieren könnten (z.B. „Nintendo 3DS"), daran hätten diese auch Interesse. Dennoch habe keine/r der Teilnehmer/innen bisher daran gedacht, selbst ein Fotoprojekt umsetzen. Dies erklärt P1_w im Modus der Argumentation damit, dass sie medienpädagogische Projekte eher mit Videos oder einem Computer verknüpft und den Fotoapparat übersehen habe, da dieser stark in den eigenen Alltag integriert sei (vgl. Z. 439-493).

Im weiteren Verlauf der Diskussion relativieren die Schüler/innen die prinzipielle Ablehnung eines PCs und die Befürwortung von Fotoprojekten leicht (vgl. Z. 997-1094). Hierbei beziehen sich die Auszubildenden implizit auf die Orientierung an Situationen in der Kita (z.B. Situationsansatz) (vgl. Kap. 2.6). So erörtert P1_w und dieser Ansicht stimmen auch P2_m und P4_m zu, dass der Medieneinsatz in der Kita abhängig von den Medienerfahrungen und dem Interesse der Kinder stattfinden sollte. Dementsprechend wäre für P1_w ein Computereinsatz in der Kita legitim, falls der Computer zu Hause nicht genutzt würde. Die ablehnende Haltung scheint somit aus einer im familiären Kontext zu hoch wahrgenommenen Mediennutzung zu resultieren. P2_m sieht die Orientierung an den Bedürfnissen der Kinder ebenfalls als notwendige Entscheidungsgrundlage für eine medienpädagogische Auseinandersetzung an, den Einsatz eines Computers lehnt er jedoch grundlegend ab (vgl. Z. 1048-1059).

Wenngleich der Großteil der Teilnehmer/innen den Einsatz eines Computers in der Kita eher ablehnt, nehmen alle Auszubildenden eine Notwendigkeit von medienpädagogischer Elternarbeit wahr. P2_m bringt diesen Orientierungsrahmen ein (Proposition): Da Medien wie der Computer derart *„präsent"* (Z. 599) seien, sei medienpädagogische Elternarbeit notwendig. Dies bedeute, dass Eltern bspw. Ratschläge zur kindlichen PC-Nutzung gegeben würden, sodass sie ihre Kinder bei deren Mediennutzung adäquater begleiten könnten. P1_w stimmt P2_m zu und elaboriert den Orientierungsrahmen im Modus der Argumentation: Da Eltern unsicher seien, wie lange Kinder Medien nutzen sollten und Medien als ‚Babysitter' verwendet würden, sei dies sinnvoll (vgl. Z. 598-612). In einer weiteren Passage wird dieser Orientierungsrahmen erneut aufgegriffen und intensiv behandelt (Z. 1157-1412): P2_m ist der Ansicht, dass das Thema Medienerziehung verpflichtend in die schriftlich fixierte Erziehungspartnerschaft zwischen Eltern und Kita aufgenommen werden sollte, da in der Familie die stärkste Mediennutzung erfolge.[82] Die Wirksamkeit der medienpädagogischen Arbeit der Kita sei begrenzt, wenn die Eltern nicht bei der Medienerziehung ihrer Kinder unterstützt würden. P3_m schließt sich der Argumentation an: Wie in den Erziehungspartnerschaften formuliert, sollten Eltern und Kindergarten *„gemeinsam für das [...] Wohl des Kindes sorgen"* (P3_m, Z. 1235). Dies habe auch angesichts der Nutzung von technischen Medien eine hohe Bedeutung, damit Medien nicht im Kindergarten abgelehnt würden, zu Hause jedoch eine intensive Mediennutzung erfolge. Somit sei ein Elternabend in der Kita, bei dem Hinweise für eine *„vernünftige oder [...] sinnvolle Nutzung der Medien"* (Z. 1242) gegeben werden, wichtig. P4_m bringt weiter ein, dass den Eltern auch alternative, nicht-mediale Beschäftigungsmöglichkeiten mit ihrem Kind aufgezeigt werden sollten. Daraufhin tauschen sich die Teilnehmer/innen über die Möglichkeiten eines medienpädagogischen Elternabends und mögliche Hindernisse, die mit einem (medienpädagogischen) Elternabend einhergehen, aus (vgl. Z. 1257-1410): Als besondere Schwierigkeit wird gesehen, den Eltern auf der einen Seite medienerzieherisches Wissen zu vermitteln, dabei aber nicht zu belehrend zu wirken. P2_ m berichtet im Modus der Erzählung von einem Jungen in der OGS, dessen Fingernägel immer dreckig gewesen seien. Im Gespräch mit der Mutter des Jungen reagierte diese empört, da sie annahm, dass gemeint sei, dass ihr Kind generell *„unhy-*

[82] Auch Neuß (2013) fordert eine enge Zusammenarbeit mit den Eltern im Rahmen der Erziehungspartnerschaft. Dabei sollten aus seiner Sicht der Bereich der Medienbildung (Neuß verwendet diesen Begriff) in der Kita mit Themen wie Gesundheitsförderung, Konsumerziehung, Bewegungserziehung und familiärer Freizeitgestaltung verknüpft sein (vgl. ebd., S. 35).

gienisch" sei (Z. 1343). Ein solches Risiko bestehe auch hinsichtlich Gesprächen zur kindlichen Mediennutzung: Selbst wenn nur kleinere Probleme der familiären Mediennutzung angesprochen würden, würden die Eltern „*direkt davon ausgehen, dass man auch ein schlimmeres Bild darüber*" (P2_m, Z. 1349-1350) habe. Die angehenden Erzieher/innen sind folglich unsicher, da sie ablehnende Reaktionen der Eltern auf (medien-)erzieherische Hinweise befürchten. Um kompetent agieren zu können, sieht die Gruppe eine medienpädagogische Fortbildung von Erziehern/innen als sinnvoll an.

Mit Blick auf weitere Bildungsbereiche der Kita betrachten P4_m, P1_w und P2_m die Förderung klassischer Kita-Themen als wichtiger als eine aktive Auseinandersetzung mit Medien durch Kinder in der Kita (vgl. ausführlich Kap. 10.3.2.3). Im Vergleich zu den anderen Teilnehmer(n)/innen dokumentiert sich im Material jedoch eine hohe subjektive Wichtigkeit, die P3_m hinsichtlich Medienerziehung in der Kita wahrnimmt. Da Medien alltäglich präsent seien und ab frühester Kindheit stark von den Kindern genutzt werden (vgl. Z. 1036-1045; Z. 1551-1571) sei es „*wichtig, früh damit anzu/ anzufangen, Medienarbeit zu nutzen in den Kindergärten, um den richtigen Umgang zu zeigen und wie so etwas überhaupt passiert. ‚Wie kommt überhaupt Bild ins Fernsehen' oder so etwas. Oder ‚wie entstehen erst einmal diese Bilder*'" (Z. 1040-1044). P3_m bezieht sich somit auf die Medienkompetenzdimensionen der Mediennutzung und der Medienkunde (vgl. Baacke 1997, S. 98f.). Zudem nimmt P3_m, der selbst medienpädagogische Erfahrungen in einem Filmprojekt mit Kindern in der Kita gesammelt hat, mediendidaktische Bildungsmöglichkeiten für die Kita wahr und ist der Ansicht, dass man „*mit Medien [...] [ja schon] die [...] Bildungsbereiche verknüpfen [kann]*" (Z. 850-851). Über das Filmprojekt hätten die Kinder erste Buchstaben erlernt, die sie aus dem Buch „Rettet die Alphas", welches verfilmt wurde, abgemalt hätten (vgl. Z. 850-868).

Änderung des medialen und medienerzieherischen Habitus durch die Ausbildung

Die Schüler/innen berichten, dass sie durch das Fach Sprache(n)/Medien ein anderes Verständnis für das Thema Medien und Medienerziehung erhalten hätten (vgl. Z. 1473-1535): Da Medien im Alltag verankert und die Auszubildenden damit aufgewachsen seien, seien das „*Bewusstsein*" (P2_m, Z. 1527) und die Reflexion der Mediatisierung des Alltags vor der Ausbildung kaum vorhanden gewesen, wie P2_m im Modus der Argumentation erörtert.

P3_m und P1_w betrachten die Beschäftigung mit der Mediennutzung von Kindern im Unterricht als sinnvoll. Durch die Auseinandersetzung mit den empirisch basierten „KIM"- und „JIM"-Studien zur Mediennutzung Heranwachsender und der Reflexion der eigenen Medienkindheit sei P1_w deutlich geworden, dass Kinder heutzutage in einer „Medienkindheit" leben würden, sodass Erzieher/innen die Aufgabe hätten, Kinder zu begleiten, anstatt Medienverbote auszusprechen.

Zudem hätte sich ihr negativer Blick auf die Mediennutzung von Kindern etwas relativiert: Der kindliche Medienkonsum sei nicht derart stark ausgeprägt, wie es gesellschaftlich propagiert werde. Durch den Unterricht sei der pädagogische Wert einer Auseinandersetzung mit Medien verdeutlicht worden, beispielsweise dahingehend, dass durch ein Videoprojekt die Medienkompetenz der Kinder gesteigert werden könne. Obwohl P1_w in dieser Passage somit argumentativ eine Auseinandersetzung mit Medien in der Kita befürwortet, lehnt sie die Nutzung, zumindest im Hinblick auf den Computer jedoch, wie vorher aufgezeigt, ab.

Für P3_m war zudem die Auseinandersetzung mit der eigenen Rolle als Erzieher, bspw. im Hinblick auf medienpädagogische Elternarbeit, hilfreich (vgl. Z. 554-596).

Umsetzungsmöglichkeiten von Medienerziehung

Mit Blick auf eine Umsetzbarkeit der in der Ausbildung erlernten Inhalte argumentieren die Teilnehmer/innen mit Blick auf begrenzte zeitliche, finanzielle und auch personelle Ressourcen, die eine Umsetzung erschweren würden. Eine intensive Auseinandersetzung über die Thematik erfolgt in der Passage von Z. 277-437, in der sich die Teilnehmer/innen nach dem gemeinsamen Betrachten des „Bibernetz"-Videos zu den Umsetzungsmöglichkeiten eines Fotoprojekts in der Kita äußern: Während ein solches Projekt den Teilnehmer/innen prinzipiell zusagt, sehen sie zeitliche und finanzielle Probleme (bei der Anschaffung von mehreren Geräten). Zudem beziehen sie sich auf die benötigte Medienkompetenz der Erzieher/innen in den Einrichtungen, welche die Mediengeräte auch bedienen können müssten. Nachfolgend benennen die Teilnehmer/innen eigene Ideen, wie ein solches Fotoprojekt umgesetzt werden könnte. Beispielsweise, so schlägt P1_w vor, könne man mit den Kindern Fotos, die mit einer analogen Kamera geschossen wurden, selbst mit ihnen entwickeln. P2_m bringt ein, dass die Kinder auch an der Dokumentation mitwirken könnten, indem sie selbst die Fotos machen. Während P1_w skeptisch im Hinblick auf eine machbare Umsetzung ist, da alle Kinder gleichzeitig fotografieren wollen würden, zeigen sich die männlichen Teilnehmer optimistischer und liefern diesbezügliche Lösungsvorschläge: Es könne mit einer Liste gearbeitet werden, sodass die Kinder abwechselnd fotografieren. Die eher negative Sicht auf eine Umsetzbarkeit durch P1_w im Gegensatz zu den männlichen Teilnehmern dokumentiert sich auch in einer kontroversen Auseinandersetzung mit P4_m (vgl. Z. 1413-1453): P4_m argumentiert, dass in der Kita ausreichend Zeit für die Umsetzung (kleinerer) medienpädagogischer Projekte vorhanden sei, wenn ein dementsprechender Wille der Erzieher/innen bestehe. Beispielsweise könne mit der „Trickboxx" gearbeitet werden. Auch eine partnerschaftliche Arbeit mit Eltern zum Thema Medien sei zeitlich machbar. P1_w, die zwar im Modus der Bewertung die Arbeit mit der „Trickboxx" als *„coole Idee"* (Z. 1447) bezeichnet, führt als Hemmnis für die Umsetzung die lange Dauer für den Bau einer solchen Box an. Zudem weist sie gemäß eines klassischen Genderbildes die Lust am Handwerken, die dafür benötigt werde, vor allem Männern zu, die jedoch kaum als Erzieher arbeiteten.

Trotz der angeführten Hemmnisse sind die angehenden Erzieher/innen der Ansicht, dass sie aufgrund ihrer medienpädagogischen Ausbildung *„neue [...] Impulse"* (P1_w, Z. 1546-1550) in die Einrichtungen einbringen und dementsprechend eine „Vorreiterposition" (P4_m, Z. 1542) einnehmen könnten, da aktuell Medienerziehung in den Einrichtungen kaum eine Rolle spiele.

10.3.2.2.2 Medienerzieherischer Habitus: Praxis

Das Einbringen der Medienerfahrungen der Kinder in die Einrichtung und Reaktionen der (angehenden) Erzieher/innen

Die Schüler/innen berichten davon, dass die Kinder ihre Medienerfahrungen in die Einrichtungen einbringen, indem sie Merchandise-Artikel wie Zeitschriften in die Kita mitbringen oder Pullover zu ihren Medienhelden tragen, sich mit ihrer Peergroup über die Medienerlebnisse austauschen oder Medienerlebnisse nachspielen (vgl. Z. 242-247; 654-697; 913-994). Zudem bringen die Kinder tragbare Spielgeräte wie einen „Game Boy" oder den „Nintendo 3DS" mit in die Kita, was von den Erzieher/innen in den Einrichtungen jedoch größtenteils abgelehnt werde. P1_w hält ein solches Spielverbot in der Kita für *„richtig"* (Z. 516), da die Mediengeräte bereits im familiären Kontext zu intensiv genutzt würden. P2_m berichtet davon, dass die Spielgeräte in der Einrichtung, in der er tätig war, freitags ohne Einschränkungen erlaubt würden, was er nicht für sinnvoll halte, da somit eine medienpädagogische Aufbereitung vertan werde (vgl. Z. 495-527).

Im Praktikum in der OGS, in der P4_m tätig war, interessierten sich die Jungen, wie bereits dargestellt, sehr für gewalthaltige Ego Shooter wie „Call of Duty". Ihre diesbezügliche Medienpräferenz wurde schnell offenkundig, da sie P4_m bereits zu Beginn seiner Tätigkeit fragten, ob er solche Spiele nutze. Anstatt dies jedoch als Anlass zu nehmen, die Medienerlebnisse mit den Kindern (medien-) pädagogisch aufzuarbeiten, machte er seine Ablehnung gegenüber der Medienpräferenz der Kinder deutlich: *„Ne, also erstens spiele ich das nicht und zweitens kannst du mit mir eh nicht über so etwas reden, weil ich so etwas generell halt nicht so dolle finde"* (P4_m, Z. 972-974).

Eigene medienpädagogische Praxiserfahrungen

P3_m, P1_w und P4_m verfügen bereits über medienpädagogische Praxiserfahrungen, P2_m hingegen nicht. P3_m hat im Rahmen eines Jahrespraktikums im Kindergarten einen 30- bis 40-minütigen Film mit fünf- bis sechsjährigen Kindern zum Buch „Rettet die Alphas“ gedreht. Ursprünglich war das Projekt kleiner geplant, die Idee, das Buch zu verfilmen, kam von den Kindern selbst. Im Modus der Beschreibung erläutert der Auszubildende das Projekt: Zunächst wurde das Buch mit den Kindern gelesen und besprochen. Anschließend wurden Bühne und Bühnenbilder gebaut und die Aufgaben wie Kameramann/frau, Tonmann/frau etc. verteilt. Der Film wurde über ein halbes Jahr an verschiedenen Orten gedreht. Das Buch wurde vorgelesen und dazu spielten die Kinder selbst die Szenen nach. Im Anschluss an den Dreh wurden die Videosequenzen vom Mann einer Erzieherin geschnitten und der Ton des zum Buch dazugehörigen Hörspiels in das Video integriert. Die Kinder agierten während des Projekts sehr selbstständig: *„Also kompletter Freiraum, komplette Partizipation der Kinder war eigentlich berücksichtigt“* (P3_m, Z. 189-190). Im Anschluss an das Projekt erhielten die Kinder eine CD mit dem fertigen Film (vgl. Z. 109-227).

P1_w hat zwei Videoprojekte im Jugendbereich durchgeführt. Bei einem Projekt, bei dem die Kinder selbst eine „Wahlrede“ halten mussten, nahm sie als Schwierigkeit wahr, dass die Kinder sehr unsicher waren, vor der Kamera zu agieren und die eigene Wirkung auf andere im Anschluss zu reflektieren. Beim zweiten Projekt an einer Förderschule zum Thema „Die Förderschule sucht das Supertalent“ (in Anlehnung an die „RTL“-Show „Supertalent“) tauchte dieses Problem nicht auf, da die Kinder in Gruppen agierten (vgl. Z. 254-265).

P4_m hat im Rahmen einer Ferienfreizeit innerhalb eines Tages eine Fotostory mit Kindern umgesetzt. Zunächst wurde die Story ausgedacht und vormittags fotografiert. Nachmittags wurden die Fotos am PC zusammengefügt und ausgedruckt. Die Sprechblasen mit dazugehörigen Texten wurden selbst gebastelt (vgl. Z. 442-449).

10.3.2.2.3 Medienpädagogische Kompetenz

Drei der Teilnehmer/innen – P3_m, P4_m und P1_w – würden es sich zutrauen, ein Medienprojekt in der Kita durchzuführen. Dieses Zutrauen scheint mit dem bisherigen medienpädagogischen Fundus an Erfahrungen zusammenzuhängen: So betont etwa P3_m, dass er ohne das von ihm durchgeführte Filmprojekt in der Kita, *„sehr weit“* (Z. 1586) davon *„entfernt [wäre] zu sagen, ich mache einmal etwas mit einer Kamera und trau mich da wirklich dran“* (Z. 1586-1587). P2_m hingegen, der noch kein medienpädagogisches Projekt mit Kindern umgesetzt hat, traut sich dies aktuell noch nicht zu, da er basierend auf den Unterrichtserfahrungen noch „kein Verständnis“ (Z. 1601) hätte, wie er ein solches Projekt umsetzen könnte. Dennoch ist er nicht abgeneigt, medienpädagogisch aktiv zu sein. Er würde zunächst mit kleinen Aktivitäten beginnen, um Erfahrungen zu sammeln und nicht etwa mit einer größeren Aktion wie einem Videoprojekt.

Wenngleich P1_w sich zwar zutraut, mit den Kindern medienpädagogisch zu arbeiten, äußert sie Bedenken hinsichtlich der Durchführung medienpädagogischer Elternabende und einer möglicherweise ablehnenden Haltung der Kollegen/innen gegenüber Medien, was sie von einer Umsetzung abbringen könnte. Des Weiteren weist sie darauf hin, dass es für eine Umsetzung eines solchen Projekts nicht ausreiche, mit den Mediengeräten vertraut zu sein. Die angehenden Erzieher/innen müssten gut vorbereitet sein, bspw. wissen, welche Schwierigkeiten im Projekt auftreten könnten und dürften an ein solches Projekt *„nicht so einen hohen Maßstab"* (Z. 1629-1630) setzen. P1_w spricht sich somit gegen einen Perfektionsanspruch aus (vgl. Z. 1573-1633).

10.3.2.3 Berufsethischer Habitus

Bis auf P3_m, der Medienerziehung in der Kita einen ebenso hohen Stellenwert einräumt wie anderen Bildungsbereichen (vgl. Z. 554-596; 1036-1045; 1551-1571), sehen die Schüler/innen andere Bildungsbereiche als relevanter für die pädagogische Arbeit in der Kita. P1_w und P2_m beschreiben die Förderung von Primärerfahrungen und sozialen Kompetenzen als äußerst relevant. P1_w sieht es als Aufgabe der Kita, auf die hohe Mediennutzung der Kinder im familiären Kontext (vgl. Z. 554-596; 997-1094) derart zu reagieren, dass diese durch den Fokus auf andere Bereiche *„[ausgeglichen]"* (P1_w, Z. 1079) werden. P4_m nimmt Medienerziehung zwar als *„[aktuelles] Thema"* (Z. 1087) wahr, sieht aber ebenfalls eine höhere Relevanz bei klassischen Kita-Themen wie Bewegung, kreatives Arbeiten oder freies Spiel. Somit würde er *„Medien halt wirklich auch eher als [...] Begleiter dazu händeln"* (Z. 1093-1094) und Medienerziehung nicht *„zum Zentrum der aktuellen Arbeit machen"* (Z. 1094).

10.3.3 Zu den Bedingungen der Einrichtungen

10.3.3.1 Medienerzieherischer Habitus der Erzieher/innen: Praxis der Medienerziehung

Die Kindertagesstätten, in denen die Auszubildenden ihre Praktika durchgeführt haben, sind größtenteils wenig medienpädagogisch aktiv. Fotos wurden hauptsächlich von den Erzieher/innen im Rahmen der Dokumentation gemacht und nicht von den Kindern selbst. Auch die Medienausstattung belief sich vor allem auf ältere Medien wie Bücher. Eine Ausnahme stellt die Kita dar, in der P3_m den Film mit den Kindern gedreht hat. Diese führt jedes Jahr ein Medienprojekt mit Kindern durch und hat beispielsweise auch mit der „Trickboxx" gearbeitet. Des Weiteren wurden in der Einrichtung von P1_w die Medienerfahrungen, die die Kinder am

Wochenende gemacht haben, montags im Erzählkreis aufgegriffen (vgl. Z. 229-275).

10.3.3.2 Medienerzieherischer Habitus der Erzieher/innen: Vorstellungen und Beurteilungen

Verständnis und Haltung hinsichtlich Medienerziehung

Obwohl in den Einrichtungen, in denen die Auszubildenden tätig waren, kaum Medienerziehung stattfand, betrachten die Auszubildenden die Einrichtungen größtenteils als aufgeschlossen für das Thema. In der Einrichtung, in der P4_m tätig war, wurde jedoch gar nicht über Medien(erziehung) gesprochen.

P1_w macht eine fehlende Motivation und ein mangelhaftes Wissen der Erzieher/innen über medienpädagogische Umsetzungsmöglichkeiten dafür verantwortlich, dass Medienerziehung bisher nicht umgesetzt werde (vgl. Z. 1635-1675).

10.3.3.3 Medialer Habitus und Medienkompetenz der Erzieher/innen

10.3.3.3.1 Mediennutzung und -kompetenz

Im Hinblick auf die Medienkompetenz der Erzieher/innen in den Einrichtungen scheinen die Auszubildenden teilweise Defizite wahrzunehmen, was daraus geschlossen werden kann, dass die Auszubildenden als notwendige Bedingung für eine Umsetzung von Medienerziehung benennen, dass die Erzieher/innen mit den Mediengeräten umgehen können müssten. Diese Wahrnehmung scheint auf eigenen Erfahrungen zu gründen: So wurde in der Kindertagesstätte, in der P3_m das Filmprojekt durchgeführt hat, der Film vom Mann einer Erzieherin geschnitten.

10.3.3.3.2 Medialer Habitus: Vorstellungen und Beurteilungen

Da die Erzieher/innen eine Nutzung von tragbaren Spielgeräten wie der „Nintendo 3 DS" in der Kita größtenteils ablehnen würden, kann auf eine ablehnende Haltung gegenüber solchen Spielgeräten geschlossen werden.

10.3.3.4 (Gesetzliche) Rahmenbedingungen

Die Grundsätze zur Bildungsförderung sind den Teilnehmer/innen bis auf P2_m, der noch nichts davon gehört hat, grob bekannt. Besprochen wurden diese in den Einrichtungen während der Praktika nicht. Die Teilnehmer/innen sind der Ansicht, dass in den Einrichtungen bisher kaum an den Grundsätzen ausgerichtet gearbeitet wird. So berichtet P1_w von einem Gespräch mit einer Fortbildnerin, die P1_w die Auskunft gab, dass viele Erzieher/innen kein Interesse an einer Fortbildung zum Bildungsplan hätten und dementsprechend Ausreden finden würden, nicht teilzunehmen (vgl. Z. 1097-1155).

10.3.4 Fazit der Gruppendiskussion

Die Gruppendiskussion der Gruppe SuS_3 zeichnet sich überwiegend durch eine parallelisierende Diskursorganisation aus. Die Gruppe sieht die elektronische Mediennutzung von Vorschul- wie auch Grundschulkindern als zu hoch an und sieht damit einhergehend negative Auswirkungen auf die kindliche Entwicklung verknüpft. Beispielsweise würde die hohe Nutzung von Fernsehinhalten, welche Kinder noch nicht verstehen und die durch schnelle Erzählweisen gekennzeichnet seien, die Kinder unruhig und hektisch werden lassen. Im Gegenhorizont dazu nehmen die Auszubildenden die Fernsehinhalte, die sie selbst in der eigenen Kindheit konsumiert haben, als positiv wahr. Hierbei beziehen sie sich unter anderem auf Klassiker wie die Sendungen „Sendung mit der Maus“ und „Löwenzahn“, über die sie etwas gelernt hätten. Gerade die Mediennutzung von älteren Kindern (OGS bzw. Förderbereich) sehen die Auszubildenden als äußerst kritisch, da diese nicht altersgerechte gewalthaltige Inhalte konsumieren würden (medialer Habitus). Aufgrund des ohnehin mediatisierten Alltags der Kinder und der angenommenen negativen medialen Wirkungen steht der Großteil der Teilnehmer/innen einem Einsatz eines Computers in der Kita negativ gegenüber. Eine Ausnahme stellt der Schüler P3_m dar, der aufgrund der hohen alltäglichen elektronischen Mediennutzung von Kindern Medienerziehung als Aufgabe der Kita versteht, die auch darin bestehe, den Kindern eine verantwortungsvolle Computer-Nutzung nahezulegen. Die anderen Teilnehmer/innen sehen Medienerziehung in Form von handlungsorientierter Medienarbeit (z.B. Fotoprojekt) und medienpädagogischer Elternarbeit ebenfalls als Aufgabe der Kita an (medienerzieherischer Habitus). Andere Bildungsbereiche wie die Förderung von Primärerfahrungen, die Förderung von sozialen Kompetenzen, Bewegungsförderung, kreatives Arbeiten oder freies Spiel werden aber als relevanter für die pädagogische Arbeit in der Kita benannt (berufsethischer Habitus). Übereinstimmend sieht die gesamte Gruppe die Notwendigkeit für medienpädagogische Elternarbeit in der Kita, beispielsweise über Elternabende (medienerzieherischer Habitus).

10.4 Gruppendiskussion mit den Schülerinnen der Lehrerinnen Juliane Mahr, Melanie Fröhlich und Nele Bensch (Gruppe SuS_4)

> *„Dieses Mädchen ist fünf gewesen und hat in ihrem Zimmer, wirklich in ihrem Zimmer, frei zugänglich stehend, einen Fernseher mit also wirklich allen Sendern freigestellt, nen DVD-Player dann dazu, einem Computer und schon ein eigenes Handy, was sie da benutzen kann. Mit fünf Jahren. Und das Handy hat sie von der Zahnfee gekriegt."*

10.4.1 Zu den demografischen und beruflichen Angaben der angehenden Erzieherinnen und den Ausbildungsinhalten

10.4.1.1 Demografische Angaben und berufliche Zukunft

An der Gruppendiskussion der Gruppe SuS_4 haben fünf weibliche Auszubildende teilgenommen. Mit einem Altersdurchschnitt von 20 Jahren handelt es sich um die durchschnittlich jüngste Gruppe unter den angehenden Erziehern/innen im zweiten Ausbildungsjahr.

Zwei Schülerinnen (P1 und P2) möchten nach der Ausbildung in der Kita arbeiten. Zwei weitere (P3 und P4) möchten in der Jugendarbeit tätig werden und studieren aktuell parallel zur Ausbildung „Soziale Arbeit" (Bachelor-Studium). P5 möchte den Hauptteil ihrer beruflichen Tätigkeit als Reittherapeutin und zusätzlich mit einem geringeren Zeitanteil in einem integrativen Kindergarten arbeiten. Sie plant, eine einjährige berufsbegleitende Ausbildung als Reittherapeutin nachzugehen. Das Sample gestaltet sich wie folgt:

Person	Alter in Jahren	Geschlecht	Schulabschluss	Absolvierte Ausbildung/ abgeschlossenes Studium
P1	20	w	Fachabitur	-
P2	19	w	Fachabitur	-
P3	22	w	Fachabitur	-
P4	20	w	Fachabitur	-
P5	19	w	Fachabitur	-
Gesamtgruppe	Ø 20	5w	5 Fachabitur	-

Tabelle 9: Sample Gruppe SuS_4

10.4.1.2 Medienpädagogik als Inhalt der Erzieher/innen-Ausbildung

Das Fach Sprache(n)/Medien wird zwei Jahre lang mit zwei Unterrichtsstunden pro Woche an der Fachschule unterrichtet. Da die zuständige Lehrerin auch das Fach Deutsch bei den Auszubildenden unterrichtete, wurden die Inhalte der Fächer teilweise miteinander verknüpft.

Handlungsorientierte Formen der Medienarbeit wie beispielsweise ein Fotografieprojekt oder die Produktion eines Films fanden im Unterricht nicht statt. Dies verwundert im Hinblick auf die Angaben zur Unterrichtsgestaltung der Lehrkräfte, die an der Fachschule arbeiten (Juliane Mahr, Melanie Fröhlich und Nele Bensch). Ein möglicher Grund dafür könnten die knappen zeitlichen Ressourcen im zweiten Ausbildungsjahr sein, die Juliane Mahr beschreibt (vgl. Kap. 9.4.1.2).

Anwendbarkeit des in der Ausbildung Gelernten in der Praxis

Die Schülerinnen sehen eine gute Anwendbarkeit dessen, was sie in der Ausbildung gelernt haben. Diesbezüglich benennen sie die Auseinandersetzung mit Kinderfilmen/Zeichentrickfilmen und PC-Wissensprogrammen, die unter der Fragestellung „Was ist für Kinder (nicht) geeignet?“ unter dem Einsatz eines Kriterienkatalogs betrachtet wurden. Die Auseinandersetzung mit Filmen sei besonders interessant gewesen, da diese durch die angehenden Erzieher/innen selbst vorher kaum erfolgte. Beispielsweise hätten die Schülerinnen erfahren, dass ältere und jüngere Kinder (z.B. im Alter von zehn und drei Jahren) aufgrund der unterschiedlichen Aufnahmefähigkeit nicht gemeinsam fernsehen sollten, wovon sie für ihre nebenberufliche Babysittertätigkeit profitieren würden (vgl. Z. 342-394). Zudem sehen die Schülerinnen den Einsatz von Dia-Geschichten und vor allem auch das Thema Bilderbuchbetrachtung als sinnvoll für die praktische Arbeit in der Kindertagesstätte an.

10.4.2 Zum Habitus der angehenden Erzieherinnen

10.4.2.1 Medialer Habitus und Medienkompetenz

10.4.2.1.1 Mediennutzung und -kompetenz

Im Gegensatz zu den anderen Gruppen des zweiten Ausbildungsjahres sind die Ausführungen von Gruppe SuS_4 zur Mediennutzung im privaten Kontext knapp gehalten. Die Schülerinnen betonen hingehen wechselseitig ergänzend die hohe Nutzung und Relevanz ihres Computers als Arbeitsgerät zur Erstellung von Texten, Präsentationen und zum E-Mail-Verkehr im Rahmen der Ausbildung.

Im Hinblick auf eine private Mediennutzung benennt P5 die Nutzung des Fernsehers und des Radios. Zudem scheint das Handy für einige Schülerinnen eine zentrale Rolle zu spielen (vgl. Z. 1113-1144).

Die Gruppe scheint mit der Bedienung von Mediengeräten (z.B. Computer) keinerlei Schwierigkeiten zu haben.

10.4.2.1.2 Medialer Habitus: Vorstellungen und Beurteilungen

Mediennutzung von Kindern und angenommene Medienwirkungen sowie (Medien-)Erziehung in Familien

Die Schülerinnen stehen der Mediennutzung von Kita-Kindern kritisch gegenüber, da viele Kinder sehr viel fernsehen würden und sie teilweise über ein hohes Spektrum an eigenen Mediengeräten verfügen würden, wie über einen eigenen Fernseher im Kinderzimmer. Als besonders problematisch wird von den Teilnehmerinnen wahrgenommen, dass bei einem Gerät im Kinderzimmer oftmals alle Fernsehkanäle frei zugänglich seien, womit implizit einhergeht, dass auch ungeeignete Inhalte konsumiert werden könnten (vgl. Z. 396-440): P3 bezieht sich im Modus der Erzählung in lebhafter Form auf die Erfahrungen, die sie beim Babysitten eines fünfjährigen Mädchens gesammelt habe, das neben einem Fernseher und einem dazugehörigen DVD-Player bereits über einen eigenen Computer und ein Handy verfüge. Der Fernseher werde vom Mädchen zur Stimmungsregulation bei Langeweile genutzt. Die Nutzung sei derart intensiv, dass das Mädchen lieber fernsehen wollte, als mit P3 etwas zu kochen oder zu spielen, als P3 zum Babysitten vor Ort war:

> P3: Und das erste, was sie machte, als ich da gekommen bin, ich sag, „hast du denn schon was gegessen, was wollen wir denn machen? Sonst kochen wir noch etwas zusammen", wo sie dann sagte, „nö, ich habe keinen Hunger." Ich sag, „was möchtest du denn machen?" „Oh, ich hab keine Ahnung, was du machst, aber ich setze mich jetzt vor den Fernseher." Und ich denk mir, „wo bist du denn hier gelandet" (Z. 415-420)?

Das eigene Handy sei dem Mädchen von der *„Zahnfee"* geschenkt worden.[83] Den hohen materiellen Wert des Geschenks und die Verfügbarkeit dieser Mediengeräte im Vorschulalter setzt P3 in Bezug zur eigenen (Medien-)Kindheit:

> P3: Also unsereins hat damals von der Zahnfee vielleicht mal eine Hörspielkassette bekommen oder so, weil das soll sie sich ja auch mal irgendwo steigern. Wenn die das jetzt schon mit fünf

[83] Um Kindern den körperlichen Schmerz beim Verlust ihrer Milchzähne zu erleichtern, ist es seit einigen Jahren in Deutschland Mode, dass Eltern ihren Kindern über die imaginierte Figur der Zahnfee, die nachts kommt, als Austausch für den ausgefallenen Zahn, den sie mitnimmt, ein kleines Geschenk machen. Auch Zahnärzte verwenden die Geschichte der Zahnfee, um Kindern die Angst vor Zahnarztbesuchen zu nehmen und sie zur adäquaten Zahnpflege anzuregen (vgl. Eltern o.J.).

> kriegt, was soll die denn dann kriegen, wenn die mal 18 wird oder so (Alle lachen). Das hat sie wahrscheinlich dann schon mit zwölf (Z. 404-411).

P2 elaboriert den aufgeworfenen Orientierungsrahmen und bringt ein, dass zunehmend mehr Kinder einen eigenen Fernseher im Kinderzimmer hätten. Dies führt sie mittels einer Exemplifizierung aus: Auch in der Einrichtung, in der sie gearbeitet hat, hatte ein Junge einen eigenen Fernseher mit DVD-Player im Zimmer.

Daraufhin tauschen sich die Teilnehmerinnen über die Medienerziehung durch die Eltern und die mit der Fernsehnutzung wahrgenommenen Wirkungen auf Kinder aus: P2 betrachtet eine solche frei zugängliche Mediennutzung als *„nicht mehr angemessen"* (P2, Z. 426). Sie sieht die Eltern in der Verantwortung mit den Kindern zusammen fernzusehen, dennoch sollten die Kinder nicht jeden Tag fernsehen. P1 erläutert die aus ihrer Sicht vorliegenden Motive der Eltern dafür, ihr Kind alleine fernsehen zu lassen: Diese hätten *„keine Lust oder zu wenig Zeit"* (P1, Z. 429), dies gemeinsam mit dem Kind zu tun. Daraufhin führt P3 an, dass die Eltern, wenn sie sich keine Zeit dafür nähmen, auch nicht mit dem Kind schimpfen sollten, wenn es – und dies sind die medialen Wirkungen, die P3 wahrnimmt – im Anschluss an die Mediennutzung aufgedreht sei und es (im Rahmen von Modelllernen, vgl. Bandura et al. 1963) Kraftausdrücke verwende, die es durch die Fernsehnutzung erfahren habe, selbst aber nicht verstehe (vgl. Z. 422-440). Der Orientierungsrahmen, dass Kinder für sie ungeeignete Inhalte nutzen, spiegelt sich in einer weiteren Passage wider, in der P1 einbringt, dass ein vierjähriges Mädchen jeden Dienstag die Sendung mit „Daniela Katzenberger" im Fernsehen ansehen würde.[84] Sie lehnt dies für eine Vierjährige vehement ab, nennt jedoch nicht ihre Gründe für die Ablehnung (vgl. Z. 170-174), vermutlich geht sie von negativen Wirkannahmen aus. P5 hingegen spricht sich gegen eine starke Wirkung von Fernsehinhalten auf Kinder aus, da diese sich – quasi als Schutzmechanismus – von Inhalten, die sie emotional aufwühlten, abwenden würden:

> P5: Obwohl ich auch oft finde, ich mein oft wissen Kinder natürlich nicht, was jetzt gut ist und was nicht. Aber wenn sie was sehen, was vielleicht zu gruselig oder so was ist, dann reagieren sie ja dann schon drauf, selber, von sich aus. Die sagen, die gucken sich das ja dann nicht. Entweder sind sie so geschockt (allgemeines Lachen), dass sie dann überhaupt nicht mehr aufnehmen können (P1: Ja.), was da läuft. Oder sie schalten sofort um und die achten ja, wenn es mehrere Geschwister sind, wenn die gemeinsam sind, dann achten sie auch gegenseitig auf sich. Also das fällt mir auch ganz oft auf. Dass sie gegenseitig, dann ja, dass die Ältesten: „Das darfst du noch nicht gucken" (Z. 177-184).

Die Rolle der älteren Geschwister im Hinblick auf die Mediennutzung jüngerer Kinder wird widersprüchlich beschrieben: Während P5 ältere Geschwister als

84 Daniela Katzenberger war u.a. in der auf sie zugeschnittenen Sendung „Daniela Katzenberger – natürlich blond" des Senders „Vox" zu sehen. Im Vordergrund der Sendung standen die Themen Schönheit/eigener Körper und Liebe/Partnerschaft (vgl. Vox o.J.). Katzenberger wurde in den vergangenen Jahren durch ihre Teilnahme an Doku-Soaps und Reality TV-Formaten bekannt.

‚Kontrollinstanz' wahrnimmt (vgl. Z. 182-184), konstatieren P1 und P4, dass in Familien mit vielen Geschwisterkindern die jüngeren Kinder sich *„dezent"* (P4, Z. 1256), also unauffällig dazusetzen würden. Dies erklären die Schülerinnen damit, dass Eltern mit vielen Kindern nicht im Blick hätten, welches Kind fernsehe und welches spiele (vgl. Z. 1251-1261).

Eine hohe und frei zugängliche Mediennutzung sehen die Schülerinnen jedoch nicht für alle Familien, sondern dies sei u.a. abhängig davon, wie viel Zeit die Eltern für ihre Kinder hätten bzw. sich nähmen. Tendenziell jedoch nehmen sie die Medien- bzw. Fernsehnutzung der Vorschulkinder am Wochenende als zu hoch wahr: Am Montag seien die Kinder oft *„sehr aufgedreht"* (P4, Z. 145) und kämen *„medienkonsumiert"* (P4, Z. 145) in die Einrichtung (vgl. Z. 137-150).

10.4.2.2 Medienerzieherischer Habitus und medienpädagogische Kompetenz

10.4.2.2.1 Medienerzieherischer Habitus: Vorstellungen und Beurteilungen

Verständnis und Haltung hinsichtlich Medienerziehung

Die angehenden Erzieher/innen beziehen sich in ihren Aussagen zur Medienerziehung in der Kita implizit auf die verschiedenen Dimensionen von Medienkompetenz. Zum einen verstehen sie unter Medienerziehung, Medien aktiv mit Kindern zu nutzen, indem beispielsweise fotografiert oder der Computer genutzt wird (Mediennutzung und -gestaltung). Auch medienpädagogische Elternarbeit wie die Durchführung von Elternabenden oder die Aushändigung der medienpädagogischen Zeitschrift „Flimmo" an die Eltern, welche altersbezogene Einschätzungen zum Fernsehprogramm liefert, wird benannt. Elternarbeit sehen die Schüler/innen deshalb als relevant an, da die Kinder vor allem in der Familie Medien nutzen würden. P5 sieht positive reziproke Effekte der Medienerziehung in der Kita und der Mediennutzung im Elternhaus. So könnten die Kinder beispielsweise den Umgang mit der Digitalkamera, der in der Kita erlernt worden sei, zu Hause umsetzen und andersherum könnten Kinder, die aus dem privaten Kontext *„Medienwissen oder Nutzungswissen"* (P5, Z. 159) in die Kita mitbringen würden, andere Kindern in der Einrichtung im technischen Medienumgang unterstützen. P2 benennt zudem positive Auswirkungen von Medienerziehung in der Kita auf die kindliche Mediennutzung: So könnten Gespräche der Erzieher/innen mit Kindern darüber, ob ein Medieninhalt kindgerecht sei, sich positiv auf die private Mediennutzung auswirken, da die Kinder sich dann bewusst gegen nicht geeignete Inhalte aussprechen könnten. P1 bringt darauf eine Opposition und das oben angeführte Beispiel des Kindes ein, das die „Daniela Katzenberger"-Sendung mag. Statt solche Gespräche mit den Kindern zu führen, sollte ihres Erachtens mit den Eltern gesprochen werden (vgl. Z. 137-193, 1263-1280).

Dem Einsatz eines Computers in der Kita steht die Gruppe mit gemischten Gefühlen gegenüber. Als positiv hinsichtlich der Computernutzung sehen die Schülerinnen, dass gemeinsam mit den Kindern im Internet recherchiert werden und somit der Computer anstatt eines gedruckten Lexikons verwendet werden könne (vgl. Z. 195-262). Der Nutzung von PC-Lernspielen wie dem Sprachlernprogramm „Schlaumäuse", was die Forscherin der Gruppe per Video vorgestellt hat, stehen die Schülerinnen jedoch überwiegend skeptisch und tendenziell eher negativ gegenüber. Nach dem Betrachten des „Schlaumäuse"-Videos tauschen sich die Auszubildenden intensiv über den mediendidaktischen Einsatz des Programms in der Kita aus (vgl. Z. 638-716): Ein solches Programm schätzen sie zwar als positiver als nicht kindgerechte Inhalte wie *„Ballerspiele"* (P4, Z. 647) ein, somit würde der Computer nicht nur genutzt werden, um bspw. Langeweile zu vertreiben (im Sinne von Mood Management, vgl. Batinic 2008, S. 117) (vgl. auch Z. 451-460), jedoch halten sie die Lerneffekte eines solchen Programms aufgrund der kognitiven Entwicklung von Kindern im Vorschulalter für gering:

> P5: Also ich finde auch das, was da jetzt gesprochen wurde, sehr komplex und auch schnell. Ich glaube, das könnte auch einfach dazu führen, dass die Kinder, ich weiß ja jetzt nicht, ab wie vielen Jahren das zu gebrauchen sein soll, dann, dass die vielleicht auch einfach überfordert sind, so schnell hinterherzukommen. Was ist jetzt ein Farbroller, wo ist jetzt der blaue Farbroller, dann soll der blaue Farbroller nach, auch noch, wenn man den benutzt hat, an der weißen Stelle links neben der Tür auch noch wieder zurück in den roten Wassereimer (Z. 671-677).

Diese durch das Programm gegebenen Anweisungen könnten die Kinder überfordern, da *„das einfach kognitiv auch für die noch nichts ist"*, was *„eventuell auch dann zu Frustration führen könnte"[,] […] „weil sie diesen Arbeitsauftrag ja hier jetzt nicht erfüllen konnten"* (Z. 671-680).

Unbedingt erforderlich sei eine begleitete Nutzung durch eine/n Erzieher/in. Hierbei wird die Begrenztheit des Mediums Computer als digitaler Lernvermittler im Vergleich zur klassischen Lehrsituation durch einen Menschen, also den/die Erzieher/in als Vermittler/in, aufgezeigt. Der/die Erzieher/in könne individuell abgestimmt auf das Verständnis und die (Lern-)Erfahrungen des einzelnen Kindes dessen Lernprozess unterstützen:

> P5: [...] ich glaube, wenn man so was jetzt in Begleitung mit einer Erzieherin macht oder durch Angebote mit einer Erzieherin, dass man da einfach gezielter drauf eingehen kann. Man wiederholt dann die Anweisungen, man guckt, dass man es vielleicht anders formuliert oder, erinnerst du dich noch, gestern hattest du auch was mit einer, hattest du doch auch ein blaues T-Shirt an, weißt du noch, wie das ausgesehen hat oder so. Und das sind halt eben Sachen, dadurch, dass das was Vorgespeichertes ist, was nur abgerufen wird, worauf der Computer jetzt so in dem Sinne gar nicht darauf eingehen könnte (Z. 681-688).

Mehrfach betonen die Schülerinnen, dass die Computernutzung zeitlich reglementiert erfolgen solle (vgl. Z. 202-222; 446-464; 645-653). So bringt P4 ein, dass das „Schlaumäuse"-Programm *„in gewissem Maß"* (Z. 645) genutzt werden sollte und P2 spricht sogar von einem *„[ausgleichenden] Maß"* (Z. 652), das durch die Begleitung durch den/die Erzieher/in erfolgen solle. Hierin dokumentiert sich implizit, dass mit einer Computernutzung auch negative Effekte verbunden werden. So äußert etwa P5 die Befürchtung einer sozialen Isolierung des Kindes bei längerer PC-Nutzung. Die Schülerin ist mit einer gemeinsamen Nutzung des Computers durch zwei Kinder einverstanden, während sie eine längere Nutzung durch ein einzelnes Kind ablehnt. Zudem äußern zwei Schülerinnen (P5 und P3) Bedenken, dass bei einer freien Verfügbarkeit des Computers in der Einrichtung Streit zwischen den Kindern entstehen und eine übermäßige Nutzung erfolgen könne. Diese Bedenken weist P4 mit Bezug auf eigene Erfahrungen zur Computernutzung von Kindern, die sie in einer Kita gesammelt habe, zurück (vgl. Z. 203-239): Der Computer sei für die Kinder *„erstmal so ein Einrichtungsgegenstand [gewesen,] den man halt so nutzen konnte wie ein Buch halt auch, aber nicht so, dass es jetzt ein übermäßiger Konsum war“* (Z. 237-239).

Weiter ist es den Auszubildenden wichtig, dass nicht kindgerechte Internetinhalte per Filterfunktion gesperrt werden, worin sich eine Risikowahrnehmung des Computers bzw. Internets dokumentiert (vgl. Z. 260-262).

Dem Einsatz von Lernspielen ablehnend steht vor allem P1 gegenüber, die eine solche Nutzung in der Kita als *„irgendwie nicht angebracht“* (Z. 271) empfindet, dies jedoch nicht weiter erläutert. P1 scheint sich die Kita als möglichst medienarmen Raum zu wünschen. P4 und P2 argumentieren gegensätzlich dazu. P4 sieht die Notwendigkeit, elektronische Medien in der Kita einzusetzen, da die Kinder *„ja jeden Tag täglich damit konfrontiert“* (Z. 72) würden. Da die Mediennutzung im Alltag teilweise durch die Eltern unbegleitet erfolge, käme der Kita die Aufgabe zu, die Kinder in ihrer Mediennutzung zu *„begleiten“* (Z. 77). Ähnlich argumentiert auch P2, welche eine Computernutzung in der Kita in einem begrenzten zeitlichen Rahmen gerade aufgrund der täglichen Computernutzung im privaten Kontext der Kinder als *„angebracht“* (Z. 220) empfindet. Wie auch P4 benutzt sie den Begriff *„Konfrontation“*: *„Warum sollte man denen den Zugang zu diesen Medien verweigern, wenn sie doch im Alltag so oder so damit konfrontiert werden?“* (Z. 220-222). Die Mediatisierung des Alltags wird somit von den beiden Teilnehmerinnen zwar negativ besetzt, dieser könne man jedoch nicht aus dem Weg gehen, sodass sie der Auseinandersetzung mit elektronischen Medien wie dem Computer einen Stellenwert für die pädagogische Arbeit einräumen: Die private und teilweise auch risikobehaftete Mediennutzung sehen sie als Teil der Lebenswelt der Kinder, die somit ihres Erachtens in der Kita berücksichtigt werden sollte. In einer weiteren Passage bringt P4 diesen Orientierungsrahmen ein weiteres Mal ein: Über den Umgang mit elektronischen Medien in der Kita könnten notwendige negative Erfahrungen gesammelt werden, die dann von einem/r Erzieher/in aufgefangen werden könnten. Dementsprechend versteht sie – im Gegensatz zu P1 – die Kita als einen medienbezogenen durch die Erzieher/innen begleiteten Erprobungsraum für die Kinder, in welchem Kinder auch negative Erfahrungen machen dürften, die sie gemeinsam mit den Erzieher/innen „*[aufarbeiten]*" (P4, Z. 792):

> P4: [...] Also es gibt ja immer so Grenzen, sag ich mal, die man, die zum Beispiel Internet oder so was. Da gibt es immer Grenzen, die die Kinder vielleicht gar nicht kennen und die können sie auch nicht kennenlernen, wenn sie nur aufgezeigt werden. Oder wenn sie, wenn sie dauernd auf so Grenzen, wenn sie wenn Kinder halt darauf stoßen und die nicht überschreiten sollen oder können oder wie auch immer. Aber das müssen sie auch erstmal lernen. Das ist sehr wichtig, dass man gute und schlechte Erfahrungen, also man kann die Kinder Kinder ja nicht in Watte packen. Man kann ja nicht immer sagen, „ja, mach das nicht, das ist nicht gut." Weil sie machen es letztendlich ja doch. Weil es halt interessant ist und halt Neugierde auch weckt. Und wenn sie das, diese Grenze sozusagen, mal überschreiten, wenn jemand dabei ist, das ist einfacher, das aufzufangen und aufzuarbeiten, sag ich mal, als wenn sie es alleine machen und dann nachher vielleicht damit nicht umgehen können. (...) Es hat ja alles einen positiven und negativen Aspekt. (Z. 782-794).

Welche negative Erfahrungen P4 meint, bleibt offen, vermutlich versteht sie darunter nicht kindgerechte Internetseiten (z.B. sexualisierte Bilder o.ä.). Zudem betrachtet P4 eine erste Computernutzung in der Kita in Anbetracht schulischer Anforderungen als relevant, was P2 bestätigt:

> P4: Ich finde es auch wichtig, dass die das früh lernen, weil wenn ich mir angucke, wie viel wir mit PCs hier alleine schon machen, das fing ja in der Realschule schon an. Wenn die damit nie in Kontakt kommen, dann sind die ja in der Schule total aufgeschmissen.
> P2: Also selbst unsere Erstklässler in der Praxiseinrichtung, wo ich jetzt gewesen bin, in der offenen Ganztagsschule, selbst unsere Erstklässler werden dann gebeten, dass sie doch irgendwas an Hausaufgaben am Computer schon mal machen oder so, um das zu üben oder dass sie zwischendurch an den Computerraum gehen und
> P4: Das hatten wir doch sogar an der Grundschule, dass wir im Computerraum waren und Sachen machen mussten.
> P2: Und ich finde, wenn man dann sagt, man möchte im Kindergarten die Kinder dann auf die Schule vorbereiten, auf die weiterführende, und dann im Hinblick aufs erste Schuljahr und dann alle Bereiche so abdeckt und dann den Bereich auslässt, finde ich das nicht in Ordnung, weil er eben dazugehört und schon wirklich früh verlangt wird, damit sich auseinanderzusetzen auch (Z. 306-323).

Auch die restlichen Teilnehmerinnen scheinen mit dieser Argumentation übereinzustimmen oder können diese zumindest nachvollziehen, da sie eine Parallele zwischen der Relevanz, mit Medien in der Kita zu agieren und der Notwendigkeit der Computernutzung im Kontext der eigenen Ausbildung herstellen (vgl. Z. 325-340).

Während die Computernutzung in der Kita folglich von der Gruppe zwar skeptisch gesehen, aber auch eine gewisse Notwendigkeit dafür wahrgenommen wird, wird ein gemeinsames Fotografieren mit Kindern in der Kita durchgängig positiv bewertet (vgl. Z. 103-108; 580-619). Das Interesse der Kinder für den Umgang mit Medien wie dem Fotoapparat sei jedoch auf die älteren Kita-Kindern beschränkt und noch nicht im U3-Bereich gegeben und dementsprechend eine Medienarbeit mit Kindern im U3-Bereich auch nicht angebracht (vgl. Z. 103-108;

517-532): „*Die sind froh, wenn sie einen Ball zum Spielen haben. Und ein paar Wäscheklammern, die man hin- und hertragen kann*" (P5, Z. 522-524).

Auf die Frage der Forscherin, inwiefern die Teilnehmerinnen gerne medienerzieherisch in der Kita aktiv werden, bzw. andere Erzieher/innen der Kita dementsprechend unterstützen würden, zeigen sich beinahe alle Teilnehmerinnen offen und äußern ihr Interesse für eine handlungsorientierte Form der Medienerziehung. Falls Erzieher/innen in der Einrichtung bereits medienpädagogisch tätig wären, würden die Auszubildenden diese unterstützen. Als positiv sehen die Schülerinnen hierbei, dass sie durch eine solch unterstützende Funktion Erfahrungen für die eigene medienpädagogische Praxis gewännen. Der/die medienpädagogische aktive Erzieher/in wäre somit ein medienpädagogisches Rollenvorbild. P4 überträgt zudem ihr eigenes persönliches Interesse, mit dem Computer „*rumzuspielen*" (Z. 755) auf das Interesse der Kinder. Diesen würde dies sicherlich auch Freude bereiten, sodass sich P4 vorstellen könnte, die Kinder an den Umgang mit dem Computer heranzuführen. Lediglich P1, die auch der Nutzung von Computer-Lernspielen in der Kita ablehnend gegenübersteht, scheint einer Umsetzung von handlungsorientierter Medienarbeit skeptisch gegenüberzustehen, nennt aber nicht ihre damit einhergehenden Vorstellungen und Beurteilungen (vgl. Z. 731-795).

Änderung des medialen und medienerzieherischen Habitus durch die Ausbildung

Wie alle anderen Gruppen im zweiten Ausbildungsjahr nehmen die Teilnehmerinnen Änderungen im eigenen medialen und/oder medienerzieherischen Habitus wahr (vgl. Z. 342-392). Dies beschränkt sich für die Gruppe wie auch für Gruppe SuS_1 jedoch auf das Medium des Bilderbuchs und umfasst keine elektronischen Medien Durch die Auseinandersetzung mit dem Bilderbuch hätten die Schülerinnen erfahren, woran man erkennt, ab welchem Alter ein Bilderbuch für Kinder geeignet sei, bspw. anhand der farblichen Gestaltung der Illustrationen. Dies könne in der Praxis genutzt werden und führe zu einer intensiveren Reflexion kindlicher Mediennutzung: „*Und ich finde, so lernt man da ganz anders einfach mit umzugehen und das <u>auch</u> nicht als selbstverständlich hinzunehmen, dass die Kinder sich damit auseinandersetzen*" (P3, Z. 373-375) (vgl. auch Z. 1100-1109). In den Einrichtungen selbst würde dieses Wissen hingehen nicht vermittelt werden: „*[Da] wurde man so ins kalte Wasser geschmissen*" (P3, Z. 369-370).

10.4.2.2.2 Medienerzieherischer Habitus: Praxis

Eigene medienpädagogische Praxiserfahrungen

Keine der Teilnehmerinnen hat bereits ein eigenes medienpädagogisches Projekt mit Kindern in der Einrichtung umgesetzt.

Eine Schülerin der Gruppendiskussion (P5) wird jedoch in Kürze gemeinsam mit einer Mitschülerin im Rahmen der in der Ausbildung verankerten Projektarbeit ein medienpädagogisches Projekt in einem Mädchenheim zum Thema Portraitfotografie umsetzen. In dieses Fotografieprojekt bringt P5 bereits Erfahrungen aus einem Kurs zur Portraitfotografie innerhalb der Ausbildung ein (vgl. Z. 1090-1097).

10.4.2.2.3 Medienpädagogische Kompetenz

Sowohl P5 als auch P2 äußern sich dazu, inwiefern sie es sich zutrauen, eigenständig ein medienpädagogisches Projekt in der Kita durchzuführen bzw. Medien einzusetzen. Durch die Erfahrungen mit dem Einsatz von Dias in der Kita würde P5 es sich zutrauen, diese eigenständig einzusetzen. Ebenso sei sie dazu in der Lage, die Kinder selbst zu filmen (vgl. Z. 195-202). Im Hinblick auf die eigenständige Durchführung eines Fotoprojekts mit Kindern sei sie jedoch aktuell noch unsicher. Sie hofft, dass sie durch die Erfahrungen im Fotografiebereich, die sie im Projekt im Mädchenheim im Kontext der Ausbildung sammeln wird, an eigenem Zutrauen gewinnt, sodass sie zukünftig selbstständig ein Fotoprojekt in der Kita umsetzen könnte. Auch P2 ist unsicher, selbstständig ein Fotoprojekt durchzuführen. Durch ihre eigene Erfahrung mit „PowerPoint" könnte sie sich jedoch vorstellen, dieses Programm den Kindern (vermutlich im Rahmen der Arbeit in der OGS) näherzubringen (vgl. Z. 1170-1173).

10.4.2.3 Berufsethischer Habitus

Im Vergleich zu den anderen Gruppen des zweiten Ausbildungsjahres thematisieren die Schülerinnen weniger andere Bildungsbereiche und -aufgaben, die sie als relevant für die Kita wahrnehmen (wie bspw. Bewegungsförderung, die Förderung von Primärerfahrungen o.ä.). In der Gruppendiskussion dokumentiert sich jedoch die wahrgenommene Aufgabe der Kita, auf die Schule vorzubereiten, was zumindest aus Sicht eines Teils der Gruppe auch eine Auseinandersetzung mit dem Computer erforderlich macht (vgl. Z. 306-340).

10.4.3 Zu den Bedingungen der Einrichtungen

10.4.3.1 Medienerzieherischer Habitus der Erzieher/innen: Praxis der Medienerziehung

In allen Kindertagesstätten, in denen die Auszubildenden bisher tätig waren, sind Bilderbücher und Digitalkameras zur Dokumentation der kindlichen Entwicklung vorhanden. Während in einigen Einrichtungen die Kinder selbst fotografieren dürfen (P5, P4, P3), bedienen in anderen nur die Erzieher/innen die Kamera. Die erstellten Fotos werden in zwei Einrichtungen präsentiert, sodass die Kinder die Fotos betrachten und die Eltern einen Einblick in die pädagogische Arbeit erhalten können. Dies geschieht in Form von *„sprechenden Wänden"* (P3, Z. 583-584), das heißt, das Foto wird mit Angabe von Inhalt, Datum, Namen und Alter der Kinder an die Wand geklebt oder über einen digitalen Bilderrahmen präsentiert. Des Weiteren werden in den Einrichtungen teilweise mit den Kindern Dias betrachtet, bspw. wurde in der Kita, in der P5 gearbeitet hat, ein Dia-Vortrag über Tiere gehalten, was den Kindern sehr gefallen habe. Medien werden somit mit einer mediendidaktischen Intention genutzt. In der Kita, in der P2 tätig war, stehen zudem ein alter Fotoapparat und ein Telefon zum Rollenspiel zur Verfügung. In drei Kitas (P4, P3, P5) steht ein Computer, teilweise mit Lernspielen. In der Kita, in der P4 gearbeitet hat, können die Kinder mit Begleitung der Erzieher/innen auch das Internet nutzen. Eine systematische pädagogische Heranführung an die Computernutzung in Form eines ‚Computerführerscheins' erfolgt in keiner Einrichtung (vgl. Z. 534-619; 797-813). Ein schriftlich fixiertes medienpädagogisches Konzept ist in den Einrichtungen nicht vorhanden. Fragen zur Medienerziehung/-pädagogik seien von den Eltern nicht an die (angehenden) Erzieher/innen gestellt worden, insgesamt scheint medienpädagogische Elternarbeit nicht vorhanden zu sein.

10.4.3.2 Medienerzieherischer Habitus der Erzieher/innen: Vorstellungen und Beurteilungen

Verständnis und Haltung hinsichtlich Medienerziehung

Zwar wurden (zumindest während der Praktika der Auszubildenden) keine medienpädagogischen Projekte durchgeführt, die Ausstattung mit Computern weist jedoch darauf hin, dass die Erzieher/innen zumindest teilweise aufgeschlossen für die pädagogische Integration digitaler Medien in der Kita sind. Lediglich die Schülerin P2 bringt eine ablehnende Haltung der Kita, in der sie tätig war, zum Ausdruck: Dort wäre ein PC nicht erlaubt worden (vgl. Z. 241).

10.4.3.3 Medialer Habitus und Medienkompetenz der Erzieher/innen

Mediennutzung und -kompetenz der Erzieher/innen

Die Auszubildenden nehmen die älteren Erzieher/innen in den Einrichtungen als unsicher im technischen Medienumgang wahr, sodass diese es sich auch nicht zutrauen würden, medienpädagogisch mit den Kindern zu arbeiten. Zudem bestünde auch kein Interesse, sich in die Thematik einzuarbeiten. In diesem Zusammenhang sieht P2 *„Vorteile“* (Z. 1169) für die *„jüngere Generation“* (Z. 1168), da die Auszubildenden den Umgang mit technischen Medien beherrschten (vgl. Z. 1148-1174).

10.4.3.4 (Gesetzliche) Rahmenbedingungen

Dass das KiBiz oder der Fokus auf spezifische Bildungsbereiche in der Kita medienpädagogische Arbeit erschweren, sehen die Schülerinnen nicht. Wenn *„Spaß [...] und Interesse“* (P1, Z. 1212) bei den Erzieher/innen für Medienerziehung gegeben sei, sei auch eine Umsetzung möglich, bspw. indem Angebote im Nachmittagsbereich umgesetzt würden. Zudem könnten verschiedene Bildungsbereiche wie Sprache oder Motorik mit dem Medienbereich verknüpft werden, was P4 einbringt (vgl. Z. 1184-1220).

10.4.4 Fazit der Gruppendiskussion

Gruppe SuS_4 steht der Mediatisierung des kindlichen Alltags kritisch gegenüber. Die Diskursorganisation um diesen Orientierungsrahmen verläuft parallelisierend, sodass sich die Schülerinnen gegenseitig durch ihre Ausführungen bestätigen: Bereits Kinder im Kita-Alter würden teilweise über ein immenses Medienspektrum wie einen frei zugänglichen Fernseher im eigenen Kinderzimmer verfügen, sodass auch nicht kindgerechte Inhalte rezipiert würden (medialer Habitus). In diesem Kontext sieht der Großteil der Gruppe die Kita in der Verantwortung, Medienerziehung umzusetzen, worunter die Schülerinnen vor allem medienpädagogische Elternarbeit und handlungsorientierte Medienarbeit (z.B. Fotoprojekt) verstehen.

Dem Einsatz eines Computers in der Kita (medienerzieherischer Habitus) steht die Gruppe hingegen überwiegend skeptisch gegenüber. In diesem Zusammenhang formulieren die Auszubildenden Bedingungen, die für sie an eine solche Nutzung geknüpft seien: Die Nutzung müsse durch einen/e Erzieher/in begleitet und zeitlich reglementiert werden. Trotz der Skepsis nehmen die Auszubildenden eine gewisse Notwendigkeit wahr, den Kindern zur Vorbereitung auf die in Schule und Beruf erforderliche Computernutzung erste Computerkenntnisse zu vermitteln. Während der Großteil der Gruppe einer Computernutzung dennoch eher negativ gegenübersteht, sprechen sich zwei Teilnehmerinnen aufgrund der Mediatisierung des kindlichen Alltags für die Notwendigkeit einer ersten Heranführung an den Computer in der Kita aus. Dementsprechend verläuft der Diskurs in Bezug auf diesen Orientierungsrahmen oppositionell.

Chancen von elektronischen Medien für Kinder sieht die Gruppe kaum, stattdessen werden Mediennutzung und Medienerziehung in der Kita als notwendige Reaktionen auf die Mediatisierung und medial bedingte Risiken verstanden.

11 Analyseergebnisse der Gruppendiskussionen mit den Berufspraktikanten/innen[85]

Im Weiteren folgen die Ergebnisse der Analyse der Gruppendiskussionen mit den Auszubildenden, die sich zum Zeitpunkt der Erhebung im einjährigen Berufspraktikum befanden. Zu Beginn der Rekonstruktion des dokumentarischen Sinngehalts der einzelnen Gruppendiskussion steht jeweils ein den zentralen Orientierungsrahmen der Teilnehmer/innen bezeichnendes Zitat.

11.1 Gruppendiskussion mit den Berufspraktikanten/innen des Lehrers Thomas Westermeier (Gruppe BP_1)

„Und äh, wo ich so neun, zehn war, durfte ich ab und zu mal ähm, wenn meine Mama den Computer anhatte, die hat dann immer so Kartenspiele oder so was da drauf gespielt. Aber ich hatte dieses Bedürfnis gar nicht so dolle. Ich war viel lieber draußen mit meinen Freunden, hab da gespielt im Wald, am Bach, an Wiesen, alles. Aber heutzutage ist das alles hat sich das ein bisschen verändert."

11.1.1 Zu den demografischen und beruflichen Angaben der angehenden Erzieher/innen und den Ausbildungsinhalten

11.1.1.1 Demografische Angaben und berufliche Zukunft

Gruppe BP_1 setzt sich aus zwei Teilnehmer/innen zusammen, der 22-jährigen P1_w und dem 23-jährigen P2_m. Während P1_w nach der Ausbildung gerne im Offenen Ganztag arbeiten möchte, strebt P2_m an, im Kindergarten tätig zu sein. In diesen Einrichtungsformen sind die Auszubildenden auch aktuell im Rahmen ihres Berufspraktikums tätig (vgl. Z. 222-278).

85 Die Gruppen der Berufspraktikanten/innen werden abgekürzt und nummeriert mit „Gruppe BP_1" (für Gruppe Berufspraktikanten/innen 1), „Gruppe BP_2" etc.

Das Sample gestaltet sich wie folgt:

Person	**Alter in Jahren**	**Geschlecht**	**Schulabschluss**	**Absolvierte Ausbildung/ abgeschlossenes Studium**
P1_w	22	w	Mittlere Reife	Ausbildung zur Sozialhelferin
P2_m	23	m	Mittlere Reife	Ausbildung zum Sozialhelfer
Gesamtgruppe	Ø 22,5	1w, 1m	2 Mittlere Reife	2 Ausbildungen

Tabelle 10: Sample Gruppe BP_1

11.1.1.2 Rahmenbedingungen und inhaltliche Schwerpunkte der gesamten Ausbildung

An der Fachschule der Berufspraktikanten/innen ist die Umsetzung einer Projektarbeit in der Ausbildung verankert. Die Gruppe berichtet, dass die Auszubildenden ein Schuljahr lang jeweils vier Unterrichtsstunden pro Woche Zeit hatten, in denen die Gruppen ihr selbst gewähltes Thema bearbeitet hätten. Am Ende der Projektphase präsentierten die Gruppen ihre Ergebnisse, eine praktische Umsetzung in den Einrichtungen erfolgte nicht. Um den Schüler/innen ausreichend Zeit für die Projekterarbeitung zu geben, wurde das Fach Sprache(n)/Medien im zweiten Ausbildungsjahr nur mit einer statt zwei Unterrichtsstunden unterrichtet. Dies bedeutet, dass diejenigen Schüler/innen, die ein anderes Thema als Medienpädagogik gewählt haben (und dies ist größtenteils der Fall, wie das Interview mit Thomas Westermeier aufzeigt), sich nur eine Unterrichtsstunde pro Woche mit dem Thema Medien(erziehung) beschäftigen (vgl. Kap. 9.1.2.1.2).

P1_w und P2_m haben im Rahmen ihrer Projektarbeit ein medienbezogenes Thema gewählt und sich gemeinsam mit dem Nutzen und den Gefahren des Internets für Kinder auseinandergesetzt (vgl. Z. 1374-1540).

11.1.1.3 Medienpädagogik als Inhalt der Erzieher/innen-Ausbildung

Auf Nachfrage der Forscherin nach den medienpädagogischen Inhalten im Sprache(n)/Medien-Unterricht benennen P1_w und P2_m primär das Thema Bilderbuchbetrachtung (vgl. Z. 1374-1509).

P1_w berichtet zudem von einer Liste von Medien, die erstellt und im Laufe der Zeit weiter angereichert wurde. Um was für eine Art von Liste es sich handelte, wurde nicht deutlich. Vermutlich wurden Praxismöglichkeiten verschiedener Medien im Unterricht theoretisch behandelt und anschließend der Liste beigefügt.

Praktische handlungsorientierte Medienarbeit hätte aufgrund knapper Zeitressourcen nicht stattgefunden, was die beiden Berufspraktikanten/innen als ungünstig empfinden, da es *„schon ein Unterschied [sei; H.F.], ob man es jetzt in der Praxis […] einsetzt und anwendet, als wenn das einfach alles nur theoretisch erarbeitet wird"* (P2_m, Z. 357-359) (vgl. auch Z. 1417-1432; 1485-1488).

In der von den Auszubildenden im Vorfeld absolvierten Sozialhelfer/innen-Ausbildung, die sie an einer anderen Fachschule gemacht haben, wurde jedoch im Rahmen eines Märchenprojekts praktisch mit Medien gearbeitet. So hat die Gruppe, an der P1_w beteiligt war, die unterschiedlichen Rollen des Märchens „Die Bremer Stadtmusikanten" mit einem Aufnahmegerät eingesprochen.

Anwendbarkeit des in der Ausbildung Gelernten in der Praxis

Im Hinblick auf eine Anwendbarkeit der erlernten Unterrichtsinhalte in der Praxis benennen die beiden Auszubildenden lediglich die Bilderbuchbetrachtung (vgl. Z. 1374-1509).

11.1.2 Zum Habitus der angehenden Erzieher/innen

11.1.2.1 Medialer Habitus und Medienkompetenz

11.1.2.1.1 Mediennutzung und -kompetenz

In seiner Freizeit nutzt P2_m überwiegend den Computer und das Fernsehen. Er liest kaum. P1_w hingegen liest gerne Bücher. Sie nutzt zudem den Computer und verfügt auch über eine „Wii", mittels derer sie gerne „Zumba" tanzt. Des Weiteren hört sie viel Musik. Beide Teilnehmer/innen nutzen „Facebook" (vgl. Z. 772-798).

Im Umgang mit technischen Medien scheinen sich die Auszubildenden sicher zu fühlen.

11.1.2.1.2 Medialer Habitus: Vorstellungen und Beurteilungen

Mediennutzung von Kindern und angenommene Medienwirkungen sowie (Medien-)Erziehung in Familien

Ein dominierender Orientierungsrahmen der Gruppe ist die Wahrnehmung einer starken Präsenz und Relevanz von Medien im Alltag der Kita- und OGS-Kinder, welche die Auszubildenden als problematisch empfinden. Diese intensive Nutzung bestehe vor allem im Hinblick auf Spielekonsolen wie die „Wii" bzw. portable

Spielgeräte wie die „Nintendo 3DS“ (vgl. Z. 385-770; 828-849). Die kritische Haltung der Auszubildenden gegenüber der intensiven kindlichen Mediennutzung dokumentiert sich in Ausdrücken wie *„heftig“* (P2_m, Z. 845) – daraufhin, dass die Kinder ihre „Wii“-Spiele mit in den Kindergarten brächten, um sie nachmittags gemeinsam mit einem Freund zu spielen – oder *„Woah“* (P1_w, Z. 744), *„Hammer einfach“* (P1_w, Z. 748) und *„Boah“* (P1_w, Z. 755) im Hinblick auf eigene Computer- oder Fernsehgeräte in den Kinderzimmern. Zudem würden die Kinder teilweise auch für ihr Alter ungeeignete Medien nutzen. So beschreibt P2_m, dass einige Kindergartenkinder *„auch wirklich so Sachen wie [...] ‚Jurassic Park‘“* (Z. 1551-1552) ansähen, folglich Inhalte, die eigentlich an Erwachsene adressiert sind und Kinder ängstigen können.[86] Die Erstklässler in der OGS, in der P1_w tätig ist, würden zudem teilweise bereits „Facebook“ nutzen, was die Berufspraktikantin aufgrund der möglichen Anbahnung pädosexueller Kontakte als *„sehr gefährlich“* (Z. 455) einschätzt (Modus der Bewertung)(vgl. Z. 431-472).

Die medialen Erfahrungen der Kinder vergleichen die Auszubildenden wiederholt mit eigenen (medienbezogenen) Kindheitserfahrungen, welche sie als weniger risikoreich empfinden (vgl. Z. 392-429; 621-770; 800-820). Während die Auszubildenden in der eigenen Kindheit „Die Gummibärenbande“[87] oder „Sesamstraße“ angeschaut hätten, würden die Kinder heute stattdessen viel animierte Zeichentricksendungen anschauen, an denen sie sich *„sehr [...] orientieren würden“* (Z. 622), wie P1_w es ausdrückt. Was genau sie unter einer Orientierung an den Sendungen versteht, bleibt offen. Dass Sendungen wie „Die Gummibärenbande“ jedoch ebenfalls Zeichentrickserien sind, wird von den Berufspraktikanten/innen nicht in die Beurteilung aktueller Sendungen einbezogen. Als problematisch empfinden die Auszubildenden an den aktuellen Formaten, dass diese keinen Lerngehalt bieten würden und vor allem, dass Kindergartenkinder aufgrund ihrer kognitiven Entwicklung die fiktiven Zeichentrickinhalte für real halten könnten. Somit formulieren die Auszubildenden dieselbe Sorge wie die Teilnehmer/innen der Gruppe SuS_3:

> P1_w: Ja, „SpongeBob“, „Cosmo & Wanda“ und das sind alles so Serien, mmh, weil Kinder kennen ja das Reale und ähm die Fantasie können die ja noch nicht so auseinanderhalten teilweise und ähm (...), wenn dann „Cosmo & Wanda“ find ich ist mehr so zum Verblöden und nicht zum Lernen (lacht). Also (...) heutzutage sind die Sendungen jetzt nicht mehr so sinnvoll (Z. 635-639).

Diesen Argumentationsstrang führt P2_m anhand des Beispiels eines Kita-Kindes fort, das die Bauarbeiter auf einer Baustelle der Einrichtung für die Zeichentrickfigur „Bob, der Baumeister“ hielt und sich von P2_m schwer von diesem

---

[86] Inhalt des Films „Jurassic Parc“ (1993) ist, dass geklonte Dinosaurier aus einem Freizeitpark ausbrechen (vgl. IMDb o.J.).

[87] In der Disney-Serie „Die Gummibärenbande“ (1985-1990), die zur Zeit des Mittelalters spielt, setzt sich eine kleine Gruppe von Bären mit Hilfe eines Zaubertranks, des „Gummibärentranks“, gegen den bösen Baron Igzorn von Drekmore durch, der die Herrschaft über das Schloss Dunwyn gewinnen möchte (vgl. fernsehserien.de o.J.).

Glauben abbringen ließ. Solche Situationen empfindet P2_m als *„teilweise erschreckend"* (Z. 655-656). Dies stellt er wiederum in den Kontext der eigenen (Medien-) Kindheit, in der es so etwas nicht gegeben hätte (vgl. Z. 641-657). In dem Terminus *„erschreckend"* spiegelt sich die Risikowahrnehmung von P2_m hinsichtlich einer frühen kindlichen Mediennutzung und damit verbundenen Wirkungen wider. Diese Risikowahrnehmung wird auch in einer späteren Passage deutlich, in der P2_m auf die Gefahren des Internets hinweist (vgl. Z. 1200-1208).

Auch P1_w verweist auf ihre eigene Kindheit, in der sie wenig Computerspiele genutzt habe. Stattdessen sei diese vorrangig durch Primärerfahrungen und das Spielen in der Natur geprägt gewesen:

> P1_w: Und äh (...), wo ich so neun, zehn war, durfte ich ab und zu mal ähm, wenn meine Mama den Computer anhatte, die hat dann immer so Kartenspiele oder so was da drauf gespielt. Da durfte ich dann mal, wenn ich gefragt hab, „darf ich auch mal?", dann durfte ich auch mal daran spielen. Aber Aber ich hatte dieses Bedürfnis gar nicht so (...) dolle. Wenn ich gesehen hab, sie macht das, dann ja, aber ich hätte nie von alleine gefragt, „darf ich das spielen?" Ich war viel lieber draußen mit meinen Freunden,
> P2_m: Mmh.
> P1_w: hab da gespielt im Wald, am Bach, an Wiesen (Lachen in Stimme), alles. Aber heutzutage ist das alles hat sich das ein bisschen verändert (Z. 670-681).

Ein Bedürfnis in der Natur zu spielen sei bei den OGS-Kindern heutzutage weniger stark ausgeprägt, da diese lieber mit der Konsole spielen würden. Das intensive Bedürfnis, die Spielekonsolen zu nutzen, erklärt P1_w im Modus der Argumentation und im Gegenhorizont zum Bedürfnis in der eigenen Kindheit *„rauszugehen"* (Z. 712), damit, dass Kindern heutzutage Medien bzw. Spielekonsolen *„[...] im Übermaß [zur Verfügung]"* (Z. 713) stünden:

> P1_w: [. . .] mit diesen ganzen ‚Nintendo DS',
> P2_m: Ja.
> P1_w: äh (...) „Wii", „Playstation3", das gab es ja bei uns alles noch nicht so. Und das merk ich jetzt schon, obwohl ich erst 22 bin (lacht) (Z. 713-719).

Mit der Nennung ihres biologischen Alters von 22 Jahren verdeutlicht P1_w, dass sie selbst zwar noch jung ist, dennoch ein generationaler Unterschied im Medienkonsum und der eigenen Medienbiografie vorliegt. P1_w hätte – im Gegensatz zu heutigen Kindern – den PC erst im Alter von 15 oder 16 Jahren intensiv genutzt, als sie diesen von ihren Eltern zum Erstellen von Texten für ihre schulischen Praktika geschenkt bekommen habe (vgl. Z. 665-670). Somit stellt sie die eigene Nutzung des PCs als sinnvolles Arbeitsgerät heraus, das im Gegensatz zur heutigen computerspielbezogenen Nutzungsweise von Kindern steht.

Die Kinder seien aufgrund der vielen Mediengeräte, über die sie verfügten, einer *„Reizüberflutung"* (Z. 1281), so P1_w, ausgesetzt. Sie verwendet somit denselben Ausdruck wie der Schüler P3_m der Gruppe SuS_3. Auch P2_m sieht bereits bei den Kindergartenkindern eine intensive Nutzung von „Wii"- und „Nintendo DS"-Geräten. Aus seiner Sicht sollten Kinder in diesem Alter jedoch noch keine Computer- bzw. Konsolenspiele nutzen (vgl. Z. 814-847). Er setzt ebenfalls die kindliche Mediennutzung in Bezug zu seiner eigenen Medienkindheit und -jugend: Auch noch im Alter von 15 oder 16 Jahren habe er keinen eigenen PC gehabt, sondern das Gerät im Wohnzimmer genutzt, sodass seine Eltern ab und an schauten, welche Inhalte er genutzt habe, was er in der reflexiven Rückbetrachtung als positiv empfindet. Die selbst erfahrene elterliche Medienerziehung stellt den positiven Gegenhorizont zur Medienerziehung einiger Kita-Kinder dar:

> P2_m: Wenn man jetzt heutzutage hört, „ja, ich hab nen eigenen Computer, der steht bei mir im Zimmer und den kann ich anmachen, wann ich will" (imitiert). Denk ich mir auch, „hm, //okay"// (Z. 734-736).

Die eigene Kindheit der Auszubildenden wird somit von ihnen als durch wenige und wenn, dann hauptsächlich durch sinnvolle oder zumindest nicht schädliche medienbezogene Erfahrungen geprägt, beschrieben. Dass die Auszubildenden selbst in der eigenen Kindheit ebenfalls über einen „Gameboy" verfügten und heute noch selbst Computerspiele bzw. eine Spielekonsole nutzen, wird von den beiden bei der Einschätzung der kindlichen Mediennutzung nicht in den Blick genommen.

Während die eigenen Eltern der Berufspraktikanten/innen die Mediennutzung während ihrer Kindheit kontrolliert hätten, würde heute ein Teil der Eltern den Kindern zu viele Freiheiten in puncto Mediennutzung lassen und nicht adäquat medienerzieherisch handeln (vgl. Z. 431-472; 586-770; 1550-1562): Beispielsweise habe die Mutter des Kindes, das „Jurassic Parc" gesehen hat, den Film gemeinsam mit dem Kind angeschaut. Dementsprechend wusste sie über die Nutzung des Kindes Bescheid und hat diese erlaubt. Zudem würden einige Eltern ihren Grundschulkindern bereits erlauben, „Facebook" zu nutzen.

Auch die medialen Geschenke zum Geburtstag und zu Weihnachten würden sich von der eigenen Kindheit unterscheiden. Wurden in der eigenen Kindheit Hörspiele wie etwa „Bibi und Tina" verschenkt, würden die Eltern heutzutage ihren Kindern Spiele für die „Wii" schenken, was die Berufspraktikanten/innen ablehnen. Hierbei wird deutlich, dass Hörspiele von den Auszubildenden mit positiven Wirkungen (möglicherweise hinsichtlich Lernen) verbunden und die Nutzung von Computerspielen wiederum für Kinder abgelehnt werden (vgl. Z. 800-820).

Neben Hörspielen würden auch (Bilder-)bücher kaum noch in Familien genutzt, was die beiden Auszubildenden als ungünstig einschätzen. Als Erklärung dafür führt P1_w an, dass in der Einrichtung, in der sie tätig sei, die Kinder aus kinderreichen Familien stammen würden, sodass Eltern bzw. alleinerziehende Elternteile überfordert seien, sich um das einzelne Kind zu kümmern. Diese Familien hätten oft einen Migrationshintergrund, was P1_w mit sozialen Problemlagen verknüpft sieht, sodass dies für sie ebenfalls als Erklärung für die geringe (Bilder-) Buchnutzung herangezogen wird (vgl. Z. 893-949; 1298-1372).

Die Gruppe sieht die Eltern in der Verantwortung, den Medienkonsum ihrer Kinder trotz der gesellschaftlichen Präsenz und Relevanz von Medien zu reglementieren:

> P1_w: Ja und das wird halt auch immer immer früher, wenn die Kinder so (...), ich meine, wir leben im (...) digitalen Zeitalter (Lachen in Stimme), das ist schon klar, aber mmh, ich find auch teilweise halt sollten die Eltern drauf achten. Dass die auch klare Grenzen (...) setzen. Du darfst (...) so und so viel Minuten am Tag spielen (Z. 586-589).

Den angedrohten Entzug des Fernsehkonsums als Erziehungsmittel zu verwenden, wie P2_m dies bei einigen Kita-Eltern *„extrem oft"* (Z. 600) erlebt, schätzt der Auszubildende als inadäquate Erziehungsform ein (vgl. Z. 586-600).

11.1.2.2 Medienerzieherischer Habitus und medienpädagogische Kompetenz

11.1.2.2.1 Medienerzieherischer Habitus: Vorstellungen und Beurteilungen

Verständnis und Haltung hinsichtlich Medienerziehung

Als relevante Medien für den Einsatz in der Kita sehen die Auszubildenden Bücher, Hörspielkassetten bzw. -CDs und Kindermusik. Die Rezeption einer Geschichte könnte anschließend kreativ aufbereitet werden, beispielsweise über ein Malangebot. Des Weiteren seien Gespräche über Filme und Serien, für die sich die Kinder interessieren, bzw. die sie gesehen haben, in der Kita angebracht, auch weil Kinder teilweise für ihr Alter nicht geeignete Medieninhalten konsumieren würden. Ein gemeinsames Anschauen von Filmen mit den Kindern sollte aus Sicht der Gruppe sowohl in der Kita als auch der OGS jedoch *„[nur] zu besonderen Anlässen"* (P1_w, Z. 1588) erfolgen, z.B. an einem Tag vor den Ferien. Die medienpädagogische Möglichkeit, gezielt Filme oder Serien nach einer gemeinsamen Rezeption mit den Kindern in der Einrichtung aufzuarbeiten, benennt die Gruppe nicht (vgl. Z. 1262-1372; 1542-1603).

Den pädagogischen Einsatz eines Computers in der Kita, beispielsweise in Form eines ‚Computerführerscheins', lehnt die Gruppe aufgrund der ohnehin starken Konsolennutzung der Kinder im familiären Alltag ab. Falls eine Nutzung in der Kita erfolge, sollte dies auf jeden Fall nur mit den Vorschulkindern (ab 5 Jahren) stattfinden, da Kinder zur Computernutzung eine entsprechende kognitive Entwicklung benötigen würden.

Im Gegensatz zur Kita betrachten die Auszubildenden die Auseinandersetzung mit dem Computer in der OGS als wichtig, um die Medienkompetenz der Kinder angesichts medialer Risiken zu stärken (vgl. Z. 385-429; 476-491; 1187-1256; 1542-1603):

> P2_m: Also wenn man die Möglichkeiten hat, dann sollte man es auch nutzen. Ähm, weil es ist einfach Prävention. Du kannst so richtig wirklich gut vorbeugend dafür arbeiten und die äh damit die Kinder auch auf die Gefahren hinweisen. Und damit auch wirklich die Kinder geschult werden im Umgang mit dem Computer (...) und mit dem Programm dann auch dementsprechend. Z.B. jetzt das Internet, dass sie dann genau wissen z.B., wo sie irgendwelche Sachen suchen können. Dass es spezielle Suchmaschinen für Kinder gibt, das wissen viele Kinder ja teilweise gar nicht. Die sehen einfach nur, „oh, ‚Google' ist auf, dann geb ich es mal schnell bei ‚Google' ein."
> P1_w: Hmm (bestätigend).
> P2_m: Dass da aber vielleicht 1000 Sachen bei sind, die nicht gerade für die Kinder gut geeignet sind, (...) aber passend zu ihrem Thema, sollte man schon dann drüber nachdenken. (I: Hmm.) Dass man das dann auch gezielt einsetzt (Z. 1996-1210).

P1_w nimmt zudem positive schulische Effekte von Lernprogrammen wahr. Dennoch sollte aus ihrer Sicht die Computernutzung in der OGS zeitlich reglementiert erfolgen. Diese Haltung resultiert, wie erläutert, aus einem wahrgenommenen Übermaß an Mediennutzung gegenüber dem Erleben von Primärerfahrungen und dem Spielen in der Natur. Wiederum zieht P1_w ihre eigene Kindheit als Maßstab für die Einschätzung einer PC-Nutzung für OGS-Kinder heran:

> P1_w: Ähm ich find es nur erschreckend, dass z.B. die Kinder mir ganz oft erzählen ähm, dass sie sich, wenn sie nach Hause kommen und die Kinder sind bei uns teilweise bis fünf Uhr, nachmittags, dass sie, wenn sie nach Hause kommen, auch noch an den Computer gehen ähm (...) oder diese Spielkonsolen nutzen. Mmmhh bei uns war das früher alles anders. Und wir brauchten das jetzt in der Grundschule auch nicht! Aber es ist (...) teilweise halt schon nützlich mit diesen ähm Lernprogrammen. Man sollte das nur nicht ähm zu viel (...) betätigen, finde ich (Z. 411-417).

Handlungsorientierte Medienarbeit wie etwa die Umsetzung eines Fotoprojekts betrachten beide Auszubildenden als sinnvoll.

Umsetzungsmöglichkeiten von Medienerziehung

Die Vorstellungen, inwiefern handlungsorientierte Medienarbeit angesichts der Rahmenbedingungen der Einrichtungen in den Einrichtungen umgesetzt werden kann, divergieren jedoch deutlich. P2_m benennt eine Vielzahl an Hindernissen, die eine Umsetzung erschweren würden: Die mit einem Fotoprojekt einhergehenden Druckkosten und mangelnde Zeit- und Personalressourcen, obwohl die Kita, in der er tätig ist, nach dem situationsorientierten Ansatz arbeite, sodass seiner Ansicht nach prinzipiell die Umsetzung eines solchen Projekts sinnvoll sei. Als weitere Hindernisse führt er das notwendige Einholen von Einverständniserklärungen der Eltern für Fotografien von Kindern sowie im Hinblick auf komplexere Projekte ein zu junges Alter der Kita-Kinder an. Eine im Vorfeld detaillierte Planung eines Projekts sei unabdingbar, um zu gewährleisten, dass ein mit den Kindern erstelltes Medienprodukt auch adäquat den Eltern präsentiert werden könne.

P1_w hingegen sieht der Umsetzung medienpädagogischer Projekte deutlich optimistischer entgegen, was in Abhängigkeit zu ihren eigenen medienpädagogischen Erfahrungen (Fotoprojekt) und von anderen Kollegen/innen durchgeführten

Medienprojekten zu stehen scheint. Sie selbst hat erlebt, dass Medienprojekte umsetzbar sind und Hindernisse aus dem Weg geräumt werden können. So wurden bspw. im Kontext eines Fotoprojekts auf Anfrage der OGS-Erzieher/innen an die dazugehörige Schule die Kinder benannt, welche fotografiert werden dürfen (vgl. Z. 45-122; 1605-1688).

Änderung des medialen und medienerzieherischen Habitus durch die Ausbildung

Beide Berufspraktikanten/innen nehmen Veränderungen ihres medialen bzw. medienerzieherischen Habitus aufgrund des Sprache(n)/Medien-Unterrichts wahr. P2_m konstatiert, die eigene Mediennutzung aufgrund der Auseinandersetzung im Unterricht mittlerweile verstärkt zu reflektieren (medialer Habitus):

> P2_m: Also der den Umgang damit, dass man sich wirklich Gedanken macht, „wie oft benutz ich welches Medium." Das ist bei mir schon (...) gestiegen einfach. Dass ich dann mir wieder denke, „okay, gut der Fernseher läuft jetzt schon wieder im Hintergrund und ich bin am Rechner (P1_w lacht auf) und äh hör Musik und gucke mir gerade was bei ‚Facebook' am Schreiben", also alles, dass halt mehrere Medien aufeinander treffen, das schon (Z. 1703-1708).

P1_w hingegen sieht Konsequenzen im Hinblick auf ihren medienerzieherischen Habitus und ihr Zutrauen in die eigene medienpädagogische Kompetenz: Hätte sie den Bereich Medienpädagogik in der Ausbildung nicht kennengelernt, hätte sie zwar gewusst, was es für Medien gibt und dass man prinzipiell Medien in der pädagogischen Arbeit mit Kindern nutzen kann. Sie glaubt jedoch, dass sie sich ohne den Unterricht an die Umsetzung eines Projekts wie beispielsweise ein Fotoprojekt, das sie durchgeführt hat, *„nicht so da rangetraut"* (Z. 1715) hätte und vermutlich auch gar nicht *„auf die Idee"* (Z. 1717) zu einem solchen Projekt gekommen wäre (vgl. Z. 1698-1723).

11.1.2.2.2 Medienerzieherischer Habitus: Praxis

Das Einbringen der Medienerfahrungen der Kinder in die Einrichtung und Reaktionen der (angehenden) Erzieher/innen

Beide Teilnehmer/innen berichten, dass die Kinder von den Fernsehinhalten, die sie am Wochenende rezipiert haben, in den Einrichtungen erzählen (vgl. Z. 1550-1563). Zudem wünschen sich die Kinder der OGS von P1_w, dass die ihnen aus dem eigenen Alltag bekannte Internetnutzung auch für die OGS eingeführt wird, was die Einrichtung von P1_w aufgrund der starken Konsolennutzung im Alltag ablehnt (vgl. Z. 1267-1289). In die Kita, in der P2_m tätig ist, bringen einige Kinder ihre tragbare Spielekonsole „Nintendo DS" mit (vgl. Z. 476-573; 1291-1297). Ein Junge bringe das Gerät oft mit, was P2_m persönlich ablehnt. Nachdem der Junge mit dem „Nintendo DS" gespielt habe, gebe er diesen immer an P2_m ab, in der Erwartung, dass dieser das Gerät verwahrt. P2_m lehnt die Nutzung der Geräte innerhalb der Kita ab, da diese einem sozialen Austausch mit anderen Kindern entgegenständen und der Junge vermutlich auch im familiären Kontext viel damit spiele. Die Gruppenleitung jedoch erlaubt dem Kind, täglich eine halbe Stunde mit dem Gerät zu spielen:

> P2_m: Ähm bei mir bringt ab und an mal ein Kind ein „Nintendo DS" mit, ähm meine Kollegin sagt dann zu dem Kind, okay, halbe Stunde darf das Kind dann im Kindergarten spielen und danach wird es weggepackt. Also ich find, es muss gar nicht im Kinderarten „Nintendo DS" gespielt werden. Da soll man sich mit seinen Freunden sich unterhalten, andere Sachen machen, aber nicht „Nintendo DS" spielen. Weil ähm, wenn das Kind das „Nintendo DS" schon mit in den Kindergarten bringt, was macht es denn dann zu Hause damit? Also ich denke mal zu Hause gibt es nicht der Mama, „okay, Mama, morgen im Kindergarten nehm ich es wieder mit." Ich denke mal eher, zu Hause darf das Kind dann auch noch mal vielleicht ne Stunde oder wie lange auch immer spielen. Und das finde ich, ist dann schon zu viel für ein sechsjähriges Kind (Z. 482-491).

Da P2_m zunächst die Regelung, dass das Kind eine halbe Stunde lang spielen darf, nicht kannte, kam es innerhalb des Teams zu einem konfligierenden Erziehungsverhalten gegenüber dem Kind. P2_m verbot dem Kind die Nutzung und wurde daraufhin von seiner Kollegin auf die Regelung hingewiesen. Aufgrund der beruflichen Hierarchie akzeptierte P2_m widerwillig diese Regelung: *„Und da ich halt in dem Anerkennungsjahr bin, muss ich mich halt ein bisschen meiner Kollegin unterordnen"* (Z. 505-506).

Teilweise würden sich die Jungen auch verabreden, nach der Kita gemeinsam mit der „Wii" zu spielen. Das spezifische Spiel werde dann mit in die Kita gebracht und soll ebenfalls von P2_m verwahrt werden (vgl. Z. 834-847). Diese Situation beurteilt P2_m als *„heftig"* (Z. 845), worin sich seine Ablehnung der intensiven Computerspiel-/ bzw. Konsolenspielnutzung von Kita-Kindern dokumentiert.
Im Gegensatz zur Kita, in der P2_m tätig ist, besteht in der OGS von P1_w eine klare Regelung, die auch schriftlich fixiert ist, dass die Kinder weder Mediengeräte wie ein „Nintendo DS" noch Spielsachen wie „Beyblades" (Kreisel) oder „Yu-Gi-Oh!"-Karten (Sammelkarten zu einer Fernsehserie) mitbringen dürfen, da die Erzieher/innen nicht die Verantwortung für die Geräte übernehmen möchten und Konflikte mit den Eltern bei einem Verlust der Sachen befürchten (vgl. Z. 476-573).

Eigene medienpädagogische Praxiserfahrungen

P2_m hat bisher kein medienpädagogisches Projekt durchgeführt. P1_w hingegen hat gemeinsam mit zwei Praktikantinnen eine Fotostory mit vier Mädchen in der OGS umgesetzt. Die Mädchen wählten selbstständig die Thematik, dass ein Mädchen Model werden möchte und zwei Mädchen, die bereits Models sind, sie dabei unterstützen. Die Kinder fotografierten selbst. Anschließend wurden am PC Textteile erstellt, die dann zusammen mit den Fotos aufgeklebt wurden. Diese Erfahrung hat P1_w aufgrund der Freude der Kinder während des Projekts als positiv und auch im Hinblick auf die Rahmenbedingungen der Einrichtungen (z.B. Kosten) als umsetzbar erlebt (vgl. Z. 88-149).

11.1.2.2.3 Medienpädagogische Kompetenz

Beide Teilnehmer/innen trauen es sich zu, mit Unterstützung durch Kollegen/innen ein medienpädagogisches Projekt in ihren Einrichtungen umzusetzen. Hierfür müssten jedoch verschiedene Voraussetzungen gegeben sein: Es müsste das gesamte Team mitarbeiten, Eltern und Leitung einverstanden sein, eine „*[...] [verbindliche] [...] gemeinsame Zielverfolgung*“ (P2_m, Z. 1613-1614) des Projekts bestehen und die benötigten Mediengeräte zur Verfügung stehen (vgl. Z. 1605-1668).

11.1.2.3 Berufsethischer Habitus

Wie bereits verdeutlicht, lehnt die Gruppe die Nutzung eines Computers und von Computerspielen für die Kita ab (medienerzieherischer Habitus). Dies ist mit einem berufsethischen Habitus der Auszubildenden verknüpft, welche Primärerfahrungen wie das Spielen in der Natur („*im Wald, am Bach, an Wiesen*“, P1_w, Z. 680), das Erleben von Primärerfahrungen und einen sozialen Austausch mit anderen Kindern als äußerst relevant und in Konkurrenz zu medialer Nutzung verstehen (vgl. Z. 480-486; 665-681).

11.1.3 Zu den Bedingungen der Einrichtungen

11.1.3.1 Medienerzieherischer Habitus der Erzieher/innen: Praxis der Medienerziehung

In der Kita, in der P2_m tätig ist, spielt Medienerziehung und die Nutzung neuer Medien keine Rolle. Die mediale Ausstattung beschränkt sich auf klassische Medien wie Bilderbücher und Hörspielkassetten, welche die Kinder selbstständig nutzen können. Zudem ist eine Digitalkamera vorhanden, welche jedoch von den (angehenden) Erzieher/innen nur zur Dokumentation genutzt wird. Obwohl von P2_m als sehr sinnvoll betrachtet, werden gezielte Bilderbuchbetrachtungen mit den Kindern kaum in der Kita durchgeführt. Wie auch im Hinblick auf die Umsetzung von handlungsorientierten Medienprojekten sieht er diesbezüglich zeitliche Hindernisse (vgl. Z. 893-949). P2_m setzt manchmal Geräusche oder Musik, z.B. zur Untermalung einer Bewegungslandschaft[88] ein, da dies den Kindern viel Spaß bereite. Ein bewusster Einsatz von Medien, um spezifische Bildungsbereiche zu fördern, findet jedoch in der Einrichtung nicht statt. Ein Austausch im Erzieher/innen-Team über das Mitbringen von Mediengeräten der Kinder in die Einrichtung wie ein „Nintendo DS" erfolgt nicht. Diesbezüglich wünscht sich P2_m eine „*generelle Sicht*" (Z. 859) innerhalb des Erzieher/innen-Teams, das ein Nutzungsverbot für die Kita vorsehe. Dies könnte dann klar an die Eltern kommuniziert werden. Dass sich das Team über solche Thematiken nicht austauscht, findet P2_m zwar „*schade*" (Z. 858), er selbst scheint jedoch keine Diskussion anzuregen.

Sowohl Medienausstattung als auch medienbezogene/-pädagogische Aktivitäten unterscheiden sich zwischen der OGS, in der P1_w arbeitet, und der Kita von P2_m deutlich: An Medien stehen den Kindern in der OGS Lerncomputer, Digitalkameras, Musik sowie Bücher/Zeitschriften zur Verfügung. Den Medienpräferenzen der Kinder wird Beachtung geschenkt, bspw. indem zukünftig die – weibliche Pre-Teens ansprechende – Zeitschrift „BRAVO GiRL!" angeschafft wird. Im Erzieher/innen-Team erfolgt ein Austausch über die Nutzung von Mediengeräten in der Einrichtung, was in der Regelung mündete, dass Mediengeräte wie ein „Nintendo DS" nicht mitgebracht werden dürfen und die Nutzung der PCs zeitlich reglementiert wurde.

Zur Sprachförderung werden gezielt (Bilder-)Bücher eingesetzt, indem die Kinder die Geschichte selbst vorlesen oder diese weiter erzählen. Zudem werden daran anknüpfende Kreativangebote (z.B. Malen) umgesetzt.
Im Hinblick auf handlungsorientierte Medienarbeit wurden bereits ein Foto- und ein Comicprojekt umgesetzt. Ein weiteres Fotoprojekt ist bereits geplant (vgl. Z. 392-429; 851-1036; 1061-1185; 1298-1372).

Dass Eltern nach Tipps zur Medienerziehung ihrer Kinder fragen, käme in beiden Einrichtungen nicht vor (vgl. Z. 607-621).

11.1.3.2 Medialer Habitus und Medienkompetenz der Erzieher/innen

Mediennutzung und -kompetenz der Erzieher/innen

Während P2_m die Technikkompetenz der Erzieher/innen in seiner Kita als recht gut einschätzt, was er damit argumentiert, dass diese gut mit dem PC und Programmen wie „Excel" umgehen könnten und auch privat viele eine „Playstation" besäßen, nimmt P1_w für die älteren Kolleginnen ihrer Einrichtung Schwächen und Unsicherheiten im Umgang mit der Technik wahr (vgl. Z. 1671-1696).

88 Unter einer Bewegungslandschaft versteht man, dass ein Raum bzw. eine Sporthalle mit verschiedenen Geräten ausgestattet ist, die zur Schulung von motorischen Grundtätigkeiten eingesetzt werden (z.B. Schwebebalken, Schaukelringe) (vgl. Institut für kooperative Planung und Sportentwicklung o.J.).

11.1.3.3 Berufsethischer Habitus der Erzieher/innen

Die Kita von P2_m arbeitet nach dem situationsorientierten Ansatz, weitere Schwerpunkte der Einrichtung nennt der Auszubildende nicht. Die Schwerpunkte der OGS, in der P1_w tätig ist, sind Sprachförderung und Bewegungserziehung (vgl. Z. 1061-1147).

11.1.3.4 (Gesetzliche) Rahmenbedingungen

Beide Einrichtungen arbeiten laut Auskunft der Teilnehmer/innen nach den „Grundsätzen zur Bildungsförderung". Die Grundsätze sind den Auszubildenden zwar prinzipiell bekannt, selbst gelesen haben sie den Bildungsplan jedoch nicht (vgl. Z. 1036-1059).

11.1.4 Fazit der Gruppendiskussion

Die Gruppendiskussion der Gruppe BP_1 ist überwiegend durch eine parallelisierende Diskursorganisation gekennzeichnet. Der zentrale Orientierungsrahmen der Gruppe ist die Wahrnehmung einer heutigen, im Gegensatz zur eigenen Kindheit zu stark mediatisierten Kindheit. Während eigene mediale Erfahrungen der Kindheit als sinnvoll oder zumindest nicht schädlich gesehen werden, wird die aktuelle Mediennutzung von Kindern als risikohaft betrachtet, u.a. da Kinder nicht ausreichend zwischen Fiktion und Realität unterscheiden könnten (medialer Habitus). Zudem sehen die Auszubildenden die Mediennutzung von Kindern in deutlicher Konkurrenz zu dem Erleben von Primärerfahrungen, dem Spielen in der Natur und dem sozialen Austausch mit anderen Kindern – Bereiche, die sie sowohl im Hinblick auf die Freizeit der Kinder als auch für die pädagogische Arbeit der Kita als äußerst wichtig erachten (berufsethischer Habitus). In Bezug auf einen Medieneinsatz und Medienerziehung in der Kita sollten aus Sicht der Teilnehmer/innen klassische Medien wie Bücher oder Hörspiele eingesetzt werden sowie reproduktionsorientierte (z.B. medienbezogene Gespräche mit Kindern) als auch handlungsorientierte Medienarbeit (z.B. Fotoprojekt) umgesetzt werden (medienerzieherischer Habitus). Während die Berufspraktikantin P1_w, die selbst bereits ein Fotoprojekt in der Kita durchgeführt hat, die Umsetzung handlungsorientierter Medienarbeit in der Kita bzw. OGS mit Blick auf Rahmenbedingen der Einrichtungen für machbar hält, sieht P2_m verschiedene Hindernisse (z.B. zeitliche und personelle Ressourcen). Den Einsatz eines Computers in der Kita lehnt die Gruppe aufgrund der bereits bestehenden Präsenz im Alltag der Kinder ab. Die Auszubildenden befürworten jedoch einen Computereinsatz für die OGS, um die Medienkompetenz der Kinder angesichts der Risiken der Internets zu stärken und um über

Lernprogramme die schulischen Leistungen der Kinder zu steigern (medienerzieherischer Habitus).

11.2 Gruppendiskussion mit den Berufspraktikantinnen der Lehrerin Elisabeth Dittrich-Schreiner (Gruppe BP_2)

„Bei uns ist auch ein Junge, ich weiß nicht, was der alles guckt dann, wenn der in seinem Film quasi drin ist, dann kriegt der auch von außen quasi nichts mehr mit. Und die anderen Kinder, die haben auch dann teilweise Angst vor dem, wie der dann da quasi völlig in seinem Geschehen ist."

11.2.1 Zu den demografischen und beruflichen Angaben der angehenden Erzieherinnen und den Ausbildungsinhalten

11.2.1.1 Demografische Angaben und berufliche Zukunft

Gruppe BP_2 besteht aus den zwei Teilnehmerinnen P1 und P2. Beide üben ihr Berufspraktikum in einer evangelischen Kita aus. P1 möchte nach dem Berufspraktikum in der Kita arbeiten, P2 überlegt, Sozialpädagogik zu studieren, um Verwaltungstätigkeiten übernehmen zu können (z.B. im Rahmen einer Tätigkeit im Jugendamt) (vgl. Z. 9-51). Das Sample gestaltet sich wie folgt:

Person	**Alter in Jahren**	**Geschlecht**	**Schulabschluss**	**Absolvierte Ausbildung/ abgeschlossenes Studium**
P1	25	w	Fachabitur	-
P2	21	w	Fachabitur	-
Gesamtgruppe	Ø 23	2w	2 Fachabitur	-

Tabelle 11: Sample Gruppe BP_2

11.2.1.2 Medienpädagogik als Inhalt der Erzieher/innen-Ausbildung

Durch die Nachfrage der Forscherin nach den Inhalten des Sprache(n)/Medien-Unterrichts wird offenkundig, dass sich die Berufspraktikantinnen schlecht an die zuständige Lehrkraft und die Unterrichtsdauer erinnern können. So diskutiert die Gruppe darüber, ob sie ausschließlich von Herrn Maier oder auch von Frau Dittrich-Schreiner unterrichtet wurde. Auch sind die Berufspraktikantinnen unsicher, ob sie ein oder zwei Jahre lang Sprache(n)/Medien-Unterricht hatten. Diese mangelnde Erinnerung kann verschiedene Ursachen haben: Möglicherweise hat der Unterricht wenig Eindruck bei den Berufspraktikantinnen hinterlassen und das Fach wurde als wenig relevant erachtet. Oder die angehenden Erzieherinnen haben sich im Rahmen ihrer Ausbildung mit einer Vielzahl an Inhalten (Fächern) auseinandergesetzt, welche durch unterschiedlichste Lehrkräfte unterrichtet wurden, was mangelnde Erinnerungsleistungen begünstigen dürfte. Zudem sind die angehenden Erzieherinnen mittlerweile im Berufspraktikum mit neuen Anforderungen konfrontiert, die möglicherweise die Erinnerung an die Ausbildung verblassen lassen.

Als Unterrichtsinhalt des Sprache(n)/Medien-Unterrichts benennen die Berufspraktikantinnen handlungsorientierte Medienarbeit. Es wurden Hörspiele und Nachrichten aufgenommen und Konzepte für einen möglichen Praxiseinsatz entwickelt. Eine tatsächliche Umsetzung in der Praxis erfolgte jedoch nicht. Des Weiteren wurde der Bereich Fotografie behandelt, in diesem Rahmen wurden den angehenden Erzieher/innen verschiedene Bildperspektiven vermittelt (vgl. Z. 276-416; 538-568). Doch auch an die konkreten Unterrichtsinhalte erinnern sich die Teilnehmerinnen teilweise schlecht. So ist sich P2 nicht sicher, ob sie im Unterricht ein Hörspiel aufgenommen hat (vgl. Z. 276-416). Erinnern sich die angehenden Erzieher/innen jedoch nur schlecht an die Unterrichtsinhalte, so können diese auch kaum in der Praxis Anwendung finden. Auch im komparativen Vergleich der Materialien dokumentiert sich die Problematik des schnellen Vergessens von Unterrichtsinhalten: Elisabeth Dittrich-Schreiner, die Sprache(n)/Medien-Lehrerin an der Fachschule benennt dies ebenfalls (vgl. Kap. 9.2.2.2).

11.2.2 Zum Habitus der angehenden Erzieherinnen

11.2.2.1 Medialer Habitus und Medienkompetenz

11.2.2.1.1 Mediennutzung und -kompetenz

Im privaten Kontext stellt das Handy das relevanteste Medium für die Teilnehmerinnen dar. Dieses wird als unbedingt benötigter Alltagsbegleiter verstanden:

> P1: Aber sonst, mein Handy habe ich eigentlich schon immer. Ohne mein Handy fühle ich mich //(lacht)//
> P2: //Also// ich auch, Handy geht gar nicht. Wenn, ne, einen Tag ohne, ne, geht nicht. Da fahre ich lieber noch mal zurück (P1: Ja.), hole mein Handy (Z. 2391-2395).

Zudem werden der Laptop und der Fernseher häufig genutzt (vgl. Z. 2363-2437).

Die Teilnehmerinnen äußern sich nicht im Hinblick auf ihre Medienkompetenz, diese scheint mit Blick auf den Diskussionsverlauf kein Hindernis für eine mögliche Umsetzung medienpädagogischer Aktivitäten in der Kita darzustellen.

11.2.2.1.2 Medialer Habitus: Vorstellungen und Beurteilungen

Mediennutzung von Kindern und angenommene Medienwirkungen sowie (Medien-)Erziehung in Familien

Die Berufspraktikantinnen stehen einer intensiven elektronischen Mediennutzung von Kita-Kindern äußerst kritisch gegenüber. Dies begründet die Gruppe mit negativ wahrgenommenen Wirkungen des Fernsehkonsums, was sich in einem hektischen und auch aggressiven Verhalten der Kinder sowie Erzählungen über die konsumierten Medieninhalte und dem Nachspielen von Medieninhalten innerhalb der Kita widerspiegele (vgl. 1164-1208; 1585-1697; Z. 2102-2170). Teilweise würden die Kinder bereits vor dem Kindergarten fernsehen, was P1 und P2 deutlich ablehnen:

> P2: Aber ich finde es auch schon schlimm, vor dem Ki/, also,
> P1: Das merkst du auch.
> P2: Das geht gar nicht. Das geht
> P1: Wenn ein Junge bei uns morgens schon so was von durch ist, dann weißt du ja schon genau, dass der vor dem Fernseher gesessen hat. (P2: Ja.) Dann kannst du fragen, ja, „hast du heute morgen schon Fernsehen geguckt?" Dann sagt der: „Ja." Ja, dann ist ja eigentlich alles klar, ne.
> P2: Ja und in der Kita verarbeiten die das (P1: Ja.), durch Konflikte, durch diese (P1: Ja.) Aggressionen dann. Dann verarbeiten die das, ne, wenn die dann sofort in die Kita eingeschoben werden (Z. 2215-2128).

Der von P2 verwendete Begriff des *„[Einschiebens]"* (Z. 2128) dokumentiert eine aus Sicht der Auszubildenden nicht ausreichende Auseinandersetzung der Eltern mit ihrem Kind. Bereits vor der Kita würden sich die Eltern nicht mit dem Kind beschäftigen, es säße alleine vor dem Fernseher. Das Mediengerät nimmt somit die Funktion ein, das Kind zu beschäftigen. Unmittelbar darauf wird das Kind in die Kita gebracht, ohne die zuvor medial vermittelten Erfahrungen mit dem Kind zu reflektieren. Der Junge, der vor der Kita fernsieht, von dem P1 berichtet, sei aufgrund dessen in der Einrichtung *„aggressiv"* (P1, Z. 2141)und *„so völlig aufgekratzt und aufgewühlt"* (P1, Z. 2141) und renne durch die Kita *„von hinten hier und nach da"* (P1, Z. 2146-2147). Neben dem Fernsehen vor der Kita zeige sich besonders montags im hektischen Verhalten und einer inneren Unruhe der Kinder, dass einige Kinder am Wochenende viel ferngesehen hätten: *„Also, das ist schlimm. Man merkt, welches Kind wirklich zu Hause nur vor dem Fernseher sitzt"* (P2, Z. 1203-1204). Dies sei besonders dann problematisch, wenn die (angehenden) Erzieher/innen mit den Kindern aufgrund schlechten Wetters nicht nach draußen gehen könnten (vgl. Z. 1164-1208).

Die Gruppe sieht die Eltern in der Verantwortung, die Mediennutzung ihrer Kinder zeitlich zu reglementieren und zu begleiten. Somit lehnt die Gruppe eine Fernsehnutzung durch Kita-Kinder zwar nicht grundsätzlich ab, sie sollten jedoch nur für sie geeignete Inhalte nutzen, was sich im Begriffspaar *„[entsprechende] Sen-dungen"* (Z. 2032), welches P1 benutzt, dokumentiert. Was für Sendungen sie explizit meint, bleibt offen. P1 führt das Beispiel von Bekannten an, deren zweijähriger Sohn selten fernsieht und der mit *„völliger Spannung"* (Z. 2086) eine halbe Stunde ruhig eine „Cars"-DVD geschaut hätte. Dessen Eltern seien begeistert gewesen, dass der Junge ruhig dasaß. P1 hat zwar auf der einen Seite aufgrund der entlastenden Funktion des Fernsehens Verständnis für das Verhalten der Eltern, da der Junge *„wirklich so ein Wirbelwind"* (Z. 2095-2096) sei, prinzipiell lehnt sie jedoch die Nutzung des Fernsehers als ‚Babysitter' ab (vgl. Z. 2005-2096).

Des Weiteren würden die Eltern ihren Kindern bereits in sehr jungem Alter den Besitz eigener Mediengeräte zugestehen (vgl. Z. 1262-1386): P1 berichtet von einem Jungen, der ein eigenes, vermutlich nicht funktionstüchtiges Handy mit in die Kita bringe. Der Besitz eines Handys wird von der Gruppe, auch wenn das spezifische Gerät des Jungen nicht funktioniert, prinzipiell für Kita-Kinder abgelehnt. Die Gruppe skizziert ein Zukunftsszenario einer frühkindlichen Medien-/Handynutzung, die das Sicherheitsbedürfnis von Eltern befriedigen würde. P1 bedient sich hierbei einer ironischen Übertreibung (*„Kriegt es das einoperiert"*, Z. 1284), indem das Medium zum Bestandteil des Corpus des Kindes werden würde:

> P1: Man denkt, ach, der ist fünf oder sechs, ja, der kommt jetzt in die Schule, aber, in dem Alter brauchen die weiß Gott noch kein Handy.
> I: Ja. Ja. 00:42:44
> P2: Ja, aber das wird glaube immer, immer schlimmer. Also das kommt, also ich
> P1: Ja. Immer mehr.
> P2: Immer mehr. Ich glaube, irgendwann kommt das so wirklich, dass jedes Kind im Kindergarten schon ein Handy hat.
> P1: Kriegt es das einoperiert, damit die Eltern immer gucken können.
> I: Ja, damit sie es immer anrufen können.
> P2: Ich finde es, also, //ich finde es schlimm// (Z. 1271-1288).

11.2.2.2 Medienerzieherischer Habitus

11.2.2.2.1 Medienerzieherischer Habitus: Vorstellungen und Beurteilungen

Verständnis und Haltung hinsichtlich Medienerziehung

Der Umsetzung eines Fotoprojekts in der Kita stehen die angehenden Erzieherinnen prinzipiell äußerst positiv gegenüber. Dieses sei *„super und klasse"* (P1, Z. 1134-1135), da den Kindern beispielsweise verschiedene Bildperspektiven ver-

mittelt werden könnten. Eine solch intensive Auseinandersetzung mit dem Fotoapparat würde im familiären Kontext nicht erfolgen (vgl. Z. 220-276).
Dem Einsatz eines Computers in der Kita stehen die Teilnehmerinnen hingegen kritisch gegenüber, wenngleich P2 positive Wirkungen von PC-Lernprogrammen benennt: Diese könnten von Kindern genutzt werden, die in manchen Lernbereichen *„noch nicht so fit"* (Z. 1467) seien, zudem würde das Lernen *„spielerisch"* (Z. 1468) erfolgen. Des Weiteren bekomme das Kind über ein solches Programm eine direkte Rückmeldung, sodass PC-Lernprogramme einen Vorteil gegenüber klassischen Materialien wie Zahlenkärtchen böten (vgl. Z. 1388-1488). Dennoch lehnen die Berufspraktikantinnen den Einsatz eines Computers in der Kita aus mehreren Gründen ab: Zum einen aufgrund der intensiven Medien- und speziell der Fernsehnutzung der Kinder, die nicht durch eine weitere Mediennutzung innerhalb der Kita erhöht worden solle. Zudem würden die Kinder noch nicht über für die Computernutzung benötigte Lesefertigkeiten verfügen und der PC biete einen Anlass für Streitigkeiten zwischen den Kindern. Ein weiterer zentraler Grund für die Zurückweisung der Computernutzung ist die Betrachtungsweise, dass der Computer einer anvisierten Förderung des Sozialverhaltens der Kinder konträr entgegenstehe (vgl. Z. 1715-1859) (vgl. zu letztgenanntem Punkt detaillierter Kap. 11.2.2.3). Somit benennt die Gruppe dieselben Argumente für eine Ablehnung des Computers wie die anderen Gruppen, die sich gegen eine Computernutzung aussprechen (vgl. die Gruppen SuS_1; SuS_2; SuS_3; SuS_4; BP_1).

Umsetzungsmöglichkeiten von Medienerziehung

Wenngleich beispielsweise ein Fotografieprojekt mit den Kindern von den Teilnehmerinnen als sinnvoll wahrgenommen wird, sehen sie – vor allem P1 – derart viele strukturelle Hindernisse für eine Umsetzung medienpädagogischer Projekte in der Kita, dass diese kaum möglich erscheint. Als zentrale und wiederkehrende Argumente für die Schwierigkeit der Umsetzung erörtert P1 im Modus der Argumentation die knappen Zeit- und Personalressourcen in der Kita. P1 zählt eine Vielzahl an bereits bestehenden Aktivitäten wie bspw. Sprachförderung oder Turnen auf, die in den Wochenverlauf fest integriert seien. Letztendlich bliebe nur an zwei Tagen in der Woche Zeit, um ein medienpädagogisches Projekt umzusetzen. Zudem werde die Projektplanung dadurch erschwert, dass aufgrund des KiBiz und damit einhergehender unterschiedlicher Betreuungskontingente nicht alle Kinder auch nachmittags in der Einrichtung seien und dass Eltern teilweise vergessen würden, dass Projekte angesetzt seien oder andere Freizeitaktivitäten mit ihren Kindern vorhätten. Weitere Hindernisse für eine Umsetzung seien Materialknappheit sowie die Gestaltung eines pädagogischen Angebots bei altersgemischten Gruppen, da mit den jüngeren Kindern noch kein Medienprojekt umgesetzt werden könne (vgl. Z. 570-817; 1129-1142; 2172-2345).

Des Weiteren stellen der Berufseinstieg und die damit verbundenen Anforderungen eine große Herausforderung für die Berufspraktikantinnen dar. Dies dokumentiert sich in einer langen Diskussionspassage, in welcher die Gruppe die Forderung der Fachschule und der jeweiligen Einrichtung beschreibt, im eigenen Jahresprojekt situationsorientiert zu arbeiten (vgl. Z. 822-1127). Zunächst fiel beiden Berufspraktikantinnen die Themenwahl des Projekts schwer, da das Thema aufgrund der Situationsorientierung nicht an der Jahreszeit ausgerichtet sein sollte (beispielsweise im Hinblick auf jahreszeitliche Feste wie Weihnachten oder Ostern), obwohl der Projektzeitraum in der Vorweihnachtszeit lag, sodass die Auszubildenden gerne das Thema Weihnachten behandelt hätten.

Auch die Umsetzung des Projekts gestaltete sich aus Sicht der Teilnehmerinnen *„total schwer"* (P2, Z. 1045). Während sich P1 zu wenig von ihrer Anleitung[89] in der Kita betreut gefühlt habe, sei P2 hingegen *„ein bisschen eingeengt"* (P1, Z. 1033) worden. Da die Anleitung von P2 darauf bestand, dass das Projekt von P2 zum Thema Feuerwehr möglichst spontan und gemäß den Interessen der Kinder umgesetzt werde, konnte P2 ihr Projekt überhaupt nicht im Vorfeld planen und musste immer wieder spontan reagieren. U.a. musste sie mehrfach neue adäquate Materialien einkaufen, was sehr arbeitsaufwendig gewesen sei.

P1 bringt zudem eine allgemeine Unsicherheit zum Ausdruck, ob sie die an sie gestellten Anforderungen als angehende Erzieherin erfüllt. Da die Berufspraktikanten/innen eine zusätzliche Kraft in der Kita-Gruppe darstellen würden, ermunterte die Anleitung P1, sich Zeit für die eigenständige Umsetzung pädagogischer Aktivitäten mit den Kindern zu nehmen. Dies fiel P1 jedoch schwer, vermutlich aufgrund von ihr wahrgenommener knapper Zeit- und Personalressourcen. Zudem habe sie festgestellt, dass ihre Anleitung im Gegensatz zu P1 selbst mit den Kindern viel gemalt bzw. gebastelt habe, was P1 hinsichtlich der Angemessenheit ihrer eigenen pädagogischen Arbeit verunsichert: *„Aber ich habe dann teilweise schon mal gedacht, ‚ja Scheiße, ich mache viel zu wenig'"* (Z. 1113-1114). Sie sieht das Verhalten der eigenen Anleitung kritisch, da diese den Kindern viele Inhalte vorgeben würde, um den Eltern Produkte (z.B. gemalte Bilder) zu präsentieren, während in anderen Gruppen der Kita die Kinder einen größeren Freiraum hätten. Diesbezüglich erscheint P1 unsicher, welchen Weg sie selbst einschlagen soll.

Die Anforderungen an die Ausübung der neuen Berufsrolle als Erzieherin werden von den Teilnehmerinnen somit nicht explizit als Hindernis für eine potenzielle Umsetzung medienpädagogischer Aktivitäten genannt. Die intensive und wechselseitig aufeinander bezogene Auseinandersetzung der Gruppe mit den Anforderungen der neuen Berufsrolle als Erzieherin und das Aufzählen verschiedener Hindernisse, die der Umsetzung eines medienpädagogischen Projekts entgegen-

89 Erzieher/in der Einrichtung, der/die für die Begleitung, Beratung und Beurteilung der/des Berufspraktikanten/in zuständig ist (vgl. DRK 2009).

stünden, verdeutlichen jedoch, dass ein Medienprojekt, vor allem von P1, als weitere zusätzliche Belastung für die eigene Arbeit wahrgenommen würde. So stellt P1, nachdem sie gemeinsam mit P2 die Anforderungen des Berufspraktikums ausgehandelt hat, wieder einen direkten Bezug zur Umsetzung eines Medienprojekts her, indem sie die Schwierigkeiten bei der Umsetzung eines Fotoprojekts mit einer altersgemischten Gruppe von Kindern benennt (vgl. Z. 1124-1142).

11.2.2.2.2 Medienerzieherischer Habitus: Praxis

Das Einbringen der Medienerfahrungen der Kinder in die Einrichtung und Reaktionen der (angehenden) Erzieher/innen

Mit den anderen Gruppendiskussionen übereinstimmend berichtet die Gruppe, dass die Kinder in der Einrichtung über die konsumierten Fernsehinhalte sprechen sowie Merchandise-Artikel zur Lieblingsserie, in diesem Fall „Cars"-„Matchbox"-Autos, mit in die Kita bringen (vgl. Z. 1164-1208; 1521-1583). Die Faszination der Jungen für „Cars", welche auch teilweise mit einem häufigen Ansehen der Filme einhergehe, wird von den Berufspraktikantinnen als pädagogisch unbedenklich wahrgenommen. Dies wird im Gegenhorizont zur Präferenz einiger Jungen für kampfhaltige Medieninhalte wie „Spiderman" oder eine Piratensendung deutlich: *„Also, ich finde, Autos ist ja, aber dieses ‚Spiderman' [...]"* (P2, Z. 1285). Die Vorliebe für „Spiderman" bezeichnet P2 im Modus der Bewertung als *„schlimm"* (P2, Z. 1208). In beiden Einrichtungen würde je ein Junge ein starkes Rollenspielverhalten im Hinblick auf die Inhalte von „Spiderman" bzw. der Piratensendung zeigen. Diese Rollenspiele lehnen die beiden angehenden Erzieher/innen deutlich ab (vgl. Z. 1585-1697). P2 sieht mit dem Rollenspiel einhergehend eine *„Aggression"* (Z. 1633) des Jungen, durch welche *„andere Kinder [...] gefährdet"* (Z. 1638) seien. Zudem nehmen beide Berufspraktikantinnen wahr, dass die anderen Kinder, aufgrund der Immersion des jeweiligen Jungen in sein Spiel, Angst vor diesem hätten:

> P1: //Bei uns ist auch ein Junge//, ich weiß nicht, was der alles guckt dann, wenn der in seinem Film quasi drin ist, dann kriegt der auch von außen quasi nichts mehr mit. (P2: Ja.) Und die anderen Kinder, die haben auch dann teilweise Angst vor dem, wie der dann (P2: Ja.) da quasi //völlig in seinem Geschehen ist//
> P2: //Ja. Ja.// Genau. In seiner Welt.
> P1: In seiner Welt (Z.1597-1604).

Anstatt sich reflexiv mit den jeweiligen Medienpräferenzen der beiden Jungen auseinanderzusetzen und beispielsweise danach zu fragen, warum sie die Medienfiguren derart mögen, dass sie die Inhalte nachspielen, wählen die Berufspraktikantinnen ausweichende Strategien:

> P1: Ja, dann einfach suchen wir dann irgendwelche Spiele //oder so.//
> P2: //Spiele, ja//,

> P1: „Ja, komm wir spielen mal ein Spiel //zusammen//."
> P2: //Ablenken// einfach.
> P1: Ja. Dass man erst mal auf was anderes kommt und dann und dass er dann halt wieder dadurch oder so den Kontakt zu den anderen Kindern aufnimmt. Auch dann mit anderen Kindern dann zusammen das Spiel spielen oder so.
> I: Mhm.
> P2: Aber wir sagen dann immer, „komm erst mal zu mir, beruhige dich jetzt", und, dass der erst mal selber zu //zu sich kommt, sage ich mal, ja.// [...] Dann sagen wir halt, „jetzt kommst du mal zu uns, jetzt kommst du mal ein bisschen runter. Komm mal zu uns an den Tisch, wir suchen dir jetzt mal oder wir spielen jetzt mal was zusammen" (Z. 1610-1640).

Zudem wurde in der Einrichtung, in der P1 tätig ist, ein Elterngespräch geführt, dessen Ziel eine Beendigung des Rollenspielverhaltens war, da der Junge, der ohnehin wenig Sozialkontakte zu anderen Kindern habe, diese ansonsten nicht aufbauen könne.

Während die Berufspraktikantinnen bei den beiden Jungen nicht nachfragen, weshalb sie die medialen Inhalte derart mögen, suchte P1 das Gespräch mit einem Mädchen, das die „Bibi und Tina"-Hörspiele gerne hört. „Bibi und Tina" sei generell bei den Mädchen in der Kita sehr beliebt. Das Hörspiel ist P1 aus der eigenen (Medien-)Kindheit wohlvertraut, weshalb sie diese Form der Mediennutzung positiv konnotiert: *„Finde ich irgendwie cool, dass das noch immer so ist"* (Z. 1221). Fraglich erscheint, ob das Nachspielen von „Bibi und Tina" im Rollenspiel ebenfalls als risikoreich und problematisch empfunden würde. Vermutlich nicht, da die Geschichten aufgrund der eigenen medialen und eher mädchenbezogenen Kindheitserfahrungen wertgeschätzt werden und eher an das klassische Mutter-Vater-Kind-Spiel erinnern dürften. Zudem würde diese Form von Rollenspiel im Gegensatz zum Nachspielen von „Spiderman" oder der Piratensendung keine kampfhaltigen Elemente enthalten, welche die Auszubildenden mit einer aggressionssteigernden Wirkung verknüpft sehen (vgl. Z. 1164-1176).

Eigene medienpädagogische Praxiserfahrungen

Beide Berufspraktikantinnen haben noch keinerlei medienpädagogische Praxiserfahrungen gesammelt (vgl. Z. 53-73; 114-153).

11.2.2.2.3 Medienpädagogische Kompetenz

Beide Teilnehmerinnen geben an, sich die Umsetzung von medienpädagogischen Projekten wie eines Fotoprojekts oder eines Geräuscherätsels in der Kita prinzipiell zuzutrauen. In diesem Zusammenhang benennt vor allem P1 noch einmal bestehende Hindernisse für die Umsetzung medienpädagogischer Aktivitäten (vgl. Z. 2283-2345). Deutlich wird an dieser Stelle noch einmal der Wunsch von P1 nach einer Unterstützung durch eine/n erfahrene/n Erzieher/in: *„Ja und dass sich vielleicht* *auch irgendwer anders von den Kollegen dafür auch bereit erklären würde und dass man das dann halt auch zusammen macht oder so?"* (Z. 2303-2304), was von P2 bestätigt wird. Als Konklusion der Passage resümiert P2 die von P1 aufgeführten Erfordernisse für die Umsetzung eines medienpädagogischen Projekts. Ein bestehendes Zutrauen in die eigene medienpädagogische Kompetenz reiche somit ohne adäquate strukturelle Bedingungen nicht aus:

> P2: Du musst, man muss halt wissen, was für Kinder habe ich, wie kann ich das umsetzen, wie ist die Zeit dafür, mache ich das im Stuhlkreis, mache ich das im Freispiel? [...] Was machen die anderen Kinder, so wie du schon sagst (P1: Ja.), in der Zeit (Z. 2335-2345)?

11.2.2.3 Berufsethischer Habitus

In der Auseinandersetzung der Gruppe mit der Thematik, ob ein Computer in der Kita eingesetzt werden sollte, dokumentiert sich ihr berufsethischer Habitus. Die Teilnehmerinnen sehen die Computernutzung im familiären Kontext verankert, in der Kita hingegen sollten andere Erziehungsziele wie die Förderung des Sozialverhaltens der Kinder eine Rolle spielen. Diesbezüglich wirke die Nutzung eines Computers in der Kita jedoch kontraproduktiv, da dieser nur allein genutzt werden könne. Zudem sei der pädagogische Alltag teilweise zu stark strukturiert, sodass die Kinder bereits überfordert seien, wie P2 es ausdrückt. P2 argumentiert somit mit begrenzten Verarbeitungskapazitäten von Kindern. Der zusätzliche von Erziehern/innen angeleitete Einsatz eines Computers würde eine weitere *„Überforderung"* (P2, Z. 1827) der Kinder nach sich ziehen (vgl. Z. 1799-1843):

> P2: Ich finde, die Kinder sind so schon, die haben schon so viel (gedehnt), auch das Freispiel manchmal, das wird von den Erzieherinnen auch wirklich gelenkt, ja, dass man sagt:
> P1: Ja. Teilweise schon.
> P2: „Du, wir basteln jetzt hier was, wir machen jetzt für dieses Fest noch was, wir müssen das noch." Ich; die Kinder drehen ja, richti/, also manche Kinder, ich finde, ja, das ist (...) Überforderung //auch für die.//
> P1: //Aber//, aber gerade, ja, gerade im Freispiel soll ja auch das Soziale gefördert werden. Und durch einen Computer (P2: Ja, ja.), Computer ist ja das Soziale eigentlich (P2: Ja.) überhaupt nicht mehr.
> P2: Eben.
> P1: Also von daher finde ich den Computer eigentlich, ja, muss nicht und sollte auch nicht (P2: Ne.), weil die Kinder ja dadurch auch überhaupt gar keinen, ja, Bezug oder, ja, wie sollen die denn dann mit anderen Kindern in Kontakt kommen. [...] Und zu zweit auf einem Computer, ich glaube, das geht immer schief.
> P2: Ja (Z. 1819-1843).

11.2.3 Zu den Bedingungen der Einrichtungen

11.2.3.1 Medienerzieherischer Habitus der Erzieher/innen: Praxis der Medienerziehung

Medienerziehung spielt in den beiden Einrichtungen, in denen die Auszubildenden arbeiten, zwar keine regelmäßige Rolle, immerhin wurde in beiden jedoch bereits ein Medienprojekt umgesetzt. Zum Projektzeitpunkt waren die Berufspraktikantinnen allerdings noch nicht in den Einrichtungen tätig. In der Kita, in der P2 arbeitet, handelte es sich um ein Fotoprojekt, was in einer Mappe dokumentiert sei. P1 weiß nicht, welcher Art das umgesetzte Medienprojekt war (vgl. Z. 116-153; 2348-2361).

In beiden Kitas wird im Rahmen der Dokumentation nicht fotografiert. Dies scheint in der Einrichtung, in der P2 arbeitet, u.a. aus unklaren Regelungen bzgl. des Fotografierens von Kindern zu resultieren. So durfte P1 etwa während ihres Jahresprojekts die Kinder nicht fotografieren, auf der Abschlussfahrt der Vorschulkinder hingegen wurden diese fotografiert. In der Einrichtung von P2 hingegen verwundert dies angesichts des durchgeführten Fotoprojekts (vgl. Z. 116-218). Fotoapparate dürfen von den Kindern jedoch mit in die Einrichtungen gebracht werden (vgl. Z. 78-109; 116-153).

In beiden Einrichtungen ist ein Kassettenrekorder vorhanden, ein Computer steht nicht für die pädagogische Arbeit zur Verfügung (vgl. Z. 1144-1162; 1245-1260; 1490-1506).

Das Mitbringen der „Cars“-„Matchbox“-Autos wird in der Kita, in der P1 tätig ist, zukünftig aufgrund von Streitigkeiten zwischen den Kindern und damit einhergehenden Auseinandersetzungen der (angehenden) Erzieher/innen mit den Eltern untersagt (vgl. Z. 1521-1583).

In beiden Einrichtungen werden ein medienpädagogischer Umgang mit den präferierten Medieninhalten der Kinder und erforderliche medienbezogene Elterngespräche nicht im Erzieher/innen-Team thematisiert (vgl. Z. 1508-1521).

11.2.3.2 Berufsethischer Habitus der Erzieher/innen

Beide Einrichtungen haben einen evangelischen Träger, sodass christliche Inhalte (z.B. Auseinandersetzung mit christlichen Festen) einen Schwerpunkt der Einrichtungen darstellt. In der Einrichtung von P1 wird bspw. aktuell ein christliches Musical mit den Kindern einstudiert (vgl. Z. 605-660). Weitere Schwerpunkte der Einrichtung, in der P2 tätig ist, sind das naturwissenschaftliche Projekt „Haus der kleinen Forscher“ sowie „Faustlos“, ein Projekt zur Gewaltprävention. Die Projektumsetzung von „Haus der kleinen Forscher“ weise jedoch aufgrund knapper Zeitressourcen Schwächen auf. So würden die Kinder sich selbst überlegen, mit welchen Materialien sie forschen möchten (z.B. Wasser und Strohhalm), die Ergebnisse würden jedoch anschließend nicht mit den Kindern reflektiert (vgl. Z. 1861-1961).

11.2.4 Fazit der Gruppendiskussion

Die Gruppendiskussion der Gruppe BP_2 zeichnet sich durch eine parallelisierende Diskursorganisation aus, in welchem die bestehenden Orientierungsrahmen durch die Teilnehmerinnen sich wechselseitig ergänzend hervorgebracht werden. Die Berufspraktikantinnen nehmen eine starke Fernsehnutzung auf Seiten der Kinder wahr, die mit einer Zunahme an Aggression und Unruhe der Kinder in der Kita, vor allem nach dem Wochenende (Montagssyndrom), einhergehe. Mediale Rollenspiele mit Kampfinhalten (z.B. zu „Spiderman") werden als aggressives Verhalten der Kinder wahrgenommen, welches anderen Kita-Kindern schaden könne (medialer Habitus). Eine reflexive Auseinandersetzung mit den Kita-Kindern zu den im Rollenspiel nachgespielten Medienpräferenzen erfolgt durch die Berufspraktikantinnen jedoch nicht, stattdessen versuchen diese, die Kinder mit Brettspielen o.ä. abzulenken. Aufgrund der wahrgenommenen negativen medialen Wirkungen steht die Gruppe einer Computernutzung in der Kita, da sie eine zusätzliche Form der Mediennutzung darstelle, ablehnend gegenüber (medienerzieherischer Habitus). Bereits ohne den Einsatz eines Computers seien einige Kinder von der Vielzahl an Aktivitäten in der Kita überfordert. Des Weiteren stehe eine Computernutzung einer Förderung des Sozialverhaltens, was die Gruppe als relevantes Ziel der pädagogischen Kita-Arbeit betrachtet (berufsethischer Habitus), konträr entgegen.
Ein weiterer zentraler Orientierungsrahmen der Teilnehmerinnen ist ihre wahrgenommene Überforderung durch die Anforderungen der neuen Berufsrolle als Erzieherin (z.B. Arbeiten nach dem situationsorientierten Ansatz; Durchführung von Aktivitäten trotz Zeit- und Personalmangel). Gekoppelt mit dieser Herausforderung erscheint ihnen die potenzielle Umsetzung medienpädagogischer Projekte als zusätzliche Belastung in einem ohnehin bereits als komplex empfundenem beruflichen Alltag.

11.3 Gruppendiskussion mit den Berufspraktikantinnen des Lehrers Hans Müller (Gruppe BP_3)

„Also man darf sich davor nicht mehr verschließen, weil es geht nicht, es geht nicht ohne. […] Du willst ne Fahrkarte kaufen. Entweder stehst du da sieben Stunden an oder du gehst halt in das Internet"

Zur Gruppendiskussion mit Gruppe BP_3 ist anzumerken, dass die Deutschlehrerin der Berufspraktikantinnen im selben Raum, in dem die Diskussion stattfand, am PC gearbeitet hat. Teilweise haben die angehenden Erzieherinnen ihre Aussagen auf die Lehrerin bezogen, generell haben sie sich von dieser Situation jedoch nicht stören lassen und haben intensiv und mit hoher Interaktionsdichte diskutiert. P1 hatte einen sehr hohen Gesprächsanteil und kann somit als dominante Sprecherin bezeichnet werden.

11.3.1 Zu den demografischen und beruflichen Angaben der angehenden Erzieherinnen und den Ausbildungsinhalten

11.3.1.1 Demografische Angaben und berufliche Zukunft

Gruppe BP_3 besteht aus drei Teilnehmerinnen. P1 ist mit 37 Jahren die älteste der angehenden Erzieher/innen im gesamten Sample der Forschungsarbeit. Sie absolviert ihr Berufspraktikum in einem Familienzentrum, in welchem sie nach der Ausbildung weiter tätig sein wird. Sie hat einen neunjährigen Sohn. P2 absolviert ihr Anerkennungsjahr in einem „Fröbel"-Kindergarten. Sie plant, nach der Ausbildung soziale Arbeit zu studieren. P3 ist während des Berufspraktikums in einem „AWO"-Kindergarten tätig. Sie wird nach der Ausbildung vermutlich in demselben Kindergarten weiter arbeiten, kann sich aber auch vorstellen, in der OGS tätig zu sein (vgl. Z. 866-941; 1153-1281; 3329-3345).

Das Sample gestaltet sich wie folgt:

Person	Alter in Jahren	Geschlecht	Schulabschluss	Absolvierte Ausbildung/ abgeschlossenes Studium
P1	37	w	Abitur	Ausbildung (Modebereich)
P2	24	w	Abitur	-
P3	22	w	1 Mittlere Reife	Ausbildung zur Kinderpflegerin
Gesamtgruppe	Ø 27,6	3 w	2 Abitur, 1 Mittlere Reife	2 Ausbildungen

Tabelle 12: Sample Gruppe BP_3

11.3.1.2 Rahmenbedingungen und inhaltliche Schwerpunkte der gesamten Ausbildung

Die Erzieher/innen-Ausbildung wird von der Gruppe analog zur Gruppe BP_1 als herausfordernde Aufgabe beschrieben (vgl. Z. 3239-3293). So sei bei einigen Auszubildenden, die mit ihnen gemeinsam die Ausbildung begonnen hätten, der erfolgreiche Abschluss der Ausbildung aufgrund nicht gelungener Einrichtungsbesuche durch eine Lehrkraft der Fachschule in Gefahr. Zwar kann die Berufspraktikantin P3 ihre Ausbildung weiter absolvieren, hat aber dennoch eine negative Rückmeldung durch die Lehrkraft der Fachschule im Hinblick auf die Einrichtungsbesuche erhalten. Laut Lehrkraft sei es P3 nicht gelungen, die theoretischen Inhalte schlüssig mit der Praxis zu verknüpfen. Dies sieht die Auszubildende darin begründet, dass sie, wenn sie in der Praxis sei, wenig an die Schule denke und dies somit *„so ein bisschen verpeilt habe"* (Z. 3246-3247).

11.3.1.3 Medienpädagogik als Inhalt der Erzieher/innen-Ausbildung

Den Teilnehmerinnen hat der Sprache(n)/Medien-Unterricht gut gefallen. Sie benennen die häufigen Gruppenarbeiten (P2), das Rollenspiel des Elternabends (P1, P2, P3), das Drehen eigener Videos (P3) sowie die Auseinandersetzung mit dem Thema Werbung (P3) als positive Elemente des Unterrichts (vgl. Z. 398-426; 2839-2915). Neben der Auseinandersetzung mit medienpädagogischen Inhalten hätte der Unterricht die Funktion gehabt, medienpraktische Fertigkeiten wie den Umgang mit „PowerPoint" zu erlernen, welche bei mediengestützten Vorträgen in anderen Fächern Anwendung fänden, was wiederum von den anderen Fachlehrer/innen auch erwartet werde (vgl. Z. 3108-3180). In ihrem bevorstehenden Kolloquium (mündliche Präsentation) zum Abschluss des Berufspraktikums möchte P1 Medien einsetzen, indem sie ein von ihr in der Einrichtung durchgeführtes naturwissenschaftliches Projekt per Video oder Fotos dokumentieren und in ihre Präsentation einbinden werde (vgl. Z. 3205-3235).

Anwendbarkeit des in der Ausbildung Gelernten in der Praxis

Im Hinblick auf eine Anwendbarkeit der Ausbildungsinhalte in der Praxis hebt P1 den Gebrauch von Medien an einem Elternabend in der Einrichtung hervor. So könnten bspw. die Inhalte des Elternabends den Eltern über eine „Power Point"-Präsentation vorgestellt werden oder den Eltern ein in der Einrichtung von den (angehenden) Erzieher/innen selbst produziertes Video gezeigt werden. Das Drehen und Schneiden von Videos habe sie in der Ausbildung kennengelernt (vgl. Z. 398-426). Des Weiteren hätten die Auszubildenden im Unterricht mit Aufnahmegeräten gearbeitet, die mit den Kindern genutzt werden könnten (vgl. Z. 398-426).

11.3.2 Zum Habitus der angehenden Erzieherinnen

11.3.2.1 Medialer Habitus und Medienkompetenz

11.3.2.1.1 Mediennutzung und -kompetenz

Im Rahmen der Ausbildung benötigen die angehenden Erzieherinnen einen Computer mit Internetzugang und E-Mail-Account. Dies stellte P1, die im Vergleich zu den anderen Berufspraktikantinnen mit ihren 37 Jahren deutlich älter ist, zunächst vor einige Herausforderungen. P1 besaß zu Beginn der Ausbildung keinen Computer und konnte auch nicht gut damit umgehen. Aufgrund anderer persönlicher Medienpräferenzen für Bücher und CDs und der Unkenntnis im Umgang mit dem PC lehnte P1 zunächst die Arbeit mit dem Computer im Kontext ihrer Ausbildung ab (vgl. Z. 756-759). Nach wie vor bereitet ihr der Umgang mit „PowerPoint" Schwierigkeiten, sodass sie, um sich auf das bevorstehende Kolloquium zum Abschluss der Ausbildung vorzubereiten als Angebot der Fachschule „Präsentationstechniken" wählte. Dies entspräche zwar nicht ihren persönlichen Interessen, sei aber *„notwendig"* (Z. 805), sodass ihrer Aussage nach beinahe alle Berufspraktikanten/innen ihrer Ausbildungskohorte dieses Angebot gewählt hätten (vgl. Z. 757-805).

Weitere Schwierigkeiten im Umgang mit technischen Medien auf Seiten der Berufspraktikantinnen dokumentieren sich in ihren Ausführungen zu einer Foto-

AG im ersten Ausbildungsjahr. Hierbei fotografierten die Schüler/innen, bearbeiteten ihre Aufnahmen und stellten diese auf der Online-Fotocommunity „ipernity" online. Anschließend wurden die Fotos von ihrem Lehrer Hans Müller bewertet:

> P2: Ja und da war ich aber auch schon manchmal überfordert. Die die
> P1: //Ja, ich total.//
> P2: //eigene// Seite da zu erstellen (Schülerin lacht leicht),
> P1: Ja.
> P2: das hab ich nicht hingekriegt.
> P3: //Und die Software auch und überhaupt// (Z. 327-337).

Den drei Berufspraktikantinnen fiel der Umgang mit der Online-Plattform schwer (vgl. Z. 298-391). Besonders unsicher im Umgang mit digitaler Technik ist P2, welche betont, dass sie selbst hinsichtlich aktueller Medienentwicklungen *„[...] manchmal nicht [mitkomme]"* (Z. 262). Bei auftretenden Schwierigkeiten im Umgang mit elektronischen Medien greift P2 auf ihr soziales Kapital im privaten Umfeld zurück. So hat sie sich von ihrem Bruder, der als Grafikdesigner professionell mit dem Computer arbeitet, zeigen lassen, wie man „PowerPoint" verwendet (vgl. Z. 706-754). P2 wählt somit dieselbe Strategie wie die Schülerin P4 aus der Gruppe SuS_2 (vgl. Kap. 10.2.2.1.1).
Im Hinblick auf die Steigerung der Medienkompetenz der Schüler/innen im Rahmen der Ausbildung weist P1 der Lehrkraft und den Bedingungen des Unterrichts eine maßgebliche Rolle zu: So habe sie in der Foto-AG *„nichts Neues gelernt"* (Z. 319), da sie sich ihre *„Komfortzone"* (Z. 320) suchen konnte, da es dem Lehrer nicht möglich gewesen sei, innerhalb von zwei Stunden 20 Schüler/innen über die Schulter zu schauen. P3 stimmt P1 und empfand dies ebenfalls als *„ziemlich schade"* (Z. 325) (vgl. Z. 298-391).

Im privaten Kontext nutzen die Auszubildenden hauptsächlich den Fernseher, das Internet inklusive „Facebook", u.a. um Fotos anzusehen, das Handy sowie Radio und CDs, um Musik zu hören. Zudem nutzt P1 auch die Spielekonsole ihres Sohnes („Wii" und „Nintendo DS"). Durch ihren Sohn komme sie allgemein stärker mit neuen Medien in Berührung komme, da diese nun auch im eigenen Haushalt zur Verfügung stünden (vgl. Z. 759-770; 2258-2329).

11.3.2.1.2 Medialer Habitus: Vorstellungen und Beurteilungen

Mediennutzung von Kindern und angenommene Medienwirkungen sowie (Medien-)Erziehung in Familien

Die Gruppe sieht die *„[Medialisierung]"* (P1, Z. 230)[90] und *„[Digitalisierung]"* (P1, Z. 253) der Gesellschaft als unabänderliche Tatsache an, mit der man sich auch in der Kita auseinandersetzen müsse (vgl. Z. 229-260; 2161-2256). Die zunehmende Präsenz und Relevanz von Medien sieht die Gruppe u.a. mit negativen Wirkungen auf die Sprache (z.B. Verschlechterung der Rechtschreibung von Jugendlichen) verknüpft. Diesbezüglich rekurriert P1 im Modus der Argumentation auf empirische Studien, u.a. auf eine Studie, deren Ergebnis sei, dass die eigene Handschrift langfristig durch das Schreiben an der Tastatur ersetzt werde. Auch bezogen auf den schulischen Kontext seien deutliche Veränderungen gegeben, insofern, dass die Schulen bspw. mit Whiteboards ausgestattet seien und der Computer bereits mit Grundschulkindern genutzt werde. Somit *„[verändere] sich ja alles"* (P1, Z. 243).

Der Kindersender „SUPER RTL" wird von den angehenden Erzieher/innen, wiederum mit Bezug auf befürchtete negative Effekte auf die kindliche Sprachentwicklung abgelehnt. P1 bemängelt die Qualität der von Kindern konsumierten Medieninhalte. Sendungen wie die von „Super RTL" seien oftmals *„Schrott"* (Z. 2056), sodass Eltern dementsprechend die Fernsehnutzung ihrer Kinder regulieren sollten (vgl. Z. 2047-2069).
Zudem sehen die Auszubildenden deutliche negative Effekte wie bspw. motorische Defizite und Unausgeglichenheit bei Kindern, die viel fernsehen und sich wenig an der frischen Luft bewegen würden (vgl. Z. 2071-2158).

Des Weiteren würden Kinder teilweise für ihr Alter ungeeignete Inhalte konsumieren, da jüngere Kinder mit ihren älteren Geschwistern ohne Anwesenheit der Eltern gemeinsam fernsähen. Die Gruppe beschreibt im Vergleich zur eigenen Jugend den aus ihrer Sicht heutigen *„viel zu [leichten]"* (P1, Z. 2653) Zugang zu ungeeigneten Inhalten über das Internet. Hierbei beziehen die Berufspraktikantinnen sich explizit auf Jugendliche und nicht auf Kinder. So könnten diese über das Internet ohne größere Zugangsbarrieren sexualisierte Inhalte wie Musikvideos oder Inhalte mit explizitem sexuellen Bezug abrufen, indem sie bei „YouTube" Begriffe wie *„Busen"* (P1, Z. 2643) eingäben. Dies sei in der Jugend der 37-jährigen P1 nicht möglich gewesen, da es zu dieser Zeit noch kein Internet gab (vgl. Z. 2600-2673).

Die Berufspraktikantinnen haben jedoch nicht nur eine eindimensionale negative Sicht auf die Digitalisierung und Mediatisierung, vielmehr sieht P1, welche durch ihren neunjährigen Sohn mit einer Vielfalt an elektronischen Medien kon-

---

90 P1 verwendet den Begriff der Medialisierung. Da der Terminus der Mediatisierung jedoch gängiger ist, wird dieser nachfolgend verwendet.

frontiert wird, auch die Praktikabilität der Verfügbarkeit digitaler Inhalte, die im Alltag über verschiedenste Geräte abgerufen werden könnten. So konnte ihr Sohn beispielsweise als der CD-Player kaputtgegangen sei, über den „iPod" von P1 ein Hörspiel anhören, was P1 *„voll praktisch"* (Z. 2325) fand.

In diesem Zusammenhang betont P1 den gekonnten technischen Umgang ihres Sohnes mit elektronischen Medien (vgl. Z. 2328-2329). Diesbezüglich nehmen die Berufspraktikantinnen einen deutlichen Unterschied zwischen heutigen Kindern, die als Digital Natives aufgewachsen sind und sich selbst wahr (vgl. Z. 2232-2256). So könnten die Auszubildenden selbst schlechter mit elektronischen Medien agieren als Kinder:

> P1: Also, ne, durch durch meinen Sohn hab ich halt so ne Sachen jetzt alle auch zu Hause, aber er kommt damit damit natürlich auch viel besser zurecht als ich (Z. 769-771).

Diese Differenz in puncto Nutzungskompetenz sehen die Auszubildenden nicht nur generational bedingt (vgl. Z. 2232-2238) und somit mit einem deutlichen Altersunterschied verbunden, P3 formuliert dies auch für ihre nur fünf Jahre jüngere Schwester, welche in puncto Mediennutzung *„viel pfiffiger"* (Z. 2252) sei als sie selbst. Somit gehen die Auszubildenden davon aus, dass bereits bei einem recht geringen Altersunterschied bei den jeweils Jüngeren ein geschickterer Umgang mit den neuen Technologien zu verzeichnen ist. Anzumerken ist, dass die Auszubildenden sich im Hinblick auf eine höhere Medienkompetenz auf Seiten der Kinder nur auf die technische Dimension beziehen, hinsichtlich eines reflexiven Umgangs mit Medien (-inhalten) sehen sie, wie oben dargestellt, verschiedene Risiken für Heranwachsende.

Die Mediennutzung in Familien sieht die Gruppe insofern kritisch, dass bereits Kita-Kinder in vielen Familien immens viel fernsähen. Die Eltern würden Medien als *„[tolle] Babysitter"* (P1, Z. 2397) verwenden, da die Kinder dann beschäftigt und ruhig seien, was die Teilnehmerinnen äußerst kritisch beurteilen (vgl. Z. 2383-2425). Als Grund für die Nutzung des Fernsehers als ‚Babysitter' sieht P1, dass die Eltern nicht wüssten, dass dies nicht gut für ihre Kinder sei. P3 und P2 erwidern mittels einer Opposition, dass die Eltern sich dessen bewusst seien, jedoch nicht wüssten, was sie sonst mit ihren Kindern unternehmen sollten. Eine stärkere Auseinandersetzung mit dem Kind sei zudem mit *„Stress"* (P3, Z. 2425) verbunden und den Eltern „lästig" (P2, Z. 2412).

Der zu intensive Fernsehkonsum *„[spiegele] sich [...] im ganzen Kindergartenalltag"* (P1, Z. 2077) wider, so P1. P1 und P3 beschreiben drastisch die Auswirkungen des hohen Fernsehkonsums, welche sich in entwicklungs- und körperbezogenen negativen Effekten wie einer verringerten Sprachentwicklung, einer mangelnden Konzentrationsfähigkeit, motorischen Defiziten, einer blassen Hautfarbe und Augenrändern niederschlage. P3 denkt in der Diskussion über eine zu hohe Fernsehnutzung an einen spezifischen Jungen im Kindergarten und beschreibt mit Bezug auf den Jungen verschiedene aus ihrer Sicht durch die Fernsehnutzung verursachte Problematiken:

> P3: Ich seh das auch an einem Kind, ähm, speziell an einem, ich, das ist das ist das dieses Gesicht seh ich die ganze Zeit vor mir, weil wenn wir über Medien reden und über zu viel Fernsehgucken. [...] Der ist jetzt sechs Jahre alt und man merkt das schon an seinen Bewegungen, man merkt das schon, wie der schon morgens ankommt, total blass
> P1: Mmh.
> P3: und total Augenränder so (zeigt auf ihre Augenpartie).
> P2: Mmh.
> P3: Und total verschreckt und wenn man ihn nur anspricht, dann zuckt der und der der ist (...) ziemlich komisch das Kind (Z. 2489-2513).

Zudem beschreibt die Gruppe das ‚Montagssyndrom'. Die Berufspraktikantinnen sehen, wie auch die Gruppe SuS_1, den zu hohen Fernsehkonsum als Symptom einer insgesamt inadäquaten Erziehung, in der sich die Eltern nicht ausreichend mit ihren Kindern beschäftigen (vgl. Z. 2071-2158):

> P1: Du merkst ganz genau, wer geht mit seinen Eltern am Wochenende in den Wald, in den Garten, in die Stadt, äh, in den Park oder wohin oder wer sitzt halt zu Hause und kriegt ne //Tütensuppe und guckt Fernsehen// (Z. 2082-2098).

Als positiven Gegenhorizont zur beschriebenen ‚Babysitter-Mentalität' von Eltern würden sich die Berufspraktikantinnen wünschen, dass die Eltern die Mediennutzung ihrer Kinder begleiten. P2 führt als positives Beispiel die begleitete Mediennutzung ihrer acht- bzw. neunjährigen Cousinen an. Diese dürften, wenn sie bei der gemeinsamen Oma seien, nur in Begleitung der erwachsenen Familienmitglieder fernsehen bzw. eine DVD anschauen. In diesem Zusammenhang stellt P2 einen Bezug zu ihrer eigenen (Medien-)Kindheit her: Zwar durfte sie als Kind in dem Alter alleine fernsehen, dennoch betrachtet sie die gemeinsame Nutzung mit ihren Cousinen als *„sinnvoll"* (Z. 2448). Zudem beschreibt P2 die gemeinsame Mediennutzung als positives Erlebnis für die gesamte Familie. So seien die Inhalte *„teilweise auch schöne Sachen"* (Z. 2448-2449) wie etwa die alten „Pippi Lang-strumpf"-DVDs, die P2 aus der eigenen Kindheit bekannt seien und die sie *„auch noch toll"* (Z. 2450) finde (vgl. Z. 2423-2461). Auch P3 zieht zur pädagogischen Einordnung von Medieninhalten (Ist ein Medieninhalte für Kinder geeignet oder nicht geeignet?) Erfahrungen der eigenen Medienkindheit heran: So schätzt sie die in Bezug auf den oben beschriebenen Jungen, der viel fernsehe, von ihm konsumierten Inhalte als nicht kindgerecht ein. Die Mutter des Jungen habe zu einem Kindergartenfest die DVD „Matilda" mitgebracht, damit die Kinder diesen ansehen könnten. P3 jedoch lehnt aufgrund ihrer eigenen kindheitsbezogenen Erfahrungen mit dem Film und ihr heute noch bestehendes Unbehagen in Bezug auf die Filmfigur „Frau Knüppelkuh" den Film für Kinder im Vorschulalter ab, sodass der Film nicht beim Kindergartenfest gezeigt wurde.[91] Ein Gespräch mit der Mutter über die Filmauswahl suchte P3 jedoch nicht (vgl. Z. 2489-2597).

11.3.2.2 Medienerzieherischer Habitus

11.3.2.2.1 Medienerzieherischer Habitus: Vorstellungen und Beurteilungen

Verständnis und Haltung hinsichtlich Medienerziehung

Die Gruppe sieht Medien als fest in die Gesellschaft und damit auch in den Alltag von Kindern verankert an. Dementsprechend sei es Aufgabe der Kita, die Auseinandersetzung mit elektronischen Medien in den pädagogischen Alltag zu integrieren. Dieser Orientierungsrahmen findet sich in verschiedensten Passagen wieder (vgl. Z. 60-163; 229-260; 1804-1975; 2047-2256; 2331-2834). Ohne eine entsprechende Bedienkompetenz elektronischer Medien und vor allem des Internets sei der heutige Alltag deutlich erschwert. Da man in der heutigen Zeit über eine technische Nutzungskompetenz verfügen müsse, komme der Kita die Aufgabe zu, diese auf Seiten der Kinder zu fördern:

> P1: [...] und und uns/ unsere Kinder, je mehr du die dann, je eher du die ranführst, umso besser können die das auch (Z. 2232-2233).

Dies diskutiert die Gruppe sich wechselseitig bestätigend und ergänzend an verschiedenen Beispielen aus dem eigenen Alltag. So sei ein Fahrkartenkauf am Schalter deutlich zeitintensiver als der Einkauf im Internet, am Flughafen würde man den Check-In an einem elektronischen Schalter vornehmen und eine neue Bankkarte würde man über das Internet anfordern. Aufgrund der alltäglichen medialen Durchdringung schlussfolgert P1, dass sich niemand, egal welchen Beruf er habe, vor einer Auseinandersetzung mit Medien *„verschließen"* (Z. 2165) dürfe, *„weil es geht nicht, es geht nicht ohne"* (Z. 2165-2166). Dementsprechend sei es auch Aufgabe des Kindergartens, einen *„[richtigen] Umgang mit Medien"* (P1, Z. 2161) bei Kindern zu fördern (vgl. Z. 2161-2256). Das Begriffspaar *„richtiger Umgang"* ist deutlich normativ aufgeladen und impliziert, mit Blick auf den Diskussionsverlauf, einen sinnhaften (z.B. Nutzung des Computers als Arbeitsgerät) und zeitlich regulierten Gebrauch von ‚wertvollen Medien' (versus Medien wie „SUPER RTL", die als *„Schrott"* betrachtet werden).

---

[91] Der Film „Matilda" aus dem Jahr 1996 handelt vom Mädchen Matilda Wurmwald, deren Eltern äußerst desinteressiert an ihrer Tochter sind. In der Schule gerät Matilda mit der Direktorin Agatha Knüppelkuh aneinander. Diese ist eine frühere Olympiateilnehmerin im Hammerwurf und nutzt ihre Kraft, um die Schulkinder zu misshandeln. Letztendlich gelingt es Matilda aufgrund ihrer telekinetischen Fähigkeiten, Frau Knüppelkuh von der Schule zu vertreiben (vgl. Amazon o.J.).

Die gesamte Gruppe steht der pädagogischen Nutzung eines Computers im Kindergarten offen gegenüber (vgl. Z. 2770-2834). Ein zentrales Argument der Auszubildenden für die PC-Nutzung in der Kita ist das *„Interesse der Kinder"* (P1, Z. 2790) für den Umgang mit Medien und der Umstand, dass Medien zur *„Erfahrungswelt"* (P1, Z. 2794) der Kinder zählen würden:

> P1: [...] jedes Kind [...] kommt damit in Berührung//. Und deswegen ist es einfach wichtig auch das im Kindergarten nicht auszuschließen (Z. 2794-2799).

Hieran zeigt sich die Ausrichtung der Teilnehmerinnen am pädagogischen Konzept der Orientierung an Situationen (vgl. Kap. 2.6). Würden sich Kita-Erzieher/innen vor einer Nutzung elektronischer Medien wie dem Computer scheuen, würden sie aus Sicht der Teilnehmerinnen die aktuelle gesellschaftliche Realität verleugnen. Dies verdeutlichen die Berufspraktikantinnen anhand eines Vergleichs zur kulturellen Diversität in Deutschland, die man ebenfalls nicht leugnen könne:

> P1: //Oder wenn man sagt//, „gut, hier bei mir in meinem Kindergarten"
> P3: Ja.
> P1: „haben wir keine Muslime."
> P3: Schrecklich.
> P1: Aber deswegen gibt es sie ja doch, also //generell//.
> P3: //Mmh.//
> P1: Man kann ja die Augen nicht verschließen oder
> P2: Kannst du auch sagen, es gibt keine Schwarze
> P1: Richtig.
> P2: und dann gehen sie in die Stadt //und dann, ja.//
> P1: //Ja, genau//
> P3: Ne? (P2 lacht) (Z. 2811-2833).

P3 schließt diese Argumentationssequenz mittels einer echten Konklusion ab, sodass der Orientierungsrahmen noch einmal verdeutlicht wird. Da Medien und ihre Relevanz nicht negiert werden könnten, sei eine Auseinandersetzung mit Medien in der Kita notwendig: *„Also und deswegen, das ist nun mal unsere Zeit und deswegen ist es auch wichtig"* (P3, Z. 2833-2834).

Der vorliegende Orientierungsrahmen spiegelt sich auch in einer Argumentation von P3 wider, die ein Praktikum im „Waldorfkindergarten" absolviert hat und die dortige Ablehnung von Medien als negativen Gegenhorizont zu einem Kindergarten, in dem eine Auseinandersetzung mit Medien stattfindet, setzt:

> P3: Das hat mir halt bei der Waldorf/ im Waldorfkindergarten
> P1: Ja.
> P3: hat mir das total gefehlt, das war (...) weg von Medien, weg von all dem und dann dacht ich, „wenn die Kinder aus dem Kinder/ aus diesem Kindergarten rauskommen, die werden erst mal reizüberflutet (spricht mit lachender Stimme) (...) in die Welt gehen", //also es ist total// [...] Und da dacht ich, „oh mein Gott und wenn dieses Kind jetzt mal (...) raus in die Welt kommt" (spricht mit Lachen in Stimme) (Z. 2174-2195).

Die Gruppe lehnt demzufolge einen Kindergarten, der einen Schutzraum vor medialen Einflüssen darstellt, ab. Zwar nehmen die Auszubildenden deutliche negative Auswirkungen eines zu hohen Medienkonsums auf Kinder wahr (vgl. Z. 229-260; 2047-2158; 2383-2425; 2489-2673), anders herum sei aber die Abschottung vor medialen Einflüssen ebenfalls risikoreich, da dies das Kind überfordere, was sich in dem Terminus „reizüberflutet" (Z. 2180), den P3 benutzt, dokumentiert.

Zudem könne ein *„[gezielter]"* (P1, Z. 2383) Einsatz elektronischer Medien in der Kita eine *„Bereicherung"* (P1, Z. 2383) darstellen. Beispielsweise könnte der Computer mit einer mediendidaktischen Intention zum *„Nachforschen"* (P3, Z. 2784) über „Google" genutzt werden. Zudem könnten auch Kinder von Eltern, die sich keinen Computer leisten könnten, in der Kita den Umgang mit diesem kennenlernen.

Neben dem Umgang mit dem Computer in der Kita befürwortet die Gruppe auch handlungsorientierte Medienarbeit wie die Umsetzung eines Fotoprojekts (vgl. Z. 163-206).

Des Weiteren sehen die angehenden Erzieherinnen als Aufgabe von Medienerziehung – sowohl auf Seiten der Kita als auch auf Seiten des Elternhauses – dass die Kinder in ihrer Mediennutzung begleitet werden. Entweder mittels einer gemeinsamen Nutzung (bezogen auf das Elternhaus) oder indem mit den Kindern über die konsumierten Inhalte und aufkommende Fragen und Ängste gesprochen werde. Zudem sollten Kinder langsam und aufeinander aufbauend an verschiedene Medien herangeführt werden, beginnend bei Bilderbüchern (vgl. Z. 2675-2752).

Da die Mediennutzung der Kinder jedoch oftmals nicht durch Eltern begleitet werde und der Fernseher als Babysitter fungiere, sieht die Gruppe medienpädagogische Elternarbeit ebenfalls als notwendige Aufgabe der Kita an (vgl. Z. 2071-2158).

Umsetzungsmöglichkeiten von Medienerziehung

Im Anschluss an das gemeinsame Ansehen des „Bibernetz"-Videos diskutieren die Teilnehmerinnen über die Umsetzbarkeit eines Fotoprojekts in der Kita. Auf die von P3 und P2 eingebrachten Hindernisse für die Umsetzung eines Fotoprojekts – es sei schwer umsetzbar, dass die Kinder einen eigenen Fotoapparat mitbrächten und dass jüngere Kinder einbezogen würden – erwidert P1 konkrete Lösungsansätze: Der Kindergarten selbst müsse Fotoapparate anschaffen und mit den jüngeren Kindern könnten beispielsweise Fotos bei einem Ausflug gemacht werden, welche im Anschluss in einer Fotoausstellung in der Einrichtung präsentiert würden. P3 stimmt der Argumentation von P1 zu, P2 äußert sich nicht weiter (vgl. Z. 163-206).

Trotz des Orientierungsrahmens von P1, sich in der pädagogischen Arbeit in der Kita stark zu engagieren und bei auftretenden Schwierigkeiten aktiv nach Lösungen zu suchen (vgl. detaillierter dazu Kap. 11.3.2.3), sieht sie wie auch P3 die in ihrer Einrichtung vorliegenden Rahmenbedingungen wie ein schlechtes Kind-

Erzieher/in-Verhältnis und Stundenkürzungen als hinderlich für die Umsetzung pädagogischer Aktivitäten an (vgl. Z. 1482-1570; 3349-3379). Dies gilt nicht nur für den Bereich der Medienerziehung, sondern auch für andere Bereiche wie den pädagogischen Schwerpunkt der Bewegungserziehung, welcher für P1 eine stärkere Relevanz hat als Medienerziehung:

> P1: Z.B. steht bei uns auch drinnen Waldtag (...) und der war auch immer gewesen, aber durch die rahmenbedingten Kürzungen können wir den im Moment nicht realisieren. Aber gerade der ist auch wichtig, weil wir ja ein Bewegungskindergarten sind, um halt mal andere Bewegungsanlässe und andere ähm, ja, Untergründe und andere Bewegungserfahrungen den Kindern zu ermöglichen, wär dieser Waldtag halt sehr sehr wichtig. Aber Gruppenleitung ist, ähm, ein halbes Jahr jetzt krank, weil sie vom Auto angefahren worden ist. Die andere hat ein Kind adoptiert, die hat im Mai nen Antrag gestellt und der ist (P2 und P3 kichern) Juni [...] bewilligt worden. [...] Und, ähm, ja, das sind dann halt zwei Sachen und damit ist dieser Tag halt nicht mehr realisierbar (Z. 1560-1570).

Weitere Schwierigkeiten für die Umsetzung pädagogischer Aktivitäten ergäben sich bei Krankheiten der Erzieher/innen, da dann eine einzelne Erzieherin 25 Kinder betreuen müsse und die ohnehin intensive Arbeit mit körperbehinderten Kindern in der Einrichtung deutlich erschwert sei. Während P2 wie P1 ein ungünstiges Kind-Erzieher/in-Verhältnis für ihre Einrichtung benennt, besteht in der Kita von P2 diese Problematik nicht (vgl. Z. 3366-3379). Bei P2 hingegen und ebenso bei P3 steht der Umsetzung von Medienerziehung die geringe Medienkompetenz der älteren Erzieherinnen entgegen (vgl. detaillierter dazu Kap. 11.3.3.3).

Änderung des medienerzieherischen Habitus durch die Ausbildung

Im Hinblick auf Veränderungen des medienerzieherischen Habitus beschreibt P1, dass ihr durch die Ausbildung die Relevanz des Themas Medienerziehung für die Arbeit in der Kita deutlich geworden sei. Zu Beginn der Ausbildungszeit hätte sie dem Fach Sprache(n)/Medien ablehnend gegenübergestanden: *„'[...] oh, ne, was ist denn das für ein Kram? [...] //Ich will Erzieher werden//, was soll ich denn damit?'"* (Z. 2856-2861).

Dies habe sich jedoch im Laufe der Ausbildung geändert, sodass P1 auf einer Skala von eins bis zehn (zehn als Maximum) das Fach mit einer acht und somit deutlich überdurchschnittlich bewerten würde. Ein zentraler Grund dafür sei das im Unterricht durchgeführte Rollenspiel eines Elternabends gewesen, durch welches sie erfahren habe, dass bei einem Elternabend Medien sinnvoll eingesetzt werden können (vgl. Z. 2839-2915).

11.3.2.2.2 Medienerzieherischer Habitus: Praxis

Das Einbringen der Medienerfahrungen der Kinder in die Einrichtung und Reaktionen der (angehenden) Erzieher/innen

Obwohl die angehenden Erzieherinnen die Auseinandersetzung mit Medien in der Kita als relevant erachten, haben sie dieses Thema bisher selbst noch nicht in der Kita aufgegriffen. So hätte P1 zwar die Möglichkeit gehabt, die Kinder in Form eines Computerführerscheins mit einem Laptop vertraut zu machen. Dass sie dies jedoch nicht getan hat, begründet sie mit einem situationsorientierten Arbeiten. Bei anderen Themen *„[...] [kam] mehr von den Kindern“* (Z. 1831), sodass eine pädagogische Auseinandersetzung mit dem Computer bzw. mit Medien vermutlich weniger naheliegend für P1 war. Dennoch sieht P1 ein Medieninteresse bei den Kindern, da diese jeden Montag von ihren Computerspielen wie „Mario bei den olympischen Spielen“ erzählen würden. Wenn sie diese Medienerfahrung in der pädagogischen Arbeit aufgreifen würde, würde sie jedoch eher mit den Kindern selbst Sport machen, anstatt diese das Spiel spielen zu lassen (vgl. Z. 1827-1850). Hier wird wiederum die Relevanz von P1 für das Thema Bewegungsförderung in der Kita deutlich (berufsethischer Habitus).

Eigene medienpädagogische Praxiserfahrungen

Die medienpädagogischen Praxiserfahrungen von P1 beschränken sich darauf, dass in einer Kita, in der sie gemeinsam mit P2 ein Praktikum absolviert hat, die Kinder am PC Lernprogramme spielen konnten. Sie selbst hat jedoch kein medienpädagogisches Projekt durchgeführt.

P2 und P3 haben innerhalb eines Praktikums in einer Jugendeinrichtung einen Beamer für mediendidaktische Zwecke genutzt. Zur Raumgestaltung des Jugendtreffs wurden Bilder an die Wand projiziert, sodass die Jugendlichen diese abmalen konnten. Diesen Medieneinsatz empfanden P2 und P3 als *„super“* (P3, Z. 1697), nicht zuletzt, da die Jugendlichen sehr eigenständig arbeiten konnten, was eine Arbeitserleichterung für die Auszubildenden bedeutete. Für den fachschulischen Part der Ausbildung haben P2 und P3 das Projekt per Videokamera dokumentiert und anschließend eine „Power Point“-Präsentation erstellt, die sie mit Musik und dem von ihnen geschnittenen Videofilm unterlegt haben (vgl. Z. 1634-1765).

11.3.2.3 Berufsethischer Habitus

Zentrales Ziel der pädagogischen Arbeit in der Kindertagesstätte ist für P1 und dieser Aussage stimmt P3 zu, die Vermittlung von Nächstenliebe, Toleranz und Respekt. P1 bedient sich, um ihre pädagogischen Ziele zu verdeutlichen, eines

Filmzitats des Films „Der große Diktator“ mit Charlie Chaplin, den sie am Wochenende gesehen habe: *„Wichtiger als Klugheit und Wissen ist Toleranz und Güte“* (Z. 2941).[92] Dies seien die wichtigsten Grundlagen, die sie den Kindern mitgeben möchte.

Der Kindergarten wird von der Gruppe deutlich als positiver Gegenhorizont zur Schule skizziert, was sich in drei längeren Diskussionspassagen dokumentiert (vgl. Z. 941-1034; 1471-1480; 2917-3106). Die Kindergartenzeit soll eine *„[wunderschöne]“* (P3, Z. 2984, nicht von Lernstress oder anderen Problemen geprägte Zeit sein. So bringt P3 ein:

> P3: [...] dieses zu viel Fordern vom Kind. „Also mein Kind muss jetzt, ähm, unbedingt jetzt schreiben lernen oder so.“ Also das ist ziemlich (...) heftig (Z. 1478-1480).

Diesen Orientierungsrahmen wieder aufwerfend, konstatiert P3 in einer späteren Diskussionspassage, dass sie eine frühe Einschulung ablehne (vgl. Z. 2991-3106). In diesem Zusammenhang führt sie das Beispiel eines Kindes in ihrem Kindergarten an, das nach Wunsch der Eltern mit fünf Jahren eingeschult werden solle. Das Kind sei zwar intelligent, die Grundhaltung der Einrichtung, die P3 internalisiert zu haben scheint, sei jedoch, dass Kinder *„früh genug“* (Z. 3045) eingeschult werden und stattdessen lieber noch mit anderen Kindern in der Kita spielen und kuscheln sollten. Die Kindergartenzeit wird von der gesamten Gruppe als besonderer und harmonischer Lebensabschnitt betrachtet, welcher den Kindern angesichts des Leistungsdrucks der Gesellschaft nicht genommen werden sollte:

> P1: Mmh. //Ich bin auch für jedes Kind//
> P3: //In die Schule braucht man echt//
> P1: lieber noch ein Jahr länger als ein Jahr //eher einschulen//.
> P3: //Immer etwas// fordern von den Kindern, das wird //früh genug kommen//.
> P1: //Aber es ist// //superschwierig// (Z. 3039-3048).

Bei der Auseinandersetzung mit der Thematik beziehen P2 und P3, die beide selbst mit sieben Jahren und somit eher spät eingeschult wurden, ihre eigenen Schulerfahrungen in ihre Einschätzung ein. Hierbei greifen die Auszubildenden implizit die mit einer frühen Einschulung verbundene Erwartung an entsprechende schulische und berufliche Leistungen auf, welche wiederum mit der Annahme einhergeht, dass bei einer etwas späteren Einschulung entsprechende Leistungen ausbleiben. Letztgenanntem widerspricht P2 mit Bezug auf ihre eigene spätere Einschulung: *„ich werd jetzt 24, mir fehlt nichts“* (Z. 3054).

P1 erläutert detailliert ihre pädagogische Grundhaltung, in der sie wiederum das Leistungsprinzip der Schule als Gegenhorizont zur Entfaltung der Persönlichkeit des Kindes im Kindergarten entwirft (vgl. Z. 945-1004). Im Gegensatz zur Schule biete der Kindergarten die Möglichkeit, dass Kinder *„ihren Fähigkeiten und*

92 Das Filmzitat wurde von P1 leicht verändert wiedergegeben. Das Original-Filmzitat der deutschen Filmfassung lautet: „Vor Klugheit und Wissen kommt Toleranz und Güte“ (vgl. Chaplin 2010).

Fertigkeiten" (Z. 965) nachgehen könnten. Zentral für P1 ist, dass die Kinder sich im Kindergarten viel bewegen, sie Primärerfahrungen in der Natur machen und „*explorieren*" (Z. 964). Hierbei würden sie quasi nebenbei, ohne den Leistungsdruck, den die Gruppe bezogen auf die Schule wahrnimmt, lernen:

> P1: Das heißt jetzt nicht, dass ich die da nicht förder auch und dass wir da nicht auch die Blumen zählen und so, aber dass es dann halt auch auf andere Sachen ankommt, wie z.B. dann ein Blumenbeet dann halt auch selber anlegen. Und nicht nur, dass ich sage, „ne, bevor du nicht bis zehn zählen kannst, die Blumen, vorher darfst du nicht mitpflanzen." Sondern das kommt dann dann halt automatisch, dass wenn die dann auf einmal dann sagen, „ach, wir haben jetzt zehn Knollen gepflanzt, super", dann können die das schon überblicken (...) im Vorschulalter. Das sind dann irgendwie Sachen (...), die dann so einhergehen (Z. 965-972).

In der Schule hingehen müssten die Kinder sich auch mit Inhalten auseinandersetzen, die nicht ihren Fähigkeiten entsprächen, die Stärken würden nicht gefördert. Bei bestehenden schulischen Schwächen müsse die Freizeit dafür verwandt werden, um die Lernlücken zu verringern. In diesem Zusammenhang führt P1 als Exempel ihren neunjährigen Sohn Mattis an, der Schwächen in Mathematik habe, jedoch gut in Sachunterricht sei (vgl. Z. 949-953). Ein solches Leistungsprinzip sieht P1 nicht nur in der Schule gegeben, dies sei gesellschaftlich verankert:

> P1: [...] und ich seh es halt auch so in unserer Gesellschaft. (...) Dass halt sehr viele Fer/ Fähigkeiten und Fertigkeiten, die Leute haben, halt nicht ausgenutzt werden können, weil sie sich halt auf (...) die Sachen, die sie nicht können, ähm, fokussieren müssen und deswegen, ja. (...) Das ist für mich halt immer so (lacht) und das wollt ich im Kindergarten halt anders machen und ich glaub, ich mach es da auch anders (lacht) (Z. 954-958).

Als Gegenhorizont möchte P1 in ihrer Arbeit als Erzieherin stärken- und nicht defizitorientiert arbeiten (vgl. auch Z. 3297-3325).

P1 strebt zudem, wie auch P2, eine Orientierung an Situationen im Kindergarten an (vgl. Kap. 2). So sei es laut P1 relevant, die Interessen der Kinder aufzugreifen, wie es beispielsweise der gemeinsam betrachtete Film von „Bibernetz" zum Fotoprojekt gezeigt habe (vgl. Z. 206-214). Dementsprechend würde P1 beispielsweise auch ein Fotoprojekt durchführen, wenn die Kinder ein starkes Interesse daran hätten (vgl. Z. 1329-1480). Dies wiederum bezieht sie wieder auf die Schule, in der eine Orientierung an den Interessen der Kinder selten gegeben sei (vgl. Z. 945-994). Die Orientierung an Situationen spiegelt sich sowohl bei P1 als auch bei P2 in der eigenen pädagogischen Praxis wider. So wird P1, obwohl sie persönlich keine Lust darauf hat, ein naturwissenschaftliches Projekt mit den Vierjährigen in ihrer Einrichtung durchführen, da dieses Projekt dem Interesse der Kinder entspreche und andernfalls für die Vierjährigen kein Projekt existiere (vgl. Z. 1325-1357). P2 führt als Reaktion auf das beschriebene ‚Montagssyndrom' im Rahmen ihres Projekts im Berufspraktikum wöchentlich eine „*Montagsrunde*"(P2, Z. 2349) in der Kita durch, in der die Kinder über ihre Erlebnisse am Wochenende berichten oder ein gemeinsames Spiel o.ä. gespielt werde (vgl. Z. 2349-2365). Da dies ihrer Ansicht nach nicht ausreiche, da die Kinder *„das halt auch brauchen"* (Z. 2358), wird sie bis zum Ende des Berufspraktikums zwei- bis drei Mal in der Woche eine eher ruhige Aktivität durchführen.

Die Zufriedenheit mit der eigenen Selbstwirksamkeit der pädagogischen Arbeit variiert zwischen den Auszubildenden: P3 stellt angesichts der überwiegend sozial benachteiligten Elternschaft in ihrer Kita die Wirksamkeit pädagogischer und somit auch medienpädagogischer Elternarbeit in Frage (vgl. Z. 1468-1469; 2135-2158) – *„[...] da würde nichts ankommen"* (P3, Z. 2138) – auch nicht, wenn die Erzieherinnen die Eltern auf eine zu hohe Mediennutzung ihrer Kinder hinweisen würden. Zwar würden die (angehenden) Erzieherinnen in der Einrichtung von P3 versuchen, die Eltern in die pädagogische Arbeit einzubeziehen, dies gelänge jedoch kaum, da die Eltern es ablehnen würden, dass sich der Kindergarten in die Familie *„[einmischt]"* (P3, Z. 1468). P1 hingegen weist diesbezüglich einen anderen Orientierungsrahmen auf, indem sie die Notwendigkeit des eigenen Engagements hervorhebt, durch das man dazu beitrage, dass sich etwas ändere, wenngleich man als Einzelperson nicht alle Probleme lösen könne, was sie metaphorisch umschreibt (vgl. Z. 2367-2380):

> P1: Und für mich ist es auch immer so, ich kann ja die Welt nicht retten und ich kann auch den Hunger in der Welt nicht ungeschehen machen" (Z. 2367-2368) (vgl. auch Z. 2135-2146).

P1 selbst habe sich beispielsweise engagiert, indem sie in einem Hilfsprojekt, in welchem ein Brunnen für ein Dorf gebaut wurde, mitgearbeitet habe. Dieses Beispiel bezieht sie auf die eigene pädagogische Arbeit im Kindergarten, zwar könne sie nicht alle Eltern oder Kinder erreichen, doch wenn sie *„schon ein Kind [...] oder ein Elternteil [erreicht], [sei] das schon immer ein Anfang"* (Z. 2372-2373). Dies könnte sich möglicherweise insofern positiv weiterentwickeln, dass dann weitere Kinder bzw. Eltern erreicht würden. Dementsprechend sei es die Aufgabe von Erzieherinnen, aktuelle problematische Situationen anzugehen:

> P1: Ich finde, man darf nicht einfach sagen, „ach, na ja, kann ich ja eh nichts ändern, ja, ist halt ist halt so" und das ist bei mir halt so. Ähm und wenn es halt klein anfängt, vielleicht wird daraus ja was Großes, ja (Z. 2373-2376).

P2 bestätigt diese Sichtweise. Auch in einer weiteren Diskussionspasse wird P1s Orientierungsrahmen des proaktiven eigenen Engagements für die Umsetzung pädagogischer Ziele, für den Anstrengungen in Kauf genommen werden sollten, deutlich (vgl. Z. 1346-1421): Sie betrachtet es in diesem Zusammenhang als wichtig, sich *„Kooperationspartner"* (Z. 1378) wie etwa die Eltern der Kita-Kinder zu suchen, welche Materialien für Projekte spenden oder in einem Kita-Projekt mitwirken und ihr eigenes Wissen einbringen könnten. So wird sie den Vater eines Kita-Kindes, der selbst Chemielehrer ist, bitten, sie beim Nachbau eines Vulkans im Rahmen des von ihr durchgeführten naturwissenschaftlichen Projekts zu unterstützen.

11.3.3 Zu den Bedingungen der Einrichtungen

11.3.3.1 Medienerzieherischer Habitus der Erzieher/innen: Praxis der Medienerziehung

Mit Blick auf die eigenen Erfahrungen in Praktika und im Anerkennungsjahr subsumieren die Auszubildenden, dass elektronische Medien in der Kita nur *„sehr vereinzelt"* (P1, Z. 122) genutzt würden. Medien, die eingesetzt würden, seien Bücher und Audiomedien. Zudem würden die Erzieherinnen selbst fotografieren und die Dokumentation teilweise am Computer erstellen, hierbei seien die Kinder jedoch nicht eingebunden. P1 habe zudem in Einrichtungen erlebt, dass Kinder einen eigenen Fotoapparat zum Spielzeugtag mitbringen durften, danach war dieser jedoch nicht mehr in der Einrichtung erwünscht (vgl. Z. 60-163; 1573-1632).

Während in einem Kindergarten, in dem P1 und P2 gemeinsam im Praktikum gearbeitet haben, den Kindern ein Computer mit Lernspielen zur Verfügung stand (vgl. Z. 1713-1765), wird der Computer in der (medien-)pädagogischen Arbeit mit den Kindern in den drei Einrichtungen, in denen die Auszubildenden aktuell tätig sind, nicht genutzt. Als Grund dafür benennen P1 und P3 u.a. eine mangelnde PC-Ausstattung (vgl. Z. 1804-1975). In der OGS hingegen gebe es im Gegensatz zur Kita Computer mit Lernprogrammen (vgl. Z. 1767-1802).

Auf die Frage, ob der Bereich Medien/Medienerziehung in der jeweils aktuellen Einrichtung umgesetzt werde, verneinen dies alle drei Teilnehmerinnen (vgl. Z. 1857-1879). Mit Blick auf die im Unterricht erlernten medienpädagogischen Inhalte und deren Umsetzung in der Praxis zeichnet P3 in Form einer Konklusion mit dem Modus der Bewertung ein negatives Bild (vgl. Z. 1573-1632):

> P3: Was wir hier alles gelernt haben, das wird
> P2: Mmh.
> P3: gar nicht irgendwie (...) durchgesetzt (Z. 1628-1632).

Dennoch kann für die Einrichtung, in der P1 arbeitet, ein etwas höheres medienpädagogisches Engagement als für die beiden anderen Einrichtungen verzeichnet werden. So finden im Familienzentrum von P1 medienpädagogische Informationsveranstaltungen für Eltern statt, bspw. zu Fragen bzgl. Mediennutzung und -besitz von Kindern. Um arbeitenden Eltern die Teilnahme zu ermöglichen, finden diese Veranstaltungen zu Zeiten statt, in denen die Kinder durch die Kita betreut werden (vgl. Z. 428-519).

Die Einrichtung hat zudem den Medienbereich in ihrem pädagogischen Konzept (vermutlich wenig detailliert) verankert, eine praktische Umsetzung mit den Kindern bleibt allerdings aus (vgl. Z. 1549-1560). In Kürze wird sich die Einrichtung an zwei Terminen im Medienbereich fortbilden. Dies jedoch nicht aus intrinsischem Interesse an der Thematik, sondern um die Re-Zertifizierung als Familienzentrum zu erhalten, da die Einrichtung bezogen auf den Medienbereich und die Dokumentation der Kinder oftmals nicht positiv bewertet worden sei (vgl. Z. 590-704). Dies entspricht der Darstellung der Lehrerin Elisabeth Dittrich-Schreiner, welche eine Re-Zertifizierung als Familienzentrum als ein oberflächliches, nicht nachhaltiges Fortbildungsengagement der Einrichtungen beschreibt (vgl. Kap. 9.2.3.1).

11.3.3.2 Medienerzieherischer Habitus der Erzieher/innen: Vorstellungen und Beurteilungen

Verständnis und Haltung hinsichtlich Medienerziehung

Obwohl in den drei Einrichtungen Medienpädagogik bisher kaum eine Rolle spielt und die Auszubildenden für die älteren Erzieherinnen eine geringe Mediennutzungskompetenz wahrnehmen, seien die Erzieherinnen den Themen Medieneinsatz und Medienerziehung in der Kita gegenüber aufgeschlossen (vgl. Z. 706-754). Vor allem P2 berichtet von einer hohen Begeisterung und Offenheit der ausschließlich älteren Erzieherinnen in ihrer Einrichtung, welche von der aktuellen Technik, die ihnen selbst nicht geläufig sei, fasziniert seien:

> P2: //Also bei mir// die wollen und also (...), sie finden es super, sie finden es toll, sie finden auch, ähm, mein Handy der Wahnsinn, weil die wohl vorher noch nie gesehen haben, dass ein Handy Internet haben kann. (P1 und P3 lachen) (Z. 2006-2008).

Auch einer Nutzung von Medien in der Kita scheinen die Erzieherinnen offen gegenüberzustehen:

> P2: Dass, da heißt es dann immer, ich, so so so Quatschsachen, dann sitzt man zusammen mit den Kindern und unterhält sich (...) am Tisch und dann sitzen halt drei Erzieherinnen und dann sagen die, „ach, ja, P2 [Anm.: geä. wg. Ano.], google doch mal schnell", ne? Und dann auch mit den Kindern zusammen, also das ist für die so wirklich, „ach, die hat doch ihr Handy da liegen, dann können wir das ja auch mal schnell googlen" (vgl. Z. 2008-2013).

Als P2 durch ihren Bruder den Umgang mit „PowerPoint" erlernte, äußerten die Erzieherinnen zudem den Wunsch, dass diese ihnen ebenfalls das Programm beibringt. Diesbezüglich wiederum sieht sich P2 aufgrund ihrer wahrgenommenen eigenen geringen Medienkompetenz als überfordert an (vgl. Z. 706-754).

11.3.3.3 Medialer Habitus und Medienkompetenz der Erzieher/innen

Mediennutzung und -kompetenz der Erzieher/innen

P2 und P3 nehmen eine geringe Mediennutzungskompetenz der Erzieherinnen in ihrer Einrichtung wahr (vgl. Z. 262-282; 543-588). P2 begründet dies im Modus der

Argumentation mit dem hohen Altersunterschied zwischen den Auszubildenden und den Erzieherinnen, die in der Einrichtung arbeiten, wenngleich P2 selbst teilweise unsicher im Umgang mit neuen technischen Geräten ist:

> P2: So, meine Frage ist, ob die Erzieherinnen mitkommen. Ich manchmal nicht (...) oder wir manchmal nicht. (...)
> P1: Muss man sich halt weiterbilden.
> P2: Ja. Aber im Moment kommen wir nicht mit.
> P3: Mh.
> I: Inwiefern nicht mit? Also dass dass man das dann nicht in die Kita holen kann und dann diese ganzen Sachen aufgreifen kann, oder?
> P2: Ich sag mal, wir sind jetzt Anfang 20, ne, alle.
> P1: Mh. (P1 und P2 lachen, Blick zu P1, die 37 Jahre alt ist).
> P2: Aber die Erzieherinnen sind teilweise, meine Anleitung ist 50 und der fällt es schon schwer, nen Fotoapparat zu bedienen und dann muss ich halt der den Ausdruck übernehmen, was jetzt eigentlich wurscht ist, weil beim „DM" geht das ja einfach, aber (seufzen) es es fällt denen halt schon sehr schwer, so was zu machen, es ist allein schon, die Fotos von der SD-Karte auf den Laptop zu tun. Können die teilweise nicht (Z. 262-282).

In einer Fokussierungsmetapher im Modus der Erzählung und Beschreibung berichtet P2 weiter über das defizitäre Technikverständnis der Kita-Leitung, welche bei auftretenden PC-Problemen durch die Väter der Kita-Kinder unterstützt werde (vgl. Z. 741-754):

> P2: Wir haben so nen digitalen Bilderrahmen im Flur hängen, da den kann keiner bedienen von denen und das machen die Väter. (P1 lacht) Also die Väter, die machen dann Fotos bei, jetzt z.B. bei Karneval haben die Väter Fotos gemacht und kamen dann mit ner CD und dann sagte die Leitung, „ja, aber ich kann die CD doch nicht in den Fo/, äh, Bilderrahmen reinstecken." Sagten die Väter, „ne, muss man dann auf nem Stick speichern und dann auf den Bilderrahmen." War schon zu viel, sagt die, „ja, ich geb Ihnen nen Kaffee, machen Sie das" (Schülerinnen lachen) (Z. 741-747).

Die Schwierigkeit der älteren Erzieherinnen im Umgang mit technischen Geräten zeigt sich auch in der Dokumentation der kindlichen Entwicklung mittels PC, welche den älteren Erzieherinnen nicht selbstständig gelingt. Somit unterstützen die Berufspraktikantinnen die älteren Erzieherinnen, der Lerneffekt scheint jedoch begrenzt zu sein:

> P3: //Die schreiben// dann das vor und wir machen das. Oder wir zeigen denen das ein Mal, aber P2: Selbst das Abtippen //dauert ewig.// (I lacht)
> P3: //Dann rufen// die auch ständig (P2 lacht) noch mal, also, haben noch Fragen. Ist halt schwierig (Z. 564-570).

In der Einrichtung von P1 hingegen gestalte sich die Situation andersartig. Im Gegensatz zu den Einrichtungen, in denen P2 und P3 arbeiten, seien die Erzieherinnen in ihrer Einrichtung jünger – noch keine sei 40 Jahre alt – sodass die PC-Nutzung kein Problem darstelle. So würden sich zwar die PC-Kompetenzen der einzelnen Erzieherinnen unterscheiden, das gesamte Team sei aber fortwährend bemüht, sich hinsichtlich neuer Themenbereiche weiterzubilden (vgl. Z. 543-588).

11.3.3.4 Berufsethischer Habitus der Erzieher/innen

Die Elternschaft und deren Erziehungsverhalten unterscheiden sich in den drei Einrichtungen, in denen die Auszubildenden arbeiten, voneinander. Damit ist auch ein jeweils unterschiedlicher pädagogischer Schwerpunkt der Einrichtungen verbunden (vgl. Z. 706-723; 1288-1480): Den Schwerpunkt des Familienzentrums, in dem P1 tätig ist, stellt die Bewegungsförderung dar. Zudem ist die Einrichtung hinsichtlich der Sprachförderung der Kinder sehr aktiv. Darüber hinaus würden die Eltern, welche einen überwiegend akademischen Bildungshintergrund hätten, von den Erzieher/innen Projektarbeit und eine Vorbereitung auf schulische Anforderungen einfordern. Hinsichtlich der Vorbereitung auf schulische Anforderungen sehen sich die Erzieherinnen und auch P1 jedoch nicht in der Verantwortung:

> P1: wo wir halt auch Eltern bremsen müssen, weil die dann wirklich wollen, dass ihre Kinder bei uns im Kindergarten schreiben, lesen, rechnen lernen und das ist halt nicht, sehen wir halt nicht als unsere Aufgabe an (Z. 1474-1476).

Abermals spiegelt sich somit der Orientierungsrahmen einer sorgen- und leistungsbefreiten Kindergartenzeit im Gegenhorizont zur Schule wider.

In der Einrichtung, in der P3 tätig ist, verfügen die meisten Eltern über eine geringe Bildung, was P3 mit einem problematischen Erziehungs- und Konfliktverhalten innerhalb der Familie verknüpft sieht. Diese seien kaum in der Lage, sich angemessen um ihr Kind zu kümmern. Dementsprechend liegt der Fokus der pädagogischen Arbeit auf der Betreuung und der Förderung des Sozialverhaltens der Kinder, da die Kinder zu Hause kaum geregelte Mahlzeiten bekämen und zu Aggressionen neigen würden (vgl. Z. 1288-1480):

P2 geht nicht näher auf die Elternschaft ihrer Einrichtung ein. Die pädagogische Arbeit ihrer Kita sei durch Gewohnheiten und klassische Kita-Aktivitäten gekennzeichnet, was P2 mit der langjährigen gemeinsamen Arbeitsroutine und der hohen Vertrautheit zwischen den Erzieherinnen begründet (Modus der Argumentation):

> P2: Wir sind ja von „Fröbel", von nem großen Träger und (...) ich sag mal, das Team arbeitet seit 30 Jahren zusammen, die sind eng befreundet (Z. 706-707).

P2 drückt das Bedürfnis der Erzieherinnen nach Harmonie und einer schönen Kindergartenzeit mit dem Terminus der „Familie" (Z. 711) aus:

> P2: Ja, die ist das, für die ist so, wir sind hier alle ne Familie, wir sind, machen das hier alles als Familie und der Rest ist eigentlich fällt hier [runter] (Z. 711-712).

Damit ginge einher, dass Mediennutzung und -erziehung, Themen, die den Erzieherinnen nicht geläufig seien, nicht umgesetzt würden, da von außen keine neuen Impulse eingebracht würden, was P2 in dem jeweils gleichen Werdegang und der Kontinuität des Wohn-ortes der Erzieherinnen begründet sieht.

> P2: [...] die waren teilweise also als Kinder schon in dem Kindergarten und dann haben sie Ausbildung gemacht und haben sich dann als Erzieher da wiedergetroffen, die kommen alle aus derselben Ecke und, ja, deswegen (leichtes Seufzen in Stimme) (...) sind solche Sachen eigentlich, fallen dann immer so runter (Z. 720-723).

Das Team sei *„halt so alt eingesessen und es macht halt ihr Ding"* (Z. 735-736). Auch von den Eltern würde der Bereich Medienpädagogik nicht eingefordert (vgl. Z. 720-737).

11.3.4 Fazit der Gruppendiskussion

Die Gruppendiskussion der Gruppe BP_3 ist durch eine parallelisierende Diskursorganisation gekennzeichnet. Die Gruppe sieht die Auseinandersetzung mit elektronischen Medien aufgrund der Mediatisierung und Digitalisierung der Gesellschaft im Verantwortungsbereich der Kita. Im Kita-Alltag selbst würden die negativen Effekte einer zu hohen Fernsehnutzung einiger Kinder deutlich werden, u.a. in Entwicklungsverzögerungen in Sprache und Motorik der Kinder und einer Unruhe der Kinder nach dem Wochenende (‚Montagssyndrom') (medialer Habitus). Trotz der wahrgenommenen medialen Risiken ist ein Ausschluss elektronischer Medien für die angehenden Erzieherinnen ein falscher Ansatz, da dann die Kita eine Art Vakuum darstelle und die Kinder nach der Kita-Zeit umso stärker mit medialen, überfordernden Einflüssen konfrontiert würden. Der Kita kämen im Hinblick auf die Auseinandersetzung mit Medien verschiedene Aufgaben zu (medienerzieherischer Habitus): Zum einen müsse angesichts des medial durchdrungenen Alltags die technische Nutzungskompetenz der Kinder gestärkt werden. Zum anderen sollten die Kinder bspw. durch medienbezogene Gespräche in ihrer Mediennutzung begleitet werden, Medien wie ein Computer in der Kita genutzt werden, bspw. zu mediendidaktischen Zwecken und handlungsorientierte Medienprojekte wie bspw. ein Fotoprojekt umgesetzt werden. Zudem müsse medienbezogene Elternarbeit stattfinden. Generell befürwortet die Gruppe das pädagogische Konzept der Orientierung an Situationen, sodass sich pädagogisches und damit auch medienpädagogisches Arbeiten an den Bedürfnissen und Interessen der Kinder orientieren müsse (berufsethischer Habitus).

Trotz der von den angehenden Erzieherinnen beschriebenen Relevanz der Thematik der Medienerziehung und somit einem für Medienerziehung aufgeschlossenen Habitus sind die Auszubildenden bisher kaum medienpädagogisch tätig geworden. Dies verwundert nicht, so haben die Auszubildenden in den Einrichtungen, in denen sie tätig waren und sind, Medienerziehung nicht als in der Kita fest verankerten Bildungsbereich erlebt. Hinzu kommt, dass im Hinblick auf eine Orientierung an Situationen die angehenden Erzieherinnen die Bearbeitung anderer pädagogischer Schwerpunkte (u.a. Bewegungsförderung, Förderung sozialer Kompetenzen) offensichtlich für die pädagogische Kita-Arbeit als relevanter empfinden.

Obwohl Medienerziehung in den drei Einrichtungen, in denen die Auszubildenden aktuell arbeiten, kaum bzw. gar nicht umgesetzt wird, sind die dortigen Erzieherinnen dem Thema gegenüber prinzipiell sehr aufgeschlossen. Einer Umsetzung stehen andere pädagogische Schwerpunktsetzungen der Einrichtungen bei gleichzeitiger Ressourcenknappheit (schlechtes Kind-Erzieher/innen-Verhältnis) sowie eine geringe technikbezogene Medienkompetenz der älteren Erzieherinnen entgegen. Entscheidender ist aber wohl, dass sich die Einrichtungen bisher kaum mit der Thematik auseinandergesetzt zu haben scheinen.

11.4 Gruppendiskussion mit den Berufspraktikantinnen der Lehrerinnen Juliane Mahr, Melanie Fröhlich und Nele Bensch (Gruppe BP_4)

„[...] die können gar nicht mehr diese eigenen Erfahrungen machen. Mit Material oder so. Genauso wie dieses, ja, dieses freie Spielen oder so. Dies, dass man draußen auf der Straße spielt mit äh Stöckchen und so, was man früher noch gemacht hat oder Straßenmalkreide. Das gibt es ja nicht, dann äh sind irgendwelche Computerspiele oder Fernsehsendungen oder irgendetwas anderes dann mehr aktuell.“

11.4.1 Zu den demografischen und beruflichen Angaben der angehenden Erzieherinnen und den Ausbildungsinhalten

11.4.1.1 Demografische Angaben und berufliche Zukunft

Die Gruppe BP_4 besteht aus zwei Berufspraktikantinnen. P1 ist 20 Jahre alt und arbeitet während des Berufspraktikums in einer städtischen Kindertagesstätte. P2 ist 20 Jahre alt und arbeitet in einem evangelischen Familienzentrum. Im Anschluss an die Ausbildung möchten beide nicht als Erzieher/innen tätig sein, da dies nicht ihr Traumberuf sei. Für P2 ist auch die geringe Bezahlung ausschlaggebend. P1, die seit ihrer Kindheit musiziert, plant nach dem Berufspraktikum die Unterrichtsfächer Deutsch und Musik für die Lehrtätigkeit in der Grundschule zu studieren. P2 möchte den Studiengang Sozialpädagogik als Lehramtsfach für berufsbildende Schulen absolvieren (vgl. Z. 59-71; 83-163; 1935-2027).

Das Sample gestaltet sich wie folgt:

Person	Alter in Jahren	Geschlecht	Schulabschluss	Absolvierte Ausbildung/ abgeschlossenes Studium
P1	20	w	Aktuell in der Ausbildung Erzieherin plus AHR	-
P2	20	w	Aktuell in der Ausbildung Erzieherin plus AHR	-
Gesamtgruppe	Ø 20	2 w	2 aktuell in der Ausbildung Erzieherin plus AHR	-

Tabelle 13: Sample Gruppe BP_4

11.4.1.2 Rahmenbedingungen und inhaltliche Schwerpunkte der gesamten Ausbildung

Die Gruppe BP_4 unterscheidet sich insofern von den anderen Gruppen, dass sie nicht die klassische Erzieher/innen-Ausbildung absolviert, sondern die Variante Erzieher/in plus AHR. Mit Abschluss der Ausbildung erhalten die Berufspraktikantinnen somit das Abitur, das ein Universitätsstudium ermöglicht (vgl. Z. 16-32; 51-58).

11.4.1.3 Medienpädagogik als Inhalt der Erzieher/innen-Ausbildung

Die beiden Berufspraktikantinnen scheinen im Unterricht kaum mit medienpädagogischen Inhalten in Berührung gekommen zu sein. Die Auszubildenden gehen davon aus, dass das Fach Medienerziehung lediglich ein halbes Jahr unterrichtet wurde, erinnern sich aber nicht mehr richtig. Als medienpädagogische Inhalte des Unterrichts benennen sie die Analyse von Kindersendungen bezogen auf die Frage, ob diese kindgerecht seien. Produktions-orientierte Medienarbeit hingegen hätte überhaupt nicht stattgefunden (vgl. Z. 33-44).

Den medienpädagogischen Unterricht schätzt die Gruppe als qualitativ gering ein, was an der zuständigen Lehrkraft gelangen habe, die zwar fachlich kompetent sei, jedoch überwiegend *„total [monotonen]"* (P1, Z. 1459) *„Frontalunterricht"* (P2, Z. 1461) gehalten habe. Dementsprechend seien kaum Gruppenarbeiten durchgeführt worden (vgl. Z. 1405-1507).

Anwendbarkeit des in der Ausbildung Gelernten in der Praxis

Eine mögliche Anwendbarkeit der medienpädagogischen Unterrichtsinhalte verneinen beide Teilnehmerinnen, da nicht ausreichend Inhalte behandelt worden seien, die in der Praxis der Kita umgesetzt werden könnten (vgl. Z. 1405-1507).

11.4.2 Zum Habitus der angehenden Erzieherinnen

11.4.2.1 Medialer Habitus und Medienkompetenz

11.4.2.1.1 Mediennutzung und -kompetenz

Die Teilnehmerinnen nutzen den eigenen Laptop häufig im Kontext von Ausbildungsaufgaben, beispielsweise zur Vorbereitung pädagogischer Projekte für die Einrichtungen. Im privaten Kontext nutzen die Auszubildenden häufig den Laptop, das Smartphone und den Fotoapparat. Während P2 viel fernsieht, schaut sich P1 hingegen manchmal eine DVD an. P1 hört zudem viel Musik (vgl. Z. 1609-1634; 1722-1793).

Auf die Frage nach der eigenen Medienkompetenz schätzt P2 ihre eigenen Bedienkompetenzen hinsichtlich technischer Geräte als eher gering an, da sie schlecht mit einem Beamer umgehen könne. P1 bezieht sich direkt auf die Aussage von P2: Sie selbst könne zwar auch nicht mit dem Beamer umgehen, ihre Bedienkompetenz sei jedoch ausreichend, da sie den Fernseher mit dem DVD-Player verbinden könne und dieses im Gegensatz zur Bedienung eines Beamers in ihrer Einrichtung benötigt werde (vgl. Z. 1509-1556). Das Präsentationsprogramm „PowerPoint" beherrschen beide Teilnehmerinnen weniger gut, sodass sie für ihre Abschlussreflexion zum Ende des Berufspraktikums zur Visualisierung der Inhalte ein Plakat anstatt einer „PowerPoint"-Präsentation erstellt haben: *„[...] man muss sich damit auskennen, weil ich finde immer so eine „PowerPoint"-Präsentation, die dann nur so halb ist, das finde ich immer blöd. [...] Da mache ich lieber ein Pla/ Plakat, wo ich sicher bin, dass ich da kann" (lacht)* (Z. 1816-1822). Ein weiterer Grund für die Präferenz für das Plakat liegt in der Bewertung der jeweiligen Medien durch die Berufspraktikantinnen. Sie empfinden ein Plakat oder etwas Gebasteltes als *„schöner"* (P2, Z. 1844) und *„viel persönlicher"* (P1, Z. 1846) als eine „PowerPoint-Präsentation (vgl. Z. 1795-1846).
P2 bezieht sich auf die Frage nach der eigenen Medienkompetenz darüber hinaus auf Medieninhalte für Kinder und somit eigentlich auf ihre medienpädagogische Kompetenz. Dieser Begriff ist ihr jedoch vermutlich nicht geläufig: *„Eine gute Medienkompetenz"* (Z. 1515) hätte sie dahingehend, dass sie einschätzen könne, was *„wirklich pädagogisch wertvoll"* (Z. 1516) sei, beispielsweise im Hinblick auf Fernsehsendungen (vgl. Z. 1509-1556).

11.4.2.1.2 Medialer Habitus: Vorstellungen und Beurteilungen

Mediennutzung von Kindern und angenommene Medienwirkungen

Einer intensiven frühkindlichen Nutzung neuer Medien sind beide Teilnehmerinnen kritisch gegenüber eingestellt. So lehnen beide den Besitz von Tablets durch Kita-Kinder ab und verbinden mit der Nutzung durch Kinder im Vorschulalter ausschließlich Risiken und keinerlei Chancen (vgl. Z. 420-477): P1 lehnt eine frühkindliche Tabletnutzung ab, da Kinder dadurch *„unselbstständig"* (Z. 427) würden, was sie nicht näher ausführt. Ihre Aussage könnte dahingehend interpretiert werden, dass dem Menschen durch die Nutzung elektronischer Medien verschiedene Tätigkeiten abgenommen werden, beispielsweise das Malen oder Schreiben mit einem Stift, was durch Malen und Tippen auf dem Touchscreen ersetzt werden kann. Ähnlich argumentiert P2, die sich gegen eine frühkindliche Tablet-Nutzung ausspricht, da diese dem Erleben von Primärerfahrungen und dem Umgang mit Materialien entgegenstehe:

> P2: //Das ist// jetzt so viel, also ich finde, es wird den Kindern so viel, ja, vorweg genommen, sage ich mal oder die können gar nicht mehr diese eigenen Erfahrungen machen, so sage ich jetzt mal so. Mit Material oder so (Z. 430-432).

P2 romantisiert hingegen ihre eigene Kindheit insofern, als dass sie diese als größtenteils frei von elektronischen Medien darstellt. Stattdessen habe sie in der Natur gespielt. Die eigene Kindheit stellt somit den positiven Gegenhorizont zur heute zu stark mediatisierten Kindheit dar:

> P2: Genauso wie dieses, ja, dieses freie Spielen oder so. Die kennen das gar nicht mehr. Dies, dass man draußen auf der Straße spielt mit äh Stöckchen und so, was man früher noch gemacht hat oder Straßenmalkreide. Das gibt es ja nicht, dann äh sind irgendwelche Computerspiele oder Fernsehsendungen oder irgendetwas anderes dann mehr aktuell (Z. 432-436).

Daraus resultierend schätzt P2 eine frühkindliche Tablet-Nutzung als *„eher schädlich für die Entwicklung"* (Z. 442-443) von Kindern ein. P1 stimmt dieser medienkritischen Argumentation von P2 im Modus der Bewertung und gleichzeitig in Form einer Konklusion dieses Orientierungsrahmens zu: Die Ablösung von Primär- durch mediale Erfahrungen sei *„echt traurig"* (Z. 445).

(Medien-)Erziehung in Familien

Beide Teilnehmerinnen nehmen eine Relevanz von Medien im Alltag von Kindern wahr, jedoch in deutlich unterschiedlichem Ausmaß (vgl. Z. 1202-1218). Während P1 die private elektronische Mediennutzung der Kinder ihrer Kita als eher gering und unkritisch einschätzt, nimmt P2 eine hohe Fernsehnutzung der Kinder ihrer Einrichtung wahr. Das unterschiedliche Medienpensum begründen die Teilnehmerinnen mit dem verschiedenartigen Bildungshintergrund der Eltern und einem damit verknüpften (Medien-) Erziehungsverhalten der Eltern (vgl. Z. 449-477; 490-551; 599-645; 1202-1228; 1292-1301). So würden die Eltern der Kinder der Einrichtung von P1 *„wirklich [...] sehr viel Wert auf ihre Erziehung legen"* (Z. 455-456) und dementsprechend auch die Mediennutzung ihrer Kinder regulieren, sodass diese lediglich Sendungen wie „Das Sandmännchen" vor dem Zubettgehen ansähen. Infolgedessen würden die Kinder in der Einrichtung kaum von Fernsehsendungen berichten. Im Vergleich dazu beschreibt P2 die kindliche Mediennutzung der Kinder ihrer Einrichtung als *„total das krasse Gegenteil"* (Z. 471). In den Familien der Kinder sei ein breites Medienspektrum vorhanden, unter anderem Flat-Screens und verschiedene Spielekonsolen und auch in den Kinderzimmern stehe teilweise ein Fernseher. P2 verdeutlicht das hohe kindliche Medienpensum in Form einer Aufzählung: *„wo vor dem Kindergarten morgens schon Fernsehen geguckt wird, wo ähm ja, am Wochenende lange Fernsehen geguckt wird, wo Sendungen geguckt werden, wo die Eltern nicht dabei sind"* (P2, Z. 474-476). Der Fernseher würde von den Eltern als *„Abstellmöglichkeit"* (Z. 617) genutzt werden, um sich mit den eigenen Kindern nicht auseinandersetzen zu müssen. Als positiven Gegenhorizont zu Familien, in denen Kinder sehr viel fernsehen, benennt P2 kontrastierend ein Elternpaar ihrer Kita, welches lange Zeit keinen Fernseher besessen habe. Mittlerweile sei ein Fernseher in der Familie vorhanden, der aber nur selten von Eltern und Kindern genutzt werde (vgl. Z. 490-551). In der Einrichtung von P2 würden jedoch diejenigen Familien überwiegen, in denen Kinder sehr viel und teilweise auch für ihr Alter ungeeignete Sendungen anschauen würden. Auf Nachfrage der Forscherin nach den konsumierten Inhalten benennt P2 verschiedene Zeichentrickserien wie beispielsweise „SpongeBob". Insgesamt würden die Kinder viele Serien, die auf dem Sender „Super RTL" ausgestrahlt werden, anschauen. Des Weiteren würden sie „Star Wars" sehr mögen, was sich im Tauschen von Sammelkarten und kampfbezogenen Rollenspielen in der Kita geäußert habe (vgl. Z. 628-702).

Obwohl P2 angibt, einige Serien, welche die Kinder gerne schauen, selbst nicht zu kennen und sie nicht weiß, dass „Star Wars" auch als Zeichentrickserie existiert (vgl. Z. 628-671; 741-764), schätzt sie die von den Kindern konsumierten Formate als überwiegend nicht kindgerecht und *„nicht [...] wertvoll"* (Z. 480) ein. Immer wieder benutzt P2 im Verlauf der Diskussion den Terminus *„(pädagogisch) wertvoll"*. Diesen benutzt P2 im Verlauf der Diskussion als erklärendes Kriterium dafür, inwiefern sie spezifische Medieninhalte als für Kinder geeignet hält und auch dafür, ob Mediengeräte in der Kita eingesetzt werden sollten oder eben nicht (vgl. zu Fernsehsendungen für Kinder: Z. 1516; zur Rezeption von „Star Wars" durch Kinder: Z. 480; zum Einsatz eines Computers in der Kita: Z. 1130; zum Einsatz des Mal-Programms „Paint" in der Kita: Z. 402). Was genau sie unter einem pädagogisch wertvollen Medieninhalt versteht, expliziert sie nicht. Es scheint sich dabei um ein Konglomerat aus verschiedenen Faktoren zu handeln, sodass z.B. ein Medieninhalt als nicht pädagogisch wertvoll betrachtet wird, wenn er als in Konkurrenz stehend zu Primärerfahrungen betrachtet und Medien mit kampfbezogenen Inhalten wie „Star Wars“ für Kita-Kinder prinzipiell abgelehnt werden. P2 formuliert die Präferenz der Kinder für „Super RTL“-Inhalte und „Star Wars“ als negativen Gegenhorizont zu von ihr präferierten und vermutlich aus der eigenen Medienkindheit bekannten Formaten wie „Die Sendung mit der Maus“ oder „Das Sandmännchen“, welche die Kinder nicht anschauen würden, jedoch von P2 selbst als pädagogisch wertvoll wahrgenommen werden.

P1 hingegen schätzt zwar die Mediennutzung der Kinder ihrer Einrichtung als unproblematisch ein, dennoch sieht auch sie die Freizeitgestaltung der Kinder insofern kritisch, dass viele Kinder durch die Teilnahme an pädagogischen Angeboten wie Sport oder Musik einem starken Termindruck ausgesetzt seien und kaum noch Zeit zum Spielen hätten, was sie wiederum für immens bedeutsam hält. P2 stimmt P1s Argumentation voll zu: *„Die hetzen von Termin zu Termin, das finde ich furchtbar“* (P2, Z. 819). Als Grund für die strukturierte Freizeitgestaltung sieht P1 die heutige *„Leistungsgesellschaft“* (Z.825), da gebildete Eltern wie die Eltern ihrer Einrichtung anstreben würden, dass ihr Kind möglichst erfolgreich sein solle, woraufhin es die pädagogischen Angebote besuche. P2 hingegen sieht als Motiv der *„bildungsschwachen“* (Z. 473) Eltern ihrer Einrichtung, dass diese sich über die Teilnahme der Kinder an Angeboten gesellschaftlich *„[dazu gehörig]“* (Z. 799) fühlen würden (vgl. Z. 770-892).

11.4.2.2 Medienerzieherischer Habitus und medienpädagogische Kompetenz

11.4.2.2.1 Medienerzieherischer Habitus: Vorstellungen und Beurteilungen

Verständnis und Haltung hinsichtlich Medienerziehung

Beide Teilnehmerinnen sprechen sich für einen Computereinsatz in der Kita aus. Da ein erster Umgang mit dem Computer oftmals bereits im frühen Kindesalter stattfinde, sollte der Computer auch in der pädagogischen Kita-Arbeit genutzt werden. Mittlerweile zähle dies zu den Aufgaben der Kita (vgl. Z. 327-388; 1121-1137):

> P1: weil es ist ja auch, es ist ja halt total total gängig, ne. So, alles, was mit Laptop und so, dass die einfach so den Umgang damit lernen, weil es gehört einfach dazu, ne (Z. 348-350).

Die Nutzung von Computer-Lernspielen in Vorbereitung auf die Schule sehen die Teilnehmerinnen als sinnvoll an (vgl. Z. 327-388; 1121-1137; 1156-1575).
Obwohl der Computerumgang in der Kita von den Teilnehmerinnen prinzipiell als sinnvoll erachtet wird, sollte dieser aus Sicht der Auszubildenden nur eine randständige Rolle in der Kita spielen, sodass die Nutzung in der Kita zeitlich re-

glementiert werden sollte. P2 sieht zudem eine Begleitung der kindlichen Nutzung durch die (angehenden) Erzieher/innen als angebracht an (vgl. Z. 327-388; 1121-1137). Diese Ansicht der Teilnehmerinnen kann durch ein Zusammenspiel ihres medialen und berufsethischen Habitus erklärt werden. Andere Bildungsbereiche und -ziele der Kita erscheinen den Berufspraktikantinnen wichtiger als der kindliche Umgang mit dem Computer, sodass dieser in Konkurrenz oder sogar als hinderlich zu anderen zu erlernenden Kompetenzen gesehen wird (berufsethischer Habitus). So lehnt P1 die Nutzung des PC-Malprogramms „Paint" für die Kita ab, da die Kinder aktuell noch lernen würden, mit Stiften zu malen. Auch P2 stellt den Umgang mit dem PC-Malprogramm analogen Materialien wie Stiften und Pinseln gegenüber: Das Malen am Computer fördere im Gegensatz zum Umgang mit diesen Materialien nicht die Kreativität der Kinder (medialer Habitus). Zudem argumentiert sie mit Blick auf die in der Schule benötigten Kompetenzen: Statt am Computer zu malen, könnten die Kinder in der Kita, in der sie aktuell tätig ist, im Atelier-Bereich mit unterschiedlichsten Stiften und dem Pinsel malen, was sich zugleich positiv auf ihre motorische Entwicklung auswirke. Den Umgang mit Stiften wiederum sieht P2 als grundlegende Kompetenz an, die Kinder als Vorbereitung auf die Schule erwerben müssten (berufsethischer Habitus), jedoch im Umgang mit der Computermaus nicht erwerben werden könnten (medialer Habitus) (vgl. Z. 390-418).

In der Kita, in der P1 aktuell tätig, ist ein Computer mit Spielen, der von den Kindern genutzt werden kann, vorhanden. Dies befürwortet P1 zwar, in ihren Äußerungen dokumentiert sich jedoch gleichzeitig eine Zurückweisung einer intensiven Computernutzung der Kinder: So wird der Computer den Kindern nicht durchgängig, sondern zu spezifischen Zeiten zur Verfügung gestellt, da die (angehenden) Erzieher/innen *„nicht so darauf stehen, wenn so nur so Techno/ Technik-Sachen (P2: Klar.) irgendwie in der Gegend stehen"* (Z. 363-364). Eine didaktisch aufbereitete Heranführung an den Computer in Form eines ‚Computerführerscheins' besteht in der Kita nicht, was P1 befürwortet, da somit der Computer weniger Raum in der pädagogischen Arbeit einnimmt. Bei Fragen der Kinder erklären die (angehenden) Erzieher/innen jedoch den Umgang mit dem Computer (vgl. Z. 1154-1200):

> P1: Der wird jetzt auch nicht so hochgepriesen irgendwie, der Laptop. Der steht dann einfach da und dann so, wenn die Kinder den sehen, dann fragen sie und haben Lust und die, die es jetzt noch gar nicht gemacht haben, dann setzen wir uns zusammen mit denen da hin und erklären das ein bisschen. Aber es ist jetzt nicht: „Passt auf, Laptop steht schon bereit" (lacht) (Z. 1161-1165).

Im Hinblick auf eine gemeinsame Internetnutzung mit den Kindern in der Kita zeigt sich die Gruppe ablehnend, für die Grundschule befürwortet sie diese hingegen (vgl. Z. 1140-1152).

Neben einer reglementierten Computernutzung sprechen sich die Teilnehmerinnen für eine handlungsorientierte Medienarbeit in der Kita mit dem Fotoapparat (vgl. Z. 1556-1575) und mit Audiomedien aus, etwa indem die Kinder beim Musizieren aufgenommen werden (vgl. Z. 1033-1076). Zudem sehen sie eine reflexive Auseinandersetzung mit den präferierten Medieninhalten der Kinder als sinnvoll an. Darüber könnten die Kinder beispielsweise auf kindgerechte Inhalte hingewiesen werden (vgl. Z. 599-645).

Umsetzungsmöglichkeiten von Medienerziehung

Im Gegensatz zu den anderen Gruppendiskussionen der Berufspraktikanten/innen bezieht sich Gruppe BP_4 nicht auf Rahmenbedingungen wie die Medienausstattung oder knappe zeitliche Ressourcen zur Umsetzung von Medienerziehung. Stattdessen nimmt die Gruppe das medienerzieherische Engagement und die medienerzieherische Haltung der Elternschaft in den Blick. Die antizipierten Erwartungen der (angehenden) Erzieher/innen im Hinblick auf die Elternschaft scheinen sich auf die Bereitschaft des eigenen medienpädagogischen, aber auch des allgemeinen pädagogischen Engagements auszuwirken: So schätzt P2 reflexive Gespräche mit den Kita-Kindern zu ihrer Mediennutzung als wenig gewinnbringend ein, da aufgrund der an Medienerziehung desinteressierten Elternschaft die Kinder weiterhin nicht solche Inhalte ansehen würden, die P2 wertschätzt (vgl. Z. 599-645; 1202-1228). Dies begründet P2 mit vorangegangenen erfolglosen Elterngesprächen, die anscheinend eine Resignation auf Seiten der (angehenden) Erzieher/innen hervorgerufen haben. Infolgedessen werden problembezogene Gespräche mit der Elternschaft durch das Einrichtungsteam kaum noch geführt:

> P2: Aber jetzt so, wo man diese bildungsschwachen Familien, sage ich mal, wo wirklich viel Fernsehen geguckt wird und wirklich ähm einfach sich niemand dafür interessiert, was geguckt wird auch, ähm da wird eher nicht so das Gespräch gesucht. Weil man halt aus Erfahrungen weiß, dass es nicht wirklich viel bringt. Einfach (Z. 637-641).

P1 hingegen denkt, dass der Großteil der überwiegend gebildeten Elternschaft ihrer Einrichtung das medienpädagogische Engagement der (angehenden) Erzieher/innen, beispielsweise in puncto Computernutzung der Kinder, schätzt und sich dafür interessiert (vgl. Z. 553-597). Die Teilnehmerin berichtet jedoch von einer Ausnahme: Im Modus der Erzählung erörtert sie, dass als Vorbereitung auf den baldigen Eintritt der Vorschulkinder in die Schule der Film „Urmel aus dem Eis" angeschaut wurde. Der Bezug zum Film wurde hergestellt, da der Kindergarten nach dem Namen der Insel, auf der „Urmel" lebt, benannt wurde. Der Film diente als Reflexionsgrundlage für ein Gespräch mit den Kindern über ihre Ankunft im Kindergarten und das Verlassen des Kindergartens bei Beginn der Schulzeit. Zwei Eltern seien aufgrund der Fernsehnutzung *„total abgetickt"* (Z. 562), sodass ein klärendes Gespräch mit der Kita-Leitung erfolgte. Diese Ablehnung der Elternschaft frustrierte P1 und vor allem ihre Kollegin, da sie das Konzept jedes Jahr und bisher ohne Probleme umgesetzt habe und dieses zudem *„total pädagogisch überlegt"* gewesen sei (vgl. Z. 254-275; 553-597).

11.4.2.2.2 Medienerzieherischer Habitus: Praxis

Das Einbringen der Medienerfahrungen der Kinder in die Einrichtung und Reaktionen der (angehenden) Erzieher/innen

Wie oben kurz dargestellt, haben einige Kinder im Familienzentrum von P1 „Star Wars" im Rollenspiel nachgespielt. Da die Kinder Kampfszenen nachspielen würden, was die Berufspraktikantinnen generell für die Kita ablehnen, auch weil jüngere Kinder das Verhalten nachahmen würden, nehmen die Teilnehmerinnen in solches Rollenspiel als kritisch wahr. Als Reaktion auf das „Star Wars"-Rollenspiel fand in der Einrichtung von P2 ein Gespräch mit den Eltern statt, was in einem Verbot des Nachspielens von „Star Wars"-Szenen für die Kita mündete (vgl. Z. 477-490; 628-671).

Auch in der Kita von P1 spielen die Kinder manchmal Kampfinhalte nach, in dem sie mit Pistolen aufeinander schießen, was P2 mit dem Fernsehkonsum der Kinder verknüpft sieht, obwohl diese eigentlich wenig fernsähen. Das Pistolenspiel wurde in der Kita mit den Kindern im Hinblick auf reale Gewalt reflektiert (vgl. Z. 673-739).

Eigene medienpädagogische Praxiserfahrungen

P1 hat bereits mehrere mediendidaktische Erfahrungen in der Kita gesammelt: So hat sie in der aktuellen Kita im Rahmen der musikalischen Früherziehung mit dem Kassettenrekorder aufgenommen, wie die Kinder Instrumente gespielt oder gesungen haben (vgl. Z. 1971-2024). Zudem hat sie gemeinsam mit einer Kollegin das oben beschriebene Projekt zur Transition von der Kita in die Grundschule durchgeführt, bei dem der Film „Urmel aus dem Eis" eingesetzt wurde (vgl. Z. 254-275; 553-597). Des Weiteren nutzt P1 den privaten Laptop für mediendidaktische Zwecke, indem sie Anweisungen für das gemeinsame Kochen und Backen in der Kita durch Pfeile und Bilder visualisiert und ausgedruckt mitbringt. Diesbezüglich sieht sie den Computer als sehr sinnvoll an und betont, dass den Kindern durch die Symbole *„viel klarer und deutlicher"* (Z. 1638) werde, was sie machen sollten, sodass diese *„selbstständig"* (Z. 1639) agieren könnten (vgl. Z. 1632-1640). Ein eigenständiges Angebot mit originär medienpädagogischen Zielen hat P1 bisher noch nicht durchgeführt. Hierbei beschränken sich ihre Erfahrungen auf die Computernutzung der Kinder in der Kita, die jedoch nicht didaktisch aufbereitet werde (vgl. Z. 327-388; 1154-1200) und das Fotografieren der Kinder (vgl. Z. 248-253). Der Medieneinsatz, z.B. wenn die Kinder fotografiert oder sie sich die Aufnahme des gemeinsamen Musizierens anhören würden, bereite den Kindern Spaß, was P1 in mehreren Diskussionspassagen benennt (vgl. Z. 243-253; 254-275; 1033-1076).

P2 verfügt über weniger medienbezogene Praxiserfahrungen. Diese beschränken sich darauf, dass sie mit Kindern und Jugendlichen in einem Praktikum in einer Wohngruppe einen Fotokalender erstellt hat (vgl. Z. 170-197) und die Kita-Kinder auch einmal selbst in der Einrichtung fotografieren durften. Hierbei handelte es sich jedoch nicht um ein medienpädagogisch konzipiertes Projekt (vgl. Z. 391-327).

11.4.2.2.3 Medienpädagogische Kompetenz

Beide Teilnehmerinnen würden es sich zutrauen, ein Fotoprojekt mit Kita-Kindern durchzuführen und fänden ein solches Projekt *„total interessant und gut"* (P2, Z. 1565).

Um jedoch selbstständig ein größeres medienpädagogisches Projekt umzusetzen, würde P2 zum einen ein breiteres Wissen zum Umgang mit verschiedenen Mediengeräten und zum anderen Informationen darüber benötigen, was bei einem spezifischen Projekt zu beachten sei (vgl. Z. 1556-1575).

11.4.2.3 Berufsethischer Habitus

Die beiden Teilnehmerinnen wünschen sich für die Kita-Kinder eine stressfreie Kindheit, die durch Primärerfahrungen und ein freies Spielen, vor allem in der Natur, gekennzeichnet ist (vgl. Z. 420-477; 770-892). Des Weiteren ist es für P1, die selbst seit der Kindheit sehr viel musiziert und den Bereich Musik auch in ihrem Berufswunsch als zukünftige Lehrerin verortet, bedeutsam, den Kindern ein *„Gefühl für Musik"* (Z. 2021) zu vermitteln (vgl. Z. 1971-2024). Dementsprechend hat sie in ihrem Kolloquium zum Abschluss der Ausbildung das Thema „Entspannungstechniken in der Musik mit Bezug zu sozio-emotionalen Entwicklungsbereichen" gewählt (vgl. Z. 1857-1930). Um diesen für sie relevanten Bildungsbereich im Kontext der musikalischen Früherziehung umzusetzen, nutzt sie, wie dargestellt, auch elektronische Medien, z.B. den Kassettenrekorder zur Aufnahme (vgl. Z. 1033-1076).

Für P2 hingegen ist die Förderung der Kreativität der Kinder über den Atelier-Bereich der Einrichtung sowie eine Vorbereitung der Kinder auf schulische Anforderungen (z.B. Umgang mit dem Stift) besonders relevant (vgl. Z. 420-447; 1006-1030). Das von ihr gewählte Thema des Kolloquiums „Auswirkung von Trennung und Scheidung auf das Bindungsverhalten und Beziehungsstrukturen von Kindern" deutet zudem auf eine wahrgenommene Relevanz dieses Themas hin (vgl. Z. 1857-1930).

11.4.3 Zu den Bedingungen der Einrichtungen

11.4.3.1 Medienerzieherischer Habitus der Erzieher/innen: Praxis der Medienerziehung

In der Einrichtung von P1 stehen den Kindern ein alter Laptop, auf dem sie Computerspiele spielen dürfen, sowie ein Lernlaptop zur Verfügung. Der Spiele-Laptop ist nicht immer verfügbar, um die Nutzung zu beschränken. Der Lern-Laptop ist zwar dauerhaft verfügbar, die jeweilige Nutzungszeit wird jedoch durch einen Wecker begrenzt, damit die Kinder sich gegenseitig einigen und die Nutzung eines einzelnen Kindes nicht überhandnimmt, dies unter anderem, damit die Augen der Kinder nicht überanstrengt werden. Der Computer wird dementsprechend als risikobehaftet wahrgenommen (medialer Habitus). In der Einrichtung von P2 steht den Kindern kein Computer zur Verfügung (vgl. Z. 327-388).

In der Kita von P2 werden die Kinder regelmäßig fotografiert, u.a. zur Dokumentation (vgl. Z. 301-327). Während die Kinder in der Einrichtung von P2 auch einmal selbst fotografiert haben, wird die hochwertige Digitalkamera der Kita von P1 aus Angst, diese könne beschädigt werden, den Kindern nicht ausgehändigt. Stattdessen fotografieren die Erzieher/innen die Kinder bei den pädagogischen Aktionen. Die Eltern können die Fotos bestellen, die an einer Pinnwand ausgehängt werden. Für das Rollenspiel stehe den Kindern jedoch eine Spielkamera zur Verfügung (vgl. Z. 243-253; 301-327).

Neben dem Lernlaptop werden in der Einrichtung von P1 weitere elektronische Medien zu mediendidaktischen Zwecken genutzt. So wurde eine digitale Bilderbuchbetrachtung zur Vermittlung und Reflexion einer Geschichte um Hilfsbereitschaft umgesetzt (vgl. Z. 275-299) und der Film „Urmel aus dem Eis" zur Gestaltung der Transition vom Kindergarten zur Grundschule genutzt (vgl. Z. 254-275).

In beiden Einrichtungen werden Bücher und Audiomedien eingesetzt. Bei P1 tanzen die Kinder gerne zu Musik, P2 berichtet davon, dass Hörspiele wie „Bibi Blocksberg" zur Mittagsruhe eingesetzt werden, damit die Kinder sich entspannen und *„[runterkommen]"* (Z. 1108) (vgl. Z. 1078-1109).

In der Einrichtung von P2 fand bereits ein medienpädagogischer Elternabend zum Medienkonsum von Kindern statt. Das diesbezügliche Interesse der Eltern sei eher gering gewesen, was jedoch aus Sicht der Gruppe auch für andere Elternabende oder Aktionen gelte (vgl. Z. 1230-1264).

11.4.3.2 Medienerzieherischer Habitus der Erzieher/innen: Vorstellungen und Beurteilungen

Verständnis und Haltung hinsichtlich Medienerziehung

P1 betont, dass es ihrer Kita-Leitung wichtig sei, den Umgang mit elektronischen Medien in die Kita zu integrieren, da sie der Ansicht sei, dass Medien zum Alltag von Kindern gehören würden. Dementsprechend stehen der Computer und der Lernlaptop den Kindern zur Verfügung. Dennoch wird der Bereich in der Einrichtung nicht gleichwertig zu anderen Bildungsbereichen umgesetzt. Dies kann sowohl auf den medialen Habitus der Erzieher/innen, welche eine intensive Nutzung neuer Medien im frühen Kindesalter ablehnen, als auch auf ihren berufsethischen Habitus zurückgeführt werden, da andere pädagogische Zielsetzungen anscheinend für die Erzieher/innen wichtiger sind als Mediennutzung und -erziehung in der Kita (vgl. Z. 327-388; 1006-1030).

In der Einrichtung von P2 beläuft sich der Umgang der Kinder mit elektronischen Medien vor allem auf ein Anhören von Audiokassetten. Obwohl die Erzieher/innen eine intensive Fernsehnutzung in der Freizeit der Kinder wahrnehmen, erfolgen keine darauf bezogenen medienpädagogischen Angebote, etwa zur Reflexion von Medienhelden/innen. Dieses weist auf eine deutlich geringere Relevanzwahrnehmung dieses Bildungsbereiches im Vergleich zu anderen Bereichen wie Kreativitätsförderung hin (vgl. Z. 390-418; 1006-1030).

11.4.3.3 Berufsethischer Habitus der Erzieher/innen

Beide Einrichtungen arbeiten nach dem situationsorientierten Ansatz (vgl. Z. 931-1004). Einen spezifischen pädagogischen Schwerpunkt hat die Einrichtung von P1 nicht. Stattdessen würden *„möglichst alle Lebensbereiche"* (Z. 901) aufgegriffen (vgl. Z. 894-903). Das Familienzentrum, in dem P2 arbeitet, ist evangelisch ausgerichtet, was sich in der Beschäftigung mit biblischen Geschichten und gemeinsamen Gottesdiensten mit den Kindern widerspiegelt (vgl. Z. 137-163). Zudem benennt P2 im Verlauf der Diskussion wiederholt den Atelier-Bereich, in dem Kinder mit verschiedenen Materialien kreativ arbeiten können, sodass dieser Bereich einen hohen Stellenwert in der Einrichtung zu haben scheint (vgl. Z. 390-418; 1006-1030). Die Kita-Leitung achte zudem auf eine besonders gesunde Ernährung der Kinder (vgl. Z. 1642-1672). Des Weiteren bieten beide Einrichtungen in Kooperationen mit anderen Anbietern verschiedenste Angebote an wie etwa musikalische Früherziehung oder Englischunterricht für Kita-Kinder (vgl. Z. 770-892).

Auch aus den besuchten Fortbildungen der Erzieher/innen der Einrichtungen können Schlüsse hinsichtlich der pädagogischen Zielsetzungen geschlossen werden. Während medienpädagogische Fortbildungen gar nicht besucht wurden, absolvierten die Erzieher/innen der Einrichtung von P1 Weiterbildungen zur Integrationskraft für Kinder mit erhöhtem Betreuungsbedarf sowie Fortbildungen für den U3-Bereich. In der Kita von P2 wurden vermehrt Fortbildungen zum Bereich Motorik besucht (vgl. Z. 1577-1607). Demzufolge haben die Erzieher/innen in diesen Bereichen kulturelles Kapital erworben, im medienbezogenen bzw. medienpädagogischen Bereich jedoch nicht.

11.4.3.4 (Gesetzliche) Rahmenbedingungen

Die Grundsätze zur Bildungsförderung sind beiden Teilnehmerinnen aus der Ausbildung bekannt, in den Einrichtungen wurden diese nicht thematisiert (vgl. Z. 905-927).

11.4.4 Fazit der Gruppendiskussion

Gruppe BP_4 unterscheidet sich von allen anderen Gruppen durch das Spezifikum ihrer Erzieher/innen-Ausbildung, die direkt an den Erwerb des Abiturs gekoppelt ist (Erzieher/in plus AHR). Damit einhergehend scheint die Gruppe wenig medienpädagogische Ausbildungsinhalte kennengelernt zu haben, da sie nur ein halbes Jahr im Fach „Medienerziehung“ unterrichtet wurde.

Die Gruppendiskussion ist durch eine parallelisierende Diskursorganisation gekennzeichnet. Beide Teilnehmerinnen wünschen sich für die Kita-Kinder eine möglichst stressfreie Kindheit, die durch Primär- und Naturerfahrungen sowie freies Spielen geprägt ist. Bedingungen, die einer solchen Kindheit entgegenstehen, lehnt die Gruppe ab. Dies bezieht sich einerseits auf eine zu intensive Fernseh- und Computernutzung und generell auf eine potenzielle Tablet-Nutzung von Kita-Kindern (medialer Habitus), welche die Berufspraktikantinnen ablehnen, und andererseits auf einen von den Berufspraktikantinnen wahrgenommenen Termindruck, den viele Kinder in ihrer Freizeit aufgrund pädagogischer Angebote hätten (z.B. Sport-/Musikangebote).

Aufgrund der medialen Durchdringung der kindlichen Lebenswelt sehen die beiden Teilnehmerinnen dennoch eine Computernutzung in der Kita als sinnhaft und zu den Aufgaben der Einrichtungen gehörend an. Die Nutzung müsse jedoch zeitlich und inhaltlich reglementiert und durch die Erzieher/innen begleitet werden.

Zudem befürworten die Auszubildenden Medienerziehung in Form reflexiver Medienarbeit (z.B. Gespräche mit Kindern über ihre Medienhelden/innen) sowie handlungsorientierte Medienprojekte (z.B. Fotoprojekte), verfügen jedoch selbst kaum über medienpädagogische Erfahrungen (medienerzieherischer Habitus). Dies kann u.a. durch den jeweiligen berufsethischen Habitus der beiden Auszubildenden erklärt werden, sodass sie anderen Bildungsbereichen für die pädagogische Arbeit eine höhere Relevanz zuschreiben: Für P1 nimmt musikalische Früherziehung eine bedeutende Rolle ein, für P2 sind Kreativitätsförderung und eine Vorbereitung der Kinder auf schulische Anforderungen besonders relevant. Zudem wirken sich der mediale und der berufsethische Habitus insofern auf die Mediennutzung der beiden Auszubildenden in der Praxis aus, dass diese davon abhängig gemacht wird, inwiefern sie der Erfüllung von pädagogischen Zielen (berufsethischer Habitus) dienlich erscheint: So nutzt beispielsweise die Berufspraktikantin P1 den Kassettenrekorder im Rahmen der musikalischen Früherziehung, sie lehnt jedoch den Einsatz eines PC-Malprogramms für die Kita ab, da dieses dem Erlernen von Maltechniken auf Seiten der Kinder entgegenstehe.

12 Verknüpfung der zentralen Analyseergebnisse der Arbeit

12.1 Modell zur Erklärung der medienerzieherischen Praxis angehender Erzieher/innen

Im Folgenden wird ein von der Autorin der Arbeit konzipiertes Modell zur Erklärung der medienerzieherischen Praxis angehender Erzieher/innen dargestellt. Hiermit soll die Forschungsfrage der Arbeit nach den Bedingungen, die sich auf die Ausübung von Medienerziehung in Kindertagesstätten durch angehende Erzieher/innen auswirken, beantwortet werden.

Die Analyse des Gruppendiskussions- und Interviewmaterials verdeutlicht, gekoppelt mit der Aufarbeitung des Theorie- und Forschungsstands zur Medienerziehung in Kindertagesstätten, dass verschiedene Faktoren Einfluss auf die Ausübung von Medienerziehung haben können. Dies sind zum einen Bedingungen auf Seiten des/r jeweiligen angehenden Erziehers/in (Dimension 1) und zum anderen Rahmenbedingungen der Arbeit als angehende/r Erzieher/in (Dimension 2). Diese beiden erklärenden Dimensionen lassen sich wiederum in jeweils zwei Unterdimensionen unterteilen (vgl. Abbildung 6).

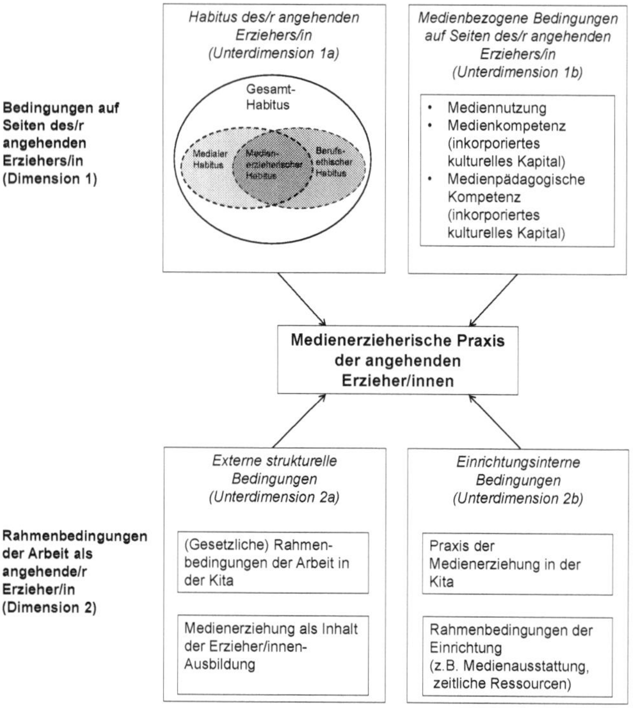

Abbildung 6: Modell zur Erklärung der medienerzieherischen Praxis angehender Erzieher/innen, eigene Abbildung, leicht modifiziert nach Friedrichs (2013b, S. 11)

Dimension 1: Bedingungen auf Seiten des/r angehenden Erziehers/in

Somit bestehen als Bedingungen auf Seiten des/r angehenden Erziehers/in (Dimension 1) der jeweilige Habitus (Unterdimension 1a) sowie medienbezogene Bedingungen (Unterdimension 1b).

Die medienerzieherische Praxis der angehenden Erzieher/innen wird durch den jeweiligen Gesamt-Habitus geprägt, indem der Habitus Vorstellungen, Beurteilungen und Praktiken erzeugt und ordnet, dies auch hinsichtlich Medienerziehung in der Kita (Unterdimension 1a). Der Gesamt-Habitus der angehenden Erzieher/innen lässt sich u.a. hinsichtlich des medialen, berufsethischen und medienerzieherischen Habitus der angehenden Erzieher/innen spezifizieren. Der medienerzieherische Habitus wiederum ist als Schnittmenge des medialen und berufsethischen Habitus zu verstehen (vgl. Kap. 7.3.3).

Zu den medienbezogenen Bedingungen auf Seiten des/r angehenden Erziehers/in (Unterdimension 1b) gehört zum einen die eigene Mediennutzung, welche durch den medialen Habitus erzeugt wird. Zum anderen zählen dazu die Medienkompetenz und die medienpädagogische Kompetenz des/r angehenden Erziehers/in, welche jeweils als Aspekte des inkorporierten kulturellen Kapitals verstanden werden. Im Hinblick auf die Medienkompetenz erscheinen besonders Baackes (1997, S. 98ff.) Dimensionen der Mediennutzung und -gestaltung relevant, da die (wahrgenommene) Fähigkeit, ein Mediengerät bedienen zu können, wiederum Einfluss darauf hat – dies zeigen die Gruppendiskussion auf – ob ein solches Gerät potenziell auch in der Kita eingesetzt wird. Die medienpädagogische Kompetenz wird im Rahmen der Ausbildung erworben beziehungsweise erweitert.

Dimension 2: Rahmenbedingungen der Arbeit als angehende/r Erzieher/in

Die Dimension Rahmenbedingungen der Arbeit als angehende/r Erzieher/in (Dimension 2) lässt sich in externe strukturelle Bedingungen (Unterdimension 2a) und einrichtungsinterne Bedingungen unterteilen (Unterdimension 2b).

Zu den externen strukturellen Bedingungen (Unterdimension 2a) zählen zum einen die (gesetzlichen) Rahmenbedingungen der Arbeit in der Kita wie das Kinderbildungsgesetz und die Grundsätze zur Bildungsförderung für Kinder von 0 bis 10 Jahren in Kindertageseinrichtungen und Schulen im Primarbereich in Nordrhein-Westfalen. Ein weiterer zentraler Bestandteil ist die Ausgestaltung der medienerzieherischen Anteile innerhalb der Erzieher/innen-Ausbildung, beispielsweise hinsichtlich der fachlichen Inhalte (z.B. Umsetzung von produktionsorientierter Medienarbeit) und der zeitlichen Ressourcen.

Zu den einrichtungsinternen Bedingungen (Unterdimension 2b) gehört die Praxis der Medienerziehung in der Kita. Darunter ist zu verstehen, inwiefern Medienerziehung in der Kita umgesetzt wird und welcher Stellenwert Medienerziehung im Rahmen der pädagogischen Arbeit der Kindertagesstätte zukommt. Des Weiteren werden darunter die Rahmenbedingungen der Einrichtung, wie beispielsweise personelle und zeitliche Ressourcen und die mediale Ausstattung, verstanden.

Die genannten Dimensionen sind nicht völlig trennscharf, sondern können sich auch gegenseitig beeinflussen und sind teilweise voneinander abhängig. So wird die Mediennutzung der angehenden Erzieher/innen als Produkt ihres medialen Habitus verstanden, die gesetzlichen Rahmenbedingungen der Arbeit in der Kita bedingen teilweise einrichtungsinterne Bedingungen (z.B. wird der Personalschlüssel durch das KiBiz festgelegt) und die Praxis der Medienerziehung in der Kita kann Veränderungen des medienerzieherischen Habitus sowie der Medienkompetenz und medienpädagogischen Kompetenz der angehenden Erzieher/innen nach sich ziehen.

Das Gewicht, das den einzelnen Dimensionen im Rahmen der Entscheidung der angehenden Erzieher/innen für oder gegen Medienerziehung bzw. auch hinsichtlich der Art der Medienerziehung (z.B. Befürwortung oder Ablehnung eines Computereinsatzes) zukommt, kann individuell variieren (vgl. Friedrichs 2013b, S. 10ff.).

Im Folgenden sollen die zentralen Analyseergebnisse der Arbeit herausgestellt und miteinander verknüpft werden. Dem Modell zur Erklärung der medienerzieherischen Praxis der angehenden Erzieher/innen folgend, werden zunächst die Bedingungen auf Seiten der angehenden Erzieher/innen, die aus den Gruppendiskussionen rekonstruiert wurden, erörtert (Dimension 1). Die Darstellung der Analyseergebnisse wird im Hinblick auf die medialen, berufsethischen und medienerzieherischen Habitusformationen der Auszubildenden spezifiziert und mündet in einer Typenbildung zum medienerzieherischen Habitus der Auszubildenden (vgl. Kap. 12.2.1.4). Zusätzlich werden die medienbezogenen Bedingungen auf Seiten der angehenden Erzieher/innen beschrieben (vgl. Kap. 12.2.2). Anschließend werden die Rahmenbedingungen der Arbeit als angehende Erzieher/innen dargestellt (Dimension 2), hierbei werden die Analyseergebnisse der Gruppendiskussionen der Auszubildenden mit denen der leitfadengestützten Interviews mit den Lehrkräften verknüpft (vgl. Kap. 12.3). Da die Auszubildenden teilweise auch Praktika oder das einjährige Berufspraktikum in der OGS aktuell absolvieren oder bereits durchgeführt haben, fließen diese Erfahrungen ebenfalls mit ein.

12.2 Bedingungen auf Seiten der angehenden Erzieher/innen – Zentrale Analyseergebnisse der Gruppendiskussionen mit den Auszubildenden

12.2.1 Habitus der angehenden Erzieher/innen

12.2.1.1 Medialer Habitus

Zentrales Ziel der Rekonstruktion des medialen Habitus der Auszubildenden war es, ihre übergeordnete Haltung hinsichtlich Medien über die Analyse der medienbezogenen Vorstellungen und Beurteilungen und des Mediennutzungsverhaltens herauszuarbeiten.

Mediatisierung der Gesellschaft steht Primärerfahrungen von Kindern entgegen

Zentrales Ergebnis der Gruppendiskussionen ist die von allen Auszubildenden des Samples wahrgenommene Mediatisierung und Digitalisierung der Gesellschaft: Zur Kennzeichnung dieses Phänomens verwenden die Auszubildenden Begriffe wie *„[digitales] Zeitalter“* (Gruppe BP_1, P1_w, Z. 587), kennzeichnen das aktuelle *„21.*

Jahrhundert" (Gruppe SuS_3, P1_w, Z. 593) als Zeitalter, in dem „*Medien [eine] große Rolle [spielen]*" (Gruppe SuS_3, P1_w, Z. 594) und beschreiben den Einzug von Medien in die Schule (bspw. über Whiteboards) (vgl. Gruppe BP_3). Die Mediatisierung mündet aus Sicht der angehenden Erzieher/innen in einer mediengeprägten Kindheit und einem oftmals zu hohen kindlichen Medienkonsum innerhalb der Familie. Dies gilt bereits für Kinder im Kita-Alter, für welche vor allem ein hoher Fernsehkonsum wahrgenommen wird. Für Grundschulkinder benennen die Auszubildenden vermehrt eine intensive Nutzung von Computerspielen (Spielekonsolen und tragbare Geräte wie „Nintendo DS" inkludiert).

Eigene (Medien-)Kindheit als positiver Gegenhorizont

> Wie still war damals doch die Welt,
> erinnern sich die Leute.
> Die Hunde haben zwar gebellt,
> doch nicht so laut wie heute
> (Wittkamp 2002)

Als positiven Gegenhorizont und somit auch Referenzrahmen für die Einschätzung der heutigen Mediennutzung von Kindern und Kindheit im Allgemeinen ziehen die Auszubildenden die eigene (Medien-)Kindheit heran. Der Großteil der Auszubildenden zeichnet das Bild einer heute stark durch Medien geprägten Kindheit, welche Primärerfahrungen und das Spielen in der Natur verdrängen würden. Solche Erfahrungen würden Kinder jedoch aus Sicht der Auszubildenden im Zuge einer gelingenden Persönlichkeitsentwicklung besonders benötigen. Die eigene Kindheit wird romantisiert – elektronische Medien hätten nur eine untergeordnete Rolle gespielt, stattdessen hätten die Teilnehmer/innen vorrangig in der Natur gespielt: „*Ich war viel lieber draußen mit meinen Freunden, [...] hab da gespielt im Wald, am Bach, an Wiesen (Lachen in Stimme), alles*" (Gruppe BP_1, P1_w, Z. 675-680). Dass in der eigenen Kindheit die Auszubildenden jedoch teilweise selbst einen „Gameboy" oder ähnliches zur Verfügung hatten, bedenken die Auszubildenden nicht (vgl. Gruppe BP_1).

‚Gute' und ‚schlechte Medien' (Negative Effekte der Mediennutzung von Kita-Kindern)

Bezogen auf die kindliche Mediennutzung nimmt der Großteil der Auszubildenden überwiegend Risiken durch neue Medien (Computer/Spielekonsole, Internet, Tablet) und den Fernseher wahr und sieht kaum damit verbundene Chancen. Diesbezüglich lässt sich eine binäre Logik in ‚gute Medien', d.h. Medien, mit denen positive Wirkpotenziale für die kindliche Entwicklung verknüpft werden, und ‚schlechte Medien', also die Entwicklung möglicherweise schädigende Medien, feststellen. Zu den ‚guten Medien' zählen (Bilder-)Bücher, Hörspiele und die Digitalkamera, mit diesen Medien kann aus Sicht der angehenden Erzieher/innen Lernen und Kreativität gefördert werden. Digitale Medien und der Fernseher werden hingegen als ‚schlechte Medien' verstanden, die überwiegend negative Effekte nach sich zögen, die sich unmittelbar im Kita-Alltag widerspiegeln würden: In einer Vielzahl der Gruppendiskussionen beschreiben die Auszubildenden, dass eine hohe Nutzung dieser Medien (die Auszubildenden beziehen sich vor allem auf den Fernseher) zu Unruhe und Unausgeglichenheit der Kinder in der Kita führe, vor allem nach dem Wochenende, da dann viel ferngesehen würde (‚Montagssyndrom'). Als weitere negative Effekte beschreiben die angehenden Erzieher/innen eine mangelnde Konzentrationsfähigkeit, eine Verstörtheit von Kindern, motorische Defizite, Rückstände in der sprachlichen Entwicklung und körperliche Anzeichen der Mediennutzung wie eine blasse Hautfarbe und Augenränder.

(Medien-)Erziehung im Elternhaus

In allen Gruppendiskussionen wird ein inadäquates Medienerziehungsverhalten von Eltern als maßgeblich für die hohe und zum Teil auch ungeeignete Mediennutzung von Kindern gesehen. Dies gelte vor allem für Kinder aus sozial benachteiligten Familien, deren Eltern einen niedrigen Bildungshintergrund hätten, beziehungsweise für Kinder aus Familien mit vielen Kindern oder einem alleinerziehenden Elternteil. Der Fernseher fungiere in diesen Familien als Babysitter, damit die Eltern andere Dinge erledigen könnten, bzw. sich nicht mit dem Kind auseinandersetzen müssten, oder aber die Eltern verlören schlichtweg aufgrund der eigenen Überforderung die Übersicht und Kontrolle über die kindliche Mediennutzung. Die Auszubildenden betrachten eine ungünstige Medienerziehung in Familien als Symptomatik eines allgemein bestehenden Erziehungsdefizits und eines fehlenden Kümmerns um das eigene Kind.

Nichtsdestotrotz sehen die angehenden Erzieher/innen die Eltern maßgeblich in der Verantwortung, die Mediennutzung der Kinder sowohl quantitativ als auch qualitativ zu regulieren und zu reglementieren.

Ablehnung der von Kindern präferierten Medieninhalte im Gegenhorizont zu Medieninhalten der eigenen Kindheit (Nutzung ungeeigneter Medieninhalte durch Kinder)

Die aktuell von Kindern konsumierten Medieninhalte werden von den Auszubildenden oftmals als ungeeignet für diese wahrgenommen. Unter solchen ungeeigneten Inhalten verstehen die Diskussionsteilnehmer/innen zum einen gewalthaltige Medieninhalte, die sich an Erwachsene richten und deren Nutzung durch Kinder gemäß der Altersfreigaben (der Selbstkontrolleinrichtungen) untersagt ist. Eine solche Nutzung von nicht altersentsprechenden Medieninhalten beschreiben die Auszubildenden vor allem für Grundschulkinder, denen die Auszubildenden in der

Arbeit in der OGS begegnen: So hätte ein Kind bspw. den Horrorfilm „Saw" mit seinen Eltern angeschaut, Jungen würden gewalthaltige Computerspiele wie „Counterstrike" spielen und in der OGS Spielbegriffe wie „Bam! Headshot", rufen (vgl. Gruppe SuS_3) und die Kinder (selbst Erstklässler/innen) würden bereits „Facebook" nutzen (vgl. Gruppe SuS_1; BP_1). Doch auch für die Kita berichtet ein Auszubildender davon, dass ein Kind mit seinen Eltern den Film „Jurassic Parc" angesehen habe (vgl. Gruppe BP_1).

Bezogen auf die Kita verstehen die Teilnehmer/innen unter ungeeigneten Inhalten vor allem Inhalte, die sie als *„nicht pädagogisch wertvoll"* und *„nicht kindgerecht"* einschätzen. Dies lässt sich wiederum noch weiter ausdifferenzieren: Zum einen lehnen die Auszubildenden teilweise Inhalte ab, die zwar nicht explizit Kinder adressieren, jedoch oftmals im Familienverbund angeschaut werden wie etwa Casting- und Coachingshows („Deutschland sucht den Superstar", „Germany's Next Top Model") oder teilweise auch Soaps, welche Mütter gemeinsam mit ihren Töchtern ansehen würden. Als negativen Medieneffekt sehen die Auszubildenden eine Nachahmung der die Kandidaten/innen herabwürdigenden Äußerungen von Dieter Bohlen, da Kita-Kinder „Deutschland sucht den Superstar" im Rollenspiel in der Kita nachspielen würden. Zudem befürchten die Auszubildenden negative Effekte auf das eigene Körperbild von Mädchen durch „Germany's Next Top Model" (vgl. Gruppe SuS_2). Zum anderen verstehen die Diskussionsteilnehmer/innen unter Inhalten, die *„nicht pädagogisch wertvoll"* seien, Inhalte, die sich zwar explizit an Kinder richten, welche die Diskussionsteilnehmer/innen dennoch als schädlich für eine gelingende Entwicklung von Kindern wahrnehmen. Dies dokumentiert sich in der teilweise kategorischen Ablehnung der Inhalte des Kindersenders „Super RTL" oder spezifischer Zeichentrick-Serien wie „SpongeBob" und „Cosmo und Wanda" („Nickelodeon"), die mit negativen Wirkungen auf die Sprachentwicklung und das Lernen von Kindern verknüpft gesehen werden. Actiongeladene Anime-Serien wie „Dragon Ball Z" oder „Pokemon" überfordern zudem aus Sicht der Auszubildenden die Kinder, da diese durch schnelle Bildfolgen und viele bunte, mit Action geladene Bilder gekennzeichnet seien, die wiederum zu Hektik und einer *„Reizüberflutung"* auf Seiten der Kinder führen würden.

Entgegen zu den heute als oftmals ungeeignet wahrgenommenen Fernsehinhalten, die Kinder konsumieren würden, betrachten die Auszubildenden die Medieninhalte der eigenen Kindheit als qualitativ hochwertiger und nicht entwicklungsschädigend. Auffällig ist dabei die vermehrte Referenz auf Klassiker wie „Pippi Langstrumpf" oder „Bibi Blocksberg" (dies kann mittlerweile wohl auch schon als Klassiker bezeichnet werden) oder auf die öffentlich-rechtlichen Programme mit den Wissenssendungen „Die Sendung mit der Maus" oder „Löwenzahn", durch die man etwas lernen könne, die jedoch oftmals von heutigen Kindern nicht mehr angeschaut würden. Als weitere positive Beispiele der eigenen Medienkindheit fungieren in Abgrenzung zu bildgeladenen und schnell erzählten Zeichentrickformaten wie „Dragonball Z“ & Co. ruhiger angelegte Formate wie „Die Glücksbärchis“, die Harmonie und Ruhe verkörpern würden.

Einschätzung von Medienformaten anhand der kognitiven Verarbeitungskapazitäten von Kindern

Die Einschätzung, inwiefern ein Medienformat oder eine Mediennutzung *„kindgerecht“* ist, resultiert u.a. aus Annahmen zur kognitiven Entwicklung von Kindern. In verschiedenen Gruppendiskussionen thematisieren die Auszubildenden eine *„Reizüberflutung“* und kognitive Überforderung von Kindern durch Medien. Dies gelte für schnell erzählte Zeichentrickformate wie „Dragon Ball Z“, aber auch generell für fiktionale Formate, da Kita-Kinder noch nicht dazu in der Lage seien, zwischen Fiktion und Realität zu unterscheiden. Besonders anschaulich wird dieser Orientierungsrahmen in zwei Fokussierungsmetaphern: Ein Auszubildender berichtet von einem ihm aus den Medien bekannten Beispiel eines Jungen, der eine Fernsehwerbung für die Süßigkeit „Überraschungsei“ als so realistisch empfand, dass er in den Fernseher hineingesprungen sei, um in das „Schokoland“ zu reisen (vgl. Gruppe SuS_3). Ein anderer Teilnehmer bezieht sich auf ein eigenes Erlebnis mit einem Kind in der Kita, welches alle Bauarbeiter auf einer Baustelle der Einrichtung für „Bob, den Baumeister“ hielt und sich nur schwer davon überzeugen ließ, dass „Bob, der Baumeister“ eine Medienfigur ist (vgl. Gruppe BP_1). Auch die sich in vielen Gruppendiskussionen dokumentierende Ablehnung gegenüber dem Einsatz eines Computers und von Computer-Lernspielen in der Kita wird teilweise über eine noch nicht adäquate kognitive Entwicklung und zudem die mangelnde Lesekompetenz von Kindern argumentiert.

Im komparativen Vergleich der Gruppendiskussionen sticht die Gruppe BP_3 heraus: Die Teilnehmerin P3 argumentiert gegen eine Medien- und Fernsehabstinenz im frühen Kindesalter im Hinblick auf eine mögliche Reizüberflutung. Kinder würden frühkindliche Medien- bzw. Fernseherfahrungen benötigen, da eine Reizüberflutung vor allem dann entstehe, wenn Kinder von Medieninhalten ferngehalten würden, sie nach der Kita-Zeit aber unvermeidlich aufgrund der gesellschaftlichen Medienpräsenz damit konfrontiert seien.

12.2.1.2 Berufsethischer Habitus

In der Analyse des berufsethischen Habitus der angehenden Erzieher/innen wurde der Blick auf die pädagogischen Ziele und Schwerpunktsetzungen der Diskussionsteilnehmer/innen gelegt, welche unmittelbar an deren Vorstellungen über Kinder und Kindheit geknüpft sind.

Die pädagogischen Zielsetzungen der Auszubildenden beziehen sich vor allem auf eher klassische Kita-Themen, Medienerziehung spielt nur eine untergeordnete Rolle. In beinahe allen Gruppendiskussionen werden das Erleben von Primärerfahrungen und das Spielen der Kinder (in der Natur) auf dem Kita-Gelände als hochrelevant beschrieben. Diese Zielsetzung wird nicht zuletzt durch die von vielen Diskussionsteilnehmer/innen wahrgenommene Inaktivität von Kindern am Wochenende, welche statt gemeinsamer Aktivitäten mit ihren Eltern in hohem Maße Medien konsumieren würden, bestärkt.

Lediglich die Gruppe SuS_4 geht nicht auf die Thematik Primärerfahrungen/Spiel ein, sondern bezieht sich auf die Aufgabe der Kita, auf die Anforderungen der Schule vorzubereiten. Diese Absicht wird insgesamt in vier Gruppendiskussionen benannt, jedoch als eher nachrangige Intention (vgl. Gruppe SuS_1; SuS_3; SuS_4; BP_4). Die Gruppe BP_3 grenzt sich hingegen deutlich von einer explizit anvisierten Vorbereitung auf schulische Aufgaben ab, welche jedoch von akademisch gebildeten Eltern eingefordert werde. Diese Gruppe beschreibt die Kita-Zeit im Gegenhorizont zu der aus ihrer Sicht leistungs- und defizitorientierten Schulzeit als möglichst harmonische, *„[wunderschöne]“* (P3, Z. 2984) sowie stress- und leistungsfreie Zeit für die Kinder, in der diese die Welt entdecken und ihre Stärken entfalten könnten. Auch Gruppe BP_4 betrachtet die heutige Kindheit als stress- und leistungsbelastet: Viele Kinder würden aufgrund des Wunsches der Eltern, ihr Kind solle möglichst erfolgreich in Schule und Beruf agieren, neben dem ‚normalen‘ Kita-Besuch an einer Vielzahl weiterer pädagogischer Aktivitäten teilnehmen, sodass kaum noch Zeit zum freien Spielen der Kinder bleibe, was von der Gruppe jedoch als immens wichtig wahrgenommen wird.

Relevanter als eine Vorbereitung auf schulische Anforderungen sehen die meisten Auszubildenden des vorliegenden Samples eine gelingende Entwicklung der Kinder über die pädagogische Arbeit in der Kita: An zentraler Stelle stehen für die Teilnehmer/innen die Förderung des Sozialverhaltens (vgl. Gruppe SuS_1; SuS_3; BP_1; BP_2; BP_3) und der motorischen Entwicklung von Kindern (vgl. Gruppe SuS_1; SuS_3; BP_1; BP_2; BP_3), gefolgt von der Orientierung an Situationen und der Lebenswelt der Kinder (vgl. Gruppe SuS_1; BP_3; BP_4), Konzentrationsförderung (vgl. Gruppe SuS_1; BP_3) und Kreativitätsförderung (vgl. Gruppe SuS_3; BP_4) sowie als Einzelnennungen Sprachförderung (vgl. Gruppe SuS_4), musikalische Früherziehung (vgl. Gruppe BP_4) und die Förderung eines gesunden Essverhaltens (vgl. Gruppe SuS_1).

Die höhere Relevanz der genannten Bildungsbereiche gegenüber dem Bildungsbereich Medienerziehung zeigt sich auch in der Auswahl der Themen der Projektarbeit, die sich nur selten auf Medien(-erziehung) beziehen und wenn doch, meistens eine risikofokussierte Ausrichtung haben (vgl. Lehrkraft Thomas Westermeier; Gruppe SuS_1, Teilnehmerin P7).

Die vorliegenden Ergebnisse der Studie gehen konform mit anderen Studienergebnissen zu pädagogischen Orientierungen von angehenden Erziehern/innen. So ermittelten Mischo et al. (2012) im Rahmen einer Fragebogenerhebung mit 712 angehenden Erzieher/innen (Auszubildende an Fachschulen und Studierende der frühkindlichen Bildung) für den Themenkomplex „Aufgaben und Funktionen einer Kindertageseinrichtung“ die höchste Zustimmung für Items, die sich auf das Kind als Erziehungssubjekt bzw. die Persönlichkeitsentwicklung des Kindes beziehen. Schulvorbereitende Aufgaben werden von den Erzieher/innen als weniger wichtig betrachtet (vgl. Mischo et al. 2012, S. 337ff.).

12.2.1.3 Medienerzieherischer Habitus: Praxis

Zielstellung der Rekonstruktion des medienerzieherischen Habitus der Auszubildenden war es, ihre Medienerziehungspraxis in den Einrichtungen sowie ihre Vorstellungen und Beurteilungen gegenüber der Ausübung von Medienerziehung in der Kita herauszuarbeiten. Zunächst werden in diesem Unterkapitel die Praxiserfahrungen der Auszubildenden in den Fokus genommen, danach werden die einzelnen Gruppen der Auszubildenden im Hinblick auf die medienerzieherischen Vorstellungen und Beurteilungen der angehenden Erzieher/innen zu Typen des medienerzieherischen Habitus zusammengefasst.

Medienpädagogische Praxiserfahrungen

Nach Angabe der Auszubildenden spielt Medienerziehung in den Kindertagesstätten, in denen sie tätig waren oder aktuell sind, kaum eine Rolle. Damit einhergehend bestehen trotz des Sprache(n)/Medien-Unterrichts auf Seiten der Auszubildenden Defizite im Hinblick auf das Verständnis und die Kenntnisse für den Bereich der Medienerziehung. So haben die Auszubildenden teilweise noch nie über die Möglichkeit nachgedacht, ein Fotoprojekt mit Kita-Kindern durchzuführen, obwohl dies eine relativ einfach umzusetzende und auch bekannte Möglichkeit der medienpädagogischen Arbeit ist. Hierin bestätigt sich die von der Lehrkraft Nele Bensch formulierte Einschätzung, dass es den angehenden Erziehern/innen an Ideen zur Medienerziehung mangele.

Der geringe Stellenwert von Medienerziehung in den Einrichtungen spiegelt sich auch in den medienpädagogischen Praxiserfahrungen der Auszubildenden wider. Nur einzelne Auszubildende haben bisher bei der Umsetzung eines medienpädagogischen Projekts in der Kita mitgewirkt. Eine Ausnahme stellt ein männlicher Auszubildender dar, der im Vorfeld seiner Ausbildung im Rahmen eines einjährigen Vorpraktikums in der Kita ein Videoprojekt mit Kindern zur Umsetzung des Kinderbuches „Rettet die Alphas“ begleitet hat (vgl. Gruppe SuS_3, Teilnehmer P3_m). Eine weibliche Auszubildende verwendet zudem elektronische Medien in der Kita, um mediendidaktische Ziele zu erreichen: Sie hat einen Film zur gemeinsamen Reflexion mit den Kindern zum baldigen Schuleintritt eingesetzt und nutzt Aufnahmegeräte im Rahmen der musikalischen Früherziehung. Sie verfolgt diesbezüglich jedoch keine medienerzieherische Intention im Hinblick auf eine Medienkompetenzförderung der Kinder (vgl. Gruppe BP_4, Teilnehmerin P2).

Zwar stehen in einigen Kindertagesstätten ein Computer und/oder ein Kinderlernlaptop zur Verfügung, an denen die Kinder zeitlich reglementiert (Lern-) Spiele spielen und sich im ersten Umgang mit dem Gerät üben, ein pädagogisches Konzept zur Heranführung an den Umgang mit dem Computer (‚Computerführerschein') existiert jedoch in keiner der Einrichtungen. Dementsprechend scheinen die angehenden Erzieher/innen die Computernutzung der Kinder in den Einrichtungen insofern begleitet zu haben, dass sie diese zeitlich reglementiert und vereinzelt den Kindern Nutzungshinweise gegeben haben, dies jedoch keineswegs didaktisch aufbereitet.

Die medienbezogenen Erfahrungen weiterer Diskussionsteilnehmer/innen beschränken sich auf den Einsatz klassischer Medien in der Kita (Bilder-Bücher, Hörspiele, Musik) und die Nutzung des Fotoapparats zur Bildungsdokumentation, wobei meistens die (angehenden) Erzieher/innen ohne Einbezug der Kinder fotografieren.

Einzelne Teilnehmer/innen konnten zudem medienpädagogische Erfahrungen in der OGS oder einem anderweitigen pädagogischen Kontext sammeln: Hierbei handelt es sich überwiegend um die Arbeit mit Fotos (z.B. Erstellung einer Fotostory) oder um mediendidaktische Nutzungsformen (z.B. Einsatz des Beamers in einem Malprojekt). Eine weibliche Auszubildende hat in der OGS im Rahmen ihrer Projektarbeit einen Trickfilm mit den Kindern in Anlehnung an deren „Star Wars"-Präferenz gedreht („Star Peace") (vgl. Gruppe SuS_1, Teilnehmerin P7).

Zusammenspiel der eigenen medienpädagogischen Erfahrungen und der Bereitschaft zu Medienerziehung und -nutzung in der Kita

Die Analyseergebnisse der Gruppendiskussionen deuten darauf hin, dass die medienpädagogischen Erfahrungen der Auszubildenden in den Einrichtungen ihre Bereitschaft prägen, Medien in der Kita zu nutzen und/oder medienpädagogische Projekte umzusetzen. Nehmen die Auszubildenden Freude und einen recht selbstständigen Umgang auf Seiten der Kinder mit elektronischen Medien wahr und sehen sie zudem eine Umsetzung eines medienpädagogischen Projekts als machbar an (z.B. im Hinblick auf Kosten), fördert dies ihre Bereitschaft, medienpädagogisch aktiv zu werden (vgl. Gruppe BP_1, P1_w; Gruppe SuS_2): Beispielsweise hat die Teilnehmerin P2 der Gruppe SuS_2 die Erfahrung gemacht, dass Kita-Kinder viel Spaß beim Fotografieren haben, woraufhin sie die Umsetzung eines Fotografieprojekts in der Einrichtung befürwortet. Ist diese Wahrnehmung jedoch nicht gegeben, scheint die Bereitschaft dementsprechend zu sinken: Da die Teilnehmerin P3 derselben Gruppe in einer Kita die Beobachtung gemacht hat, dass das Interesse der

Kita-Kinder für die Nutzung der Computer in der Einrichtung schnell verlorenging, lehnt sie den Computereinsatz in der Kita ab.

Das Einbringen der Medienerfahrungen der Kinder in die Einrichtung und Reaktionen der (angehenden) Erzieher/innen

In den Gruppendiskussionen wird von den Auszubildenden wiederholt die Präferenz von Jungen der Kita und der OGS für „Star Wars" thematisiert, welche mittels kampfhaltiger Rollenspiele, die um „Star Wars"-Merchandise-Utensilien wie Schwerter und Masken angereichert seien, des Malens von „Star Wars"-Bildern und des Austauschs von Sammelkarten in die Einrichtungen getragen würden (vgl. Gruppe SuS_1; SuS_2; BP_4). Die Präferenz der Jungen für „Star Wars" wird oftmals sowohl von den angehenden Erzieher/innen als auch vom restlichen Kita-Team abgelehnt, obwohl die (angehenden) Erzieher/innen selbst nicht wissen, welchen Medieninhalt die Jungen konsumiert haben: Den Animationsfilm „Star Wars – The Clone Wars", die dazugehörige Serie oder einen der „Star Wars"-Filme mit menschlichen Protagonisten. Obwohl die meisten Auszubildenden weder das Gespräch mit den Kindern über die Präferenz für „Star Wars" suchen noch sich selbst die spezifischen Film- oder Serieninhalte anschauen, lehnen sie „Star Wars" für Kita-Kinder prinzipiell ab. Begründet wird dies mit dem kampfbezogenen Rollenspiel der Jungen in der Kita, was durch die Einrichtungen generell abgelehnt werde und der Ansicht, dass „Star Wars" für Kinder nicht geeignet sei. Diese Haltung scheint auch an das eigene Unbehagen der angehenden Erzieher/innen bei der Rezeption von als unheimlich empfundenen Medieninhalten, wozu auch „Star Wars" gezählt wird, ohne dass die angehenden Erzieher/innen die Filme bzw. die Sendung gesehen haben, gekoppelt zu sein (vgl. Gruppe SuS_2). Als Reaktion auf die „Star Wars"-Präferenz der Kinder, die sich in der Kita widerspiegelte, wurden in den Einrichtungen (sowohl Kita als auch OGS) Elterngespräche geführt und „Star Wars"-Verbote ausgesprochen. Diese Verbote reichen vom untersagten Rollenspiel bis hin zum Verbot, „Star Wars"-Bilder in der Kita zu malen, Sammelkarten zu tauschen oder sogar über „Star Wars" zu sprechen (u.a., da Mädchen in der Kita-Gruppe große Angst vor den Figuren hatten) (vgl. Gruppe SuS_2). Die von der Lehrerin Juliane Mahr beschriebene *„Medienverdächtigung"* (Z. 449) der Auszubildenden, die aus *„Angst vor Fehlentwicklungen der Kinder"* (Z. 446) zu einer Ausgrenzung von Medienhelden/innen wie den Figuren von „Star Wars" in der Kita führe, dokumentiert sich somit auch in den Gruppendiskussionen. Neben dem „Star Wars"-Rollenspiel berichtet eine Gruppe von Rollenspielen zweier Jungen in der Kita zu „Spiderman" und zu einem Piraten (vgl. Gruppe BP_2). Wie auch die anderen Auszubildenden im Hinblick auf „Star Wars" lehnen die beiden Diskussionsteilnehmerinnen dieser Gruppe das Rollenspiel der Jungen ab. Als Gründe für die Ablehnung benennen sie die Immersion der Jungen in ihr jeweiliges Spiel und für den Jungen, der „Spiderman" nachspielt, eine Aggressivität, die zu Angst auf Seiten der anderen Kita-Kinder führe. Als Reaktion darauf wählen die Auszubildenden eine ausweichende Strategie und versuchen, die Jungen von ihrem Rollenspiel abzulenken und in die soziale Interaktion mit anderen Kindern zu integrieren (z.B. über ein Brettspiel).

Mit Blick auf kampfbezogene Inhalte dieser Rollenspiele ist das Erzieher/innen-Verhalten zwar durchaus nachvollziehbar, allerdings schaffen sowohl die angehenden Erzieher/innen als auch die Erzieher/innen in den Einrichtungen keine andersartigen Reflexionsmöglichkeiten für die Kinder. Daraus resultiert, dass die Möglichkeiten der Kinder zur Verarbeitung der medialen Inhalte durch die Unterbindung des Rollenspiels eingeschränkt wird (vgl. Demmler 2005, S. 73).

Im Gegensatz zum Ablenken der Jungen vom „Spiderman"- bzw. Rollenspiel suchte die Berufspraktikantin P1 der Gruppe BP_2 ein medienbezogenes Gespräch mit einem Kita-Mädchen, das gerne das Hörspiel „Bibi und Tina" hört, das P1 selbst aus der eigenen Kindheit vertraut ist und welches sie positiv besetzt. Daraus kann wiederum abgeleitet werden, dass die Auszubildenden eine höhere Offenheit für die aus der eigenen Kindheit vertrauten und geschätzten Medieninhalte haben. Solche Medieninhalte scheinen ihren Platz in der Kita haben zu dürfen, wie auch die Auszubildende P7 der Gruppe SuS_2 beschreibt: *„[...] ‚Pippi Langstrumpf' oder so, ja, da würde ich direkt sagen, ‚ja, komm'. Aber jetzt ‚Star Wars'-Figuren, da müsste ich erstmal überlegen, das weiß ich jetzt gar nicht"* (Z. 759-761).

Des Weiteren bringen die Kinder ihre Medienerfahrungen durch mitgebrachte Merchandise-Artikel wie „Matchbox" Autos zum Animationsfilm „Cars" in die Kita ein. Diese dürfen jedoch in einigen Einrichtungen wie auch andere beliebte Spielsachen (z.B. „Beyblade"-Kreisel") nicht mehr in die Kita mitgebracht werden. Grund dafür ist, dass die Spielsachen zu Streitigkeiten zwischen den Kindern geführt hätten, da teilweise Spielzeuge nicht mehr aufzufinden waren oder verschiedene Kinder Besitzansprüche hinsichtlich desselben Spielzeugs formulierten.

12.2.1.4 Medienerzieherischer Habitus: Typenbildung

Den nächsten Analyseschritt in der Rekonstruktion der Habitusformationen angehender Erzieher/innen im Kontext von Medienerziehung in Kindertagesstätten bildet die sinngenetische Typenbildung im Rahmen der dokumentarischen Methode (vgl. Kap. 8.2.6). Hierbei werden die rekonstruierten Orientierungsrahmen der einzelnen Gruppen abstrahiert und verschiedene Gruppen aufgrund von Gemeinsamkeiten zu unterscheidbaren Typen zusammengefasst (vgl. Nohl 2012, S. 51f.; Nohl 2012, S. 108ff.). Zielstellung der Typenbildung ist es, verallgemeinerbare, nicht auf den Einzelfall beschränkte Orientierungsrahmen herauszuarbeiten. Im Rahmen der sinngenetischen Typenbildung dieser Arbeit stellt der medienerzieherische Habitus der Auszubildenden das „Tertium Comparationis“ (Bohnsack 2013, S. 252) dar.

Zwei Typen des medienerzieherischen Habitus

Alle Diskussionsteilnehmer/innen des Samples verstehen die heutige Gesellschaft und somit auch die heutige Kindheit als mediatisiert. Der Großteil der Auszubildenden nimmt damit einhergehend eine hohe kindliche Mediennutzung in Familien wahr, vor allem hinsichtlich der Medien Fernseher und Computer bzw. Spielekonsole oder tragbaren Spielgeräten. In Bezug auf diese Wahrnehmung, die als Produkt des medialen Habitus verstanden wird, beschreiben die Gruppen eine verschiedenartige Verantwortlichkeit für Medienerziehung und den Einsatz elektronischer Medien wie eines Computers in der Kindertagesstätte. Die komparative Analyse der Gruppendiskussionen zeigt zwei verschiedene medienerzieherische Habitustypen auf: Die Kita als Schutzraum vor ‚schlechten‘ elektronischen Medien (Typ 1) gegenüber der Haltung, dass Medienerziehung mit dem Einsatz elektronischer Medien zum Aufgabenbereich der Kita zählen (Typ II) (vgl. Abbildung 7).

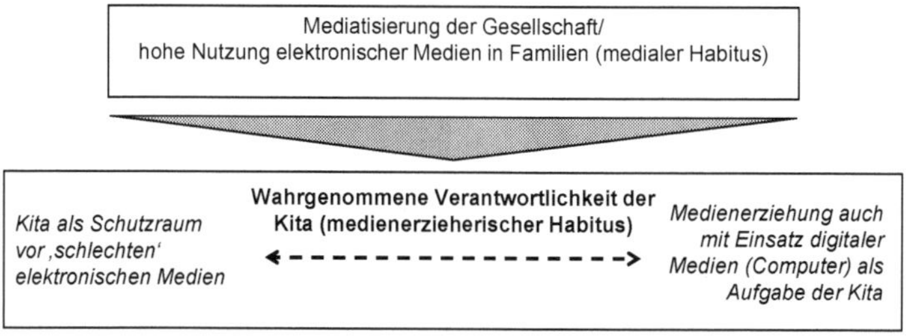

Abbildung 7: Zwei Typen des medienerzieherischen Habitus, eigene Abbildung (vgl. leicht modifiziert Friedrichs 2013b, S. 5)

Medienerzieherischer Habitustyp 1: Die Kita als Schutzraum vor ‚schlechten‘ elektronischen Medien (Typ 1)

Die Auszubildenden dieses medienerzieherischen Habitustyps teilen Medien in die bipolare Logik ‚guter‘ und ‚schlechter‘ Medien ein. Aufgrund der vermuteten positiven Wirkpotenziale auf die kindliche Entwicklung werden der Einsatz von (Bilder-) Büchern, Hörspielen und der Digitalkamera in der Kita befürwortet. Dementsprechend stehen die Auszubildenden dieses Habitustyps handlungsorientierter Medienarbeit mit ‚guten‘ Medien positiv gegenüber, was sich u.a. in der prinzipiellen

Offenheit hinsichtlich Fotoprojekten mit Kita-Kindern dokumentiert. Trotz der Offenheit für die medienpädagogische Arbeit mit dem Fotoapparat in der Kita haben die Auszubildenden diesbezüglich kaum Erfahrungen. Auch die reflexive Aufarbeitung der kindlichen Medienpräferenzen (z.B. über Gespräche mit den Kindern) befürworten die Auszubildenden dieses Typs, was allerdings ebenfalls kaum in einer Umsetzung in der Praxis mündet.

Die ‚schlechten Medien' hingegen, hierzu zählen im Hinblick auf die Mediennutzung von Kita-Kindern vor allem der Fernseher und der Computer bzw. die Spielekonsole, werden mit negativen Effekten auf die kindliche Entwicklung, vor allem hinsichtlich der Unruhe und Unausgeglichenheit von Kita-Kindern nach dem hohen Fernsehpensum am Wochenende, verknüpft. Daher und aufgrund der Wahrnehmung, dass Primärerfahrungen und das kindliche Spiel in der Natur aufgrund der Nutzung des Fernsehers gegenüber der eigenen Kindheit deutlich abgenommen hätten, lehnen diese Auszubildenden den Einsatz eines Computers in der pädagogischen Arbeit mit Kindern ab. Die Kita soll aus Sicht der Auszubildenden kein weiterer Ort sein, der sich negativ auswirkende Medienerfahrungen ermöglicht, da die Mediennutzung in vielen Familien ohnehin immens hoch sei. Zentral ist auch, dass die Auszubildenden den Einsatz eines Computers in der Kita in zeitlicher Konkurrenz zu Primärerfahrungen und dem freien Spielen der Kinder sehen. Zudem betrachten die Auszubildenden den Computer als hinderlich für den sozialen Austausch zwischen den Kindern: Zum einen, da der Computer nur jeweils von einem einzelnen Kind genutzt werden könne, zum anderen, da Streitigkeiten zwischen den Kindern befürchtet werden, falls mehrere Kinder gleichzeitig den Computer nutzen möchten. Somit wird die Computernutzung als hinderlich im Hinblick auf die Zielsetzungen der eigenen pädagogischen Arbeit (berufsethischer Habitus) wie die Förderung des Sozialverhaltens von Kindern verstanden.

Als weiteren Grund für die Ablehnung des Computers nennen die Auszubildenden die noch nicht ausreichende kognitive Entwicklung von Kita-Kindern, da Kita-Kinder noch nicht lesen könnten und somit eine Nutzung des Computers in der Kita unsinnig sei und sie durch die Komplexität von Lernprogrammen überfordert sein könnten.

Für die Offene Ganztagsschule hingegen befürworten die Auszubildenden eine pädagogische Heranführung an den Computer (‚Computerführerschein'), um die Kinder auf Risiken des Internets vorzubereiten und ihre Medienkompetenz zu stärken.

Neben einer handlungs- und reproduktionsorientierten Medienarbeit mit den Kita-Kindern sehen die Auszubildenden zudem medienpädagogische Elternarbeit, beispielsweise über Elternabende, in ihrer Verantwortung als angehende Erzieher/innen. Die Eltern müssten unterstützt werden, da das Elternhaus zwar der primäre Ort der kindlichen Mediennutzung sei und Eltern die primäre Verantwortung für eine reglementierte Mediennutzung ihrer Kinder zukomme, die Medienerziehung im Elternhaus jedoch oftmals inadäquat sei, sodass Kinder zu viele und teilweise auch ungeeignete Medieninhalte konsumieren würden.

Zuordnung der Gruppen zum medienerzieherischen Habitustyp 1

Sechs Gruppen des Samples können diesem Habitustyp zugeordnet werden, was durch die folgenden Ausführungen zu den Vorstellungen und Beurteilungen zur Medienerziehung in Kindertagesstätten (medienerzieherischer Habitus) für die einzelnen Gruppen verdeutlicht wird. Einzelne Teilnehmer/innen argumentieren entgegen der vorherrschenden Gruppenmeinung und sind daher dem medienerzieherischen Habitustyp 2 zuzuordnen. Um deren Orientierungsrahmen nicht getrennt von ihrer zugehörigen Gruppe aufzugreifen, wird ihre Haltung ebenfalls an dieser Stelle erörtert.

Gruppe SuS_1 (mit Ausnahme der Teilnehmerin P5)

- Befürwortung des Einsatzes ‚guter' klassischer Mediengeräte wie Fotoapparat, Bilderbuch und kaputter Mediengeräte (zum Rollenspiel: Telefon, alter Computer) bei gleichzeitiger Ablehnung des ‚schlechten' Computers: Medieneinsatz soll *„nicht viel mit Technik zu tun"* haben
- Computereinsatz und ‚Computerführerschein' werden für die Kita abgelehnt, da Kinder sich im Kindergarten *„ausleben"* sollen und am Wochenende viel fernsehen würden: Kindergarten soll einen Gegenhorizont zur Inaktivität von bildungsschwachen inaktiven Eltern bieten, die hauptsächlich mit ihren Kindern fernsähen
- Computereinsatz und ‚Computerführerschein' werden für die OGS hingegen befürwortet:
    - aufgrund Mediatisierung der Gesellschaft,
    - um Kinder auf Risiken von Medien vorzubereiten
- Medienpädagogische Elternarbeit als Aufgabe der Kita (Elternkurse)

Die Teilnehmerin P5 ist dem medienerzieherischen Habitus 2 zuzuordnen:

- P5 argumentiert entgegen der dominanten Gruppenmeinung: hält eine Auseinandersetzung mit dem Computer in der Kita als Vorbereitung auf die Schule für relevant

Gruppe SuS_2 (mit Ausnahme der Teilnehmerinnen P4 und P7)

- Handlungsorientierte Medienarbeit (Fotografieren, Filmen) sowie Anhören von Kassetten von der Gruppe befürwortet, lediglich eine Schülerin würde aufgrund von hoher Mediennutzung im familiären Alltag kein Projekt dazu durchführen mögen

- Dennoch hat die Gruppe keine Bereitschaft, handlungsorientierte Medienarbeit als Projekt im Berufspraktikum umzusetzen: ungünstiges Verhältnis von Dauer der Planung/Dokumentation und tatsächlicher Aktivität: zeigt den Vorrang anderer Bildungsbereiche
- Kita sollte bezogen auf Computer und Fernsehen ein medienfreier Raum sein: Elektronische Medienausstattung sollte aufgrund mediatisierter Kindheit und der Konkurrenz zum Erleben von Primärerfahrungen und dem Spielen in der Natur begrenzt sein:
    - Ablehnung von Computer-Lernprogrammen durch Großteil der Gruppe,
    - Ablehnung einer medienpädagogischen Aufarbeitung von „Star Wars“ in der Kita, aus der Kindheit bekannte Formate wie „Pippi Langstrumpf“ könnten jedoch bedenkenlos in der Kita aufgegriffen werden

Die Teilnehmerinnen P4 und P7 sind dem medienerzieherischen Habitustyp 2 zuzuordnen:

- benennen Chancen der PC-Nutzung in der Kita (Farben lernen; Umwelt anders wahrnehmen),
- sehen die Auseinandersetzung mit einem Computer in der Kita aufgrund der heute mediatisierten Kindheit als notwendig an

Gruppe SuS_3 (mit Ausnahme des Teilnehmers P3_m)

- Für den Großteil der Gruppe (P4_m, P1_w, P2_m) stehen klassische pädagogische Ziele im Vordergrund der Arbeit (Primärerfahrungen, Förderung sozialer Kompetenzen, Bewegung, freies Spiel u. kreatives Arbeiten). Diese seien wichtiger als Medienerziehung und -nutzung in der Kita.
- P3_m argumentiert konträr zur vorherrschenden Gruppenmeinung und weist Medienerziehung/-nutzung in der Kita (z.B. Computer) eine gleichberechtigte Rolle zu anderen Bildungsbereichen zu: Kinder müssten in ihrer Medienkompetenz gestärkt werden, u.a., indem ihnen ein zeitlich regulierter Medienumgang beigebracht werde.
- Medienpädagogische Elternarbeit als Aufgabe der Kita: Schwierigkeit, den Eltern Wissen zu vermitteln, aber nicht belehrend zu wirken
- Aktive Nutzung klassischer Medien wie Fotoapparate, Bücher und Musik hat positive Effekte hinsichtlich:
    - Lernen (z.B. Förderung der Sprachfähigkeit),

  - Persönlichkeitsbildung (z.B. Förderung von Kreativität) → solche Mediengeräte sollten mit Kita-Kindern genutzt werden
- Der Großteil der Gruppe lehnt den Einsatz eines Computers in der Kita aus verschiedenen Gründen ab:
  - die Betrachtung der Kita als medienbezogener Schutzraum aufgrund der mediatisierten Freizeit und einer damit einhergehenden „Reizüberflutung" der Kinder,
  - mangelnde Lesefertigkeiten von Kindern,
  - Behinderung des Erwerbs sozialer Kompetenzen (Computer kann nur alleine genutzt werden): konträr zum berufsethischen Habitus,
  - knappe Personalressourcen

Der Teilnehmer P3_m ist dem medienerzieherischen Habitustyp 2 zuzuordnen:
- Nur P3_m, der selbst medienpädagogische Erfahrungen in einem Filmprojekt gesammelt hat, spricht sich für eine Computernutzung in der Kita aus: Kinder erlernen somit einen zeitlich begrenzten Umgang mit dem Computer
- Er sieht Medienerziehung und -nutzung nicht in zeitlicher Konkurrenz zu anderen Bildungsaufgaben, sondern diese Bereiche könnten verknüpft werden: Beispielsweise hätten die Kita-Kinder im Filmprojekt, bei dem ein Kinderbuch verfilmt wurde, Buchstaben erlernt.

Gruppe SuS_4 (mit Ausnahme der Teilnehmerinnen P4 und P2)

- Medienpädagogische Elternarbeit als relevante Aufgabe der Kita
- Handlungsorientierte Medienarbeit (z.B. Foto-/ Filmprojekte) wird befürwortet: wären Erzieher/innen in der Einrichtung bereits medienpädagogisch tätig, würden Auszubildende diese gerne unterstützen und darüber medienpädagogische Erfahrung gewinnen
- Nur eine Schülerin (P1), die sich die Kita als medienfreien Raum zu wünschen scheint, ist hinsichtlich handlungsorientierter Medienarbeit in der Kita skeptisch
- Einer Computernutzung in der Kita steht die Gruppe eher skeptisch und eine Teilnehmerin (P1) ablehnend gegenüber. Die Gruppe benennt negative Aspekte, die mit einer Computernutzung in der Kita verbunden seien:
  - soziale Isolation aufgrund übermäßiger Computernutzung,
  - Streit zwischen den Kindern um den Computer,
  - geringe Lerneffekte bei der Nutzung von Lernprogrammen: Nutzung muss zeitlich reglementiert und durch eine/n Erzie-

her/in begleitet werden, sodass die Kinder in der Nutzung von Lernprogrammen individuell unterstützt werden

- Dennoch sieht die Gruppe eine gewisse Notwendigkeit für die Auseinandersetzung mit dem Computer in der Kita, dies aufgrund:
  - schulischer Anforderungen,
  - einer notwendigen Begleitung der elektronischen Mediennutzung von Kita-Kindern (somit auch des Computers), da Kinder in der Freizeit die Medien ohnehin nutzen
- Ein weiteres Argument, das für eine Computer-Nutzung spricht, sind die Recherchemöglichkeiten des Internets.

Die Teilnehmerinnen P4 und P2 sind dem medienerzieherischen Habitustyp 2 zuzuordnen:

- sprechen sich für eine Computernutzung in der Kita aus:
  - betrachten eine begleitete Medien- und somit auch Computernutzung durch die Kita-Erzieher/innen als notwendig, da Kinder in der Freizeit ohnehin Medien nutzen würden.
  - Zudem sei eine frühe Heranführung an den Umgang mit dem Computer aufgrund schulischer Anforderungen erforderlich.
- Die anderen Teilnehmerinnen (bis auf P1, die den Einsatz eines Computers völlig ablehnt) stimmen zwar prinzipiell dem Argument der Computernutzung in der Schule zu, stehen einer Computernutzung in der Kita dennoch eher ablehnend gegenüber.

Gruppe BP_1

- Relevante Medien für die Kita: (Bilder-)Bücher, Hörspiele, Kindermusik: daran anschließend kann auch ein Kreativangebot erfolgen
- Befürwortung handlungsorientierter Medienarbeit wie Fotoprojekt mit Kindern in Kita
- Gespräche über Filme/Serien, die Kinder interessieren, sind angebracht, auch da Kinder in ihrer Freizeit für ihr Alter nicht geeignete Inhalte konsumieren
- Ablehnung einer Computernutzung in der Kita:
  - vor allem aufgrund der hohen Spielenutzung innerhalb der Familie: Computernutzung in der Kita als hinderlich für das Erleben von Primärerfahrungen, das Spielen in der Natur und einen sozialen Austausch mit anderen Kindern (deshalb ebenfalls Ablehnung von tragbaren Spielgeräten in der Kita),

    - noch nicht ausreichende kognitive Entwicklung der Kita-Kinder für Computernutzung
- jedoch Wahrnehmung von Chancen des Computers für die OGS:
    - Schulung im Umgang mit Computer/Internet, um Kinder auf mögliche Gefahren hinzuweisen (Stärkung von Medienkompetenz)
    - positive Lerneffekte durch Lernprogramme

Gruppe BP_2

- Umsetzung eines Fotoprojekts wird stark befürwortet: bspw. könnten Kinder verschiedene Bildperspektiven erlernen
- Computernutzung wird für die Kita abgelehnt:
    - aufgrund intensiver Fernsehnutzung in der Familie durch die Kita: Medienpensum der Kinder soll durch Einsatz in der Kita nicht weiter erhöht werden,
    - Computer steht einer anvisierten Förderung des Sozialverhaltens konträr entgegen (kann nur alleine genutzt werden wegen Streitigkeiten zwischen Kindern),
    - pädagogischer Alltag ist bereits stark strukturiert: Kinder haben wenig Zeit für Freispiel: Computer überfordert Kinder aufgrund begrenzter Verarbeitungskapazitäten,
    - weniger zentrales Argument: Kinder verfügen noch nicht über benötigte Lesefertigkeiten.
    - Dennoch nimmt die Auszubildende P2 auch Chancen von PC-Lernprogrammen wahr: spielerisches Lernen mit direkter Rückmeldung: Vorteil gegenüber analogen Materialien wie Zahlenkärtchen
- Kampfhaltige Rollenspiele von Jungen zu Medieninhalten: werden von den Teilnehmerinnen aufgrund wahrgenommener negativer Effekte abgelehnt:
    - Aggression und damit auch Gefährdung anderer Kinder,
    - Angst der anderen Kinder vor den jeweils spielenden Kindern, was den Aufbau von Sozialkontakten behindert: ausweichende Strategien der Auszubildenden (Kind ablenken) anstatt einer Reflexion über Medienhelden/innen

Medienerzieherischer Habitustyp 2: Medienerziehung auch mit Einsatz digitaler Medien als Aufgabe der Kita (Typ 2)

Die angehenden Erzieher/innen, die dem zweiten Habitustyp angehören, vertreten die Haltung, dass gerade weil elektronische Medien derart präsent seien, sie auch aus der Kita nicht ausgeschlossen werden dürften. Da Medien zur Erfahrungs- und Lebenswelt der Kinder gehören würden, sollten sie auch Teil der pädagogischen Arbeit in der Kita sein. Ebenso wie die Auszubildenden des Habitustyps 1 nehmen die Auszubildenden dieses Habitustyps negative Effekte der kindlichen Fernseh- und Computer- bzw. Konsolennutzung wahr, der sich in den Einrichtungen widerspiegele. Dennoch, beziehungsweise gerade deshalb, verstehen die angehenden Erzieher/innen es als Aufgabe der Kita, die Kinder an eine verantwortungsbewusste Mediennutzung heranzuführen. Dies einerseits, um die Kinder in ihrer Medienkompetenz zu stärken und somit vor möglichen medialen Risiken durch eine frühe Auseinandersetzung mit Medien zu schützen, andererseits sehen die Auszubildenden dieses Habitustyps – im Gegensatz zu denen von Typ 1 – die Nutzung eines Computers in der Kita auch mit Chancen für die Kita-Kinder verknüpft: Der Computer könne mediendidaktisch zur Recherche und zum Lernen (über Lernprogramme) und somit auch zur Vorbereitung für schulische Aufgaben eingesetzt werden oder auch einem Digital Divide entgegenwirken, indem Kinder, deren Eltern keinen Computer haben, mit diesem vertraut gemacht würden.

Ebenso wie die Auszubildenden des Habitustyps 1 befürworten die Auszubildenden dieses Typs handlungsorientierte Medienarbeit, eine reflexive Aufarbeitung von Medienerfahrungen mit Kindern sowie medienpädagogische Elternarbeit.

Die höhere Offenheit der Auszubildenden des Typs 2 gegenüber einem Einsatz digitaler Medien wie einem Computer in der Kita spiegelt sich kaum in der medienpädagogischen Praxis wider: Die Auszubildenden sind ebenfalls größtenteils wenig medienpädagogisch aktiv.

Zuordnung der Gruppen zum medienerzieherischen Habitustyp 2

Zwei Gruppen gehören dem medienerzieherischen Habitustyp 2 an. Die Teilnehmerinnen von Gruppe BP_3 sprechen sich am deutlichsten für eine Computernutzung in der Kita aus. Anstatt den Computereinsatz in der Kita kritisch zu sehen, betonen sie die damit verbundenen Chancen. Im komparativen Vergleich dazu steht Gruppe BP_4 einer Computernutzung in der Kita kritischer gegenüber. Da sich die Auszubildenden dieser Gruppe ebenfalls für eine Nutzung in der Kita bei zeitlicher Reglementierung aussprechen, wird die Gruppe ebenfalls dem medienerzieherischen Habitustyp 2 zugeordnet.

Gruppe BP_3

- Befürwortung von handlungsorientierter Medienarbeit wie bspw. Fotoprojekt
- Befürwortung von medienbezogenen Gesprächen mit Kindern
- Medienpädagogische Elternarbeit als notwendige Aufgabe der Kita, da Mediennutzung der Kinder oftmals nicht durch Eltern begleitet wird. Aufgrund der Mediatisierung der Gesellschaft hat die Kita die Aufgabe, elektronische Medien in die pädagogische Arbeit zu integrieren: Offenheit der Auszubildenden für die Nutzung elektronischer Medien wie eines Computers in der Kita aus folgenden Gründen:
    - Kinder müssen Bedienkompetenz elektronischer Medien früh erlernen, da Medien in den gesamten Alltag integriert sind,
    - Kinder sollen einen verantwortungsvollen Umgang mit elektronischen Medien erlernen,
    - Kinder sollten bereits früh mit Medieneinflüssen konfrontiert werden: ansonsten droht nach Ende der Kita (bei dem Besuch einer reformpädagogischen Einrichtung ohne Medieneinsatz) eine *„Reizüberflutung"* durch Medien,
    - Computernutzung zählt zum *„Interesse"* und der *„Erfahrungswelt"* der Kinder: Orientierung an Situationen,
    - Neben der Vermeidung medialer Risiken durch Stärkung der Medienkompetenz werden auch Chancen der Computer-Nutzung in der Kita gesehen: Recherche im Internet; Kinder, die zu Hause keinen Computer zur Verfügung haben, können in der Kita den Umgang damit kennenlernen

Gruppe BP_4

- Befürwortung handlungsorientierter Medienarbeit mit Fotoapparat und Audiomedien: kann auch verknüpft werden mit anderen Bildungsbereichen: z.B. Audioaufnahmen vom gemeinsamen Musizieren
- Befürwortung medienbezogener Gespräche mit Kita-Kindern
- Ablehnung von kampfbezogenem Rollenspiel (z.B. „Star Wars")
- Computer-Nutzung und Nutzung von Lernspielen wird als sinnvoll angesehen und zählt zu den heutigen Aufgaben der Kita, da auch Kita-Kinder in ihrer Freizeit oftmals bereits einen Computer nutzen
- Dennoch ist eine zeitliche Reglementierung der Computer-Nutzung erforderlich: Computer wird in Konkurrenz zu anderen zu erlernenden Kompetenzen (berufsethischer Habitus) gesehen:

- Malen mit Stiften/Pinseln fördert Kreativität, das Malen am Computer hingegen nicht,
- Umgang mit Stiften/Pinseln wichtig als Vorbereitung auf die Schule,
- Internetnutzung mit Kita-Kindern wird abgelehnt, für OGS-Kinder befürwortet

12.2.2 Medienbezogene Bedingungen auf Seiten der angehenden Erzieher/innen

Nach der erfolgten Typenbildung und -zuordnung zum medienerzieherischen Habitus der angehenden Erzieher/innen soll nun der Blick auf die medienbezogenen Bedingungen auf Seiten der angehenden Erzieher/innen gelegt werden.

Mediennutzung und -kompetenz der Auszubildenden

Elektronische Medien spielen im Alltag der Diskussionsteilnehmer/innen eine zentrale Rolle. Wie auch von den Lehrkräften beschrieben, spiegelt sich in den Aussagen der Auszubildenden eine selbstverständliche und teilweise stark habitualisierte und somit auch ritualisierte Form der Mediennutzung wider.

Besonders häufig werden der Laptop/Computer und das Internet genutzt, sowohl für ausbildungsbezogene Zwecke (z.B. zum Erstellen von Texten) als auch in der Freizeit. Das Smartphone bzw. Handy ist für viele Auszubildende ein aus ihrer Sicht dringend benötigter Alltagsbegleiter, über den sie das Internet nutzen und mit Freunden kommunizieren. Viele Diskussionsteilnehmer/innen nutzen zudem die Social Network-Plattform „Facebook", oftmals über das eigene Smartphone. Medienbedingte Risiken wie die Datenschutzproblematik rund um „Facebook" sind den Auszubildenden zwar prinzipiell bekannt, dennoch folgen darauf kaum Konsequenzen für die eigene Mediennutzung. Lediglich zwei weibliche Diskussionsteilnehmerinnen (vgl. Gruppe SuS_1, P1; SuS_2, P7) des Samples sprechen sich explizit aufgrund solcher Problematiken gegen eine „Smartphone"- und „Facebook"-Nutzung aus. Somit scheinen sich die Auszubildenden entgegen der Einschätzung der Lehrkräfte zwar möglicher Risiken bewusst zu sein, aufgrund der medienbedingten Vorteile (z.B. Bilder anderer anschauen; „Facebook" als Kommunikationsform mit anderen Auszubildenden) nicht auf die Nutzung verzichten zu wollen.

Weitere zentrale Mediennutzungsformen sind Fernsehen und das Anhören von Musik. Der Fernseher fungiert für viele Auszubildende als ‚Nebenbeimedium', das spezifische Funktionen erfüllt, welche diese klar benennen können. Beispielsweise dient der Fernseher den Auszubildenden zur Entspannung nach der Fachschule, der Erleichterung von Alltagsaufgaben (Putzen) und stellt teilweise auch eine Art soziales Substitut dar, wenn gerade kein anderweitiger sozialer Austausch gegeben ist (*„damit es einfach nicht so ruhig ist“*, Gruppe SuS_1, P2, Z. 2315).

Zusammenfassend kann die Mediennutzung der Auszubildenden als vorrangig rezeptiv (Fernsehen) und kommunikationsorientiert (z.B. „Facebook“; Handy/Smartphone) ausgerichtet beschrieben werden. Eine informationsorientierte Nutzung erfolgt kaum: Nur wenige Diskussionsteilnehmer/innen lesen die Zeitung oder schauen Fernsehnachrichten. Zumindest nennen sie eine solche informationsorientierte Nutzung nicht, was zumindest auf eine diesbezüglich geringe Relevanzwahrnehmung für die eigene Person hinweist. Nur wenige Auszubildende gehen gestalterisch mit Medien um (z.B. Fotografieren; Bildbearbeitung von Fotos). Dies bestätigt das von der Lehrerin Dittrich-Schreiner skizzierte Bild einer geringen intrinsischen Motivation, gestalterisch mit Medien zu arbeiten.

Die Mediennutzung im Freizeitkontext stellt die Auszubildenden kaum vor Herausforderungen. Bezogen auf die Ausbildung und eine mögliche medienpädagogische Arbeit mit Kita-Kindern benennen die Diskussionsteilnehmer/innen jedoch vermehrt Defizite im Umgang mit „PowerPoint“, der Benutzung eines Beamers sowie in puncto Bildbearbeitung und Videoschnitt. Zwei Auszubildende beschreiben, dass sie bei auftretenden Computerproblemen ihren Bruder, der jeweils im IT-Bereich arbeite, um Rat fragen (vgl. Gruppe SuS_2, P4; BP_3, P2). Somit nutzen die Diskussionsteilnehmerinnen ihr soziales Kapital.

Medienpädagogische Kompetenz (Zutrauen in eigene Fähigkeiten)

Eine Umsetzung kleinerer handlungsorientierter medienpädagogischer Projekte in der Kita trauen sich die Auszubildenden teilweise bereits selbstständig zu. Hierbei benennen sie vor allem die Umsetzung eines Fotoprojekts mit Kindern, ferner die Videoarbeit mit Kindern, eine erste Heranführung an den Computer und das Arbeiten mit Dias. Des Weiteren wird noch das Filmen der Kinder, jedoch ohne deren Einbezug in die Mediennutzung, genannt. Das eigene Zutrauen scheint direkt an medienpädagogische und -bezogene Erfahrungen gekoppelt zu sein, sodass sich die Auszubildenden zwar in solchen Bereichen eine Projektumsetzung zutrauen, die ihnen selbst bereits durch die eigene Arbeit oder den privaten Medienumgang sehr vertraut sind, in anderen Bereichen fühlen sie sich jedoch noch unsicher (vgl. Gruppe SuS_4). In vier Gruppendiskussionen (vgl. Gruppe SuS_3; SuS_4; BP_1; BP_2) äußern Diskussionsteilnehmer/innen noch Unsicherheiten im Hinblick auf die Umsetzung eigener medienpädagogischer Projekte. Sie sind zwar grundsätzlich für handlungsorientierte Projekte offen, wünschen sich aber eine gemeinsame Umsetzung mit einem/r anderen Erzieher/in, um von der anderen Person zu lernen. Dementsprechend wünschen sie sich ein medienpädagogisches Rollenvorbild in den Einrichtungen.

12.3 Rahmenbedingungen der Arbeit als angehende Erzieher/innen

Im Folgenden soll – dem Modell zur Erklärung der medienerzieherischen Praxis angehender Erzieher/innen weiter folgend (vgl. Kap. 12.1) – der Blick auf die Rahmenbedingungen der Arbeit der angehenden Erzieher/innen gelegt werden. Hierzu werden die Analyseergebnisse der Gruppendiskussionen mit den Auszubildenden mit den Analyseergebnissen der leitfadengestützten Interviews mit den Lehrkräften verknüpft. Neben den Analyseergebnissen des Interview- und Diskussionsmaterials fließen auch die Erkenntnisse zur strukturellen Verankerung medienpädagogischer Inhalte in der Erzieher/innen-Ausbildung und in den Grundsätzen zur Bildungsförderung für Kinder von 0 bis 10 Jahren in Kindertageseinrichtungen und Schulen im Primarbereich in Nordrhein-Westfalen ein (vgl. Kap. 6.3).

Da die einrichtungsinternen Bedingungen (Unterdimension 2b) teilweise in Abhängigkeit zu den externen strukturellen Bedingungen (Unterdimension 2a) stehen, erfolgt eine gemeinsame Darstellung beider Bedingungsformen.

12.3.1 Praxis der Medienerziehung in der Kita und mediale Ausstattung

Medienerziehung spielt in Kindertagesstätten nahezu keine Rolle

Sowohl die Berichte der Auszubildenden als auch der Lehrkräfte bestätigen das durch bisherige empirische Studien skizzierte Bild, dass Medienerziehung in Kindertagesstätten in Deutschland nahezu keine Rolle spielt (vgl. Kap. 6.2).

Komplexere Formen der produktionsorientierten Medienarbeit mit Kindern wie z.B. Videoarbeit finden nur vereinzelt statt. Wenn produktionsorientierte Medienarbeit erfolgt, kommt meist die Digitalkamera zum Einsatz, was durch die Verfügbarkeit von Geräten in den Einrichtungen, eine im Hinblick auf die erforderliche Bedienkompetenz leichte Umsetzbarkeit und die mit einer Digitalkamera positiv verknüpften Vorstellungen und Wirkannahmen (bspw. im Sinne einer Kreativitätsförderung der Kinder) auf Seiten der (angehenden) Erzieher/innen erklärt werden kann. Meist handelt es sich jedoch – zumindest in den Einrichtungen, die in der vorliegenden Studie betrachtet wurden – um unstrukturierte Fotoaktionen, sodass die Kinder zwar selbstständig fotografieren dürfen, sie jedoch nicht mittels eines Fotoprojekts im Umgang mit der Kamera angeleitet werden. Eine kindliche Nutzung der Digitalkamera ist längst nicht in allen Einrichtungen gegeben. So wird zwar in der Regel die Digitalkamera zur Bildungsdokumentation genutzt, jedoch fotografieren meistens die (angehenden) Erzieher/innen ohne Einbezug der Kinder. Zudem berichtet eine Diskussionsteilnehmerin im Hinblick auf die Einrichtung, in der sie tätig ist, darüber, dass die Kita-Kinder nicht fotografiert werden dürften, sodass eine Umsetzung einer medienpädagogischen Fotoaktion mit

Kita-Kindern nicht möglich erscheint (vgl. Gruppe BP_2, P1). Neben der Digitalkamera gehören Audiomedien (Hörspiele, Musik) und (Bilder-)Bücher zum Standardrepertoire an Medien in Kindertagesstätten. Zudem stehen wie beschrieben in einigen Einrichtungen Computer und/oder spezifische Kinderlernlaptops zur Verfügung. Da eine gezielte Heranführung an den Computer (‚Computerführerschein') in allen Einrichtungen, die in der Studie betrachtet wurden, jedoch ausbleibt, scheinen die (angehenden) Erzieher/innen in Bezug auf den Computer – ebenso wie beim Umgang mit dem Fotoapparat – höchstens in Ansätzen die Zielstellung zu verfolgen, die Medienkompetenz der Kinder zu stärken. Stattdessen scheinen mit der Nutzung von Lernspielen vor allem mediendidaktische Zielstellungen verbunden zu sein.

Auch eine Auseinandersetzung mit den Kindern über Medien, etwa über eine (wertschätzende) Reflexion der Medienhelden/innen der Kinder, ist kaum Bestanteil der pädagogischen Arbeit. Gespräche mit den Kindern und auch mit deren Eltern werden hauptsächlich dann gesucht, wenn aus Sicht der Erzieher/innen ein problematisches medienbezogenes Verhalten vorliegt, beispielsweise im Hinblick auf die „Star Wars"-Präferenz und kampfhaltige medienbezogene Rollenspiele von Jungen. Insgesamt ist die medienpädagogische Elternarbeit in den Einrichtungen defizitorientiert ausgerichtet. Falls überhaupt medienbezogene Elternabende stattfinden, wird in diesen – angesichts einer wahrgenommenen inadäquaten Mediennutzung von Kindern – eine zeitlich regulierte Nutzung ‚kindgerechter' Medien angesprochen. Eine aktive Einbindung von Eltern in die medienpädagogische Arbeit, bspw. über gemeinsame Medienproduktionen mit Eltern und Kindern, findet gar nicht statt.

Medienpädagogische Fortbildung aufgrund von Re-Zertifizierung als Familienzentrum

Während der Großteil der betrachteten Einrichtungen medienpädagogisch inaktiv ist, bildet sich ein (kleiner) Teil der Einrichtungen im medienpädagogischen Bereich fort. Dies scheint jedoch nicht immer aus einem intrinsischen Interesse an Medienerziehung und -nutzung in der Kita zu geschehen, sondern an äußere Rahmenbedingungen geknüpft zu sein. So berichten sowohl eine Auszubildende (vgl. Gruppe BP_3, P1) als auch die Lehrkraft Elisabeth Dittrich-Schreiner über medienpädagogische Fortbildungen aufgrund einer benötigten Re-Zertifizierung der Einrichtungen als Familienzentrum. Somit erscheint es fraglich, ob diese Einrichtungen nachhaltig medienpädagogisch arbeiten werden.

12.3.2 Einrichtungsinterne Bedingungen im Kontext externer struktureller Bedingungen

Kindertagesstätte als Schutzraum vor negativen medialen Einflüssen

Ebenso wie bei den Auszubildenden besteht teilweise auch auf Seiten der Erzieher/innen in den Einrichtungen ein risikofokussierter Blick auf die kindliche Mediennutzung und damit verbunden auf den Einsatz elektronischer Medien wie eines Computers in der Kita. Hierüber berichten vor allem die Lehrkräfte (vgl. die Lehrkräfte Westermeier; Müller; Mahr; Bensch; Gruppe SuS_4, P2). Die Medienhelden/innen heutiger Kinder wie etwa die „Star Wars"-Figuren werden aus Sicht der Lehrkräfte von den Erzieher/innen abgelehnt, weil diese Medienhelden/innen nicht als entsprechend kindgerecht und pädagogisch wertvoll wahrgenommen würden, was wiederum in den beschriebenen „Star Wars"-Verboten und einer Ablehnung der damit einhergehenden Rollenspiele mündet. Somit haben auch die Erzieher/innen in den Einrichtungen teilweise ein Verständnis einer Kindertagesstätte als Schutzraum vor negativen medialen Einflüssen.

Defizite im Umgang mit Mediengeräten auf Seiten älterer Erzieher/innen

Ein weiterer erklärender Faktor für den geringen Stellenwert medienerzieherischer Aktivitäten spielen aus Sicht der Lehrkräfte und der Auszubildenden Defizite hinsichtlich der technischen Medienkompetenz der (vor allem älteren) Erzieher/innen in den Einrichtungen, was sich im wenig versierten Umgang mit dem Computer widerspiegele. Teilweise berichten die Auszubildenden auch von technisch wenig versierten Kita-Leitungen, in der Regel nehmen die Auszubildenden die Kita-Leitungen jedoch aufgrund medienbezogener Fortbildungen (vermutlich für den PC) aber als technisch versierter wahr (vgl. Gruppe SuS_2; SuS_3; SuS_4; BP_1, P1_w; BP_3).

Knappe Zeit- und Personalressourcen bei einer Vielzahl pädagogischer Angebote

Sowohl die Lehrkräfte als auch die Auszubildenden (vgl. Gruppe SuS_1; SuS_3, P1w; BP_1, P2_m; BP_2, BP_3) beschreiben knappe Personal- und Zeitressourcen der Einrichtungen, sodass sich sowohl die Erzieher/innen in den Einrichtungen als auch die Auszubildenden teilweise bereits mit dem aktuellen pädagogischen Angebot ohne die Umsetzung medienerzieherischer Aktivitäten als ausgelastet wahrnehmen. Interessanterweise berichten auch einige Auszubildende davon, dass Bilderbuchbetrachtungen in den Kitas nur selten umgesetzt werden, was die Diskussionsteilnehmer/innen ebenfalls auf einen Mangel an zeitlichen und personellen Ressourcen zurückführen (vgl. Gruppe SuS_1; BP_1).

Die knappen Zeit- und Personalressourcen werden im Folgenden in den Kontext der externen strukturellen Bedingungen der pädagogischen Arbeit in der Kita gesetzt.

Kinderbildungsgesetz

Mit dem Kinderbildungsgesetz wurden die Bildungsdokumentation der Kinder und Sprachförderangebote für die Kindertagesstätten in Nordrhein-Westfalen verpflichtend. Zudem bestehen fortan individualisierte Betreuungsverträge zwischen Eltern und Kita, die zwischen 25, 35 oder 45 Stunden an kindlicher Betreuung variieren (vgl. §13 Abs. 6 KiBiz), sodass die Planbarkeit und Durchführung von aufwändigeren Angeboten erschwert wird, da nicht alle Kinder auch nachmittags betreut werden (vgl. Gruppe BP_2).

Grundsätze zur Bildungsförderung für Kinder von 0 bis 10 Jahren in Kindertageseinrichtungen und Schulen im Primarbereich in Nordrhein-Westfalen

Im Bildungsplan von Nordrhein-Westfalen, den „Grundsätzen zur Bildungsförderung für Kinder von 0 bis 10 Jahren in Kindertagesstätten und Schulen im Primarbereich" werden zehn Bildungsbereiche der pädagogischen Arbeit definiert, „Medien" wird darunter als eigenständiger Bildungsbereich beschrieben. Der Bildungsplan soll als verbindliche Grundlage für die pädagogische Arbeit der Einrichtungen dienen (vgl. Kap. 6.3.2). Aus der Analyse der Gruppendiskussionen geht hervor, dass die Grundsätze zur Bildungsförderung den angehenden Erzieher/innen durch ihre Ausbildung grob bekannt sind, sie haben sie selbst jedoch nicht gelesen. Zudem – so zeigen die Gruppendiskussionen mit den Auszubildenden und die Interviews mit den Lehrkräften auf – orientieren sich die Einrichtungen selektiv an den Grundsätzen zur Bildungsförderung, indem sie spezifische konzeptionelle Schwerpunkte wählen wie beispielsweise Bewegungsförderung oder die Förderung des Sozialverhaltens der Kinder (vgl. Friedrichs 2013b, S. 9). Spezifische pädagogische Projekte wie etwa „Faustlos" im Rahmen von Gewaltprävention oder das „Haus der kleinen Forscher" zur naturwissenschaftlichen Bildung sind in den Einrichtungen verankert. Somit werden lediglich einzelne und keineswegs alle in den Grundsätzen genannten Bildungsbereiche in Form pädagogischer Angebote systematisch umgesetzt. Medienerziehung hat in den Einrichtungen, über die sich die Auszubildenden und Lehrkräfte äußern, wenn überhaupt als Bereich vorhanden, höchstens eine randständige Rolle. Dies ist u.a. darauf zurückzuführen, dass Medienerziehung in zeitlicher Konkurrenz zu anderen, für die Einrichtung als wichtiger erachteten Bildungsbereichen gesehen wird. Aufschlussreich ist das Beispiel einer Berufspraktikantin, die erörtert, dass der von den (angehenden) Erzieher/innen als wichtig erachtete Waldtag mit den Kindern nicht mehr stattfinde, obwohl das Familienzentrum seinen Fokus auf Bewegungsförderung lege. Dies sei auch insofern problematisch, dass ein solcher Waldtag von den Eltern besonders geschätzt werde(vgl. Gruppe BP_3, P1). Auch die Bilderbuchbetrachtung, welche von den Auszubildenden als relevante pädagogische Aktivität verstanden wird, kommt, wie dargestellt, laut der Einschätzung mehrerer Auszubildender in den Kindertagesstätten zu kurz (vgl. Gruppe SuS_1; BP_1). Werden somit die Ressourcen für die eigentlichen Schwerpunkte der Einrichtung und pädagogischen Ziele der (angehenden) Erzieher/innen bereits als äußerst begrenzt verstanden, erscheint es keineswegs verwunderlich, dass kaum eine Auseinandersetzung mit dem Thema Medienerziehung in den Kitas stattfindet (vgl. Friedrichs 2013b, S. 12). Hinzu kommt, dass die den Erzieher/innen in den Einrichtungen bereits seit vielen Jahren bekannten klassischen Aktivitäten der Kindertagesstätte wie Malen und Basteln aufgrund der habitualisierten Routine deutlich leichter fallen dürften als der Bereich der Medienerziehung, der vielen noch nicht vertraut ist (vgl. ebd., S. 9).

Unsicherheiten hinsichtlich der neuen Berufsrolle

Zudem scheint die Bereitschaft der angehenden Erzieher/innen, medienpädagogisch aktiv zu werden, davon abzuhängen, wie sicher und kompetent sie sich in ihrer neuen Berufsrolle als angehende Erzieher/innen fühlen. Dies wird in der Gruppendiskussion der Gruppe BP_2 deutlich: Die in den Einrichtungen vorherrschende Situationsorientierung schätzen beide Auszubildende als schwierig und äußerst umständlich umsetzbar ein. Des Weiteren betont die Teilnehmerin P1 im sozialen Vergleich mit den direkten Kolleginnen in der Einrichtung Unsicherheiten hinsichtlich der selbstständigen Umsetzung pädagogischer Aktivitäten. Dies gilt sowohl angesichts knapper Zeit- und Personalressourcen als auch im Hinblick auf eine angestrebte Balance dahingehend, den Kindern einerseits ausreichend Zeit für das Freispiel zu gewähren, andererseits sie aktiv in pädagogische Aktionen einzubinden. Somit ist die alltägliche pädagogische Arbeit bereits eine deutliche Herausforderung für die angehenden Erzieher/innen, was sicherlich eine Barriere für die Bereitschaft, medienpädagogisch aktiv zu werden, darstellt.

12.3.3 Medienerziehung als Inhalt der Erzieher/innen-Ausbildung

Medienpädagogische Ausbildungsinhalte

Aus der Analyse geht hervor, dass die zeitliche und inhaltliche Ausgestaltung des Faches Sprache(n)/Medien an den Fachschulen variiert. Das Fach wird an den in die Studie einbezogenen Fachschulen durch die befragten Lehrkräfte in der Regel mit zwei Stunden in der Woche unterrichtet. An manchen Schulen wird im ersten

Ausbildungsjahr jedoch nur der Bereich Kinderliteratur (z.B. Bilderbuchbetrachtung) behandelt und erst im zweiten Ausbildungsjahr der Fokus auf elektronische Medien gelegt. Per se führt dies zu einem unterschiedlichen Zeitkontingent, das für Medienerziehung, in Bezug auf elektronische Medien, an den Fachschulen aufgebracht wird. Hinzu kommt der Umstand, dass im zweiten Unterrichtsjahr, u.a. aufgrund der Abschlussprüfungen, die zeitlichen Ressourcen begrenzt sind (vgl. Lehrkraft Juliane Mahr).

Alle Lehrkräfte des Samples geben an, in ihrem Sprache(n)/Medien-Unterricht sowohl theoretisch-reflexive Inhalte (z.B. Themen wie Kommerzialisierung; Manipulation/Werbung; Social Network Sites und Gefährdung der Privatsphäre; pädagogische Einschätzung von Kindersendungen) zur Stärkung der Medienkritikfähigkeit der Auszubildenden zu behandeln als auch produktionsorientierte Medienarbeit umzusetzen (vgl. Friedrichs 2013b, S. 10). Nichtsdestotrotz haben die Teilnehmer/innen der Gruppe BP_1 nach eigener Angabe in ihrem Unterricht aufgrund zu knapper Zeitressourcen nicht medienpraktisch gearbeitet. Dasselbe gilt für die Auszubildenden der Gruppe BP_4, welche die mit dem Abitur verknüpfte Erzieher/innen-Ausbildung absolvieren. Dies geht mit dem Interview mit der Lehrerin an der Fachschule (Nele Bensch) überein, welche herausstellt, dass im Rahmen dieser Ausbildungsform aufgrund starker curricularer Vorgaben die Durchführung produktionsorientierter Medienarbeit erschwert werde. Im Vergleich zur klassischen Erzieher/innen-Ausbildung steht dem Bereich der Medienerziehung in dieser Ausbildungsform nur ein knappes Zeitkontingent zu: So geben die Teilnehmer/innen der Gruppe BP_4 an, lediglich ein halbes Jahr das Unterrichtsfach Medienerziehung gehabt zu haben, sodass nur wenige Inhalte behandelt worden seien.

An allen in die Untersuchung einbezogenen Fachschulen bleibt die Umsetzung produktionsorientierter Medienarbeit im Rahmen der Ausbildung auf den schulischen Kontext beschränkt, da ein Praxistransfer in die Einrichtungen nicht in den medienpädagogischen Inhalten der Erzieher/in-Ausbildung verankert ist (vgl. ebd.).

Die mediale Ausstattung der Fachschulen wird sowohl von den Lehrkräften als auch von den Schüler/innen als positiv wahrgenommen.

Sicht der Auszubildenden auf die medienpädagogischen Ausbildungsinhalte

Im Folgenden wird die Sicht der Auszubildenden auf die Ausbildung und damit einhergehende Veränderungen des Habitus betrachtet.

Der medienpädagogische Unterricht hat den Auszubildenden Freude bereitet. In puncto Praxisrelevanz und Umsetzbarkeit des in der Ausbildung Gelernten schätzen die Auszubildenden handlungs- bzw. praxisorientierte Aktivitäten wie Fotoarbeit, das Rollenspiel eines medienpädagogischen Elternabends und die

Bilderbuchbetrachtung (wenngleich es sich bei Letztgenanntem nicht um ein elektronisches Medium handelt). Eine komplexere Auseinandersetzung mit gestalterischer Medienarbeit wie Bildbearbeitung und Videoschnitt, die über die aktuelle eigene Medienkompetenz hinausgeht, lehnen die Auszubildenden jedoch teilweise ab (vgl. Gruppe SuS_1; Interview Dittrich-Schreiner).

Im Hinblick auf eine Umsetzung der medienpädagogischen Ausbildungsinhalte in den Einrichtungen ergab die Analyse, dass die Auszubildenden sich teilweise schlecht an die Unterrichtsinhalte erinnern, was letztendlich eine Bedingung dafür ist, dass diese überhaupt in der Praxis umgesetzt werden können (vgl. Gruppe BP_2; Interview Dittrich-Schreiner).

Änderungen des medialen und medienerzieherischen Habitus der angehenden Erzieher/innen im Ausbildungsverlauf

Im Verlauf der Ausbildung kam es aus Sicht mehrerer Teilnehmer/innen zu Änderungen in ihrem medialen und medienerzieherischen Habitus. Bezogen auf den medialen Habitus benennt ein Auszubildender, dass er durch das Fach Sprache(n)/Medien die Quantität seiner eigenen Mediennutzung kritischer reflektiere (P2_m, Gruppe BP_1). Zudem geben mehrere Auszubildende an, dass der Unterricht zu einer intensiveren Reflexion der kindlichen Mediennutzung und der gesellschaftlichen Mediatisierung geführt habe (vgl. Gruppe SuS_3; SuS_4). Im Hinblick auf den medienerzieherischen Habitus beschreiben mehrere Auszubildende eine zunehmend größer gewordene eigene Offenheit für das Thema Medienerziehung in der Kita im Verlauf ihrer Ausbildung. Zu Beginn der Ausbildung hätten sie die Nutzung elektronischer Medien und Medienerziehung in der Kita kritisch gesehen und keine Praxisrelevanz des Fache Sprache(n)/Medien wahrgenommen (vgl. Gruppe SuS_2; SuS_3; BP_3). Dies scheint daran gekoppelt zu sein, dass sich die angehenden Erzieher/innen zu Beginn der Ausbildung noch keinerlei Vorstellung davon machen können, was Medienerziehung und -einsatz in der Kita bedeuten, wie die Lehrkräfte des Samples skizzieren (vgl. Interview Bensch; Müller), was sich jedoch über den Unterricht ändert. So gibt die Berufspraktikantin P1_w der Gruppe BP_1 an, dass sie ohne den Unterricht nicht auf die Idee gekommen wäre, ein Fotoprojekt (in der OGS) durchzuführen.

Stärkung des Zutrauens in die eigene medienpädagogische Kompetenz

Darüber hinaus gibt ein Teil der Auszubildenden an, dass über die produktionsorientierte Medienarbeit im Rahmen der Ausbildung das Zutrauen in die eigene medienpädagogische Kompetenz gestärkt worden sei (vgl. Gruppe SuS_1; Gruppe BP_1, P1_w).

13 Einordnung der Ergebnisse und Implikationen für Praxis und Forschung

13.1 Einordnung der Ergebnisse in den Rahmen bisheriger Forschungsarbeiten

Im Zuge der Professionalisierungsdebatte der frühkindlichen Bildung und der Neuaktualisierung der Bildungspläne wurden Medienerziehung und -bildung als Bildungsaufgaben der Kindertagesstätte festgeschrieben (vgl. Kap. 3; 6.3.2). Empirische Studien zeigen jedoch auf, dass dieser Bildungsbereich bisher nur vereinzelt in der Praxis angekommen ist. So ist die rezeptionsorientierte Medienarbeit in den Einrichtungen überwiegend auf klassische Kindergartenmedien wie (Bilder-) Bücher, Hörspiele und Musik ausgerichtet (vgl. Kap. 6.2), wie die aktuelle Studie des Instituts für Demoskopie Allensbach (2014) aufzeigt. Digitale Medien wie ein Computer oder Tablet werden hingegen nur selten in die pädagogische Arbeit der Kita integriert, da diese Medien mit negativen Wirkannahmen verbunden sind (vgl. ebd., S. 53ff.) und andere Bildungsbereiche von den Erziehern/innen als relevanter wahrgenommen werden (vgl. ebd., S. 19). Ebenso sind eine produktionsorientierte Medienarbeit (z.B. Erstellung von digitalen Bilderbüchern, Videofilmen etc.), eine durch die Erzieher/innen angeregte reproduktionsorientierte Medienarbeit (z.B. medienbezogene Gespräche mit Kindern) und medienpädagogische Elternarbeit in den Kindertagesstätten kaum vorhanden. Solche medienerzieherischen Aktivitäten zur Medienkompetenzförderung werden zwar von den Erzieher/innen befürwortet, jedoch nicht in der Praxis umgesetzt (vgl. Kap. 6.2).

Die bisherigen empirischen Studien zur Medienerziehung in Kindertagesstätten nehmen ausschließlich Erzieher/innen, die bereits in den Einrichtungen tätig sind, in den Blick und lassen die zukünftigen Erzieher/innen, die sich in der Ausbildung befinden, außen vor. Daran knüpft die hier vorliegende Forschungsarbeit an, in dem als Ausgangshypothese von einer hohen privaten Mediennutzung angehender Erzieher/innen ausgegangen wurde. Aus dieser Hypothese abgeleitet, lag das Forschungsinteresse darin, zu eruieren, inwiefern eine solche private Medienaffinität auf Seiten angehender Erzieher/innen tatsächlich besteht und wenn ja, ob sich diese auch in einer Offenheit für das Thema Medienerziehung und die Nutzung elektronischer Medien (z.B. Computer) in der Kindertagesstätte niederschlägt.

Als erklärendes Konstrukt für die Bereitschaft zur Medienerziehung und die medienerzieherische Praxis in pädagogischen Kontexten und somit auch in der Kindertagesstätte kann das Habituskonzept von Bourdieu herangezogen werden (vgl. Kap. 7.2), welches die theoretische Rahmung der hier vorliegenden Forschungsarbeit darstellt. In diesem Rahmen fokussierte die Autorin dieser Arbeit verschiedene Teil-Aspekte des Habitus von angehenden Erzieher/innen und differenzierte zwischen dem medialen Habitus (vgl. u.a. Kommer & Biermann 2012), dem berufsethischen und dem medienerzieherischen Habitus. Der medienerzieherische Habitus wird als Schnittmenge des medialen und berufsethischen Habitus verstanden (vgl. Kap. 7.3.3). Daraus resultierte als Fragestellung der Arbeit, wie die medienerzieherischen Habitusformationen angehender Erzieher/innen in Bezug auf die pädagogische Arbeit in Kindertagesstätten gestaltet sind. Darüber hinaus sollten Bedingungen, welche die Ausübung von Medienerziehung in Kindertagesstätten durch angehende Erzieher/innen beeinflussen, rekonstruiert werden, was das zweite Forschungsinteresse der Arbeit darstellt.

Zur Beantwortung der Fragestellungen wurde ein dreistufiges qualitatives Forschungsdesign gewählt. Dieses setzt sich zusammen aus sechs teilstrukturierten leitfadengestützten Interviews mit Lehrkräften des Bildungsbereichs Sprache(n)/Medien, die in der fachschulischen Ausbildung zum/r staatlich anerkannten Erzieher/in tätig sind, vier Gruppendiskussionen mit angehenden Erziehern/innen im zweiten Jahr der Erzieher/innen-Ausbildung und vier Gruppendiskussionen mit angehenden Erziehern/innen, die ihr einjähriges Berufspraktikum absolvieren. Die Erhebung fand im Zeitraum von September 2011 bis Juni 2012 statt. Zur Rekonstruktion der Habitusformationen der angehenden Erzieher/innen wurde die dokumentarische Methode gewählt (vgl. u.a. Nohl 2012; Bohnsack et al. 2013).

Ein zentrales Ergebnis der Analyse der Gruppendiskussionen ist, dass alle angehenden Erzieher/innen die heutige Kindheit als ‚Medienkindheit' und teilweise auch an Primärerfahrungen arme Kindheit wahrnehmen. Vor allem Kinder aus einem bildungsschwächeren, kinderreichen oder alleinerziehenden Elternhaus würden am Wochenende sehr viel fernsehen, was die angehenden Erzieher/innen mit negativen Wirkungen auf die kindliche Entwicklung (z.B. Unausgeglichenheit, motorische Defizite), die sich auch in den Einrichtungen widerspiegeln würden, verknüpft sehen. Als Antwort auf die wahrgenommene Mediatisierung sehen die Auszubildenden des Samples zwei verschiedene Arten der Verantwortlichkeit von Kita-Erzieher/innen, die mittels der komparativen Analyse des Materials und einer anschließenden sinngenetischen Typenbildung herausgearbeitet werden konnten:

Die Auszubildenden des *medienerzieherischen Habitustyps 1* zeichnen sich durch eine bewahrpädagogische Haltung aus. Sie verstehen die Kita als einen Schutzraum vor ‚schlechten', d.h. mit negativen Effekten verknüpften elektronischen Medien wie Computer/Spielekonsole und Fernseher. Diesen negativen Effekten seien die Kinder ohnehin in ihrer Freizeit ausgesetzt, sodass dies nicht auch noch in der Kita geschehen solle. Mit Blick auf die empirischen Studien zur Medienerziehung durch die Erzieher/innen in den Einrichtungen unterscheidet sich die Begründung für die Medienablehnung durch die Auszubildenden dieses Habitustyps nicht.

Konträr dazu sehen die Auszubildenden des *medienerzieherischen Habitustyps 2* gerade aufgrund der Wahrnehmung einer hohen Mediennutzung von Kita-Kindern eine pädagogische Auseinandersetzung mit Medien wie einem Computer in der Kita als notwendig an. Darüber hinaus sehen sie neben medienbezogenen Risiken und negativen Wirkungen auch damit verbundene Chancen für Kinder und die pädagogische Arbeit der Kindertagesstätte (z.B. über PC-Lernprogramme).

Der Großteil der angehenden Erzieher/innen ist dem medienerzieherischen Habitustyp 1 zuzuordnen. Dies gilt (bis auf einzelne Auszubildende mit einer zur Gruppe gegenläufigen Meinung) für die Teilnehmer/innen aus sechs der acht Gruppendiskussionen.

Die Analyse der Gruppendiskussionen ergab zudem, dass, wie im Vorfeld der Studie angenommen, elektronische Medien wie Computer, Laptop und Smartphone stark in den Alltag der Auszubildenden eingebunden sind und von den Auszubildenden sowohl für den Freizeitkontext als auch für die Erzieher/innen-Ausbildung als hochrelevant betrachtet werden. Dies geht jedoch oftmals nicht mit einer Offenheit für den Einsatz digitaler Medien wie eines Computers in der Kita einher.

Die Auszubildenden beider Habitustypen befürworten – wiederum analog zu den Studienergebnissen bezüglich der ‚ausgebildeten' Kita-Erzieher/innen – produktionsorientierte Medienarbeit (z.B. Fotoprojekt), reproduktionsorientierte Medienarbeit und medienpädagogische Elternarbeit. Nichtsdestotrotz sind weder die Auszubildenden des Habitustyps 1 noch des Habitustyps 2 medienpädagogisch in den Einrichtungen aktiv. Ein zentraler Grund dafür ist eine höhere Relevanzwahrnehmung anderer pädagogischer Ziele der Kita-Arbeit auf Seiten der Auszubildenden bei gleichzeitig knappen zeitlichen und personellen Ressourcen. Die Auszubildenden betrachten vor allem das Ermöglichen von Primärerfahrungen und des freien Spiels, die Förderung des kindlichen Sozialverhaltens und die Förderung der motorischen Entwicklung der Kinder als Aufgaben ihrer pädagogischen Arbeit. Den Einsatz digitaler Medien in der Kita sehen sie teilweise als hinderlich für die Umsetzung ihrer pädagogischen Ziele an. Zudem erleben die meisten Auszubildenden Medienerziehung nicht als Bestandteil der pädagogischen Arbeit der Einrichtungen, in denen sie aktuell tätig sind oder bisher waren. Dementsprechend mangelt es den angehenden Erziehern/innen an medienpädagogischen Rollenvorbildern in den Kindertagesstätten, sodass sie im Hinblick auf die Umsetzung medienerzieherischer Aktivitäten nicht auf ihr soziales Kapital in Form der direkten Kollegen/innen zurückgreifen können.

13.2 Medienerziehung in der Kindertagesstätte im Gegenhorizont zur Schule und dem Offenen Ganztag

Die teilweise explizite Medienabneigung gegenüber der Nutzung des Computers auf Seiten der angehenden Erzieher/innen lässt sich vergleichen mit dem Widerstand von Lehrkräften bei der Einführung von Computer und Internet in die Schulen von 1996 bis 2001 durch die Initiative „Schulen ans Netz e.V.". Dennoch sind Computer und Internet nun in den Schulen vorhanden, Whiteboards im Klassenraum sind mittlerweile keine Seltenheit mehr (vgl. Friedrichs 2013b, S. 12) und viele Lehrkräfte sehen das Heranführen an digitale Medien mittlerweile in ihrem Verantwortungsbereich (vgl. Institut für Demoskopie Allensbach 2014, S. 20). Dies spiegelt sich auch im Unterricht wider: 88 Prozent der Grundschullehrer/innen setzen digitale Medien ein (vgl. ebd., S. 30).

Auch für den Offenen Ganztag gestaltet sich der Blick auf Medienerziehung und -nutzung anders als für die Kindertagesstätte. Die Gruppendiskussionen der vorliegenden Studie zeigen auf, dass im Vergleich zur Kita in der OGS verstärkt medienpädagogische Projekte wie Fotoarbeit und eine Heranführung an den Computer in Form eines ‚Computerführerscheins' stattfinden. Für die OGS wiederum befürworten die angehenden Erzieher/innen, auch diejenigen, die dies für die Kita ablehnen, eine Auseinandersetzung mit dem Computer: Einerseits, um die Kinder präventiv auf mediale Risiken des Internets vorzubereiten und andererseits, um die Kinder, angesichts wahrgenommener schulischer und späterer beruflicher Anforderungen, im Umgang mit dem Computer zu fördern. Aktuell ist die Kita somit eines der letzten pädagogischen Settings, in welches elektronische Medien noch wenig eingedrungen sind. Möglicherweise wird die Kita ebenfalls einen solchen Prozess der Integration von Medien erleben wie die Schule (vgl. Friedrichs 2013b, S. 12). Zumindest wird von bildungspolitischer Seite durch die Alleinstellung des Bildungsbereichs Medien im Bildungsplan von Nordrhein-Westfalen eine Relevanz aufgezeigt (vgl. MSW NRW & MGFFI NRW 2010b, S. 66ff.). Ob dies jedoch auch mit medialer Ausstattung und Weiterbildungen der Kita-Mitarbeiter/innen einhergeht, ist fraglich (vgl. Friedrichs 2013b, S. 12).

13.3 Implikationen zur Stärkung von Medienerziehung und -nutzung in Kindertagesstätten

Die Analyseergebnisse der Arbeit verdeutlichen, dass die angehenden Erzieher/innen einen deutlichen Bildungsauftrag von Kindertagesstätten wahrnehmen und diesem durch eine hohe Qualität der eigenen pädagogischen Arbeit nachkommen wollen. Im Hinblick auf den Bereich der Medienerziehung, sowohl auf Seiten der Erzieher/innen als auch auf Seiten der Auszubildenden, können die Kindertagesstätten jedoch keineswegs bisher als professionalisiert betrachtet werden. Auch diejenigen Auszubildenden, welche sich durch eine Offenheit für eine Auseinandersetzung mit elektronischen Medien wie einem Computer in der Kita auszeichnen, sind medienpädagogisch wenig engagiert und stoßen keine medienpädagogische Projekte in den Einrichtungen an. Demzufolge sichert ein Medienerziehung und den Einsatz elektronischer Medien befürwortender Habitus keineswegs medienpädagogische Aktivitäten in der Kita (vgl. ebd.).

Wenn der Bereich der Medienerziehung aus der Kita ausgeschlossen wird, werden damit Chancen vertan. So könnten Kita-Kinder über eine produktions-, rezeptions- und reproduktionsorientierte Medienarbeit an eine reflektierte Mediennutzung herangeführt werden, ein erstes Verständnis der Konstruktion von Wirklichkeit(en) über Medieninhalte erwerben und zu einer ersten kritischen Reflexion über Medien (bspw. im Hinblick auf Werbeabsichten) angeregt werden. Darüber hinaus könnten sie Medien, darunter auch digitale Medien wie einen Computer oder ein Tablet, sowohl als Bildungs- und Gestaltungsmittel als auch als Ausdrucksmittel für die eigene Person kennenlernen. Dementsprechend ist eine stärkere Auseinandersetzung mit dem Thema Medienerziehung in Kindertagesstätten wünschenswert. Hierfür ergeben sich verschiedene Implikationen, was im Folgenden ausgeführt wird.

13.3.1 Ausbildung und Studium

13.3.1.1 Erzieher/innen-Ausbildung an Fachschulen des Sozialwesens

Als besonders bedeutsam erscheinen Implikationen auf der Ebene der Erzieher/innen-Ausbildung, da die angehenden Erzieher/innen im Rahmen der Ausbildung für die Bedeutsamkeit medienpädagogischer Arbeit in Kindertagesstätten sensibilisiert und praxisrelevante Lerninhalte erworben werden können. Aktuell bestehen jedoch mehrere Desiderata im Hinblick auf die Ausbildung.

Fortbildung der Lehrkräfte

Die Studie von Six & Gimmler (2007a, b) zur Medienerziehung in Nordrhein-Westfalen zeigt Defizite hinsichtlich der Qualifikation der Lehrkräfte, welche medienpädagogische Inhalte unterrichten, auf (vgl. Kap. 6.3.1.2). In diesem Zusammenhang sind eine stärkere Verankerung medienpädagogischer Inhalte sowohl in den Studiengängen der Lehrer/innenbildung als auch in Fortbildungen notwendig (vgl. Tulodziecki 2012).

Mehr Zeitressourcen für die Auseinandersetzung mit elektronischen Medien durch die Koppelung von Inhalten bereitstellen

Durch die an den Fachschulen für Sozialwesen teilweise bestehende Trennung im Sprache(n)/Medien-Unterricht zwischen den Themen Kinderliteratur im ersten Ausbildungsjahr und elektronischen Medien im zweiten Ausbildungsjahr und der begrenzten Unterrichtszeit im zweiten Ausbildungsjahr aufgrund von Examen, Praktika und Ausflügen stehen für das Thema elektronische Medien und vor allem für produktionsorientierte Medienarbeit teilweise wenig Zeitressourcen zur Verfügung. Es erscheint somit sinnvoll, bereits im ersten Ausbildungsjahr elektronische Medien und produktionsorientierte Medienarbeit einzubinden und eventuell auch die Bereiche Kinderliteratur und elektronische Medien zu verknüpfen (bspw. durch die Umsetzung eines (Bilder-)Buches in Form eines Videos oder Hörspiels) (vgl. Friedrichs 2013b, S. 12)

Erhöhung medienpädagogischer Praxiserfahrungen durch Kooperationen zwischen Fachschulen und Kindertagesstätten

Relevant erscheint vor allem, dass die angehenden Erzieher/innen medienpädagogische Praxiserfahrungen mit Kindern in Kitas sammeln und dass es nicht nur bei ‚Trockenübungen' in den Fachschulen bleibt. Durch eigene als positiv wahrgenommene Praxiserfahrungen scheinen – wie die Analyse der Gruppendiskussion aufzeigt – die Bereitschaft zur Medienerziehung in der Kita und auch das Zutrauen in die eigene medienpädagogische Kompetenz gesteigert zu werden. Dementsprechend sind durch ein Mehr an Praxis Änderungen im medienerzieherischen Habitus möglich. Auch hier wirken die strukturellen Rahmenbedingungen an den Fachschulen teilweise kontraproduktiv: So besteht teilweise keine Möglichkeit, im Rahmen der Praktika ein größer angelegtes medienpädagogisches Projekt in einer Kindertagesstätte durchzuführen (vgl. ebd.). Zwar ist die Auseinandersetzung mit pädagogischen Projekten für die Auszubildenden verpflichtend, dies gestaltet sich jedoch teilweise derart, dass die Projekte in spezifischen Bildungsbereichen angesiedelt sind, die ein medienpädagogisches Projekt ausschließen, oder dass das Projekt lediglich in der Fachschule konzipiert und vorgestellt und nicht in der Praxis umgesetzt wird. Letztgenannte Problematik dürfte mit der Einführung der neuen Richtlinien für die Fachschulen des Sozialwesens mit der Fachrichtung Sozialpädagogik in Nordrhein-Westfalen, die mit dem Schuljahr 2014/15 in Kraft getreten sind, entfallen, da fortan die Durchführung eines Projekts innerhalb der Einrichtung vorgeschrieben ist (vgl. MSW NRW 2014a, S. 28f.). Dennoch stellen die neuen Richtlinien ein potenzielles strukturelles Hindernis für die Umsetzung von Medienerziehung in den Einrichtungen dar. Zentrale Intention der Änderung der Richtlinien ist eine stärkere kompetenzorientierte Ausrichtung der Ausbildung.

Sprache(n)/Medien wird nicht mehr als separater Bildungsbereich genannt, sondern ist im „Lernfeld: Sozialpädagogische Bildungsarbeit in den Bildungsbereichen professionell gestalten", das auf die zehn im Bildungsplan für Nordrhein-Westfalen definierten Bildungsbereiche hin ausgerichtet ist, verankert (vgl. ebd., S. 50ff.). Zudem wird die Förderung von Medienkompetenz als Querschnittaufgabe innerhalb der Ausbildung betrachtet (vgl. ebd., S. 18). In diesem Kontext modifizieren die Fachschulen aktuell ihren Unterricht, darunter auch die medienpädagogischen Ausbildungsinhalte. Mit einer solchen Modifikation sind zwar auch Chancen hinsichtlich einer Neugestaltung der Inhalte und strukturellen Rahmungen verbunden, es überwiegt jedoch das Risiko, dass der Bereich Medienerziehung zukünftig weniger Raum einnimmt. So hat die Umsetzung des neuen Lehrplans an einer Fachschule des Samples konkret zur Folge, dass Sprache(n)/Medien zukünftig nicht mehr als alleiniges Fach unterrichtet wird. Gerade im Hinblick auf derartige Modifikationen erscheinen konkrete Kooperationen und Absprachen der Fachschulen mit Kindertagesstätten sowie eine Ausweitung an Projektmöglichkeiten sinnvoll, sodass medienpädagogische Projektideen in der Praxis umgesetzt werden (vgl. Friedrichs 2013b, S. 13).

13.3.1.2 Studiengänge der frühkindlichen Bildung

Verankerung medienpädagogischer Inhalte in Studiengängen der frühkindlichen Bildung

Neben der klassischen Erzieher/innen-Ausbildung kamen in den letzten Jahren verschiedene Studiengänge der frühkindlichen Bildung an Universitäten und Fachhochschulen auf (vgl. Kap. 3.4). In der Debatte um frühkindliche Bildung schwingt teilweise die Hoffnung mit, dass eine solche Professionalisierung der Erzieher/innen-Ausbildung ‚Allheilmittel' für die pädagogische Qualität in den Einrichtungen sei. Dass mit dem Ausbau der Akademisierung der Erzieher/innen-Ausbildung (vgl. Nentwig-Gesemann 2013; Helm 2010) der Bereich der Medienerziehung einen bedeutsameren Stellenwert in den Einrichtungen einnimmt, ist jedoch eher unwahrscheinlich. So integrieren nicht alle frühkindlichen Studiengänge diesen Bereich, sodass die angehenden Erzieher/innen ihr Studium teilweise ohne eine Auseinandersetzung mit medienpädagogischen Inhalten abschließen (vgl. WiFF o.J.b). Auch die teilweise kürzeren Praktikumszeiten im Vergleich zur klassischen Erzieher/innen-Ausbildung (vgl. Blossfeld et al. 2012, S. 59) sprechen nicht dafür, dass die angehenden Erzieher/innen im Studium mehr medienpädagogische Praxiserfahrungen sammeln, welche sich in späteren medienpädagogischen Aktivitäten in den Einrichtungen niederschlagen könnten (vgl. Friedrichs 2013b, S. 13). Eine stärkere Verankerung medienpädagogischer Inhalte gilt es somit in der Neu- und Re-Konzeptionalisierung von Studiengängen der frühkindlichen Bildung zu realisieren (vgl. KBoM 2013).

13.3.2 Fortbildungen

Medienpädagogische Inhouse-Schulungen

Die Analyse der Gruppendiskussionen deutet darauf hin, dass Erzieher/innen überwiegend Fortbildungen in anderen Bildungsbereichen absolvieren, was auch mit dem Studienergebnis des Instituts für Demoskopie Allensbach (2014) konform geht, dass über 70 Prozent der Erzieher/innen noch keine medienpädagogische Fortbildung absolviert haben (vgl. ebd., S. 46ff.). Damit Medienerziehung stärker in den Einrichtungen verankert wird und Erzieher/innen zu medienpädagogischen Rollenvorbildern für Auszubildende werden, bedarf es medienpädagogischer Fortbildungen. In diesem Kontext erscheinen besonders Inhouse-Schulungen, in denen das gesamte Kita-Team einbezogen wird, sinnvoll. Hierbei können durch eine/n Medienpädagogen/in medienpädagogische Aktivitäten aufgezeigt und direkt in der Einrichtung praktisch eingeübt werden. Fortbildungen, die nur die Kita-Leitungen oder einzelne Erzieher/innen adressieren, bergen indes das Risiko eines fehlenden Wissenstransfers an das restliche Einrichtungsteam.

Die wissenschaftliche Evaluation der Fortbildung der Initiative „Medienkompetenz-Kitas NRW“ durch Meister et al. (2011b), bei der zwölf Einrichtungen fortgebildet wurden, spricht für die Umsetzung solcher Inhouse-Schulungen: Die beteiligten Kita-Leitungen und Erzieher/innen nahmen eine zunehmend größere Offenheit und Bereitschaft für die Umsetzung medienerzieherischer Aktivitäten wahr. Dementsprechend können Fortbildungen Änderungen im medienerzieherischen Habitus bewirken. Des Weiteren stieg auch das Vertrauen der beteiligten Erzieher/innen in die eigene Medien- und medienpädagogische Kompetenz (vgl. Kap. 6.2.2) (vgl. Friedrichs 2013b, S. 13).

Um den Erziehern/innen die Relevanz medienpädagogischer Arbeit für die eigene Einrichtung aufzuzeigen, bietet sich eine „inhaltliche Verknüpfung mit allen maßgeblichen Bildungsbereichen“ (Eder & Roboom 2014, S. 506) an. Somit kann verdeutlicht werden, dass Medienerziehung keineswegs in zeitlicher oder qualitativer Konkurrenz zu anderen Bildungsbereichen stehen muss, sondern vielmehr als Bereicherung gesehen werden sollte (bspw. im Hinblick auf den Bildungsbereich Sprachförderung mittels Audioaufnahmen oder Computer-Lernprogrammen).

Bereitstellung ausreichender finanzieller Ressourcen

Nicht zuletzt sind medienpädagogische Fortbildungen mit Kosten verbunden. Soll Medienerziehung zukünftig einen festen Platz in den Einrichtungen erhalten und der Bildungsbereich Medien – etwas überspitzt formuliert – nicht weiterhin nur als attraktiver Platzhalter im Bildungsplan fungieren, der jedoch in der Praxis quasi nichtexistent ist, dürfen diese Kosten nicht auf Seiten der Einrichtungen bzw. der

Träger verortet sein. Stattdessen bedarf es breit angelegter geförderter Projekte wie der Initiative „Medienqualifizierung für Erzieherinnen und Erzieher" von Schulen ans Netz e.V. Das Projekt wurde von Dezember 2008 bis März 2012 durch das Bundesministerium für Bildung und Forschung und den Europäischen Sozialfonds für Deutschland gefördert. Eine weitere Projektlaufzeit wurde nicht bewilligt, sodass zwar mit 24.000 erreichten Erzieher/innen ein erster Schritt getan wurde, keineswegs jedoch alle Einrichtungen erreicht werden konnten (vgl. Friedrichs & Gross 2013, S. 292f.). Zudem lag der Fokus der Medienqualifizierung auf der Schulung der Erzieher/innen im Umgang mit dem Computer. Dies ist mit Blick auf die beschriebenen Unsicherheiten der Erzieher/innen sicherlich unabdingbar. Hinzukommen sollte jedoch eine vertiefte Auseinandersetzung mit medienerzieherischen Möglichkeiten wie zum Beispiel dem Einsatz eines Tablets in der pädagogischen Arbeit, mit welchem u.a. fotografiert, gefilmt oder auch spezifische Apps genutzt werden können. Dies sollte flächendeckend über mehrtägige Inhouse-Schulungen erfolgen, auch wenn diese kostspielig für den Projektförderer sind, da einzelne Einrichtungen adressiert werden und somit höhere Fortbildungs- und Reisekosten als bei einer eintägigen Veranstaltung an einem zentralisierten Fortbildungsort entstehen, zu dem Erzieher/innen verschiedener Einrichtungen eingeladen werden.

13.4 Implikationen für die medienpädagogische Forschung

Im Weiteren sollen mit Rückbezug auf die vorliegende Studie bestehende Forschungsdesiderata aufgezeigt werden.

Die Studie liefert aufgrund des qualitativen Designs eine detaillierte Einsicht in Habitusformationen angehender Erzieher/innen im Kontext von Medienerziehung in Kindertagesstätten. Dieses Bild könnte über nachfolgende qualitative Beobachtungen der medienerzieherischen Praxis (angehender) Erzieher/innen in den Einrichtungen weiter geschärft werden (beispielsweise hinsichtlich der Verknüpfung von Medien und weiteren Bildungsbereichen in der Kita). Diese Ergebnisse könnten wiederum in die Implementierung medienerzieherischer Initiativen einfließen.

Eine zentrale Aufgabe weiterer Forschung zum medienerzieherischen Habitus angehender Erzieher/innen ist zudem der Transfer der vorliegenden Analyseergebnisse in ein quantitatives Erhebungsdesign: Über eine (möglichst repräsentative) Fragebogenerhebung mit angehenden Erzieher/innen könnte die Typenbildung des medienerzieherischen Habitus dahingehend überprüft werden, ob noch weitere medienerzieherische Habitustypen angehender Erzieher/innen vorliegen. Zudem könnten darüber Aufschlüsse über die quantitative Zuordnung der angehenden Erzieher/innen auf die Typen des medienerzieherischen Habitus gewonnen werden. Des Weiteren könnte über eine quantitative Studie das interaktive Verhältnis zwischen medialem, berufsethischen und medienerzieherischen Habitus in den Blick genommen werden. Aufschlussreich wäre diesbezüglich etwa, welche Elemente des medialen und berufsethischen Habitus sich besonders auf verschiedene Ausprägungen des medienerzieherischen Habitus auswirken. Zudem sollte betrachtet werden, in welcher Abhängigkeit sich die im Modell zur Erklärung der medienerzieherischen Praxis angehender Erzieher/innen (vgl. Abbildung 6) aufgezeigten Bedingungen zueinander befinden. Die Ergebnisse sollten in Projektinitiativen zur Medienerziehung und angesichts struktureller Entscheidungen (bspw. bezogen auf die Ausgestaltung medienpädagogischer Ausbildungsinhalte) berücksichtigt werden.

Die Entstehung des Habitus versteht die Autorin dieser Arbeit in Bezug auf Bourdieu als eng mit der Sozialstruktur und der Verfügbarkeit von Kapital auf Seiten der einzelnen Personen verknüpft. Eine Rekonstruktion der Entstehung der jeweiligen Habitusformationen – über den Einbezug des Bildungshintergrunds und des damit einhergehenden kulturellen Kapitals der Eltern und der elterlichen Medienerziehung – wird in der vorliegenden Arbeit nicht vorgenommen, da dies nicht Zielstellung der Arbeit war. In einer sich anschließenden quantitativen Erhebung könnte dieser Frage nachgegangen werden.

Literatur

Activision (2014). *Call of duty*. Zugriff am 24. Februar 2015. https://www.callofduty.com/de/.

Amazon (o.J.). *Matilda*. Zugriff am 24. Februar 2015. http://www.amazon.de/Matilda-Mara-Wilson/dp/B00004RYBF.

Ambs, T., Burgstahler, A. & Schmied, K. (2013). *Smartphones und andere kulturelle Katastrophen - Nomophobie-Studie zur Lage der Nation*.

Anfang, G. (2013). Medienerziehung in der Krippe. *merz*, 57(2), 45–48.

Anfang, G. & Demmler, K. (2006). Medienarbeit im Kindergarten. *merz*, 50(1), 47–52.

Arbeitskreis Deutscher Qualifikationsrahmen (AK DQR) (2011). *Deutscher Qualifikationsrahmen für lebenslanges Lernen (DQR)*. 22. März 2011. Zugriff am 7. März 2014. http://www.deutscherqualifikationsrahmen.de/.

Arbeitsstab Forum Bildung (2001). *Ergebnisse des Forum Bildung I. Empfehlungen des Forum Bildung*. Zugriff am 12. Februar 2014. http://www.blk-bonn.de/papers/forum-bildung/ergebnisse-fb-band01.pdf.

Aufenanger, S. (2011). Die Medienkompetenz von Kindern stärken. Eine wichtige Aufgabe für Eltern, Familie, pädagogische und außerschulische Einrichtungen. *LCI Moderne Ernährung Heute*(2), 1–9.

Aufenanger, S. (2013). Digitale Medien im Leben von Kindern zwischen null und fünf Jahren. *merz*, 57(2), 8–14.

Aufenanger, S. & Schlieszeit, J. (2013). Tablets im Unterricht nutzen. Möglichkeiten und Trends beim Einsatz von Tablets für das Lehren und Lernen. *Computer + Unterricht*, 89, 6–9.

Baacke, D. (1996). Medienkompetenz - Begrifflichkeit und sozialer Wandel. In A. von Rein (Hrsg.), *Medienkompetenz als Schlüsselbegriff* (S. 4–10). Bad Heilbrunn: Klinkhardt.

Baacke, D. (1997). *Grundlagen der Medienkommunikation. Bd. 1: Medienpädagogik*. Tübingen: Niemeyer.

Baacke, D. (1999). *Die 0- bis 5jährigen. Einführung in die Probleme der frühen Kindheit*. Weinheim; Basel: Beltz.

Bachmair, B. (2002). Der Pädagoge als Gärtner? Die Gestaltung der Lebenswelt mit Hilfe von Medienerziehung. *nexus*(7), 12–13.

Bader, R. (2005). Medienarbeit als Spiel. Entwicklungspsychologische Voraussetzungen für die aktive Medienarbeit mit Kindern. In G. Anfang, K. Demmler & K. Lutz (Hrsg.), *Materialien zur Medienpädagogik. Bd. 4: Mit Kamera, Maus und Mikro. Medienarbeit mit Kindern* (2., überarb. und erg. Aufl., S. 58–68). München: kopaed.

Balluseck, H. von (2010). Frühpädagogik als Beruf und Profession. In H. von Balluseck (Hrsg.), *Professionalisierung der Frühpädagogik. Perspektiven, Entwicklungen, Herausforderungen* (S. 15–36). Opladen: Barbara Budrich.

Bandura, A., Ross, D. & Ross, S. A. (1963). Imitation of film - mediated aggressive models. *Journal of Abnormal and Social Psychology*, 66(1), 3–11.

Barberi, A. (2013). Von Medien, Übertragungen und Automaten. Pierre Bourdieus Bildungssoziologie als praxeologische Medientheorie. Teil 1. Zugriff am 24. Februar 2015. *medienimpulse*(4), http://www.medienimpulse.at/articles/view/605.

Barthelmes, J. & Sander, E. (2001). *Medienerfahrungen von Jugendlichen. Bd. 2: Erst die Freunde, dann die Medien. Medien als Begleiter in Pubertät und Adoleszenz*. München: DJI, Verl. Deutsches Jugendinstitut.

Batinic, B. (2008). Medienwahl. In B. Batinic & M. Appel (Hrsg.), *Medienpsychologie* (S. 107–125). Heidelberg: Springer.

Baumann, R., Diener, K. & Retter, H. (1977). *Auswirkungen vorschulischer Förderung im ersten Schuljahr. Materialien und Ergebnisse wissenschaftlicher Begleituntersuchungen zum Vorschulprojekt Schwäbisch Gmünd*. Stuttgart: Julius Klinkhardt.

Baumert, J. (2001). *PISA 2000. Basiskompetenzen von Schülerinnen und Schülern im internationalen Vergleich*. Opladen: Leske + Budrich.

Becker, B. (2006). Der Einfluss des Kindergartens als Kontext zum Erwerb der deutschen Sprache bei Migrantenkindern, *Zeitschrift für Soziologie*, 35(6), 449–464.

Becker, U. (2015). Medien und Geschlecht. In F. von Gross, D. M. Meister & U. Sander (Hrsg.), *Medienpädagogik - ein Überblick* (S. 306–322). Weinheim; Basel: Beltz Juventa.

Becker-Lenz, R. & Müller, S. (2009). Funktion und Bildung des professionellen Habitus als Teil des Gesamthabitus. Konzeptionelle Bestimmung des professionellen Habitus in einer Untersuchung zur Professionalisierung Sozialer Arbeit. In M. Pfadenhauer & T. Scheffer (Hrsg.), *Profession, Habitus und Wandel* (S. 95–116). Frankfurt am Main [et al.]: Lang.

Bensel, J. & Haug-Schnabel, G. (2010). *Kindergarten heute*. Spezial. Bd. 92: Kinder beobachten und ihre Entwicklung dokumentieren (8. Aufl.). Freiburg im Breisgau: Herder.

Beranek, F. (2007). Medienkompetenzförderung als Aufgabe der Elementarerziehung. *merz*(2), 62–67.

Berger, M. (o.J.). *Frauen in der Geschichte des Kindergartens: Henriette Schrader-Breymann*. Zugriff am 25. Februar 2014. http://www.kindergartenpaedagogik.de/159.html.

Bergs-Winkels, D. (2010). Pädagogik frühkindlicher Bildungsprozesse und ihre Bedeutung für die Praxis sowie für Aus- und Fortbildung. In G. Geiger & A. Spindler (Hrsg.), *Frühkindliche Bildung. Von der Notwendigkeit frühkindliche Bildung zum Thema zu machen* (S. 17–28). Opladen: Budrich.

Bertelsmann Stiftung (o.J.a). *KECK. Kommunale Entwicklung - Chancen für Kinder. Über Kompik*. Zugriff am 24. Februar 2014. http://www.keck-atlas.de/kompik/ueber-kompik.html.

Bertelsmann Stiftung (o.J.b). *Ländermonitor Frühkindliche Bildungssysteme*. Zugriff am 29. Januar 2015. http://www.laendermonitor.de/laendermonitor/aktuell/index.html.

BIBER. Netzwerk frühkindliche Bildung (o.J.a). *Video „Spaß bei der Medienarbeit. Erzieherinnen und Kindergarten-Kinder fotografieren"*. Zugriff am 15.09.2015. http://www.bibernetz.de/wws/filmclip-fotografie.html.

BIBER. Netzwerk frühkindliche Bildung (o.J.b). *Portfolio & Datenschutz*. Zugriff 15.09.2015. http://www.bibernetz.de/wws/filmclip-portfolio-datenschutz.html.

Biedinger, N. & Becker, B. (2006). *Der Einfluss des Vorschulbesuchs auf die Entwicklung und den langfristigen Bildungserfolg von Kindern. Ein Überblick über internationale Studien im Vorschulbereich.* Arbeitspapiere - Working Papers 97. Zugriff am 4. Oktober 2012. http://www.mzes.uni-mannheim.de/publications/wp/wp-97.pdf.

Biermann, R. (2009a). *Der mediale Habitus von Lehramtsstudierenden.* Wiesbaden: Springer VS.

Biermann, R. (2009b). Die Bedeutung des Habitus-Konzepts für die Erforschung soziokultureller Unterschiede im Bereich der Medienpädagogik. *Medienpädagogik. Zeitschrift für Theorie und Praxis der Medienbildung*(17). Zugriff am 7. Oktober 2015. *http://www.medienpaed.com/globalassets/medienpaed/17/biermann0908.pdf*

Biermann, R. (2013). Medienkompetenz – Medienbildung – Medialer Habitus. Genese und Transformation des medialen Habitus vor dem Hintergrund von Medienkompetenz und Medienbildung. *medienimpulse*(4). Zugriff am 30.09.2015. http://www.medienimpulse.at/articles/view/604.

BildungsMedienZentrum des Landes Oberösterreich (2012). *Trickfilmen mit der Trickboxx.* Zugriff am 14. August 2012. http://daten.bimez.at/uploads/media/pdf/medienpaedagogik/projekte/trickboxx/trickmanual.pdf.

Bitzer, D. (o.J.). 1957. Bildung. Sputnik-Schock. In Landeszentrale für politische Bildung Nordrhein-Westfalen (Hrsg.), *geschichte.nrw.de/chronik.* Zugriff am 30.09.2015. http://www.geschichte.nrw.de/artikel.php?artikel[id]=311&lkz=de.

Bloech, M. (2007). Nichts für Babys - Baby TV. *merz*, 51(1), 37–38.

Blömeke, S. (2000). *Medienpädagogische Kompetenz* (1. Aufl.). München: kopaed.

Blossfeld, H.-P., Bos, W., Daniel, H.-D., Hannover, B., Lenzen, D., Prenzel, M. et al. (2012). *Professionalisierung in der Frühpädagogik. Qualifikationsniveau und -bedingungen des Personals in Kindertagesstätten.* Gutachten. 1. Aufl. Münster: Waxmann.

Blossfeld, H.-P. & Roßbach, H.-G. (2012). Neue Herausforderungen für die Kindertagesstätten: Professionalisierung des Personals in der Frühpädagogik. *Zeitschrift für Familienforschung - Journal of Family Research*, 24(2), 199–224.

Bohnsack, R. (2006). *Das Gruppendiskussionsverfahren in der Forschungspraxis.* Opladen: Budrich.

Bohnsack, R. (2008). *Rekonstruktive Sozialforschung. Einführung in qualitative Methoden.* Opladen; Farmington Hills: Barbara Budrich.

Bohnsack, R. (2011). Fokussierungsmetapher. In R. Bohnsack, W. Marotzki & M. Meuser (Hrsg.), *Hauptbegriffe Qualitativer Sozialforschung* (3. Aufl., S. 67–68). Stuttgart: Barbara Budrich.

Bohnsack, R. (2012). In U. Flick, E. v. Kardorff & I. Steinke (Hrsg.), *Qualitative Forschung. Ein Handbuch* (9. Aufl.). Reinbek bei Hamburg: Rowohlt.

Bohnsack, R. (2013). Typenbildung, Generalisierung und komparative Analyse: Grundprinzipien der dokumentarischen Methode. In R. Bohnsack, I. Nentwig-Gesemann & A.-M. Nohl (Hrsg.), *Die dokumentarische Methode und ihre Forschungspraxis. Grundlagen qualitativer Sozialforschung* (3. Aufl., S. 241–270). Wiesbaden: Springer VS.

Bohnsack, R., Loos, P., Schäffer, B., Städtler, K. & Wild, B. (1995). *Die Suche nach Gemeinsamkeit und die Gewalt der Gruppe. Hooligans, Musikgruppen und andere Jugendcliquen.* Opladen: Leske + Budrich.

Bohnsack, R., Nentwig-Gesemann, I. & Nohl, A.-M. (Hrsg.) (2013). *Die dokumentarische Methode und ihre Forschungspraxis. Grundlagen qualitativer Sozialforschung* (3. Aufl.). Wiesbaden: Springer VS.

Böttcher, W., Dicke, J. N. & Ziegler, H. (Hrsg.) (2009). *Evidenzbasierte Bildung. Wirkungsevaluation in Bildungspolitik und pädagogischer Praxis.* Münster [et al.]: Waxmann.

Bourdieu, P. (1970). *Soziologie der symbolischen Formen.* Frankfurt am Main: Suhrkamp.

Bourdieu, P. (1976). *Entwurf einer Theorie der Praxis auf der ethnologischen Grundlage der kabylischen Gesellschaft.* Frankfurt am Main: Suhrkamp.

Bourdieu, P. (1983). Ökonomisches Kapital, kulturelles Kapital, soziales Kapital. In R. Kreckel (Hrsg.), *Soziale Ungleichheiten* (S. 183–198). Göttingen: Schwartz.

Bourdieu, P. (1993). *Sozialer Sinn. Kritik der theoretischen Vernunft.* Frankfurt am Main: Suhrkamp.

Bourdieu, P. (2005). *Die verborgenen Mechanismen der Macht.* Hamburg: VSA.

Bourdieu, P. (2012). *Die feinen Unterschiede. Kritik der gesellschaftlichen Urteilskraft* (22. Aufl.). Frankfurt am Main: Suhrkamp.

Bourdieu, P. & Wacquant, L. (1996). *Reflexive Anthropologie.* Frankfurt am Main: Suhrkamp.

Breitenbach, E., Bürmann, I. & Thünemann, S. (2012). Pädagogische Orientierungen als Kernstück pädagogischer Professionalität. *Frühe Bildung,* 1(2), 95–102.

Breiter, A., Welling, S. & Stolpmann, B. E. (2010). *Medienkompetenz in der Schule. Integration von Medien in den weiterführenden Schulen in Nordrhein-Westfalen. Schriftenreihe Medienforschung der LfM.* Berlin: Vistas.

Bronfenbrenner, U. (1981). *Die Ökologie der menschlichen Entwicklung. Natürliche und geplante Experimente.* Stuttgart: Klett-Cotta.

Brüggemann, M., Averbeck, I. & Breiter, A. (2013). *Förderung von Medienkompetenz in Bremer Kindertageseinrichtungen. Bestandsaufnahme und Befragung von Fachkräften in Bremen und Bremerhaven zur frühen Medienbildung.* Zugriff am 24. Juni 2014. http://www.bremische-landesmedienanstalt.de/fileadmin/user_upload/content/dateien/broschueren/Meko-Kita-Sept2013_ifib.pdf.

Bundesarbeitsgemeinschaft Bildung und Erziehung im Kindesalter e.V. (BAG-BEK e.V.) (o.J.). Zugriff am 5. Oktober 2012. http://www.bag-bek.eu/.

Bundesministerium für Familie, Senioren, Frauen und Jugend (BMFSFJ) (o.J.). *Frühe Chancen. Schwerpunkt-Kitas Sprache & Integration. Offensive Frühe Chancen.* Zugriff am 25. März 2013. http://www.frühechancen.de/informationen_fuer/spk/offensive_fruehe_chancen/dok/1012.php.

Bundesvereinigung Evangelischer Tageseinrichtungen für Kinder e.V. (BETA) & Diakonisches Institut für Qualitätsentwicklung und Forschung gGmbH (DQF) (2002). *Bundesrahmenhandbuch evangelischer Tageseinrichtungen für Kinder: ein Leitfaden zur Qualitätsentwicklung.* Stuttgart; Berlin.

Chaplin, C. (Produzent & Regisseur) (2010). *Der große Diktator.* Original: The Great Dictator, 1940, United States. Studiocanal. DVD.

Charlton, M. (2007). Das Kind und sein Startkapital. Medienhandeln aus der Perspektive der Entwicklungspsychologie. In H. Theunert (Hrsg.), *Medienkinder von Geburt an. Medienaneignung in den ersten sechs Lebensjahren.* (S. 25–40). München: kopaed.

chip.de (2011). *US-Kindergarten: iPad 2 für jedes Kind.* 12.4.2011.

Cloos, P. (2011). Frühpädagogische Fallarbeit. Von der Beobachtung zum förderlichen Angebot. In P. Cloos & M. Schulz (Hrsg.), *Kindheitspädagogische Beiträge: Kindliches Tun beobachten und dokumentieren. Perspektiven auf die Bildungsbegleitung in Kindertageseinrichtungen* (S. 172–187). Weinheim: Juventa.

Cloos, P., Oehlmann, S. & Hundertmark, M. (2011). *Abschlussbericht zum Projekt: „Vertikale Durchlässigkeit in der Ausbildung von Erzieherinnen und Erziehern in Niedersachsen". Ein Transfer- und Kooperationsprojekt im Kontext des Schulversuchs „Modularisierung der Ausbildung von Erzieherinnen und Erziehern in Niedersachsen" mit der Alice-Salomon-Schule Hannover, der Herman-Nohl-Schule Hildesheim, dem Caritasverband für die Diözese Hildesheim e.V. und des AWO Bezirksverbandes e.V. sowie der Katholischen Erwachsenenbildung Hildesheim. Hildesheim.* Zugriff am 26. Februar 2014. http://www.google.de/url?sa=t&rct=j&q=&esrc=s&source=web&cd=1&ved=0CCwQFjAA&url=http%3A%2F%2Fnifbe.de%2Fpdf_show_projects.php%3Fid%3D102&ei=1A8OU_KQAsqytAa1xID4Cw&usg=AFQjCNGyxNJQauSgpbY2W6oJ6jrDJVUblg&bvm=bv.61965928,d.Yms.

Combe, A. & Helsper, W. (2002). Professionalität. In H.-U. Otto, T. Rauschenbach & P. Vogel (Hrsg.), *Erziehungswissenschaft in Studium und Beruf. Eine Einführung in vier Bänden. Band 3: Erziehungswissenschaft: Professionalität und Kompetenz* (S. 29–47). Opladen: Leske + Budrich.

Czerniewicz, L. & Brown, C. (2013). The habitus of digital "strangers" in higher education. *British Journal of Educational Technology*, 44(1), 44–53.

Dahrendorf, R. (1965). *Bildung ist Bürgerrecht. Plädoyer für eine aktive Bildungspolitik.* Hamburg: Nannen.

Deißler, H. H. (1973). *Verschulter Kindergarten? Wege und Irrwege der heutigen Vorschulpädagogik.* Freiburg im Breisgau: Herder.

Demmler, K. (2005). Medienarbeit mit Kleinkindern - macht das Sinn? In G. Anfang, K. Demmler & K. Lutz (Hrsg.), *Materialien zur Medienpädagogik. Bd. 4: Mit Kamera, Maus und Mikro. Medienarbeit mit Kindern* (2., überarb. und erg. Aufl., S. 71–74). München: kopaed.

Deutscher Bildungsrat (1970). *Empfehlungen der Bildungskommission. Strukturplan für das Bildungswesen. Verabschiedet auf der 27. Sitzung der Bildungskommission am 13. Februar 1970.* Bonn.

Deutsches Jugendinstitut e.V. (o.J.). *Datenbank: Apps für Kinder - Recherche.* Zugriff am 3. Juni 2014. http://www.datenbank-apps-für-kinder.de.

Deutsches Rotes Kreuz e.V. (DRK) (2009). *Empfehlungen zur Anleitung von Praktikantinnen und Praktikanten in DRK-Kindertageseinrichtungen.* Zugriff am 13. Februar 2015. http://drk-kinder-jugend-familienhilfe.de/uploads/tx_ffpublication/Empfehlungen_Praktikanntinnen_in_DRK-Kitas.pdf.

Dewe, B. & Otto, H.-U. (2005). Profession. In H.-U. Otto & H. Thiersch (Hrsg.), *Soziale Arbeit: Handbuch Sozialarbeit, Sozialpädagogik (3. Aufl., S. 1399–1423).* München; Basel: E. Reinhardt.

Dewe, B. & Sander, U. (1996). Medienkompetenz und Erwachsenenbildung. In A. von Rein (Hrsg.), *Medienkompetenz als Schlüsselbegriff* (S. 125–142). Bad Heilbrunn: Klinkhardt.

Diehm, I. (2004). Kindergarten und Grundschule. In W. Helsper & J. Böhme (Hrsg.), *Handbuch der Schulforschung* (1. Aufl., S. 529–547). Wiesbaden: VS Verlag für Sozialwissenschaften.

Die Welt (2014). *Die digitale Kita ist für Eltern eine Horrorversion. 11.12.2014.* Zugriff am 28.09.2015. http://www.welt.de/politik/deutschland/article135234233/Die-digitale-Kita-ist-fuer-Eltern-eine-Horrorvision.html

Dollase, R. (1978). Kontinuität und Diskontinuität zwischen vorschulischer und schulischer Sozialisation. *Bildung und Erziehung*, 31(5), 412–425.

Dollase, R. (2006). Die Fünfjährigen einschulen - Oder: Die Wiederbelebung einer gescheiterten Reform der 70er Jahre des vorigen Jahrhunderts. *KITA Aktuell Ausgabe Nordrhein-Westfalen*, 15(1), 11–12.

Dresing, T. & Pehl, A. (2011). *Praxisbuch Transkription. Regelsysteme, Software und praktische Anleitungen für qualitative ForscherInnen.* Zugriff am 24. Februar 2015. http://dtserv3.compsy.uni-jena.de/__c1257d8500431ec9.nsf/0/C2D81EADBFE5D207C1257D85005669E2/$FILE/Praxisbuch-Transkription.pdf

Dreyer, S., Lampert, C. & Schulze, A. (2014). *Kinder und Onlinewerbung. Erscheinungsformen von Werbung im Internet, ihre Wahrnehmung durch Kinder und ihr regulatorischer Kontext.* Berlin: Vistas.

Düssel, M. (2010). Familiäre Mediennutzung: Einsam oder gemeinsam? Forschungsergebnisse zu Medienerziehung im Kontext sozialer Benachteiligung. *merz*, 54(4), 11–18.

Early, D. M., Bryant, D. M., Pianta, R. C., Clifford, R. M., Burchinal, M. R., Ritchie, S., et al. (2006). Are teachers' education, major, and credentials related to classroom quality and children's academic gains in pre-kindergarten? *Early Childhood Quarterly*, 21(2), 174–195.

Early, D. M., Maxwell, K. L., Burchinal, M. R., Alva, S., Bender, R. H., Bryant, D., et al. (2007). Teachers' Education, Classroom quality, and Young Children's Academic Skills: Results From Seven Studies of Preschool Programs. *Child Development*, 78(2), 558–580.

Eder, S. (2004). *Video, Compi & Co. Über den Einsatz von Medien in der Kita.* Bielefeld: GMK.

Eder, S. & Roboom, S. (2014). Klicken, Knipsen, Tricksen… Medienerziehung im Kindergarten. In A. Tillmann, S. Fleischer & K.-U. Hugger (Hrsg.), *Handbuch Kinder und Medien* (S. 503–516). Wiesbaden: Springer VS.

Eder, S., Lehmann, A., Lenich, A., Roboom, S., Seiler, G. & Wentzel, J. (2014). *Medienkompetenz-Kitas NRW. Ein Modellprojekt der Landesanstalt für Medien Nordrhein-Westfalen.* Zugriff am 22. Februar 2015. http://www.meko-kitas-nrw.de/fileadmin/kita-nrw/user_upload/download/L155_Medienkompetenz-Kitas-NRW3124844174.pdf.

Egmont Ehapa (2013a). *KidsVerbraucherAnalyse 2013.* Berlin.

Egmont Ehapa (2013b). *KidsVerbraucherAnalyse 2013.* Pressemitteilung. Berlin. 06.08.2013. Zugriff am 19.05.2014.
http://www.egmont-mediasolutions.de/pdf/services/studien/KVA%202013_PM.pdf

Ehmig, S. & Reuter, T. (2013). *Vorlesen im Kinderalltag. Bedeutung des Vorlesens für die Entwicklung von Kindern und Jugendlichen und Vorlesepraxis in den Familien. Zusammenfassung und Einordnung zentraler Befunde der Vorlesestudien von Stiftung Lesen, DIE ZEIT und Deutsche Bahn 2007-2012.* Zugriff am 19. Mai 2014. http://www.stiftunglesen.de/download.php?type=documentpdf&id=951.

Ehrenreich, E. (2012). *Der mediale Habitus von Kindergartenkindern. Eine qualitative Erhebung zum Medienerleben von Kindergartenkindern.* Wien. Zugriff am 4. Februar 2015. http://othes.univie.ac.at/19461/1/2012-01-19_0150334.pdf.

Eimeren, B. van (2013). Ergebnisse der ARD/ZDF-Onlinestudie 2013. „Always on" - Smartphone, Tablet & Co. als neue Taktgeber im Netz. *media perspektiven*(7-8), 386–390. Zugriff am 30. September 2015. http://www.ard-zdf-onlinestudie.de/fileadmin/Onlinestudie/PDF/Eimeren.pdf

Eimeren, B. van & Frees, B. (2014). Ergebnisse der ARD/ZDF-Onlinestudie 2014. 79 Prozent der Deutschen online – Zuwachs bei mobiler Internetnutzung und Bewegtbild. *media perspektiven*(7-8), 378–396. Zugriff am 30. September 2015. http://www.ard-zdf-onlinestudie.de/fileadmin/Onlinestudie_2014/PDF/0708-2014_Eimeren_Frees.pdf

Eltern. (o.J.). *Geschichten rund um die Zahnfee.* Zugriff am 12. Februar 2015. http://www.eltern.de/kleinkind/gesundheit/zahnfee.html.

erzieherin online (o.J.). *Startseite. Berufsbildung. Ausbildung. Ausbildungsinhalte.* Zugriff am 5. März 2014. www.Erzieherin-online.de/beruf/ausbildung/inhalt.php.

Esports-Newscenter.de (o.J.). *Counter-Strike.de. Dein deutscher Blog zum Spiel!* Zugriff am 24. Februar 2015. http://counter-strike.de/.

Europäische Kommission (2008). *Der Europäische Qualifikationsrahmen.* Zugriff am 25. Februar 2015. http://ec.europa.eu/ploteus/sites/eac-eqf/files/brochexp_de.pdf

Ewert, O. M. & Braun, M. (1978). Ergebnisse und Probleme vorschulischer Förderung. In Der Kultusminister des Landes Nordrhein-Westfalen (Hrsg.), *Modellversuch Vorklasse in NW - Abschlussbericht* (S. 7–51). Köln: Greven.

Faas, S. (2013). *Forschung und Entwicklung in der Erziehungswissenschaft: Berufliche Anforderungen und berufsbezogenes Wissen von Erzieherinnen. Theoretische und empirische Rekonstruktionen.* Wiesbaden: Springer VS.

Fabel, M. (2003). Rekonstruktion biographischer und professioneller Sinnstrukturen - methodische Schritte einer fallinternen Zusammenhangsanalyse. *Zeitschrift für qualitative Bildungs-, Beratungs- und Sozialforschung* 4(1), 144–151.

Feierabend, S. & Klingler, W. (2014). Was Kinder sehen. Eine Analyse der Fernsehnutzung Drei- bis 13-Jähriger 2013. *media perspektiven*(4), 182–194. Zugriff am 26. Mai 2014. http://www.media-perspektiven.de/uploads/tx_mppublications/04-2014_Feierabend_Klingler.pdf

Feierabend, S. & Mohr, I. (2004). Ergebnisse der ARD/ZDF-Studie „Kinder und Medien 2003". Mediennutzung von Klein- und Vorschulkindern. *media perspektiven*(9), 453–461. Zugriff am 15. Mai 2014. http://www.media-perspektiven.de/uploads/tx_mppublications/09-2004_Feierabend_Mohr.pdf

Feil, C. (1995). Einleitung. In Deutsches Jugendinstitut (Hrsg.), *Handbuch Medienerziehung im Kindergarten. Teil II: Praktische Handreichungen* (S. 13–22). Opladen: Leske und Budrich.

fernsehserien.de. (o.J.). *Disneys Gummibärenbande.* Zugriff am 12. Februar 2015. http://www.fernsehserien.de/disneys-gummibaerenbande.

Filoni, D. (Regisseur) & Winder, C. (2008). *Star Wars: The Clone Wars.* United States. Warner Home Video. DVD.

Fiske, J. (1989). *Reading the Popular.* London; New York: Routledge.

Fiske, J. (1997). Die kulturelle Ökonomie des Fantums. In SPoKK (Hrsg.), *Kursbuch Jugendkultur. Stile, Szenen und Identitäten vor der Jahrtausendwende* (S. 54–69). Mannheim: Bollmann Verlag.

Flämig, K. (2006). Bildungs- und Lerngeschichten. *Kindergarten heute,* 6/7. Zugriff am 19.02.2015. http://www.kindergarten-heute.de/zeitschrift/hefte/inhalt_lesen.html?k_beitrag=2187819.

Fleischer, S. (2014). Medien in der Frühen Kindheit. In A. Tillmann, S. Fleischer & K.-U. Hugger (Hrsg.), *Handbuch Kinder und Medien* (S. 303–311). Wiesbaden: Springer VS.

Fleischer, S. & Grebe, C. (2014). Entwicklungsaufgaben und kritische Lebensereignisse. In A. Tillmann, S. Fleischer & K.-U. Hugger (Hrsg.), *Handbuch Kinder und Medien* (S. 153–162). Wiesbaden: Springer VS.

Franke-Meyer, D. (2011). *Kleinkindererziehung und Kindergarten im historischen Prozess. Ihre Rolle im Spannungsfeld zwischen Bildungspolitik, Familie und Schule.* Bad Heilbrunn: Klinkhardt.

Freitag, W. (2010). Soziale und strukturelle Durchlässigkeit als bildungspolitische Herausforderung. In H. von Balluseck (Hrsg.), *Professionalisierung der Frühpädagogik. Perspektiven, Entwicklungen, Herausforderungen* (S. 111–122). Opladen: Barbara Budrich.

Fried, L. (2003). Vorschulprogramme. In L. Fried, S. Rous, A. Frey & B. Wolf (Hrsg.), *Vorschulpädagogik* (S. 121–147). Baltmannsweiler: Schneider Verl. Hohengehren.

Friedrichs, H. (2013a). Das Zusammenspiel von erzieherischem Jugendmedienschutz und (Medien-) Sozialisationsinstanzen. In H. Friedrichs, T. Junge & U. Sander (Hrsg.), *Jugendmedienschutz in Deutschland* (S. 227–255). Wiesbaden: Springer.

Friedrichs, H. (2013b). Der medienerzieherische Habitus angehender ErzieherInnen und Bedingungen für die Ausübung von Medienerziehung in Kindertagesstätten. *medienimpulse*(4). Zugriff am 20.02.2014. http://www.medienimpulse.at/articles/view/611.

Friedrichs, H. & Gross, F. von (2013). Erzieherischer Jugendmedienschutz: Medienpädagogische Initiativen und Projekte. In H. Friedrichs, T. Junge & U. Sander (Hrsg.), *Jugendmedienschutz in Deutschland* (S. 257–294). Wiesbaden: Springer.

Friedrichs, H., Gross, F. von, Herde, K. & Sander, U. (2014a). Habitusformen von Eltern im Kontext der Computerspielnutzung ihrer Kinder. *medienimpulse*(3). Zugriff am 26. Februar 2015. http://www.medienimpulse.at/articles/view/685

Friedrichs, H., Gross, F. von, Herde, K. & Sander, U. (2014b). Computerspielnutzung aus Elternsicht. Habitusformen im Kontext elterlicher Medienerziehung. *merz*, 58(5), 55–60.

Friedrichs, H. & Meister, D. M. (2015). Medienerziehung in der Kindertagesstätte. In F. von Gross, D. M. Meister & U. Sander (Hrsg.), *Medienpädagogik - ein Überblick* (S. 273–305). Weinheim; Basel: Beltz Juventa.

Fritschi, T. & Oesch, T. (2008). *Volkswirtschaftlicher Nutzen von frühkindlicher Bildung in Deutschland. Eine ökonomische Bewertung langfristiger Bildungseffekte bei Krippenkindern.* Zugriff am 4. Oktober 2012. http://www.bertelsmann-stiftung.de/cps/rde/xbcr/SID-86407CF0-CCBB23A0/bst/xcms_bst_dms_23966_27048_2.pdf.

Fröhlich-Gildhoff, K. & Mischo, C. (2011). Schwerpunkt: Professionalisierung frühpädagogischen Personals. *Frühe Bildung*, 0(1), 2–3.

Fröhlich-Gildhoff, K., Nentwig-Gesemann, I. & Pietsch, S. (2011). *Kompetenzorientierung in der Qualifizierung frühpädagogischer Fachkräfte. Eine Expertise der Weiterbildungsinitiative Frühpädagogische Fachkräfte (WiFF).* Zugriff am 7. März 2014. http://www.weiterbildungsinitiative.de/uploads/media/WiFF_Expertise_Nr_19_Froehlich_Gildhoff_ua_Internet__PDF.pdf.

Fromme, J. & Jörissen, B. (2010). Medienbildung und Medienkompetenz. Berührungspunkte und Differenzen nicht ineinander überführbarer Konzepte. *merz*, 54(5), 46–54.

Fthenakis, W. E. (2003a). Pädagogische Qualität in Tageseinrichtungen für Kinder. In W. E. Fthenakis (Hrsg.), *Elementarpädagogik nach PISA. Wie aus Kindertagesstätten Bildungseinrichtungen werden können* (S. 208–242). Freiburg im Breisgau [et al.]: Herder.

Fthenakis, W. E. (2003b). Vorwort. In W. E. Fthenakis (Hrsg.), *Elementarpädagogik nach PISA. Wie aus Kindertagesstätten Bildungseinrichtungen werden können* (S. 9–15). Freiburg im Breisgau [u.a.]: Herder.

Fthenakis, W. E. (2007). Vorwort. In Bundesministerium für Bildung und Forschung (Hrsg.), *Bildungsforschung Band 16. Auf den Anfang kommt es an: Perspektiven für eine Neuorientierung frühkindlicher Bildung* (S. 2–9). Bonn; Berlin.

Fuchs-Heinritz, W. & König, A. (2005). *Pierre Bourdieu. Eine Einführung.* Konstanz: Stuttgart: UTB.

Ganguin, S. & Sander, U. (2015). Zur Entwicklung von Medienkritik. In F. von Gross, D. M. Meister & U. Sander (Hrsg.), *Medienpädagogik - ein Überblick* (S. 229–246). Weinheim; Basel: Beltz Juventa.

Gerlach, F., unter Mitarb. v. Kude, C. & Aufenanger, S. (2008). *Computerarbeit in Kindertageseinrichtungen. Handreichungen für die Praxis* (2. Aufl.). Kassel: LPR Hessen.

Gesetz über das einheitliche sozialistische Bildungssystem vom 25. Februar 1965. Gesetzblatt der Deutschen Demokratischen Republik.

Gesetz zur Förderung von Kindern unter drei Jahren in Tageseinrichtungen und in Kindertagespflege (Kinderförderungsgesetz - KiföG). Vom 10. Dezember 2008. Zugriff am 3. September 2012. http://www2.bgbl.de/Xaver/start.xav?startbk=Bundesanzeiger_BGBl&bk=Bundesanzeiger_BGBl&start=//*[@attr_id=%27bgbl108s2403.pdf%27].

Gesetz zur frühen Bildung und Förderung von Kindern. (Kinderbildungsgesetz – KiBiz). Viertes Gesetz zur Ausführung des Kinder- und Jugendhilfegesetzes – SGB VIII –. Vom 30. Oktober 2007. Fassung vom 01.08.2011.

Gieseke, W. (1996). Der Habitus von Erwachsenenbildern. Pädagogische Professionalität oder plurale Beliebigkeit? In A. Combe & W. Helsper (Hrsg.), *Pädagogische Professionalität. Untersuchungen zum Typus pädagogischen Handelns* (1. Aufl., S. 678–713). Frankfurt am Main: Suhrkamp.

Glaser, B. G. & Strauss, A. L. (1967). *The discovery of grounded theory. Strategies for qualitative research.* Chicago: Aldine Publication.

Gottberg, J. von & Rosenstock, R. (Hrsg.) (2009). *Werbung aus allen Richtungen. Crossmediale Markenstrategien als Herausforderung für den Jugendschutz.* München: kopaed.

Götz, M. (2007). Fernsehen von -0,5 bis 5. Eine Zusammenfassung des Forschungsstands. *Televizion*, 20(1), 12–17.

Götz, M. (2014). Sexy Girls in Hotpants. Die Hypersexualisierung im Kinderfernsehen. *MedienConcret*, 14(1), 30–33.

Götz, M. & Cada, J. (2013). „Sie ist so schön rosa". Die Wertschätzung von Weiblichkeit: Phänomen Prinzessin Lillifee. In M. Götz (Hrsg.), Edition Televizion: *Die Fernsehheld(inn)en der Mädchen und Jungen. Geschlechterspezifische Studien zum Kinderfernsehen* (S. 679–701). München: kopaed.

Götz, M. & Lemish, D. (Hrsg.) (2012). *Sexy Girls, Heroes and Funny Losers. Gender Representation in Children's TV around the World.* München: Lang.

Groeben, N. (2002). Dimensionen der Medienkompetenz: Deskriptive und normative Aspekte. In N. Groeben & B. Hurrelmann (Hrsg.), *Medienkompetenz. Voraussetzungen, Dimensionen, Funktionen* (S. 160–197). Weinheim: Juventa.

Gross, F. von (2013). Jugendmusikszenen im Internet. Visual Kei als Prototyp der internetgenerierten Jugendszene. In K.-U. Hugger (Hrsg.), *Digitale Jugendkulturen* (2. Aufl., S. 209–227). Wiesbaden: Springer VS.

Haberkorn, R. (2012). *Der Situationsansatz und die Bildungspläne.* 21.03.2012. Zugriff am 24. April 2014. http://www.erzieherin.de/der-situationsansatz-und-die-bildungsplaene.php.

Hasebrink, U., Schröder, H.-D. & Schumacher, G. (2012). Ergebnisse einer repräsentativen Elternbefragung. Kinder- und Jugendmedienschutz aus Sicht der Eltern. *media perspektiven*(1), 18–30. Zugriff am 26.01.2014. http://www.media-perspektiven.de/publikationen/fachzeitschrift/2012/artikel/kinder-und-jugendmedienschutz-aus-der-sicht-der-eltern/

Hasselhorn, M. & Kuger, S. (2014). Wirksamkeit schulrelevanter Förderung in Kindertagesstätten. *Zeitschrift für Erziehungswissenschaft*, 17(2), 299–314.

Hebenstreit, S. (2008). *Bildung im Elementarbereich. Die Bildungspläne der Bundesländer der Bundesrepublik Deutschland.* 02.06.2008. Zugriff am 24. April 2014. http://www.kindergartenpaedagogik.de/1869.pdf.

Heckman, J. J. (2006). Skill Formation and the Economics of Investing in Disadvantaged Children. *Science* (312), 1900–1902. Zugriff am 21.10.2013 http://jenni.uchicago.edu/papers/Heckman_Science_v312_2006.pdf

Helm, J. (2010). *Das Bachelorstudium Frühpädagogik. Zugangswege – Studienzufriedenheit – Berufserwartungen. Ergebnisse einer Befragung von Studierenden.* Zugriff am 31. August 2012. http://www.weiterbildungsinitiative.de/uploads/media/WiFF_Studie_5_Helm_Internet.pdf.

Helsper, W. (2001). Praxis und Reflexion. Die Notwendigkeit einer „doppelten Professionalisierung" des Lehrers. *journal für lehrerinnen- und lehrerbildung*(3), 7–15.

Helsper, W. (2002). Lehrerprofessionalität als antinomische Handlungsstruktur. In M. Kraul, W. Marotzki & C. Schweppe (Hrsg.), *Biographie und Profession* (S. 64–102). Bad Heilbrunn; Obb: Klinkhardt.

Hemmerling, A. (2007). *Der Kindergarten als Bildungsinstitution. Hintergründe und Perspektiven* (1. Aufl.). Wiesbaden: VS.

Henrichwark, C. (2009). *Der bildungsbezogene mediale Habitus von Grundschulkindern - Eine empirische Studie zur Reproduktion sozialer Ungleichheit in Schule und Familie.* Wuppertal. Zugriff am 2. September 2013. http://elpub.bib.uni-wuppertal.de/servlets/DerivateServlet/Derivate-1131/dg0901.pdf.

Hentig, H. von (1987). Werden wir die Sprache der Computer sprechen? Der pädagogische Aspekt. *Neue Sammlung: Vierteljahres-Zeitschrift für Erziehung und Gesellschaft*, 27(1), 69–85.

Hentig, H. von (2002). *Der technischen Zivilisation gewachsen bleiben. Nachdenken über die Neuen Medien und das gar nicht mehr allmähliche Verschwinden der Wirklichkeit.* Weinheim [et al.]: Beltz.

Hepp, G. F. (2011). *Bildungspolitik in Deutschland. Eine Einführung.* Wiesbaden: VS.

Herb, V. (2013). *Fast genug Kita-Plätze und zu wenig Erzieher. Familienministerin legt Zahlen zum U3-Ausbau vor. 11.07.2013.* Zugriff am 24. Februar 2014. http://www.deutschlandfunk.de/fast-genug-kita-plaetze-und-zu-wenig-erzieher.680.de.html?dram:article_id=252627.

Hock, B. (2013). Medienzwerge. Aktive Medienarbeit in der Kita. *merz*, 57(2), 49–52.

Hocke, N. (2011). Professionelles Handeln verlangt eine andere Ausbildung und bessere Rahmenbedingungen. *Frühe Bildung*, 0(0), 49–50.

Hoffmann, D. & Hoffmann, B. (2010). Jenseits des Palavers - Ein Plädoyer für eine bewusste Erziehung und Bildung mit Medien. *Diskurs Kindheits- und Jugendforschung*(2), 227–232.

Hoffmann, H. (2013). Professionalisierung der frühkindlichen Bildung in Deutschland. In M. Stamm & D. Edelmann (Hrsg.), *Handbuch frühkindliche Bildungsforschung* (S. 312–323). Wiesbaden: Springer VS.

Holling, A. (2007). Vorschulische Erziehung im Wandel. Die Kindertagesstätte als lernende Organisation. In A. M. Stroß (Hrsg.), *Vechtaer Beiträge zur Frühpädagogik. Bd. 1: Bildung - Reflexion - Partizipation. Anstöße zur Professionalisierung von Erzieherinnen und Erziehern* (S. 41–74). Berlin: LIT-Verl.

Höltershinken, D. (2012a). Eingangsstufe. In K.-P. Horn, H. Kemnitz, W. Marotzki & U. Sandfuchs (Hrsg.), *Klinkhardt Lexikon Erziehungswissenschaft. Band 1* (S. 296). Bad Heilbrunn: Verlag Julius Klinkhardt.

Höltershinken, D. (2012b). Fröbelpädagogik. In K.-P. Horn, H. Kemnitz, W. Marotzki & U. Sandfuchs (Hrsg.), *Klinkhardt Lexikon Erziehungswissenschaft. Band 1* (S. 432–433). Bad Heilbrunn: Verlag Julius Klinkhardt.

Höltershinken, D. (2012c). Funktionsansatz. In K.-P. Horn, H. Kemnitz, W. Marotzki & U. Sandfuchs (Hrsg.), *Klinkhardt Lexikon Erziehungswissenschaft. Band 1* (S. 443–444). Bad Heilbrunn: Verlag Julius Klinkhardt.

Honig, M.-S. (2002). Der Wandel von Kindheit als Herausforderung an Pädagogik und Politik des Elementarbereichs. In M.-S. Honig (Hrsg.), *Perspektiven frühpädagogischer Forschung. Drei Beiträge zur Frühpädagogik*. Universität Trier.

Hopf, D. (1971). Entwicklung der Intelligenz und Reform des Bildungswesens. Bemerkungen zu B. S. Bloom, Stability and Change in Human Characteristics. *Neue Sammlung: Vierteljahres-Zeitschrift für Erziehung und Gesellschaft*, 11(1), 33–51.

Hradil, S. (2012). Soziale Ungleichheit. Eine Gesellschaft rückt auseinander. In S. Hradil (Hrsg.), *Deutsche Verhältnisse. Eine Sozialkunde* (S. 155–188). Bonn: Bundeszentrale für Politische Bildung.

Hurrelmann, K. & Bründel, H. (2003). *Einführung in die Kindheitsforschung* (2. Aufl.). Weinheim [et al.]: Beltz.

Hüther, J. (2005). Mediendidaktik. In J. Hüther & B. Schorb (Hrsg.), *Grundbegriffe Medienpädagogik* (4., vollst. neu konzipierte Aufl., S. 234–240). München: kopaed.

iconkids & youth international research GmbH (2013). *Trend Tracking Kids 2013.*

IMDb. (o.J.). *Jurassic Parc.* Zugriff am 12. Februar 2015. http://www.imdb.com/title/tt0107290/.

Institut für Demoskopie Allensbach (2014). *Digitale Medienbildung in Grundschule und Kindergarten. Ergebnisse einer Befragung von Eltern, Lehrkräften an Grundschulen und Erzieher(innen) in Kindergärten im Auftrag der Deutsche Telekom Stiftung.* Zugriff am 18. Januar 2015. http://www.telekom-stiftung.de/dts-cms/sites/default/files//dts-library/materialien/pdf/ergebnisse_allensbach-umfrage_gesamt.pdf.

Institut für kooperative Planung und Sportentwicklung (o.J.). *Bewegungslandschaft Sportvereinigung Böblingen.* Zugriff am 12. Februar 2015. http://www.sportentwicklungsplanung.de/sportanlagen-der-zukunft/hallen-und-raeume/319-bewegungslandschaft-sportvereinigung-boeblingen.html.

INTEGRA e.V. (o.J.). *Elterninfos. Elterngespräche.* Zugriff am 24. Februar 2014. http://www.integra-hachinger-tal.de/kindergarten/elterninfos/elterngesprache.

Internationales Zentralinstitut für das Jugend- und Bildungsfernsehen (IZI) (2014). *Die neue Biene Maja beliebteste TV-Figur bei Mädchen – SpongeBob nach wie vor vorn. Repräsentative Studie zu den medialen Lieblingsfiguren deutscher Vorschulkinder.* Pressemitteilung. Zugriff am 20.05.2014. http://www.br-online.de/jugend/izi/deutsch/presse/Pressemitteilungen/PM-2014/Die_medialen_Lieblingsfiguren_deutscher_Vorschulkinder.pdf

Janssen, R. (2011). Die Ausbildung der Erzieherinnen und Erzieher im Bundesvergleich - Analyse der Prüfungsordnungen der Länder. In Weiterbildungsinitiative Frühpädagogische Fachkräfte (WiFF) (Hrsg.), *Dokumentation. Qualifizierung frühpädagogischer Fachkräfte an Fachhochschulen und Hochschulen. Ergebnisse - Positionen - Perspektiven. Fachtagung am 8. Dezember 2010 in Berlin.* München. Zugriff am 31. August. 2012. http://www.weiterbildungsinitiative.de/uploads/media/Dokumentation_WiFF_Fachtagung_Qualifizierung_fruehp._Fachkraefte_an_Fach-_und_Hochschulen.pdf

Jasmund, C., Krus, A., Siems, S., Fischer, C., Böllert, K., Bergs-Winkels, D., et al. (2011). *Auftaktbericht zur Strukturabfrage. Wissenschaftliche Begleitung der Erprobung der Grundsätze zur Bildungsförderung für Kinder von 0 bis 10 Jahren in Kindertageseinrichtungen und Schulen im Primarbereich in NRW.* Zugriff am 29. Januar 2015. http://www.bildungsgrundsaetze.nrw.de/fileadmin/dateien/PDF/150911_Auftaktbericht.pdf.

Jörissen, B. (2011). „Medienbildung" - ein Konzept in heterogenen institutionellen Verwendungskontexten. In T. Meyer, W.-H. Tan, C. Schwalbe & R. Appelt (Hrsg.), *Medien & Bildung. Institutionelle Kontexte und kultureller Wandel* (S. 83–91). Wiesbaden: VS.

Jörissen, B. & Marotzki, W. (2010). Medienbildung. In R. Vollbrecht & C. Wegener (Hrsg.), *Handbuch Mediensozialisation* (S. 432–436). Wiesbaden: VS.

Jugendministerkonferenz (JMK) & Kultusministerkonferenz (KMK) (2004). *Gemeinsamer Rahmen der Länder für die frühe Bildung in Kindertageseinrichtungen. (Beschluss der Jugendministerkonferenz vom 13./14.05.2004/ Beschluss der Kultusministerkonferenz vom 03./04.06.2004).* Zugriff am 21.10.2013. http://www.kmk.org/fileadmin/veroeffentlichungen_beschluesse/2004/2004_06_03-Fruehe-Bildung-Kindertageseinrichtungen.pdf.

Jugend- und Familienministerkonferenz (JFMK) & Kultusministerkonferenz (KMK) (2010). *Weiterentwicklung der Aus-, Fort- und Weiterbildung von Erzieherinnen und Erziehern - Gemeinsamer Orientierungsrahmen „Bildung und Erziehung in der Kindheit" - (Beschluss der Kultusministerkonferenz vom 16.09.2010, Beschluss der Jugend- und Familienministerkonferenz vom 14.12.2010).* Zugriff am 07.03.2014. http://www.kmk.org/fileadmin/veroeffentlichungen_beschluesse/2010/2010_09_16-Ausbildung-Erzieher-KMK-JFMK.pdf,

Junge, T. (2013a). In H. Friedrichs, T. Junge & U. Sander (Hrsg.), *Jugendmedienschutz in Deutschland* (S. 41–61). Wiesbaden: Springer VS.

Junge, T. (2013b). *Jugendmedienschutz und Medienerziehung im digitalen Zeitalter. Eine explorative Studie zur Rolle der Eltern. Jugendmedienschutz und Medienerziehung im digitalen Zeitalter.* Wiesbaden: Springer VS.

Jungmann, T., Koch, K. & Etzien, M. (2013). Effektivität alltagsintegrierter Sprachförderung bei ein- und zwei- bzw. mehrsprachig aufwachsenden Vorschulkindern. Frühe Bildung, 2(3), 110–121.

Kahl, R. (2006). *Die Entdeckung der frühen Jahre. Die Initiative McKinsey bildet. Zur frühkindlichen Bildung. Doppel-DVD und Booklet mit Beiträgen von D. Barenboim, J. Bennett, W. Dettling, K. M. Einhäupl, W. E. Fthenakis, W. Huber, et al.* Zugriff am 30.09.2015. http://www.archiv-der-zukunft.de/downloads/materialien/mck/mck-booklet-inhalt.pdf

Kallert, H. (2006). Frühe Kindheit und pädagogische Konzepte in BRD - DDR. In S. Andresen & I. Diehm (Hrsg.), *Kinder, Kindheiten, Konstruktionen. Erziehungswissenschaftliche Perspektiven und sozialpädagogische Verortungen* (S. 213–228). Wiesbaden: VS.

Kammerl, R., Hirschhäuser, L., Rosenkranz, M., Schwinge, C., Hein, S., Wartberg, L., et al. (2012). *EXIF – Exzessive Internetnutzung in Familien. Zusammenhänge zwischen der exzessiven Computer- und Internetnutzung Jugendlicher und dem (medien-) erzieherischen Handeln in den Familien.* Zugriff am 22. Mai 2014. http://www.bmfsfj.de/RedaktionBMFSFJ/Broschuerenstelle/Pdf-Anlagen/EXIF-Exzessive-Internetnutzung-in-Familien,property=pdf,bereich=bmfsfj,sprache=de,rwb=true.pdf.

Kappeler, R. (2011). *IPad im Kindergarten - Empfehlungen aufgrund erster Erfahrungen.* 18.09.2011. Zugriff am 21. August 2012. http://edu-ict.zh.ch/blog/ipad-im-kindergarten-empfehlungen-aufgrund-erster-erfahrungen.

Katz, E., Blumler, J. G. & Gurevitch, M. (1973-1974). Uses and Gratifications Research. *The Public Opinion Quarterly*, 37(4), 509–523.

KBoM (2013). *Keine Bildung ohne Medien! Offener Brief. Forderungen zur Medienkompetenzförderung anlässlich der aktuellen Koalitionsverhandlungen.* 31. Oktober 2013. Zugriff am 13. Mai 2014. http://www.keine-bildung-ohne-medien.de/wp-content/uploads/2013/10/OffenerBrief_Koalitionsverhandlung_Medienkompetenzf%C3%B6rderung.pdf.

Kemnitz, H. & Nittel, D. (2012). Professionalität. In K.-P. Horn, H. Kemnitz, W. Marotzki & U. Sandfuchs (Hrsg.), *Klinkhardt Lexikon Erziehungswissenschaft. Band 3* (S. 34–35). Bad Heilbrunn: Julius Klinkhardt.

Kerres, M. & Preußler, A. (2015). Mediendidaktik. In F. von Gross, D. M. Meister & U. Sander (Hrsg.), *Medienpädagogik - ein Überblick* (S. 32–48). Weinheim; Basel: Beltz Juventa.

Kerres, M., Heinen, R. & Stratmann, J. (2012). Schulische IT-Infrastrukturen: Aktuelle Trends und ihre Implikationen für Schulentwicklung. In R. Schulz-Zander, B. Eickelmann, H. Moser, H. Niesyto & P. Grell (Hrsg.), *Jahrbuch Medienpädagogik 9* (S. 161–174). Wiesbaden: VS.

KiKA (2012). *Trickboxx*. Zugriff am 14. August 2012. http://www.kika.de/fernsehen/a_z/t/trickboxx/trickboxx/was_ist_die_trickboxx/index.shtml.

Kirchhoff, A. (2005). Mehr als eine virtuelle Bastelstunde. Anregungen zur aktiven Multimedia-Arbeit mit Kindern. In G. Anfang, K. Demmler & K. Lutz (Hrsg.), *Materialien zur Medienpädagogik. Bd. 4: Mit Kamera, Maus und Mikro. Medienarbeit mit Kindern* (2., überarb. und erg. Aufl., S. 178–185). München: kopaed.

Klein, C. (2013). Die Bedeutung medialer Vorbilder im Laufe des Lebens. *tv diskurs*, 17(3), 18–23.

Kluchert, G. (2012). Bildungsreform. In K.-P. Horn, H. Kemnitz, W. Marotzki & U. Sandfuchs (Hrsg.), *Klinkhardt Lexikon Erziehungswissenschaft. Band 1* (S. 181). Bad Heilbrunn: Verlag Julius Klinkhardt.

Knauf, T. (o.J.). Zusammenarbeit Kindergarten - Grundschule: Notwendigkeit, Probleme, Perspektiven. In M. R. Textor (Hrsg.), *Kindergartenpädagogik. Online-Handbuch.* Zugegriffen am 25. Mai 2014. http://www.kindergartenpaedagogik.de/1056.html

Kochan, B. & Schröter, E. (2006). *Abschlussbericht über die wissenschaftliche Projektbegleitung zur Bildungsinitiative von Microsoft Deutschland und Partnern „Schlaumäuse – Kinder entdecken Sprache"*. Zugriff am 14. August 2012. http://www.schlaumaeuse.de/Mediathek/Abschlussbericht_final.pdf.

Kölnische Rundschau (2013). *In NRW gibt es ausreichend Kita-Plätze*. 11.07.2013. Zugriff am 24. Februar 2014. http://www.rundschau-online.de/politik/rechtsanspruch-in-nrw-gibt-es-ausreichend-kita-plaetze,15184890,23691512.html.

Kommer, S. (2006). Zum medialen Habitus von Lehramtsstudierenden. Oder: Warum der Medieneinsatz in der Schule eine so ‚schwere Geburt' ist. In A. Treibel, M. S. Maier, S. Kommer & M. Welzel (Hrsg.), *Gender medienkompetent - Medienbildung in einer heterogenen Gesellschaft* (1. Aufl., S. 165–177). Wiesbaden: VS.

Kommer, S. (2010). *Kompetenter Medienumgang? Eine qualitative Untersuchung zum medialen Habitus und zur Medienkompetenz von SchülerInnen und Lehramtsstudierenden.* Opladen [et al.]: Budrich UniPress.

Kommer, S. (2013). Das Konzept des ‚Medialen Habitus': Ausgehend von Bourdieus Habitustheorie Varianten des Medienumgangs analysieren. *medienimpulse*(4). Zugriff am 30.09.2015. http://www.medienimpulse.at/articles/view/602

Kommer, S. & Biermann, R. (2012). Der mediale Habitus von (angehenden) LehrerInnen. Medienbezogene Dispositionen und Medienhandeln von Lehramtsstudierenden. In R. Schulz-Zander, B. Eickelmann, H. Moser, H. Niesyto & P. Grell (Hrsg.), *Jahrbuch Medienpädagogik 9* (S. 81–108). Wiesbaden: VS.

König, A. (2009). *Interaktionsprozesse zwischen Erzieherinnen und Kindern. Eine Videostudie aus dem Kindergartenalltag.* Wiesbaden: VS.

Krais, B. & Gebauer, G. (2002). *Habitus.* Bielefeld: Transcript.

Krajewski, K., Renner, A., Nieding, G. & Schenider, W. (2009). Frühe Förderung von mathematischen Kompetenzen im Vorschulalter. In H.-G. Rossbach & H.-P. Blossfeld (Hrsg.), *Zeitschrift für Erziehungswissenschaft.* Sonderheft. 11/2008: Frühpädagogische Förderung in Institutionen (S. 91–103). Wiesbaden: VS.

Krenz, A. (2008). *Der „Situationsorientierte Ansatz" in der Kita. Grundlagen und Praxishilfen zur kindorientierten Arbeit* (1. Aufl.). Troisdorf: Bildungsverl. EINS.

Kuckartz, U. (2010). *Lehrbuch: Einführung in die computergestützte Analyse qualitativer Daten* (3. Aufl.). Wiesbaden: VS.

Kuger, S. & Kluczniok, K. (2009). Prozessqualität im Kindergarten - Konzept, Umsetzung und Befunde. In H.-G. Rossbach & H.-P. Blossfeld (Hrsg.), *Zeitschrift für Erziehungswissenschaft.* Sonderheft. 11/2008: Frühpädagogische Förderung in Institutionen (S. 159–178). Wiesbaden: VS Verlag für Sozialwissenschaften.

Kuhn, M. (2013). *Professionalität im Kindergarten. Eine ethnographische Studie zur Elementarpädagogik in der Migrationsgesellschaft.* Wiesbaden: Springer VS.

Kultusministerkonferenz (KMK) (2011). *Kompetenzorientiertes Qualifikationsprofil für die Ausbildung von Erzieherinnen und Erziehern an Fachschulen/Fachakademien. (Beschluss der Kultusministerkonferenz vom 01.12.2011).* Sekretariat der ständigen Konferenz der Kultusminister der Länder in der Bundesrepublik Deutschland.

Kultusministerkonferenz (KMK) (2013). *Rahmenvereinbarung über Fachschulen. (Beschluss der Kultusministerkonferenz vom 07.11.2002 i.d.F. vom 12.12.2013).* Sekretariat der ständigen Konferenz der Kultusminister der Länder in der Bundesrepublik Deutschland. Zugriff am 8. Mai 2014. http://www.kmk.org/fileadmin/veroeffentlichungen_beschluesse/2002/2002_11_07-RV-Fachschulen.pdf.

Kunczik, M. & Zipfel, A. (2013). Mediengewalt in Film und Fernsehen. In H. Friedrichs, T. Junge & U. Sander (Hrsg.), *Jugendmedienschutz in Deutschland* (S. 297–302). Wiesbaden: Springer.

Kutscher, N. (2010). Bildungsteilhabe im Kindesalter und Neue Medien. In G. Geiger & A. Spindler (Hrsg.), *Frühkindliche Bildung. Von der Notwendigkeit frühkindliche Bildung zum Thema zu machen* (S. 29–40). Opladen: Budrich.

Kutscher, N. (2013). Medienbildung in der Kindheit. *MedienPädagogik. Zeitschrift für Theorie und Praxis der Medienbildung* (22). Zugriff am 04. November 2013. http://www.medienpaed.com/Documents/medienpaed/22/kutscher1310.pdf

Kvasny, L. (2005). The Role of the Habitus in Shaping Discourses about the Digital Divide. *Journal of Computer-Mediated Communication*, 10(2).

Lampert, C. (2009). Marken als multimediales Brandzeichen? In J. von Gottberg & R. Rosenstock (Hrsg.), *Werbung aus allen Richtungen. Crossmediale Markenstrategien als Herausforderung für den Jugendschutz* (S. 13–23). München: kopaed.

Lange, A. & Theunert, H. (2008). Popularkultur und Medien als Sozialisationsagenturen. Jugendliche zwischen souverän-eigensinniger und instrumentalisierender Subjektivierung. *Zeitschrift für Soziologie der Erziehung und Sozialisation*, 28(3), 231–242.

Lauffer, J. & Röllecke, R. (Hrsg.) (2013). *Dieter Baacke Preis. Handbuch 8. Aktiv und kreativ medialen Risiken begegnen. Medienpädagogische Konzepte und Perspektiven. Beiträge aus Forschung und Praxis. Prämierte Medienprojekte.* München: kopaed.

Leu, H. R., Flämig, K., Frankenstein, Y., Koch, S., Pack, I., Schneider, K., et al. (2010). *Bildungs-und Lerngeschichten. Bildungsprozesse in früher Kindheit beobachten, dokumentieren und unterstützen* (3. Aufl.). Weimar [et al.]: Verl. das Netz.

Liebau, E. (2011). Pierre Bourdieu (1930-2002). In B. Dollinger (Hrsg.), *Klassiker der Pädagogik. Die Bildung der modernen Gesellschaft* (1. Aufl., S. 353–376). Wiesbaden: VS.

Liegle, W. (1979). Curriculumkonzepte für die Kindergartenarbeit. Versuch eines Überblicks. In E. Pflug (Hrsg.), *Der Kindergarten. Handbuch für die Praxis in drei Bänden* (2. Aufl., S. 19–46). Freiburg; Basel; Wien: Herder.

Livingstone, S. M. & Helsper, E. J. (2006). Does Advertising Literacy Mediate the Effects of Advertising on Children? A Critical Examination of Two Linked Research Literatures in Relation to Obesity and Food Choice. *Journal of Communication*, 56(3), 560–584.

Loos, P. & Schäffer, B. (2001). *Das Gruppendiskussionsverfahren. Theoretische Grundlagen und empirische Anwendung.* Opladen: Leske + Budrich.

Lost, C. (o.J.). *Der Pestalozzi-Fröbel-Verband und sein Archiv.* Zugriff am 2. Februar 2015. http://www.pfv.info/pfv/wp-content/uploads/Geschichte_des_pfv.pdf.

Luca, R. (2010). Gender. In R. Vollbrecht & C. Wegener (Hrsg.), *Handbuch Mediensozialisation* (S. 357–363). Wiesbaden: VS.

Lucasfilm (o.J.). *Star Wars.* Zugriff am 24. Februar 2015. http://www.starwars.com/.

Lutz, K. (2005a). Medienarbeit mit Vorschulkindern - Herantasten und Ausprobieren. In G. Anfang, K. Demmler & K. Lutz (Hrsg.), *Materialien zur Medienpädagogik. Bd. 4: Mit Kamera, Maus und Mikro. Medienarbeit mit Kindern* (2., überarb. und erg. Aufl., S. 75–76). München: kopaed.

Lutz, K. (2005b). Wenn der Kindergarten zum Filmstudio wird. In G. Anfang, K. Demmler & K. Lutz (Hrsg.), *Materialien zur Medienpädagogik. Bd. 4: Mit Kamera, Maus und Mikro. Medienarbeit mit Kindern* (2., überarb. und erg. Aufl., S. 106–109). München: kopaed.

Lutz, K. (2013). Der Dauerkonflikt um die Mediennutzung. Erziehungsprobleme aufgrund des Umgangs von Kindern mit Medien. *merz*, 57(2), 35–39.

Mägdefrau, J. (2006). Arbeitsfeldspezifische oder disziplinspezifische Professionalität? Subjektive Theorien über professionelles Handeln von Experten und Expertinnen in Feldern sozialer Arbeit. In M. Rapold (Hrsg.), *Pädagogische Kompetenz, Identität und Professionalität* (S. 161–186). Baltmannsweiler: Schneider-Verl. Hohengehren.

Mangold, W. (1960). *Gegenstand und Methode des Gruppendiskussionsverfahrens.* Frankfurt am Main: Aus der Arbeit des Instituts für Sozialforschung.

Mannheim, K. (1964). Beiträge zur Theorie der Weltanschauungsinterpretation. In K. Mannheim (Hrsg.), *Wissenssoziologie* (S. 91–129). Neuwied; Berlin.

Mannheim, K. (1980). *Strukturen des Denkens.* Frankfurt am Main: Suhrkamp.

Marci-Boehncke, G. (2008). Medienerziehung in der KiTa - Kompetenzen und Meinungen der ErzieherInnen. *Ludwigsburger Beiträge zur Medienpädagogik*(11), 1–8. Zugriff am 22.04.2014. http://www.ph-ludwigsburg.de/fileadmin/subsites/1b-mpxx-t-01/user_files/Online-Magazin/Ausgabe11/M-Boehncke11.pdf.

Marci-Boehncke, G. & Rath, M. (2010). *Medienkompetenz für ErzieherInnen. Ein Handbuch für die konvergente Medienpraxis in der frühen Bildung. 2. Medienkompetenz für ErzieherInnen.* München: kopaed.

Marci-Boehncke, G. & Weise, M. (2015). Frühe Kindheit. In F. von Gross, D. M. Meister & U. Sander (Hrsg.), *Medienpädagogik - ein Überblick* (S. 98–135). Weinheim; Basel: Beltz Juventa.

Marci-Boehncke, G., Müller, A. & Strehlow, S. K. (2013). „Und der Computer gehört auch zu mir". Frühe Medienbildung im Kita-Alter. *merz*, 57(2), 15–21.

Marci-Boehncke, G., Rath, M. & Müller, A. (2012). Medienkompetent zum Schulübergang. Erste Ergebnisse einer Forschungs- und Interventionsstudie zum Medienumgang in der Frühen Bildung. *Medienpädagogik. Zeitschrift für Theorie und Praxis der Medienbildung*(22), 1–22.

McCombs, M. E. & Shaw, D. L. (1971). The agenda-setting function of mass media. *Public Opinion Quarterly*, 36(2), 176–187.

McKinsey & Company (o.J.). *Die Initiative McKinsey bildet engagierte sich viele Jahre lang für Verbesserungen im deutschen Bildungssystem.* Von McKinsey der Autorin zur Verfügung gestelltes Dokument.

Meder, N. (2013). Habitus - auch medialer Habitus - aus pädagogischer Perspektive. *medienimpulse*(4). Zugriff am 30. September 2015. http://www.medienimpulse.at/articles/view/599.

Medienpädagogischer Forschungsverbund Südwest (mpfs) (2012). *FIM-Studie 2011. Familie, Interaktion & Medien. Untersuchung zur Kommunikation und Mediennutzung in Familien.* Stuttgart. Zugriff am 15. Mai 2014. http://www.mpfs.de/fileadmin/FIM/FIM2011.pdf.

Medienpädagogischer Forschungsverbund Südwest (mpfs) (2013). *miniKim 2012. Kleinkinder und Medien. Basisuntersuchung zum Medienumgang 2- bis 5-Jähriger.* Zugriff am 15. Mai 2014. http://www.mpfs.de/fileadmin/miniKIM/2012/PDF/miniKIM12.pdf.

Meier-Gräwe, U. (2010). Was Hänschen nicht lernt… - Armut und Bildung in Deutschland. In H. von Balluseck (Hrsg.), *Professionalisierung der Frühpädagogik. Perspektiven, Entwicklungen, Herausforderungen* (S. 41–64). Opladen: Barbara Budrich.

Meister, D. M., Friedrichs, H. & Lauffer, J. (2011a). *Medienkompetenz-Kitas NRW. Initiative zur Medienkompetenzförderung in nordrhein-westfälischen Kindertagesstätten. Evaluationsbericht im Auftrag der Landesanstalt für Medien NRW.* Unveröffentlicht.

Meister, D. M., Friedrichs, H., Keller, K., Pielsticker, A. & Temps, T. T. (2012). *Chancen und Potenziale digitaler Medien zur Umsetzung des Bildungsauftrags in Kindertageseinrichtungen in NRW. Forschungsbericht der Gesellschaft für Medienpädagogik und Kommunikationskultur (GMK) und der Universität Paderborn.* Zugriff am 22. April 2014. http://kw1.uni-paderborn.de/fileadmin/mw/Meister/Projeke/Kitas_NRW_bericht_2012.pdf.

Meister, D. M., Friedrichs, H., Kröger, S. & Sander, U. (2011b). Förderung von Werbekompetenz bei Kindern: Eine Bestandsaufnahme medienpädagogischer Materialien. Werbung ohne Grenzen: Wie können bestehende Konzepte zur Förderung der Werbekompetenz von Kindern optimiert werden? *medienimpulse*(4).Zugriff am 26.02.2015 http://www.medienimpulse.at/articles/view/355

merkur-online.de (2009). *Daten-Skandal bei Facebook.* 17.02.2009. Zugriff am 8. Februar 2015. http://www.merkur-online.de/multimedia/datenskandal-facebook-75446.html.

Michel, B. (o.J.). Die *Kombination quantitativer und qualitativer Methoden. Zur Analyse habitusspezifischer Dimensionen der Medienrezeption. Abstract. 5. Tagung der Fachgruppe „Methoden" in der DGPuK,* 37-41

Michel, B. (2010). Habitus und Lebensstil. In R. Vollbrecht & C. Wegener (Hrsg.), *Handbuch Mediensozialisation* (S. 75–84). Wiesbaden: VS.

Microsoft Deutschland GmbH (2012). *Schlaumäuse.* Zugriff am 14. August 2012. http://www.schlaumaeuse.de/Seiten/default.aspx.

Mienert, M. (2007). Welchen Sinn haben die Bildungspläne? Was bedeuten sie für meine Arbeit? Darum einen Bildungsplan! In U. Braun, M. Mienert, S. Müller & H. Vorholz (Hrsg.), *Frühkindliche Bildung im Team gestalten und umsetzen - Konzepte, Praxisbeispiele, Materialien* (S. 1–22). Berlin; Stuttgart: Raabe.

Ministerium für Familie, Kinder, Jugend, Kultur und Sport des Landes Nordrhein-Westfalen (MFKJKS NRW) (o.J.a). *Betreuung für unter Dreijährige.* Zugriff am 19. Februar 2015. http://www.mfkjks.nrw.de/kinder-und-jugend/betreuung-fuer-unter-dreijaehrige/.

Ministerium für Familie, Kinder, Jugend, Kultur und Sport des Landes Nordrhein-Westfalen (MFKJKS NRW) (o.J.b). *Familienzentrum NRW.* Zugriff am 7. März 2014. http://www.familienzentrum.nrw.de/.

Ministerium für Schule, Jugend und Kinder des Landes Nordrhein-Westfalen (MSJK NRW) (2003). *Bildungsvereinbarung NRW. Fundament stärken und erfolgreich starten.* Zugriff am 29. Januar 2015. http://www.mfkjks.nrw.de/web/media_get.php?mediaid=14582&fileid=41326&sprachid=1.

Ministerium für Schule und Weiterbildung des Landes Nordrhein-Westfalen (MSW NRW) (o.J.a). *Bildungsportal des Landes Nordrhein-Westfalen. Lehrpläne und Richtlinien Fachschule und Aufbaubildungsgänge.* Zugriff am 7. März 2014. http://www.berufsbildung.schulministerium.nrw.de/cms/lehrplaene-und-richtlinien/fachschule//.

Ministerium für Schule und Weiterbildung des Landes Nordrhein-Westfalen (MSW NRW) (o.J.b). *Bildungsportal des Landes Nordrhein-Westfalen. Berufliches Gymnasium. Bildungsgänge, die zum Berufsabschluss und zum Abitur führen. Geänderte Stundentafel nach Anlage D 3 seit 1.8.2010 in Kraft. Berufliches Gymnasium für Erziehung und Soziales Fachbereich: Erziehung und Soziales Fachlicher Schwerpunkt: Erziehung und Soziales. Bildungsgang: Erzieherin/AHR, Erzieher/AHR.* Zugriff am 5. März 2014. http://www.berufsbildung.nrw.de/cms/informationen-zu-bildungsgaengen/berufliches-gymnasium/mit-berufsabschluss/stundentafeln/anlage-d-3.html.

Ministerium für Schule und Weiterbildung des Landes Nordrhein-Westfalen (MSW NRW) (o.J.c). *Bildungsportal des Landes Nordrhein-Westfalen. Berufliches Gymnasium. Bildungsgänge, die zum Berufsabschluss und zum Abitur führen. Allgemeine und weiterführende Bestimmungen.* Zugriff am 5. März 2014. http://www.berufsbildung.nrw.de/cms/informationen-zu-bildungsgaengen/berufliches-gymnasium/mit-berufsabschluss/bestimmungen/.

Ministerium für Schule und Weiterbildung des Landes Nordrhein-Westfalen (MSW NRW) (o.J.d). *Schulsystem. Schulformen. Grundschule. Sprachstandsfeststellung. Sprachstandsfeststellung zwei Jahre vor der Grundschule.* Zugriff am 28. Februar 2014. http://www.schulministerium.nrw.de/docs/Schulsystem/Schulformen/Grundschulen/Sprachstandsfeststellung/Sprachstandsfeststellung-Anmeldung-zur-Grundschule1/index.html.

Ministerium für Schule und Weiterbildung des Landes Nordrhein-Westfalen (MSW NRW) (1996). *Lehrplan zur Erprobung Sozialpädagogik (Richtlinien und Lehrpläne zur Erprobung; Fachschule für Sozialpädagogik).* Düsseldorf: Ritterbach.

Ministerium für Schule und Weiterbildung des Landes Nordrhein-Westfalen (MSW NRW) (2006). *Bildungspläne zur Erprobung für die Bildungsgänge, die zu einem Berufsabschluss nach Landesrecht und zur allgemeinen Hochschulreife oder zu beruflichen Kenntnissen und zur allgemeinen Hochschulreife führen. Teil II: Didaktische Organisation der Bildungsgänge im Fachbereich „Erziehung und Soziales".* Zugriff am 5. März 2014. http://www.berufsbildung.schulministerium.nrw.de/cms/upload/_lehrplaene/d/erziehung_und_soziales/teil2.pdf.

Ministerium für Schule und Weiterbildung des Landes Nordrhein-Westfalen (MSW NRW) (2010). *Richtlinien und Lehrpläne zur Erprobung. Fachschulen des Sozialwesens. Fachrichtung Sozialpädagogik.* Düsseldorf.

Ministerium für Schule und Weiterbildung des Landes Nordrhein-Westfalen (MSW NRW) (2014a). *Richtlinien und Lehrpläne. Fachschulen des Sozialwesens. Fachrichtung Sozialpädagogik.*

Ministerium für Schule und Weiterbildung des Landes Nordrhein-Westfalen (MSW NRW) (2014b). *Sprachstandsfeststellung zwei Jahre vor der Einschulung. Informationen für Eltern.* Zugriff am 28. Februar 2014. http://www.schulministerium.nrw.de/docs/Schulsystem/Schulformen/Grundschulen/Sprachstandsfeststellung/ElternSprachstandsfeststellung.pdf.

Ministerium für Schule und Weiterbildung des Landes Nordrhein-Westfalen (MSW NRW) & Ministerium für Generationen, Familie, Frauen und Integration des Landes Nordrhein-Westfalen (MGFFI NRW) (2010a). *Grundsätze zur Bildungsförderung für Kinder von 0 bis 10 Jahren in Kindertageseinrichtungen und Schulen im Primarbereich in Nordrhein-Westfalen.* Zugriff am 28.09.2015. http://www.bildungsgrundsaetze.nrw.de/bildungsgrundstze.html

Ministerium für Schule und Weiterbildung des Landes Nordrhein-Westfalen (MSW NRW) & Ministerium für Generationen, Familie, Frauen und Integration des Landes Nordrhein-Westfalen (MGFFI NRW) (2010b). *Mehr Chancen durch Bildung von Anfang an – Entwurf – Grundsätze zur Bildungsförderung für Kinder von 0 bis 10 Jahren in Kindertageseinrichtungen und Schulen im Primarbereich in Nordrhein-Westfalen. Düsseldorf.* Zugriff am 28.09.2015. http://www.bildungsgrundsaetze.nrw.de/fileadmin/dateien/PDF/Mehr_Chancen_durch_Bildung.pdf

Mischo, C. & Fröhlich-Gildhoff, K. (2011). Professionalisierung und Professionsentwicklung im Bereich der frühen Bildung. *Frühe Bildung*, 0(0), 4–12.

Mischo, C., Wahl, S., Hendler, J. & Strohmer, J. (2012). Pädagogische Orientierungen angehender frühpädagogischer Fachkräfte an Fachschulen und Hochschulen. *Frühe Bildung*, 1(1), 34–44.

Möller, I. & Krahé, B. (2013). Gewalt in Bildschirmspielen und aggressives Verhalten. In H. Friedrichs, T. Junge & U. Sander (Hrsg.), *Jugendmedienschutz in Deutschland* (S. 309–313). Wiesbaden: Springer VS.

moviepilot (o.J.). *Saw.* Zugriff am 24. Februar 2015. http://www.moviepilot.de/movies/saw-2.

Müller, A., Marci-Boehncke, G. & Rath, M. (2012). KidSmart – Medienkompetent zum Schulübergang. Konzeption und erste Ergebnisse eines Interventions- und Forschungsprojekts zum Abbau von Bildungsbenachteiligung in der frühen Bildung. *medienimpulse(1).* Zugriff am 20. Februar 2014. http://www.medienimpulse.at/pdf/Medienimpulse_KidSmart___Medienkompetent_zum_Schul uebergang__Mueller__20120214.pdf.

Müller, S. & Becker-Lenz, R. (2008). Der professionelle Habitus und seine Bildung in der Sozialen Arbeit. *neue praxis. Zeitschrift für Sozialarbeit, Sozialpädagogik und Sozialpolitik*, 38(1), 25–41.

Mutsch, U. (2012). *Der mediale Habitus von Volksschulkindern und ihren Lehrerinnen und Lehrern. Eine empirische Studie zur Genese schulischer Medienkultur als Aushandlungsprozess habituellen Medienhandelns.* Wien. Zugriff am 20. Februar 2014. http://othes.univie.ac.at/23971/1/2012-10-18_0104284.pdf.

Nentwig-Gesemann, I. (2013). Professionelle Reflexivität: Herausforderungen an die Ausbildung frühpädagogischer Fachkräfte. In U. Erdsiek-Rave & M. John-Ohnesorg (Hrsg.), *Schriftenreihe des Netzwerk Bildung. Bd. 29: Frühkindliche Bildung - das reinste Kinderspiel?!* (1. Aufl., S. 29–36). Berlin.

Neuß, N. (2005). Medienbildung als eigenständiges Lern- und Themenfeld. „Medienbildung im Vorschulbereich". Ein eigenständiges Themenfeld in den Bildungskonzeptionen des Kindergartens. *medienimpulse*(51), 59–64. Zugriff am 30. September 2015. http://www.mediamanual.at/mediamanual/themen/pdf/kompetenz/51_Neuss_Medienbildung.pdf.

Neuß, N. (2008). Medienbildung und Bildung im Kindergarten. In U. Sander, F. von Gross & K.-U. Hugger (Hrsg.), *Handbuch Medienpädagogik* (S. 489–497). Wiesbaden: VS.

Neuß, N. (2012a). *Wie Kinder lernen: Kinder & Medien. Was Erwachsene wissen sollten.* Seelze: Klett; Kallmeyer.

Neuß, N. (2012b). *Thesen zur Professionalisierung des deutschen frühpädagogischen Bildungswesens (sowie zu seiner Schwächung). Vortrag Justus-Liebig-Universität, Pädagogik der Kindheit.* 26.04.2012. Zugriff am 26. Februar 2015. http://dr-neuss.de/jlu-p%C3%A4dagogik-der-kindheit/

Neuß, N. (2013). Medienkompetenz in der frühen Kindheit. In Bundesministerium für Familie (Hrsg.), *Medienkompetenzförderung für Kinder und Jugendliche.* Eine Bestandsaufnahme (S. 34–45). Berlin.

nickelodeon (o.J.). *Spongebob Schwammkopf.* Zugriff am 15. Februar 2015. http://www.spongebob.de/.

Niesyto, H. (2010). Handlungsorientierte Medienarbeit. In R. Vollbrecht & C. Wegener (Hrsg.), *Handbuch Mediensozialisation* (S. 396–403). Wiesbaden: VS.

Nohl, A.-M. (2012). *Interview und dokumentarische Methode. Anleitungen für die Forschungspraxis* (4. Aufl.). Wiesbaden: Springer VS.

Nohl, A.-M. (2013). Komparative Analyse. Forschungspraxis und Methodologie dokumentarischer Interpretation. In R. Bohnsack, I. Nentwig-Gesemann & A.-M. Nohl (Hrsg.), *Die dokumentarische Methode und ihre Forschungspraxis. Grundlagen qualitativer Sozialforschung* (3. Aufl., S. 271–293). Wiesbaden: Springer VS.

OECD (2006). *Starting Strong II. Early childhood education and care.* Zugriff am 4. Oktober 2012. http://www.oecd.org/newsroom/37425999.pdf.

OECD (2013). *PISA 2012 Ergebnisse: was Schülerinnen und Schüler wissen und können. Band 1: Schülerleistungen in Mathematik, Lesekompetenz und Naturwissenschaften.* Bielefeld: W. Bertelsmann Verlag.

OECD (2014). *PISA 2012 Ergebnisse: Exzellenz durch Chancengerechtigkeit. Band 2. Allen Schülerinnen und Schülern die Voraussetzungen zum Erfolg sichern.* Bielefeld: W. Bertelsmann Verlag.

Oevermann, U. (1996). Theoretische Skizze einer revidierten Theorie professionalisierten Handelns. In A. Combe & W. Helsper (Hrsg.), *Pädagogische Professionalität. Untersuchungen zum Typus pädagogischen Handelns* (1. Aufl., S. 70–182). Frankfurt am Main: Suhrkamp.

Oevermann, U. (2002). Professionalisierungsbedürftigkeit und Professionalisiertheit pädagogischen Handelns. In M. Kraul, W. Marotzki & C. Schweppe (Hrsg.), *Biographie und Profession* (S. 19–63). Bad Heilbrunn: Klinkhardt.

Osterwalder, F. (2011). Johann Heinrich Pestalozzi (1746-1827). In B. Dollinger (Hrsg.), *Klassiker der Pädagogik. Die Bildung der modernen Gesellschaft* (1. Aufl., S. 53–74). Wiesbaden: VS.

Otto, H.-U., Polutta, A. & Ziegler, H. (2010). *What works - Welches Wissen braucht die soziale Arbeit? Zum Konzept evidenzbasierter Praxis.* Opladen; MI: Verlag Barbara Budrich.

Pädagogische Qualitäts-Informationssysteme gGmbH (PädQUIS) (o.J.): *Dt. Kindergarten Gütesiegel. Gütesiegel Verfahren.* Zugriff am 30. September 2015. http://www.paedquis.de/index.php/qualitaetsfeststellung-zertifizierung.

Pahnke, J. & Rösner, P. (2013). Naturwissenschaftliche Bildung für alle Kinder – Die Initiative „Haus der kleinen Forscher". *Frühe Bildung,* 2(4), 219–221.

Parzer, M. (2008). *Musikgeschmack in der Popularkultur. Eine kultursoziologische Spurensuche in Online-Foren.* Zugriff am 4. Februar 2015. http://othes.univie.ac.at/2255/1/2008-10-13_9855898.pdf.

Paus-Hasebrink, I. (2010). Fernsehen als Familienmittelpunkt. Eine Panelstudie zum Medienhandeln sozial benachteiligter Eltern und Kinder. *merz,* 54(4), 19–25.

Paus-Hasebrink, I. & Kulterer, J. (2014). Kommerzialisierung von Kindheit. In A. Tillmann, S. Fleischer & K.-U. Hugger (Hrsg.), *Handbuch Kinder und Medien* (S. 47–57). Wiesbaden: Springer VS.

Peucker, C., Gragert, N., Pluto, L. & Seckinger, M. (2010). *DJI-Fachforum Bildung und Erziehung. Bd. 9: Kindertagesbetreuung unter der Lupe. Befunde zu Ansprüchen an eine Förderung von Kindern.* München: Verl. Deutsches Jugendinstitut.

Pfeiffer, C. (2011). Computerspielen als Ursache von Schulversagen? Was ist zu tun? In R. Wernstedt & M. John-Ohnesorg (Hrsg.), *Hätte Kant gesurft? Wissen und Bildung im Internet-Zeitalter* (S. 22–34). Berlin: Friedrich-Ebert-Stiftung.

Picht, G. (1964). *Die deutsche Bildungskatastrophe.* Olten; Freiburg im Breisgau: Walter-Verlag.

Pöttinger, I. (1994). Augen zu, Ohren auf! Das Hörkassettenangebot für Kinder. In Deutsches Jugendinstitut (Hrsg.), *Handbuch Medienerziehung im Kindergarten. Teil I: Pädagogische Grundlagen* (S. 330–338). Opladen: Leske und Budrich.

Presseportal (2005). *McKinsey fordert Milliardeninvestition in die frühkindliche Bildung. Unternehmensberatung stellt Vier-Punkte-Plan für mehr Qualität und Chancengerechtigkeit vor. Presseportal vom 27.5.2005.* Zugriff am 24. Oktober 2013. http://www.presseportal.de/pm/14454/741812/mckinsey-fordert-milliardeninvestition-in-die-fruehkindliche-bildung-unternehmensberatung-stellt.

Przyborski, A. (2004). *Gesprächsanalyse und dokumentarische Methode. Qualitative Auswertung von Gesprächen, Gruppendiskussionen und anderen Diskursen. Lehrbuch* (1. Aufl.). Wiesbaden: Springer Fachmedien.

Przyborski, A. & Wohlrab-Sahr, M. (2010). *Lehr- und Handbücher der Soziologie: Qualitative Sozialforschung. Ein Arbeitsbuch (3. Aufl.).* München: Oldenbourg.

Rath, M. (2011). „Medienerziehung" - Statement zu einem Begriff. In H. Moser, P. Grell & H. Niesyto (Hrsg.), *Medienbildung und Medienkompetenz. Beiträge zu Schlüsselbegriffen der Medienpädagogik* (S. 237–243). München: kopaed.

Rauschenbach, T. (2011). Die Qualifizierung frühpädagogischer Fachkräfte in der Diskussion. In Weiterbildungsinitiative Frühpädagogische Fachkräfte (WiFF) (Hrsg.), *Dokumentation. Qualifizierung frühpädagogischer Fachkräfte an Fachhochschulen und Hochschulen. Ergebnisse - Positionen - Perspektiven. Fachtagung am 8. Dezember 2010 in Berlin.* München. Zugriff am 31. August 2012. http://www.weiterbildungsinitiative.de/uploads/media/Dokumentation_WiFF_Fachtagung_Qualifizierung_fruehp._Fachkraefte_an_Fach-_und_Hochschulen.pdf.

Reyer, J. (2006). *Einführung in die Geschichte des Kindergartens und der Grundschule.* Bad Heilbrunn: Klinkhardt.

Reyer, J. (2010). Kindergarten. In D. Benner & J. Oelkers (Hrsg.), *Historisches Wörterbuch der Pädagogik* (Studienausgabe, S. 518–526). Weinheim: Beltz Verlag.

Reyer, J. & Franke-Meyer, D. (2010). Vorschulreform und der wissenschaftliche Status der „Pädagogik der frühen Kindheit" als Teildisziplin der Erziehungswissenschaft. *Zeitschrift für Pädagogik*, 56(5), 725–743.

Reyer, J. & Franke-Meyer, D. (2012). *Vorlesung im Schloss: Skript. Die Geschichte des Kindergartens im Bezug zur Schule. Vorlesung an der Universität Osnabrück.* Zugegriffen am 26.Februar 2015. http://www.nifbe.de/fachbeitraege/themenstruktur/129-multimedia-bibliothek-zur-einfuehrung-in-die-elementarpaedagogik/168-die-geschichte-des-kindergartens-im-bezug-zur-schule-prof-dr-juergen-reyer-prof-dr-diana-franke-meyer-die-geschichte-des-kindergartens-im-bezug-zur-schule-prof-dr-juergen-reyer-prof-dr-diana-franke-meyer-die-geschichte-des-kindergartens-im-bezug-zur-schul

Roboom, S. (2013). Gibt's dafür ne App? Tablets im Kindergarten. *merz*, 57(2), 40–44.

Rockstar Games (o.J.). *Grand Theft Auto.* Zugriff am 24. Februar 2015. http://www.rockstargames.com/grandtheftauto/.

Rogge, J.-U. (2007). Kinder brauchen Helden. Einige Gedanken. *Televizion*, 20(2), 50–53.

ROKIDS (o.J.). *ROKIDS: Computerkompetenzen.* Zugriff am 9. Oktober 2013. http://www.rokids.de/index.php?option=com_content&view=article&id=212%3Aschlaumaeuse&catid=2%3Anews&Itemid=72.

Röllecke, R. (2012). Konsumkids - Neue Aufgaben für die Medienpädagogik. In Bundeszentrale für gesundheitliche Aufklärung (Hrsg.), *Anregung statt Aufregung. Neue Wege zur Förderung von Medienkompetenz in Familien* (S. 116–136). Köln.

Roßbach, H.-G., Kluczniok, K. & Isenmann, D. (2008). Erfahrungen aus internationalen Längsschnittuntersuchen. In Bundesministerium für Bildung und Forschung (Hrsg.), *Bildungsforschung Band 24. Kindliche Kompetenzen im Elementarbereich: Förderbarkeit, Bedeutung und Messung* (S. 7–88). Berlin.

Rössel, J. (2009). Kulturelles Kapital und Musikrezeption. Eine empirische Überprüfung von Bourdieus Theorie der Kunstwahrnehmung. *Soziale Welt*, 60, 239–257.

Roux, S. (o.J.). PISA und die Folgen: Der Kindergarten zwischen Bildungskatastrophe und Bildungseuphorie. In M. R. Textor (Hrsg.), *Kindergartenpädagogik. Online-Handbuch.* Zugegriffen am 25. April 2014. http://www.kindergartenpaedagogik.de/967.html

Rücklinger, K. (2009). *Der mediale Habitus Studierender vor dem Hintergrund von McLuhans Konzept der Medienkulturen. Eine qualitative empirische Untersuchung medialer Praktiken mit Schwerpunkt Internet.* Universität Wien. Zugriff am 20.09.2015. http://othes.univie.ac.at/7163/1/2009-10-12_0201727.pdf.

Sander, U. (2013). Medienkompetenz von Kindern fördern. *Moderne Ernährung heute* (3), 8–14. Zugriff am 20.02.2015. http://www.bdsi.de/fileadmin/redaktion/Wissenschaftlicher_Pressedienst/BDSI_WPD_2013-03.pdf

Saße, D. (2013). *PC-Maus prägt Lernvorgänge im Gehirn. Bereits nach Wochen zeigen sich Effekte.* 23. Dezember 2013. Zugriff am 27. Februar 2014. http://www.tagesspiegel.de/wissen/pc-maus-praegt-lernvorgaenge-im-gehirn-bereits-nach-wochen-zeigen-sich-effekte/9255062.html.

Schäfer, G. E. (1995). Bemerkungen zur Bildungstheorie des Situationsansatzes. *Neue Sammlung: Vierteljahres-Zeitschrift für Erziehung und Gesellschaft*, 35(4), 79–97.

Schäfer, K. & Gruber, A. (2011). Frühe Bildung – Perspektiven in der Ausbildung von Fachkräften. *Frühe Bildung*, 0(0), 46–48.

Schaffar, A. & Friesinger, C. (2013). Digital natives: myth busted. Digitale Kompetenzen und habituelle Verstrickungen. *medienimpulse*(4). Zugriff am 24. Februar 2015. http://www.medienimpulse.at/articles/view/613.

Schäffer, B. (2011). Gruppendiskussion. In R. Bohnsack, W. Marotzki & M. Meuser (Hrsg.), *Hauptbegriffe Qualitativer Sozialforschung* (3. Aufl., S. 75–80). Stuttgart: Barbara Budrich.

Schmerkotte, H. (1978). Ergebnisse eines Vergleichs von Modellkindergärten und Vorklassen in Nordrhein-Westfalen. *Bildung und Erziehung*, 31(5), 401–411.

Schnadt, P. (2010). Die Anrechnung von Kompetenzen ausgebildeter ErzieherInnen auf ein Hochschulstudium. In H. von Balluseck (Hrsg.), *Professionalisierung der Frühpädagogik. Perspektiven, Entwicklungen, Herausforderungen* (S. 137–148). Opladen: Barbara Budrich.

Schöler, H., Roos & Jeanette (2010). Ergebnisse einer Evaluation von Sprachfördermaßnahmen in Mannheimer und Heidelberger Kitas. In K. Fröhlich-Gildhoff, I. Nentwig-Gesemann & P. Strehmel (Hrsg.), *Materialien zur Frühpädagogik. Bd. 5: Forschung in der Frühpädagogik - Band 3. Schwerpunkt: Sprachentwicklung und Sprachförderung in Kindertageseinrichtungen* (S. 35–74). Freiburg, Breisgau: FEL.

Schorb, B. (2005). Medienerziehung. In J. Hüther & B. Schorb (Hrsg.), *Grundbegriffe Medienpädagogik* (4., vollst. neu konzipierte Aufl., S. 240–243). München: kopaed.

Schorb, B. (2008). Handlungsorientierte Medienpädagogik. In U. Sander, F. von Gross & K.-U. Hugger (Hrsg.), *Handbuch Medienpädagogik* (S. 75–86). Wiesbaden: VS.

Schorb, B. (2009). Gebildet und kompetent. Medienbildung statt Medienkompetenz? *merz*, 53(5), 50–56.

Schreiber, S. (2010). Das individuelle Anrechnungsverfahren aus subjektiver Perspektive. In H. von Balluseck (Hrsg.), *Professionalisierung der Frühpädagogik. Perspektiven, Entwicklungen, Herausforderungen* (S. 149–152). Opladen: Barbara Budrich.

Schuegraf, M. (2010). Medienkonvergenz. In R. Vollbrecht & C. Wegener (Hrsg.), *Handbuch Mediensozialisation* (S. 287–295). Wiesbaden: VS

Schulgesetz für das Land Nordrhein-Westfalen (Schulgesetz NRW – SchulG). Vom 15. Februar 2005 (GV. NRW. S. 102), zuletzt geändert durch Gesetz vom 14. Februar 2012 (SGV. NRW. 223).

Schurter, D. (2011). *iPads im Kindergarten sind sinnvoll.* 20minuten Online vom 18.9.2011.

Schütze, F. (1987). *Das narrative Interview in Interaktionsfeldstudien. Studienbrief der Universität Hagen. Teil 1.* Hagen.

Schwegler, G. (2012). *APPS im Znünitäschli.* SonntagsZeitung vom 27.5.2012.

Schweinhart, L. J., Montie, J., Xiang, Z., Barnett, W. S., Belfield, C. R., Nores, M., et al. (2005). *Lifetime Effects: The High/Scope Perry Preschool Study Through Age 40.* High/Scope Press.

SEELE Stiftung (2011). *Betreuungsvertrag KITA Jim Knopf.* Zugriff am 24. Februar 2014. http://www.seele-stiftung.de/ElternvertragJimKnopf.pdf.

Sell, S. (2012). Klasse und/oder Masse. Die Qualität von Kindertageseinrichtungen zwischen Theorie und Praxis. *Aus Politik und Zeitgeschichte*(22-24), 27–33.

Sharma, M. R. & Steiner, M. (2008). *Dossier Ausbau der Kinderbetreuung - Kosten, Nutzen, Finanzierung.* Materialien aus dem Kompetenzzentrum für familienbezogene Leistungen im Bundesministerium für Familie, Senioren, Frauen und Jugend.

Six, U. (2009). Förderung von Medienkompetenz im Kindergarten. In J. Lauffer & R. Röllecke (Hrsg.), *Dieter Baacke Preis Handbuch 4. Kinder im Blick. Medienkompetenz statt Medienabstinenz* (S. 79–84). Bielefeld: GMK Gesellschaft für Medienpädagogik und Kommunikationskultur.

Six, U. (2010). Mediensozialisation und Medienbildung im Kindergarten. In R. Vollbrecht & C. Wegener (Hrsg.), *Handbuch Mediensozialisation* (S. 201–207). Wiesbaden: VS.

Six, U., Frey, C. & Gimmler, R. (1998). *Medienerziehung im Kindergarten. Theoretische Grundlagen und empirische Befunde.* Opladen: Leske + Budrich.

Six, U. & Gimmler, R. (2007a). *Schriftenreihe Medienforschung der Landesanstalt für Medien Nordrhein-Westfalen. Bd. 57: Die Förderung von Medienkompetenz im Kindergarten. Eine empirische Studie zu Bedingungen und Handlungsformen der Medienerziehung.* Berlin: Vistas.

Six, U. & Gimmler, R. (2007b). *Förderung von Medienkompetenz im Kindergarten. Eine empirische Studie zu Bedingungen und Handlungsformen der Medienerziehung.* Zugriff am 12. Juni 2014. https://www.lfm-nrw.de/fileadmin/lfm-nrw/Pressemeldungen/medienkom-kiga-zusamm.pdf.

Six, U. & Gimmler, R. (2010). *Medienerziehung in der Familie. Ein Ratgeber für Eltern.* Berlin: Vistas.

Smidt, W. (2012). *Zielkindbezogene pädagogische Qualität im Kindergarten. Eine empirisch-quantitative Studie.* Münster: Waxmann.

Smidt, W. (2013). Vorschulische Förderung im Kindergarten. In G. Faust-Siehl (Hrsg.), *Einschulung. Ergebnisse aus der Studie „Bildungsprozesse, Kompetenzentwicklung und Selektionsentscheidungen im Vorschul- und Schulalter (BiKS)"* (S. 69–82). Münster [et al.]: Waxmann.

Smidt, W. & Schmidt, T. (2012). Die Umsetzung frühpädagogischer Bildungspläne: eine Übersicht über empirische Studien. *Zeitschrift für Sozialpädagogik*, 10(3) 244-256.

Sonderegger, R. (2010). Wie emanzipatorisch ist Habitus-Forschung? Zu Rancières Kritik an Bourdieus Theorie des Habitus. *LiThes. Zeitschrift für Literatur und Theatersoziologie*(3), 18–30.

Sony (o.J.). *Playstation 3. PS3-Spiele. Start the Party! Save the World.* Zugriff am 11. Februar 2015. http://de.playstation.com/startthepartystw/.

Sozialgesetzbuch (SGB). Achtes Buch (VIII). *Kinder- und Jugendhilfe.* Fassung vom 29.08.2013.

Spanhel, D. (2006). *Medienerziehung. Erziehungs- und Bildungsaufgaben in der Mediengesellschaft.* Stuttgart: Klett-Cotta.

Spanhel, D. (2007). Bedeutung der Medien in den ersten Lebensjahren. Der Aufbau grundlegender Medienkompetenzen im Kleinkindalter. *merz*, 51(1), 10–17.

Spanhel, D. (2010). Medienbildung statt Medienkompetenz? Zum Beitrag von Bernd Schorb (merz 5/09). *merz*, 54(2010), 49–54.

Spieß, C. K. (2012). Eine ökonomische Perspektive auf das deutsche System der frühkindlichen Bildung. Resümee: Familien integrieren, ressortübergreifend agieren. *Aus Politik und Zeitgeschichte*, 62(22-24), 20–26.

Spitzer, M. (2012). *Digitale Demenz. Wie wir uns und unsere Kinder um den Verstand bringen.* München: Droemer.

Sponer, K. & Klimmt, C. (2013). Markenwelten, Spiele, Advertainment. Neue Werbeformen als Herausforderung an die Medienkompetenz. *merz*, 57(2), 59–64.

Stallone, S. (2011). *Buntstifte, Bilderbücher und iPads: Ein neuer Kindergarten-Alltag.* Zugriff am 21. August 2012. http://www.familienleben.ch/41-medienkompetenz/2053_2-ipad-im-kindergarten/mediennutzung-ist-auch-bei-den-kleinsten-selbstverstaendlich.

Stamm, M. (2010). *Frühkindliche Bildung, Betreuung und Erziehung.* Stuttgart: UTB.

Steiner, O. & Goldoni, M. (2011). *Medienkompetenz und medienerzieherisches Handeln von Eltern. Eine empirische Untersuchung bei Eltern von 10- bis 17-jährigen Kindern in Basel-Stadt.* Zugriff am 22. Mai 2014. http://www.elternet.ch/fileadmin/documents/Studie_Medienkompetenz_und_medienerzieherisches_Handeln_von_Eltern_FHNW-HSA_2011.pdf.

Stiftung Haus der kleinen Forscher (o.J.). *Mehr Bildungschancen für alle!* Zugriff am 4. November 2013. http://www.haus-der-kleinen-forscher.de/de/ueberuns/die-stiftung/.

Stiftung Haus der kleinen Forscher (2012). *Wie Kinder zu kleinen Forschern werden. Über die Arbeit der Stiftung „Haus der kleinen Forscher".* Zugriff am 4. November 2013. http://www.haus-der-kleinen-forscher.de/fileadmin/Redaktion/4_Ueber_Uns/Stiftung/Infoflyer_2012.pdf.

Stiftung Lesen, Deutsche Bahn & Die Zeit (2012). *Vorlesestudie 2012: Digitale Angebote – neue Anreize für das Vorlesen? Repräsentative Befragung von Eltern mit Kindern im Alter von 2 bis 8 Jahren.* Zugriff am 19. Mai 2014. http://www.stiftunglesen.de/download.php?type=documentpdf&id=752.

Stiftung Lesen, Deutsche Bahn & Die Zeit (2013). *Vorlesestudie 2013: Neuvermessung der Vorleselandschaft. Repräsentative Befragung von Eltern mit Kindern im Alter von 2 bis 8 Jahren.* Zugriff am 19. Mai 2014. http://www.stiftunglesen.de/download.php?type=documentpdf&id=1064.

Süddeutsche Zeitung (SZ) (2014). *Eltern und Erzieher lehnen digitale Früherziehung ab.* 11.12.2014. Zugriff am 28. September 2015. http://www.sueddeutsche.de/bildung/medienpaedagogik-kita-erziehern-fehlt-wissen-ueber-digitale-medien-1.2262518

SUPERRTL NOW (2015). *Star Wars - The Clone Wars.* Zugriff am 24. Februar 2015. http://www.superrtlnow.de/star-wars-the-clone-wars.php.

Swertz, C. (2003). Vorüberlegungen zu einer transzendentalkritischen Medienpädagogik. *Spektrum Freizeit*(2), 81–88.

Swertz, C. (2012). Medialer Habitus. In C. Swertz (Hrsg.), *Mit Medien bewusst umgehen. Förderung von Medienkompetenz im Kindergartenalter* (1. Aufl., S. 156–157). Linz: Verl. Unsere Kinder.

Swertz, C., Kern, G. & Kovacova, E. (2014). Der mediale Habitus in der frühen Kindheit. *Medienpädagogik. Zeitschrift für Theorie und Praxis der Medienbildung*(22), 1–18. Zugriff am 05.10.2015. http://www.medienpaed.com/globalassets/medienpaed/22/swertz1412.pdf

Sylva, K., Melhuish, E., Sammons, P., Siraj-Blatchford, I., Taggart, B. & Elliot, K. (2004). The effective provision of Pre-School Education Project - Zu den Auswirkungen vorschulischer Einrichtungen in England. In G. Faust-Siehl, M. Götz & H. Hacker (Hrsg.), *Anschlussfähige Bildungsprozesse im Elementar- und Primarbereich* (S. 154–167). Bad Heilbrunn: Klinkhardt.

Taggart, B., Sylva, K., Siraj-Blatchford, I., Melhuish, E., Sammons, P. & Walker-Hall, J. (2000). *The Effective Provision of Pre-School Education (EPPE) Project: Technical Paper 5 - Characteristics of the centres in the EPPE sample.* London.

Textor, M. R. (o.J.a). Der Bildungsauftrag des Kindergartens. In M. R. Textor (Hrsg.), *Kindergartenpädagogik. Online-Handbuch.* Zugriff am 02. Mai.2014. http://www.kindergartenpaedagogik.de/844.html

Textor, M. R. (o.J.b). Die Erziehungs- und Bildungspartnerschaft im Vergleich zu anderen Formen der Partnerschaft. In M. R. Textor (Hrsg.), *Kindergartenpädagogik. Online-Handbuch.* Zugriff am 24. Februar 2014. http://www.kindergartenpaedagogik.de/2074.html

Textor, M. R. (2011). *Bildungs- und Erziehungspartnerschaft in Kindertageseinrichtungen* (1. Aufl.). Norderstedt: Books on Demand.

Textor, M. R. & Blank, B. (o.J.). Einbindung von Eltern in die pädagogische Arbeit der Kindertageseinrichtung. In M. R. Textor (Hrsg.), *Kindergartenpädagogik. Online-Handbuch.* Zugegriffen am 24. Februar 2014. http://www.kindergartenpaedagogik.de/1145.html

Theunert, H. (2005). Medienumgang in der Kindheit. Nutzung und Bedeutung des Medienensembles. In G. Anfang, K. Demmler & K. Lutz (Hrsg.), *Materialien zur Medienpädagogik. Bd. 4: Mit Kamera, Maus und Mikro. Medienarbeit mit Kindern* (2., überarb. und erg. Aufl., S. 17–28). München: kopaed.

Theunert, H. (2015). Medienaneignung und Medienkompetenz in der Kindheit. In F. von Gross, D. M. Meister & U. Sander (Hrsg.), *Medienpädagogik - ein Überblick* (S. 136–163). Weinheim; Basel: Beltz Juventa.

Theunert, H. & Gebel, C. (2007). *Untersuchung der Akzeptanz des Jugendmedienschutzes aus der Perspektive von Eltern, Jugendlichen und pädagogischen Fachkräften. Eigenständige Teilstudie des JFF zur Analyse des Jugendmedienschutzsystems.* Zugriff am 22. Mai 2014. http://www.jff.de/dateien/JFF_JMS_LANG.pdf.

The Washington Post (2013). *James Heckman: In early childhood education, 'Quality really matters'. Interview mit Dylan Matthews.* Zugriff am 5. November 2013. http://www.washingtonpost.com/blogs/wonkblog/wp/2013/02/14/james-heckman-in-early-childhood-education-quality-really-matters/.

Thole, W. (2008a). „Professionalisierung" der Pädagogik der Kindheit. Fachliches Potenzial und Forschungsbedarf. In W. Thole (Hrsg.), *Bildung und Kindheit. Pädagogik der frühen Kindheit in Wissenschaft und Lehre* (S. 271–294). Opladen [et al.]: Budrich.

Thole, W. (Hrsg.) (2008b). *Bildung und Kindheit. Pädagogik der frühen Kindheit in Wissenschaft und Lehre.* Opladen [et al.]: Budrich.

Thole, W. (2010). Die pädagogischen MitarbeiterInnen in Kindertageseinrichtungen. Professionalität und Professionalisierung eines pädagogischen Arbeitsfeldes. *Zeitschrift für Pädagogik*, 56(2), 206–222.

Thole, W. & Cloos, P. (2006). Akademisierung des Personals für das Handlungsfeld Pädagogik der Kindheit. In A. Diller & T. Rauschenbach (Hrsg.), *DJI - Fachforum Bildung und Erziehung. Bd. 4: Reform oder Ende der Erzieherinnenausbildung? Beiträge zu einer kontroversen Fachdebatte* (S. 47–77). München: Verl. Deutsches Jugendinstitut.

Thoma, D., Ofner, D., Seybel, C. & Tracy, R. (2011). Professionalisierung in der Frühpädagogik: Eine Pilotstudie zur Sprachförderkompetenz. *Frühe Bildung*, 0(0), 31–36.

Tietze, W. (1998). *Wie gut sind unsere Kindergärten? Eine Untersuchung zur pädagogischen Qualität in Kindergärten.* Neuwied: Luchterhand.

Tietze, W. (2008). Qualitätssicherung im Elementarbereich. 53. Beiheft. Zeitschrift für Pädagogik, 54, 16–35.

Tietze, W. (2012). Frühpädagogik. In K.-P. Horn, Kemnitz, Heidemarie, W. Marotzki & U. Sandfuchs (Hrsg.), *Klinkhardt Lexikon Erziehungswissenschaft. Band 1* (S. 435–437). Bad Heilbrunn: Julius Klinkhardt.

Tietze, W. & Viernickel, S. (2007). *Pädagogische Qualität in Tageseinrichtungen für Kinder. Ein nationaler Kriterienkatalog* (3. Aufl.). Weinheim [et al.]: Beltz.

Tietze, W., Becker-Stoll, F., Bensel, J., Eckhardt, A. G., Haug-Schnabel, G., Kalicki, B., et al. (2012). *NUBBEK. Nationale Untersuchung zur Bildung, Betreuung und Erziehung in der frühen Kindheit. Fragestellungen und Ergebnisse im Überblick.* Zugriff am 25. Februar 2015. http://www.nubbek.de/media/pdf/NUBBEK%20Broschuere.pdf

Tulodziecki, G. (1997). *Medien in Erziehung und Bildung. Grundlagen und Beispiele einer handlungs- und entwicklungsorientierten Medienpädagogik.* (3. Aufl.). Bad Heilbrunn: Klinkhardt.

Tulodziecki, G. (2008). Medienerziehung. In U. Sander, F. von Gross & K.-U. Hugger (Hrsg.), *Handbuch Medienpädagogik* (S. 110–115). Wiesbaden: VS.

Tulodziecki, G. (2010). Medienkompetenz und/oder Medienbildung? Ein Diskussionsbeitrag. *merz*, 54(3), 48–53.

Tulodziecki, G. (2012). Medienpädagogische Kompetenz und Standards in der Lehrerbildung. In R. Schulz-Zander, B. Eickelmann, H. Moser, H. Niesyto & P. Grell (Hrsg.), *Jahrbuch Medienpädagogik 9* (S. 271–297). Wiesbaden: VS.

Tulodziecki, G. (2015). Medienkompetenz. In F. von Gross, D. M. Meister & U. Sander (Hrsg.), *Medienpädagogik - ein Überblick* (S. 194–228). Weinheim; Basel: Beltz Juventa.

Twellmann, W. (1978). Bildungspläne und Lernziele der vorschulischen Erziehung in der Bundesrepublik. In R. Dollase (Hrsg.), *Handbuch der Früh- und Vorschulpädagogik. Band 1* (S. 215–242). Düsseldorf: Pädagogischer Verlag Schwann.

Unicef (2008). *UNICEF-Studie zur Kinderbetreuung in den OECD-Staaten. Gleiche Chancen fangen bei den jüngsten Kindern an.* Zugriff am 9. Oktober 2015. http://www.kinderumweltgesundheit.de/index2/pdf/dokumente/50312_1.pdf

Universität Rostock (2013). *Forschungsbericht. Evidenzbasierte Bewegungsförderung im frühen Kindesalter.* Zugriff am 19. Februar 2014. http://www.sopaed.uni-rostock.de/fileadmin/Isoheilp/forschungsbericht_2013.pdf.

Viernickel, S. (2011). Beobachtungs- und Dokumentationsverfahren. Einige Reflexionen über ihren Beitrag zur frühpädagogischen Professionalisierung. In P. Cloos & M. Schulz (Hrsg.), *Kindheitspädagogische Beiträge: Kindliches Tun beobachten und dokumentieren. Perspektiven auf die Bildungsbegleitung in Kindertageseinrichtungen* (S. 202–220). Weinheim: Juventa.

Vollbrecht, R. (2010). Werbung und Konsum. In R. Vollbrecht & C. Wegener (Hrsg.), *Handbuch Mediensozialisation* (S. 316–323). Wiesbaden: VS.

Voogt, J. (2012). Are teachers ready to teach in the knowledge society? Considerations based on empirical findings. In R. Schulz-Zander, B. Eickelmann, H. Moser, H. Niesyto & P. Grell (Hrsg.), *Jahrbuch Medienpädagogik 9* (S. 17–28). Wiesbaden: VS Verlag für Sozialwissenschaften.

Vox. (o.J.). *Daniela Katzenberger.* Zugriff am 12. Februar 2015. http://www.vox.de/cms/themen/daniela-katzenberger.html.

Wagner, U., Gebel, C. & Lampert, C. (2013). *Zwischen Anspruch und Alltagsbewältigung: Mediener-ziehung in der Familie - Kurzfassung der Ergebnisse.* Zugriff am 22. Mai 2014. http://www.lfm-nrw.de/fileadmin/lfm-nrw/Forschung/Kurzfassung_Studie_72.pdf.

WDR (o.J.). *Die Seite mit dem Elefanten.* Zugriff am 3. Juni 2014. http://www.wdrmaus.de/elefantenseite/.

WDR (Hrsg.) (2010). *Radio- und Fernsehprojekte für den Kindergarten. Die Medienwelt erkunden mit der Bärenbude (WDR5) und der Sendung mit dem Elefanten (WDR Fernsehen und KI.KA). Arbeitspaket mit Materialien für Erzieherinnen und Erzieher.*

Wegener, C. (2010). Medien in der frühen Kindheit. In R. Vollbrecht & C. Wegener (Hrsg.), *Handbuch Mediensozialisation* (S. 125–132). Wiesbaden: VS.

Weigand, V. (2008). Geschichte des Kinder- und Jugendmedienschutzes. In U. Sander, F. von Gross & K.-U. Hugger (Hrsg.), *Handbuch Medienpädagogik* (S. 539-545). Wiesbaden: VS.

Weigand, V. (2013). Ursprung des Jugendmedienschutzes. In H. Friedrichs, T. Junge & U. Sander (Hrsg.), *Jugendmedienschutz in Deutschland* (S. 15–24). Wiesbaden: Springer VS.

Weise, M. (2013). Geteilte Medienverantwortung? Väter als technische Medienverbündete und Mütter als Kontrollinstanz. Medienpädagogik. *Zeitschrift für Theorie und Praxis der Medienbildung*(22). Zugriff am 5. Oktober 2015. http://www.medienpaed.com/globalassets/medienpaed/22/weise1305.pdf

Weiterbildungsinitiative Frühpädagogische Fachkräfte (WiFF) (o.J.a). Zugriff am 5. Oktober 2012. http://www.weiterbildungsinitiative.de/.

Weiterbildungsinitiative Frühpädagogische Fachkräfte (WiFF) (o.J.b). *Studium. Studiengangsdatenbank.* Zugriff am 15. September 2015. www.fruehpaedagogik-studieren.de.

Weiterbildungsinitiative Frühpädagogische Fachkräfte (WiFF) (o.J.c). *Durchlässigkeit. Hintergrund. Durchlässigkeit in der Aus- und Weiterbildung frühpädagogischer Fachkräfte.* Zugriff am 8. Mai 2014. http://www.weiterbildungsinitiative.de/themen/durchlaessigkeit-ausbildung/hintergrundartikel-durchlaesigkeit/.

Welling, S. (2008). Die Relevanz des Gruppendiskussionsverfahrens und der dokumentarischen Methode für die medienpädagogische Professionsforschung. Medienpädagogik. *Zeitschrift für Theorie und Praxis der Medienbildung(14).*

Welling, S. & Stolpmann, B. E. (2012). Mobile Computing in der Schule - Zentrale Herausforderungen am Beispiel eines Schulversuchs zur Einführung von Tablet PCs. In R. Schulz-Zander, B. Eickelmann, H. Moser, H. Niesyto & P. Grell (Hrsg.), *Jahrbuch Medienpädagogik* 9 (S. 197–221). Wiesbaden: VS Verlag für Sozialwissenschaften.

Wertfein, M., Müller, K. & Kofler, A. (2012). *Kleine Kinder – großer Anspruch! 2010. Zweite IFP-Krippenstudie zur Qualitätssicherung in Tageseinrichtungen für Kinder unter drei Jahren.* Zugriff am 12. Februar 2014. http://www.ifp.bayern.de/imperia/md/content/stmas/ifp/wertfein_ifp-projektbericht_18-2012.pdf.

Wiedemann, D (2006). Befunde zum Kino der Sensationen, Irritationen, Skurrilitäten und Tabubrüche. In S. Ganguin, S. & U. Sander, U. (Hrsg.). *Sensation, Skurrilität und Tabus in den Medien* (S. 35–48). Wiesbaden: VS.

Wildgruber, A. & Becker-Stoll, F. (2011). Die Entdeckung der Bildung in der Pädagogik der frühen Kindheit - Professionalisierungsstrategien und -konsequenzen. In W. Helsper (Hrsg.), *Zeitschrift für Pädagogik. Beiheft. Bd. 57: Pädagogische Professionalität* (S. 60–76). Weinheim [et al.]: Beltz.

Winkelmann, W., Holländer, A., Schmerkotte, H. & Schmalohr, E. (1977). *Kognitive Entwicklung und Förderung von Kindergarten- und Vorklassenkindern.* Kronberg: Scriptor.

Wittkamp, F. (2002). *Alle Tage ein Gedicht.* Münster: Coppenrath.

Wolff, R. (2010). Erziehungs- und Bildungspartnerschaft in der Frühpädagogik. In H. von Balluseck (Hrsg.), *Professionalisierung der Frühpädagogik. Perspektiven, Entwicklungen, Herausforderungen* (S. 185–194). Opladen: Barbara Budrich.

Wühr, A. (2012). *Der mediale Geschmack von Volksschulkindern.* Wien. Zugriff am 4. Februar 2015. http://othes.univie.ac.at/18661/1/2012-01-24_0400956.pdf.

Zacharias, W. (2005). Zielsetzungen und Prinzipien ganzheitlicher Medienerziehung/Medienbildung. Welche Kompetenzen brauchen Kinder in der Medienwelt? In G. Anfang, K. Demmler & K. Lutz (Hrsg.), *Materialien zur Medienpädagogik. Bd. 4: Mit Kamera, Maus und Mikro. Medienarbeit mit Kindern* (2., überarb. und erg. Aufl., S. 29–46). München: kopaed.

Zimmer, J. (1984). Der Situationsansatz als Bezugsrahmen der Kindergartenreform. In J. Zimmer (Hrsg.), *Enzyklopädie Erziehungswissenschaft. Band 6. Erziehung in früher Kindheit* (S. 21–38). Stuttgart: Klett-Cotta.

Zimmer, J. (2000). Der Situationsansatz in der Diskussion und Weiterentwicklung. In W. E. Fthenakis (Hrsg.), *Beltz Praxis. Bd. 3: Pädagogische Ansätze im Kindergarten* (S. 94–114). Weinheim; Basel: Beltz.

Zimmer, J. (2013). Die Entwicklung des DJI-Curriculums „Soziales Lernen". *DJI Impulse*(2), 30.

Anhang

Leitfaden der Interviews mit den Lehrkräften für die Erzieher/innen-Ausbildung

Fragen zur Person

- Was machen Sie zurzeit beruflich? Aufgabe in der Schule?
- Lehre
- Begleitung von Praktika?
- Berufspraktikum?
- Wie sind Sie dorthin gekommen?

Verständnis von Medienerziehung – Sicht des/r Lehrers/in

- Eigene Definition von Medienerziehung

Schülerschaft (angehende Erzieher/innen)

- Wie viele Schüler/innen? Wie viele davon männlich?
- Zusammensetzung: Kinderpfleger/innen; Abiturienten; zweijährige Berufsschule
- Wie viele Praktika machen Schüler/innen in Unter-/Oberstufe?: Orientierungs-/ Vertiefungspraktikum (Art der Praktika)
- Projektarbeit und Medienerfahrungen
- Gestaltung des Berufspraktikums
    - Wie oft sind die Schüler/innen während des Berufspraktikums in der Schule?
    - Haben die Berufspraktikanten/innen eine 40-Stunden-Woche in den Einrichtungen?

Medienpädagogische Ausbildung der angehenden Erzieher/innen I

- Was soll Schülern/innen vermittelt werden?
- Curriculum/Inhalte (Unter-/Oberstufe)

- Existiert ein festes medienpädagogisches Repertoire (z.B., dass die Schüler/innen auf jeden Fall Videoarbeit o.ä. während der Ausbildung kennenlernen)?
- Beispiele erläutern; typische(s) Unterrichtsstunde/-element
- Rahmenbedingungen des Bildungsbereichs Sprache(n)/Medien (z.B. Stundenanzahl)
- Ist die Lehrkraft die alleinige Person, die für Medienerziehung verantwortlich ist oder gibt es weitere Kollegen/innen (Zusammenarbeit unter Kollegen/innen)?

Verständnis und Haltung der angehenden Erzieher/innen hinsichtlich Medien und Medienerziehung (medialer und medienerzieherischer Habitus)

- Haltungen der Schüler/innen gegenüber Medien
- Chancen-/Risikowahrnehmung gegenüber neuen Medien wie Computer und Internet und Einsatz in der Kita
- Haben sich Verständnis/Stellenwert gegenüber Medienerziehung im Verlauf der Ausbildung verändert?
- Ängste/Befürchtungen der Schüler/innen hinsichtlich Medienerziehung in der Kita
- Unterschiede zwischen verschiedenen Schülern/innen: z.B. Kinderpfleger/innen vs. Abiturienten/innen
- Stellenwert gegenüber anderen Bildungsbereichen (z.B. Sprachförderung)

Medienkompetenz der angehenden Erzieher/innen

- Einschätzung des/r Lehrers/in bzgl. Medienkompetenz der Schüler/innen (Mediennutzung; -kritik; -gestaltung; -kunde)

Medienpädagogische Kompetenz der angehenden Erzieher/innen

- Zutrauen der Schüler/innen in die eigene medienpädagogische Kompetenz
- Einschätzung des/r Lehrers/in bzgl. medienpädagogischer Kompetenz der Schüler/innen
- Kompetenzzunahme im Verlauf der Ausbildung

Wahrgenommene Selbstwirksamkeit der angehenden Erzieher/innen

- Wie beurteilen die Schüler/innen ihren eigenen Einfluss auf die Medienerziehung von Kindern? Umgangssprachlich gesagt: Nutzt Medienerziehung in der Kita aus Sicht der Auszubildenden etwas? Die Kinder nutzen ja auch außerhalb der Kita Medien und erfahren auch Einflüsse durch Eltern, Geschwister und Freunde etc.
- Nehmen die Schüler/innen eine Verpflichtung wahr, Medienerziehung in der Kita auszuüben, weil Kinder viele Medien nutzen und manche Eltern keine adäquate Medienerziehung ausüben?

Medienpädagogische und medienbezogene Praxiserfahrungen der Schüler/innen

- Praktika; Berufspraktikum
- Projektarbeit
- schriftliche Arbeiten

Medienpädagogische Ausbildung der angehenden Erzieher/innen II

- Stellenwert von Medienerziehung im Gesamt der Ausbildung (Ist dieser ausreichend?)
- Stellen Sie sich vor, Sie würden die Lehrpläne machen: Wie sollte Medienerziehung zukünftig in die Ausbildung von Erzieher/innen integriert werden (angenommen, man könnte es verändern)?
- Einschätzung der finanziellen Ausstattung für die medienpädagogische Ausbildung (genügend Geräte?)

Medienerziehung in Einrichtungen (Gesamtblick auf Einrichtungen)

- Einschätzung bzgl. Qualität und Ausmaß von Medienerziehung in den Kitas
- notwendige Kompetenzen in Kitas für Medienerziehung vorhanden?
- Nachhaltigkeit bzgl. Medienerziehung (z.B. schriftliches medienpädagogisches Konzept der Einrichtung, medienpädagogische Elternabende, Anschaffung von Medien etc.)
- Stellenwert des Bildungsbereichs Medien gegenüber anderen Bildungsbereichen
- Unterschiede zwischen Auszubildenden und ausgelernten Erziehern/innen (Kompetenz; Interesse)
- Unterschiede bzgl. des Alters der Erzieher/innen (Kompetenz; Interesse)
- Rolle der Leitung im Kontext von Medienerziehung

Bedingungen der Einrichtungen (fördernde/hemmende Bedingungen für Medienerziehung)

- Zeit
- Ausstattung: Braucht man sehr viele (technische) Medien (Braucht man z.B. für die Hälfte der Kinder einen Computer?)?
- Betreuungsschlüssel: Wie viele Erzieher/innen müssen sinnvollerweise gegeben sein?
- anstrengende Kinder
- medienpädagogische Qualifikation: Ausbildung der Erzieher/innen
- Kollegium: Teamwork, Betriebsklima
- Eltern (Akzeptanz/Interesse hinsichtlich Medienerziehung)
- Leitung (Akzeptanz/Interesse hinsichtlich Medienerziehung)

Strukturelle Bedingungen

In den letzten Jahren wurde die frühkindliche Bildung in den Kindertagesstätten in NRW durch die Politik reformiert. Erst kam der „NRW-Bildungsplan“ (NRW-Bildungsvereinbarung), später dann das Kinderbildungsgesetz (KiBiz) hinzu und dann der relativ neue Entwurf zur NRW-Bildungsvereinbarung („Entwurf zu den Grundsätzen zur Bildungsförderung für Kinder von 0 bis 10 Jahren“).

- Hat sich durch die Reformen etwas im Medienbereich geändert?
- Mit dem KiBiz gehen eine Vielzahl an Anforderungen an die Kitas einher (z.B. Spracherziehung, etc.): Wie viel Platz bleibt für Medienerziehung?
- Müssten aus Ihrer Sicht weitere Schritte unternommen werden (z.B. durch Politik), um Nachhaltigkeit und Verankerung von Medienerziehung zu erreichen? (Wenn ja, welche Schritte?)

Fragen zur Person

- Alter
- Ausbildung/Werdegang (falls noch nicht besprochen)
- Informationen zur Fachschule des Sozialwesens, an der die Lehrkraft arbeitet

Ergänzungen

Statements/Gesprächsthemen der Gruppendiskussionen mit den angehenden Erziehern/innen im zweiten Ausbildungsjahr und denen im Berufspraktikum

Fragen zur Person

- Kurze Vorstellung der Diskussionsteilnehmer/innen
- Ausbildung/Werdegang: Wie zur Erzieher/innen-Ausbildung gekommen?:
  - andere Ausbildung vorher?
  - Schulabschluss
- Zeigen des Videos von „BIBER. Netzwerk frühkindliche Bildung" (Gesprächsstimulus) mit anschließender Nachfrage nach Inhalten des Videos, eigenen medienbezogenen/-pädagogischen Praxiserfahrungen und Haltung gegenüber Medien in der Kita

Video „BIBER"

- Was sieht man im Video?

Statements/Gesprächsthemen

- Medienerziehung – Ein Thema für die Kita?
- Medienpädagogik in der Kita → Praxiserfahrungen
- Mut haben, mit Medien in der Kita zu arbeiten
- Medien und weitere Bildungsbereiche + Schwerpunkte in der Kita
- „Was ich in der Ausbildung im Bereich Medien gelernt habe, kann ich in der Praxis nicht anwenden."
- „In die Kitas gehören Computer für die Kinder."
- „Kinder nutzen zu Hause zu viel Medien, die Eltern achten nicht darauf – da bringt Medienerziehung in der Kita nichts."
- Meine Mediennutzung